本书出版受高校人文社会科学重点研究基地重大项目
（17JJD630003）资助

牛津
项目管理
手册

The Oxford Handbook of Project Management

〔英〕彼得·W.G.莫里斯（Peter W.G. Morris）
〔美〕杰弗里·K.平托（Jeffrey K. Pinto） 主编
〔瑞典〕乔纳斯·索德伦德（Jonas Söderlund）

李纪珍 李雅文 译

北京大学出版社
PEKING UNIVERSITY PRESS

著作权合同登记号　图字:01-2016-2730

图书在版编目(CIP)数据

牛津项目管理手册/(英)彼得·W. G. 莫里斯,(美)杰弗里·K. 平托,(瑞典)乔纳斯·索德伦德主编;李纪珍,李雅文译.—北京:北京大学出版社,2021.1
ISBN 978-7-301-29937-1

Ⅰ.①牛… Ⅱ.①彼…②杰…③乔…④李…⑤李… Ⅲ.①项目管理-手册 Ⅳ.①F224.5-62

中国版本图书馆 CIP 数据核字(2018)第 224483 号

Peter W. G. Morris, Jeffrey K. Pinto, Jonas Söderlund
The Oxford Handbook of Project Management, First Edition
ISBN: 978-0199655823
© Oxford University Press 2012
本书英文原版于 2012 年由牛津大学出版社出版。

"The Oxford Handbook of Project Management, First Edition" was originally published in English in 2012. This translation is published by arrangement with Oxford University Press.

本书中文简体字翻译版由牛津大学出版社授权北京大学出版社独家出版发行。

书　　　名	牛津项目管理手册 NIUJIN XIANGMU GUANLI SHOUCE
著作责任者	〔英〕彼得·W. G. 莫里斯　〔美〕杰弗里·K. 平托　〔瑞典〕乔纳斯·索德伦德　主编 李纪珍　李雅文　译
责 任 编 辑	王　晶
标 准 书 号	ISBN 978-7-301-29937-1
出 版 发 行	北京大学出版社
地　　　址	北京市海淀区成府路 205 号　100871
网　　　址	http://www.pup.cn
电 子 信 箱	em@pup.cn　　QQ:552063295
新 浪 微 博	@北京大学出版社　@北京大学出版社经管图书
电　　　话	邮购部 010-62752015　发行部 010-62750672　编辑部 010-62752926
印 刷 者	北京宏伟双华印刷有限公司
经 销 者	新华书店 787 毫米×1092 毫米　16 开本　31.75 印张　604 千字 2021 年 1 月第 1 版　2021 年 1 月第 1 次印刷
定　　　价	88.00 元

未经许可,不得以任何方式复制或抄袭本书之部分或全部内容。
版权所有,侵权必究
举报电话:010-62752024　电子信箱:fd@pup.pku.edu.cn
图书如有印装质量问题,请与出版部联系,电话:010-62756370

译者序

近年来,项目管理在各类机构的日常经营和战略发展中发挥着越来越重要的作用,因而引起了社会各界的广泛关注和强烈兴趣。随着第四次工业革命的悄然到来,传统的企业生产及项目管理模式面临着前所未有的变革压力。深入领会现代化项目管理的内涵,从而更好地应对新技术带来的机遇与挑战,是学术界和产业界义不容辞的责任。在这样的时代背景下,这本译著的出版亦恰逢其时,有利于国内读者对项目管理的现状与未来发展趋势进行全面的思索和探讨。

《牛津项目管理手册》是牛津大学出版社组织项目管理领域的40余位全球杰出项目管理学者编写而成,回顾总结了过去50年该领域的发展成果,包括项目管理的理论基础与历史沿革、项目管理的产业与环境、战略与决策、治理与控制、合同与关系以及项目管理的组织和学习,系统展示了该领域的主流观点和前沿理论。本书属于牛津手册系列丛书,对项目管理领域的学者、从业实践人员和政府官员具有很大的参考价值。它不仅能够为学者提供丰富翔实的理论内容,也能够协助项目管理者顺利完成决策任务,还能够鼓励政府为项目的实施提供更切实的政策支持。

我在清华经管学院任教多年,也为多家企业提供过管理培训和管理咨询顾问服务。在与许多业内专家学者、知名企业家的接触过程中,越发体会到对于项目管理相关理论进行系统梳理的重要性与迫切性。在本书的翻译过程中,要感谢我的研究团队成员李论(清华大学经济管理学院博士生)、黄海峰(北京交通大学经济管理学院博士生)和罗诗语、李和怡及杨镇基(清华大学经济管理学院硕士生)等人对原文的精心解读,和对译文的耐心斟酌。此外,本书的另一位译者李雅文对全文的再次修正,也增强了译文的可读性。她曾经作为联合培养博士生,前往牛津大学交换学习,回国后也在北京邮电大学开设了项目管理的相关课程,其研究与教学内容与本书相辅相成。

此外，感谢北京大学出版社的王晶编辑，以严谨的态度和满腔的热忱，在排印时对诸多细节的再三确认。

正如本书的作者 Peter Morris 教授、Jeffrey Pinto 教授和 Jonas Söderlund 教授所言，"项目是我们社会和商业生活中不可或缺的组成部分，项目管理对于实现技术创新、打造文化成果和促进人类发展都具有里程碑式的意义"。为此，我诚恳地向读者们推荐这本项目管理的集大成之作，它深入浅出地梳理了项目管理的脉络，值得我们从头至尾细细品读。作为技术变革与时代更迭的亲历者，愿我们都能够站在巨人的肩膀上，踮脚触及一个更高远的未来。

再拜读者诸位。

李纪珍

于清华大学

2020. 10. 18

前　言

项目在我们的社会和经济生活中无所不在,其贡献成为人类发展、文化传承和技术进步的里程碑。不过,虽然"项目"有着漫长而光辉的历史,项目管理一直到20世纪50年代充其量还只是一个非正式的学科。然而,从那时起,项目管理的正式发展使其日益流行,而且其必要性也日渐凸显,以至于项目管理现在已成为管理学的一个主要分支。

项目管理在过去半个世纪以来的发展主要由实践所主导,早期的项目管理主要通过其使用的各种工具和技术来表征,它曾经是(并在很大程度上现在仍然是)执行导向的(在"时限内、预算内、规定内"完成任务)。直到20世纪末,项目管理才有了更宽广的视角:第一,项目管理在重视项目末端交付的同时,也开始注重项目前端的开发;第二,项目管理开始关心构成项目环境并赋能项目运行的制度条件;第三,人们开始认可项目是根据时限、预算需求在特定的组织和商业环境下,由人产生、经人解决并为人服务的技术性问题。在这些更宽广宏大的视角下,一个更丰富的远景已经展现:在现代经济体系中,有效地管理项目变得日益重要,与之对应的是学术界对该领域的兴趣也日益增加。项目管理不再是生产管理的一个分支,那它现在是什么呢?

对项目管理的理解见仁见智。它的活跃度是显而易见的,仅仅看世界各地每年举办的数量惊人的相关会议就可以证明。无论是在概念上还是在实际影响上,项目管理都继续以迅猛的速度发展着。正如本书所示,它对不同层次的不同诠释仍然是开放的。

学术研究在促成这种发展中起到了重要的作用:在意义建构和路径建设上,在带来严谨性、提高认识和讲授良好实践上。然而到目前为止,只有少量书籍从严谨的学术研究角度全面阐述这个问题。我们希望通过本书弥补此空缺。

本书并不是基于完整的基础知识而对项目管理进行说明的概念性纲要。这个领域的范围太大,而且坦率地说,作为一个迅速崛起的学科,任何一本书都难以找到完美的时机来描绘和概括它——至少目前还没有。但本书确实展示并讨论了该领域中的诸多前沿理念,这是由世界上超过40位该领域最重要的学者共同努力完成的。

因此,我们希望以感谢本书的所有贡献者作为开篇,他们中的大多数人不得不忍受一段相当长时期的同行评议和编辑过程:感谢他们的耐心,感谢他们的高质量贡献。对我们(本书的编者)而言,这是一个很了不起的过程:我们对大家面临挑战时表现出的积极感到惊讶。

在对贡献者表达感谢的同时,我们也希望感谢所有直接或间接促使本书完成的机构和人员:我们的雇主和同事,我们的家庭(祝福他们所有人)。

最后,感谢牛津大学出版社主动提出策划本书的想法并出版它。

我们对项目管理领域有着热忱和信念。我们愿以本书昭此心志,而且所有的承诺都已体现在编写该书这一行动上。因此,我们衷心希望您,我们的读者,在阅读本书时发现它引人深思并从中获益。

彼得·W. G. 莫里斯(Peter W. G. Morris)

杰弗里·K. 平托(Jeffrey K. Pinto)

乔纳斯·索德伦德(Jonas Söderlund)

目 录

图目录 ……………………………………………………………………………… (9)
表目录 ……………………………………………………………………………… (11)
贡献者名单 ………………………………………………………………………… (13)
导论　项目管理的第三次浪潮
　　…………………………………… Peter Morris　Jeffrey Pinto　Jonas Söderlund(1)
　　项目与项目管理 …………………………………………………………………… (1)
　　项目作为一种组织 ………………………………………………………………… (2)
　　日益重要的理论 …………………………………………………………………… (3)
　　本书的指导原则 …………………………………………………………………… (3)
　　项目管理研究的第三次浪潮 ……………………………………………………… (4)
　　正面的迹象 ………………………………………………………………………… (7)
　　总结 ………………………………………………………………………………… (8)
　　参考文献 …………………………………………………………………………… (9)

第一部分　历史与基础

第1章　项目管理历史简述 …………………………………… Peter W. G. Morris(13)
　1.1　引言 …………………………………………………………………………… (13)
　1.2　早期历史 ……………………………………………………………………… (14)
　1.3　20世纪50年代和20世纪60年代：系统开发 ……………………………… (14)
　1.4　20世纪70年代到20世纪90年代：更广泛的应用、新的困境以及本体论的分歧 …… (17)
　1.5　20世纪90年代和21世纪初：企业范围的项目管理 ……………………… (24)
　1.6　结语 …………………………………………………………………………… (28)
　1.7　注释 …………………………………………………………………………… (28)

1.8　参考文献 …………………………………………………………………… (29)

第2章　项目管理的理论基础：来自多元化理解的建议 ……………… Jonas Söderlund(33)
 2.1　理论基础和多元化 ………………………………………………………… (33)
 2.2　视角和多元化 ……………………………………………………………… (34)
 2.3　项目：类型和类型学 ……………………………………………………… (37)
 2.4　问题：合作与协调 ………………………………………………………… (39)
 2.5　流程：动态和阶段 ………………………………………………………… (43)
 2.6　视角、项目、问题和流程 ………………………………………………… (44)
 2.7　进步中出现的分散化 ……………………………………………………… (46)
 2.8　结语 ………………………………………………………………………… (47)
 2.9　注释 ………………………………………………………………………… (48)
 2.10　参考文献 ………………………………………………………………… (49)

第3章　项目管理研究的演变：来自期刊的证据
   ……………………… Rodney Turner　Jeffrey Pinto　Christophe Bredillet(54)
 3.1　引言 ………………………………………………………………………… (54)
 3.2　《国际项目管理杂志》(IJPM) ……………………………………………… (58)
 3.3　《项目管理学刊》(PMJ) …………………………………………………… (64)
 3.4　《IEEE 工程管理会刊》(IEEE-TEM) ……………………………………… (70)
 3.5　回顾三大期刊中的新兴主题 ……………………………………………… (77)
 3.6　结论 ………………………………………………………………………… (79)
 3.7　参考文献 …………………………………………………………………… (79)

第4章　项目管理职业化的前景 ……………………… Damian Hodgson　Daniel Muzio(81)
 4.1　引言 ………………………………………………………………………… (81)
 4.2　作为"职业项目"的职业化 ………………………………………………… (82)
 4.3　项目管理的兴起 …………………………………………………………… (85)
 4.4　分析项目管理的职业化 …………………………………………………… (87)
 4.5　项目管理的职业化策略 …………………………………………………… (88)
 4.6　讨论 ………………………………………………………………………… (94)
 4.7　注释 ………………………………………………………………………… (95)
 4.8　参考文献 …………………………………………………………………… (96)

第二部分　产业与环境

第5章　项目商务：分析框架与研究机会
   ………… Karlos Artto　Andrew Davies　Jaakko Kujala　Andrea Prencipe(103)
 5.1　引言 ………………………………………………………………………… (103)
 5.2　项目商务的框架：四个不同的管理领域 ………………………………… (103)

5.3 单个项目的管理 ……………………………………………………………… (104)
5.4 项目制企业的管理 …………………………………………………………… (106)
5.5 项目网络的管理 ……………………………………………………………… (107)
5.6 商务网络的管理 ……………………………………………………………… (108)
5.7 关于管理挑战和研究主题的讨论 …………………………………………… (109)
5.8 主题1:具有挑战性的制度环境下的管理 ………………………………… (110)
5.9 主题2:复杂组织和网络中的风险及其管理 ……………………………… (111)
5.10 主题3:项目制组织中的学习和能力 ……………………………………… (112)
5.11 主题4:项目制组织中的商业逻辑 ………………………………………… (113)
5.12 结论 …………………………………………………………………………… (113)
5.13 参考文献 ……………………………………………………………………… (114)

第6章 项目与合伙:制度流程与应急措施 ……… Mike Bresnen Nick Marshall(120)
6.1 引言 …………………………………………………………………………… (120)
6.2 制度理论的视角 ……………………………………………………………… (123)
6.3 探索英国合伙关系的制度化 ………………………………………………… (125)
6.4 总结性讨论 …………………………………………………………………… (130)
6.5 致谢 …………………………………………………………………………… (133)
6.6 参考文献 ……………………………………………………………………… (133)

第7章 项目生态:临时组织的情境观 ……………… Gernot Grabher Oliver Ibert(137)
7.1 引言 …………………………………………………………………………… (137)
7.2 对比项目生态:积累性学习 vs. 破坏性学习 ……………………………… (139)
7.3 核心团队:减少认知距离 vs. 保留认知距离 ……………………………… (140)
7.4 企业:重复经济 vs. 重组经济 ……………………………………………… (141)
7.5 知识社群:客户、供应商、企业集团 ………………………………………… (143)
7.6 个人网络:集体性和连通性 vs. 社会性 …………………………………… (146)
7.7 总结和讨论 …………………………………………………………………… (148)
7.8 未来方向 ……………………………………………………………………… (151)
7.9 致谢 …………………………………………………………………………… (152)
7.10 参考文献 ……………………………………………………………………… (152)

第三部分 战略与决策

第8章 项目型企业:权变、特征与挑战
………………………………………………………… Jonas Söderlund Fredrik Tell(159)
8.1 引言 …………………………………………………………………………… (159)
8.2 项目型企业和事业部型企业 ………………………………………………… (160)
8.3 项目型企业的权变 …………………………………………………………… (162)

8.4 项目型企业的特征 …………………………………………………（164）
8.5 项目型企业的挑战 …………………………………………………（168）
8.6 结语 …………………………………………………………………（171）
8.7 参考文献 ……………………………………………………………（173）

第9章 通过项目实施战略 ……………… Christoph Loch Stylianos Kavadias（177）
9.1 项目管理：战略制定还是战略执行？ ……………………………（177）
9.2 项目自上而下和自下而上的贡献：搜寻理论 ……………………（178）
9.3 连接商业战略和项目执行：自上而下的级联工具 ………………（182）
9.4 战略制定：项目作为战略创建工具 ………………………………（190）
9.5 结论 …………………………………………………………………（197）
9.6 参考文献 ……………………………………………………………（197）

第10章 项目集管理：研究与学术的新机会
 ……………… Sergio Pellegrinelli David Partington Joana G. Geraldi（201）
10.1 引言 ………………………………………………………………（201）
10.2 项目管理研究的学术和出版 ……………………………………（201）
10.3 项目集管理的概念化 ……………………………………………（202）
10.4 项目集管理：综合观点 …………………………………………（204）
10.5 研究议程 …………………………………………………………（207）
10.6 结语 ………………………………………………………………（213）
10.7 参考文献 …………………………………………………………（214）

第11章 项目与创新：创新和项目 ……………… Tim Brady Mike Hobday（219）
11.1 引言 ………………………………………………………………（219）
11.2 创新和项目管理研究的历史联系 ………………………………（220）
11.3 定义创新 …………………………………………………………（223）
11.4 创新模型的演变及其与项目管理的联系 ………………………（224）
11.5 复杂产品系统（CoPS）的创新 …………………………………（226）
11.6 CoPS环境下的创新：能力的关键作用 …………………………（229）
11.7 基础移动项目在发展公司能力时的角色 ………………………（230）
11.8 结论 ………………………………………………………………（231）
11.9 参考文献 …………………………………………………………（233）

第四部分 治理与控制

第12章 项目治理 …………………………………………… Ralf Müller（241）
12.1 背景 ………………………………………………………………（241）
12.2 公司治理 …………………………………………………………（242）
12.3 治理的局限性 ……………………………………………………（247）

12.4	项目治理	(248)
12.5	治理框架	(249)
12.6	项目治理研究总结	(253)
12.7	研究展望	(254)
12.8	致谢	(255)
12.9	参考文献	(255)

第13章 超支,超时,一而再再而三:管理重大项目 ············ Bent Flyvbjerg(260)

13.1	重大项目的特征	(260)
13.2	绩效不佳的原因及根本原因	(261)
13.3	乐观偏见	(263)
13.4	战略性虚假陈述	(265)
13.5	乐观偏见和战略性虚假陈述的解释力对比	(267)
13.6	外部视角	(267)
13.7	改进动机和问责制	(271)
13.8	希望的曙光	(274)
13.9	对研究的启发	(275)
13.10	参考文献	(276)

第14章 风险管理与项目不确定性:一种认知方法
··············· Graham M. Winch Eunice Maytorena(280)

14.1	引言	(280)
14.2	定义认知方法	(281)
14.3	项目风险管理的研究现状	(281)
14.4	回顾期望效用范式	(283)
14.5	主观概率及其推导	(284)
14.6	关于启发式与偏见传统的研究	(285)
14.7	风险和不确定性概念回顾	(287)
14.8	理解风险和不确定性:一种认知方法	(288)
14.9	结论	(291)
14.10	致谢	(291)
14.11	参考文献	(291)

第15章 信息管理与项目的管理 ············ Jennifer Whyte Raymond Levitt(296)

15.1	引言	(296)
15.2	定义与方法	(297)
15.3	信息管理实践的变化	(300)
15.4	理解信息管理实践	(304)
15.5	研究议题和方向	(309)

15.6　致谢 ………………………………………………………………… (311)
15.7　参考文献 ……………………………………………………………… (311)

第五部分　合同化与关系

第16章　塑造项目，建立网络 ……………………… Bernard Cova　Robert Salle(319)
16.1　引言 …………………………………………………………………… (319)
16.2　项目营销理论 ………………………………………………………… (320)
16.3　项目营销特征 ………………………………………………………… (323)
16.4　四种项目塑造方法 …………………………………………………… (325)
16.5　通过网络构建塑造项目 ……………………………………………… (327)
16.6　未来研究问题 ………………………………………………………… (329)
16.7　结论 …………………………………………………………………… (330)
16.8　参考文献 ……………………………………………………………… (330)

第17章　项目管理合同关系中规范化控制的创新实践
………………………………… Stewart Clegg　Kjersti Bjørkeng　Tyrone Pitsis(334)
17.1　合同制度 ……………………………………………………………… (334)
17.2　联盟作为一种合同方法 ……………………………………………… (340)
17.3　一个联盟的案例 ……………………………………………………… (341)
17.4　案例分析 ……………………………………………………………… (342)
17.5　"自我再生的理想集体" ……………………………………………… (344)
17.6　集体救助和践行仁慈 ………………………………………………… (346)
17.7　开源创新 ……………………………………………………………… (349)
17.8　结语 …………………………………………………………………… (351)
17.9　致谢 …………………………………………………………………… (351)
17.10　参考文献 ……………………………………………………………… (352)

第18章　关系型合同中的信任：组织的关键特征
………………………………………… Nuno Gil　Jeffrey Pinto　Hedley Smyth(356)
18.1　引言 …………………………………………………………………… (356)
18.2　关系型合同、企业间合作和互信 …………………………………… (358)
18.3　分析 …………………………………………………………………… (361)
18.4　T5协议讨论：意图和实践 …………………………………………… (364)
18.5　信任：一个关键属性 ………………………………………………… (365)
18.6　信任的来源 …………………………………………………………… (365)
18.7　在项目管理中调动社会导向型信任 ………………………………… (367)
18.8　结论 …………………………………………………………………… (369)

18.9　参考文献 ……………………………………………………………… (370)

第六部分　组织与学习

第19章　产品开发项目中的知识整合:一种权变框架 …………… Lars Lindkvist(377)
19.1　引言 ………………………………………………………………… (377)
19.2　了解知识整合 ……………………………………………………… (378)
19.3　权变框架 …………………………………………………………… (380)
19.4　电信案例 …………………………………………………………… (382)
19.5　制药案例 …………………………………………………………… (383)
19.6　项目管理比较 ……………………………………………………… (385)
19.7　总结性讨论 ………………………………………………………… (387)
19.8　未来的研究在哪里? ……………………………………………… (389)
19.9　注释 ………………………………………………………………… (390)
19.10　参考文献 ………………………………………………………… (390)

第20章　分散项目中的领导力和团队合作
……………… Martin Hoegl　Miriam Muethel　Hans Georg Gemuenden(393)
20.1　引言 ………………………………………………………………… (393)
20.2　虚拟项目团队的领导力挑战 ……………………………………… (395)
20.3　团队成员作为额外的领导力来源 ………………………………… (397)
20.4　讨论 ………………………………………………………………… (400)
20.5　未来的研究 ………………………………………………………… (402)
20.6　参考文献 …………………………………………………………… (403)

第21章　项目实践:新方法,新见解
……………………………… Markus Hällgren　Anders Söderholm(407)
21.1　引言 ………………………………………………………………… (407)
21.2　定位项目实践 ……………………………………………………… (408)
21.3　理解项目实践的核心概念 ………………………………………… (411)
21.4　认识实践:发电厂案例 …………………………………………… (413)
21.5　项目实践方法的挑战和贡献 ……………………………………… (414)
21.6　结语 ………………………………………………………………… (418)
21.7　参考文献 …………………………………………………………… (419)

人名索引 ………………………………………………………………………… (422)
主题索引 ………………………………………………………………………… (440)

图目录

图 2.1　项目管理研究理论基础的理解框架 …………………………………… 47
图 4.1　专家群体和他们的权力策略 …………………………………………… 83
图 4.2　英国项目管理协会会员（1972—2009） ……………………………… 86
图 4.3　美国项目管理协会会员（1970—2009） ……………………………… 86
图 4.4　资格框架比较 …………………………………………………………… 90
图 5.1　项目商务的框架：四个不同的管理领域 ……………………………… 104
图 9.1　相互依赖的子问题所形成的复杂问题 ………………………………… 179
图 9.2　组织中项目的两级进化观点 …………………………………………… 181
图 9.3　一般财务比例树与运营能力测量的结合 ……………………………… 183
图 9.4　平衡计分战略级联工具 ………………………………………………… 183
图 9.5　战略定位级联工具的五个问题 ………………………………………… 184
图 9.6　两种项目组合图 ………………………………………………………… 186
图 9.7　利益相关者权力/利益矩阵 …………………………………………… 189
图 9.8　利益相关者影响层级 …………………………………………………… 190
图 9.9　六家制造业企业的战略提升项目 ……………………………………… 191
图 9.10　试错学习与自然选择的对比 ………………………………………… 194
图 9.11　RDC 的空中交通管制项目演变 ……………………………………… 195
图 13.1　统计学语言表述的参考类预测 ……………………………………… 268
图 13.2　参考类中铁路项目建设成本预测的误差 …………………………… 269
图 13.3　可接受最大限度成本超支情况下英国铁路项目成本估计的必要调整 …… 270
图 14.1　风险管理循环 ………………………………………………………… 282

图 14.2　信息空间：管理项目风险和不确定性的认知模型 …………………… 290
图 15.1　利用数字技术的项目工作场景 …………………………………………… 300
图 18.1　项目业务中信任的形成 …………………………………………………… 367
图 19.1　项目逻辑分类 ……………………………………………………………… 381

表目录

表2.1	项目管理研究的不同学派:概述	36
表2.2	项目:类型和类型学	39
表2.3	作为合作和协调的项目	42
表2.4	项目管理的理论基础:区别和含义	45
表3.1	IJPM论文的引用	56
表3.2	项目管理引用的领域	57
表3.3	IJPM论文涵盖的话题	58
表3.4	IJPM论文所使用的方法论	62
表3.5	PMJ论文涵盖的话题	65
表3.6	PMJ论文所使用的方法论	68
表3.7	PMJ发表的论文的引用	69
表3.8	IEEE-TEM论文涵盖的话题	71
表3.9	IEEE-TEM论文所使用的方法论	74
表3.10	IEEE-TEM论文的引用	75
表5.1	项目商务四个领域中的主要管理挑战	110
表7.1	个人网络在积累性和破坏性项目生态中的本质和功能	146
表7.2	积累性和破坏性项目生态的多层次架构	149
表8.1	项目型企业和事业部型企业的权变比较	162
表8.2	项目型企业和事业部型企业的特征比较	165
表11.1	五代创新模型	224
表12.1	四种治理模式	250

表 12.2 项目治理研究中分析层次的举例 …………………………………………… 254
表 15.1 重大项目所使用技术和技巧时间线 …………………………………………… 301
表 16.1 项目塑造方法 …………………………………………………………………… 325
表 16.2 通过网络动员塑造项目的五个步骤 …………………………………………… 327
表 17.1 控制模式对比 …………………………………………………………………… 343
表 19.1 两种情境的一些重要差异 ……………………………………………………… 388
表 21.1 比较:实践研究方法和过程研究方法 ………………………………………… 409

贡献者名单

Karlos Artto 是芬兰阿尔托大学(Aalto University)的项目商务教授,领导着项目商务研究小组。他的著作包括 100 多篇研究项目商务和项目制企业的学术论文、书籍章节和书籍。他在多个学术期刊的编辑委员会中任职。他已指导了 100 多名硕士研究生的论文和几位博士研究生的毕业论文。

Kjesti Bjørkeng 是挪威科学与工业研究院(SINTEF Technology and Society)的高级研究员,也是悉尼科技大学(University of Technology, Sydney)管理与组织研究中心(Centre for Management and Organization Studies Research)的核心成员。她的研究成果已在各类书籍、手册和学术期刊中发表,如 *Management Learning* 和 *Society and Business Review*。她的主要研究领域是基于实践角度的组织认知和学习。

Tim Brady 从 1980 年开始研究创新和创新管理,在 1994 年加入布莱顿大学(Brighton University)的创新管理研究中心(Centre for Research in Innovation Management, CENTRIM)。他曾担任英国经济与社会研究理事会(ESRC)资助的复杂产品系统创新中心副主任。作为英国工程与自然科学研究理事会(EPSRC)的"反思项目管理"网络的成员,他组织了 2007 年的国际项目管理研究联盟(IRNOP)研究大会。目前研究领域包括基于项目业务的学习和能力拓展。

Christophe Bredillet 是法国里尔 SKEMA 商学院(SKEMA Business School, Lille)的院长兼教务长。他是战略、项目集和项目管理教授,也是研究生课程主任。他是 *Project Management Journal* 的编辑。他的兴趣和研究活动包括项目管理和商业动态变化的原则和理论。

Mike Bresnen 是曼彻斯特商学院(Manchester Business School)的组织学教授。他是 *Organisation* 的副主编及创新、知识与组织网络研究中心(Innovation, Knowledge, and Organisational Networking, IKON)的创始成员,该中心总部设在英国华威商学院(Warwick Business School)。他已在建设流程的组织与管理、组织间关系、项目管理和生物医学领域的创新等方面进行了广泛研究并发表了众多文章。

Stewart Clegg 是悉尼科技大学管理与组织研究中心的教授。他同时也是哥本哈根商学院(Copenhagen Business School)和里昂商学院(EM-Lyon Business School)的客座教授。作为在社会科学、管理学和组织学理论的权威学术期刊的多产的教授,他也是很多书籍的作者,作品包括 *Handbook of Power*、*Handbook of Macro-Organization Behaviour* 和 *Handbook of Organization Studies*。

Bernard Cova 是法国马赛商学院(Euromed Management, Marseilles)的市场营销学教授及意大利米兰博科尼大学(Bocconi University)的客座教授。他 25 年来一直在研究一种特定的营销方式,以协助企业出售项目和解决方案。他还因对公共消费和协作营销方式的研究而闻名。

Andrew Davies 是伦敦帝国理工商学院(Imperial College Business School, London)创新创业小组的教授(Reader),也是 EPSRC 创新研究中心(EPSRC Innovation Studies Centre)的联席主任。他的研究侧重于项目和基于项目的企业创新。他与 Michael Hobday 合著 *The Business of Projects: Managing Innovation in Complex Products and Systems* 一书,由剑桥大学出版社在 2005 年出版。

Bent Flyvbjerg 是牛津大学(Oxford University)的教授,牛津大学重大项目集管理(Major Programme Management)的创始人,还是牛津大学 BT 重大项目集管理中心(BT Centre for Major Programme Management)的创始人。他曾两次担任美国的富布莱特访问学者,期间,他在加州大学洛杉矶分校(UCLA)、加州大学伯克利分校(UC Berkeley)和哈佛大学(Harvard)从事研究。他的著作包括 *Megaprojects and Risk* 和 *Decision-Making on Mega-Projects*,著作被翻译为 18 种语言。

Hans Georg Gemuenden 是柏林科技大学(Berlin University of Technology)的教授,并担任技术与创新管理(Technology and Innovation Management)主席。他写了数本关于创新及技术管理、创业、项目管理、战略、营销和会计的书籍,以及大量的学术论文,发表在 *Organization Science*、*Research Policy*、*Management International Review* 和 *International Journal of Project Management* 等期刊。

Joana Geraldi 伦敦大学学院(UCL)建设和项目管理学院的讲师。她的研究涉及变革管理、项目和项目集的复杂性,以及如何启动项目和项目集工作。她撰写和参与撰写数篇文章,主要发表在 *International Journal of Project Management* 和 *Project Management Journal* 上。她被授予了 2008 年 IPMA 和 International Journal of APM 科研奖。

Nuno A. Gil 在参与结构工程和项目管理领域的专业实践后,从加州大学伯克利分校获得了工程博士学位。他在 2004 年加入了曼彻斯特商学院,重点研究大型工程项目/项目集交付、开发流程、设计架构、合同战略和治理结构。他研究的关键要素是专注于新基础设施建设。

Gernot Grabher 是汉堡港口城市大学(Hafen City University, Hamburg)的城市与区域经济教授。他曾在行为科学高级研究中心(Center for Advanced Study in the Behavioral Sciences)、哥伦比亚大学(Columbia University)、斯坦福大学(Stanford University)、康奈尔大学(Cornell University)、圣菲研究所(Santa Fe Institute)和哥本哈根商学院(Copenhagen Business School)担任客座教授。他是区域研究协会(Regional Studies Association)的 *Economic Geography* and the *Regions and Cities* 丛书的编者之一,而且是六种国际地理期刊的编委。

Markus Hällgren 是瑞典于默奥大学商学院(Umeå School of Business)的助理教授。他的主要研究兴趣是应用于项目的实践和组织理论。他目前正在研究建筑工程的管理差异和分布式系统中的创新管理,以及登山探险的团队动态。

Mike Hobday 是布莱顿大学 CENTRIM(创新管理研究中心)的创新管理学教授。他的研究包括复杂产品和系统中的创新。他是许多期刊出版物和多种著作的作者,包括与 Andrew Davies 合著、由剑桥大学出版社在 2005 年出版的 *The Business of Projects: Managing Innovation in Complex Products and Systems*。

Damian Hodgson 是曼彻斯特商学院的组织分析学的高级讲师,并担任曼彻斯特商学院项目管理研究中心(Centre for Research in the Management of Projects)成员。他的研究主要集中在项目管理的专业化和组织与社会项目化的当代进程。同时,他是一个名为"使项目变得关键"(Making Projects Critical)的系列研讨会的共同召集人。

Martin Hoegl 是德国奥托贝森管理研究院(WHU-Otto Beisheim School of Management)的教授,同时担任领导力和人力资源管理系主任。他的主要研究兴趣包括基于项目组织的领导和协作。他在 Academy of Management Journal、Journal of International Business Studies、Journal of Management、MIT Sloan Management Review 和 Organization Science 等国际知名期刊上发表过文章。

OliverI bert 是柏林自由大学(Free University of Berlin)的经济地理学教授,同时是埃尔克纳的莱布尼茨区域发展与规划结构研究所(Leibniz-Institute for Regional Development and Structural Planning,IRS)科研单位"区域化及经济空间"(Regionalization and Economic Spaces)的负责人。他于 2002 年从奥尔登堡大学(University of Oldenburg)的社会科学系获得博士学位。他的研究主要集中在临时组织、知识实践、用户带来的创新和规划理论。

Stylianos Kavadias 是佐治亚理工学院管理学院(College of Management of Georgia Tech)的技术和运营管理副教授。他的研究主要集中在战略、组织和项目组合的资源分配流程决定因素,并频频在 Management Science 发表文章。他在佐治亚理工学院的 MBA 项目和高管项目中讲授项目管理和产品开发。

Jaakko Kujala 是芬兰奥卢大学(University of Oulu)的项目和质量管理学教授。他拥有十多年的自动化系统行业经验,并已启动几个大型研究项目,与领先的项目型公司合作,如 Nokia Siemens Networks、Kone、Wärtsilä 和 Metso。他的研究兴趣包括项目型公司的环境变量和商业模式。

Raymond Levitt 是斯坦福大学的土木与环境工程学教授,他在那里指导全球项目研究合作实验室(Collaboratory for Research on Global Projects)和斯坦福高级项目管理(Stanford Advanced Project Management)项目。他的研究团队开发了 SimVision® 用来预测和减轻迅速完成项目的进度风险与质量风险。Levitt 博士共同创办并担任 Design Power、

Vité 和 Visual Network Design 公司的总监。

Lars Lindkvist 是瑞典林雪平大学(Linköping University)管理与工程学院的工商管理学教授，KITE(Knowledge Integration and Innovation in Transnational Enterprise)研究小组的成员。他关于项目组织和知识流程的著作发表在 Journal of Management Studies、Organization Studies、Management Learning、Journal of Management and Governance 和 International Journal of Project Management 等期刊。

Christoph Loch 是欧洲工商管理学院(INSEAD)的技术管理学教授。他的研究兴趣围绕在研发管理、项目管理、战略部署和人才激励。他已经出版了四本书，并在顶级期刊发表了 50 篇文章，其中有 20 篇与管理实践者共同撰写。他拥有达姆施塔特研究所(Darmstadt Institute of Technology)的经济工程师学位，并获得田纳西大学(University of Tennessee)的 MBA 学位和斯坦福大学的博士学位。

Nick Marshall 是布莱顿大学 CENTRIM 的高级研究员。他的研究和出版物主要聚焦在组织知识、学习和创新领域，尤其是以项目为基础的环境和其他临时环境。在 1999 年加入 CENTRIM 前，Nick 是华威商学院的一名研究员。他拥有伦敦大学国王学院(King's College London)授予的博士学位。

Eunice Maytorena 是曼彻斯特商学院的建筑项目管理讲师。作为一名受过培训的建筑师，她的工作包括建筑设计和咨询、建筑环境的各个方面研究，以及项目管理。Eunice 曾从事多项关于项目风险认知的研究项目。她的研究兴趣包括项目管理、风险管理，以及管理和组织认知。

Peter W. G. Morris 是伦敦大学学院(University College London)建筑及项目管理系的院长和教授。他是超过 110 篇论文和多本关于项目管理书籍的作者。作为英国项目管理协会的前任主席，他被授予了英国项目管理协会的 2005 Research Achievement Award、2008 Sir Monty Finniston Life-Time Achievement Award，以及国际项目管理协会(IPMA) 2009 Research Award。

Miriam Muethel 是德国奥托贝森管理研究院的领导力和人力资源管理系的助理教授。她的研究兴趣包括组织行为学和创新管理。她曾在 Journal of International Management 和 Academy of Management Proceedings 上发表文章，并编辑了数本书籍。在加入 WHU 前，Muethel 博士曾在大众汽车集团担任国际项目管理顾问。

Ralf Müller 是瑞典默奥大学的副教授，兼任挪威管理学院（Norwegian School of Management BI）和法国 SKEMA 商学院的兼职教授。他负责讲授和研究项目领导力、项目管理、研究方法等课程。他曾在 NCR 公司的 Teradata 数据业务部担任全球项目管理总监。

Daniel Muzio 是利兹大学（University of Leeds）的高级讲师，讲授雇佣关系学。他的研究领域包括组织理论、职业社会学和专业机构与专业人士之间的互动。他曾在一系列领先的学术刊物上发表论文。此外，他还编辑了 Study of Expertise（Palgrave, 2007）中的重新定向专栏，主题为医学、法律、管理咨询的转型。

David Partington 是一名特许机械工程师，在其四十年职业生涯中，他曾担任设计师、经理、教师、研究人员、作家和顾问。他在克兰菲尔德管理学院（Cranfield School of Management）获得了博士学位，自1995年起他便在那里工作。同时，他是项目管理模拟培训准备包（Proaction）的作者。

Sergio Pellegrinelli 是 SP 协会（SP Associates）的总监，以及克兰菲尔德管理学院的客座研究员。他是一位经验丰富的战略顾问和管理发展专家，为众多国际客户服务。他进行过大量研究，并发表了论文，还在项目管理能力与实践、战略开发和实施，以及管理顾问的国际会议上发表专题演讲。

Jeffrey K. Pinto 担任宾夕法尼亚州立大学（Penn State University）技术管理系的 Andrew Morrow and Elizabeth Lee Black 讲席教授。他是23本书和120篇科学论文的作者和编辑。Pinto 教授曾两次获得美国项目管理协会的 Distinguished Contribution Award（1997年、2001年），该奖项认可了他对项目管理领域的卓越贡献。此外，他在 2009 年获得 PMI 的 Research Achievement Award。

Tyrone S. Pitsis 是悉尼科技大学商学院的教授（reader），同时是管理与组织研究中心的联席总监。他的研究兴趣是基于项目组织的组织创新积极心理学。他获得多个澳大利亚研究理事会（Australian Research Council）的资助，并已在重要期刊和书籍上发表论文。他的最新出版物是 Handbook of Organizational & Managerial Innovation（Elgar Allen,2008)。

Andrea Prencipe 是意大利邓南遮大学(University G. d'Annunzio)的创新学教授,并担任苏塞克斯大学科技政策研究所(SPRU,University of Sussex)的名誉教授。他的研究兴趣包括基于项目组织的学习、模块化、社会资本和创新过程。Andrea 担任 *Long Range Planning* 和 *Organization Science* 的编委。

Robert Salle 是法国里昂商学院的企业市场营销学教授。他的研究领域主要集中在项目营销和解决方案销售上。他还就工业企业的 B2B 提供讲座和咨询,他最喜欢的一个话题是关系组合管理。他在 20 世纪 80 年代初参与创立了工业品营销与采购集团。

Hedley Smyth 是伦敦大学学院的建筑项目管理学高级讲师。他教授的课程是企业管理学,研究则侧重于关系营销和管理,以及客户和承包商之间还有项目和企业主体之间的信任。

Anders Söderholm 是瑞典中部大学(Mid Sweden University)的管理学教授,兼任该大学的副校长。他的研究领域主要是项目制组织,还有基于组织理论的项目管理。他是 *Neo-Industrial Organising*(Routledge,1999)和 *A New Grammar of Organizing*(Edward Elgar,2007)的合著者。

Jonas Söderlund 是挪威管理学院的教授。他是林雪平大学 KITE 研究小组(跨国企业的知识整合与创新)的创始成员之一。他就管理和项目组织、项目制企业、项目能力等方面的主题发表了多篇论文,刊登期刊包括 *Organization Studies*、*Human Resource Management*、*International Journal of Innovation Management* 和 *International Business Review*。

Fredrik Tell 是林雪平大学管理与工程系的管理学教授,同时是 KITE 研究组副主任。他的研究领域包括复杂技术和标准的惯例、组织知识、创新和产业动态,以及商业史。他一直在伦敦政治经济学院(London School of Economics)、苏塞克斯大学和斯坦福大学担任客座研究员。

Rodney Turner 是法国里尔 SKEMA 商学院的建筑管理系教授。他同时担任亨利商学院(Henley Business School)、利默里克大学凯米商学院(Kemmy Business School)和悉尼科技大学的访问教授。Rodney 是十六本书籍的作者或编者,同时担任国际期刊的项目管理专栏编辑。他是英国项目管理协会的副主席、名誉院士,以及前主席。

  Jennifer Whyte 是雷丁大学(University of Reading)建筑管理和工程学院的创新与设计学讲师。作为管理高级研究所(Advanced Institute of Management,AIM)成员,她一直致力于研究基于项目的设计环境管理实践。她是创新建设研究中心(Innovative Construction Research Centre,ICRC)的成员,并领导着一个挑战性工程勘察组(Challenging Engineering exploration group)。

  Graham Winch 是曼彻斯特商学院的管理学教授,并担任项目管理研究中心的主任。他是 *Managing Production:Engineering Change and Stability*(牛津大学出版社,1994)和 *Managing Construction Projects:An Information Processing Approach*(第 2 版)(Wiley,2010)的作者。他已经发表了 40 多篇期刊论文及许多其他论文。

导论　项目管理的第三次浪潮

Peter Morris　　Jeffrey Pinto　　Jonas Söderlund

项目与项目管理

　　自人类出现以来,项目就一直伴随我们而存在(甚至在人类出现之前就已经存在了,只是用了不同的语言),甚至从人类开始有组织地进行狩猎和农耕等活动起这一点就更加明确。人类最早期的建筑、军事活动和宗教仪式证明了我们有设定目标、制订计划、成功实现预期任务的能力。在过去,我们几乎是基于本能做出这些行为——就像管理学的很多分支一样——而没有阐明或有意识地反思我们是如何做的。然而,渐渐地,像本书的第1章所言,工具出现了(如18—20世纪早期甘特图的出现),项目组织结构变得正规化了(项目协调者在20世纪20年代出现,矩阵型组织在20世纪30年代第一次被提出),最终,在20世纪50年代早期至中期,项目管理作为一个完整的学科被美国空军提出和采用,用于整合其建设导弹开发计划的工程建设和生产,因为这一计划技术复杂、时间紧迫。

　　事实上,项目,无论是哪种形式,都在推动社会发展的创新中起到了核心作用;项目管理,即使不总是被完全承认,但在确保"那些产生了通信、信息、交通和国防系统的集体创新活动"方面起到了决定性的作用,而这些系统"构建了我们的世界,并影响了我们的生活方式"(Hughes,1998:4)。

　　项目管理学科自其在20世纪50年代正式创立以来一直持续发展,令人印象深刻。现在已有超过70个国家(和地区)建立了专业的项目管理协会,包含50多万名联合会员(见http://www.PMI.org、http://www.IPMA.ch和第4章)。世界各地百余间高等教育机构提供项目管理的本科学位。然而,尽管该领域有这些"专业的"基础,并强调学习和知识传授,但该学科的知识基础,往好了说是多变的,而如果要坦率地说,则其实是相当薄弱的。这也许很大程度上是由于在学科建立的早期人们偏向于对工具和技术的关注,如关键路径网络、工作分解结构、挣值分析、配置管理等[其中很多是在被严格免于外部干扰的环境(国防/航空航天)中被构思和采用的]。因此,项目管理多年来都被视为一般管理(生产与运营)的一个子门类,体现出一种高度技术性和理性的视角(Packendorff,1995),是一门从Parsons所谓的企业管理的制度层面分离出来的学科(Parsons,1960)。事实上,这仍是一个在许多教科书中占主导地位的传统,而其实证和规范的性质依然为这一学科的主导专业模型——其"知识体系"奠定了基础(PMI,2008)。因此,它在很大程度上为大众讨论项目管理的核心议题设置了框架,但在我们看来,它同时也将这些争论限制并导向了这一固定的框架中(Cicmil and Hodgson, 2006)。

不过针对这种狭隘的观点,同时在很大程度上受到许多关于项目和项目管理(按其当时所定义的框架)糟糕表现的研究(例如参见Jugdev and Müller,2005)的激发,在20世纪70年代和80年代,学者们开始对项目进行更广泛的思考,例如成功的项目有什么特点,以及"成功地"管理这些项目究竟意味着什么(Morris and Hough,1987),并在此过程中开始建立这一学科更广泛的理论基础。一个更大,而且在许多方面更具远见的学科范式开始出现,它涵盖的不只是计划和控制,更包括技术和商业议题、组织和人员,以及外部事务——Morris称其为"项目的管理"(management of project)(Morris,1994)。

项目作为一种组织

这一新范式的主要改变在于对项目本身的关注:为了成功建立并交付项目,有什么事情是必须做的;项目与其所处的环境;项目作为发起人投资或利益相关者做出反应的实体;项目的形式、开发、定义和交付。分析的单元就是项目本身,而不是项目管理的过程(如风险管理、计划和调度等)。这一关注点被后续针对重大项目的研究所强化,特别是Miller and Lessard(2000)以及Flyvbjerg, Bruzelius, and Rothengatter(2003)的研究,并且在各种评论,如"反思项目管理"(Winter et al., 2006)和"重塑项目管理"(Shenhar and Dvir,2007)中得到加强。

按照这种观点,项目就可以被看作是用于整合不同组织和领域的活动及人员的基本组织单位:需要解决动态管理问题的(Davies and Hobday,2005)"创造未来"的组织结构(Lundin and Söderholm,1995);需要战略流程、人力和物力投资的"临时组织",以及常常反映权力斗争的政治行动,在某些情况下是公众抵制。

组织和环境的观点塑造了这种分析的基础,并且我们认为它是当今该领域的核心,因此也成为本手册的基础。此关注点明确地将项目管理归于管理和组织研究领域,将其作为不同组织都需要的关键能力,同时也是一般管理实践的重要组成部分。

日益重要的理论

由于项目管理学科的范围已经扩大,所以这一学科的学术地位也逐步上升,这从其在文献中逐渐提升的地位以及在许多商业和工程学校被广泛开设中可见一斑(见第2、3章)。同时,关于项目管理的研究也显著增加。在日益增长的评论的刺激下(例如见Packendorff,1995;Söderlund,2004a,2004b;Pinto,2002),在如何更好地塑造该学科的理论基础上,以及在如何使项目管理的研究同管理者、发起人、政策制定者和其他相关人士建立更密切的联系上(同时要确保这样做没有降低学术严谨性的标准),该学科面临更多压力。这方面的进展缓慢且分散,然而有迹象表明这种情况正在发生变化,这种变化发生在研究的主题上,或是在解决问题的方式上,以及它们以何种方式作为一个整体聚在一起上(第2章)。

尽管如此,在这种广泛的分析和论述层面,仅有很少的书籍明确关注该领域理论基础和学术研究的意义。因此,填补这一空白是本手册的一个明确目的。事实上,我们希望本书能够成为关注并且弥补这一差距的早期作品。仅仅一本书并不能为该领域带来太大的改变:它太庞大又太复杂,尽管本书篇幅较长,但仍然没有回答该学科所研究的所有问题。不过本书确实解决了许多最重要的问题,而且通过直接或者省略某些内容的方式为未来的研究提供了方向。

本书的指导原则

本手册面向的主要对象是学术研究者:遍布全球的项目管理和项目制组织研究领域的研究人员、博士生以及硕士生。本书也写给那些想了解更多关于项目管理的潜在研究议题的从业者。因此,本书的目的是提供严谨的、研究导向的、最新的学术观点。本书所关注的话题,我们概括为以组织实体作为主体的项目管理,涵盖项目所处的环境和前端开发,以及其定义和实现;同时关注如何有效地实现项目管理,从而带来价值并实现效益的优化,而非只关注如何"在时限内、预算内和规定内"完成项目。

因此,本书旨在:

- 提供看待项目及其管理过程的理论视角;
- 不仅仅覆盖项目管理的实施或执行过程,如之前所提及的,更应该以项目为核

心,关注其在商业和社会中的角色,以及什么是成功开展并交付项目的关键因素;

• 涉及与这样一个广泛而富有前景的主题相关的概念和理论问题,以及一些与之相关的实际问题。

本书不是一本"教你如何做"的教科书。本书恐怕对于只是想要一本教他们如何管理项目的权威指南的实践者没有吸引力。它没有提供一套机制来解决像如何安排关键路径、如何得出合适的合同战略、如何估算和跟踪成本、如何组建团队并领导团队的问题,或者类似这样的重要问题。这些问题和其他许多实际问题都已经很好地被其他数十种书籍及数千篇文章所分析,而且坦率地说,这些早已不再是项目管理研究界真正关心的课题,虽然其中一些是项目管理技能基本训练中的重要环节。相反,本书从不同的角度关注项目的现象和我们对项目的理解,以及如何对它们进行管理,特别是在不同的形式和不同的环境背景下。它是反思性和概念性的。如第1章的结论部分所述,如今影响整个领域未来的挑战只有很少是有关工具和技术的,更多是关于解释性问题的:领导力和管理;战略和治理,风险和不确定性;项目集和学习;人员与人际关系;信息和知识;技术和创新;环境和理念。

所有这些都是非常重要的课题,这不只是对研究生和教师而言,也是对研究人员、管理人员、立法者及其他利益相关者而言。这些课题应该帮助他们更好地理解项目:项目的理论现实;项目是什么,项目及项目的管理有什么不同;为了成功地塑造和交付项目需要有什么样的管理和组织。更充分地理解这些课题有助于我们提高对这一学科的语言表述(和概念化),以便我们更好地掌握并交流当探索和塑造该领域时所需的知识和经验。

项目管理研究的第三次浪潮

本手册包括了世界各地该领域一些最重要研究人员的贡献,既表明了编者的兴趣,也及时反映出共同参与这些章节编写的学者们在当下的集体心态。作为编者,我们试图列出一些今天仍然活跃的项目管理理论学者所做出的最引人注目的贡献,同时提出一些关于本书的结构和他们所需要做的贡献的一般准则。有必要一提的是,不是每个学者都能在我们希望的时限内满足要求。尽管如此,我们认为本书所涉及的话题代表了目前在项目管理研究领域中对理论构建和阐释而言最前沿和最关键的主题。作为编者,我们通过这种方式提出了一个研究议程。然而,出于同样的原因,本手册也是一个探索的工具:虽然我们已经提出研究议程,但贡献者可能不同意,并且会根据他们自己的特殊经历和当前的兴趣公正地接受或修改我们的建议。因此,本书的撰写引发了许多见解,有些是刻意追求的,而有些则是在我们编辑和写作时才偶然出现的。

令我们惊讶的是本手册的主题所呈现出来的方式,它不总是完全反映我们先前的建议,而是产生于编者和作者共同探索项目管理关键主题的意愿,并在当前的研究范式内得到塑造。这些章节背后所涉及的编者与作者的对话量之大,远远超出我们以往的经验。其结果是,构成本书的章节既没有计划,也没有声明它将覆盖项目管理领域的每一个关键主题或元素,而只是反映一些该学科中最关键的并且为人们所熟悉的主题。

"项目的管理"这一范式一直对一系列重要的、直接对项目绩效造成影响但却研究不足的领域而言至关重要,并在很大程度上将项目管理从第一次浪潮的形式化中进行了升级,而第一次浪潮的首要关注点是规范性工具和技术。"项目的管理"为作为一个学术领域的项目管理转入新方向——"第二次浪潮"范式——提供了跳板,第二次浪潮包括了像"临时组织""权变模型""反思项目管理"等模型的发展。但在撰写本书过程中,学者们推动了"第二次浪潮"范式向前发展,在一些新的方向上形成了"第三次浪潮"。这不仅基于我们自己的判断,而且基于我们学科的顶尖学者(各章节作者)的说服力——他们更加专注于从外部向内看:制度背景下的项目及项目管理。

"第三次浪潮"的特点是:①注重项目管理的理论基础和历史;②强调项目环境[社会、行业、企业(公司)、业务部门、项目]的重要性;③承认公司(企业)和项目之间的联系;④关注战略和项目之间的联系,以及项目对于创新和创造"完美未来"的作用;⑤赞同治理和控制对于促进并确保组织内和及跨组织有效利用资源的作用;⑥更关注领导者的角色,并注重在这个层面塑造项目("创造的而非发现的")时为建立信任和竞争力而面临的挑战,注重为项目创造合适的环境;⑦认为项目往往是涉及跨组织关系、需要解决不确定性和新颖性、并面临学习和知识整合的特殊挑战的复杂组织。

在总结本手册的全部内容时,这些特征占据了核心地位。因此,我们将手册归纳为六个部分。第一部分:历史与基础;第二部分:产业与环境;第三部分:战略与决策;第四部分:治理与控制;第五部分:合同化与关系;第六部分:组织与学习。

与此同时,我们希望这些章节能跨越边界和简单的分门别类,来探讨项目管理现阶段发展的重要常见话题。这些话题涉及上述七个特征,但它们中的很多也不能轻易地按传统方法划分。相反,它们阐明了项目管理第三次浪潮中的一些关键主题:

• 环境:Grabher 和 Ibert 真正原创性地提出了项目生态的想法(第 7 章);Bresnen 和 Marshall(第 6 章)讲述了制度理论对项目实践的影响;Lindkvist 讲述了行业类型如何影响项目的学习和知识整合(第 19 章)。

• 企业和项目之间的双向互动:Artto、Davies、Kujala 和 Prencipe 讲述了作为商业活动的项目(第 5 章);Söderlund 和 Tell 讲述了项目型企业的性质(第 8 章);Loch 和 Kavadias 讲述了项目和战略之间的联系(第 9 章);Cova 和 Salle 讲述了项目塑造的作用(第 16 章)。

• 组织项目以交付复杂结果的项目:Pellegrinelli、Partington 和 Geraldi 谈论了项目集管理(第 10 章);Brady 和 Hobday 讲述了项目与创新(第 11 章);Müller 讲述了项目治理(第 12 章)。

• 关系和合同是组织项目的核心维度,并且在近年来已经出现了重大变化:Bresnen 和 Marshall 讲述了在推动合作时制度环境的重要性(第 6 章);Clegg、Bjørkeng 和 Pitsis 讲述了联盟是如何改变合同制度和合同管理的(第 17 章);Gil、Pinto 和 Smyth 讲述了信任和伙伴关系(第 18 章);Cova 和 Salle 再次讲述了网络(第 16 章)。

• 对人员提出的新要求:Hoegl、Muethel 和 Gemuenden 讲述了分散项目中的团队精神和领导力(第 20 章);Hällgren 和 Söderholm 讲述了"项目实践"(第 21 章);Hodgson 和 Muzio 讲述了职业项目经理(第 4 章)。

• 技术和我们工作的方式:Whyte 和 Levitt 讲述了信息和通信技术对我们管理与组织方式的影响(第 15 章);Hoegl 等再次讲述了虚拟环境(第 20 章)。

• 失败和风险(潜在的和已知晓的)及如何处理:Winch 和 Maytorena 讲述了经典的风险和不确定性实践的局限(第 14 章);Flyvbjerg 讲述了乐观偏见和基准预测(第 13 章);Lindkvist 再次讲述了偏差在引发学习上的影响(第 19 章);Brady 和 Hobday 再次讲述了创新(第 11 章)。

• 有关理论的作用的反思以及具有反思性的研究者和实践者:Hällgren 和 Söderholm 讲述了注重实践的研究方法(第 21 章);Hodgson 和 Muzio 再次讲述了项目管理作为一门专业学科的"独特"位置(第 4 章)。

在本书向前推进的时候,我们已经进行了必要的评估和批判。这是本书有意为之的特点,也是本书第一部分的核心主题:历史与基础。因此,Morris 在第 1 章描绘了学科的变迁,显示出它是如何从最初关注于项目整体,到 20 世纪 70 年代末和 80 年代产生分歧,即一方面注重规范性"执行"的范式,另一方面注重更广泛的以项目为中心的范式。Söderlund 在第 2 章进行了文献综述,并提出了一个框架以统一项目管理理论的多元化,还讨论了阐明观点、解决特定类型的项目和问题以及将过程纳入考虑的必要性。Turner、Pinto 和 Bredillet 在第 3 章审视了过去 20 年一流项目管理期刊中的学术发展和新兴主题,并综述了人们对研究方法、方法论和现存文献意识的提高。Hodgson 和 Muzio 则分析了在项目管理领域内为进行职业化所采用的战略,以提高我们对项目管理作为一种特殊的实践和专业领域的理解,并论述了项目管理职业的前景。

任何研究者都知道,保持批判性一定可以带来许多新的机会,而这里就有一个这样的机会,它使我们讶异于这种新兴的环境。我们认为大多数项目管理主要涉及技术性问题(分析、设计、实施、测试等),其在一个商业平台上进行,依靠并通过人来解决所出现的一切挑战。它真是一种现代形式的社会-技术工作(Bruns and Stalker,1961;Emery and Trist,1960)!然而,似乎很少研究者有兴趣或有能力接近这一双重视角的主题。这可能部分反映了目前活跃的研究团体的组成和兴趣。不知为何,我们似乎至今无法将项目管理概念化为一个可行的研究领域,并讲授其在现实世界中所涉及的技术、商业、组织和人的问题。也许这就是第三次浪潮所面临的真正挑战,我们只有通过反思我们已经达到和未能达到的才能迎接这一挑战。

正面的迹象

很显然,我们还有很长的路要走,还有很多的研究工作要做。但这其实也是令人兴奋的:如果我们有了所有的答案,那该多么无聊。本手册为未来的研究提供了许多想法,在这样做时,我们相信项目管理领域在管理学中处于一个重要的位置。事实上,本手册的一个目标是找出新的挑战和新的研究前景。因此,所有的章节都以对未来的研究和未解决的问题提出建议来结尾。研究工作可以帮助确定新的问题和新的研究议题,这是当代项目管理不断发展的一个重要正面迹象。

我们认为,项目及其管理会在更广泛的一般管理学内作为一个大家感兴趣的领域在可预见的未来继续发展。如果我们看一下项目管理的实践,会发现更加如此——这是一个高度灵活、持续引入新应用和新发明的领域。这些发展利用、整合、检验并挑战了现存的理论。在这个意义上,对项目管理研究者而言,实践既是灵感的重要来源,同时也是管理创新和理论观点的试验台。到目前为止,项目管理实践给理论学者提出了大量需要思考的问题,也提供了大量的新思路。不过与此同时,研究界也为实践界做出了巨大的贡献。紧前关系绘图法在伯克利被发明;资源调度也是学术研究的成果;20世纪80年代末90年代初麻省理工学院和哈佛大学关于汽车的研究对产品开发过程产生了巨大的影响;知识管理和组织学习有很强的研究背景;我们大部分关于"人"的知识也基于学术研究;对重大项目和项目的成功及失败的研究已对实践产生重大影响(Morris,2010)。因此,这种紧密的理论和实践互动关系是该学科健康发展的第二个重要正面迹象。

就像任何以研究为导向的著作,本书的一个明确目的是加强该领域的理论基础,提醒人们注意危险,找出替代方案,并检验假设。在这方面,本书包含了丰富的理论。理论构建了知识,并努力在实践中产生意义。它旨在提供新的思路以触发实践的改进。通过强调该领域背后的理论基础,学者和实践者群体之间的沟通有望被加强。项目管理的学术研究不仅在塑造和批评理论观点时发挥了至关重要的作用,它也有责任这样做:强调证据的重要性,并坚持论证的严谨性。在达到这一目的的过程中,它会塑造人们的想法,而这些人将领导未来的项目。因此,项目管理的教与学正在以更加严谨的方式展开,例如通过更关注研究的会议、学术特刊、更广泛的一般管理学出版物以及更好的书籍等,这是一个非常正面的迹象。重要的不仅是这些课题和理论,教授的方法也同样重要。相应地,本学科教学法的发展对于塑造项目管理的研究也是另外一个正面迹象。

此外,研究有时会对相似的问题给出不同的看法,从而带来一些辩论和挑战,这也是一个正面迹象。相应地,本书中也有一些章节之间的愉快对话,还有一些不同章节提出的主要论点之间的对比。例如,Flyvbjerg 在第 13 章中基于数据讲述了他的案例,Winch 和 Maytorena 则在讲述风险和不确定性的第 14 章中质疑其方法对于评估未来表现的效用。在目前的风险管理实践中,核心是"期望效用"的范式。它基于一些假设,其中包括一个风险事件发生的概率分布和事件发生后的影响大小是可以衡量的假设。而实际上,这一点往往很难做到:由于数据集的缺失(因而造成概率的效用的缺失),未来可能不会和过去一样;事件的影响往往难以量化;还有时间滞后的影响。我们有多种理论和多种解释,这事实上为质疑一般假设及常规做法开辟了很多可能性——这是知识发展的关键一步,也是不可能被忽略的一步。

总结

本手册所提供的内容大多是当下人们感兴趣的主题以及未来研究的方向。事实上,它开创了一个新的研究议题,为大部分只关注项目"内部"的传统研究提供了新的导向,可以说这种传统将项目从其环境中剥离了出来,但现在,我们更加关注使项目成为可能的制度条件,关注项目管理的嵌入、社会-技术和过程性等性质,这种视角与单纯的项目管理相比有较大的不同,并因此产生了许多挑战。

无论你同意与否,我们认为研究人员似乎应该,并且确实需要更广泛地参与到那些项目管理实践者会面临的全方位的问题和课题中来。学术界必须能够形成并融合具有综合性和多学科特征的概念框架,反映项目经理及项目集经理和他们的发起人每天面对的复杂问题;从理论完善的角度解决这些问题;通过数据提出理论,同时通过理论分析数据,有效地转化为输出,这些输出将为所有对项目及其管理感兴趣的人提供价值。

如果本手册可以帮助读者做到这一点,那么我们的努力便没有白费。我们期待将来会有更多关于如何在未来不断变化的环境中更好地研究项目及项目管理的学术评论。

参考文献

Burns, T., and Stalker, G. M. (1961). *The Management of Innovation*. London: Tavistock.
Cicmil, S., and Hodgson, D. (2006). *Making Projects Critical*. Basingstoke: Palgrave Macmillan.
Davies, A., and Hobday, M. (2005). *The Business of Projects*. Cambridge: Cambridge University Press.
Emery, F. E., and Trist, E. L. (1960). "Socio-technical systems," in C. W. Churchman and M. Verhulst (eds.), *Management Science, Models and Techniques*, vol. ii. London: Pergamon, 83–7.
Flyvbjerg, B., Bruzelius, N., and Rothengatter, W. (2003). *Megaprojects and Risk: An Anatomy of Ambition*. Cambridge: Cambridge University Press.
Hughes, T. P. (1998). *Rescuing Prometheus*. New York: Vintage.
Jugdev, K., and Müller, R. (2005). "A retrospective look at our evolving understanding of project success," *Project Management Journal*, 36/4: 19–31.
Lundin, R. A., and Söderholm, A. (1995). "A theory of the temporary organization," *Scandinavian Journal of Management*, 11/4: 437–55.
Miller, R., and Lessard, D. R. (eds.) (2000). *The Strategic Management of Large Engineering Projects*. Cambridge, MA: MIT Press.
Morris, P. W. G. (1994). *The Management of Projects*. London: Thomas Telford.
——(2010). "Research and the future of project management," *International Journal of Managing Projects in Business*, 3/1: 138–46.
——and Hough, G. H. (1987). *The Anatomy of Major Projects: A Study of the Reality of Project Management*. Chichester: John Wiley & Sons Ltd.
Packendorff, J. (1995). "Inquiring into the temporary organization: new directions for project management research," *Scandinavian Journal of Management*, 11/4: 319–34.
Parsons, T. (1960). *Structure and Process in Modern Societies*. Glencoe, IL: Free Press.
Pinto, J. K. (2002). "Project Management 2002," *Research Technology Management*, 45/2: 22–37.
Project Management Institute (2008). *A Guide to the Project Management Body of Knowledge*, 4th edn. Newton Square, PA: Project Management Institute.
Shenhar, A., and Dvir, D. (2007). *Reinventing Project Management: The Diamond Approach to Successful Growth and Innovation*. Boston: Harvard Business School Press.
Söderlund, J. (2004a). "Building theories of project management: past research, questions for the future," *International Journal of Project Management*, 22: 183–91.
——(2004b). "On the broadening scope of the research on projects: a review and a model for analysis," *International Journal of Project Management*, 22: 655–67.
Winter, M., Smith, C., Morris, P. W. G., and Cicmil, S. (2006). "Directions for future research in project management: the main findings of a UK government-funded research network," *International Journal of Project Management*, 24/8: 638–49.

第一部分

历史与基础

第1章 项目管理历史简述

Peter W. G. Morris

1.1 引言

项目管理是一种社会建构。我们对于其所包含的内容的理解在多年来不断演变，并将在未来继续改变。本章将从专业项目管理界的角度来追溯这种演变的历史。虽然全球有几十万来自各种项目管理专业协会的成员，并且还有更多的人在运用"他们或其他人认为是属于项目管理范畴的"工具、技术和概念，但是对于项目管理这个学科的内涵以及它的本体论和认识论，仍存在着不同的意见。也许对于许多同样是社会建构的学科来说也是这样，但在真实的项目管理世界里，人们会背负浪费资源的罪名，因而误解的后果可能很严重。

本书后面的章节会讨论这种不确定性的各个方面，而其中的某些方面的确会对项目管理是否或应否成为一门有自身知识体系的单独领域或专业提出挑战。在实际应用中，许多人肯定注意到了项目管理作为一门专业学科的规范性与理解其所在应用场景的重要性之间的冲突。然而，尽管存在这种不确定性，世界各地仍有数以万计的人把自己当作项目管理专家，认为自己有着代表了这门学科的共享"心智模型"。但这些模型真的与其现实目标吻合吗？本章认为，在某种程度上，至少有一些模型范围太狭隘，或曾经过于狭隘，以至于难以成功完成交付项目的任务。

对此做出解释吸引了我对这个领域的投入和反思（历史总是透过历史学家的眼睛被发现）。这是一个"反思的实践者"的论述。一些评论家无疑会讲不同的故事、有不同的侧重。因此，关于项目管理模型，贯穿本章的一个重要主题是将项目管理定位过窄是危险的，例如将其看作一个只注重实践的学科，"运用知识、技能、工具和技术……以满足项目要求"（PMI，2008：8）。（如果确实如此的话，这些要求是谁规定的？这难道不是项目的一部分吗?)相反,本章强调关注项目管理整体的好处,从其初期的概念阶段到需求的引出与定义,再到其后期的调试阶段,并且强调环境、前端、利益相关者、各种衡量项目成功的标准、技术和商业问题、人,以及价值和提供利益的重要性。我在其他地方将此称为"项目的管理"(Morris and Hough,1987;Morris,1994;Morris and Pinto,2004),当然也包括掌握传统的核心执行能力。

1.2 早期历史

"项目"(project)这个词指"扔出去的东西"或者"一个想法或概念"(牛津英语词典)。"管理"(management)则是"为达到目的而进行物质和人力资源安排的艺术"(Wren,2005:12)。那么"项目管理"指的是什么呢?这个词本身在20世纪50年代初以前似乎并没有被太多地使用,但项目从人类文明出现时就已经开始被管理:例如美索不达米亚的古代城市、埃及的金字塔、巨石阵。历史上充满了杰出的工程壮举、军事行动和其他非凡事业,这些都表明人类具有完成复杂、高要求项目的能力。但是,除了一些例外,直到20世纪50年代初,现代项目管理的概念才开始被提出。

然而,在项目管理出现之前,有几个重要的先导事件。Adamiecki 于1903年发表了名为时间表(harmonogram)的工作流草图(实际上是一个垂直条形图)(Marsh,1975)。(仿照 Priestley 于1765年发表在其《图表的传记》(*Chart of Biography*)一书中的想法:在水平时间坐标上画线。)Gantt 随后在1917年提出甘特图。正式的项目协调者角色于20世纪20年代出现在美国陆军航空队中(Morris,1994),项目工程师和项目官(Johnson,2002)以及埃克森·美孚和其他过程工程公司的项目工程师出现于20世纪30年代。在1936年,Gulick 在一篇理论文章中提出了矩阵型组织的概念(Gulick,1937)。

令人惊讶的一点是,在第二次世界大战中,尽管运筹学(Operation Research,OR)已经出现,当代项目管理的语言和工具并没有留下多少证据。曼哈顿计划(美国研制原子弹的计划)经常被引述为现代项目管理的最早的例子之一。这可能是个被过度强调的例子:在这个项目中——或者说在这个项目集中——我们并没有看到当今项目管理世界中的任何语言或工具。

1.3 20世纪50年代和20世纪60年代:系统开发

项目管理作为一个术语似乎首次于1953年在美国的国防-航空航天部门出现(Johnson,2002)。携带热核弹头的洲际弹道导弹的出现,尤其是来自俄罗斯洲际弹道导弹的威胁,成为20世纪50年代美国政府考虑的当务之急,促使美国空军(以及海军和陆军)专注于如何加速其导弹的开发。在1951年Bernard Schriever准将为美国空军开发出的采购流程下,美国空军研究与开发司令部(ARDC)和空军装备司令部(AMC)被要求在"特别项目办公室"(Special Projects Office)一起工作,由一名"项目经理"管理,项目经理对项目负有全部责任,承包商则被要求在项目的基础上考虑整个"武器系统"(Johnson,2002:29-31)。Martin(Marietta)公司被认为于1953年创造了"第一个得到认可的项目管理组织"——实际上是一个矩阵型组织(Johnosn,1997)。

重大系统项目集的管理

1954年,Schriever被任命为"阿特拉斯"(Atlas)洲际弹道导弹开发项目的负责人,他在那里继续推动一体化和优先级管理,并提出了一个更加全面的方法,也就是更多地使用承包商,让他们作为系统集成者参与进来,从而建立系统规范并监督其发展(Hughes,1998;Johnson,2002)。至于在曼哈顿项目上,Schriever则专注于建设一支优秀的团队。为了缩短开发时间,Schriever还积极推进并行实践——将所有系统元件的规划与许多通常是连续性的活动同时运行(被嘲讽地称为"边设计边执行!")。不幸的是,当导弹试验于1956年年底开始时,人们发现并行机制放大了技术问题。因此,在接下来的"民兵"(Minuteman)导弹计划中,Schriever开发了严格的"系统工程"检测、跟踪和管理技术,这些技术之后不久就被应用在阿波罗登月计划中。

与此同时,美国海军正在进行自己的项目和项目集管理实践。根据Teller于1956年提出的观点,导弹技术的发展速度将使洲际弹道导弹装配在潜艇里在20世纪60年代早期或中叶就实现,当潜艇准备好的时候(Sapolsky,1972:30),海军开始了"北极星"(Polaris)的工作。1955年,海军上将Raborn被任命为"北极星"特别项目办公室的负责人。和Schriever一样,Raborn强调人员素质与团队士气。北极星特别项目办公室实行了比空军更贴近实际的管理,其成果之一是在1957年开发了作为规划和监测工具的PERT。PERT(Planning and Evaluation Review Technique),即规划和评审技术,从来没有完全兑现其承诺,不过,它就像杜邦公司在1957年9月发明的关键路径法(CPM)一样,已经成为项目管理这一新学科的标志性象征。Raborn非常巧妙地、有先见之明地将PERT用作利益相关者管理(尽管当时没有使用这个术语)的工具,并把它作为核能与计算机时代的第一个管理工具向国会和新闻界宣传。

1960年,空军在其整个研发组织中采用了Schriever的方法,并记为"375系列"规定:分阶段的生命周期法;预先规划整个系统;项目办公室有权管理所有开发,并有系统支持承包商的协助(Morrison,1967)。项目和项目集管理实质上已经成为组织复杂系统开发的基本手段,而该系统又设计了工程机制来协调整个过程(Johnson,1997)。

之后,这些原则首先引起了1960年上任的国防部长罗伯特·麦克纳马拉(Robert

McNamara)的重视并得到了他的推动,然后被美国国家航空航天局(特别是阿波罗计划)所推动。由此,这些原则传遍了美国,然后传播到北约,以及航空航天和电子工业领域。

麦克纳马拉既是运筹学的爱好者也是运筹学的集大成者。项目计划与预算体系(The Program Planning and Budgeting System, PPBS)是他主要的集中化工具,但除此之外,他还推出了几款基于运筹学的实践操作,如生命周期成本核算、综合物流保障、质量保证、价值工程、配置管理和工作分解结构,后者在美国国防部/美国国家航空航天局1962年的一个联合指南"PERT/成本系统设计"中被推广。这个"指南"导致了该系统在行业内的广泛传播,并引发了许多产业界人士的抱怨,所以挣值[作为美国国防部的C/SCSC(Cost/Schedule Control System Criteria)——成本/进度控制系统标准的要求]于1964年作为一种绩效管理方法被引进(Morris,1994)。

同时,当时管理"民兵"计划的美国空军准将山姆·飞利浦(Sam Philips),正在领导美国国家航空航天局的阿波罗计划,用肯尼迪总统在1961年的历史性评论来总结,这个计划"使人在月球上登陆并安全返回到地球"。阿波罗计划将系统(项目)管理直接带到了公众的眼前。飞利浦将配置管理与严谨的设计审查和工作包管理一同视为其核心控制准则——"魔鬼在于接口"(Johnson,2002)。矩阵型结构可以帮助充分利用专家资源,而攻关小组负责解决具体问题。鉴于分阶段测试变得太过耗时且太过昂贵,质量、可靠性和(整体)测试变得非常重要。

还是回到地球上,IBM于1962年发明优先级调度工具;20世纪60年代后期,资源分配调度技术被开发出来(Morris,1994)。

组织管理和人员管理

多年来,项目管理被认为集中体现在PERT、关键路径法、工作分解结构、挣值等工具上。但在现实中,项目管理的更根本的特点在于围绕一个明确目标所进行的整合:无论是Archibald精辟地提出的"综合责任单点"(Archibald,1976)、项目"攻关小组",还是矩阵都是如此。根据Schriever的观点,理想情况下,这种整合应该贯穿于整个项目生命周期[关于这点,注意到项目的"执行"交付观点是有益的(见下文),项目经理一般不是整个项目的综合责任单点,而只是执行阶段的综合责任单点]。处理人际关系的技能也很重要。正如我们所看到的,Schriever、Raborn和Philips都强调高水平的领导力、团队合作和工作绩效。阿波罗计划赞助了一些关于团队和个人技能的研究(Baker and Wilemon,1974;Wilemon and Thamhain,1977)。

1959年,《哈佛商业评论》发表了一篇关于新的整合角色(项目经理)的文章(Gaddis,1959),这些关于组织整合的想法在20世纪60年代后期和70年代初期已经开始引起学术界的关注,例如Lawrence和Lorsch关于一体化和差异化的研究(1967),Galbraith

关于一体化形式的研究(1973),以及 Davis 和 Lawrence 对矩阵的研究(1977)。与此同时,学术环境变得越来越与"系统方法"协调一致(Clelard and King,1968;Johnson,Kast,and Rosenzweig,1973)。

随着美国国家航空航天局问鼎它的历史巅峰(隐喻和字面意义上都是如此),项目管理开始被视为一种有潜在广泛用途和效益的管理办法。美国国家航空航天局宣称,社会可以采用与把人送上月球所使用的相同的系统方法来解决重大的社会挑战,使用"有适应性的、可以解决问题的、由不同专家组成的临时系统,并通过协调管理人员把这些联系在一起"(Webb,1969:23)。但无论是在美国国家航空航天局、美国国防部还是在世界的其他地方,这都不会那么容易。正如 1971 年 Sayles 和 Chandler 这两位知名学者所指出的,这是因为"美国国家航空航天局是一个闭环,它制定自己的日程安排,设计自己的硬件⋯⋯当进入(更政治化的)社会-技术领域时,这样的奢侈就消失了"(Sayles and Chandler,1971:160)。

专业项目管理协会的诞生

随着矩阵组织和美国国防部的项目管理技术的传播,许多高管突然第一次发现自己开始管理项目。关于如何从事项目管理的会议和研讨会突然大量增加。美国项目管理协会(the US Project Management Institute,PMI)于 1969 年成立;国际管理系统协会(the International Management Systems Association),现在是国际项目管理协会(the International Project Management Association,IPMA)在 1972 年成立;与此同时欧洲也组建了多个项目管理协会。然而有一点非常重要,即这一视角本质上是中层管理,其关注于项目在实现给定目标的执行过程中所面临的挑战,以及应对这些挑战的工具和技术;它很少关注项目本身的成功实现,但毕竟这才是最关键的。更糟糕的是,项目的表现本来就常常不好,现在正开始急剧恶化。

1.4 20 世纪 70 年代到 20 世纪 90 年代:更广泛的应用、新的困境以及本体论的分歧

在某些情况下,项目的失败正是因为它们缺乏项目管理,如协和飞机的失败:没有有效的项目管理,却尝试将巨大的技术挑战联结在一起(Morris and Hough,1987)。但在其他情况下,虽然"最佳实践"正在被认真地应用,然而其范式却是错误的。例如与协和飞机竞争的美国项目是由两位前美国空军高级军官管理,他们根据美国国防部的原则来做,但是缺乏有效的方案来应对利益相关者的反对(回想 Raborn 的例子!)——这实际上导致了 1970 年国会拒绝资助这个项目,并最终导致该项目的撤销(Horwitch,1982)。核工业在整个 20 世纪 70 年代和 80 年代也遇到了类似的大规模利益相关者(环保人士)反对的问题,同时还面临在施工过程中引入重大技术发展所带来的挑战(再加上"监管

的棘轮效应"带来的挑战,因为当局试图将不断变化的技术要求编为标准规则并将之应用于在建的电厂)。全球范围的高成本膨胀使得项目预算高企。石油和天然气行业面临着额外的成本,因为它们进入了艰难的新环境中,比如阿拉斯加和北海。就连美国的武器项目都没有良好表现,因为存在技术路径选择和验证、项目定义、供应商选择等问题,以及最重要的并发性问题:美国国防部有时禁止成本增加,但有时又由于恼于速度缓慢而不情愿地表示允许(Morris,1994)。

对成功项目和失败项目的研究

项目成功和失败的原因现在开始得到重视。美国国防部委托进行了一些关于项目绩效的研究,认为技术的不确定性、范围变更、并发性和承包商的参与是主要问题(Marshall and Meckling,1959;Peck and Scherer,1962;Summers,1965;Perry et al.,1969;Large,1971)。发展中国家的援助项目也被加以分析(Hirschman,1967),世界银行在一次针对1945—1985年的项目贷款的大型审查中得出结论,技术可靠性、项目设计以及制度建构应该得到更多的关注(Baum and Tolbert,1985)。美国审计总署和英国国家审计署也对几个政府资助项目进行了非常严格的审查。各种学术机构及其他研究机构报告了对能源、电厂、系统项目、研发项目、汽车和机场所进行的研究(Morris,1994)。

事实上,1987年Morris和Hough在他们关于大型项目的成功和失败的研究(*The Anatomy of Major Projects*)中列出了34个问题,涵盖了20世纪60年代和70年代的1536个项目和计划(并加入了他们自己的另外8个项目)。典型的困难来源包括成功标准不清晰、发起人策略不断变化、项目定义差、过分迷恋技术、不确定性、设计管理、并发性、质量保证低、与销售和营销的关联差、合同战略不恰当、政治环境不支持、缺乏高层支持、通货膨胀、资金困难、控制差、人力不足、地理条件等。在那时,这些因素大多处于标准的项目管理范围之外,正如教科书和学术会议所描述的那样,不过它们很快就被PMI在其《项目管理知识体系》(Body of Knowledge)中正式规范化(PMI,2008)。

后来关于项目成功和失败的研究强调了类似的因素,如Miller和Lessard(2000)对大型工程项目的研究,Flyvbjerg、Bruzelius和Rothengatter(2003)对公路和铁路项目的研究,Meier(2008)对美国国防和情报项目的研究,以及Standish(1994及以后)针对软件开发项目的臭名昭著的CHAOS报告等,具体来说,这些因素包括:

- 管理项目前端,即项目定义阶段的重要性[1](在1972年美国政府采购委员会之后,美国国防部也得到了同样的结论,并开创了前端里程碑);
- 所有者(或发起人)的关键作用;
- 以某种方式对项目"外部性"进行管理的必要性。

Miller和Lessard进一步对衡量项目的效率(时限内、预算内、范围内)和效益(实现发起人的目标)进行了重要区分,结果显示他们的项目一般在效益上(约45%)比在效率上(约75%)表现得差很多(效益比效率差很多是合理的吗?)。但在他们发表报告的时候,也就是在21世纪早期,正如我们将看到的那样,项目管理学界正开始变得更加关注商业价值的重要性。

这些研究在如何看待项目管理上产生了越来越多的分歧,一些人主要从中层管理、执行、交付导向的角度出发;而另一些人则从更广泛、更全面的观点出发,认为重点是管理项目。这种差异可能最初看起来很微小,但后者涉及对前端开发阶段的管理,与前者侧重于对那些要求已经确定后的活动进行管理截然不同。分析单元也从交付管理转变为把项目当作一个需要被成功管理的组织实体。这两种范式都涉及管理多个元素,但"项目的管理"是一个比执行管理更丰富、更复杂的领域。这种认知上的对比在1983年7月PMI的"项目管理知识体系指南"(Guide to the Project Management Body of Knowledge,BoK)中被清晰地阐述。

项目管理知识体系

开发项目管理知识体系背后的驱动因素是那时正在流行的一个想法,即如果项目管理要成为一门专业,那么就一定要有某种形式的能力认证(Cook,1977)。因而这就需要定义一些项目管理专业人士所具备能力的独特知识领域。最初的1983年项目管理知识体系PMI BoK(PMBoK®)确定了六个知识领域:范围、时间、成本、质量、人力资源和沟通管理;1987年的版本中增加了风险和合同/采购;1996年版增加了整体管理(此后一直在进一步更新)。

几年后,英国项目管理协会(Association for Project Management,APM)遵循了类似的做法,但认为PMI BoK对该学科的定义过于狭窄。APM的模型深受"项目的管理"范式影响,即管理范围、时间、成本、资源、质量、风险、采购等不足以确保项目的成功。因此,APM于1991年提出了一个更宽泛的文件,肯定了目标、战略、技术、环境、人员、业务和商业问题等事项。APM BoK先后修改了5个版本,版本3和版本5基于专门的研究(Morris,Jamieson,and Shepherd,2006)。1998年,IPMA(目前包括45个国家的项目管理协会,代表4万多名会员)公布了它的专业资质标准,以支持其认证计划(Pannenbacker et al.,1998)。它几乎完全采用了APM BoK的项目管理模型。2002年,日本项目管理协会,ENAA和EPMF,也开发基于更广泛定义的项目管理知识体系:P2M(Project and Program Management)(ENAA,2002)。

新产品开发

与此同时,在20世纪80年代,新产品开发开始涌现出一股思潮。它的影响被证明是显著的。最初的推动力还是关于成功和失败的研究,特别是 Kleinschmidt、Edgett 和 Cooper 的研究,其结论之一就是强调分阶段的开发方法,并在各阶段的关卡设置严格的审查,只有确保开发流程中的投资和管理健康后才可能往前推进(Cooper,1986)。

这些想法在两个研究项目中被进一步深化,它们后来对项目型行业的惯例做法产生了强烈影响,例如制药等研发产业、制造业、石油和天然气、公用事业、系统开发,其中一个项目是在哈佛大学进行的(Clark and Fujimoto,1990;Wheelwright and Clark,1992);另一个以麻省理工学院为中心,即国际汽车计划(the International Motor Vehicle Program,IMVP)(Womack,Jones,and Roos,1990)。这两个项目都大量参考了日本汽车制造商的做法,特别是丰田汽车。Clark 等阐述了许多好的项目开发现在所采用的实践原则:投资组合选择(与市场需求、技术战略和方案开发的速度相关);阶段审查;"Shusa",即"大型项目负责人";项目团队承担关系整个项目成功与否的所有功能;发起人的重要性。重要的是,Shusa("重量级项目经理人")的首要角色是"对市场和顾客的需求做出直接的解释"(Wheelwright and Clark,1992:33)。(重量级)项目核心团队存在于整个项目期间,但回想一下这个领域的两种范式,项目管理被定位于项目计划批准之后的项目执行!

供应链管理

以上两个研究项目都广义地涉及供应链问题。IMVP 提出了"精益管理"的概念;Clark 等则引入了"联盟或合作"项目。精益管理强调通过减少浪费、缩短供应链、降低库存以及类似的方法来提高生产率;而合作则是通过供应链成员间的结盟来提高生产率。合作在 20 世纪 90 年代及之后的供应链管理实践中变得非常重要。

传统形式的合同一直使得项目管理很难实现项目一体化的目标。项目的范围应该在招标文件中规定,但当发生变动时(事实上经常发生),项目承包商便有很高的激励来要求合同的赔偿,尤其是因为合同被出价最低的投标人承揽。这将导致利益冲突的问题。此外,承包商只有在项目设计已大部分完成时才进入项目,这意味着项目缺少了"可建造性"。20 世纪 80 年代和 90 年代,我们看到在许多领域,特别是在建筑方面,开始尝试解决这些问题并实现了项目绩效的提高。合作是这种变化的一个重要元素,它使承包商从交易的关系转变到参与的关系,并且开始注重联盟和项目绩效提升。

并行工程

同步发展,或并行工程,是国际汽车计划(IMVP)和哈佛汽车计划共有的一大主题。并行工程这一新实践是并行的更加成功、更加复杂的版本,避免了自 Schriever 时代就有的阻碍项目管理的问题。并行工程包括在可能的情况下平行工作(同步工程);集中了开发和交付整个产品所需要的所有功能性技能(营销、设计、生产,以及面向制造优化的设计、面向成本优化的设计等)的综合小组;综合数据建模;以及尽可能延迟决策的倾向(Gerwin and Susman,1996)。

并行常常是如何在项目环境中管理技术创新这个更广泛议题的组成部分。20世纪80年代开始出现各种解决方案:离线原型法使得只有成熟的技术才能被用在商业敏感的项目中(对比关于330兆瓦原型电厂的核能报道!);快速原型法使得可以用相似的实物模型获得快速的效果;使用预先计划的产品改进(pre-planned production improvements,P^3I),特别是在共享的平台(这是项目集管理的一种形式)上(Wheelwright and Clark,1992)。

技术管理

慢慢地,项目界在管理技术不确定性方面变得越来越擅长了,但并不总是如此。国防和情报部门继续作为一个例外而存在:对国家安全来说,技术推动和紧迫性可能如此重要,以至于在可预知的后果下,规则不得不被忽略。因此,Meier在2008年中情局/美国国防部的研究中报告说:"(所研究的)大部分不成功的项目一开始就是失败的⋯⋯(成本和进度)增加的主要原因⋯⋯可以追溯到⋯⋯技术不成熟、企业技术路线图的缺乏、需求不稳定、无效的收购战略、不切实际的项目基准以及系统工程不足等"(Meier,2008)。

许多项目所面临的核心困难在于"需求"这个关键问题。因为如果人们不明确需求是什么,那么当项目无法实现时也就不会让人感到惊讶。唯一的麻烦是,明确需求往往很难做到。在建筑项目中,建筑师从他们的客户那里拿到"简报",然后通常就接着进行初步设计、技术规格设定和详细设计。在软件(和许多系统)项目中,产品在物理上比较不明晰,更难进行可视化和阐述。需求管理(工程)在20世纪80年代后期上升到突出地位(Davis,Hickey,and Zweig,2004)。一些系统开发模式于20世纪80年代和90年代发表(Forsberg,Moozs,and Cotterman,1996),都强调了从用户、系统和商务需求出发(确定需求对于解决方案来说近乎免费),到规格设定、系统设计和制造,最终回归到对效果的测试(核查和验证)。

有关项目管理应在何种程度上确保需求被充分界定,是本学科的一个经典概念性问题:项目管理是否应该涵盖包括需求开发的前端管理;还是只是在需求被确定后去实现它们? 后者是PMBoK®和许多系统工程师的观点,但不是更全面的"项目的管理"的方法。

质量管理

质量被很多人视为一种技术的评判标准。例如,"品质之家"(House of Quality)/质量功能展开(Quality Function Deployment,QFD)就属于这一观点,它们把关键顾客属性与设计参数相连接。但是,正如20世纪70年代和80年代的质量专家们(包括Deming、

Crosby、Juran 和 Ishikawa)所坚持的,质量关乎所有工作投入,而不仅仅是技术绩效。

在 20 世纪 80 年代和 90 年代,质量方面的思考对项目管理产生了显著影响。质量保证成为许多项目型行业的标准管理做法。更为根本的是全面质量管理的日益普及,它强调绩效指标和稳定的供应商关系,并遵从客户至上。前者在 20 世纪 90 年代末慢慢进入企业范围内的项目管理和标杆管理;后者则加强了供应链联盟(伙伴关系)的理念。另一个影响是 Deming 的没有统计稳定性就无法改善的论点,这引出了成熟度模型的想法,见下文。甚至有关项目质量管理的国际标准(ISO10006)也于 1997 年发布(ISO1997/2003)。

健康、安全和环境

在 20 世纪 80 年代,一系列备受瞩目的事故——主要是在运输(船运、铁路)和能源(石油和天然气、建筑施工)行业——推动健康和安全被视为项目的主要标准,甚至比传统铁三角更加重要。在 21 世纪初,立法进一步加强了这一点。

"环境"无疑在 20 世纪 80 年代和 90 年代日益被人们接受,成为项目管理责任的一个重要方面,部分是由于环保方面的反对(在核能、石油和运输部门),可持续发展(1987 年 Bruntland 委员会)和相关立法(如环境影响评估)被广泛应用到健康与安全领域。健康、安全和环境(Health, Safety, and Environment, HSE)最终变得对大部分项目型行业都无比重要。

风险和机会

令人感到奇怪的是,尽管大多数的标准项目管理技术在 20 世纪 60 年代中期就已经被确定,风险管理却并不是其中之一。当然,概率估计从一开始就存在于 PERT 中(直到 1963 年被正式废弃),但这与在 1987 年版的 PMBoK® 中所阐释的正式的项目风险管理过程(识别、评估、缓解策略和报告)是不一样的。然而,在 20 世纪 80 年代中期,风险管理的规范流程已成为一种常用的做法,与之相伴随的还有可用来模拟不同概率的累积影响的软件包(这样被评估的几乎总是预测成本或完成进度,而很少评估商业利益)。

在 20 世纪 90 年代末和 21 世纪初,一个重要的关于风险管理的概念性发展出现了:风险现在被定义为不确定性,而不是一个负面事件发生的可能性,例如在 APM 的 PRAM 指南(项目风险分析与管理指南,Simon, Hillson, and Newland, 1997)中,因此在过程中便引入了对"机会"的思考(ICE, 1998)。其结果是增强了对寻求如何更好地管理项目优势(积极的方面如价值、收益、机会)的兴趣。这是本学科在 21 世纪初日益发展的一个维度。

价值和收益

价值是项目管理领域一个丰富的、较少人涉猎的、有前途的主题之一。价值分析(Value Analysis,VA)在20世纪40年代后期由通用电气开发,是1960年由McNamara带进美国国防部的技术之一。简单地说,价值可以被定义为功能/成本,或者质量/成本、绩效/资源,或类似的。VA、VE(Value Engineering,价值工程)和VM(Value Management,价值管理)的目的是,从广泛的利益相关者角度,通过结构化的方式来分析项目需求以及实现这些需求的办法。价值工程的重点是推荐工程解决方案。价值管理着眼于更具有战略性的问题,如是否应该做这个项目,以及其计划或发展战略是否还有待改进。"选择工程"(optioneering)是一个类似的想法,不过它缺乏实操基础。它在建筑项目中比较常见,但在IT项目中尚不多见。

与机会和价值紧密相连的是收益,它也成为21世纪初人们非常感兴趣的一个领域。收益是由20世纪90年代中期项目集管理的发展引起的(见下文),是指"从结果产生的可度量的改进"(OGC,2003)。其关注点完全是正确的:从专注效率(铁三角)转向于专注效益(实现商业收益)。

新的融资模式

另一种同时发生的范式变化使项目管理朝着更全面的方向转变:该范式变化是由私营部门向公共部门项目提供资金。所谓的BOT/BOOT[Build-Own-(Operate)-Transfer,建造—拥有—(经营)—转让]项目开发方法最初是1984年由土耳其电力部门采用的(Morris,1994)。这样做的目的是(目前仍然是)让私营部门团体负起基础设施运营的责任,但一般只在规定时间内,同时他们因此获得收入。私营部门团体基于其在未来经营的收益来承担基础设施建设的费用。经过英国早期的一些试点项目后,英吉利海峡隧道项目最终在1987—1994年以这种形式获得资金并得到建设。

该方法在表面上非常具有吸引力,因为它将政府从资金支出的压力中解放出来(不过会扩大经营预算)。但采用这种方法需要在起草法律文件时非常小心,而且其往往被证明在明确规定和投标的过程中会耗费大量时间和资源。尽管如此,"立刻获得好处而让别人在明天支付代价"对许多国家政府来说被证明是难以抗拒的,而且这种想法在如医疗卫生、教育事业和监狱建设这类项目中很快演变成PFI和PPP(Private Finance Initiative/Public-Private Partnership,私人融资计划/政府和社会资本合作)模式。

这些发展为项目管理提供了两个公认的概念性好处。第一,它更加强调全生命周期成本、运营效率、收益和有效性;第二,有助于提供服务的项目公司的发展而不仅仅是提供商品的项目公司的发展。同样地,在IT服务、设施管理和航空发动机领域,重点从资金成本转移到"按小时付费"上。

1.5　20世纪90年代和21世纪初：企业范围的项目管理

在世纪之交，我们看到项目管理变得越来越流行，技术上变得更强大了，但有时也面临被商品化的危险，不过也更具反思性。它已成为许多企业的核心竞争力。

信息技术

信息和通信技术(Information and Communications Technology, ICT)对项目管理的推动有重大影响，特别是从20世纪90年代开始。微软在90年代发布的MS项目对这个领域有巨大贡献。个人计算机把项目管理工具直接带给了用户。在那之前的十年，项目管理规划者们才刚刚开始从穿孔卡片和大型机转移出来。人工智能在20世纪70年代可能还没有完全达到被大肆宣传的那样，但移动通信、宽带和互联网显著地提高了项目沟通能力和项目生产率。建模能力也大大提高了，无论是通过Excel的不起眼的分析，还是通过CAD(CAM和CAE)和4D模拟，或资产配置模型。

21世纪初，主要的项目管理软件供应商开始提供可供多个用户的多个项目使用的企业级平台；同时，主流的ERP(Enterprise Resource Planning，企业资源规划)供应商(惠普、甲骨文、SAP)把项目管理模块和接口加到专业项目管理软件包(微软、PlanView、Primavera等)中。近来还出现了一种倾向，即基于Web的项目协作、沟通、规划和管理工具开始提供"软件即服务"的资源。

关键链

有关项目进度安排的一个真正崭新且原创的发展是关键链，由Goldratt在1996—1997年的"约束理论"提出(Leach, 2004)，其主要观点包括：在决定哪些才是真正的关键路径时，考虑资源的可用性；在活动层面消除意外事件，并在项目层面将它们作为缓冲区来管理；一次只做一项活动，并且做得尽可能快。(这些观点需要谨慎地来理解，例如有时多任务处理是不可避免的。)这些想法的实现通常需要行为的改变，并且激发出来的力量是非常真实而巨大的。

敏捷性

到21世纪初，另一个概念性的挑战被提出，并且是在相当微观的操作层面：敏捷性。敏捷项目管理起源于软件开发的独特挑战(Leffingwell, 2007)。在敏捷性方面，(敏捷性的支持者)认为软件项目估算是根本不可靠的。因此敏捷理论认为，可能要通过牺牲成本以确保至少能在给定的时间内完成某些功能性的开发,铁三角便被抛弃了!需求是通过紧密的客户与程序员的匹配而得出的,并在非常短的时间内(例如,最多90天)完成开发。项目管理实际上变成了任务管理!

企业范围的项目管理

项目管理软件从单个项目到企业级应用的扩展,是与一种不断增强的意识联系在一起的:项目管理在不同类型的项目和/或在不同环境下是不同的;项目管理在组织的不同层次上是不同的。前者反映出权变理论的基本论点,即组织和管理会根据环境和技术的不同而变化(Burns and Stalker,1961;Shenhar and Dvir,2007),并且在21世纪初,关于不同类别项目(例如大型项目或复杂项目)的特殊性,甚至是关于基于行业的PMI任职资格,人们讨论得越来越多。这是本书的一大主题。后者,所谓的"企业范围的项目管理",是涵盖项目集管理、治理、培训和职业发展,以及组织学习的一个大的发展领域。

项目集和项目组合管理

大约在世纪之交,项目集管理开始受到越来越多的关注(Artto et al.,2009),但作为一个比项目管理更受"商业驱动"的学科,其重点与十年前的产品开发基础是不同的,正如我们上面所看到的,那时技术是根本问题(如 Wheelwright 和 Clark(1992:49)的技术平台),并且其也与美国国防部在20世纪50年代和60年代的重点不同,在美国国防部,项目管理更加重要(Baumgartner,1979;Sapolsky,1972)。项目集管理的概念,通过PMI、APM、英国政府商务办公室(the UK Office of Government and Commerce,OGC)以及其他方面的推动,再次确认了把项目管理看作执行管理的观点,"应用知识、技能、工具和技术……以满足项目要求",并提出了"项目集涉及成果、项目涉及产出"的观点(OGC,2003),这个定义在PMI项目集管理标准(PMI,2006)中得到了回应。但是,这是危险的。项目也产生成果和效益。实现效益难道不也是项目管理的工作?我们再一次遇到了属于这个学科的核心的基本问题:如果项目管理只与执行有关,那么这个学科整体是什么呢?

战略和治理

21世纪初,战略同样受到越来越多的关注,其中也出现了同样的问题(Artto et al.,2008)。协调项目战略与发起人战略的责任,是取决于项目管理、项目集管理还是项目组合管理,或以上全部?对于项目,显然必须伴随项目前端管理。但是,OGC和PMI模型的含义是,项目管理并不在前端进行操作,而是正如我们所看到的,它是以执行为导向、以产出为重点的学科。为什么项目管理不应该也包括管理前端开发阶段？如果不是项目经理（或它的其他称呼，如项目总监），那么是谁为项目的管理负责？该领域曾经是，并依然是令人困惑的，战略-开发-定义阶段，即项目的前端，被分割成彼此不同但却共同代表了企业内部整体管理项目实践的各种元素。将这个学科"作为一个整体"的观点还没有真正形成。

发起人的作用通常来说是非常关键的（Morris and Hough，1987；Miller and Lessard，2000）。但它常常出错，如匆忙的阶段审查、对风险的忽视，因而显著影响了项目绩效。21世纪初，项目治理的重要性被日益承认，不仅是由于高知名度企业的违法行为——如安然和世通分别在2001年和2002年崩塌，而且也因为随此发生的立法和公司行动（Sarbanes-Oxley etc.）。2004年，APM探讨了项目管理的含义，列出了一些原则，例如业务战略和项目计划之间须保持合理的一致性；关于状态和风险的透明报告；定期的第三方"保证"审查等（APM，2004）。实际上，在20世纪90年代后期和21世纪初，阶段审查、同行评审、同行协助等作为治理机制都被更广泛地应用。在许多情况下，这也与落实组织学习相结合。

基于项目的学习、项目管理办公室和成熟度

在20世纪90年代，人们对知识管理和组织学习的兴趣高涨。项目被视为产生新知识的颇具吸引力的途径，同时，由于其独特的、临时性的特点，项目也被视为对组织学习而言特别困难的挑战。虽然工具和技术可以帮忙，但人们一致认为真正的机会和挑战在于利用隐性知识。实践社群、同行协助、同行评审和基于项目的学习评价变得更加普遍了。

项目/项目集管理办公室（Project/Program Management Offices，PMOs）在20世纪90年代末和21世纪初开始被当作扮演以下角色的重要组织机制：最佳实践的持有者、培训和支持活动的组织者、项目组合状态的记录者以及项目评审的发起者——关键在于构建企业范围的项目/项目集管理能力（Hobbs and Aubry，2008）。成熟度模型、方法论、培训、学习以及开发，被越来越明显地用作辅助手段。

项目管理成熟度的概念是在21世纪初获得相当多的关注的。卡内基-梅隆大学软件工程研究所的能力成熟度模型（Capacity Maturity Model），最初的PMI的$OPM_3^®$产品，以及后来的OGC的PMMM和P_3M_3框架，都试图对项目管理能力水平进行分类。$OPM_3^®$被证明极其复杂；PMMM和P_3M_3则是不切实际的简单，完全缺少在APM BoK中呈现的几个主题，尤其是缺少几乎所有的人际技能，如领导力和团队精神，以及一些重要的领域，如质量管理、信息管理，还缺少几乎一切与采购、合同相关的内容（OGC，2008）。至今还没有一个项目管理成熟度模型能够反映与组织进行有效且高效的项目

管理相关的全部主题和技能,无法给出其范围并体现其微妙性。作为一个学科或领域,项目的管理远比软件工程更复杂。

OGC 的指导手册(方法论)——PRINCE2、《成功管理项目集》(*Managing Successful Programmes*),以及《风险管理》(*Management of Risk*)(OGC,2002a,2002b,2003)——发布于世纪之交,并且被证明影响深远。这些都是优秀的文档,但是随着数千人被认定为"PRINCE2 从业者",一种误解的危险产生了:人们认为通过为期四天的课程和一个测试后,他们就具有了一个合格项目经理的资质。最终结果确实是相关的方法论得以广泛传播,但这或许也造成了该学科的商品化。受到同样批评的还有 PMI 非常受欢迎且很有影响力的项目管理专业人员(Project Management Professional,PMP)认证。能力不仅仅是知识,技能和行为也很重要。经验产生能力。(在专业机构的认证项目中,只有 IPMA 的能力框架不仅仅认证知识)。

所有这些企图通过"一刀切"的规范性标准来提供项目管理指导的尝试,必然忽略了一个关键点,即项目管理的"最佳实践"标准模型可能无法契合或适用于所有情况。这种见解从权变理论看是很明显的,它意味着在为绩效设置标杆时必须小心(21 世纪初的另一个趋势):简而言之,它要求对标准的应用做更复杂的解释。或许,培训与开发可以帮忙?

培训,职业发展和职业化

从 20 世纪 90 年代起出现了对项目经理前所未有的上涨需求,特别是在建筑和 IT 领域。项目管理越来越被看作是一种核心竞争力,就其本身而言也被认可为组织内或组织间的良好职业晋升阶梯。需求大于供给。招聘、职业发展和能力提高都变得更加重要。20 世纪 90 年代中期,澳大利亚和英国引入了项目管理方面的国家职业资格课程。忽然间涌出了好几十个项目管理大学学位。一些公司和政府机构建立了基于大学的"学院"项目[美国国防部曾在 1971 年建立了国防系统管理学院(Defense Systems Management College)]。

同时 PMI 的会员不断持续增长(2010 年在 185 个国家拥有 50 万会员和证书持有者),这得益于组织良好的活动、专业的沟通和营销,以及 PMP 认证计划的推动。在英国,APM 是整个 20 世纪 90 年代和 21 世纪初的英国所有专业机构中发展最快的,并且在 2008—2009 年申请了"特许专业协会"的身份,从而使它能够与工程技术和医学相提并论。

学术研究

项目管理长期以来被视为生产调度的一个子学科,大学关于项目管理的教学和研究在 20 世纪 90 年代和 21 世纪初得到了强劲增长,这得益于其更广泛的适用性被认可,以及学术界人士越来越把项目看作特殊的且有趣的组织现象。2000年,PMI推出了它的首个学术双年会;国际项目管理研究联盟(the International Research Network on Organizing by Projects,IRNOP)从1994年就已经开始举办双年会了;欧洲管理科学院(the European Academy of Management,EURAM)发现项目管理是其年度会议上最流行的分支。到了2008年,该领域已有4—5种学术期刊。因此,项目管理开始了严肃的自我反省。越来越多的商学院,或在某些情况下是技术部门,要么是从社会科学的角度,要么是从技术的视角,对项目管理进行重新审视。

为了反思项目管理的研究议程,欧洲和北美的著名学者及从业者在2004—2006年开展了一个大型项目——"反思项目管理"。这个研究的主题强调:
- 项目和项目管理的复杂性;
- 人与人之间的社会互动的重要性;
- 价值创造(需要注意的是,当与不同目标相挂钩时,"价值"或"效益"有着多重含义);
- 将项目视为"多学科的、有多种目的的、并不总是预先定义的"的观点;
- "通过经验、直觉和在实践中务实地应用理论,具有反思性的从业者能够在复杂的项目环境中学习、工作并有效地适应"的发展(Winter et al.,2006)。

1.6 结语

或许现在正是总结项目管理和项目集管理这个领域及学科发展至今的历史的最好时间节点。一种解释认为每个人关于项目管理的实践经验都是不同的,而且所有项目在本质上都是独一无二的。一种看法认识到在项目管理和项目集管理过程中,合理的原则与良好的实践能够带来一流的价值和效用,同时认识到项目的多工作议程、情境的复杂性和权变性以及收益的模糊性有时会扭曲许多流行管理指南和条文所描述的规范化模型。一种说法认为项目是"被创造而非被发现的",其实现既需要社会技能也需要技术能力。也许一种更为基本的观点是需要强调以下两种看法之间的差别:前者将项目管理直白地理解为对项目执行过程的管理,而后者则将其视为对一个更重要且更复杂的实体进行管理。这无疑是这个领域——学科——应该探讨的内容。

1.7 注释

1. 亚里士多德在大约2370年前就指出成功界定问题是答案的一半($Ethics$:Book $_1$. C. $_4$:literally:"For the beginning is thought to be more than half the whole")。

1.8 参考文献

ARCHIBALD, R. (1976, 1997). *Managing High-Technology Programs and Projects.* New York: Wiley.

ARTTO, K., MARTINSUO, M., DIETRICH, P., and KUJALA, J. (2008). "Project strategy: strategy types and their contents in innovation projects," *International Journal of Managing Projects in Business*, 1/1: 49–70.

——— ———GEMÜNDEN, H. G., and MURTOROA, J. (2009). "Foundations of program management: a bibliometric view," *International Journal of Project Management*, 27/1: 1–18.

ASSOCIATION FOR PROJECT MANAGEMENT (2004). *Directing Change: A Guide to Governance of Project Management.* High Wycombe: APM.

———(2005). *Body of Knowledge for Managing Projects and Programmes*, 5th edn. High Wycombe: APM.

BAKER, B. N., and WILEMON, D. L. (1974). "A summary of major research findings regarding the human element in project management," *Project Management Journal*, 5/2: 227–30.

BAKER, N. R., MURPHY, D. C., and FISHER, D. (1974). *Determinants of Project Success.* National Technical Information Services N-74-30392; see also "Factors affecting project success," in Cleland and King 1988.

BAUM, W. C., and TOLBERT, S. M. (1985). *Investing in Development.* Oxford: Oxford University Press.

BAUMGARTNER, J. S. (1979). *Systems Management.* Washington, DC: Bureau of National Affairs.

BURNS, T., and STALKER, G. M. (1961). *The Management of Innovation.* London: Tavistock.

CLARK, K. B., and FUJIMOTO, T. (1990). *Product Development Performance.* Boston: Harvard Business School Press:

CLELAND, D. I., and KING, W. R. (1968). *Systems Analysis and Project Management.* New York: McGraw-Hill.

CLELAND, D. I., and KING, W. R. (eds.) (1988). *Project Management Handbook.* New York: Van Nostrand Reinhold.

COOK, D. L. (1977) "Certification of project managers—fantasy or reality?" *Project Management Quarterly*, 8/3.

COOPER, R. G. (1986). *Winning at New Products.* Reading, MA: Addison-Wesley.

DAVIS, A. M., HICKEY, A. M., and ZWEIG, A. S. (2004). "Requirements management in a project management context," in P. W. G. Morris and J. K. Pinto (eds.), *The Wiley Guide to Managing Projects*. Hoboken, NJ: Wiley, chapter 17.

DAVIS, S. M., and LAWRENCE, P. R. (1977). *Matrix Organizations.* Reading, MA: Addison Wesley.

ENAA (2002). *P2M: A Guidebook of Project & Program Management for Enterprise Innovation: Summary Translation.* Tokyo: Project Management Professionals Certification Center (PMCC).

FLYVBJERG, B., BRUZELIUS, N., and ROTHENGATTER, W. (2003). *Megaprojects and Risk: An Anatomy of Ambition.* Cambridge: Cambridge University Press.

Forsberg, K., Mooz, H., and Cotterman, H. (1996). *Visualizing Project Management*. New York: John Wiley and Sons.

Gaddis, P. O. (1959). "The project manager," *Harvard Business Review*, May–June: 89–97.

Galbraith, J. (1973). *Designing Complex Organisations*. Reading, MA: Addison-Wesley.

Gerwin, D., and Susman, G. (1996). "Special Issue on Concurrent Engineering," *IEEE Transactions in Engineering Management*, 43/2: 118–23.

Gulick, L. (1937). "Notes on the theory of organization," in L. Urwick (ed.), *Papers on the Science of Administration*. New York: Columbia University Press, 1–46.

Hirschman, A. O. (1967). *Development Projects Observed*. Washington, DC: The Brookings Institute.

Hobbs, B., and Aubry, M. (2008). "An empirically grounded search for a typology of project management offices," *Project Management Journal*, 39 Supplement: S69–S82.

Horwitch, M. (1982). *Clipped Wings: The American SST Conflict*. Cambridge, MA: MIT Press.

Hughes, T. P. (1998). *Rescuing Prometheus*. New York: Vintage.

Institution of Civil Engineers (1998). *RAMP: Risk Analysis and Management for Projects*. London: Institution of Civil Engineers and Institute of Actuaries.

ISO 10006 (2003), *Quality management systems: guidelines for quality management in projects*. British Standards Institute, London.

Johnson, R. A., Kast, F. E., and Rosenzweig, J. E. (1973). *The Theory and Management of Systems*. New York: McGraw-Hill.

Johnson, S. B. (1997). "Three approaches to big technology: operations research, systems engineering, and project management," *Technology and Culture*, 38/4: 891–919.

—— (2002). *The Secret of Apollo: Systems Management in American and European Space Programs*. Baltimore: The Johns Hopkins University Press.

Large, J. P. (1971). *Bias in Initial Cost Estimates: How Low Estimates can Increase the Cost of Acquiring Weapons Systems*. Rand, R-1467-PA&E, Santa Monica, CA.

Lawrence, P., and Lorsch, J. (1967). *Organisation and Environment: Managing Integration and Differentiation*. Cambridge, MA: Harvard University Press.

Leach, L. P. (2004). "Critical chain project management," in P. W. G. Morris and J. K. Pinto (eds.), *The Wiley Guide to Managing Projects*. Hoboken, NJ: Wiley, chapter 33.

Leffingwell, D. (2007). *Scaling Software Agility*. Upper Saddle River, NJ: Addison Wesley.

Marsh, E. R. (1975). "The harmonogram of Karol Adamiecki", *Academy of Management Journal*, 18/2: 358–64.

Marshall, A. W., and Meckling, W. H. (1959). *Predictability of the Costs, Time and Success of Development*. Rand Corporation, P-1821, Santa Monica, CA.

Meier, S. R. (2008). "Best project management and systems engineering practices in pre-acquisition practices in the federal intelligence and defense agencies," *Project Management Journal*, 39/1: 59–71.

Miller, R., and Lessard, D. R. (2000). *The Strategic Management of Large Engineering Projects*. Cambridge, MA: MIT Press.

Morris, P. W. G. (1994). *The Management of Projects*. London: Thomas Telford.

—— and Hough, G. H. (1987). *The Anatomy of Major Projects*. Chichester: Wiley and Sons.

—— and Pinto, J. K. (eds.) (2004). *The Wiley Guide to Managing Projects*. Hoboken, NJ:

Wiley.

——Jamieson, H. A. J., and Shepherd, M. M. (2006). "Research updating the APM Body of Knowledge 4th edition," *International Journal of Project Management*, 24: 461–73.

Morrison, E. J. (1967). "Defense systems management: the 375 series," *California Management Review*, 9/4.

Office of Government Commerce (2002a). *Managing Successful Projects with PRINCE 2*. Norwich: The Stationery Office.

——(2002b). *Management of Risk: Guidance for Practitioners*. Norwich: The Stationery Office.

——(2003). *Managing Successful Programmes*. Norwich: The Stationery Office.

——(2008). *Portfolio, Programme and Project Management Maturity Model*. Norwich: The Stationery Office.

Pannenbacker, K., Knopfel, H., Morris, P. W. G., and Caupin, G. (1998). *IPMA and its Validated Four-Level Certification Programmes: Version 1.00*. Zurich: International Project Management Association.

Peck, M. J., and Scherer, F. M. (1962). *The Weapons Acquisition Process: An Economic Analysis*. Cambridge, MA: Harvard University Press.

Perry, R. L., DiSalvo, D., Hall, G. R., Harman, A. L., Levenson, G. S., Smith, G. K., and Stucker, J. P. (1969). *System Acquisition Experience*. Rand Corporation, RM-6072-PR, Santa Monica, CA.

Pinto, J. K., and Slevin, D. P. (1988). "Critical success factors across the project life cycle," *Project Management Journal*, 19/3: 67–75.

Project Management Institute (2006). *The Standard for Program Management*. Newton Square, PA: Project Management Institute.

——(2008). *A Guide to the Project Management Body of Knowledge*, 4th edn. Newton Square, PA: Project Management Institute.

Sapolsky, H. (1972). *The Polaris System Development: Bureaucratic and Programmatic Success in Government*. Cambridge, MA: Harvard University Press.

Sayles, L. R., and Chandler, M. K. (1971). *Managing Large Systems: Organizations for the Future*. New York: Harper and Row.

Shenhar, A., and Dvir, D. (2007). *Reinventing Project Management: The Diamond Approach to Successful Growth and Innovation*. Boston: Harvard Business School Press.

Simon, P., Hillson, D., and Newland, K. (1997). *Project Risk Analysis and Management (PRAM)*. High Wycombe: Association for Project Management.

Standish Group (1994). *The CHAOS Report*, http://www.standishgroup.com.

Summers, R. (1965). *Cost Estimates as Predictors of Actual Weapons Costs*. Rand Corporation, RM-3061-PR, Santa Monica, CA.

Webb, J. E. (1969). *Space Age Management: The Large-Scale Approach*. New York: McGraw-Hill.

Wheelwright, S. C., and Clark, K. B. (1992). *Revolutionizing Product Development*. Boston: Harvard Business School Press.

Wilemon, D. L., and Thamhain, H. J. (1977). "Leadership effectiveness in program management," *Project Management Quarterly*, 8/2.

Winter, M., Smith, C., Morris, P. W. G., and Cicmil, S. (2006). "Directions for future research in project management: the main findings of a UK government-funded research network," *International Journal of Project Management*, 24/8: 638–49.

Womack, J. R., Jones, D. T., and Roos, D. (1990). *The Machine that Changed the World.* New York: Macmillan International.

Wren, D. A. (2005). *The History of Management Thought.* Hoboken, NJ: Wiley.

第2章 项目管理的理论基础:来自多元化理解的建议

Jonas Söderlund

2.1 理论基础和多元化

项目管理可以被看作一个特定的"科学领域"。而一个科学领域可以被定义为"在某一认知问题上所做的所有工作"(Cole,1983:130),这些工作有着共同的关注点,研究人员在其中积累共同的知识,建立一个科学领域并将其与其他科学领域区分开来(Fagerberg and Verspagen,2009)。理论基础(本章的主题)由我们所讨论、反驳和证实的理论成果构成,据此可以对焦点现象进行预测,从而识别风险、发现替代方案,并验证假设。项目管理,和许多其他管理学分支一样,被称为"灵活而分散的组织"(Whitley,1984),是一个基于数个不同理论传统但缺乏一个强有力的共同核心原则和理念的科学领域(Engwall,1995)。关于这一点,该领域的文献综述中有所体现,其中不同的作者提出了不同的项目管理研究传统[1],主要是关于"理性的工具导向的研究传统"和"组织理论的研究传统"(Packendorff,1995),并扩展到对更广泛的一系列研究传统和所谓的"思想学派"的识别研究(Söderlund,2002)。

本章将项目管理视为一个科学领域,讲述并分析它的理论基础及一些未来的发展方向。这是一个关于分散化、进步和多元化的论述,即承认意见和视角的多样性。本章的结构如下:第一部分总结该领域理论化的现状,我们将比较不同的思想学派从而以不同的视角总结该领域过去10—15年的发展,这些观点有别于常见的理性主义或传统的组织理论。第二部分讨论项目管理的类型和类型学的重要性,并且认为有必要将具体现象放在一定的框架内研究以寻求项目间的共同点和差异性。第三部分讨论"互补性"对于理解项目的角色和存在所具有的重要意义,同时还将讨论两个独立的组织问题(即合作问题和协调问题),这对于进行该领域理论的比较研究十分重要。第四部分,也是最后一部分,将从项目流程的动态角度(项目是不断演变的、在时间上有限的并且被有意地设计为会逐渐消失的)来分析项目管理的研究。与此相对应,项目管理研究集中在项目生命周期的不同流程和不同阶段,其中每个阶段都要与具体的组织和管理的动态及挑战相对应。这些挑战又会影响我们如何对项目管理进行理论化和分析,以增强我们对项目的形成、实现和结束的理解。

本章将在下面四个简要说明的基础上,分析项目管理理论过去的发展以及未来的研究方向:

(1)视角。对项目和项目管理的研究已经有了相当大的进展,今后还会不断有新的研究视角和方法。

(2)项目:类型和类型学。对项目和项目管理的研究已经扩展到不同的情况、不同类别的项目,引入了新的类型和类型学。

(3)问题:合作与协调。对项目和项目管理的研究包括了一系列不同的管理和组织问题,某种程度上可以将其简化为两种独立的问题,即合作问题和协调问题,它们已经吸引并将继续吸引相当多的学术关注。

(4)流程。项目和项目管理研究主要集中在对项目生命周期的不同阶段及项目的不同流程所进行的研究,在不同的阶段和不同的流程可能需要特定的分析重点和方法。

上述内容可以被认为是对项目管理领域当前知识状态的概览,并对不同的学术贡献进行了分类和比较,同时也论述了进一步探索和开发新的研究领域的必要性。

2.2 视角和多元化

项目管理起源于复杂任务的协调活动所产生的实际问题。起初,甘特图、工作分解结构和计划技巧发挥了关键作用,使得项目管理根植于传统运营管理中。它们主要是由需要工具和技术来提高项目实施效率的从业人员开发的。管理研究者所发表的一系列有影响力的文章和著作对于推进项目管理知识的传播发挥了重要作用。20世纪60年代,著名的《管理科学》(*Management Science*)发表了关于探索项目管理和网络规划的PERT和关键路径主题的文章,之后,更先进的研究方法和理论分析不断涌现。20世纪60年代末和70年代初,不同论文研究了项目开发、项目成本控制以及用以解决优化资源利用和成本-时间权衡问题的不同规划和计划方案的并行策略(Abernathy and Rosenbloom,1969;Cooper,1976)。在20世纪70年代和80年代,后续文章通过引入包含多通道、启发式分解过程的项目调度和持续可分解约束资源的项目调度的动态场景,增加了对更复杂问题的理解(Holloway,Nelson,and Suraphongschai,1979;Weglarz,1981)。

两种实证研究流派与项目管理的"管理科学"或"优化学派"平行发展。一种流派聚焦于项目的成功和失败,目标是确定项目管理的最佳实践,有时也被称为"关键成功因素"的研究(参见第1章的因素学派)。该流派源自由政府支持的调查,这些调查研究那些表现不佳的政府资助项目。20世纪60年代,兰德公司和世界银行在推进关于什么是项目的成功以及如何实现项目成功的研究中发挥了重要作用。《加州管理评论》(*California Management Review*)等学术期刊,发表了关于项目管理的使用和误用的关键分析(Avots,1969)。更多的研究始于20世纪70年代,并在80年代取得突破性进展,顶级管理学期刊发表了一系列相关文章(例如Thamhain and Gemmill,1974;Pinto and Prescott,1988)。

除了对关键成功因素进行研究,研究的重点也聚焦于将项目理解为一种组织形式和流程。第一篇相关文章出现在20世纪60年代末和70年代初。首先,我们发现研究中出现了项目管理的权变理论,该理论分析了项目成功实施的不同类型的矩阵组织(见权变学派)。其次,《美国管理学会学报》(*Academy of Management Journal*)发表的一系列论文分析了对于项目作为一种组织形式的"流程的"和"行为的"关注(见行为学派),包括项目管理模糊性、组织冲突和项目管理中的权力(Wilemon and Cicero,1970)。20世纪70年代,我们注意到把项目作为临时组织系统所进行的分析和一系列相关的人力和行为的调查,包括项目中的个人动机和职业发展(Goodman and Goodman,1972,1976)。

项目管理研究的这些流派时至今天仍然是重要的,它们的研究重点是项目管理的理性方法、项目管理的运营研究、对项目成功标准和因素的大规模调查以及对项目作为组织形式的调查。然而,此领域的研究自20世纪60年代和70年代便开始对类似的问题进行了延伸探讨。从某种程度上说,当今的文献已经超出了这三个学派的范围,开始解决各类其他问题和流程。

Söderlund(2010)总结了项目管理研究的发展史,并确定了七个不同的发表在顶级管理和组织刊物上的项目管理研究理论或学派。[2] 他认为,自20世纪50年代运筹学早期研究文章发表以来,项目管理研究领域已经有了长足的发展并日益多元化:从成功因素的调查,到一些关于项目和项目管理的不同组织和管理理论的解释。这些都是重要的发展,因为它们加强了对项目的多维度调查,突出体现了相关研究在近几十年来是如何演变的。

表2.1总结了普通认可的项目管理研究的思想学派,从前面提到的三个传统理论,到那些最近才出现的理论。每个学派都包括一个对于项目的特定观点、一个主要分析焦点以及一组相关的研究问题。它们还表达了对项目管理的不同想法,即项目管理是什么或者应该是关于什么的。以下是对七个学派的总结[3]:①优化学派(基于逻辑的规范

研究,利用管理科学、优化技术和系统分析);②因素学派(实证研究,依靠项目成功和失败的标准及因素的描述性统计);③权变学派(实证研究,以案例研究和调查为基础,研究项目的差别、特点和环境维度);④行为学派(对于项目的组织化流程、行为及学习的解释性和描述性研究);④治理学派(对项目治理和合同问题的规范性研究);⑥关系学派(对项目参与者之间关系的描述性案例研究);⑦决策学派(对项目中的政治及决策的描述性和解释性研究)。

表2.1 项目管理研究的不同学派:概述

	主要分析焦点	重点探究的问题	项目管理观点	主要影响	出现时间①
优化学派	复杂任务的计划、分解技术和安排	如何管理/计划一个项目	通过计划来优化项目实施	应用数学	20世纪50年代
因素学派	成功因素、项目结果/项目表现	什么决定项目的成功	通过因素来管理项目	多样的	20世纪60年代
权变学派	项目组织设计/结构	项目为什么不同	使项目组织适应权变情况	组织理论	20世纪70年代
行为学派	项目组织流程	项目如何演化/表现	塑造项目组织的流程	组织理论、组织行为学	20世纪70年代
治理学派	项目组织/交易治理	项目(交易)如何被治理	治理项目组织/交易	经济学	20世纪80年代
关系学派	项目网络和关系的形成	项目早期阶段是如何被管理的以及项目网络是如何形成的	项目早期阶段的形成和发展	市场营销、经济、地理	20世纪90年代
决策学派	项目决策者之间的相互作用	项目为什么被发起,它们为什么继续存在	决策过程中的政治活动和影响力	心理学、政治科学	20世纪70年代/21世纪初

注:①某一理论或学派出现的日期总是难以准确确定的。对于优化学派来说,第一篇"科学的"文章出现在20世纪50年代的《管理科学》中。因素学派的第一篇学术文章出现在20世纪60年代,但直到20世纪80年代才有更详细的文章出现在如《管理学报》(*Journal of Management*)和《管理科学季刊》(*Administrative Science Quarterly*)等期刊上。权变学派在两次浪潮中得以发展,第一次是在20世纪70年代,更加有说服力的一次出现在20世纪90年代初,当时有相关文章发表在《政策研究》(*Research Policy*)和《组织研究》(*Organization Studies*)上。行为学派,如前所述,要回溯到20世纪70年代。然而,这种传统理论的复出与把项目作为临时组织的一系列文章一起出现在20世纪90年代。治理学派与关于交易成本和治理问题的文章平行出现。更有说服力的文章出现在项目管理期刊和主流管理学期刊是在20世纪80年代。关系学派成长于几个不同的学科和研究传统。特别地,在20世纪90年代关于项目营销的一组研究引发了进一步的关于项目网络和利益相关者管理的探索。最后,决策学派的研究可以追溯到20世纪70年代对承诺升级和灾难规划的研究,并在21世纪通过对大型项目、乐观偏见和参考类预测方法的研究再次崛起。

上面的概述突出了几件事情:①项目的定义不同;②同一时间内对项目管理的理解见仁见智;③研究处理的是完全不同的关键问题;④项目管理研究中的多元化不断增

强;⑤项目管理研究借鉴了多个学科的成果。

在这个学派分类的基础上,有人认为,项目管理的若干理论,借鉴的是完全不同的理论基础,从应用数学到心理学、政治学。这些理论对于项目为什么存在、为什么不同以及它们如何不同、如何表现等问题给出了不同的解释(Söderlund,2004a)。最终,对于什么决定了项目的成功和失败,这些理论当然也会给我们带来完全不同的观点。事实上,项目管理研究已经开始发展有关项目(它们是什么)和项目管理(项目管理的角色和关注点是什么)的多个理论和多种视角。

多种理论的存在为理论家和从业者提供了一个"概念工具箱"(Weick,1992),他们可以用它来处理一些非琐碎的管理和组织问题,因为对管理项目和研究项目来说都没有唯一的最佳答案,或唯一的最好方法。恰恰相反,许多不同的观点和方法适用于不同的时间和不同的地方。概念工具箱有助于理解和解释在特定或有限范围内观察到的现象。这种限制对一般管理研究和项目研究都是真实存在的。因此,我们可以说,不同理论为问题的不同部分提供了不同的解释,如 Anderson(2007:762)强调的那样:"拥有更丰富的工具集的管理者,会更容易找到合适的工具来帮助他们解决目前正面临的各种问题。"这种说法对理论家来说也是适用的:有着更丰富的工具集的理论家,将更有可能从准确的视角为焦点现象及其行为提供新颖的、有创造性的解释。

然而,科学领域的多元化和发展并不是没有受到挑战——一个科学领域可能会发展得太过分散化,以至于缺乏有成效的辩论以及经验和思想的交流。为了避免"分散化陷阱"(Knudsen,2003),在一个共同的"认知问题"及其关联的子问题方面,需要某种"统一"。这种统一的一个重要部分就是关于项目的性质和特点的持续讨论——它们在哪些方面是相似的,在哪些方面又是不同的。分类、类型和类型学都对回答这些问题有所帮助。

2.3 项目:类型和类型学

分类也许是"我们的所有概念练习中最核心和最通用的"一个。没有它"就不可能有高级的概念化、推理、语言、数据分析,从而也就没有社会科学研究"(Bailey,1994:1)。当我们在比较不同项目之间的异同时,类型和类型学的分类是重要工具。当我们要本着 Merton 的精神,发展所谓"中层理论",即"处在次要但必需的可行假说之间的,为发展一个统一理论而做出包罗万象的系统努力的理论"时,类型和类型学的分类就变得非常重要了(1968:39)。它们在比较跨数据集和不同经验背景的研究结果时发挥了重要作用。在实践中,如何就项目类型达成一致意见是"为项目管理开发出对不同类型项目都有效的新方法和新工具的必要步骤"(Crawford,Hobbs,and Turner,2005:13)。

学界对特定类型的项目及其相关特性的研究兴趣与日俱增。对很多人来说，类型本身就是研究的一个重要驱动力——调查具有明确属性的特定种类的项目。对其他人来说，类型学的发展是整个研究过程的一部分。后者在前面提到过的权变学派及其各种比较方案和项目管理"类型学理论"的发展中尤其常见（Shenhar and Dvir, 1996）。在下面的概述中，我们将根据四种逻辑（规模、制度/行业环境、组织条件和任务特点）来讨论类型和类型学的发展。

第一，关于项目规模，常见的分类包括重大项目、大型项目、大规模项目、大型工程项目和项目集（例如 Morris and Hough, 1987; Hobday, 1998; Flyvbjerg, Bruzelius, and Rothengatter, 2003; Miller and Lessard, 2000）。第二，关于制度环境，研究已经证明了公共项目的特殊性质（相对于私人项目），以及不同行业或部门属性的项目的差异性，如交通、基础设施、生物技术、电信、发电站、电影、建筑等（例如 Faulkner and Anderson, 1987; Morris, 1973）。第三，项目已被按"组织条件"分类了。这些不同的划分包括组织间项目（Jones and Lichtenstein, 2008）、全球项目（Berggren, 2004）、分散项目、虚拟的同地协作项目（Jarvenpaa and Leidner, 1999）。还包括这样的对比：项目的"关系连续性"、重复合作，以及"嵌入式项目"，虽然后者的分析倾向于整合制度环境与组织条件（如 Cacciatori, Grabher, and Prencipe, 2007; Skilton and Dooley, 2010）。第四，研究人员还分析了与产出和任务性质相关的特定"任务特点"，通常是指复杂性和不确定性，或者这些特点的组合和变化。Söderlund（2005）建议把项目分为三个主要类型：商业项目（客户项目、交付项目、复杂系统项目）、开发项目（用于开发新技术、新产品、新服务和新知识的内部项目）以及变革项目（组织能力、生产设施的扩展、新市场开发、组织结构和流程变化、实施新 IT 系统）。类似的类型学已在关于"项目管理的价值"（Thomas and Mullaly, 2007）和关键成功因素的比较研究（Blindenbach-Driessen and van den Ende, 2006）的出版物中得到应用。

Morris 更注重任务的技术特点，确定了项目管理组织分析的三个主要因素：复杂性、不确定性和速度（Morris, 1973），对此，Shenhar 和 Dvir（2007）做了进一步研究。一些研究专注于这些特点中的一个，诸如在 CoPS（Complex Products and Systems, 复杂产品和系统）项目中的复杂性（Hobday, 1998）。其他研究则关注技术的不确定性，特别是 De Meyer、Loch 和 Pich（2002）提出的关于不确定性的文章，或者是与各种极端不确定性，如"重建项目"（Ekstedt et al., 1999）和"先锋工程"（Brady and Davies, 2004; Wheelwright and Clark, 1992）相关联的一个特定类别。与后者有关的是勘探和开采项目（参见 Brady and Davies, 2004）以及独特与重复项目的类型学（Lundin and Söderholm, 1995）。

上面的概述反映了至关重要的一点：项目在一些重要方面有着差异性，特定类型的项目可能需要特定的理论和衡量成功的标准。表 2.2 总结了一些区分不同项目的文献。

这里展示的列表并不完整,却是提醒人们注意项目的特定类别和特点的一个尝试(Crawford,Hobbs,and Turner,2005)。

表2.2 项目:类型和类型学

	类型/类型学	作者(例子)
规模	重大项目	Morris and Hough(1987)
	大型工程项目	Miller and Lessard(2000)
	大型项目	Flyvbjerg,Bruzelius,and Rothengatter(2003)
	大规模项目	Shapira and Berndt(1997)
制度和行业环境	公共项目	Hellgren and Stjernberg(1995)
	行业类型项目	Crawford,Hobbs,and Turner(2005)
组织条件	全球项目	Berggren(2004)
	组织间项目	Jones and Lichtenstein(2008)
	跨职能项目	Blindenbach-Driessen and van den Ende(2006)
	嵌入式项目	Cacciatori,Grabher,and Prencipe(2007)
任务特点	商业、开发、变革项目	Söderlund(2005);Thomas and Mullaly(2007);Blindenbach-Driessen and van den Ende(2006)
	复杂性、不确定性(技术、新颖)、速度	Shenhar and Dvir(2007)
	CoPS项目(复杂产品和系统)	Hobday(1998);Davies and Brady(2000)
	不确定性(变化、可预见不确定性、不可预见不确定性、混乱)	De Meyer,Loch,and Pich(2002);Pich,Loch,and De Meyer(2002)
	重建项目	Ekstedt and Wirdenius(1995)
	勘探和开采项目	Brady and Davies(2004)
	重复与独特项目	Lundin and Söderholm(1995)
	衍生品、平台、突破	Wheelwright and Clark(1992)

到目前为止为分类所做的努力都是很重要的,因为这突出了不同类型的项目的具体特点以及它们所面临的挑战,并使得项目间可以进行比较。因此,这些研究改进了关于项目为什么不同以及如何不同的分析——这是理论发展的一个重要问题。为了对项目为什么会存在这个问题进行深入理解,我们需要研究"互补性",并且探讨与项目的组织及管理相关的不同的组织问题。

2.4 问题:合作与协调

项目之所以存在是由于各种各样的原因,但它们都有一个整体的目的,即实现互补性,这就形成了一个关于整合能力的基本挑战。根据Roberts(2004:34),这种互补性可以是技术的、社会的或经济的,并涉及"影响绩效的不同变量的变化之间的相互作用"。因此一般而言,互补性意味着对一个变量/任务投入更多的同时,也能增加另一个变量/任务回报。为了能够从互补性中受益,需要解决两个主要的组织问题:合作与协调(Grant,1996)。困难比比皆是:子系统管理人员有不同的优先级;来自不同组织的管理者可能会优先考虑不同的活动;决策过程可能会因为既没有等级制度也没有市场解决方案来建立合作关系而被暂停。因此,为了理清互补性,"合作问题"必须解决。然而,处理合作问题并不意味着"协调问题"已经得到解决。人们可能仍然对于做什么、什么时候做以及怎么做抱有非常不同的看法,尽管他们共享同一个目标或具有一致的激励机制。因此,协调问题指明了同步调整和行动的重要性。

合作问题源于个人和主体有冲突的目标以及机会主义行为,而协调问题源于任务的复杂性和进行沟通、同步活动以实现行动效率的必要性。对这两个问题的关注似乎是有限的,并且好像没有涵盖项目管理研究已经涉及的管理问题的全部范围。然而,这里所研究问题的范围可以或多或少地被归属到这些类型中的任何一个:风险、回报、承包关系或信托(在这里与合作问题相关),或者沟通、知识整合、边界对象和错误(这属于协调问题的类别)。下面将分别处理这些问题,并给出已有文献和理论的概述。

项目管理中的合作问题

项目管理中的合作主要是指通过一些具有共同利益的人/主体的联合以实现某种形式的共同努力或操作。在这方面,我们需要处理实现共同目标的问题,这是因为人都是有些自私的,或者说总是把自身所关注的放在首位。根据Roberts(2004:75),这不是否认利他的因素,而仅仅是为"确认纯粹利他是不可能的",以及说明个人之间的兴趣和偏好是不同的(March and Simon,1958)。这可能在相互依赖性中特别重要,因为如果要实现互补,依赖性就需要增强。那么当务之急是对员工进行激励和奖励,使他们选择的行为和做出的优先排序有利于实现共同行动,从而实现共同目标。

项目管理的一系列研究已经涉及了合作问题。研究集中于合同安排、复杂项目的交易成本、机会主义行为和激励制度,以及合作和结盟的好处。虽然这些研究基于不同的人类理性和利益假设,并且彼此之间有着非常重要的不同之处,但它们都在以这样或那样的方式处理项目管理的合作问题。最近的议题包括建立伙伴关系(Bresnen and Marshall,2002)、结盟(Miller and Lessard,2000)、建立项目网(Cova,Ghauri,and Salle,2002)、项目中的信任(Meyerson,Weick,and Kramer,1996)、大规模项目的风险和报酬,以及公私伙伴关系(Kwak and Anbari,2009)。此外还涉及大规模项目中保障措施的性质和敲竹杠问题的后果(Gil,2007)。

已经有研究把项目作为一种合作结构来处理,也就是一种类似于旨在实现合作和经济交流的合同形式,否则任务就会在企业内部完成,或者鉴于合作的困难以及任务的复杂性和不确定性而根本不能完成。项目作为合作问题的一种出路而使得复杂的交易得以实现。对项目的这一观点,引出了对于各种合作的措施和机制的仔细考察,包括合同的形式、授权体系、目标制定、激励机制、动机和结盟。由于显而易见的原因,这类研究通常还使用了特定的理论分支,包括交易成本理论(Reve and Levitt,1984)、代理理论(Turner and Müller,2004)和权威性方面的理论(Stinchcombe and Heimer,1985)。项目作为"临时合作"的显著特点给合作条款带来了特殊利益,即临时交易或交互过程的内在逻辑,这为合作带来了独特的挑战。主体可能决定采用机会主义行为,这是由于缺乏长期关系和"持续互动的博弈"(Axelrod,1984)。主体也可能由于共同历史的缺乏和背景的不同,而难以达成共识和信任,这可能会降低形成工作关系的可能性。例如,Meyerson、Weick和Kramer(1996)讨论了项目合作中建立"快速信任"的重要性,并指出建立快速信任的一个重要途径是依靠外界机制,如工作角色、职业和个人社交网络。根据这些作者的观点,项目参与者之所以倾向于互相信任是因为他们代表某一特定的职业,如化学家、工程师和律师,或者是因为他们同属一个社交网络,尽管不一定彼此认识。在这样一些观点的基础上,Grabher(2002)进一步分析了稳定和永久网络的重要性:它可以促进伙伴关系的形成,从而使项目合作成为可能。在他的研究中,"项目生态"被挑选出来,在促进项目合作中发挥重要作用,其一般强调项目的嵌入式性质,即项目是临时的,但它们的创建和执行被包围在一种职业、社会关系和合同的永久关系网络中。在某些项目环境中,想要依靠这些反复互动关系和长期保障机制,即使不是不可能的,也至少是很难的。例如,Havila和Salmi(2009)讨论了资本品和建筑行业将"项目结尾"作为一次性项目的成果的内置部分这一问题。合作是临时的并且最终会终止这一事实产生了一个整体风险结构,即参与者可能表现得目光短浅,甚至在某些情况下采取投机行为。项目的失败就变成了合作的失败。

项目管理中的协调问题

协调问题关注于一组不同的挑战。尽管有着共同目标和合作惯例,但协调这一组织问题也可能很严重,也就是说,尽管合作问题得到了解决,协调方面仍可能会出现问题。通常情况下,这些挑战是通过使用经典的协调机制,如标准化、规划、相互调整、团队协调来处理的(Thompson,1967;Van de Ven,Delbecq,and Koenig,1976)。在Thompson的分析中,协调的需求很大程度上取决于任务性质——主要是不确定性和相互依赖性。在项目管理的环境下,这一点已经被Galbraith(1973)讨论过,也被Allen(1995)进一步阐述过。后者指出了决定解决协调问题所需要的适当结构的三个变量:子系统相互依赖度、学科知识变化程度和项目持续时间。用 Allen 的话来说,高度的子系统相互依赖度要求紧密的项目协调工作,如协同定位和频繁的团队交互。而高度的学科知识发展,会更加支持功能性的组织结构,降低组织一体化的规模经济,并限制由紧密的项目协调带来的优势。此外,他补充说,项目持续时间也很重要,因为成员可以在有限时间内紧密协调,且不失学科知识深度。基于这些观察,Shenhar and Dvir(2007)对项目协调的不同问题进行了分析。为了分析不同类型的项目以及处理协调问题的不同解决方案,他们主要围绕三个"权变因素"展开研究:不确定性(技术和市场)、复杂性和速度。类似的有关理解项目协调工作的尝试,已在 Pich,Loch,and De Meyer(2002)的关于不可预见的不确定性和复杂性的论文中提出,以及在 Lindkvist,Söderlund,and Tell(1998)的关于以下二者的区别中出现:可分析的系统复杂性与错误检测、错误诊断。这些贡献的关键信息是相似的:项目组织是一个协调问题,处理的是任务相互依赖性和任务不确定性——如果没有任务相互依赖性和任务不确定性,那么就只存在有限的协调问题,也就不存在对项目的基本需求了。

作为合作与协调的项目

上述讨论突出了项目作为解决组织问题的一种办法的两个重要而不同的起源。基于这两个起源,我们认为项目之所以存在是出于两个特定的、通常独立的理由:要么是为了处理合作的问题,要么是为了处理协调的问题。然而,尽管分开解析它们有助于了解项目管理的理论基础,但在现实生活中,它们还是经常交织在一起。回顾文献就会发现,一系列术语、流程和现象与这两个不同的组织问题相关联。关于合作的研究通常涉及对动机、权威、合同和机会主义的分析,而关于协调的研究涉及计划、日程安排和沟通。以上解释还提出了一些这两个领域中已发表的文章以及它们所研究的典型问题。表 2.3 总结了我们的观察,并试图通过阐述这两个问题在行为假设、项目管理话题和理论构建等方面的区别来扩展分析。

表 2.3 作为合作和协调的项目

	合作	协调
项目管理定义	项目管理是确保对项目涉及的不同参与方之间复杂交易的治理的行为	项目管理是确保项目涉及的参与者之间沟通和信息共享的行为
项目差异	关系连续性(交易频率)、资产特异性	任务特点(不确定性和复杂性、相互依赖性)
管理问题	动机和激励	相互依赖性和沟通
所研究的项目管理话题	合伙、联盟、网络、合同、风险和回报	沟通、学习、知识整合、计划
典型理论构建和视角	信任、授权、权力、控制、交易成本	学习、沟通、解决问题、协调成本

2.5 流程:动态和阶段

项目的一个最显著特征是其固有的组织动态性。项目是由人类创造的,并且最终会解散。因此与之相应的是,从项目生命周期的引入开始,项目的诞生和终结问题就是项目管理的核心要素。这种区分体现在基于构想、规划、实施和终止的项目生命周期的传统描述中。它也体现在对关键成功因素以及这些因素在项目生命周期的各个阶段如何变化的研究中(Pinto and Prescott,1988)。一般情况下,这种对流程的关注标志着对个体行为和事件顺序的兴趣,它们描述了事情如何随着时间推移而变化(参见 Van de Ven,1992)。在这方面,项目不是被看作一种状态而是被看作一个过程,或者是被看作在不同分析水平上的不同过程。

近年来,有人建议在项目中纳入更复杂的描述流程动态的形式,包括行为学派的贡献,其分析的一个主题就是项目作为临时组织的行为和演化。例如 Gersick(1988)对项目团队间断平衡的研究,Engwall and Westling(2004)讨论的复杂项目的周转过程,Lindkvist and Söderlund(2002)提出的项目开发中的关于问题解决的进化模型,Lundin and Söderholm(1995)引入的四个连续概念:基于行动的创业精神、碎片化的承诺建设、有计划的隔离和制度化终止。这些流程导向研究的共同主题是,存在不同的流程以及关于流程的不同观点,无论这些流程是技术的、社会的或是它们的组合。

对流程的研究通常还突出环境的重要性以及流程和环境的内嵌性质(Kreiner,1995)。为了改进对项目环境的分析,一些作者建议,研究和实践需要用更长期的观点来看待项目,以充分了解其制度环境(Engwall,2003)。这种扩展的观点对项目管理研究产生了深远影响。简单来说,人们由此认为,研究必须看到在一个项目之前、之中以及之后发生了什么,以能够理解其从胚胎阶段直到面世之后的生命史和旅程。这也会对我们所需要的理论以及我们所提出的研究问题类型产生影响。

就项目的诞生而言,Morris(1994)是最早强调项目早期阶段的整体视图以充分了解"项目的管理"的研究。这带给了我们一些问题,例如项目本身从哪里来、关于项目的想法从哪里来、用什么人际网络建设来塑造项目,以及项目需求是如何被设计和规划的。这些见解后来一直被研究者跟进,他们调查了项目的规划阶段(Miller and Floricel,2000)、项目的市场营销(Cova,Ghauri,and Salle,2002)和项目网络的设计(Hellgren and Stjernberg 1995)。一些与项目早期相关的研究涉及决策——一个特定项目是否应该得到资助,主导的利益相关者如何评估项目建议书,以及与决策中的乐观和愿望相关的事情(参见 Shapira and Berndt,1997;Flyvbjerg,Bruzelius,and Rothengatter,2003)。我们概述中的关系学派和决策学派对项目早期阶段特别感兴趣,包括对"承诺升级"(Staw and

Ross,1978)、"网络设计"(Hellgren and Stjernberg,1995)和"乐观偏见"的研究(Lovallo and Kahneman,2003)。除了这些对项目早期阶段的调查,一组研究调查了创建和塑造项目的必要能力。Davies and Brady(2000)谈到"项目能力"与项目投标阶段的可重复解决方案相关。Miller and Olleros(2000)认为,"项目塑造"对建立基于项目的产业竞争优势是必要的。Lampel(2001)扩展了这一想法,说明了"创业能力"对成功执行项目的重要性。这些贡献说明理解项目是如何被创建和塑造的对于理论和实践都非常重要。

项目的实施和生命周期是很多研究的重点,前面讨论过的所有学派都或多或少地覆盖到了这部分内容。调查包括一系列广泛的问题,包括项目实施优化问题、成功的关键因素、设计参数的有效协调,以及项目的风险。这里我们谈及了标准教科书中的一系列元素,如分工、工作分解结构、规划和调度、组织、团队合作、控制和通信。大量顶级期刊的论文都把注意力放在这一系列问题上。在前面提出的学派概况中,优化学派和权变学派尤其注重这些问题。

项目的结束及之后的情况在某种程度上可以说是更为复杂的问题,因为很多人都会说这些并不是项目和项目管理的首要重点,而是项目拥有者或最终成果所有者的首要重点。尽管有这个疑虑,我们提到它是因为许多项目会继续存活下去,并随着时间的推移得到新的解释,因为在最初和实施过程中都未被发现的新知识和新问题出现了。从这个角度来看,一个项目的生命周期应该充满错误和问题,因为错误正是在项目生命周期中被检测到,而不是当最终结果已经由维护组织、生产单元、客户或终端用户接管了的时候。此外,为了能够学习、不断发展并准确评估项目成果,项目终结之后的阶段变得很重要。这些问题在项目评估中被处理,项目评估跨越了更长的时间范围,以确保客户满意度、价值创造、学习和能力建设(例如参见 Brady and Davies,2004;Shenhar and Dvir,2007)。根据这些陈述,询问也包括如下问题:项目什么时候完成,它何时不再存在,一个项目是否可以重生,以及当每个人都认为它结束了的时候它是否真的就结束了(Brady and Davies,2009)。后者强调了一个事实,即一个项目的成功不仅依赖于谁在评估以及它是如何被评估的,而且同样依赖于它是何时被评估的。如果有人将分析扩展到包含项目的终结,"项目结束"和各种心理过程就变得很重要,如分开、回顾和抽离。

2.6 视角、项目、问题和流程

上述解释对项目管理理论的发展产生了一系列影响,其中的主要观点已经为项目管理的文献和目前的理论关注点提供了指导和概述。这并不是一个完整的观点——可以而且需要说明的还有更多。尽管如此,确定一系列项目管理研究学派,并从这些学派的不同视角展开讨论仍然是一个重要的开端,以便将来进一步细化、证实和驳斥理论。

这些建议可以归纳为四点。

第一,我们需要阐明自己所采用的视角,并且认识到人们对于项目和项目管理存在不同的想法,正如 Argyris(1977)提醒我们的那样,把基本假定隐藏起来是危险的。

第二,我们需要更好地理解所研究的现象。这样做的一种方式是提供更精细的类型学。正如前面提到的,这对于那些适用于特定类型项目的中层理论的发展具有重要意义。不过,最明显的危险在于过分强调不同的分类,这会带来完全不同的文献,而它们唯一可确定的区别只是实际环境的不同。

第三,项目是因为各种各样的原因而被创造的,为了准确处理项目的具体组织问题,我们必须攻克对于项目存在的复杂疑问,即项目为什么存在,项目的解决方案解决了什么样的组织问题。这些问题的答案对另一组问题的答案有重要影响,即项目为什么不同,它们如何表现,什么决定了它们的成功或失败。本章主要通过互补性和两个相应的组织问题(即合作与协调)来回答这些问题。因此,关键在于将项目中的合作与协调进行更好的概念化,并意识到现存的理论是针对不同的组织问题提出的。然而,在实践中所涉及的问题常常是相互交织并高度相关的。合作的理论与协调的理论不同,而且它们的理论基础往往对个人的动机、个人的理性以及项目失败的根本解释有不同的假定。为了理解社会中的复杂项目,我们必须承认,这些项目挣扎在合作与协调问题上,并且在某些情况下,主要困难在于如何对解决这些问题的方案进行特定组合。例如,合作问题的解决方法可能会引发严重的协调问题。

第四,项目本身是动态的实体:项目被创建、塑造,并且会有终结。它们与传统的有关组织的看法有很大不同,即它们遵从"持续经营"的原则。这些组织的管理和发展都相应地与一些挑战和问题相关联。为了应对这些挑战,需要从相邻学科获取支持。然而,对于不同的阶段和流程可能需要不同的理论。

这四种区别可根据"新传统观点"来进行讨论,并与"扩展观点"相比较,后者主要旨在阐明过去十年中项目管理研究的主要发展——考虑视角是如何逐渐增多的,不同类型的项目观点如何变得更加复杂,以及如何解决项目生命周期中不同流程和阶段的不同组织问题。表 2.4 对这些观点进行了对比,包括它们对研究和管理实践的影响。

表 2.4 项目管理的理论基础:区别和含义

	新传统观点	扩展观点	研究含义	管理含义
视角	由理性主义方法主导的项目管理,但一个替代的组织理论观点已被加了进来(Packendorff,1995)	存在相当多的视野、学派和理论。这些视野的不同之处在于它们的项目定义、提出的关键问题、主要分析焦点以及与基础学科的联系不同	研究应更明确应用的视野是什么、研究如何建立在现有研究的基础上以及研究在何种意义上补充了该特定视角的现有知识	项目同时包含了很多的内容:不同主体对于同一个项目的认识是不同的

	新传统观点	扩展观点	研究含义	（续表）管理含义
项目	项目是相似的 VS 一种方法不能解决所有问题（Shenhar, 2001）	还有更复杂的尝试以识别类型和构建类型学，主要是根据规模、制度环境、组织条件和任务特点	研究应明确所研究项目的类型、该类型有什么特点、该研究以何种方式对所研究项目类型的现有相关研究做出贡献	尽管有可能存在重要的跨项目的相似性，特别是在相同类型项目之间的相似性，但项目是不同的，应以不同的方式加以分析、管理和组织
问题	项目管理是为完成项目而对资源进行计划和组织	项目管理与两个不同的组织问题相关：合作问题和协调问题	研究应该明确要解决什么组织问题，以及要强调和处理的子问题是什么	项目是特定种类的问题的解决方案。原则上说，涉及的问题要么与合作问题相关，要么与协调问题相关。这些问题中的每一个都需要具体的解决方案，解决其中一个问题的方法可能加重另一个问题
流程	项目管理根据项目生命周期而变化；在不同阶段需执行不同的任务	项目被创建、诞生和终结。项目管理涉及塑造项目的创造性行为、达到设定目标所需的活动，以及为推动项目进步或暂停所需做出的决定	研究应更多关注流程并承认项目是组织不断发展的流程这一事实，也应更明确特定研究（如政治、社会、技术、学习、意义建构，等等）集中关注于哪一种流程	项目是动态的、不断变化的实体，应该根据不同的阶段和焦点流程进行不同的分析、管理和组织

这些区别有助于对项目管理研究进行对比，尤其可以关注它们所采用的视角、所研究项目的类型、所要解决的问题，以及所涉及的流程。所采用的视角使我们得以用特定方式来关注所研究的项目，以及所观察的特定问题和流程。例如，决策理论家（决策学派视角）经常探讨重大公共投资项目（项目）、合作问题（问题）以及项目早期阶段（流程）展开的政治进程（流程）。权变理论家（权变学派视角）通常分析复杂的研发项目或工程项目（项目），以研究项目实施（流程）中的协调问题（问题）。这四种区别之间的相互关系大致如图 2.1 所示。

2.7 进步中出现的分散化

本章认为项目和项目管理中的多元化是很有必要的，并且存在进一步发展和改良

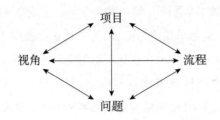

图 2.1　项目管理研究理论基础的理解框架

理论想法与观点的机会。这强调了一个事实,即理论需要被质疑、辩论和更换,同样也需要被改良、测试和改进。

我们也可以借鉴 Popper(1945)的观点来看待多元化,他认为一个科学领域对新的研究思路和方法越是开放,竞争就越是激烈,因此取得科学突破的机会也越大。与此同时,各科学领域也在平衡这些问题上做着斗争:探索与开发,统一与多元,寻找新的主题、方法与现有知识的资本化和改善(March,1996)。因此,有必要寻找某种"统一",因为过于分散很容易阻碍学者之间的交流,最终会导致知识共享和知识积累的失败。而过于统一的缺点是容易困在专业化陷阱里:研究者过于沉浸在非常狭隘的项目定义中并忙于保护自己的"老巢",不断强化内在一致性,结果是与外界日益疏远,越来越脱离实际。当然,作为一种科学领域的项目管理,其有望在专业化和分散化之间、严谨性和相关性之间找到富有成效的平衡点。

下面是我们的一些主张:①存在多种视角来阐明项目的不同方面、问题和阶段;②在一定意义上,研究中存在某种统一性,即贡献趋向于借鉴类似的基础学科,趋向于关注类似的问题和困难;③人们逐渐意识到,项目管理中涉及独特的管理和组织问题,并且这些问题与特定的理论传统相关;④人们对于项目流程动态性的认可不断增强,承认项目的早期阶段、执行和结束,以及这些阶段和流程涉及特定的管理问题;⑤对此现象的详细阐释以及关于跨项目样本空间的特征、相似性和差异性的进一步明确讨论正在不断涌现。

2.8　结语

依照前面所讨论的区分,我们呼吁拓宽研究的视角,包括批判的和实践的视角(Cicmil and Hogdson,2006),并且寻求一种超越传统单一项目焦点的分析,以加强对项目的多层次理解(参见 Sydow,Lindkvist,and DeFillippi,2004)。当然,重要的是要了解什么学派是最相关的,以及每个学派支持什么理论、反对什么理论。在这方面,前面讨论的不同学派为研究者确立了理论基础,并指出了应该批判什么。除了引入新观点和改进已有观点，还需要不断完善项目、项目类型和类型学的概念化解释，以改进我们谈论共同认知问题所使用的语言。这似乎是迫切的，因为项目正在被用于更广泛的部门，远远超出了传统的工程和建筑领域，尽管很多现代项目管理技术都是在这些传统领域被塑造。大型项目、项目集、大规模项目等当然只是标签，但这些标签试图把自己从同一组的其他现象中区分开来。重要的似乎是对使用哪些标签、重视哪些类别、放弃哪些类型学等进行持续辩论。每个项目类型都很可能与相当独特的组织问题有关。

本章分析了两个基本的组织问题：合作与协调。对理论学者来说，最重要的似乎是了解所研究问题的性质——是合作的问题还是协调的问题——但同时需要承认，在某些情况下，紧迫且有趣的问题出现在合作与协调问题的混合中——一个特定的合作问题的解决方法可能会造成复杂的协调问题。

最后，项目不仅是静态的现象、组织结构、投资或网络，它们还可能首先是流程，并且是不同类型的流程。这为理论学者创造了一系列机会——项目被不断塑造和抛弃，这意味着会出现一系列创业和政治行动，来创建项目并终结项目。由此，项目是否会不复存在以及在这个过程中会涉及什么具体过程仍然是非常开放的问题。

2.9 注释

1. 正如最近的一系列报告所强调的那样，项目管理已经超越单一项目的层面而扩大到涵盖了其他层面的分析。例如，一些研究关注于基于项目的公司的性质和它们在管理方面所面临的一些挑战，例如项目组合管理、项目能力、创新、人力资源管理（参见 Söderlund 2004b）。现在回顾的重点是在项目层面，特别是关于单一项目的塑造、创建、管理、组织和实施的研究。

2. 学派分类是基于 50 多年来发表在顶级组织和管理期刊上的 305 篇论文的文献综述。类似的分类在 Söderlund（2002）中可见。还存在包括更多的学派和一些不同学派的替代方案（如 Turner, Anbari, and Bredillet, 2008）。这里的重点不是给出一个该领域的完整概述，而只是为了说明一些主要的发展轨迹。虽然这里提及了一些行为学派的内容，然而还是有所缺失的，例如项目作为一种实践、性别问题、批判视角和制度分析。综述是基于截止到 2008 年的期刊文章。因此，它不包括最近的期刊文章，以及发表在报告和专著中的成果。

3. 各种学派被 Söderlund（2002, 2010）进行了更深入的总结，其中一些由 Turner, Anbari and Bredillet（2008）进行了进一步的阐述和分析。关于优化学派的详细信息，请参阅 Tavares（2002）。有关因素学派的详细信息，请参阅 Jugdev and Müller（2005）。有关权变学派的详细信息,请参阅 Sauser, Reilly, and Shenhar(2009)。

2.10 参考文献

ABERNATHY, W. J., and ROSENBLOOM, R. (1969). "Parallel strategies in development projects," *Management Science*, 15/10: 486–505.

ALLEN, T. J. (1995). "Organization and architecture for product development," Working Paper, MIT Sloan School of Management.

ANDERSON, M. C. (2007). "Why are there so many theories? A classroom exercise to help students appreciate the need for multiple theories of a management domain," *Journal of Management Education*, 31/6: 757–76.

ARGYRIS, C. (1977). "Double loop learning in organizations," *Harvard Business Review*, September–October: 115–25.

AVOTS, I. (1969). "Why does project management fail?" *California Management Review*, 12/1: 77–82.

AXELROD, R. (1984). *The Evolution of Cooperation*. New York: Basic Books.

BAILEY, K. (1994). *Typologies and Taxonomies: An Introduction to Classification Techniques*. Thousand Oaks, CA: Sage.

BERGGREN, C. (2004). "Global dreams—local teams: rhetoric and realities of transnational innovation," *International Journal of Innovation Management*, 8/2: 115–45.

BLINDENBACH-DRIESSEN, F., and VAN DEN ENDE, J. (2006). "Innovation in project-based firms: the context dependency of success factors," *Research Policy*, 35/4: 545–61.

BRADY, T., and DAVIES, A. (2004). "Building project capabilities: from exploratory to exploitative learning," *Organization Studies*, 25/9: 1601–21.

—————— (2009). "They think it's all over, it is now: Heathrow Terminal 5," paper presented at the EURAM Conference, Liverpool.

BRESNEN, M., and MARSHALL, N. (2002). "The engineering or evolution of co-operation? A tale of two partnering projects," *International Journal of Project Management*, 20/7: 497–505.

CACCIATORI, E., GRABHER, G., and PRENCIPE, A. (2007). "Continuity in project-based organizing: antecedents, artifacts, and adaptiveness," paper presented at the VII. IRNOP Conference, September 19–21, 2007, Brighton.

CICMIL, S., and HODGSON, D. (2006). "New possibilities for project management theory: a critical engagement," *Project Management Journal*, 37/3: 111–22.

COLE, S. (1983). "The hierarchy of the sciences?" *American Journal of Sociology*, 89/1: 111–39.

COOPER, D. F. (1976). "Heuristics for scheduling resource-constrained projects: an experimental investigation," *Management Science*, 22/11: 1186–94.

COVA, B., GHAURI, P., and SALLE, R. (2002). *Project Marketing: Beyond Competitive Bidding*. London: Wiley.

CRAWFORD, L., HOBBS, B., and TURNER, R. (2005). *Project Categorization Systems: Aligning Capability with Strategy for Better Results*. Newton Square, PA: Project Management Institute.

DAVIES, A., and BRADY, T. (2000). "Organisational capabilities and learning in complex product systems: towards repeatable solutions," *Research Policy*, 29: 931–53.

—— and Hobday, M. (2005). *The Business of Projects*. Cambridge: Cambridge University Press.

De Meyer, A., Loch, C., and Pich, M. (2002). "Managing project uncertainty: from variation to chaos," *Sloan Management Review*, 43/2: 60–7.

Ekstedt, E., and Wirdenius, H. (1995). "Renewal projects: sender target and receiver competence in ABB 'T50' and Skanska '3T'," *Scandinavian Journal of Management*, 11/4: 409–21.

—— Lundin, R. A., Söderholm, A., and Wirdenius, H. (1999). *Neo-industrial Organising: Renewal by Action and Knowledge Formation in a Project-Intensive Economy*. London: Routledge.

Engwall, L. (1995). "Management research: a fragmented adhocracy?" *Scandinavian Journal of Management*, 11/3: 225–35.

Engwall, M. (2003). "No project is an island: linking projects to history and context," *Research Policy*, 32: 789–808.

—— and Westling, G. (2004). "Peripety in an R&D drama: capturing a turnaround in project dynamics," *Organization Studies*, 25: 1557–78.

Fagerberg, J., and Verspagen, B. (2009). "Innovation studies: the emerging structure of a new scientific field," *Research Policy*, 38: 218–33.

Faulkner, R. R., and Anderson, A. B. (1987). "Short-term projects and emergent careers: evidence from Hollywood," *American Journal of Sociology*, 92: 879–909.

Flyvbjerg, B., Bruzelius, N., and Rothengatter, W. (2003). *Megaprojects and Risk: An Anatomy of Ambition*. Cambridge: Cambridge University Press.

Fredrickson, J. (1990). "Introduction: the need for perspectives," in J. Fredrickson (ed.), *Perspectives on Strategic Management*. New York: Harper.

Galbraith, J. R. (1973). *Designing Complex Organizations*. Reading, MA: Addison-Wesley.

Gemmill, G., and Wilemon, D. L. (1970). "The power spectrum in project management," *Sloan Management Review*, 12/1: 15–25.

Gersick, C. (1988). "Time and transition in work teams: toward a new model of group development," *Academy of Management Journal*, 31/1: 9–41.

Gil, N. (2007). "On the value of project safeguards: embedding real options in complex products and systems," *Research Policy*, 36/7: 980–99.

Goodman, L. P., and Goodman, R. A. (1972). "Theater as a temporary system," *California Management Review*, 15/2: 103–8.

Goodman, R. A., and Goodman, L. P. (1976). "Some management issues in temporary systems: a study of professional development and manpower: the theater case," *Administrative Science Quarterly*, 21/3: 494–501.

Grabher, G. (2002). "Cool projects, boring institutions: temporary collaboration in social context," *Regional Studies*, 36/3: 205–14.

—— (2004). "Temporary architectures of learning: knowledge governance in project ecologies," *Organization Studies*, 25: 1491–514.

Grant, R. M. (1996). "Toward a knowledge-based theory of the firm," *Strategic Management Journal*, 17, Special Issue: 109–22.

Havila, V., and Salmi, A. (2009). *Managing Project Ending*. New York: Routledge.

Hellgren, B., and Stjernberg, T. (1995). "Design and implementation in major investments: a project network approach," *Scandinavian Journal of Management*, 11/4: 377–94.

HOBDAY, M. (1998). "Product complexity, innovation and industrial organisation," *Research Policy*, 26: 689–710.

——(2000). "The project-based organization: an ideal form for management of complex products and systems?" *Research Policy*, 29: 871–93.

HOLLOWAY, C. A., NELSON, R., and SURAPHONGSCHAI, V. (1979). "Comparison of a multipass heuristic decomposition procedure with other resource-constrained project scheduling procedures," *Management Science*, 25/9: 862–72.

JARVENPAA, S. L., and LEIDNER, D. E. (1999). "Communication and trust in global virtual teams," *Organization Science*, 10/6: 791–815.

JOHNSON S. B. (1997). "Three approaches to big technology: operations research, systems engineering and project management," *Technology and Culture*, 38/4: 891–919.

JONES, C., and LICHTENSTEIN, B. (2008). "Temporary inter-organizational projects: how temporal and social embeddedness enhance coordination and manage uncertainty," in S. Cropper, M. Ebers, C. Huxham, and P. S. Ring (eds.), *Oxford Handbook of Inter-organizational Relations*. Oxford: Oxford University Press.

JUGDEV, K., and MÜLLER, R. (2005). "A retrospective look at our evolving understanding of project success," *Project Management Journal*, 36/4: 19–31.

KNUDSEN, K. (2003). "Pluralism, scientific progress, and the structure of organization theory," in H. Tsoukas and C. Knudsen (eds.), *Oxford University Press Handbook on Organization Theory*. Oxford: Oxford University Press.

KREINER, K. (1995). "In search of relevance: project management in drifting environments," *Scandinavian Journal of Management*, 11/4: 335–46.

KWAK, Y. H., and ANBARI, F. T. (2009). "Analyzing project management research: perspectives from top management journals," *International Journal of Project Management*, 27: 435–46.

LAMPEL, J. (2001). "The core competencies of effective project execution: the challenge of diversity," *International Journal of Project Management*, 19/8: 471–83.

LINDKVIST, L., and SÖDERLUND, J. (2002). "What goes on in projects? On goal-directed learning processes," in K. Sahlin-Andersson and A. Söderholm (eds.), *Beyond Project Management*. Malmö: Liber Abstrakt.

——and TELL, F. (1998). "Managing product development projects: on the significance of fountains and deadlines," *Organization Studies*, 19/6: 931–51.

LOVALLO, D., and KAHNEMAN, D. (2003). "Delusions of success: how optimism undermines executives' decisions," *Harvard Business Review*, July: 56–63.

LUNDIN, R. A., and SÖDERHOLM, A. (1995). "A theory of the temporary organization," *Scandinavian Journal of Management*, 11/4: 437–55.

MARCH, J. G. (1996). "The future, disposable organizations and the rigidities of imagination," *Organization*, 2/3–4: 427–40.

——and SIMON, H. (1958). *Organizations*. New York: Wiley.

MERTON, R. K. (1968). *Social Theory and Social Structure*. New York: Free Press.

MEYERSON, D., WEICK, K. E., and KRAMER, R. M. (1996). "Swift trust and temporary groups," in R. H. Kramer and T. R. Tyler (eds.), *Trust in Organizations*. Thousand Oaks, CA: Sage.

MILLER, R., and FLORICEL, S. (2000). "Transformations in arrangements for shaping and delivering engineering projects," in R. Miller and D. Lessard (eds.), *The Strategic*

Management of Large Engineering Projects. Cambridge, MA: MIT Press.

——and Lessard, D. (2000). *The Strategic Management of Large Engineering Projects*. Cambridge, MA: MIT Press.

——and Olleros, X. (2000). "Project shaping as a competitive advantage," in R. Miller and D. Lessard (eds.), *The Strategic Management of Large Engineering Projects*. Cambridge, MA: MIT Press.

Morris, P. W. G. (1973). "An organizational analysis of project management in the building industry," *Build International*, 6/6: 595–616.

——(1994). *The Management of Projects*. London: Thomas Telford.

——and Hough, G. H. (1987). *The Anatomy of Major Projects: A Study of the Reality of Project Management*. Chichester: John Wiley.

Packendorff, J. (1995). "Inquiring into the temporary organization: new directions for project management research," *Scandinavian Journal of Management*, 11/4: 319–34.

Pich, M. T., Loch, C. H., and De Meyer, A. (2002). "On uncertainty, ambiguity, and complexity in project management," *Management Science*, 48/8: 1008–23.

Pinto, J. K., and Prescott, J. E. (1988). "Variations in critical success over the stages of the project life cycle," *Journal of Management*, 14: 5–18.

————(1990). "Planning and tactical factors in the project implementation process," *Journal of Management Studies*, 27/3: 305–27.

Popper, K. R. (1945). *The Open Society and its Enemies*. London: Routledge and Kegan Paul.

Reve, T., and Levitt, R. (1984). "Organization and governance in construction," *International Journal of Project Management*, 2: 17–25.

Roberts, J. (2004). *The Modern Firm*. Oxford: Oxford University Press.

Ross, J., and Staw, B. M. (1986). "Expo 86: an escalation prototype," *Administrative Science Quarterly*, 31: 274–97.

Sauser, B. J., Reilly, R. R., and Shenhar, A. J. (2009). "Why projects fail? How contingency theory can provide new insights: a comparative analysis of NASA's Mars Climate Orbiter loss," *International Journal of Project Management*, 27/7: 665–79.

Shapira, Z., and Berndt, D. J. (1997). "Managing grand-scale construction projects: a risk-taking perspective," *Research in Organizational Behavior*, 19: 303–60.

Shenhar, A. (2001). "One size does not fit all projects: exploring classical contingency domains," *Management Science*, 47/3: 394–414.

——and Dvir, D. (1996). "Toward a typological theory of project management," *Research Policy*, 25: 607–32.

————(2007). *Reinventing Project Management: The Diamond Approach to Successful Growth and Innovation*. Boston: Harvard Business School Press.

Skilton P., and Dooley, K. (2010). "The effects of repeat collaboration on creative abrasion," *Academy of Management Review*, 35/1: 118–34.

Söderlund, J. (2002). "On the development of project management research: schools of thought and critique," *International Project Management Journal*, 6/1: 20–31.

——(2004a). "Building theories of project management: past research, questions for the future," *International Journal of Project Management*, 22: 183–91.

——(2004b). "On the broadening scope of the research on projects: a review and a model for analysis," *International Journal of Project Management*, 22: 655–67.

—— (2005). "Developing project competence: empirical regularities in competitive project operations," *International Journal of Innovation Management*, 9/4: 451–80.

—— (2010). "Pluralism in project management research: navigating the crossroads of specialisation and fragmentation," *International Journal of Management Reviews*, forthcoming.

Staw, B. M., and Ross, J. (1978). "Commitment to a policy decision: a multi-theoretical perspective," *Administrative Science Quarterly*, 23/1: 40–64.

Stinchcombe, A., and Heimer, C. (eds.) (1985). *Organization Theory and Project Management*. Oslo: Norwegian University Press.

Sydow, J., Lindkvist, L., and DeFillippi, R. (2004). "Project-based organizations, embeddedness and repositories of knowledge: editorial special issue," *Organization Studies*, 25/9: 1475–89.

Tavares, L. V. (2002). "A review of the contribution of operational research to project management," *European Journal of Operational Research*, 136: 1–18.

Thamhain, H. J., and Gemmill, G. R. (1974). "Influence styles of project managers: some project performance correlates," *Academy of Management Journal*, 17/2: 216–24.

Thomas, J., and Mullaly, M. (2007). "Understanding the value of project management: first steps on an international investigation in search of value," *Project Management Journal*, 38/3: 74–89.

Thompson, J. D. (1967). *Organizations in Action*. New York: McGraw Hill.

Turner, J., Anbari, F., and Bredillet, C. (2008). "Perspectives on research in project management," paper presented at the Academy of Management Meeting, Anaheim.

Turner, J. R., and Müller, R. (2004). "Communication and co-operation on projects between the project owner as principal and the project manager as agent," *European Management Journal*, 22/3: 327–36.

Van de Ven, A. H. (1992). "Suggestions for studying strategy process: a research note," *Strategic Management Journal*, 13: 169–88.

—— Delbecq, A. L., and Koenig, R. (1976). "Determinants of coordination modes within organizations," *American Sociological Review*, 41/2: 322–38.

Weglarz, J. (1981). "Project scheduling with continuously divisible, doubly constrained resources," *Management Science*, 27/9: 1040–53.

第3章 项目管理研究的演变:来自期刊的证据

Rodney Turner   Jeffrey Pinto   Christophe Bredillet

3.1 引言

本章旨在通过分析项目管理领域的发展,正如其主要学术研究成果显示的那样,来总结项目管理研究的当前状态。虽然理论家和研究者已经试图用很多方法来探讨项目管理研究领域不断演变的性质,我们这里的尝试将采用更具合理性的方法,即基于对已出版文献的批判性回顾来分析这一问题。在过去的20年,项目管理研究的质量和严谨性大幅提高,这从项目管理领域三种顶级学术期刊的论文发表标准可以看出:

• 《国际项目管理杂志》(*International Journal of Project Management*, IJPM), Elsevier 出版;

• 《项目管理学刊》(*Project Management Journal*, PMJ), Wiley 出版;

• 《IEEE 工程管理会刊》(*IEEE Transactions on Engineering Management*, IEEE-TEM),电气和电子工程师协会出版(前 IEEE 工程管理协会)。

本章将展示三份期刊的编辑在回顾项目管理研究领域演变时的共同想法和思考。

在20世纪70年代,多数项目管理的"研究"文章是由从业者主导的,他们设定研究议程和研究风格(Turner et al.,2010)。在20世纪80年代,项目管理研究也开始受到专业协会的影响,如美国项目管理协会(PMI®)、国际项目管理协会(IPMA)、英国项目管理协会(APM)以及澳大利亚项目管理协会(AIPM)。在这个阶段,这些协会齐心协力,它们希望通过各自的"知识体系"来建立该领域的知识基础,其中出现了几个代表(Project Management Institute,1987,2008;International Project Management Association,2006;Association for Project Management,2006;Australian Institute of Project Management,2004)。不

过,正如在20世纪70年代,这个时候的很多项目管理研究仍然是非常实践导向的。这往往意味着:
- 它的范围是狭窄的,在最坏的情况下,仅仅关注于改善优化工具,如关键路径分析;
- 它缺乏严谨性,因为通常并不是基于可靠的研究方法论;
- 它经常采用单一案例分析,包括"战争故事",以为从业者提供实践指导,但往往很难为实现发展理论这个更广泛的目的而进行普遍化;
- 它通常既没有资料来源也没有参考文献,经常缺乏引文。

这样一来,项目管理在许多学术机构看来只是一种"准学科",关于它的根源和传承很少有一致意见("它是决策科学吗?还是组织理论?或是运营研究?")。从根本上说,项目管理研究是其他领域的产出,它的许多早期研究人员把他们的学术之"屋"建立在同属一系但不同的学科上,包括建筑、工程和管理科学。

然而,自从20世纪90年代初开始,项目管理研究出现了质量和严谨性方面的显著改进,从这三种学术期刊中可以具体看出:
- 论文涵盖的话题范围更广了,显示出项目管理正在成为一个更丰富、更多样化的领域,人们逐渐认识到一些更广泛范围的方法可以用来帮助实现项目的成功交付;
- 这些论文所基于的研究使用了更严谨的方法,这带来的结果是这些研究更加可靠,并且有助于理论的发展;
- 最近的期刊文章越来越多地被引用,其结果是研究得以牢固地基于最近的理论发展;
- 引用了更多该领域之外的期刊文献,显示出项目管理借鉴并促进了更广泛的其他领域的发展,使得研究更加丰富,并确保它是由其他的理论发展支撑的;
- 论文被更广泛的刊物所引用,显示出项目管理研究正在对本领域之外的更广泛的领域做出贡献。

我们在这里的分析目的是,通过评价已经发表在三种领先项目管理学术期刊上的研究,来找出支持上述论点的证据。

我们分析研究了已发表文章的三个不同方面:
- 话题:我们所说的"话题"是指论文本身试图解决的具体项目管理议题或主题。分析话题的内容使我们能够对这些论文所涉及的议题范围进行观察。我们在确定本章话题范围和分类时借鉴了 Morris(2001)、Kwak and Anbari(2009)这些之前的研究,他们开发了这些分类方法。
- 采用的方法论:我们也希望了解各类出版物中所使用分析方法的类型。方法论涵盖了从高度概念化的、定性的技术到更定量的、统计上更严格的技术。我们确定了项目管理研究正在使用的21种可能的方法论。

- 引用模式：我们检查了这些论文所引用的文献，也就是说，我们想要弄清楚作者在他们发表的文章中所引用的期刊或其他出版物的类型。我们对确定这些论文在多大程度上把项目管理、商业、工程学、心理学及其他来源的文献作为参考很感兴趣。总之，我们想知道这些论文的灵感来源是什么。对项目管理领域的出版物而言，例如，对IJPM而言，共计有36种可能的出处可以被确定为引用来源：从学术期刊到会议记录，以及最近的网站资源（见表3.1）。此外，我们对这些引用的变化趋势也很感兴趣。正如我们从表中所看到的，许多早期项目管理研究把一组相对有限的学科期刊作为其主要引用来源。在过去的20年里，这一范围急剧扩大。项目管理领域出版物的重要引用来源都包含在表3.2中。

在接下来的部分，我们将用上述三个标准——详细研究这三种期刊的模式。

表3.1 IJPM论文的引用

	1987年		1997年		2007年	
	数量	平均值	数量	平均值	数量	平均值
论文数量	31		45		85	
没有引用的论文数量	18	0.58	4	0.09	0	0
项目管理期刊						
IJPM	6	0.19	48	1.07	366	4.31
PMJ	2	0.06	10	0.22	67	0.79
其他	3	0.09	1	0.02	6	0.07
《IEEE会刊》	0	0.00	17	0.38	29	0.34
工程	2	0.06	3	0.07	19	0.22
工程管理	1	0.03	11	0.24	48	0.56
成本工程	1	0.03	18	0.40	4	0.05
建设	8	0.26	21	0.47	86	1.01
建设管理	2	0.06	46	1.02	209	2.46
采购与供应链					24	0.28
信息通信技术（ICT）			17	0.38	37	0.44
信息通信技术管理			4	0.09	1	0.01
质量			9	0.20	77	0.91
研究			4	0.09	6	0.07
一般管理	6	0.19	16	0.36	164	1.93
商业研究			2	0.04	34	0.36
战略			9	0.20	31	0.42
市场营销			4	0.09	17	0.20
治理					3	0.04
决策科学	6	0.19	24	0.53	110	1.29

(续表)

	1987 年		1997 年		2007 年	
	数量	平均值	数量	平均值	数量	平均值
人力资源管理、组织行为学、教育与学习、健康	3	10	13	0.29	182	2.14
金融学、经济学和政治学	5	0.16	3	0.07	34	0.40
法学			4	0.09	11	0.13
会计			9	0.20		
风险与保险					12	0.14
环境					8	0.09
伦理与哲学					6	0.07
引用期刊论文总数	45	1.45	293	6.51	1593	18.74
忽略没有引用的论文		3.46		7.15		18.74
会议论文						
PMI 从业者会议	2	0.06	8	0.18	14	0.16
PMI 研究会议	0	0.00	0	0.00	20	0.24
IPMA 从业者会议	6	0.19	9	0.20	1	0.01
IPMA 专家研讨会			1	0.02		
国际项目管理研究联盟会议（IRNOP）			1	0.02	16	0.19
欧洲管理学年会（EURAM）			0	0.00	5	0.06
其他项目管理会议			3	0.07	6	0.07
其他会议	7	0.23	30	0.67	51	0.60
引用会议论文总数总计	15	0.48	52	1.16	113	1.33
忽略没有引用的论文		1.15		1.27		1.33
引用网页总数					68	0.80

表 3.2 项目管理引用的领域

工程与工程管理
成本工程
建设和建设管理（包括设施管理）
一般管理
决策科学、运筹学和管理科学
人力资源管理、组织行为学、教育和培训以及其他人力问题
金融学、经济学和政治学
信息通信技术（ICT）和信息通信技术管理，但只是将它应用于计算机化的建设过程中，而不是将它应用于信息通信技术项目管理中
研究与创新
质量

(续表)

商业研究
战略
法学
市场营销
会计
采购管理
风险、安全和保险
环境
伦理与哲学

3.2 《国际项目管理杂志》(IJPM)

《国际项目管理杂志》(IJPM)是由英国项目管理协会代表国际项目管理协会(IPMA)于1983年创办的。2009年3月,IJPM获准加入社会科学引文索引(SSCI,Thomson World of Science),很大程度上促进了项目管理研究在质量和严谨性方面的进步。

为了证明IJPM论文质量和严谨性的提高,我们比较了在间隔10年,即在1987年、1997年、2007年发表的论文。我们之所以选择这些年份,而不是之后的一年,是因为在写作本书时还没有太多出版于2008年的论文。在1987年,IJPM每年只出版四期刊物。刊物的数目在1997年增加到六期,2007年为八期。每期刊物的文章数量也增加了。在1987年和1997年,每期大约是8篇论文,因而这两年论文总数分别是31篇和45篇。到2007年,每期是近11篇论文,一年总计85篇。越来越多的论文数量显示出学者对这个学科的兴趣与日俱增。

涵盖的话题

表3.3展示了1987年、1997年和2007年的期刊所发表论文涵盖的话题。表中使用的分类是作者在将论文提交给期刊时所使用的分类。

表3.3 IJPM论文涵盖的话题

	1987年		1997年		2007年	
	数量	平均值	数量	平均值	数量	平均值
论文总数	31		45		85	
涵盖话题总数	45	1.45	91	2.02	168	1.98
综合						
组织策略					2	0.02
项目管理	1	0.03	4	0.09	5	0.06
项目集管理			3	0.07	1	0.01
组合管理					2	0.02
复杂性						

（续表）

	1987 年		1997 年		2007 年	
	数量	平均值	数量	平均值	数量	平均值
项目办公室					1	0.01
基于项目的组织					5	0.06
项目成功与战略	1	0.03	1	0.02	2	0.02
发起			1	0.02		
系统						
计算机支持	3	0.10	6	0.13	4	0.05
标准						
审计和健康检查	1	0.03			1	0.01
管理环境					1	0.01
项目管理研究					1	0.01
功能						
管理需求			2	0.04		
管理配置			2	0.04		
管理范围			2	0.04	2	0.02
管理价值					2	0.02
管理组织			1	0.02	2	0.02
管理质量			1	0.02	2	0.02
管理成本	1	0.03	1	0.02	3	0.04
管理时间	3	0.10	5	0.11	6	0.07
管理风险	1	0.03	9	0.20	11	0.13
管理资源	1	0.03	4	0.09	4	0.05
管理环境	1	0.03	1	0.02	2	0.02
管理安全					1	0.01
生命周期						
启动					1	0.01
可行性和设计	2	0.06	3	0.07	1	0.01
执行和控制	3	0.10	4	0.09	1	0.01
收尾和调试					1	0.01
运营和维护	3	0.10				
财务						
评估	1	0.03	1	0.02	1	0.01
项目财务	2	0.06			1	0.01
合同						
项目合同组织	1	0.03				
合同管理	1	0.03	1	0.02	2	0.02
合作和联盟					10	0.12
政府和社会资本合作/私人融资活动（PPP/PFI）					3	0.04

(续表)

	1987 年		1997 年		2007 年	
	数量	平均值	数量	平均值	数量	平均值
BOOT 模式			2	0.08		
合同采购和招标	1	0.03			1	0.01
投标						
供应链					3	0.04
合同管理						
索赔						
人员						
个人能力/学习	2	0.06	1	0.02	5	0.06
组织能力					2	0.02
管理团队			2	0.04		
领导力			2	0.04	1	0.01
管理文化	1	0.03			2	0.02
管理利益相关者					2	0.02
管理冲突和协商					1	0.01
管理沟通						
管理伦理						
管理决策			1	0.02	7	0.08
一般管理						
管理创新			1		1	0.01
人力资源管理					5	0.06
管理信息					1	0.01
组织行为						
交易成本/代理理论					1	0.01
性别					1	0.01
地理						
旧世界	1	0.03			2	0.02
新兴发达国家	3	0.10	3	0.07	6	0.07
国际项目			1	0.02	1	0.01
行业						
工程和建设	8	0.26	14	0.31	31	0.36
制造业			2	0.04	1	0.01
信息、计算机和电信			3	0.07		
基础建设			2	0.04	2	0.02
政府	1	0.03	1	0.02	1	0.01
研究和开发			4	0.09	4	0.05
服务					4	0.05
闲暇					2	0.02

话题总数

1987年,每篇论文平均涉及约1.5个话题,而在1997年和2007年,它们平均覆盖2个左右的话题。2007年,许多论文涵盖3个话题,例如描述一项技术如何应用于特定国家(通常是在远东地区的新兴发达国家)的特定行业(通常是建筑业)。然而,越来越多的论文数量是话题数量增多的主要原因,很多话题在这三个年度中的每一年都只被提及一次。不过,发表论文数量增加,本身就可以显示出人们对项目管理的兴趣有所增加。

话题范围

1987年,每个话题至少有1篇论文,所以该领域范围的宽度是被完全覆盖了的。最流行的背景是工程和建设行业,有1/4的论文是特别关于这个行业的。我们会看到在建设和建设管理期刊论文的引用数量上也是这种情况。接下来的热门话题包括计算机支持、时间管理、执行和控制、委任后的运营和维护,以及新兴发达国家的项目,每个话题都有3篇论文(10%的论文)提到。

1997年最热门的话题仍是工程和建设行业,此时几乎有1/3的论文是与此主题相关的。第二热门的话题是风险管理,有1/5的论文与这个话题相关,而其在1987年只被提及了一次。对计算机支持(13%)、时间管理(11%)的兴趣在不断增强,而对执行和控制(9%)和新兴国家(7%)的兴趣基本保持不变。但在1997年(和2007年)没有关于委任后运营和维护的论文。1997年,被10%左右的论文提及的其他话题是资源管理以及研究和开发项目。也有3篇关于项目集管理的论文,但其中2篇更多是关于组合管理的。

2007年,最热门的话题还是工程和建设行业的项目,现在有超过1/3的论文是关于它们的。然而,在这一年有一期关于该话题的特刊,因此自1997年以来论文在该话题上的数量增长可以被该特刊解释。第二热门的话题仍然是风险管理(13%),紧随其后的是合作和联盟(12%)。然而,特刊上的许多论文也是关于合作和联盟的,不过即使没有特刊,合作和联盟仍然是第三热门的话题。现在再没有其他的话题被10%以上的论文提及,但有一些被5%以上的论文提及。自1997年以来,对任一话题的兴趣都没有减少,但出现了两个有趣的新主题:人力资源管理和服务行业。

使用的研究方法论

表3.4列出了在这三年的 IJPM 论文中所使用的研究方法论。

表 3.4　IJPM 论文所使用的方法论

	1987 年		1997 年		2007 年	
	数量	平均值	数量	平均值	数量	平均值
论文数量	31		45		85	
有方法论部分的论文	1	0.03	13	0.29	61	0.72
使用的方法总数	31	1.00	54	1.20	99	1.16
使用的方法						
已有技术的例子	6	0.19				
新技术开发	3	0.10	6	0.13	12	0.14
技术对比	2	0.06	1	0.02		
概念性论文	9	0.29	15	0.33	10	0.12
理论发展	2	0.06	2	0.04	1	0.01
文献综述	2	0.06	5	0.11	17	0.20
内容分析					1	0.01
案例研究	7	0.22	5	0.11	15	0.18
试点研究			1	0.02	1	0.01
调查			11	0.24	22	0.26
半结构式访谈			2	0.04	2	0.02
扎根理论						
德尔菲法			2	0.04		
方差分析(ANOVA)					1	0.01
田野调查					5	0.06
行动研究			1	0.02	6	0.07
民族志研究			2	0.04		
话语分析					1	0.01
建模						
电脑模拟			1	0.02	4	0.05
角色扮演					1	0.01

包含方法论部分的论文

1987 年,只有 1 篇论文包含对其所使用的研究方法论进行描述的部分。1997 年有 13 篇,约占 1/4;在 2007 年,大约 3/4 的论文(61 篇)有方法论部分。这显示出对严谨性的日益关注。

使用方法的总数

1987 年的论文每篇只使用了 1 种方法。1997 年和 2007 年的论文中有约 20% 使用了混合的方法。把文献检索与另一种方法结合起来是很常见的,另一种方法可能是调查、案例研究或新技术开发。但其他方法也可以被结合起来,如用新技术开发和案例研究来进行阐述,或者使用调查与半结构式访谈的组合。

使用方法的范围

1987年所使用方法的范围很窄,并且它们显示出当时期刊的焦点是从业者。当时所采用的方法主要是援引现有技术的例子,或介绍新的理念、对比不同的技术、概念性论文、文献综述和案例研究。这些方法大多旨在向从业人员说明项目管理的应用。数量最多的论文是概念性论文(29%),它们会对理论的某一元素给出一种观点。在1997年和2007年,没有论文对已有技术进行阐述,这表明了对从业者焦点的转移。在1997年,有15篇概念性论文(33%),然而它们往往是学术研究者的概念提纲。2007年,概念性论文的比例下降到12%。

在1997年和2007年,很明显的一点是论文所采用的方法已经变得更广泛了,有一系列新方法得到了运用。在概念性论文之后,调查是接下来最流行的技术,占24%。到了2007年,调查已经成为整体上最流行的技术,出现在26%的论文中。实际上调查占比自1997年以来没有太大的变化,只是概念性论文现在不那么常见了。总体而言,这两年(1997年和2007年)的证据清楚地表明:①发生了从基于从业者的技术向更严格方法的转移;②更广范围的研究和分析技术正在被使用。

期刊中论文的引用数量

表3.1显示出IJPM在1987年、1997年和2007年所发表论文的引用数量。这些引用模式旨在体现IJPM论文作者的引用来源,以识别他们是从什么类型的期刊中引用文献的。

1987年,一半以上的论文(58%)是没有引用的。这并不是唯一的一次。在1988年,没有引用的论文数量占比与1987年相近。在1997年,仍然有4篇论文没有引用。1987年的论文一般有10个左右的引用,然而最高纪录超过了50个。1997年的论文通常有大约20个引用,2007年有大约40个(虽然最高纪录超过100)。期刊文章的引用平均数在1987年是1.5。如果我们忽略没有引用的论文,那么这一数字将上升到3.5。到1997年这一数字翻了一番,达到了7;论文有了两倍的引用。到2007年,期刊论文的引用平均数量翻了两番多,接近19,这是1987年平均引用数量的12倍多。

会议论文的引用数量多年来很少变化,在20年里都略低于1.5。有所改变的是,人们现在引用新的学术会议的文章,但对PMI从业者会议的引用一直保持相当稳定的状态,IPMA从业者会议的引用几乎绝迹了。然而,在2007年对PMI从业者会议的引用中很大一部分仅仅来自2篇文章,其中还有1个是自我引用。

新出现的是对网页的引用。2007年平均每篇论文的网页引用数量是0.8。虽然大多数论文还是没有引用网页,但也有一些论文的参考文献主要就是网页。

被 IJPM 论文引用的论文来源

表 3.1 显示了 IJPM 论文引用的出处中有哪些是他们自己出版的。在 20 年中，IJPM 的自引用几乎增加了 20 倍，相比之下期刊论文的引用总体上增加了 12 倍。对 PMJ 论文的引用增加了约 12 倍，与整体涨幅相一致。这些年来，期刊论文援引了越来越多不同领域的论文。

引用最多的是建筑类期刊，2007 年平均每篇论文有近 3.5 个该类引用。对工程和工程管理的兴趣也很强烈，2007 年平均每篇论文有约 0.8 个引用。这些年对管理话题的兴趣与日俱增。到 2007 年，对于一般管理、商业和战略，每篇论文有约 2.7 个引用，决策科学平均有约 1.3，以及人力资源与组织行为学约 2.1。

有关 ICT 的引用文章，主要是关于电脑在建设设计和执行过程中的作用。1997 年，只有 1 篇文章引用了有关信息通信技术项目管理的论文，在 2007 年则是没有的。很多文章都是通用的，适用于所有行业。但如果是涉及一个特定行业，则主要是关于建筑行业。学者对研究、研究项目、建筑行业研究以及研究过程本身都有越来越大的兴趣。

令人惊讶的是，在 1987 年和 1997 年都没有关于采购的论文。在 IJPM 的第一期中有 1 篇关于合同管理的论文。最近对于合同形式的关注变多了，特别是 BOT 和 PPP/PFI。关于合同管理的论文出现在有关建设管理、采购、法学、项目管理的期刊中。治理和环境则是目前流行的议题。

3.3 《项目管理学刊》(PMJ)

《项目管理学刊》(PMJ)是由美国项目管理协会在 1970 年创办的。直到 2007 年，它还是只发给 PMI 成员的内部刊物。然而，就在 2007 年，该期刊的管理权转移到 Wiley 手上。

由于本次回顾只可以使用 1997 年到 2007 年的期刊，因此我们总结了这 10 年间的发展（见 Morris 2001 对 1990 年到 2000 年所有论文和话题的综述）。而且 PMJ 没有出现在主流引文索引，因此无法确定 PMJ 的论文被引用了多少次。PMI 一直希望保持期刊的原有规模，所以还是一年只发行 4 期，每期约 6 篇论文。1997 年共有 23 篇论文，2007 年有 31 篇。

涵盖的话题

表 3.5 显示了 PMJ 论文在 1997 年和 2007 年涵盖的话题。1997 年，平均每篇论文的话

题只有不到2个,而在2007年,大约有2.25个。因此,PMJ每篇论文的话题数量在这些年略有增加,而IJPM停滞在2个。但差异可能不是很显著。因此,PMJ每篇论文拥有的话题数量与IJPM大致相同,但因为前者的论文数量少很多,所以所涵盖的话题总数也较少。

表3.5 PMJ论文涵盖的话题

	1997年数量	1997年平均值	2007年数量	2007年平均值
论文总数	23		31	
涵盖话题总数	43	1.87	69	2.23
综合				
组织策略				
项目管理	1	0.04	5	0.16
项目集管理				
组合管理	1	0.04	1	0.03
复杂性			2	0.06
项目办公室			1	0.01
基于项目的组织				
项目成功与战略	2	0.09	3	0.10
发起				
系统			2	0.06
计算机支持				
标准	2	0.09	1	0.03
审计和健康检查				
管理环境				
项目管理研究			3	0.10
功能				
管理需求				
管理配置				
管理范围				
管理价值				
管理组织	1	0.04	3	0.01
管理质量	3	0.13		
管理成本	1	0.04		
管理时间	3	0.13	1	0.03
管理风险	2	0.09	1	0.03
管理资源	2	0.09		
管理环境				
管理安全	1	0.04		
生命周期				
启动				
可行性和设计			1	0.03
执行和控制			4	0.13

（续表）

	1997年数量	1997年平均值	2007年数量	2007年平均值
收尾和调试				
运营和维护				
财务				
评估				
项目财务				
合同				
项目合同组织				
合同管理				
合作和联盟	1	0.04		
政府和社会资本合作/私人融资活动(PPP/PFI)				
BOOT 模式				
合同采购和招标			1	0.03
投标	2	0.09	1	0.03
供应链				
合同管理				
索赔	1	0.04		
人员				
个人能力/学习	1	0.04	2	0.06
组织能力			5	0.16
管理团队	2	0.09	3	0.09
领导力			4	0.13
管理文化			3	0.10
管理利益相关者			1	0.03
管理冲突和协商			1	0.03
管理沟通			1	0.03
管理伦理				
管理决策				
一般管理				
管理创新				
人力资源管理				
管理信息				
组织行为			3	0.10
交易成本/伦理理论			10	0.03
性别			1	0.03
地理				
旧世界			3	0.10
新兴发达国家	2	0.09	3	0.03
国际项目			1	0.03

(续表)

	1997年数量	1997年平均值	2007年数量	2007年平均值
行业				
工程和建设	8	0.35	1	0.03
制造业				
信息、计算机和电信			2	0.06
基础建设				
政府				
研究和开发	2	0.09	3	0.10
服务				
闲暇				

话题范围

由于许多话题在每个期刊中每年只被提及1次,因此很难对两种刊物进行比较。但也有一些有趣的方面。在IJPM中,每个话题范围在所有年份都被涵盖了;而在PMJ中,1997年没有论文谈及项目生命周期和财务问题,2007年有关于生命周期的论文,但仍没有任何关于财务问题的。与IJPM一样,执行和控制是PMJ在2007年最热门的话题之一(但在1997年没有被提及)。1997年,PMJ最热门的话题是在建设行业,略高于1/3的论文是关于这个话题的,与IJPM相似。然而到了2007年,关于该话题只有1篇论文。这也许反映了PMI本身的焦点转向了其他行业。在1997年和2007年,有3篇论文是关于项目研究和开发的(占13%),这也是在IJPM被提及超过1次的唯一一个其他类型的项目。PMJ在2007年第二流行的项目类型是IT项目,被提到2次(占6%)。不像IJPM,PMJ在1997年到2007年涉及的话题发生了相当大的变化。1997年的热门话题(被提到3次或3次以上)分别为质量管理、时间管理和决策。时间管理在IJPM很流行,但其他两个并不流行。PMJ在2007年的热门话题是成功与战略、项目管理研究、项目组织、执行和控制、组织能力、团队、领导力、文化、决策和旧世界国家,焦点几乎完全改变了。只有决策话题是在这两年都流行的。PMJ与IJPM的两个差异很有趣。第一,PMJ对风险几乎没有兴趣,尽管Morris(2001)对PMJ的调查并非如此;第二,尽管在PMJ有2篇关于系统思考的论文,但在IJPM中1篇都没有。

使用的研究方法论

表3.6显示了PMJ使用的研究方法论。1997年,大约有一半的论文包含方法论部分,是IJPM在同年的这一比例的两倍。2007年,约3/4的论文有方法论部分,几乎与IJPM一样。

表 3.6　PMJ 论文所使用的方法论

	1997 年数量	1997 年平均值	2007 年数量	2007 年平均值
论文数量	23		31	
有方法论部分的论文	12	0.52	23	0.74
使用的方法总数	25	1.09	47	1.52
使用的方法				
已有技术的例子	1	0.04		
新技术开发	4	0.17	1	0.03
技术对比	1	0.04		
概念性论文	6	0.26	5	0.16
理论发展				
文献综述	3	0.13	12	0.39
内容分析			1	0.03
案例研究	2	0.09	8	0.26
试点研究			2	0.06
调查	8	0.35	10	0.32
半结构式访谈				0.03
扎根理论			2	0.06
德尔菲法				
方差分析(ANOVA)				
田野调查				
行动研究				
民族志研究				
话语分析				
建模			4	0.13
电脑模拟			1	0.03
角色扮演	1			

使用方法的总数

1997 年，平均每篇论文所使用的方法数量为 1.1 左右，也就意味着约有 10% 的论文采用了混合的方法。但是，2007 年的平均数为 1.5 左右，这意味着约有一半的论文采用了混合的方法。与此相比，IJPM 在这两年的方法数量都是 1.2。

使用方法的范围

由于 PMJ 出版的论文数量较少，因此即使其在 2007 年平均每篇论文的使用方法数量更多，但它实际使用方法的范围也还是比 IJPM 小。PMJ 在 1997 年最流行的方法是调查(35%)，概念性论文紧随其后(26%)，不过，仍然有几篇论文开发了一种新的技术(17%)。到了 2007 年，最流行的方法是文献检索(39%)，调查紧随其后(32%)。2007 年的论文有 1/4 采用了案例研究方法，并且大约有 16% 是概念性论文。这些数字都与 IJPM 相似。

PMJ 中论文的引用数量和来源

表 3.7 显示了 1997 年和 2007 年发表于 PMJ 的论文的引用数量。该表显示了对其他期刊和会议上发表的论文的引用数量(我们没有收集对网页引用的数据)。这里有几个有趣的点。

表 3.7　PMJ 发表的论文的引用

	1997 年数量	1997 年平均值	2007 年数量	2007 年平均值
论文数量	23		31	
没有引用的论文数量	4	0.17	1	0.03
项目管理期刊				
IJPM	3	0.13	112	3.61
PMJ	6	0.26	76	2.45
其他	3	0.13	14	0.45
《IEEE 会刊》	3	0.13	10	0.32
工程	0		1	0.03
工程管理	12	0.52	22	0.71
成本工程	0	0	1	0.03
建设	0		2	0.06
建设管理	6	0.26	5	0.16
采购与供应链	3	0.13	4	0.13
信息通信技术(ICT)	5	0.22	25	0.81
信息通信技术管理	2	0.09	5	0.16
质量	11	0.48	9	1.52
研究	8	0.35	47	0.29
综合管理	6	0.26	83	2.68
商业研究	1	0.03	11	0.35
战略	4	0.17	34	1.10
市场营销	3	0.13	10	0.32
治理				
决策科学	3	0.13	77	2.48
人力资源管理、组织行为学、教育与学习、健康	1	0.04	55	1.77
金融学、经济学、政治学	1	0.04	15	0.48
法学	0		0	
会计	0		6	0.19
风险与保险	5	0.22	3	0.10

（续表）

	1997年数量	1997年平均值	2007年数量	2007年平均值
环境			0	0
伦理与哲学			0	0
引用期刊论文总数	101	4.39	640	20.65
忽略没有引用的论文		5.32		21.33
会议论文				
PMI从业者会议	3	0.138	10	0.32
PMI研究会议			27	0.87
IPMA从业者会议			4	0.13
IPMA专家研讨会				
国际项目管理研究联盟会议（IRNOP）			14	0.45
欧洲管理学年会（EURAM）			5	0.16
其他项目管理会议			3	0.10
其他会议	6	0.26	17	0.55
引用会议论文总数	9	0.39	80	2.58
忽略没有引用的论文		0.47		2.67
引用网页总数			**	**

有5篇论文没有引用：4篇来自1997年，1篇来自2007年。这些论文实际上也引用了书籍，但没有引用期刊文章。PMJ的作者们似乎对建设和建设管理很少有兴趣，但对工程和工程管理的兴趣与IJPM类似。与IJPM相比，PMJ对研究和研究管理的兴趣大很多，对一般管理、战略、商业、决策科学的兴趣很相似，对决策科学的兴趣稍浓，但对人力资源管理和组织行为学的兴趣稍弱。另外，PMJ引文的范围与IJPM是非常相似的。有一两个被IJPM引用得很少的领域在PMJ中甚至都没有涉及，不过这可能仅仅反映出PMJ发表文章的数量较少。

1997年PMJ对会议论文的引用比IJPM小得多，但引用的会议仅仅是PMI从业者会议和项目管理领域之外的会议。2007年，PMJ论文引用的会议论文是IJPM的两倍左右，包括PMI研究会议、PMI从业者会议和最受欢迎的IRNOP。

3.4 《IEEE工程管理会刊》(IEEE-TEM)

《IEEE工程管理会刊》(IEEE-TEM)是IEEE技术管理委员会（前身是IEEE工程管理协会）的出版物，是以研究为基础的关于工程管理的期刊，自1954年以来按季度发行。全球订阅量大约是10 000。不像IJPM和PMJ，IEEE-TEM不专注于项目管理研究的出版，而是追求更广泛的目的，包括对工程、技术、创新管理领域的前沿研究文章的出版和技术的说明。因此,它由 7 个部分构成,包括人力与组织、信息技术、研发与工程项目、电子商务、模型与方法论、技术与创新管理以及制造系统。因此,发表在每期 IEEE-TEM 上的关于项目管理的文章数量是变化的,这取决于其相对于提交给其他部分的稿件。IEEE-TEM 被列在社会科学引文索引(SSCI)中。

按照应用于分析 IJPM 的引用模式的方法,我们制作了一个类似的表格,分析发表在 1988 年、1997 年和 2007 年的 IEEE-TEM 上关于项目管理的文章。我们选择 1988 年是因为这是 IEEE-TEM 被列入全文在线文本格式的最早一年。在发表于 1988 年的 28 篇期刊文章中,有 6 篇(21%)是项目导向的。1997 年发表在 IEEE-TEM 的 36 篇文章中有 5 篇(占 14%)关注于项目的议题。最后,在 2007 年,IEEE-TEM 共有 55 篇文章发表,其中 6 篇(11%)是关于项目管理的论文。使用表 3.10 中"论文引用"的分类方案,可以发现几个有趣的模式。

涵盖的话题

表 3.8 展示了 1988 年、1997 年和 2007 年的期刊上发表的文章所涵盖的话题。在 1988 年和 1997 年,每篇论文的平均话题数量接近 2.5,2007 年上升到 4.3。因此,这些年平均每篇论文的话题数量增加了,这与早些年 PMJ 和 IJPM 的数量类似,但 IEEE-TEM 最近的数据显示出了强劲的增长。

表 3.8 IEEE-TEM 论文涵盖的话题

	1988 年		1997 年		2007 年	
	数量	平均值	数量	平均值	数量	平均值
论文总数	6		5		6	
涵盖话题总数	15	2.50	12	2.40	26	4.33
综合						
组织策略					1	0.17
项目管理	1	0.17			1	0.17
项目集管理						
组合管理						
复杂性						
项目办公室					1	0.17
基于项目的组织						
项目成功与战略			1	0.2	1	0.17
发起						
系统						
计算机支持						
标准						
审计和健康检查						
管理环境						

（续表）

	1988 年		1997 年		2007 年	
	数量	平均值	数量	平均值	数量	平均值
项目管理研究			1	0.20		
功能						
管理需求			1	0.20		
管理配置	1	0.17				
管理范围			1	0.20		
管理价值						
管理组织						
管理质量						
管理成本					2	0.33
管理时间	3	0.5				
管理风险					2	0.33
管理资源	2	0.33				
管理环境						
管理安全						
生命周期						
启动	2	0.33	1	0.20		
可行性和设计						
执行和控制	2	0.33			1	0.17
收尾和调试	1	0.17	1	0.20		
运营和维护						
财务						
评估						
项目财务						
合同						
项目合同组织						
合同管理						
合作和联盟			1	0.20		
政府和社会资本合作/私人融资活动（PPP/PFI）						
BOOT 模式						
合同采购和招标						
投标						
供应链						
合同管理						
索赔						
人员						
个人能力/学习			1	0.20	2	0.33
组织能力					1	0.17
管理团队	1	0.17	1	0.20	3	0.50

(续表)

	1988年		1997年		2007年	
	数量	平均值	数量	平均值	数量	平均值
领导力						
管理文化						
管理利益相关者						
管理冲突和协商					1	0.17
管理沟通						
管理伦理						
管理决策						
一般管理						
管理创新						
人力资源管理						
管理信息					2	0.33
组织行为						
交易成本/代理理论						
性别						
地理						
旧世界						
新兴发达国家						
国际项目						
行业						
工程和建设			1	0.20	3	0.50
制造业					2	0.33
信息、计算机和电信	1	0.17			2	0.33
基础建设					1	0.17
政府			1	0.20		
研究和开发	1	0.17	1	0.20		
服务						
闲暇						

由于实际的文章数量较少,不要"过度解读"数据是很重要的。不过,分析早年的话题模式会发现一些有趣的变化,例如早年最热门的话题是那些与时间管理/调度、资源管理、项目执行和控制相关的,这些结果符合早先的观察,即IEEE-TEM倾向于促进决策科学和运筹学研究背景下的以实现最优化为目标的"技术性"更强的论文。然而,最近出现了个人能力、团队管理、组织行为学等话题,这表明了IEEE-TEM对传统主题的扩展,与在其他期刊上观察到的模式类似。

使用的研究方法论

关于所使用研究方法(见表3.9)的最有趣发现或许是,学者们开始大规模使用田野调查方法与基于方差分析和多元回归方法的更复杂的数据分析的组合,这一技术在 IEEE-TEM 创刊初期基本上未被使用,但其在 2007 年已经成为发表的项目管理文章中最流行的研究方法。建模仍然是一个热门的研究方法,并且鉴于该期刊的办刊理念和读者群,该方法仍然很可能继续快速发展。尽管如此,这里的有趣结果表明,社会科学研究方法被更加重视和接受,成为一个新兴的主题。

表 3.9 IEEE-TEM 论文所使用的方法论

	1997 年数量	1997 年平均值	2007 年数量	2007 年平均值
论文数量	5		6	
有方法论部分的论文	3	0.60	5	0.80
使用的方法总数				
使用的方法				
已有技术的例子	1	0.20		
新技术开发	2	0.40	2	0.33
技术对比	1	0.20		
概念性论文				
理论发展				
文献综述	2	0.40	3	0.50
内容分析				
案例研究			1	0.17
试点研究	2	0.40		
调查			4	0.67
半结构式访谈				
扎根理论				
德尔菲法	1	0.20	1	0.17
方差分析(ANOVA)	2	0.40	4	0.67
田野调查			1	0.17
行动研究				
民族志研究				
话语分析	1	0.20		
建模			3	0.50
电脑模拟	1	0.20		
角色扮演				

期刊中论文的引用数量和来源

使用表 3.10 中"论文引用"的分类方案,可以发现几个有趣的模式。

表 3.10 IEEE-TEM 论文的引用

	1988 年		1997 年		2007 年	
	数量	平均值	数量	平均值	数量	平均值
论文数量	6		5		6	
没有引用的论文数量	0		0		0	
项目管理期刊						
IJPM	0	0	0	0	11	1.83
PMJ	2.00	0.33	10	2.00	12	2.00
其他	0	0	11	2.20	2	0.33
《IEEE 会刊》	5	0.83	14	2.80	19	3.17
工程	4	0.67	3	0.60	5	0.83
工程管理	2	0.33	6	1.20	7	1.17
成本工程	0	0	1	0.20	0	0
建设	0	0	1	0.20	1	0.17
建设管理	0	0	1	0.20	7	1.17
采购与供应链	0	0	1	0.20	7	1.17
信息通信技术(ICT)	4	0.67	0	0	2	0.33
信息通信技术管理	0	0	0	0	5	0.83
质量	0	0	0	0	1	0.17
研究	8	1.33	30	6.00	8	1.33
综合管理	5	0.83	26	5.20	43	7.17
商业研究	1	0.17	7	1.40	6	1.00
战略	1	0.17	15	3.00	21	3.50
市场营销	0	0	6	1.20	14	2.33
治理	0	0	0	0	2	0.33
决策科学	47	7.83	4	0.80	36	6.00
人力资源管理、组织行为学、教育与学习、健康	0	0	2	0.40	41	6.83
金融学、经济学、政治学	0	0	6	1.20	8	1.33
法学	0	0	0	0	1	0.17
会计	0	0	0	0	1	0.17
风险与保险	0	0	0	0	5	0.83
环境	0	0	2	0.40	1	0.17
伦理与哲学	0	0	0	0	0	0
引用期刊论文总数	111	18.50	183	36.60	379	63.17
忽略没有引用的论文		18.50		36.60		63.17
会议论文						
PMI 从业者会议	0	0	1	0.2	2	0.33

(续表)

	1988年		1997年		2007年	
	数量	平均值	数量	平均值	数量	平均值
PMI研究会议	0		0	0	0	0
IPMA从业者会议	0	0	0	0	2	0.33
IPMA专家研讨会	0		0	0	0	0
国际项目管理研究联盟会议（IRNOP）	0		0	0	0	0
欧洲管理学年会（EURAM）	0		0	0	0	0
其他项目管理会议	0		0	0	0	0
其他会议	21	3.50	26	5.20	43	7.17
引用会议论文总数	21	3.50	27	5.40	47	7.83
忽略没有引用的论文		3.50		5.40		7.83
引用网页总数						

发表在IEEE-TEM的论文总数一直以强劲的速度增加：从1988年的28篇到2007年的55篇。这种趋势（在过去20年发表的论文数量几乎增加了一倍）反映出该期刊的普及度以及其收到的论文的广度都显著增加了。与项目管理直接相关的论文（也就是那些被分配到研发与工程项目部门的编辑那里的论文）继续保持相对稳定的状态，在每期出版物中大约占14%。因此，每期有一两篇论文与项目管理主题相关是很常见的。

平均每篇项目管理论文的引用数量在过去20年稳步上升。1988年，平均每篇有18.5个引用，最高有41个。1997年，平均每篇有近37个引用（36.6），最高的则是76个。2007年的论文平均引用数量超过63个，最高的是88个。

引用趋势显示出一些有趣的模式。1987年，多数的引用作品来自决策科学期刊。事实上，在这一年被引用的论文中，有一半要么是决策科学，要么是研究期刊。项目管理期刊，包括IJPM、PMJ和IEEE，在这20年里都实现了平均引用数量的稳步增长，这强化了之前的一个观点，即SSCI对IJPM地位的重新评估似乎促进了其他刊物对IJPM的更多引用。被越来越多引用的其他类期刊包括综合管理，人力资源管理、组织行为学、教育与学习、健康、市场营销以及战略。在所有类别下，平均每篇文章的引用数量都随时间的推移显示出了大幅增长，综合管理从1988年的平均每篇文章不到1个引用，增加到了1997年的5.2个引用，再到2007年的7.17个引用。人力资源管理类从1988年的0个平均引用增长到了2007年的6.83个。市场营销和战略表现出同样显著的上升趋势。

会议论文的引用从1988年至2007年呈现出相对稳定的增长，虽然很少引用项目管理类的会议（如PMI或IPMA会议）。

对研究方法的分析(见表3.9)提供了一些关于进行研究和结果分析的替代方法的初步信息。近年来,在大样本研究中使用调查方法的情况显著增加,并且会同时使用回归和方差分析的统计技术。虽然实际样本量是有限的,但还是显示出将田野调查、文献综述和建模技术作为主要研究方法的重要倾向。

3.5 回顾三大期刊中的新兴主题

从编辑的角度来看,在对项目管理文献当前状态的分析中,有一些有趣的趋势似乎正在发生。

研究和文献库正在增长

对引用模式的分析表明,引用其他期刊和学科的作品数量出现了强劲增长。例如,在1988年,IEEE每篇论文的引用平均数为18.5,这一数字在1997年翻了一番,到2007年再次翻番,平均达到63.17。引用的增加表明出现了大量的作品从而可以在文献库中进行引用。2007年,平均每篇文章能引用63个其他来源,这一事实表明项目管理文献库的发展。Kwak and Anbari(2009)最近对过去50年在18种顶级管理学期刊中8个"相关学科"的出版模式进行了分析,发现总共有近1000篇关于项目管理的论文,其中有近80%是在1980年以后出版的。

文献日趋多样化

数据反映出项目管理领域的研究工作有了显著的进展。例如,在IEEE-TEM早期的以项目为基础的文章中,主题往往集中在政策研究或运筹学/管理科学的优化技术,但之后不断变化的引用模式显示出主题的扩展。这一趋势在Morris(2001)的分析中得到印证,他分析了20世纪90年代的10年期间的研究趋势,考察了PMJ、《项目管理网络》(*Project Management Network*, PMN)和IJPM的文章。

其他的研究,以Söderlund(2004a,2004b)为最佳代表,分析了基于项目的文章的出版模式,并指出了一个在传统项目管理和其他管理领域正在发生的重要交叉,他注意到,"传统项目管理研究者对传统管理、组织和企业间的合作问题变得越来越有兴趣了;另一个趋势是,其他学科的研究人员更加认识到了项目对于理解市场和企业运作的重要性"(2004a:656)。因此,与作者本人和他们进行的研究相关的多样性在不断丰富,这反映出他们认为项目管理研究(和对项目制企业的研究)并不代表一种"特殊情况"或环境,而是与现代工作环境的实际情况紧密相关。

近期的研究进一步提供了一些关于这种趋势的证据,例如,综合管理期刊或那些与人力资源管理、组织行为学、教育主题相关的期刊的平均引用数量大幅增加。事实上,这两类期刊现在已经取代决策科学期刊成为 IEEE-TEM 引用最多的期刊类别,这不仅表明文献日趋多样化,而且表明从事这些研究并在这些期刊上发表论文的学者和研究人员们,要么本身来自一些相关学科,要么能够使其研究与这些期刊的主题相关。更进一步说,这些期刊成为平均引用数量最高的一类期刊这一事实,表明项目管理方面的话题已经变得越来越多样化,而且常常有"以商业为导向"的性质。

项目研究方法是多样的、不断发展的

在项目管理研究中采用的各种研究方法都表现出越来越强的复杂性以及方法上的严谨性。正如我们在本章开头提到的,各主流期刊的文章最初大多是轶事类、单一案例分析或"战争故事",旨在找到一些改善特定项目管理工具或技术手段的方法。越来越多的情况是,研究方法和方式变得更加多样化,更加扎根于严谨的方法,包括田野调查、问卷调查和建模,以及更加严格的评价办法(多元统计技术)。这种研究方法的进步的整体效果是开发了对实践者和研究者都更加普遍、更有价值的知识库。

研究主题继续在该领域内演变

对研究趋势的分析表明,在过去 20 年里,某些主题的重要性有所增加,这从这些期刊选定的主题和引用模式就可以证明。例如,涉及风险、人力资源管理、合作和联盟以及项目制公司的论文显著地增加了。Crawford,Pollack,and England(2006)及 Anbari,Bredillet,and Turner(2010)的研究支持这些趋势,他们通过对项目研究的元分析和纵向研究注意到了某些主题的出现。他们的调查结果显示,一些主题(如战略联盟)是这个领域正在成长的话题,而其他的一些,如质量管理,其重要性显示出逐渐下降的趋势。诚然,更大的问题是,这些趋势能否反映出可供"填补空白"的研究机会,正如一些作者所建议的那样(参见 Morris,2001;Themistocleous and Wearne,2000);或者是否不应过于强调这些趋势,因为它们实际上仅仅反映了这些与项目工作相关的研究新维度已经过于饱和或失败。

当然,研究趋势的不断演变是很常见的;事实上,人们可以有力地申辩,这种变化显示出了该领域的整体活力,因为有更多的研究是关于更广泛的主题的,并且其他学科的学者寻求从其他的角度来理解项目制企业。为了能更好地理解对项目制企业的研究在不断变化的性质,今后的研究工作也许可以超越对趋势本身的分析,而尝试更难但更有趣的研究——"为什么"会有这样的趋势发展,即是什么可识别的力量影响了这些变化着的项目研究主题。

3.6 结论

正如我们已经指出的那样,项目管理领域,作为一个学术研究学科,近年来在趋势分析出现了显著的发展。趋势分析涉及对研究话题、研究方法、出版渠道、发表专题论文数量的演变的研究,以及在这些趋势中对顶级项目管理机构的比较,正变得日益频繁和全面。在接近 50 年的时间里,项目管理研究显示出显著的扩张趋势,无论是在话题覆盖的广度,还是在该领域不同方面产生的论文数量。这种从产出角度(知识创造和传播)来更好地对项目管理领域进行理解和概念重建的兴趣,显示出对项目管理研究未来的积极态度。

考虑项目管理研究的未来发展方向是很有趣的。在本章,以及 Morris(2001)、Kwak and Anbari(2009)最近的研究中,都将出版模式分析作为确定该领域随着时间推移如何发展的方法(以覆盖的话题和使用的方法为证据),同时将之作为寻找研究的明显"突破口"的方式。后一种想法是由 Morris(2001)提出的,他把自己的研究结果与当前的知识体系做对比,以确定那些正在被研究的话题和那些为调查提供了机会的话题。

另一个有趣的策略是从学者的角度来对项目管理研究进行分析。目前的研究是把期刊作为研究趋势的信息来源,然而一个相反的论点可能被用来解释项目管理研究的"源头"。那就是,寻找并取样调查 50 位领先的项目管理研究人员,了解他们的研究议程、对重要的研究机会的看法以及感知到的未来研究机会,将是很有趣的。将他们的观点与相同数量的中高层从业者和高管样本的观点进行对比,可以为准确定位文献中的当前需求与后续差距提供一些推论。

但是,我们不应该满足现状。正如 Bredillet(2009:2)所指出的,"项目管理模式的演进并不一定代表项目管理方法复杂性的逐步增加"。也就是说,我们对项目管理的看法的改变,包括我们用来描述它的理论模型的改变,本身并不代表过去的项目管理方法是错误的。我们的研究旨在拓宽理论,而不是用一种理论替代另一种。项目研究越来越多地显现出了这种方法的扩展,认识到行业和项目分类的权变影响使这个学科既独特,又令人兴奋。

3.7 参考文献

ANBARI, F. N., BREDILLET, C. B., and TURNER, J. R. (2010). "Exploring research in project management; nine schools of project management research," *International Journal of Project Management*, 28 (to appear).

ASSOCIATION FOR PROJECT MANAGEMENT (2006). *APM Body of Knowledge*, 5th edn. (1st edn. 1992). Princes Risborough: Association for Project Management.

AUSTRALIAN INSTITUTE OF PROJECT MANAGEMENT (2004). *National Competency Standards for Project Management.* Canberra: Innovation and Business Skills.

BETTS, M., and LANSLEY, P. (1995). "International journal of project management: a review of the first ten years," *International Journal of Project Management*, 13: 207–17.

BREDILLET, C. N. (2006). "The future of project management: mapping the dynamics of project management field in action," in D. I. Cleland and R. Gareis (eds.), *Global Project Management Handbook: Planning, Organizing, and Controlling International Projects*, 2nd edn. New York: McGraw-Hill.

——(2009). "Mapping the dynamics of the project management field: project management in action (part 3)," *Project Management Journal*, 40/3: 2–5.

CRAWFORD, L., POLLACK, J., and ENGLAND, D. (2006). "Uncovering the trends in project management journal emphasis over the last 10 years," *International Journal of Project Management*, 24: 175–84.

EKSTEDT, E., LUNDIN, R. A., SÖDERHOLM, A., and WIRDENIUS, H. (1999). *Neo-industrial Organising*. London: Routledge.

INTERNATIONAL PROJECT MANAGEMENT ASSOCIATION (2006). *ICB: IPMA Competence Baseline: The Eye of Competence*, 3rd edn. (1st edn. 1999). Zurich: International Project Management Association.

KERZNER, H. (2009). *Project Management: A Systems Approach to Planning, Scheduling and Controlling*, 10th edn. Hoboken, NJ: Wiley.

KLOPPENBORG, T., and OPFER, W. A. (2002). "The current state of project management research: trends, interpretations and predictions," *Project Management Journal*, 33/2: 5–19.

KWAK, Y. H., and ANBARI, F. T. (2009). "Analyzing project management research: perspectives from top management journals," *International Journal of Project Management*, 27: 435–46.

MIDLER, C. (1995). "Projectification of the firm: the Renault case," *Scandinavian Journal of Management*, 11/4: 363–76.

MORRIS, P. W. G. (2001). "Research trends in the 1990s and the need to focus on the business benefit of project management in project management research," in D. P. Slevin, D. I. Cleland, and J. K. Pinto (eds.), *Project Management Research at the Turn of the Millennium: Proceedings of PMI Research Conference 2000*. Newton Square, PA: Project Management Institute.

PROJECT MANAGEMENT INSTITUTE (1987). *The Project Management Body of Knowledge*. Newtown Square, PA: Project Management Institute.

——(2008). *A Guide to the Project Management Body of Knowledge*, 4th edn. (1st edn. 1996). Newtown Square, PA: Project Management Institute.

SÖDERLUND, J. (2004a). "Building theories of project management: past research, questions for the future," *International Journal of Project Management*, 22: 183–91.

——(2004b). "On the broadening scope of the research on projects: a review and a model for analysis," *International Journal of Project Management*, 22: 655–67.

THEMISTOCLEOUS, G., and WEARNE, S. H. (2000). "Project management topic coverage in journals," *International Journal of Project Management*, 18: 7–12.

TURNER, J. R., HUEMANN, M., ANBARI, F. N., and BREDILLET, C. B. (2010). *Perspectives on Projects*. London: Routledge (to appear).

第4章 项目管理职业化的前景

Damian Hodgson　Daniel Muzio

4.1 引言

近年来,对项目管理职业化的兴趣明显高涨。项目管理职业化显然是雇主、客户和发起人要求的,他们希望确保从业者具有交付项目的能力。同样的,项目管理从业者也在努力寻求一种更令人安心且更通用的凭证以证明其工作能力,并据此打下更可靠的、更有见识的、更有效的知识基础,不过他们通常是将项目管理作为其副业或第二职业者。尽管如此,一些人对项目管理成体系的知识基础的深度和广度仍然存在疑虑,对这个领域是否有潜力实现其他更成熟专业所达到的内部组织、合法性和影响力水平也存在疑虑。

这一争论的关键是代表项目管理的各个专业协会的活动。在一个垄断封闭、限制竞争和自我规制等传统策略常常被认为是既不可取也不可行的时代,这些专业协会却试图在项目管理领域进行职业化,它们是通过采用不同程度的、各有差异的基于市场化服务和积极关注公司利益的企业化策略来实现的。本章的分析将会对这些策略进行评述,包括日益国际化的导向、对知识体系的关注、多元化和分级认证的发展、对企业会员和客户价值的重视,以及打造与更广泛的利益相关者的独特关系。

通过对项目管理领域内所采用的职业化策略进行分析,我们探寻出了组织/企业职业化的一种新兴形式:它由"市场"而不是政府来预测,由作为"机构企业家"的大型雇主和客户参与的国际活动所构成。为了理解职业化对项目管理领域意味着什么,就需要对一些背景有所了解,如职业化的竞争本质、历史情形和当代情形下职业化的不同形式,以及21世纪职业的相关问题。我们将在下面的部分介绍这些背景,并建立一个视角,通过它或许可以确立项目管理职业化的特定性质,从而确定其是在何种维度上既与职业化的传统形式有所区别,又与其他"新"职业化的方法有所不同的。之后本章将总结并考查项目管理领域内各机构所采取路线的含义,并基于此,对项目管理职业的前景进行讨论。

4.2 作为"职业项目"的职业化

人们对职业、职业人士和职业化这些术语的解读是有争议的,而且往往具有多重含义(Kritzer,1999),这可能是由于它们所赋予的身份地位可以带来利益。在最基本的大众层面,它们是运用智力的职业,甚至是高地位职业的简单说法。这样的定义通常带有一系列正面的特征,包括完善而系统的知识基础、高水平的训练和投入、自主和独立判断,以及公共精神导向(Macdonald,1995)。这里隐含的假设是,这些特质对于适时交付重要的个人及公共服务是有功用的。与此不同的是,在目前的日常管理讨论中,职业人士这个术语经常以学科或规范的方式被用来激发承诺、努力和奉献(Anderson-Gough et al.,2000;Grey,1997,1998;Fournier,1999)。我们在本章中使用这些术语,更多地是采用它们的社会学含义,指的是组织工作的一种特定方式(Johnson,1972),也就是从事某一职业的人,通过其专业协会,可以对自己的工作行使高度控制权,包括对工作的定义、监管、执行和评估,以提高这些工作的质量和感知价值,从而提高职业地位。与此相反的是另一种职业解决方案,如企业家精神和管理主义,在那里,活动是通过在一个相对开放的市场中的合同交换来规范,或者通过组织层级指挥来协调监管(Freidson,1994)。当然,现实并不完全遵从这些基本分类;然而,作为理想中的类型,这两种对立的组织职业的原则可以引起我们对一些特定职业的显著特征的关注。此外,对职业和职业化在国际上的定义之间的差别保持敏感是同样重要的(Sciulli,2005;Evetts,2003)。正如Ackroyd(1996:600)所指出的,"许多以英文出版的被认为是关于职业的社会学的内容,实际上只是描述了属于特定文化的东西,主要与英美的经验有关"。

从历史上看,职业精神在公共利益和它为个人及社会服务所提供的质量、能力和诚信保障方面已经被认可(Parsons,1954;Greenwood,1957)。职业化除了给公众带来价值,还很明显地也给这些服务的生产者提供了一些优势,因为它为他们提供了在其市场上限制供给的途径,从而提高了他们工作的经济价值以及与他们的职业角色相联系的威望和社会地位(Larson,1977)。在此背景下,并且考虑到利害关系,就不要把职业化及其结果当成历史偶然或具体工种的功能要求,而要将其看作一个联合的、持续的政治努力的结果,如Larson(1977)描述的,作为一个"职业项目"。

"职业项目"的本质,通常最好被理解为试图"把一系列稀缺的文化和技术资源纳入一个安全的和制度化的社会、经济回报体系"(Larson,1977:xvii)。这在历史上是围绕着职业封闭的理念和过程展开的(Parkin,1979;Murphy,1988;Macdonald,1995;Muzio, Ackroyd,and Chanlat,2007):各职业开始寻求控制劳动力市场的进入和竞争,同时确保一定程度的"机构自治"(Evetts,2003)以规范自己的事务。对许多这样的职业项目来说,至关重要的是垄断工作的特定管辖范围、创建并定义核心知识(通常与大学合作),以及通过管理和限制培训、认证、劳动力市场工作机会来维护技能稀缺性的能力(Larson,1977)。同样重要的还包括,行业是否具有更广泛的合法性要求,以及他们能够在何种程度上建立一种"统一思想",以证明自己在技术能力和托管对社会有价值的知识体系方面拥有特权(Brint,1994;Collins,1990)。因此,最终目标是对实践领域实现某种程度的管治,包括同时控制专家劳动力的供给和这些专家的行为(Abel,1988)。这在盎格鲁-撒克逊社会的代表性职业(如法律和医学)中体现得最完整(Evetts,2003);然而很多的职业多年来也都体现了职业化的元素,尽管成功的程度各不相同。

随着时间的推移,这些过程已经深入职业人士与其所在领域的其他关键角色所进行的谈判中(Burrage and Torstendahl,1990;Krause,1996)。这种相互作用不可避免地带来了政治活动,因为不同的代理人都试图在职业中争取到有利的安排。在对职业化进行的研究中,得到特别关注的话题包括大学所扮演的角色(Burrage and Torstendahl,1990);接受专业服务的客户和消费者的角色;有不同知识主张和文化资本形式的其他竞争职业的角色(Abbott,1988);以及最重要的,政府的角色(Burrage and Torstendahl,1990;Torstendahl and Burrage,1990;Macdonald,1995)。有人认为,成功的职业化需要一种"规制性交易"的有效谈判:"即政府保护职业免受无约束的竞争,但前提是可以相信他们能够把公共利益放在自身利益之前"(Freidson,1994:202)。这里的关键是职业把自己表现为有价值并且是与社会有关的专业知识的受托人的能力(Brint,1994),并且证明它的监管实际上是符合公众利益的。这为垄断及其他通常不会被容忍的限制性安排提供了强大的思想合法性支持。但正如下面将讨论的,鉴于各种社会政治原因,这样的"规制性交易"的前景似乎在当今尤为暗淡。

作为一种职业的项目管理的情境可以通过Reed(1996)对专家职业有影响力的分类来进一步细化,他区分了3种晚期现代主义下的知识型职业:自由职业、组织职业,以及创业职业(Reed,1996)(见图4.1)。

专家群体	知识基础	权力策略	组织形式	职业类型
独立/自由职业	抽象的、成文的、世界性的、理性的	垄断	学院的	医生、建筑师、律师
组织职业	技术的、静默的、本地的、政治的	文凭主义	官僚主义的	经理、行政人员、律师
创业职业	神秘的、不可替代的、全球性的、分析的	市场化	人际网络的	金融从业者、商业顾问、项目/研发工程师、计算机/IT分析师

图4.1 专家群体和他们的权力策略

资料来源:Reed(1996:586)。

自由职业或大学职业指那些通常被认为是既定的职业,如法律和建筑,以及(历史上的)医学。这样的群体职业认同感较强,成员往往倾向于建立伙伴关系,而不是作为组织的雇员。他们的权力来自他们垄断和管辖的抽象知识领域及应用技能,这些能力是客户所看重的。相比之下,组织职业,如人力资源经理、工程师、教师、社会工作者以及时下的医生,都是由公共或私营部门的组织雇用的,他们在这些组织的官僚机构中工作。这类专业人才享受强大的专业机构的支持,并在工作中有一定程度的专业自主权来进行自由裁量和判断。不过,总体而言,他们受到Ackroyd(1996)所说的"双重封闭",因为他们的活动一方面是由他们所属的专业协会组织的,另一方面还需要满足雇主的要求,他们需要依靠雇主来获得奖励和晋升。不过他们往往通过取得证书、奖励以在他们受雇的组织中取得地位和影响,这些证书和奖励意味着他们掌握了多样的技术和管理实践,不过这些技能也需要调整以适用于他们所在的本地环境。最后,创业职业,如管理咨询师和财务顾问或IT专家,通常是被庞大的官僚机构或小企业雇用,且属于弱的专业协会(或实际上没有专业协会)。这个群体在劳动力市场上凭借有价值的专业技能或认知能力获得认可,而不是凭借任何正式的证书。因此,对于这些职业人士,在缺乏较强的专业机构情况下,其活动在很大程度上是由他们的客户和雇主决定的。

最近有关职业的争论都强调更广泛的政治经济变化对已有职业和正在职业化的职业产生了影响(Hanlon,1999;Muzio and Ackroyd,2005)。随着奉行新自由主义和日益精打细算的政府重新定义他们的偏好,即从凯恩斯主义对福利的重视到后凯恩斯主义对效率、财务严谨性和国际竞争力的重视(Jessop,1994),各职业发现自己受到越来越多的去监管措施和削减成本运动的影响(Abel,2003;Muzio and Ackroyd,2005)。对于私营部门中的职业(如法律),我们在英国看到对垄断的进一步打压(如关键产权转让市场的部分自由化)和限制(取消广告和定价限令,以及最近随着《法律服务法》的对所有权和治理结构的限制),并且出现了对这些服务的公共资金的大幅削减(可以看到对法律援助资格的削减)。在公共部门,改革遵循可比的、同样大幅度的路线,因为政府试图通过围绕"准市场"来重新组织公共服务并注入市场原则(Lucio and Kirkpatrick,1995),其中供应商需要竞争资源和最终用户。同时,私营部门的做法和技术已经被包装成"新公共管理"(Clarke and Newman,1997)而被引入。所有这些情况都有一个假设,那就是当与替代方案(如管理主义和企业家精神)相比,作为一种组织工作的方式,传统的职业化是低效的、不好的。尽管针对打压的力度和防御机制的有效性仍存在诸多争论(Muzio, Ackroyd, and Chanlat,2007),政府的行动无疑已经动摇甚至解除支持了职业系统的、规范的、监管的和制度的脚手架。随着职业的黄金时代(Aronowitz and Di Fazio,1994;Burris,1993;Derber, Schwartz and Magrass,1990;Reed,2006)的结束,一些新专业的职业化与制度化(如项目管理)发展前景,被广泛认为是相当有限的。

项目管理代表了一种具有挑战性的情形,就它的发展轨迹以及对职业地位的明确追求而言,项目管理与许多其他新的专家职业所采取的路径不同(Hodgson,2007)。这就产生了一种可能性,即项目管理象征着一种新的职业化企业形式的出现,它可能更符合当前工作和环境的现实情况。

4.3 项目管理的兴起

虽然项目管理的历史可以追溯到19世纪,甚至可能更早(Morris,1997),但作为被认可并被命名的活动领域,项目管理只可以被可靠地追溯到20世纪中期(Engwall,1995;Morris,1997;第1章),其源自20世纪40年代和50年代工程方面的技术进步,特别是在美国的军事和国防部门。该领域的基本情况和相关技术,极大地受益于它在这段时期以及进入20世纪六七十年代后对一些引人注目的美国"大型工程"的成功交付所做的贡献,特别是各种阿波罗太空计划和美国国家航空航天局及美国军工联合体的其他活动(Hughes,1998)。然而,直到近几年才出现有关项目管理的独立、专业化地位的现实需求,与此同时专业协会也在20世纪90年代初获得了某种声望(Blomquist and Söderholm,2002)。这些协会作为重要的机构参与者出现的时代,恰恰是项目管理的工具、技术和原则已被作为一种重要的组织能力而被广泛推广的时代:不仅是在工程和重工业领域,而且是在跨越知识密集型商业环境的整个范围。项目团队已被确定为20世纪90年代在欧洲、美国和日本企业的多种行业和领域变革中的主要因素之一(Whittington et al.,1999)。在同一时期,项目工作和项目管理的扩张已经在IS/IT和新媒体领域实现,并受益于新公共管理(New Public Management,NPM)以及公共部门对固定期限公私合作伙伴和有针对性的资助的信赖增加。[1] 这些多样的变化形成了一种积极的氛围,有助于项目管理作为一门学科的发展以及其"职业化项目"的筹划(Zwerman et al.,2004)。从广义上讲,可以说项目管理领域正处于Larson(1977)所形容的"职业流动"的过程,包括对项目管理的概念性验证的具体尝试,以及试图说服不同利益相关者了解项目管理的价值(见Blomquist and Söderholm,2002;Thomas and Mullaly,2008)。各种专业协会,不可避免地在这个项目中承担起关键作用。具体来说,可以看到专业协会使用的一系列战略、政策和策略,来使这个领域得到认同,并加强其在各个活动领域的地位和影响力。

作为一门学科,项目管理在全球范围内往往是由各个国家协会代表的,这些协会在规模、影响力及声望上差异很大,美国项目管理协会(PMI)和英国项目管理协会(APM)是规模最大的和最有影响力的。PMI成立于1969年,直到20世纪80年代末都经历了稳定但并不引人注意的增长;1988年对职业化的正式启动,包括标准、认证、教育和研究,标志着PMI一个日益快速扩张和影响力不断增大的时期的开始。PMI在1992年有8000名左右的会员,到2009年已经有29万注册会员和32万经认证的专业人士。[2]经过差不多的时间跨度,APM从20世纪70年代初期的一个对网络分析感兴趣的从业者集合,到80年代逐渐增加其会员并形成一定规模,但主要还是作为一个有相似兴趣的会员的俱乐部而不是一个专业协会。近年来,APM经历了品牌重塑和现代化建设,并且已经搬移到一个新的全国总部,迅速扩大了企业会员数量,包括一些地方和国家政府的机构。这种企业和国家的资助鼓励了协会追求皇家认证,并在2008年4月启动了流程。这两个协会自20世纪90年代初的扩张都是显著的,特别是PMI。APM在2009年的17500名会员相对于它在1992年的5000人来说也是一个大幅度的增加(见图4.2和图4.3)。

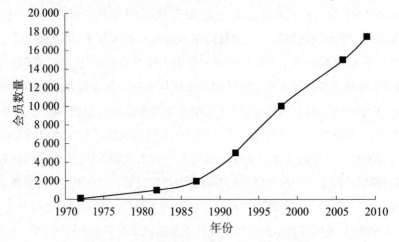

图4.2 英国项目管理协会会员(1972—2009)

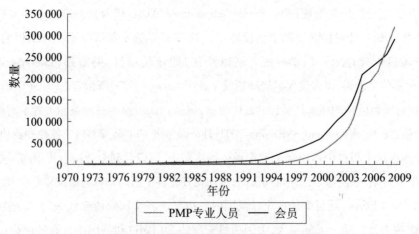

图4.3 美国项目管理协会会员(1970—2009)

这两个协会,尤其是 PMI,都从新的领域应用中受益,尤其是从过去 15 年 IS/IT 的增长以及由此带来的对 IS/IT 相关项目的管理中受益。然而,这两个协会的会员中有很大比例是在咨询/商业服务领域。这两个协会的快速增长大约都是始于它们开始对其成员授权,并由它们的第一个实质性"知识体系"的开发和出版支持;对于 PMI,第一个项目管理知识体系(或"PMBoK")出版于 1987 年 8 月,APM 则在 1992 年紧随其后。虽然 PMI 的确从 20 世纪 80 年代初就开始对个人授权,但这两个协会对文凭主义的大力追捧起源于 1988 年和 1992 年,它们开始了个人认证的可能性并因此控制了"对生产者的生产"(Abel,2003)。作为标准教程、教学大纲、指南和词典,APM 和 PMI(以及全球其他各大协会)的"知识体系"在对项目管理领域的发展和制度合法化做出的各种解释中都是一个重要因素,比其在许多其他职业领域都更重要,其他职业领域往往没有一份关于学科知识基础的统一综合性文件或指导性文件。出于这个原因,我们将在下面详细分析知识体系的重要性以及其他项目管理职业化的鲜明特点和策略。

4.4 分析项目管理的职业化

项目管理可以被广义地定义为当代许多"专家职业"(Reed,1996)或"知识型工作"(Blackler,1995)形式中的一种,它的角色具有很重的管理成分并偏向于技术维度。然而,与许多类似的职业不同,项目管理一直在全球范围内追求并推广其职业地位。这个正在进行的项目管理职业化过程,直接背离了社会学关于职业化的文献所普遍得到的共识(Blackler, Reed, and Whitaker, 1993;Broadbent, Dietrich, and Roberts, 1997;Reed, 1996,2006),即将职业化视为一种在当今的政治经济环境中越来越不可能的战略,后者强调的是企业家精神、放松管制和管理主义,在专家职业的新形式中尤其被认为如此,例如项目管理,与现有的职业已经显著不同。

在这样的情况下,自由职业(如法律和医学)蓬勃发展,即有知识、有组织、相对同质的生产者面对着分散、异质、不知情的消费者,而且这些消费者不能明确自己的需求,也不知道如何让这些需求得到满足以及如何评估服务质量。项目管理的运作情况是与此完全不同的。项目经理大多是大型组织雇用的,他们帮助支持和实现雇主的商业目标,只有少数情况是由独立的、相对较小的顾问公司来服务于这样的大型组织(Zwerman et al. ,2004)。在这两种情况下,项目经理都缺乏独特的深刻且深奥的知识基础,而其他团体(如建筑师、工程师、管理咨询师、工料测量师和 IT 专家)则可以宣称自己具有项目管理方面的专家技术。事实上,他们宣称具有独立专家技术的程度被认为是可疑的,因为他们的大部分知识都是与环境有关的,处于并嵌入在组织特定的流程、程序和框架中。

此外,在这种情况下,权力政治显然有利于消费者——他们也常常担任雇主。在大多数情况下,雇主和/或客户都是具有相当多资源的强大组织,他们有多种备选方案以满足其项目管理要求,包括对专业协会本身直接施加影响。

因此,正如 Reed(1996)"组织化职业"的例子,项目经理受制于企业的优先级、战略和结构,并且他们反过来会帮助它们再生和合法化。这一领域并不适于发展基于职业封闭和自律的传统职业项目,它们只能寄希望于通过自己的能力获得成功,即关闭和垄断他们所在领域以"在技术和地位等级上拥有相对强大并具有特权的地位"的能力(Reed,1996:585)。项目经理的成功最终不是基于其作为独立顾问的角色,而是通过为雇主解决技术和一定程度的管理问题来"显示价值"的能力,雇主决定了他们工作(项目)的参数、目标、评价指标以及更广泛的雇佣条件。在此背景下,由于需要在由雇主提供的参数范围内运作,项目经理很少有权力来控制自己的职业道德,甚至技术内容。这与职业的理想型概念——强调一种职业保留对定义、执行和评价自己工作的控制力——相去甚远。

鉴于这些考虑,项目管理的职业化面临一些有趣的问题。这个职业是怎么完成职业化的?这个职业与过去的传统职业有什么不同?有什么新的策略正在被部署以及用什么来衡量成功?项目管理的经验是否指向一种职业化的新模式并且它有什么与众不同的特点呢?项目管理的实践的这些发展可能产生什么样的影响?在下一节中,我们试图通过回顾这一职业项目的鲜明特点来回答这些问题。

4.5 项目管理的职业化策略

我们将在接下来的部分介绍项目管理职业化的特点:①职业化的国际性;②知识体系在这一过程中的中心地位;③多元化和分级认证的发展;④强调企业会员和客户价值;⑤与更广泛的利益相关者(包括政府和高校)形成独特的关系。

第一个重要特征是项目管理职业化的国际视野,它打破了职业化和国家管辖权之间的传统联系。

项目管理职业化的国际视野

大多数国家的项目管理协会(包括 APM)本身就是一个国际伞状组织——国际项目管理协会(IPMA)——的成员。IPMA 为其会员协会提供了对话、知识共享以及活动协调的平台,并为项目管理职业的形成和认证提供了国际框架。同时,IPMA 代表所有成员默认其不鼓励任何会员协会的国际扩张,原则是每个国家都应该由一个协会来代表。在全球化时代,这一立场的可持续性是值得怀疑的,因为项目经理需要在跨国公司内部和之间进行国际性交流,并定期协调跨境活动。PMI是项目管理职业化实现跨国愿景的一个巨大挑战,因为PMI不是IPMA的成员,所以它可以具有更积极的全球化战略,并且实际上已经在超过65个国家建立了大量地方分会(PMI,2009)。虽然PMI在许多欧洲国家,如英国、德国、法国,成为项目经理们的主要协会的潜力受制于现有的各个国家协会,但PMI已经成功地在欧洲其他地区取得了更具主导性的地位,如在希腊和一些中欧、东欧国家。在欧洲以外,PMI近几年在日本、中国和印度开展了众多业务,并在其他地区,如马来西亚、巴基斯坦、秘鲁和科威特实现了快速发展。尽管具有全球影响力,目前的情况仍然是,PMI成员和PMI认证的专业人员中,70%左右分布在美国和加拿大,并且其中绝大多数都在美国(PMI,2007)。

各种协会对全球化的不同反应(伞状组织如IPMA的协调,或PMI的直接扩张),在一定程度上支持了Evetts关于职业组织在不断扩张势力范围的预言:"职业组织将继续守护专业知识和利益,开拓取得任职资格的国际约定,与司法管辖权竞争并维护职业管制系统,在跨国市场和劳动国际分工内进行"(Evetts,1995:772)。这样的结果是,专业协会之间的合作与竞争网络发生了转移,并且这些专业协会之间的边界发生了重叠,正如PMI近年来多样的扩张模式所反映出来的。换句话说,因为客户和经济活动的全球化,职业项目随之取得了国际维度。

多元化和分级认证的发展

各种知识体系的另一个重要作用是支持和构建领域内专业协会的认证程序。资格主义在项目管理背景下的成功,明显地是出现在会员的快速增长之后,而这又源于PMI和APM对认证的引入。这两个组织在20世纪90年代初都推出了自己的认证,它们采用单一入口点资格,与传统职业的惯例一致:PMI对应的是PMP(Project Management Professional,项目管理专业人员),APM对应的是CPM(Certificated Project Manager,认证项目经理)。两者都主要基于对正规知识(被各自奉为知识体系)的测试。然而,PMI、APM和IPMA的资格认证政策在两个主要方面变得更加多样化了。首先,新的资格被添加到了最初的单一点,在水平[通过设立专门的资格,如PMI的PMI-SP(Scheduling Professional,进度管理专业人员)资质]和垂直(通过建立资格的层级结构)方向上都是如此(见图4.4)。

这既可以被解释为承认该领域的多样性,也可以被理解为该职业的一个分层,能反映并制度化本领域内实践的层次结构。其次,新的资格,以及越来越多的"高层次"证书,依靠的是对能力的测试,而不是正规知识,并且要求简历、档案以及与工作表现相关的其他能力证明形式。因此,随着一个人不断晋升资格的层级,会经历一个从基于输入到基于输出的评估的转变,并且还会获得对其项目管理实践背景多样性的认可。这种向成员构成分级和基于能力评价的转变,呼应了其他形式的专家劳动力(如咨询)的发展轨迹,而且代表了一种对以更加灵活的知识基础为特点的职业开展认证的更合适路径的尝试。

等级	APM	IPMA	PMI[a]	PMAJ[a]
A		认证项目主管(Certified Projects Director,CPD)	项目集管理专业人员(Program Management Professional,PgMP)	项目集管理建筑师(Program Management Architect,PMA)
B	认证项目经理(CPM)	认证高级项目经理(Certified Senior Project Manager,CS-PM)	项目管理专业人员(PMP)	项目管理认证者(Project Management Registered,PMR)
C	从业者认证(Practitioner Qualification,PQ)	认证项目经理(CPM)		
D	APMP	认证项目管理助理(Certified Project Management Associate,CPMA)	项目管理助理认证(Certified Associate in Project Management,CAPM)	项目管理专员(PM Specialist,PMS)
	入门认证(Introductory Certificate,IC)			
其他	风险管理(Risk Management,PRMC)		PMI-SP(进度管理专业人员) PMI-RMP(Risk Mgt Professional,风险管理专业人员)	

图 4.4 资格框架比较

注:[a]PMI 和 PMAJ 的资格结构不直接符合由 IPMA 建立的四个层次的框架,因为它们不是 IPMA 的会员协会。

这就是说,意识到支持推动认证的商业规则是重要的。Morris et al.(2006:713)清楚地说明,对于专业协会来说,认证"是吸引会员并增强影响力的一个非常有效的手段"。的确,对于 PMI,会员出现指数级增长本身就是对这些策略有效性的证明。会员不仅带来地位和影响力,而且带来收入。

知识体系的中心地位

相较于其他专家职业,如咨询[3],项目管理这一专业化项目在一个更传统的特点上相对成功,即开发和建立连贯且形式化的编码知识体系。如前所述,知识体系的创建、限定和定义,可以在官方认证中体现,这是已经建立的职业在其演化中所具有的一个关键因素。正如 Morris,Patel,and Wearne(2000:156)所说:"知识体系……反映了职业的本体,是描述项目管理哲学的一系列词汇、关系和含义"。其他的许多半职业,如护理、教师,缺乏专有的、编码的、有界限的知识基础,这是它们实现职业化愿望的一个重大阻碍(Zwerman et al.,2004);对于项目管理,知识体系被视为其职业化的一个重要且必要的条件,但并不是充分条件(Morris et al.,2006)。Morris,Jamieson,and Shepherd(2006)确定了三种重要的知识体系,即 PMI(PMBoK"Guide")、APM(APM BoK)和 PMAJ(P_2M)的知识体系。第四种 IPMA 能力基准(IPMA Competence Baseline,ICB)是对欧洲各协会文档的一个组合,并被期望作为一个框架,使各国家协会可以建立自己的知识文档体系(Crawford,2004)。[4] 在这些文件中,PMBok 对项目管理范围的定义最为严格(Crawford,2004;Morris,Jamieson,and Shepherd,2006),它也可以说是最有影响力的文档,PMI 声称自己的 PMBoK 有超过两百万份的发行量。虽然所有主要的知识体系自 20 世纪 90 年代初就已经断断续续地更新了,这通常涉及通过加入其他元素,如项目集或项目组合管理,来扩大其范围。但是这些定期修改还达不到对知识领域的更根本的、具有颠覆性的、需要付出一定代价的重建,而这种重建可能是 20 年来的"经验得出的信息和理论上的明智批评"所需要的(Morris et al.,2006:715)。因此,教科书、培训项目、考核标准中对知识体系的制度化,只代表了对支撑这一领域的知识和实践争论的暂时定格(Hodgson and Cicmil,2006)。

知识体系的形成在传统上被视为是朝着职业化地位迈进的必要性一步,其既是对职业知识基础的合法化,又是对封闭制度的支持,它把就业市场的进入权限制在有限的圈子里,也就是说,只有掌握了相关知识基础的人员才能进入该领域(Parking,1979)。虽然这种合法性依赖于知识的整合,但是已整合和可整合的知识仍然只是所有知识的一个子集(Lave and Wenger,1991;Nonaka and Takeuchi,1995),并且是可被称为"专业技能"的一个更小的子集,这种专业技能依赖于专业人员根据自己的理解来解释现实并将之与复杂现实联系起来的能力(Boreham,1983;Schön,1995;Cook and Seely Brown,1999)。一直在进行的对各种知识体系的结构、形式和内容的辩论反映了不确定性(保持专业技能的神秘性)和技术性(整合专业知识以作为普及的原则和方法)之间的矛盾关系(Jamous and Pelloile,1970)。尽管一个明确的知识体系有助于项目管理获得公认的技术基础所有权以及专业职业的合法化,但利用更详细的、更规范的知识体系使项目管理的专业知识商品化,对于增强职业地位和职业自主性的愿望是没有帮助的。

这种矛盾关系在各知识体系所代表的不同本体领域中更复杂。对该领域的一些人来说,人们对项目管理的核心存在分歧恰恰反映了该领域相对不成熟,反之,也可以这样说,"一个成熟的学科是允许存在不同观点和不同看法的,甚至是在非常基本的问题上……因此,如果对有关项目的所有问题都寻求一种统一权威的立场,那么这可能本身就是一种不成熟的症状"(Morris et al.,2006:718)。但是,忽视支撑知识体系变化的竞争动态是很天真的,各专业协会在合法性、影响力、会员和赞助方面展开竞争,鉴于此,知识体系成为它们作为教育和培训供应商应具有的"独特卖点"之一。

专注于企业会员和客户价值

专业协会与主要雇主/客户的关系是复杂的,这种关系标志着从基于与政府的合约的传统职业化,转移到迈向以市场价值为基础的新的公司形式的职业化,其中市场价值以该领域的大企业的"买入"为指标(Kirkpatrick and Ackroyd,2003)。通过这种方式,项目管理体现了一个更广泛的趋势,如Brint(1994)描述的从"社会的托管人"到职业化"专家"概念的转变,即这种职业化体现为给客户提供技术知识和服务,而不是为社会和公众创造价值。根据这种说法,项目管理的职业化与Hanlon(1998)所描述的"商业化的职业化"具有很强的相似性,在其中他主张专业知识依赖于3个特定要素:"技术能力、管理能力以及特别是由项目经理为他或她的客户带来的经济效益"(Morris,2006:711)。在这方面,有趣的是,PMI的口号在2004年7月由"打造项目管理职业化"变更为"使项目管理对经营成果来说必不可少",强调和明确了PMI的"商业化职业"方向。PMI目前资助的大量研究项目都可以被归类为对"项目管理的价值"的研究(Thomas and Mullaly,2008),这进一步证明了在项目管理和公司的成功之间建立紧密连接是非常重要的。

自2000年以来,APM一直致力于提高企业会员的数量,努力去把那些以项目作为其商业活动关键因素的大型公司吸纳进来。其结果是,APM的企业会员已经从2001年的150个增加到2009年的近500家。有趣的是,PMI并没有一个类似于企业会员的类别,目前所有的PMI会员都是个人。不过近年来PMI已经成立了企业理事会,在2009年已经有近30个会员,其中大部分是来自美国各个行业的跨国公司,从咨询、金融到IT、航天。这种对雇主和客户组织的重新定位,在其他当代的职业化专业如管理咨询中也可以见到,反映出专业协会的权力转变,政府在其中扮演了一定角色,但只是作为许多企业发起人当中的一个(参见下一节),而个人会员则仅仅是支持者。例如,Evetts区分了"来自内部"的职业化,即从业者们组织起来将自己从市场上隔离的传统模式,以及"来自上面"的职业化,其过程被职业人士的雇主推动和控制,不过这些职业人士成员也往往认为他们的利益至少部分与受雇组织相关(Evetts,2003)。

与学术界、政府及非政府组织关系的转变

项目管理职业化过程的特殊性也可以通过考察项目管理专业协会与其他重要利益相关者之间的关系来说明,特别是与大学及各种政府部门等机构的关系,它们在传统职

业认证中持有或曾经持有关键的地位。

PMI 和 APM 近年来都与大学等高等教育机构发展了各种形式的关系,然而,相较于传统职业,这些学术联系出现在项目管理职业化过程较晚的阶段,至今几乎没有迹象表明协会在合法性上需要高度依赖于学术研究。相反,现实情况是大学的市场合法性似乎更赖于专业协会。事实上,专业协会通过一些特定方式对特定的学术培训计划进行认证,例如 PMI 全球认证中心已经在全球范围认证了 25 个机构的项目。通过接受并采纳专业协会对项目管理的定义,大学可以增加他们学位课程的吸引力和市场价值,并同时使专业协会的合法性获得学术认可。

近年来,协会和高等教育机构之间的关系已经扩展到包括为研究活动提供较大规模的支持。专业协会在财务上和象征性上的可用资源,当然能为这一领域涌现的研究议程引导方向。尤其是 PMI 已经投入巨额的科研经费,最典型的例子是授予了"项目管理价值"项目 2.5 亿美元。与此同时,组织和支持研究会议(如 PMI 研究会议)是指导本学科研究的另一种方式(Blomquist and Söderholm,2002)。然而,最终仍然是:"迄今为止,学术研究在该学科知识体系的形成和发展过程中扮演了一个不起眼的角色"(Morris et al.,2006:715),虽然这种情况本身在学术界和专业实践交叉的地方并非不常见(Barley,Meyer,and Gash,1988)。

专业协会和特定国家之间的"规则交易",因为缺乏证据反而更引人注意。在一些情况下,特定部门或准政府组织与专业协会建立了正式的关系,APM 算其中一个,在其企业会员中有众多政府机构,如英国的财政部、国防部、卫生部和英国政府通信总部,以及各种地方政府机构,还有 PMI 的企业委员会,包括美国能源部的工程建设管理办公室。但是,这些良好的关系并不能提供垄断特权,如一些自由职业那样。不过,最近 APM 决定追求特权状态(宣布于 2007 年 12 月),并得到了来自英国政府对协会强有力的支持,如果成功,将打开引入 APM 认证的"执业许可证"的大门。

作为对专业协会和强大的外部机构之间所商定的协议的最后评议,我们可以来观察一下专业协会与超国家组织及非政府组织建立关系的初步尝试,包括重要的标准制定者(Hodgson and Cicmil,2006),如国际标准化组织(International Standards Organization,ISO)、英国标准协会(British Standards Institute,BSI)、美国国家标准协会(American National Standards Institute,ANSI),以及其他超过十几个的机构(见(Crawford,2004)的详细比较)。目前,PMI PMBoK 已被确认为 ANSI 标准,而 BSI 也制定了项目管理的英国标准,即 BS 6079-1。在 ISO 的支持下,项目管理的国际标准正在建立中,这需要不同专业协会、不同国家标准协会以及广大行业代表们展开有关标准的形式和范围的谈判。可以说,回到全球化这一基本问题,谈判不仅在项目管理专业协会之间,也在地区、行业和企业之间,建立了一个重要的、新的竞争领域。

4.6 讨论

在 21 世纪第一个 10 年的末尾,项目管理作为一个有前途的职业,正处于耐人寻味的位置,即处在自由职业提供的典范职业模式和当今工作环境下完全不同的竞争制度之间。获取职业地位以及项目管理过程中所需要的经官方认可的知识和能力,被许多从业者视为是非常有价值的,它不仅可以为具有挑战性的日常职业实践提供指导,而且可以为地位、影响力、物质奖励和合法化指明路径。职业化对很多偶然进入项目管理领域的人来说更加重要,因为他们往往在职业生涯后期进入该领域,而且缺乏关于新角色的正式培训。

项目管理正在进行的向被广泛承认的现代化职业的转变,与传统模式的职业化有显著不同。鉴于职业化持续演变为"与环境的辩证关系的产物"(Hanlon,1999:3),项目管理领域的主要机构参与者——专业协会——采用了创新性的策略,以提高项目经理的地位和影响力,并使其作为一种职业获得认可。这些独特的策略包括:①职业化项目的高度国际化;②注重知识合法化,即促进成文的知识体系的建立(以不成文/不可成文的知识或需要阐释的实践为隐含代价);③走向多元化和分层认证模式;④对企业会员和客户参与的格外重视;⑤与政府及高等教育机构的传统职业化基础关系在减弱。这些策略可以被用来补充项目管理作为单一学科的不足,进行跨学科和多范围的渗透,将项目经理定位为大型公共或私人组织的内部员工,并应对来自其他职业化行业的广泛挑战。项目管理在目前的社会和政治环境中通过这些策略增强了知名度、影响力和地位,这本身就是一个了不起的成就,值得更深入的分析。与此同时,项目管理职业化的特定形式以及塑造该领域各参与者行为的权力动态也揭示了一些关键问题。因此,我们将重点介绍四个通过我们的阅读所揭示的特别突出的问题。

首先,正如上面的分析所引导我们描绘的当代项目管理的特点,用 Reed 的话来说,是组织和企业职业化的混合体,我们可以推断出单个项目管理从业者相较于许多传统职业人士具有相对弱势的地位。项目经理依赖于市场公认的"专业知识",而不是对"社会托管"的强硬主张,项目经理同时被他/她所在组织的官僚体系和职业结构中的位置所塑造,而且也间接受制于其雇主对专业协会的影响力,导致双重封闭(或者实际上是三重封闭)。项目管理专业人士的这种多重依赖,既是他/她的力量来源,也是弱点来源,也就是说,该领域成为一个被广泛认可的职业的可能性,既依赖于对雇主和客户的重视,但同时也可能因此被削弱。

其次,与此相关的是,项目管理为了获得合法性而对市场产生的依赖性,为项目管理所服务的主要雇主及消费者带来了一定的塑造这一新兴职业未来的权力。由于这些协会有了越来越多的会员,包括个人会员和企业会员,它们期望在这个领域同时控制"生产者的生产"和"生产者所生产的"(Abel,1988)的想法似乎越来越可行了。如上所述,各大专业协会,特别是 PMI 的基准点,不是政府(除了其日益成为一个需要大量专家服务的消费者方面)而是市场,它们以建立市场共识为主要目标,而不是以获得法定的承认为主要目标。换句话说,协会着手通过说服足够多的项目管理雇主及客户认可职业会员、认证及监管的优点,来建立项目管理职业化的关键共识。一旦占有了足够大的市场份额,专业联盟关系就可以被预期,并且在采购和招聘过程中被客户和雇主所要求,继而事实上形成了一种市场化形式的职业封闭,这一封闭由该领域的大型公司塑造,而不是由政府。

此外,项目经理与主要雇主和客户的这种联系强度,意味着这个领域的职业化越来越像"自上而下的职业化",而不是社团性质的"从内到外的职业化"(Evetts,2003)。项目管理从业者抗衡力量的前景被专业人士这一层级结构削弱了,他们被资格层次的体系正式结构化了。该领域的这种分层认证标志着其又一次打破了经典的社团性质的职业化模型,后者只有一个进入点并声称专业人士具有相同的能力水平,这一突破为多极化的、零散化的职业提供了可能性,就像其他普通职业和专家职业,如人力资源管理的发展所反映的那样。

最后,基于这些发展,人们对于职业项目管理有效性的问题,即这个领域的职业化是否有助于更有效或更可靠地交付项目,仍然是有争议的,不过这可以被看作这个领域的参与者次要关注的话题,因为这个"尚方宝剑"的缺失并没有对该领域近期的扩张产生显著阻碍。目前的研究工作(如 PMI 的项目管理价值计划)是否可以提供此"尚方宝剑",或者项目管理是否也可以在无此"尚方宝剑"的前提下维持其原有地位,仍是一个紧迫的问题。

虽然本章为项目管理组织的当前模式提供了一张大幅"快照",但仍然有必要在该领域今后的动态研究中进行更纵向的分析,以衡量项目管理向全面组织职业化的有规划的转变,与此同时,更多的研究工作可以放在建立职业化对于从业人员、雇主和最终用户的好处的分析上。就从业者追求职业地位的动机进行更深入的民族志分析也是一个研究重点,可以研究各行业专业协会会员与非会员在价值观、方向及行为上的细节。最后,研究将从更国际化的视角中受益,以拓宽我们对盎格鲁-撒克逊经济体之外的职业化的理解。这样的研究对于准确理解该领域的权力关系是至关重要的,可以为全球经济范围内项目管理知识的演变、实践与理论和实证研究之间的关系以及项目经理不断发展的职业结构提供启示。

4.7 注释

1. 在建设、咨询和培训之后,APM 最大的企业会员来源是政府和 IS/IT。
2. 为了使项目管理专业协会的大小更具可比性,可参考以下数据:美国电气和电子工程师协会(IEEE)在2009年有大约365 000名会员,英国特许公认会计师公会(Association of Chartered Certified Accountants, ACCA)有131 500名会员,英国人事和发展特许协会(Chartered Institute of Personnel and Development, CIPD)有133 000名会员,而美国人力资源管理协会(Society for Human Resource Management, SHRM)有250 000名会员。

  3. 对项目管理和咨询职业之间关系的更详细研究,参见 Muzio et al.(2011)。

  4. 正如 Morris et al.(2006)所说的,ICB 通过组合英国、德国、法国的知识体系而形成,"法国和德国的知识体系又是密切建立在 APM 知识体系上的,因此也是 IPMA 的结构"(2006:712)。

4.8　参考文献

ABBOTT, A. D. (1988). *The System of Professions: An Essay on the Division of Expert Labor*. Chicago: University of Chicago Press.

ABEL, R. L. (1988). *The Legal Profession in England and Wales*. New York: Blackwell.

—— (2003). *The Politics of Professionalism: Lawyers between Markets and State, from the Green Papers to the Access of Justice Act*. Oxford: Oxford University Press.

ACKROYD, S. (1996). "Organization contra organizations: professions and organizational change in the United Kingdom," *Organization Studies*, 17/4: 599–621.

—— (2009) "Redirection in the study of expert labour," paper delivered at ESRC Workshop "Professions and Professionalism in the 21st Century: Meanings, Challenges and Prospects," Lancaster University, January 2009.

ADLER, P. S. (2001). "Market, hierarchy, and trust: the knowledge economy and the future of capitalism," *Organization Science*, 12/2: 215–34.

ANDERSON-GOUGH, F., et al. (2000). "In the name of the client: the service ethic in two professional services firms," *Human Relations*, 53/9: 1151–74.

ARONOWITZ, S., and DI FAZIO, W. (1994). *The Jobless Future: Sci-tech and the Dogma of Work*. Minneapolis: University of Minnesota Press.

BAER, W. C. (1986). "Expertise and professional standards," *Work and Occupations*, 13/4: 532–52.

BARLEY, S. R., MEYER, G., and GASH, D. (1988). "Cultures of culture: academics, practitioners and the pragmatics of normative control," *Administrative Science Quarterly*, 33/1: 24–60.

BLACKLER, F. (1995). "Knowledge, knowledge work and organizations: an overview and interpretation," *Organization Studies*, 16/6: 1021–46.

—— REED, M. I., and WHITAKER, A. (1993). "Editorial introduction: knowledge workers and contemporary organizations," *Journal of Management Studies*, 30/6: 851–62.

BLOMQUIST, T., and SÖDERHOLM, A. (2002). "How project management got carried away," in K. Sahlin-Andersson and A. Söderholm (eds.), *Beyond Project Management: New Perspectives on the Temporary–Permanent Dilemma*. Copenhagen: Copenhagen Business School Press.

BOREHAM, P. (1983). "Indetermination: professional knowledge, organization and control,"

Sociological Review, 31/4: 693–718.
BRINT, S. G. (1994). *In an Age of Experts: The Changing Role of Professionals in Politics and Public Life.* Princeton: Princeton University Press.
BROADBENT, J., DIETRICH, M., and ROBERTS, J. (eds.) (1997). *The End of the Professions? The Restructuring of Professional Work.* London: Routledge.
BURRAGE, M., and TORSTENDAHL, R. (eds.) (1990). *Professions in Theory and History: Rethinking the Study of the Professions.* London: Sage.
BURRIS, B. (1993). *Technocracy at Work.* Albany, NY: State University of New York Press.
CLARKE, J., and NEWMAN, J. (1997). *The Managerial State.* London: Sage.
COLLINS, H. M. (1990). *Artificial Experts: Social Knowledge and Intelligent Machines.* Cambridge, MA: MIT Press.
COOK, S. D. N., and SEELY BROWN, J. (1999). "Bridging epistemologies: the generative dance between organizational knowledge and organizational knowing," *Organization Science,* 10/4: 381–400.
CRAWFORD, L. (2004). "Project management standards and guides," in P. W. G. Morris and J. K. Pinto (eds.), *The Wiley Guide to Managing Projects.* Hoboken, NJ: John Wiley and Sons, 1150–96.
DERBER, C., SCHWARTZ, W. A., and MAGRASS, Y. R. (1990). *Power in the Highest Degree: Professionals and the Rise of a New Mandarin Order.* New York: Oxford University Press.
ENGWALL, M. (1995). *Jakten på det Effektiva Projektet.* Stockholm: Nerenius and Santérus.
EVETTS, J. (1995). "International professional associations: the new context for professional projects," *Work Employment and Society,* 9/4: 763–72.
—— (2003). "The sociological analysis of professionalism: occupational change in the modern world," *International Sociology,* 18/2: 395–415.
FINCHAM, R. (2006). "Knowledge work as occupational strategy: comparing IT and management consulting," *New Technology, Work and Employment,* 21/1: 16–28.
FOURNIER, V. (1999). "The appeal to 'professionalism' as a disciplinary mechanism," *Sociological Review,* 47/2: 280–307.
FREIDSON, E. (1994). *Professionalism Reborn: Theory, Prophecy and Policy.* Cambridge: Polity Press.
FURUSTEN, S., and GARSTEN, C. (2005). "New professionalism," in S. Furusten and A. Werr (eds.), *Dealing with Confidence.* Copenhagen: CBS Press.
GREENWOOD, E. (1957). "The attributes of a profession," *Social Work,* 2: 45–55.
GREY, C. (1997). "Management as a technical practice: professionalization or responsibilization?," *Systems Practice,* 10/6: 703–25.
—— (1998). "On being a professional in a 'big six' firm," *Accounting Organizations and Society,* 23/5–6: 569–87.
HANLON, G. (1998). "Professionalism as enterprise: service class politics and the redefinition of professionalism," *Sociology,* 32/1: 43–63.
—— (1999). *Lawyers, the State and the Market: Professionalism Revisited.* Basingstoke: Macmillan Business.
HODGSON, D. E. (2002). "Disciplining the professional: the case of project management," *Journal of Management Studies,* 39/6: 803–21.

——(2007). "The new professionals: professionalisation and the struggle for occupational control in the field of project management," in D. Muzio, S. Ackroyd, and J. F. Chanlat (eds.), *Redirections in the Study of Expert Labour: Medicine, Law and Management Consultancy.* Basingstoke: Palgrave.

——and CICMIL, S. (2006). *Making Projects Critical.* Basingstoke: Palgrave.

————(2007). "The politics of standards in modern management: making 'the project' a reality," *Journal of Management Studies,* 44/3: 431–50.

HUGHES, T. P. (1998). *Rescuing Prometheus: Four Monumental Projects That Changed the Modern World.* New York: Pantheon Books.

JAMOUS, H., and PELLOILE, B. (1970). "Changes in the French university-hospital system," in J. Jackson (ed.), *Professions and Professionalization.* Cambridge: Cambridge University Press.

JESSOP, B. (1994). "The transition to post-Fordism and the Schumpeterian welfare state," in R. Burrows and B. Loader (eds.), *Towards a Post-Fordist Welfare State?* London: Routledge.

JOHNSON, T. J. (1972). *Professions and Power.* London: Macmillan.

KIRKPATRICK, I., and ACKROYD, S. (2003). "Archetype theory and the changing professional organization: a critique and alternative," *Organization,* 10/4: 731–50.

KRAUSE, E. A. (1996). *Death of the Guilds: Professions, States, and the Advance of Capitalism, 1930 to the Present.* New Haven: Yale University Press.

KRITZER, H. M. (1999). "The professions are dead, long live the professions: legal practice in a postprofessional world," *Law and Society Review,* 33/3: 713–59.

LARSON, M. S. (1977). *The Rise of Professionalism: A Sociological Analysis.* Berkeley and Los Angeles: University of California Press.

LAVE, J., and WENGER, E. (1991). *Situated Learning: Legitimate Peripheral Participation.* Cambridge: Cambridge University Press.

LUCIO, M. M., and KIRKPATRICK, I. (1995). *The Politics of Quality and the Management of Change in the Public Sector.* London: Routledge.

MACDONALD, K. M. (1995). *The Sociology of the Professions.* London: Sage.

MORRIS, P. W. G. (1997). *The Management of Projects.* London: T. Telford.

——JAMIESON, H. A., and SHEPHERD, M. M. (2006). "Research updating the APM Body of Knowledge 4th edition," *International Journal of Project Management,* 24/6: 461–73.

——PATEL, M. B., and WEARNE, S. H. (2000). "Research into revising the APM Project Management Body of Knowledge," *International Journal of Project Management,* 18/3: 155–64.

——CRAWFORD, L., HODGSON, D., SHEPHERD, M. M., and THOMAS, J. (2006). "Exploring the role of formal bodies of knowledge in defining a profession: the case of project management," *International Journal of Project Management,* 24/8: 710–21.

MURPHY, R. (1988). *Social Closure: The Theory of Monopolization and Exclusion.* Oxford: Clarendon Press.

MUZIO, D., and ACKROYD, S. (2005). "On the consequences of defensive professionalism: recent changes in the legal labour process," *Journal of Law and Society,* 32/4: 615–42.

————and CHANLAT, J. F. (eds.) (2007). *Redirections in the Study of Expert Labour: Established Professions and New Expert Occupations.* Basingstoke: Palgrave.

——Beaverstock, J., Faulconbridge, J., Hall, S., and Hodgson, D. E. (2011). "Towards corporate professionalization: the case of project management, management consultancy and executive search," *Current Sociology* (forthcoming).

Nonaka, I., and Takeuchi, H. (1995). *The Knowledge Creating Company.* Oxford: Oxford University Press.

Noordegraaf, M. (2007). "From 'pure' to 'hybrid' professionalism: present-day professionalism in ambiguous public domains", *Administration and Society*, 39/6: 761–85.

Parkin, F. (1979). *Marxism and Class Theory: A Bourgeois Critique.* London: Tavistock Publications.

Parsons, T. (1954). *The Professions and Social Structure: Essays in Sociological Theory.* New York: Free Press.

PMI (2004). *A Guide to the Project Management Body of Knowledge,* 3rd edn. Newtown Square, PA: Project Management Institute Inc.

——(2007). "PMI fact sheet March 2007," http://www.wipmsig.org/documents/PMI Fact Sheet.pdf. Accessed 27 July 2009.

——(2009) "PMI chapters," http://www.pmi.org/GetInvolved/Pages/PMI-Chapters.aspx. Accessed 27 July 2009.

Reed, M. I. (1996). "Expert power and control in late modernity: an empirical review and theoretical synthesis," *Organization Studies*, 17/4: 573–97.

——(2006). "Engineers of human souls, faceless technocrats or merchants of morality? Changing professional forms and identities in the face of the neoliberal challenge," in A. H. Pinnington, R. Macklin, and T. Campbell (eds.), *Human Resource Management: Ethics and Employment.* Oxford: Oxford University Press.

Schön, D. A. (1995). *Reflective Practitioner: How Professionals Think in Action.* Aldershot: Arena.

Sciulli, D. (2005). "Continental sociology of professions today: conceptual contributions," *Current Sociology*, 53/6: 915–42.

Sugarman, D. (1996). "Bourgeois collectivism, professional power and the boundaries of the state: the private and public life of the Law Society, 1825 to 1914," *International Journal of the Legal Profession*, March 3/1–2: 81–135.

Thomas, J., and Mullaly, M. (2008). *Researching the Value of Project Management.* Newtown Square, PA: PMI.

Torstendahl, R., and Burrage, M. (1990). *Professions in Theory and History: Rethinking the Study of the Professions.* London: Sage Publications.

Whittington, R., Pettigrew, A., Peck, S., Fenton, E., and Conyon, M. (1999). "Change and complementarities in the new competitive landscape: a European panel study, 1992–1996," *Organization Science*, 10/5: 583–600.

Zwerman, B. L., Thomas, J. L., Haydt, S., and Williams, T. A. (2004). *Professionalization of Project Management: Exploring the Past to Map the Future.* Newtown Square, PA: PMI.

第二部分

产业与环境

第 5 章　项目商务:分析框架与研究机会

Karlos Artto　Andrew Davies　Jaakko Kujala　Andrea Prencipe

5.1　引言

项目商务(project business)是将商务中心观融入项目管理、企业管理以及项目和企业网络管理的新兴研究领域。项目商务被定义为"与项目直接或间接相关的商务部分,其目的是实现一家企业或多家企业的目标"(Artto and Wikström,2005)。基于现有的研究,本章确定了①在实现成功管理项目与项目制企业时所面临的管理挑战;②可能会加强我们对项目商务理解的那些研究主题和机会。这里的术语"项目制企业"(project-based firms)既指用项目来完成部分运营活动的企业,也指用项目来开展大部分内外部活动的企业。项目制企业和组织可以在很多行业中找到,例如咨询和专业服务业、文化产业、高科技产业,以及复杂产品和系统相关产业。一个项目代表了一个企业的内部发展或外部商业活动的交付系统。此外,一个项目可能会跨越两家企业的边界(例如,项目承包企业与其客户共同设计产品和服务),或者跨越多家企业的边界,这些企业结盟或联合,或者作为跨组织企业、项目网络、项目生态进行合作。

5.2　项目商务的框架:四个不同的管理领域

项目商务既包括定位于项目和企业范围内的活动,也包括多家企业在整个网络内的合作。Söderlund(2004)介绍了一个在单个项目 vs. 多个项目、单个企业 vs. 多个企业维度下的框架,用以分析项目管理研究。我们扩展了他的框架,认为任何项目都可能跨越一个或多个企业和商业活动之间的界限,反之亦然,任何企业都可能涉及一个或多个项目和商业活动。项目商务的四个领域(见图 5.1)的不同取决于管理是与单个项目、项目制企业、项目网络还是商务网络相关(Artto and Kujala,2008):

- 单个项目的管理——强调单一项目。
- 项目制企业的管理——强调企业为了达到其商业目的而治理/管理多个同时进行的或连续的项目的活动。
- 项目网络的管理——强调临时项目组织的管理,这一组织包括多个企业和参与者,它们对该项目有各自的目标、利益和预期。
- 商务网络的管理——包括数家企业及其商业利益所组成的商业市场活动,其中企业经常通过多个暂时性商务项目来过渡到永久性商务项目。

	一个企业	多个企业
单个项目	单个项目的管理	项目网络的管理
多个项目	项目制企业的管理	商务网络的管理

图 5.1　项目商务的框架:四个不同的管理领域

图 5.1 中的项目商务框架表现出项目研究及其实际应用中的商务中心观。这个框架强调项目和企业都既是独立的实体,也是相互依赖的网络化组织,并承认项目制企业的多样性。一些企业也通过其他战略性商务活动进行企业运营,但这些活动并不与项目直接相关。例如,诺基亚西门子网络(Nokia Siemens Networks,NSN)在为其客户提供主要电信网络实施项目的同时,也提供其他多样化服务(而这往往与客户的商务而非项目更为相关),例如商业咨询和外包。

在图 5.1 中,"多个企业"是指有多家私人组织如项目承包商、分包商、设计者、建筑师和投资者参与到项目中的情况。此外,许多企业网络、项目网络和商务网络也可能包含公共部门组织,如政府部门、大学和非政府组织(NGOs)。在市场中,所有这些企业和其他组织都是与项目和项目制企业相互作用的利益相关者。

5.3　单个项目的管理

单个项目的管理是一个已经被广泛研究的领域,可以被简洁地总结归纳。项目管理的知识构建始于 20 世纪 50 年代到 20 世纪 60 年代,现代项目管理和项目集管理在这个时期出现。项目管理的现代标准文件很好地回顾了单个项目管理的应用所包含的内容(ISO,1997;PMI,2008;IPMA,2006;APM,2006)。这种标准文件覆盖了对项目管理从业者和企业使用者而言都有价值的知识领域(或过程)(Morris et al.,2006)。大多数现存的项目管理文献都采用了实践导向观,将项目视为被计划指导并受预先设立的时间、成本、具体要求限制的开发过程。后来,研究重点第一次有组织地由对特定项目任务的技术策略管理(包含如 Moder and Phillips 于 1964 所描述的 CPM 和 PERT)转变为对项目团队、人员、项目组织和项目间学习的管理。从 20 世纪 60 年代起,组织理论就已经被广泛应用于项目管理的研究中(Stinchcombe and Heimer,1985;Morris,1994),同时项目在研究中被逐渐定义为临时性组织(Lundin and Söderholm,1995)。最近,组织理论,如权变理论被用来强调一个项目在其环境下作为独立组织的作用。

更近一些,项目管理因为其将项目视为"给定"预先计划所决定的时间、成本和特定范围限制下的工作而遭到了批评(Morris et al.,2006)。逐渐地,人们认识到了项目管理在塑造前端以及与发起人的战略保持一致中的作用(Morris,1994,2009)。但总的来说,当代项目管理很少关注如何在不确定的外部环境中确保项目的有益的商务结果。组织的结构权变理论主张,一个组织的有效性是随着结构和环境变量的契合度变化的(Lawrence and Lorsch,1967;Donaldson,2001)。Shenhar(2001)比较了不同环境下不同项目管理方式的有效性,但是权变方面更倾向于关注项目的内部特征,而非商业环境中的权变因素。然而,正如 Engwall(2003)所说,环境并不是排除在组织之外的,相反,组织行为发生在一个由结构、资源、价值和参与者组成的复杂社会网络中。

基于以上分析,我们认为项目管理需要更加以结果为导向。这就要求一个开放的系统观点——项目是有机的、有目的的商业工具,与一个(如母体组织)或多个其他组织实体相关联(Von Bertalanffy,1950;Emery and Trist,1965;Katz and Kahn,1966)。将来的研究,尤其应当关注项目外生因素和变量所代表的权变因素(Miller and Lessard,2001a)。不仅是项目管理和环境的契合度非常重要,而且项目目标要考虑短期和长期的商业产出,这就要求有更合适的项目管理方法。

这就引导我们去研究项目战略(project strategy),关于项目战略的文献通常假设项目是一个单一母公司的附属,母公司战略与项目相互关联(Morris and Jamieson,2004;Shenhar et al.,2005)。然而,在一个更复杂的利益相关者环境中,自发项目的战略可能在一定程度上是由项目自发建立的,受到项目如何定义其成功标准、如何感知其环境的影响(Artto et al.,2008a)。因此,考虑到项目战略,我们认为可以将一个项目类比为一个企业(企业本身有自己的战略:这个战略协助塑造其外部环境以及其利益相关者的紧急战略),在这方面,一个项目也面临着自己的商业环境:既有合作也有竞争的力量。总之,"单个项目的管理"研究领域强调这样一些问题:如"项目如何动态定义其想要的商务结果? 在包括多种内部和外部商业参与者的变化的商业环境中,这一结果该如何实现?"或者"涉及多个利益相关组织战略的单个项目的战略是什么? 每个利益相关者(包括项目母公司)如何影响项目的战略构想?"或者"在项目内外部环境中,影响项目战略和战略形成过程的权变因素是什么?"这些问题与我们的观点(项目必须被看作商务实体本身)相互关联,且专注于项目管理活动中的商务结果是非常重要的。将来的项目管理,应当转向在动态的商业环境中对项目最终(商务)结果的交付管理。在本章后面的综合解决方案和模块化讨论中将介绍有关这方面的方法。

5.4 项目制企业的管理

项目制企业以项目的形式来开展其主要活动或特定部分的活动,项目制企业管理是关注其管理问题的研究领域。项目制企业包括基于技术和提供服务的企业,它们以交付顾客的项目来组织运营活动,这包括以项目来组织其内部开发的企业。相关研究关注于项目制企业的能力——销售并交付项目给其客户的能力(Hobday,2000;Cova, Ghauri, and Salle,2002;Whitley,2006)、管理创新的能力(Gann and Salter,2000;Keegan and Turner,2002;Lindkvist,2004)、学习能力(Prencipe and Tell,2001)以及项目组合管理的能力(Cooper, Edgett, and Kleinschmidt,1997a,1997b)。

Whitley(2006)引入了一种项目制企业的类型学研究,将项目制企业按照两个概念维度(工作角色稳定性、产出单一性)进行分类。我们认为,Whitley 的类型学提出了一些有趣的方面,我们称作"重复频率"(成果或产出)。频率的概念可以被看作项目制企业商务的核心要素。例如,项目制承包商的战略目标是创造、保持并管理与客户及其他团体的多元关系,这些客户和团体能够确保或支撑起未来的项目需求(Cova and Hoskins,1997;Tikkanen, Kujala, and Artto,2007)。以类似的方式,为了确保项目销售和交付能够有效进行,项目承包商与潜在的分包商创建起并维护好多种非特定项目的关系(Skaates and Tikkanen,2003)。通过与分包商的良好关系,一个项目承包商可以向客户发出信号:其可以提供有价值的资源(Artto, Eloranta, and Kujala,2008)。由于分包情况的增多以及对企业核心竞争力更加注重的趋势,采购、分包商和供应商的网络管理都是重要的,因此企业和项目日渐更依赖于其供应商(Walker and Rowlinson,2008)。Turner and Keegan(2001)从内部治理的角度,分析了一家项目制企业的组织,尤其是组织如何通过"经纪人"(作为客户经理)来管理其与外部客户的交互,以及如何通过"管家"来管理其与内部客户的交互(管家是多个项目的协调者,属于 Davies, Brady, and Hobday(2006)提出的战略中心)。

在项目制承包企业中,产品及其模块化不仅覆盖到了物质产品,也涉及了项目过程和项目组织,而后者则以项目成果的形式展现出创造想要的解决方案的最终能力。Gaddis(1959)认为,项目经理的工作都是为了创造产品。互动经常创造出非常强的相互依赖性,不仅体现在工程设计的维度中,而且体现于组织意识中(Bonaccorsi,Pammolli,and Tani,1996;Sosa,Eppinger,and Rowles,2004)。产品的性质在塑造产业组织时扮演了重要的角色(Hobday,1998)。产品结构和组织架构之间的选择相互影响(Sanchez and Mahoney,1996)。这意味着产品的相互依赖性非常准确地转化为设计团队的互动,因此为管理项目过程提供了一个结构化的基础(Brusoni,2005)。

总之,最近的研究强调项目制企业独特的管理特征。这些特征包括企业在组织上分裂成几个独立的项目、少数议价或低频率的重复成果和产出、强调客户和供应商关系的项目环境、产品结构和组织架构间复杂的相关关系,以及具有跨企业组织边界和跨项目的活动与能力的商务所具有的系统性特征。我们认为项目制企业的研究成果也适用于理解按项目形式组织活动的公共领域组织的管理。

5.5 项目网络的管理

项目网络的管理领域覆盖了参与到同一个项目中的由许多企业和其他机构组成的网络,这些机构来自不同的商业环境和制度环境。逐渐将活动外包给供应商网络(Cox and Ireland,2006)是企业和项目共有的特征。系统整合能力与为多企业项目建立一个供应商组织有关,该多企业项目涉及多个分包商、供应商以及其他商业和非商业参与者。参与到单一项目中的组织网络被定义为单个项目网络(Hellgren and Stjernberg,1995)、项目制企业(DeFillippi and Arthur,1998)、多组织企业(Grün,2004)或项目联盟(Winch,2006)。这种项目设置为实现一个项目网络中多个利益相关者的结盟带来了挑战,因为他们有相互冲突的目标和利益。关于大型项目和全球项目的研究从项目的不同商务和不同制度环境得出了组织网络的观点(Morris and Hough,1987;Miller and Lessard,2001a,2001b)。项目网络是一个临时性工作,包括几个不同的阶段(Morris,1983),并且每个阶段中不断变换角色的参与者有着持续变化的想法,这些事实突出体现了项目网络的动态本质(Dubois and Gadde,2000)。

更进一步的研究需要新颖的项目网络治理理论(或在大型多企业项目中的治理理论),其中采用的项目网络超越了组织形式,打通了传统的企业-市场分割(Jones,Hesterly,and Borgatti,1997)。事实上,我们认为在多企业项目网络治理中,任何依赖于市场、等级制度或混合形式的普遍流行的治理方式都是不够的,因为它们不能把握项目作为一个包括多个参与企业的临时企业是如何被管理的,而且该临时企业还要管理其外部利益相关者网络(DeFillippi and Arthur,1998)。

项目网络观强调存在于不同网络结构之间的关系或联系（Uzzi,1997），在这些组织网络中，没有哪个单独的因素可以完全控制整个网络（Powell,1990）。项目网络观代表了一种新的组织设计，强调项目网络中组织间的关系。在确定各方之间的合同类型和合同内容时，实现所有方和委托方之间的目标一致性，并减少所有方或承包方的投机机会和利益，已经被认为是最重要的问题（Turner and Simister,2001）。对于二元契约关系，应当基于合同激励机制为项目选择合适的管理方法（Levitt and March,1995）。签订合同是为了创造项目组织，应当基于合作而非冲突体系，因此目标一致性的需求显得尤为重要（Levitt and March,1995；Turner and Simister,2001）。

创造的产品（和项目）越复杂，系统整合作为一种合作方式就变得越重要。Sosa, Eppinger, and Rowles（2004）在区分一个产品的"模块化和整合系统"时，提出了一个系统整合的实践维度，这对管理技术团队互动有重要的实践启示，McCord and Eppinger（1993）称其为"并行工程的整合问题"。进一步地，模块化产品和过程结构使系统整合能够依赖于更不稳定的供应商网络的组织架构。Brusoni, Prencipe, and Pavitt（2001）强调了系统整合能力对于加强这种松散耦合的企业网络间连接的重要性。

总之，项目网络观注重组织内和组织间的关系。在这方面，系统整合能力对于整合多个分包商和供应商网络是最有用的。因此，单一项目的最终整合能力由一个项目中多个专家企业的能力组成。我们认为，在这条研究线上，采用项目网络临时供应链的观点是恰当的，因为这一观点能够帮助理解作为传输网络的项目，而这个传输网络由多个企业及其（子）项目构成。

5.6 商务网络的管理

商务网络的管理领域包括与多个企业的活动相关的研究主题，这些企业经常参与到多个项目中。商务网络是一群"永久的"相关角色，他们已经参与或可能参与到彼此当前或未来的项目活动中，如竞争者、投资者、顾客及其客户、承包商及其分包商、供应商、设计者、建筑师、生产商、服务提供者、整合者以及顾问。在商务网络中，每个企业的目标都是保持其在网络中的效率和创新性，同时在所有商业团体的价值网络中对企业进行战略定位。此外，企业孵化器的核心作用可能是提升政府或机构的便利性，这会影响一系列项目（Doz and Hamel,1998；Porter,1998）。商务网络及项目网络中的参与者可能会有协同目标，因此存在合伙和合作的空间（Davis and Walker,2008），也会有矛盾和冲突的行为。Grabher（2002,2004）认为项目制组织和机构参与者在其项目生态或地方城市群中非常重要，其中"项目生态"是经济地理学家为加深项目作为组织间商务而进行研究的领域。

永久商务网络中的网络企业及其(长期的)商业关系会影响到项目(临时的或短期的)对参与企业的选择,反之亦然(Hellgren and Stjernberg,1995;Sydow and Staber,2002;Ahola et al.,2006)。Bengtson,Havila,and Aberg(2001)认为,一些组织的内部关系在项目结束后确实还存在着,这个项目甚至可能带来了项目参与者之间的依赖性。例如,Eccles(1981)发现,建设行业倾向于组成准企业。的确,在过去项目中获得的商务网络经验会影响到对未来项目网络参与者的选择,这种现象可以被称为过去的阴影(Poppo,Zhou,and Ryu,2008)。另一方面,根据 Heider and Miner(1992)的研究,对未来商务合作的预期也会影响到项目网络中企业的行为,对于这种现象,可以用未来的阴影这一术语来描述。框架协定是形成对未来长期合作的积极预期的有形媒介,因此对单个项目的网络团体也很重要(Walker,Bourne,and Rowlinson,2008)。有着相对稳定供应商的长期合作降低了交易成本并带来了交互学习的过程,从而对合作伙伴有益(Grabher,2004)。另一方面,如果项目网络中的参与企业之间长期缺乏组织间关系,那么甚至可能会导致项目失败。

从项目供应商的视角来看,为了在未来的项目交付中也维持一个良好的关系格局,必须主动管理项目间睡眠阶段的关系(Cova,Ghauri,and Salle,2002)。为了克服项目交付之间关系中断所带来的挑战,许多项目承包企业会在其提案中包括一系列广泛的服务。这一系列广泛服务的目的之一就是在长久却又动态变化的商务网络中,使企业的活动以及其与其他团体的商务关系(尤其是和他们的客户的商务关系)更持续。而且,通过为客户已安装的设备提供维护、支持或运营服务,可以使它们保持有效的运作,从而使得客户关系变得更加持久。Artto et al.(2008b)在对供应服务对承包企业商业模型影响的研究中,区分了六种不同的影响类型,例如,"客户进入"的影响类型是指为了在未来的项目交付中获得客户进入或为了维持客户关系而提供的服务。

总之,商务网络和单一项目的项目网络是相互联系的。永久的(或长期的)商务网络和暂时的(或短期的)项目网络之间有双向影响。企业在整个商务网络中所处的位置影响了其在单一项目层次上的风险和机会。此外,单一项目层次上的关系影响到更高商务层次的风险和机会的情况也会发生,即当单一项目影响了长期商务表现的时候。当站在多个参与企业的角度,平衡整个商务中的短期视角和长期视角时,整个商务网络的可持续竞争优势体现在对于合作伙伴和普通合同关系的选择和开发中。

5.7 关于管理挑战和研究主题的讨论

项目商务网络的每个管理领域都有其独特的环境和挑战,为了创造更好的项目商务管理方法,这些环境和挑战都需要被考虑。对于每一个管理领域,都面临主要的管理挑战和复杂组织情境所带来的问题,如表 5.1 所示。

表 5.1 项目商务四个领域中的主要管理挑战

	分析单元	管理挑战	复杂组织环境下的问题
单个项目的管理	作为商业实体的项目	为了在其环境中有效地管理单一项目,将项目看作一个有目的性的商业实体,同时其固有商务内容的管理可以与公司商务的管理相类比	项目作为有着独特的目标和目的的组织,多个利益相关者,以及外部环境中的权变因素、项目内部的权变因素(如独特性、复杂性)
项目制企业的管理	项目企业或集合	将一家企业及其多个项目作为一个整体管理,将企业的稀有资源同时分配给各个项目,同时确保项目支持企业战略及其商业目的	将企业的商务分散化为各个项目,项目之间的相互依赖性,重复成果和/或产出的频率,与客户及供应商关系的不连续性
项目网络的管理	作为多企业网络的项目	通过管理参与项目的多个企业而将项目当作一个多企业公司来管理,创造一个合同或组织的安排,以提高多个企业间的目标一致性和协作性	参与企业的目标不对称,多样的利益和身份,网络的动态性,来自不同文化和制度环境的参与者之间的协作
商务网络的管理	企业网络及企业间关系	在一个开放且竞争的商业市场中管理参与者之间的网络和关系,其中企业可能(不)会参与其他企业的联合项目中。对于单一企业或单一项目来说,在网络中保持效率和创新性是主要的,并受到企业和项目如何在价值网络中定位的影响,该网络由所有商务参与者与非商务参与者构成	同时存在合作和竞争,项目作为搭建组织间桥梁的中介,短期和长期利益的冲突,短期项目网络和长期项目网络之间的相互作用,取决于其他参与者地位和战略的多元网络地位,企业商业模型的服务化和持续变化

对项目商务的研究应当强调表 5.1 中所示的管理挑战,并考虑每种管理领域所面临的特定复杂组织情境。基于我们的研究,我们建议未来的研究至少应当强调下述的四个研究主题,这些主题横跨项目商务框架的多个管理领域:

- 主题 1:具有挑战性的制度环境下的管理;
- 主题 2:复杂组织和网络中的风险及其管理;
- 主题 3:项目制组织中的学习和能力;
- 主题 4:项目制组织中的商业逻辑。

这些主题和管理领域的交叉使它们包含了更多具体的研究机会。

5.8 主题 1:具有挑战性的制度环境下的管理

尽管许多项目制企业是全球化的,但项目工作通常还是会有很强的地域导向,从事项目商务的企业必须要有适应当地商业环境的能力。其中,适应机制包括地方代表或地方合作伙伴的使用。从根本上说,单一项目及其商业模式的独特性最终代表了当地某一客户所构成的微观市场。项目承包商的地方市场由多个企业和项目组成,且伴随着一个同步的、有争议的、具有动态协作和竞争关系的网络。管理来自不同制度环境的参与者对于任何项目和企业来说都是一种挑战。在大型全球项目和国际项目制企业中,不同利益相关者的不同角色及其制度环境间的区别变得越发重要。当理解项目在其所处的环境中如何被有效管理时,应重点考虑Granvovetter(1985)所描述的复杂社会网络关系和Miles and Snow(1986)所描述的商业组织在动态组织网络中可能采取的竞争性策略。

许多项目面临着管理来自多个组织的内部网络的挑战,同时还与外部世界中的利益相关者、机构和事件相互联系。对大型项目和全球项目的研究证明,在一个更广泛的社会—政治环境下开展管理是重要的。Floricel and Miller(2001)通过引用他们所谓的社会和制度风险,讨论了存在于全球参与者网络中的风险,而Orr and Scott(2008)则分析了全球项目中的制度例外性,这一特性源于项目参与组织间的制度差异。

对阐述网络化项目具有挑战性的制度环境而言,研究利益相关者和利益相关者网络是一个有益的基础(Aaltonen,Kujala,and Oijala,2008)。不同制度环境下的项目利益相关者(包括企业的地方单元)对项目目标和商业目的有着不同的解释,这种组织结构中的沟通是具有挑战性的。信息处理的视角(Daft and Lengel,1986)可能会为未来对于全球项目制企业、网络和项目的研究提供恰当的途径。

5.9　主题2:复杂组织和网络中的风险及其管理

项目网络是复杂且动态变化的结构,会给项目带来风险和不确定性。项目网络中的不确定性源于网络效应(如参与者间的依赖性)、利益不对称、不同的主体、信息不存在、网络内信息不对称、社会和制度风险、网络风险、试图表现得理性,以及不适合网络化环境的风险管理程序。对网络化项目和网络相关风险的研究表明,需要对传统的、决策分析导向的项目风险管理领域提出不同的要求。这种新的风险管理方案会要求将合理的治理结构和学习方案应用到网络的多个参与者中去。

为了拓宽现在项目风险管理中狭窄的决策分析导向,我们参考了Floricel and Miller(2001)所提出的两个观念,分别称为稳健性和可治理性。稳健性是指能够使项目处理预期风险的战略性系统的特性。可治理性是指一组能够使项目应对意外事件的特性。可治理性发展并完善了Bettis and Hitt's(1995)中的灵活性观点。此外,项目风险管理应当使用一般管理中的管理方法,从而采取一个(比理性的决策分析导向)更广泛的视角。

项目商务的本质以及企业从一个项目到下一个项目的角色变化所带来的动态性,可能会给短期和长期风险的管理带来额外的挑战,例如,短期项目中的合作者可能会变成未来项目中的竞争者,反之亦然。从一个项目承包企业的商业模式视角来看,人们可能会询问下列与服务化的风险承担有关的问题:多大程度的商务服务(甚至是资产共享)能让承包商为客户的商务活动承担责任?一个项目承包商能承担多少使用竞争对手设备(竞争对手的专有知识产权、备件等)来服务客户的责任?考虑到从分包商那里的采购,有大量的文献讨论组织间买方-分包商之间的垂直二元关系。但是现在的分包商模型经常过度局限在一个二元的、以项目为中心的买方-卖方环境中分析个体分包商的能力。相反,商务关系应当在一个更复杂的分包商网络环境中考虑,其中分包商之间的关系,或者分包商与承包商的客户或竞争对手之间的直接关系,可能会将重大风险或机会带到项目中,或是带到承包商企业的长期商务中去。

5.10 主题3:项目制组织中的学习和能力

研究需要继续强调临时性和永久性组织之内和之间的学习。知识共享在学习中起着中心作用(Davies and Brady,2000;Sydow,Lindkvist,and DeFillippi,2004)。在复杂项目网络的案例中,项目进程中项目的内部学习是一个被研究的相关主题。项目的内部学习帮助建立了网络中所要求的能力,也协助实现了成功的集体表现。项目网络的内部学习作为项目企业进行其内部能力建设的工具而被重视,可以帮助网络的参与者共同实现项目目标。学习是多个企业代表组成团队的一个前提条件,且这些企业需要理解项目的最终产出以及基于每个成员目标的组合目标。然而,除了理解产出,网络中多样的参与者也必须一起理解项目的执行方法和每个团体在其中的角色。项目中企业之间的沟通错误或缺乏沟通,可能会阻碍集体学习的进程,也会阻碍企业之间对项目目标和目标实现方式的相互理解,因而使有效的项目实施变得混乱。

Ruuska(2005)发现,成功的项目能够实现集体竞争力。集体竞争力被描述为团队在朝向一个共同的目标和创造一个集体成果时共同工作的能力。对于创造了新商业不确定性结果的创新项目的管理,McGrath and MacMillan(2000)为项目内部学习介绍了一个基于发现导向的项目管理计划。此外,Brady and Davies(2004)基于企业内的学习方案,阐述了一个项目能力建设模型。项目主导的学习出现在项目早期:学习是由探索性的"先锋项目"阶段主导的,这一阶段有助于接下来的项目开展,且对于提升企业项目的能力负有责任(Brady and Davies,2004)。

5.11　主题4：项目制组织中的商业逻辑

在项目研究中,使用来自商业战略和其他相关领域的具有跨学科基础的理论是很有必要的。例如,商业模式的观念不仅能够用于解释项目制企业的商业逻辑,也能够解释一个项目固有的商业逻辑。特定项目的商业模式可能会以单个项目的管理带来一种全新的以商业为中心的范例。然而,对于项目水平和企业水平的商业模式是如何在项目制企业中共同发挥作用的我们仍不清楚。关于特定商业模式的选择需要做进一步的研究,对于权变变量和商业模式表现之间的关系:哪些因素影响了特定商业模式的有效性,也需要做进一步研究。

最后,更多的研究需要关注商业模式是如何演变的。例如,服务化的趋势(Vandermerwe and Rada,1988;Wikström et al.,2009)解释了新商业模式的出现(Davies 2004),它以在价值流中提供解决方案和运营服务的形式,提供了更多的集成的产品和服务。例如,一个曾为客户交付电厂的电厂承包企业可能会面临这样一种情况:现在它要通过一个服务化方案来配送能源(MWh),而能源的生产曾经是其客户的业务。以这种方式,即通过提供服务来占据客户业务的更大份额和责任,项目承包商也可能会抓住整个价值流的更大份额,并得到更多的利润。项目制企业中商业逻辑的演化已经从多个不同的角度被分析过,为未来的研究铺平了光明的道路。借鉴权变理论,Ceci and Prencipe(2008)验证了组织和环境/市场因素在企业提供集成解决方案时的影响,结果表明,企业战略和不同战略决策的共同演变导致了不同的能力配置。Lindkvist(2008)通过分析项目制企业的项目从预选、变化到留存的进程展示了演变学习过程的特征,并以此来研究项目制企业商业逻辑的演进。结论是项目可以被视为基于试错法的战略学习中的一种试验。考虑到企业业务的演变,Bonaccorsi,Pammolli,and Tani(1996)通过概念化企业与市场条件和长期技术问题间的相互作用,分析了在系统企业中企业边界和各自商业逻辑的变化。Prencipe(1997)阐述了类似的问题,即企业如何通过提升其内部技术能力和外部技术能力来掌控产品动态演进的过程,从而更好地管理产品系统的边界,以免对自身的控制能力造成威胁。

5.12　结论

项目商务是一个新兴的研究领域,它用一种以商务为中心的视角来看待对项目、企业及项目网络和企业网络的管理。主要的关注点是如何让企业在复杂的网络化商业环境中生存下来并保证竞争优势。项目可以横跨多个企业的组织边界。根据一个项目的独立性,可以将其当作一个或多个企业的一种资源,反之亦然,一个项目可能是主要的商务参与者,它以一个或几个公司作为资源来实现其商业目的。项目是一种不同于其利益相关企业(包括它的母公司作为利益相关者之一)的组织性实体。因此,一个项目的目标是不同于其利益相关企业的,甚至也可能是与利益相关企业目标相矛盾的。如果希望达成联盟,那么企业与项目之间的目标一致性就是要实现的目的。然而,存在于项目和企业间的冲突、竞争和对抗必须被认真对待,以此来保证一个项目、企业以及它们之间网络的成功。

这种商务中心视角补充了传统方法并且关注了如何组织项目与运营项目制企业。我们项目商务框架中的四个不同管理领域面临着不同的管理挑战,这四个不同项目管理领域是①单个项目管理;②项目制企业管理;③项目网络管理;④商务网络管理。我们提出了四个与解决各个领域内管理挑战有关的研究主题。这四个主题从我们对有助于解决这些挑战的文献回顾中而来。

- 具有挑战性的制度环境下的管理;
- 复杂组织和网络中的风险及其管理;
- 项目制组织中的学习和能力;
- 项目制组织中的商业逻辑;

这些主题代表了未来的项目业务研究中可能取得丰硕成果的领域。

5.13 参考文献

Aaltonen, K., Kujala, J., and Oijala, T. (2008). "Stakeholder salience in global projects," *International Journal of Project Management*, 26/5: 509–16.

Ahola, T., Kujala, J., Laaksonen, T., and Eloranta, K. (2006). "The long-term inter-organizational relationships in project business," *Proceedings of the Seventh International Conference of the International Research Network on Organising by Projects IRNOP VII*, October 11–13, 2006, Xi'an, China, 52–69.

APM (2006). *Association for Project Management: APM Body of Knowledge*, 5th edn. High Wycombe: Association for Project Management.

Artto, K., Eloranta, K., and Kujala, J. (2008b). "Subcontractors' business relationships as risk sources in project networks," *International Journal of Managing Projects in Business*, 1/1: 88–105.

——and Kujala, J. (2008). "Project business as a research field," *International Journal of Managing Projects in Business*, 1/4: 469–97.

——and Wikström K. (2005). "What is project business?" *International Journal of Project Management*, 23/5: 343–53.

——Kujala, J., Dietrich, P., and Martinsuo, M. (2008a). "What is project strategy?" *International Journal of Project Management*, 26/1: 4–12.

——Wikström, K., Hellström, M., and Kujala, J. (2008b). "Impact of services on project business," *International Journal of Project Management*, 26/5: 497–508.

Bengtson, A., Havila, V., and Åberg, S. (2001). "Network dependencies and project termination: why some relationships survive the end of the project," 17th annual IMP Conference, Oslo.

Bettis, R. A., and Hitt, M. A. (1995). "The new competitive landscape," *Strategic Management Journal*, 16: 7–19.

Bonaccorsi, A., Pammolli, F., and Tani, S. (1996). "The changing boundaries of system companies," *International Business Review*, 5: 539–60.

Brady, T., and Davies, A. (2004). "Building project capabilities: from exploratory to exploitative learning," *Organization Studies*, 25/9: 1601–21.

Brusoni, S. (2005). "The limits to specialization: problem solving and coordination in 'modular networks'," *Organization Studies*, 26/12: 1885–907.

——Prencipe, A., and Pavitt, K. (2001). "Knowledge specialization, organizational coupling, and the boundaries of the firm: why do firms know more than they make?" *Administrative Science Quarterly*, 46: 597–621.

Ceci, F., and Prencipe, A. (2008). "Configuring capabilities for integrated solutions: evidence from the IT sector," *Industry and Innovation*, 15/3: 277–96.

Cooper, R. G., Edgett, S. J., and Kleinschmidt, E. J. (1997a). "Portfolio management in new product development: lessons from the leaders—I," *Research Technology Management*, September–October: 16–28.

————(1997b). "Portfolio management in new product development: lessons from the leaders—II," *Research Technology Management*, November–December: 43–52.

Cova, B., Ghauri, P., and Salle, R. (2002). *Project Marketing: Beyond Competitive Bidding*. London: John Wiley & Sons Ltd.

——and Hoskins, S. (1997). "A twin-track networking approach to project marketing," *European Management Journal*, 15/5: 546–56.

Cox, A., and Ireland, P. (2006). "Strategic purchasing and supply chain management in the project environment—theory and practice," in D. Lowe and R. Leiringer (eds.), *Commercial Management of Projects: Defining the Discipline*. Oxford: Blackwell Publishing, 390–416.

Daft, R. L., and Lengel, R. H. (1986). "Organizational information requirements, media richness and structural design," *Management Science*, 32/5: 554–71.

Davies A. (2004). "Moving base into high-value integrated solutions: a value stream approach," *Industrial and Corporate Change*, 13: 727–56.

——and Brady, T. (2000). "Organisational capabilities and learning in complex products and systems: towards repeatable solutions," *Research Policy*, 29/7–8: 931–53.

——and Hobday, M. (2006). "Charting a path toward integrated solutions," *MIT Sloan Management Review*, Spring: 39–48.

Davis, P. R., and Walker, D. H. T. (2008). "Case study: trust, commitment and mutual goals in alliances," in D. H. T. Walker and S. Rowlinson (eds.), *Procurement Systems: A Cross Industry Project Management Perspective*. Abingdon: Taylor and Francis, 378–99.

DeFillippi, R. J., and Arthur, M. B. (1998). "Paradox in project-based enterprise: the case of film making," *California Management Review*, 40/2: 125–39.

Donaldson, L. (2001). *The Contingency Theory of Organizations*. Thousand Oaks, CA: Sage Publications.

Doz, Y. L., and Hamel, G. (1998). *Alliance Advantage: The Art of Creating Value through Partnering*. Boston: Harvard Business School Press.

Dubois, A., and Gadde, L.-E. (2000). "Supply strategy and network effects: purchasing behaviour in the construction industry," *European Journal of Purchasing and Supply Management*, 6: 207–15.

Eccles, R. (1981). "The quasifirm in the construction industry," *Journal of Economic Behavior and Organization*, 2: 335–57.

Emery, F. E., and Trist, E. L. (1965). "The causal texture of organisational environments," *Human Relations*, 18/1965: 21–32.

Engwall, M. (2003). "No project is an island: linking projects to history and context," *Research Policy*, 32/5: 789–808.

Floricel, S., and Miller, R. (2001). "Strategizing for anticipated risks and turbulence in large-scale engineering projects," *International Journal of Project Management*, 19: 445–55.

Gaddis, P. O. (1959). "The project manager," *Harvard Business Review*, 9: 89–97.

Gann, D., and Salter, A. (2000). "Innovation in project-based, service-enhanced firms: the construction of complex products and systems," *Research Policy*, 29/7–8: 955–72.

Grabher, G. (2002). "The project ecology of advertising: tasks, talents, and teams," *Regional Studies*, 36/3: 245–62.

—— (2004). "Architectures of project-based learning: creating and sedimenting knowledge in project ecologies," *Organization Studies*, 25/9: 1491–514.

Granovetter, M. (1985). "Economic action and social structure: the problem of embeddedness," *American Journal of Sociology*, 91/3: 481–510.

Grün, O. (2004). *Taming Giant Projects: Management of Multi-organization Enterprises*. Berlin: Springer.

Heide, J., and Miner, A. (1992). "The shadow of the future: effects of anticipated interaction and frequency of contact on buyer–seller cooperation," *Academy of Management Journal*, 35/2: 265–91.

Hellgren, B., and Stjernberg, T. (1995). "Design and implementation in major investments: a project network approach," *Scandinavian Journal of Management*, 11/4: 377–94.

Hobday, M. (1998). "Product complexity, innovation and industrial organisation," *Research Policy*, 26: 689–710.

—— (2000). "The project-based organisation: an ideal form for managing complex products and systems?" *Research Policy*, 29: 871–93.

IPMA (2006). *International Project Management Association, ICB—IPMA Competence Baseline*, ed. G. Caupin, H. Knöpfel, G. Koch, F. Pérez-Polo, and C. Seabury, 2006–Version 3.0. Monmouth: International Project Management Association (IPMA).

ISO (1997). *ISO 10006: Quality Management—Guidelines to Quality in Project Management*, ISO 10006:1997(E). Geneva: International Organization for Standardization (ISO).

Jones, C., Hesterly, W. S., and Borgatti, S. P. (1997). "A general theory of network governance: exchange conditions and social mechanisms," *Academy of Management Review*, 22/4: 911–45.

Katz, D., and Kahn, R. L. (1966). *The Social Psychology of Organizations*. New York: Wiley.

Keegan, A., and Turner, J. R. (2002). "The management of innovation in project-based firms," *Long Range Planning*, 35: 367–88.
Lawrence, P. R., and Lorsch, J. W. (1967). *Organization and Environment: Managing Differentiation and Integration*. Boston: Harvard Business School Press.
Levitt, B., and March, J. G. (1995). "Chester I. Barnard and the intelligence of learning," in O. E. Williamson (ed.), *Organization Theory: From Chester Barnard to the Present and Beyond*. New York: Oxford University Press, 11–37.
Lindkvist L. (2004). "Governing project-based firms: promoting market-like processes within hierarchies," *Journal of Management and Governance*, 8: 3–25.
——(2008). "Project organization: exploring its adaptation properties," *International Journal of Project Management*, 26: 13–20.
Lundin, R. A., and Söderholm, A. (1995). "A theory of temporary organization," *Scandinavian Journal of Management*, 11/4: 437–55.
McCord, K., and Eppinger, S. (1993). "Managing the integration problem in concurrent engineering," working paper, Cambridge, MA.
McGrath, R. G., and MacMillan, I. (2000). *The Entrepreneurial Mindset: Strategies for Continuously Creating Opportunity in an Age of Uncertainty*. Boston: Harvard Business School Press.
Miles, R., and Snow, C. (1986). "Organizations: new concepts for new forms," *California Management Review*, 28/2: 68–73.
Miller, R., and Lessard, D. (2001a). *The Strategic Management of Large Engineering Projects: Shaping Risks, Institutions and Governance*. Cambridge, MA: MIT Press.
——(2001b). "Understanding and managing risks in large engineering projects," *International Journal of Project Management*, 19: 437–43.
Moder, J. J., and Phillips, C. R. (1964). *Project Management with CPM and PERT*. New York: Van Nostrand Reinhold.
Morris, P. W. G. (1983). "Managing project interfaces: key points for project success," in D. I. Cleland and W. R. King (eds.), *Project Management Handbook*. New York: Van Nostrand, 3–36.
——(1994). *The Management of Projects*. London: Thomas Telford.
——(2009). "Implementing business strategy via project management," in T. M. Williams, K. Samset, and K. J. Sunnevåg (eds.), *Making Essential Choices with Scant Information: Front-End Decision-Making in Major Projects*. Basingstoke: Palgrave Macmillan.
——and Hough, G. H. (1987). *The Anatomy of Major Projects: A Study of the Reality of Project Management*. Chichester: John Wiley & Sons.
——and Jamieson, A. (2004). *Translating Corporate Strategy into Project Strategy: Realizing Corporate Strategy through Project Management*. Newtown Square, PA: Project Management Institute.
——Crawford, L., Hodgson, D., Shepherd, M. M., and Thomas, J. (2006). "Exploring the role of formal bodies of knowledge in defining a profession: the case of project management," *International Journal of Project Management*, 24: 710–21.
Orr, R. J., and Scott, W. R. (2008). "Institutional exceptions on global projects: a process model," *Journal of International Business Studies*, 39: 562–88.
PMI (2008). *A Guide to the Project Management Body of Knowledge (PMBOK)*, 4th edn. Project Management Institute (PMI).

Poppo, L., Zhou, K., and Ryu, S. (2008). "Alternative origins to interorganizational trust: an interdependence perspective on the shadow of the past and the shadow of the future," *Organization Science*, 19/1: 39–55.

Porter, M. E. (1998). "Clusters and the new economics of competition," *Harvard Business Review*, 76/6: 77–90.

Powell, W. W. (1990). "Neither market nor hierarchy: network forms of organization," *Research in Organizational Behavior*, 12: 295–336.

Prencipe, A. (1997). "Technological competencies and product's evolutionary dynamics: a case study from the aero-engine industry," *Research Policy*, 25: 1261–76.

—— and Tell, F. (2001). "Inter-project learning: processes and outcomes of knowledge codification in project-based firms," *Research Policy*, 30/9: 1373–94.

Ruuska, I. (2005). "Social structures as communities for knowledge sharing in project-based environments," Helsinki University of Technology, Work Psychology and Leadership, Doctoral Dissertation Series 2005/3, Espoo.

Sanchez, R., and Mahoney, J. T. (1996). "Modularity, flexibility, and knowledge management in product and organization design," *Strategic Management Journal*, Special issue on knowledge and the firm, 17/Winter: 63–76.

Shenhar, A. J. (2001). "One size does not fit all projects: exploring classical contingency domains," *Management Science*, 47/3: 394–414.

—— Dvir, D., Guth, W., Lechler, T., Milosevic, D., Patanakul, P., Poli, M., and Stefanovic, J. (2005). "Project strategy: the missing link," paper presented at the annual Academy of Management meeting, August, 5–10 Honolulu, HI.

Skaates, M. A., and Tikkanen, H. (2003). "International project marketing as an area of study: a literature review with suggestions for research and practice," *International Journal of Project Management*, 21/1: 503–10.

Söderlund, J. (2004). "On the broadening scope of the research on projects: a review and a model for analysis," *International Journal of Project Management*, 22/8: 655–67.

Sosa, M. E., Eppinger, S. D., and Rowles, C. M. (2004). "The misalignment of product architecture and organizational structure in complex product development," *Management Science*, 50/12: 1674–89.

Stinchcombe, A. L., and Heimer, C. A. (1985). *Organization Theory and Project Management: Administering Uncertainty in Norwegian Offshore Oil*. Oslo: Norwegian University Press.

Sydow, J., Lindkvist, L., and DeFillippi, R. (2004). "Project-based organizations, embeddedness and repositories of knowledge," *Organization Studies*, 25/9: 1475–90.

—— and Staber, U. (2002). "The institutional embeddedness of project networks: the case of content production in German television," *Regional Studies*, 36/3: 215–27.

Tikkanen, H., Kujala, J., and Artto, K. (2007). "The marketing strategy of a project-based firm: the four portfolios framework," *Industrial Marketing Management*, 36: 194–205.

Turner, J. R., and Keegan, A. (2001). "Mechanisms of governance in the project-based organization: roles of the broker and steward," *European Management Journal*, 19/3: 254–67.

—— and Simister, S. J. (2001). "Project contract management and theory of organization," *International Journal of Project Management*, 19: 457–64.

Uzzi, B. (1997). "Social structure and competition in interfirm networks: the paradox of embeddedness," *Administrative Science Quarterly*, 42/1: 35–67.

Vandermerwe, S., and Rada, J. (1988). "Servitization of business: adding value by adding services," *European Management Journal*, 6: 314–24.

Von Bertalanffy, L. (1950). "The theory of open systems in physics and biology," *Science*, NS 111/2872: 23–9.

Walker, D. H. T., Bourne, L., and Rowlinson, S. (2008). "Stakeholders and the supply chain," in D. H. T. Walker and S. Rowlinson (eds.), *Procurement Systems: A Cross Industry Project Management Perspective*. Abingdon: Taylor & Francis.

——and Rowlinson, S. (eds.) (2008). *Procurement Systems: A Cross Industry Project Management Perspective*. Abingdon: Taylor & Francis.

Whitley, R. (2006). "Project-based firms: new organizational form or variations on a theme?" *Industrial and Corporate Change*, 15/1: 77–99.

Wikström, K., Hellström, M., Artto, K., Kujala, J., and Kujala, S. (2009). "Services in project-based firms: four types of business logics," *International Journal of Project Management*, 27/2: 113–22.

Winch, G. M. (2006). "The governance of project coalitions: towards a research agenda," in D. Lowe and R. Leiringer (eds.), *Commercial Management of Projects: Defining the Discipline*. Oxford: Blackwell Publishing, 324–43.

第6章 项目与合伙:制度流程与应急措施

Mike Bresnen Nick Marshall

6.1 引言

项目通常要求各种项目制组织内的个体和机构相互之间有效合作,以实现特定的项目目标(Morris,1994)。无论我们是在讨论工程项目(包括建筑和航天)、研发活动、新产品开发、电影制作和表演艺术,还是广告宣传活动,总是需要将专业技术和其他资源相结合,那些资源不仅是专业/技术专门化的,而且经常是组织化分布的(Bresnen,1990;Hobday,2000;Jones and Lichtenstein,2008)。

然而,项目任务的复杂性和项目制的组织形式所带来的挑战(Whitley,2006)相互结合,使得实现这种合作成为长期存在的问题(如 Grabher,2002:207-8)。项目不仅要求有效的专业间和/或组织间合作,它们还面临着这样合作的需求,即根据在概念化、调试、设计、生产和交付工作中涉及的人员之间的复杂分工,在相对较短的时间内,形成明确集中的(但往往是模糊且经过协商的)任务目标。项目任务可能是非常不确定的,而且也很难期望项目参与者之间的关系有进一步的发展和延续,同时,从一个项目到下一个项目,几乎没有知识传递和学习的机会(Sydow,Lindkvist,and DeFillippi,2004)。

在这些任务和组织条件(不同种类的项目之间往往区别明显)的基础上,项目中经常存在的相对复杂的制度环境又增加了另一层复杂性(Ekstedt et al.,1999;Grabher,2002)。一直以来人们都承认,项目不是独立实体,而是在很大程度上受到其所处的历史和组织情境的影响(Engwall,2003)。然而,项目也经常出现在多组织背景中,而且受到其短暂性特征的约束(Bresnen,1990;Jones and Lichtenstein,2008)。这就要求不仅要注意到不同组织所代表的利益,而且要注意不同且相对更长久的组织架构对项目互动的影响。例如,生物医学领域的项目管理就涉及科学家、临床医生、企业、小规模创业者、社会科学家、伦理学家和监管机构之间相互作用的复杂模式,这些群体都受其自身利益(科学的、临床的、商业的)和不同的已有认知习惯的影响(Newell et al.,2008)。类似的,在施工项目中,项目管理可以被看作一个竞争的战场,其中的建筑师、工程师、测量员和建设者持有不同的专业规范和价值,他们对影响力的竞争由来已久(Bresnen,1996)。

Grabher(2002)提出了"项目生态"的概念,用来指项目所处的环境。重要的是,这些项目环境中的条件具有高度的制度复杂性,反过来,这对项目管理知识的发展、项目管理过程的专业化导向以及涉及提升项目绩效(包括为增强合作而设计的机制)的管理实践的传播具有重要影响。项目管理技术可能会形成新兴的知识体系,而且这些知识随着专业化的发展在近几年中变得越发复杂(Hodgson and Cicmil,2007)。然而,该知识体系起源于某一非常具体的项目环境类型(大型工程),而且与其他管理学科(如会计学)相比,阐明和促进这一知识体系的专业机构在引导项目实践的成熟度和影响力方面也要低得多(Morris,1994)。由于缺乏更统一的知识基础和得到普遍认同的关于组织管理项目实践的一系列常规做法的准则,探索项目中复杂的碎片化制度条件对活动和知识形成的影响变得重要起来(Ekstedt et al.,1999)。例如Winch(1998)曾提出,在建造和工程项目中,制度层面的影响(多样的专业和制度)与运营环境(基于项目的复杂产品)的结合,不利于创新实践的传播。

因此,本章的目的就在于探索对制度环境和制度流程的理解如何帮助我们加深对项目管理过程和管理实践的发展及变化的理解——尤其是关注其如何增强项目合作这一方面。迄今为止,很少有应用制度理论(DiMaggio and Powell,1983)来理解复杂项目如何在特殊的(多个)组织环境下开展合作的尝试。考虑到制度碎片化的趋势,理解增强合作的新型管理实践在项目环境中扩散并合法化的方法,以及它们在项目管理实践中的积累如何受到组织间和专业间关系的影响,是有巨大价值的。最近,已经有研究开始探索影响跨国项目一体化的制度条件(Orr and Scott,2008),并且在一些领域,如在生物技术领域中,从制度角度出发,将组织的网络形式看作一种治理模式来考察的研究兴趣已经充分形成(Powell et al.,2005)。然而,几乎没有人试图理解管理实践中制度化流程和应急变化在制度复杂的项目"生态"情境下的递归关系(例外情形见Sydow and Staber,2002;Newell et al.,2008)。例如,在目前高度碎片化的制度背景下——互动经常集中在本质上短暂的特定项目任务,并且要求准则和价值观高度多样化的(且经常冲突的)一系列参与者的投入——更加具有合作性的互动形式是如何产生、扩散并制度化的?即使参与组织自身更加长久,且建立起了很好的制度安排——就像项目环境可以被当作

"有组织的"的情况（Whitley，2006）——鉴于制度理论带来的同构压力会使我们怀疑甚至阻碍从一种合同方式向另一种方式的转变（参见 Dimaggio and Powell，1983），那新的合同互动形式又如何出现呢？或者，一些缺乏制度约束的复杂项目生态是否能够带来更大的灵活性，从而带来改变的机会呢（参见 Ekstedt et al.，1999）？这是否意味着，它们反过来构成了在管理实践中深度引入此类举措的相对脆弱的条件？并且这些多样的情况对于项目管理知识的拓展有哪些启示呢？

为了弄清楚这些问题，本章将集中关注英国建筑行业中出现合伙的特定案例。建筑行业是复杂制度环境下组织间合作问题的一个重要范例——不仅是因为这个部门项目制工作的规模比较大，也是因为其涉及如何在"临时的多组织"中实现持续不断的合作的问题，这一组织连接了项目管理中的客户、设计师、承包商以及供应商（Cherns and Bryant，1984）。这也是一个非常需要考虑时效性的案例，因为近年来研究者在努力将互动的研究基础从对抗性的承包合同转向基于合伙原则的关系承包（如 Bennett and Jayes，1995）。事实上，这可以被归类为会出现重复关系的一类项目情境——虽然在时间长度和强度上有所不同（Jones and Lichtenstein，2008）——这使得在使用合作机制和竞争机制时出现了张力（Bresnen，2007）。尽管建筑承包可以说仅仅代表了一种类型的项目制活动（自身相当多变），但对于在相似环境下（角色高度分离且稳定，而目标和产出高度单一）的项目的制度化进程，研究建筑承包也可以为我们带来一些更普遍的结论（Whitley，2006）。

对客户和承包商之间从传统的、更对抗的方式到更合作的方式的早期转变的分析，作者是通过对二手材料的历史回顾分析来实现的，同时结合了一些从自己的若干重要案例研究项目中获得的一手研究数据（更多细节见 Bresnen and Marshall，2000）。重要的是，该研究开展于20世纪90年代末，那时合伙制在英国逐渐被客户采用，这些客户渴望提升与承包商的工作关系，也希望从这种方法中直接获益。我们关注的大多数案例研究项目都被看作新奇的、更合作的组织项目方式的典范。同时，有关合作的价值和收益的激烈辩论在产业中很流行（如今大量减少了）。因此，这是一个英国的合伙制度化处在较低水平、而对其优点的否定处在较高水平的时期（Colyvas and Powell，2006）。因此，这提供了一个理想的机会，能够兼顾历史情境和实时数据来探索制度化早期到中期的过程，其中伴随着一个全新的、替代的制度化逻辑（基于公平、对抗性的承包关系）的出现。

制度理论的一个最新进展是试图将关注点更多地放在制度改变的过程上，而非放在制度领域中的同构和稳定条件上，这里的分析框架就利用了这一点（如 Colyvas and Powell，2006；Lounsbury，2007；Reay and Hinings，2005）。使用这种方法可以使我们注意到建筑行业中与对抗和合作有关的不同的相互竞争的制度"逻辑"(参见 Friedland and Alford, 1991),以及由此产生的辩证冲突如何影响到制度和(项目)组织层面(Seo and Creed, 2002)。此外,它还使我们能够探索整个行业层面的制度发展与这些发展在新兴的项目管理实践(与在特定项目中引入合作有关)中反映(或没有)出来的方式之间的递归关系,从而使得我们可以探索将合作概念转化为实践的过程(反过来,也要探索这些实践对合作理念的影响)。

本分析还关注了在建筑行业(以及相似的项目情景)中,项目组织精确地构建支持合作与竞争并存的"混合"制度条件(Smith-Doerr, 2005)的前景。此外,这种制度模糊性和复杂性不仅影响到了从一种合同模式到另一种模式转变的本质、范围和速度(取决于多种参与团体的利益、力量及行动),还对以下三方面产生了深远的影响:新的合作模式在采取不同形式方面的程度,新的项目管理实践如何合法化并被视为理所当然,以及旧的管理实践如何被取代,纳入或抑制。

6.2 制度理论的视角

制度理论的角度可能可以帮助阐明项目环境中向合作承包转变所带来变化的动态性。正如前文所述,(新)制度理论最近的发展已经将注意力转向了在现有制度领域中理解变化的过程,以及这种变化是如何与从一种制度"逻辑"转变为另一种"逻辑"相关联的(Friedland and Alford, 1991; Colyvas and Powell, 2006; Lounsbury, 2007; Maguire, Hardy, and Lawrence, 2004; Reay and Hinings, 2005)。制度"领域"可以被定义为"……核心供应商、资源和产品消费者、管制机构和其他生产相似服务或产品的组织"(DiMaggio and Powell, 1983:148-9)。制度"逻辑"(Friedland and Alford, 1991)是指"构建一个领域中的认知并指导其中决策的更广泛的文化信仰和规则"(Lounsbury, 2007:289)。相比于仅仅关注结构安排,它们代表了一种看待制度过程的更深入的方法,并且使人们关注于合法化特定行为和解决方案的信仰结构及相关实践。因此,如果不关注结构变化和制度逻辑变化,就很难理解现有领域中的变化(Reay and Hinings, 2005:352)。

新制度理论的早期研究倾向于认为,任何从一种流行的逻辑到另一种逻辑的转变都是由外生因素(如市场条件的改变)触发的,其间大概经历几个阶段,涉及对陈旧的管理逻辑的(逐渐的或快速的)取代,并且本质上是非冲突性的(如 Scott et al., 2000)。然而,最近对多个领域的变革的研究都挑战了这一假设,如医疗保健领域(Reay and Hinings, 2005)和银行业(Lounsbury, 2007)等。这些研究认为,改变的压力可能是内生的(Colyvas and Powell, 2006),制度领域可能是高度碎片化的,并且在实践中展现出了广泛的变化(Lounsbury,2007),相互对立的逻辑出现并共存于同一制度领域是非常有可能的(事实上也很可能是这样)(Friedland and Alford,1991),而且变革的过程经常与权力的行使及高水平的抵制和冲突有关。例如,Colyvas and Powell(2006)在一项针对斯坦福大学的技术转移活动的研究中,分析了对新标准、语言和规范的详细阐述(意味着更强的合法性),如何与对在已有的实践和惯例中嵌入新的规范和价值观的默认理解(意味着更加理所当然)同步发展。虽然他们认为这些过程是互补的,但他们非常强调制度化并不必然是一个平稳、线性且无争议的过程,同时也强调被影响者的主动参与。

这方面的研究也经常强调相互竞争的逻辑可能会同时出现(并快速发展)的情况。例如,Smith-Doerr(2005)发现特定形式的结构安排——尤其是生物科学中网络形式的组织(参见 Powell et al. ,2005;Pisano,2006)——提供了制度逻辑可以"混合"的环境,其允许明显冲突的、普遍接受的实践同时存在。例如她强调了科学家如何能够在框架中调和不同的甚至是相互矛盾的研究方式,这些框架"毫无逻辑联系,但叙述却天衣无缝"(2005:285)——例如,通过开放进行基础性研究的资源访问权限,使更多的应用性研究合法化。同时,变化的制度逻辑和专业/管理者身份之间的联系推动了同一领域中可相互替代的制度逻辑之间的冲突。事实上,许多人在强调权限斗争的重要性方面产生了共鸣(例如,Reay and Hinings,2005),他们在描写竞争性制度逻辑、权力关系以及变化中蕴含的冲突时都使用了"战场"这一暗喻。

然而,重要的是,当现有的制度逻辑经常受到挑战并处于从属地位时,它们并不会总是或必然被替代。相反,它们可以共存,尤其是在特定类型的结构或文化情境中(Smith-Doerr,2005)。在这种环境下,变革可能会不断地被质疑,发生在局部或仅仅是发生在表面上。例如,Reay and Hinings(2005)将变革描绘为发展过程中的不同阶段——从相对稳定,到试图扩散变化,再到抵制、默许或接受等反应,进而达到一定程度的稳定(他们将其归类为不稳定的休战和屈服)。

因此,不仅理解制度结构能够共存和相互竞争的条件是重要的,而且理解促进保守主义或变革的动力也很重要。Seo and Creed(2002)提出,变革是由制度化带来的辩证冲突的结果,当可替换的逻辑互相冲突时,变革就会浮现出来。他们声称,结构化和相关的制度化过程一起引起了内部矛盾,因为它们带来了运营中的低效率、缺乏适应性、过度详尽的结构/过程以及驱向一致性的同构压力。然而,为了使变革发生,参与者必须知道变革的需求,能够调动可替代的逻辑,以及能够采取(集体)行动(2002:237)。因此,"主动且巧妙地利用制度矛盾"是制度化必然导致却又试图压制的不同利益的直接结果。作为制度的"搬运工",参与者有能力为变革注入意义,也有能力将制度的意义作为引入变革时的政治资源加以利用(如 Maguire,Hardy,and Lawrence,2004)。

6.3 探索英国合伙关系的制度化

可以说,如果某行业的领导者希望引领变革,那么对于长期共同开展项目管理的跨组织和跨专业的人员,很容易在合作与冲突之间形成矛盾对立的关系,并不时会导致相应的行动,这种情况在建筑领域(Bresnen,1990)中尤其普遍。事实上,自Taristock研究所和其他机构(如Higgin and Jessop,1965)的早期研究对于建筑部门缺乏沟通与合作表示惋惜,并呼吁采取更加倾向于整合管理的项目管理方式以来,在建筑过程的组织和管理中,政策和实践推动的干预频繁发生。

尽管这一部门这些年来有众多政策和实践方案被设计出来以提升合作(如设计—建造合同),但直到合伙关系的出现,我们才看到其伴随的结构性变化。逻辑的深刻变化对于帮助想要完成更大程度的项目整合的早期拥护者实现愿望是必不可少的。然而,虽然如今合伙制已成为全球建筑管理实践中的一个普遍特征(如Chan,Chan,and Ho,2003;Wood and Ellis,2005),其传播范围并不如预期广阔,同时,研究还在继续对不同国家和文化情境下合伙关系的传播提出问题(Phua,2006)并怀疑建筑公司合作实践的国际化和制度化程度不够深入(Ng et al.,2002;Kadefors,Bjorlingson,and Karsson,2007)。因此,尽管可能带来好处,合伙制绝不像早期拥护者所预期的那样被广泛接受。回顾合伙制的出现和发展有助于解释为什么会出现这样的情形。

一个新的制度逻辑出现了?

建筑行业中的合伙制,广义上被定义为引入组织承诺以合作实现共同的商业目的(CII,1989:2),其最早出现于一系列早期产业报告和美国、英国及其他地方的政府所资助的报告中,这些报告强调产业中由碎片化和冲突所导致的问题,并将合伙视为克服与施工合同相关的对抗性的一种方法。因此,美国建筑业研究院(Construction Industry Institute,CII,1989)和英国国家经济发展局(National Economic Development Office,NEDO,1991)的有影响力的报告都将表现不佳归结为碎片化以及合同伙伴之间缺乏信任和合作。例如,CII呼吁:"将传统关系转变为分享的文化,不考虑组织界限,关系要基于信任、对共同目标的付出以及对对方个体期望和价值观的理解"(CII,1989:2)。随后英国Latham(1994)和Egan(1998)的建议响应了这些结论,二者都呼吁改善工作关系,以及更大程度上的供应链一体化。

合伙合法化的尝试以及与在实践中发展合伙有关的"意义-制造"理念,汇集了众多的产业、学术和政府引领者,他们不仅在产业中具有影响力,而且通过更广泛的产业网络被紧密连接起来。因此，在建筑业战略研究中心（Center for Strategic Studies in Construction, CSSC）的一份有影响力的报告前言中，Michael Latham 评论到，"他们的研究为支持我的建议提供了确凿的证据，即产业需要更好地使用合伙制"（Bennett and Jayes, 1995：ii）。反过来，CSSC 接到委托，为建筑业委员会（Construction Industry Board, CIB）建立起的 12 个团体之一提供合伙报告，而 CIB 的成立就是为了落实《Latham 报告》（Bennett, Ingram, and Jayes, 1996）的主要建议。

虽然这些领先的实践者作为意见领袖确实拥有强大的个人影响力，但却是部门内完善的制度体系（例如香港建造业议会、英国建筑研究院，以及专业协会如英国土木工程师协会和英国皇家特许建造学会）在推进合伙的观念。联系这些制度体系的是大量的工作团体和委员会，它们的成员经常相互重叠，其建立是为了推进合伙的理念和实践，并在行业内进行传播（如 CRINE, 1994; ACTIVE, 1996）。在 20 世纪 90 年代，汇集产业界、学术界以及政府政策团体的工作室和研讨会也变得更加常见了，包括新成立的网络，如建设生产力网络（Construction Productivity Network）。

在个体企业层面，合伙也显然变得越来越重要。在我们调研的项目中，合作原则被高级客户经理和承包经理作为一个主要目标所接受。客户是建立一些合作安排形式的主要决策推动者，同时，合伙的知识常常通过一些非正式的社会网络进行传播。在我们所采访的经理中，对现状不满意是他们普遍的感觉。高级经理经常谈起在实现绩效目标中遭遇的持续失败。因此，即使对于应当采取的确切过程并不清晰，关键决策的制定者对变革普遍具备一定的接受能力。

领域碎片化与利益分歧

这些意义建构和扩散网络的重要性在于，它们依赖于有选择性地加强的现有权力和影响力的关系，反过来也影响了这些关系。例如，Cox and Townsend（1998：146, 157）认为，为《Latham 报告》提供资料的咨询过程只涉及"维持现状的既得利益者……（因此）……将永远不会提出完全解决产业问题的根本解决方案"。这并不是说每个利益群体都能同样成功地将自己支持的观点反映到最终报告中。那些能够从合作伙伴和 Latham 的其他建议中获益最多的公司是大型客户，他们为建筑商和主要承包商提供了大量的定期资本支出，希望通过与他们建立长期关系来确保持续的项目工作流（Barlow et al., 1997）。显而易见，正是这样的群体对合伙理念的框架产生了最大的影响。

20 世纪 90 年代前半叶，客户之间的合伙和结盟不断普及，并且与建筑服务需求衰退的时间段相吻合，这意味着客户可以使用自己的市场力量促使承包商依从自己喜欢的方式行事。Green（1999：7）甚至认为，"诱惑修辞学"的背后是客户市场力量的"铁拳"。他引用了建筑业客户论坛(Construction Clients' Forum,其成员为英国的建筑服务贡献了80%的市场)中的话:"CCF的信息很清楚。如果这一协定生效,CCF代表的客户将会与被认为遵守这份文件所描述方法的企业一起,为他们价值400亿英镑的业务寻找容身之处"(Green,1999:7)。相反,其他团体在传递他们的观点中不太成功。对于小型分包商和专业贸易商(其中集体行动被极度的碎片化削弱)来说,这可能并不意外,而且从他们对于合伙持续的矛盾心理就可以反映出来(Ng et al.,2002)。然而,建筑师也没有很主动地塑造对他们有利的形势,这可能是因为客户和承包商之间紧密的合伙关系使他们在项目管理的过程中被进一步边缘化(Bresnen,1996)。

这可能导致的后果是,无论合同企业中的高级经理对合伙关系是否有兴趣,他们对于客户渴望建立合作的行为几乎无能为力。例如,我们的项目之一是提供机场土木工程服务的五年框架协议的一部分。考虑到客户的重要性以及错失这一有利可图市场的可能性,承包商很快就意识到不同意客户喜欢的合作愿景的后果。承包商在投标时也会主动使用响应客户需求所要求的自律机制。意识到合作将变得日益重要,一些承包商正在将他们对合伙的热情和经验当作市场工具以赢得项目。这是一个大型承包商采取的清晰战略的一部分,其目标是将合作项目营业额的比例从当前65%的水平在未来两年内提升到75%。在我们的一些项目中,承包商为了遵循协议"精神",甚至愿意承担增加的成本,或允许后期的设计变更(并且未将这种变更登记为正式的变动)。

合伙逻辑中的内部冲突

伴随着依赖于各种各样组合(合同与激励、绩效提升工具以及整合项目团队的技术和机制)的不同方式,产业中仍然充斥着有关合伙真正涉及内容的争论(Nystrom,2005)。然而,早期为了实现合伙制的实用方案很快就集中到工具和技术的使用中,例如旨在促进预期行为的正式工作室、团队建设以及激励体系(如CII,1989)。一些人甚至建议,只要有正确的"工具",单一项目中的合作就可以在更紧迫的时间内实现(如Bennett and Jayes,1995)。可以说,这反映出一种强调解决实际问题的高度"工具化的"理性或逻辑,以及支撑该体系的世界观(参见Townley,2002)。

然而,这种相信能够"设计"文化的信念展现出了不同行为逻辑之间的一些矛盾,正如许多支持合伙制的人也承认,建筑行业所面临的问题包含很强的"文化"因素,集中表现为可能导致短视主义和不合作行为的根深蒂固的态度(如Bennett, Ingram, and Jayes, 1996:8)。因此,依赖工具和技术以产生所要求的合作水平(包括行为的改变),与将重点置于更深刻的价值观和信仰体系的变化,形成了鲜明的对比(Barlow et al.,1997:3)。

从我们自己的案例可以得知,实践者很清楚推动实施合伙制的工具逻辑与该方法的核心所要求的"文化改变"之间并不容易共存。例如,一位设计经理承认"态度容易形成定势",并且观察到他们仍然"经历着许多以前就有的相同问题"——这意味着根深蒂固的规范和价值观带来了持续的限制。事实上,正如 Green, Fernie, and Weller(2005)所指出的,建筑行业中现存的制度规范很强,而且他们通过对比建筑和航空领域对供应链管理的态度发现了一些重大区别。具体来说,他们在建筑行业中看到重点被更多地放到了提升项目底线绩效(即减少成本和增加边际利润)上,这意味着供应链整合更多地体现在运营方面而非战略方面。他们也强调,鉴于"文化改变"所要求的变化幅度较大,更多的重心被放在处理关系改善的困难上面。

此外,客户采用的合作战略经常是在公开理性的条款中被提出来。在我们的一个案例中,改善合作的预期收益包含在商业计划中,并在说服客户委员会批准这个项目中扮演了关键角色(在生产走上正轨前减少资本支出并缩短交货期的可能性,是开发一个极其边远的离岸天然气储备的关键诱因)。然而,在一些例子中,"客观"论点的吸引力常常是基于未被证实能够加强合作绩效的关系的。一位经理将实施合伙制的决定描述为"信仰的飞跃",这将他的组织带入了长期的试验和学习中。在其他情况下,采取合作制的安排受到了客户核心业务中实施的更广泛的变革计划的影响(例如,离岸项目的成功经验使得一个客户为陆上炼油厂建立合作同盟)。

尽管大多数客户经理接受合作原则,但用于实现这一原则的实践和技术表现出很大的不同。一个明显的差异存在于这两类人之间,一类认为合作可以在短时间内被加强,而另一类认为合作是更长期更持续的相互作用的结果。相信合作能够在短期内得到加强的经理对于合作的持续收益也有矛盾的看法。人们担心"过于舒服的关系"会进一步发展,因此"回到市场"是重要的,以确保项目采购维持竞争力。更一般地说,人们承认合作和竞争在收益上存在权衡取舍。虽然那些支持项目特定关系的人倾向于认为这些关系在长期内是互不相容的,但那些追求长期合伙关系的人认为,通过引入类似竞争机制,例如内部和外部基准测试、延伸目标和持续改进流程,这种紧张关系是可以被缓解的。

制度逻辑的共存和混合

建筑项目的管理实践传统上包括间接的控制技术和直接的控制技术的组合——前者通过正式的合同方式,后者通过对活动直接而持续的监视(使用工作记录员、质量监测师等)。然而,这种组合需要消耗客户的大量资源,一位经理将其描述为承包商活动的"人盯人防守"。合作是更加非正式和间接化的对建筑过程进行控制的方式,其看起来似乎可以给承包商带来更大的自主范围和更多的自治活动。同时,这对不得不减少项目部门人员的客户也具有吸引力。在我们的案例中,大量裁减人员的情况很常见,但是这也造成了对损失专门知识和专业知识的担忧的增加,这种损失会影响到客户控制供应商的能力,有时也会导致设计能力被局限在组织内部。

因此,建立高水平的互相信任经常被客户看作合作安排的重要前提。然而,尽管为了规范企业间关系,更加非正式且准契约式的协议(谅解备忘录、章程等)的使用有所增加,信任的水平和质量仍然有限,因而当协议失效时仍然是正式的标准化合同发挥作用。而且能否把建立非正式协议的主要基础描述为信任原则也值得怀疑,因为从商业条款中可以明显看出,其中包含最小化机会主义可能性的机制——通常包括一些类型的风险/回报公式。因此,调节关系的重点放在了精心设计商业机制以促进共同努力从而提高项目绩效上,而没有将主要基础放在不够充足的信任上。

此外,自主权和自治的性质及程度都有明确的限制。即使合作方式似乎涉及更低水平的直接监督,但这并不意味着监督技术已经被移除。相反,重心转移到了对审计的使用。审计是一种微妙的控制,一种"不信任的技术"(Power,1994),被审计者必须使其操作透明且可审计,以证明他们的可靠性。在许多项目中,我们发现对建立"开诚布公"的关系强有力的关注,这种关系鼓励客户对其合作伙伴进行定期审计。在一个案例中,为了减少工作现场的任务重复,客户决定给承包商分配商业管理的角色。但是在周期性审计中发现的诸多不一致会导致许多商业功能需要被重新整合到客户体系中。审计显然代表了基于信任的关系的一种重大局限,如果发现实践不符合审计要求,这种信任关系就可能完全崩溃。

也有相当多的证据支持与传统的契约方法更相关的实践的持久性。虽然许多经理承认将变革的信息传递到现场这一层面的重要性,但也有人强调应当限制权力下放,这会使高级经理的期望不能在整个组织传递。现场人员也经常感到他们的日常活动几乎不会受到公司的合作激励的影响,如果其中一些个体的行为被项目经理认为"不合适",他们会被重新安排到更传统的项目中去。很显然,推翻根深蒂固的行为模式可能是极其困难的,这可能会导致重大冲突,例如,现场经理发现很难接受其他承包商在联盟内享有平等地位。

广为接受、默许,或不稳定的休战?

前面的讨论说明,传统的实践、方法和态度与合作逻辑在诸多方面可以共存,通常是在项目组织扩展的不同位置,且经常是与更巧妙的合作和更精细的控制相结合。

即使是在已经达到了高水平的共识和一体化的情况下,合作也并不意味着冲突和抵制就已经消除。比如在一个项目中,冲突虽然没有出现在项目团队内,却出现在团队和其他客户团体之间。这个案例中的项目团队觉得其经常性地被其他客户部门排挤,至少在有足够影响力的高级项目经理被任命为项目领导之前是这样的。其他更具有凝聚力和更加团结的项目团队也报告其面临类似的内部政治困境。

冲突也不一定总被认为是消极的。一些客户经理尝试利用冲突创造性地提高项目绩效。例如,使用目标成本激励经常被认为是建设性地疏导冲突的方法,通过"可接受的"目标成本进行早期谈判,可以使分歧公开化而非被压制或一直潜伏到项目后期(这时它们可以造成更多的损害)。这种早期冲突也能够帮助当事人"接受"有利于双方达成共识的项目目标和绩效目标。

此外,支持合伙承诺显然并不一定意味着任何持续的、真正的冲突消失了。上面提到的"不合适的"个体被重新安排的事例显然表明,无论个体私下里是否相信合伙关系,公开表明支持这个观点显然是有利可图的。毕竟,谁会希望在合伙会谈中与被妖魔化的对立及对抗相联系呢?因此,合伙观念中包含着精心构建的修辞工具以提升其被接受的程度。类似的情况也可以在组织层面看到,在为了获得长期商业利益的短期合作中,利益分歧可能被暂时压制(并暂停怀疑),然而持续的冲突是显然的,比如在一个案例中,多年来长期参与联盟安排的客户,现在计划回到更传统的竞争性投标的总付安排中——部分是因为一个大型的联盟项目没有达到预期绩效。

6.4 总结性讨论

对英国建筑业合伙制的早期发展的分析试图描绘出其制度化的过程,这种制度化与试图使合伙关系合法化相联系,也与行业中试图抑制其合法化的对抗性辩证矛盾有关。显然,合伙的发展需要经历一个复杂的过程,其中产业、政府、学术界以及其他团体相互影响,每个人都试图将自己的观点提升为合伙层面的合法表达,并利用现有机构的地位权重,为他们的主张和通过各种跨部门倡议建立起来的利益联盟提供权威性。因此,对部门内部正在进行的关于合伙制度逻辑的动态变革进行理解,凸显了许多重要的特征。

第一,追求合伙的兴趣动机涉及行业内领先的参与者和组织对行业内各种情形的巧妙利用(参见 Seo and Creed, 2002)。这些情况包括对行业内现状的不满、合作会谈选项的可获得性(受汽车行业发展的影响)、使客户能够采取主动的市场条件组合,以及在成熟和新兴的行业网络中对固有偏见的积极调动。

第二,无论是过去还是现在,实践中的合伙都以不同的形式出现,反映出解释和实施方法的变化。早期有关合伙本质的辩论(长期的或短期的,"设计的"或更自然的)也产生出实践中合伙如何运行的不同观念,这些观念不仅表现出竞争性的行为逻辑以作为实践的参考点,而且与今天关于合伙本质、意义和程度的持续争论仍有共鸣。事实上,最近的研究仍然受到寻找一个包罗万象的定义和一套具有概括性的绩效指标的推动(例如 Anvuur and Kumuraswamy,2007)。

第三,合伙的发展不仅体现在实践中不断增长的变化(Nystrom,2005),也体现在新的合伙逻辑如何共存且混合于一般的逻辑中,后者与现有制度形式和价值观有关。例如,有关自主和自治的花言巧语,经常遮蔽了基于自律和审计的具有更精细控制形式的现实(参见 Marshall,2006)。因此,合伙并没有转变为一种全新的运作模式,其发展出的灵活性使它能够吸纳现有的行为模式,包括那些与对抗性契约强相关的行为模式。

我们认为,由于竞争和合作之间存在潜在冲突,这就导致它们的不同制度逻辑曾经出现了(一定程度上现在仍然有)不断变化的对话(Lounsbury,2007),从而可以帮助解释合伙关系传播过程中所遇到的接受和怀疑之间的冲突。一方面,合伙制通过制度合法化的过程以及对其意义的修辞学管理,使人们对合伙的兴趣一直存在,因为它为个人和组织提供了积极行为表现的基础。另一方面,合伙所声称的有效性不断受到试图实践这一理念的实践者的经验的挑战。一些情况下,工具理性的"目标-手段"逻辑大获全胜:合作的支持者声称为了开始"合作进程"需要一种"思想的飞跃",而这就与从项目成本、进度及质量方面来考核效率形成了冲突。而另一些情况下,通过合作关系带来的成功会反过来极大地提升该合作方式在人们心中的合理性。

这些冲突和动态表现为一直缺乏清晰的证据来证明合伙所带来的绩效收益。早期研究非常强调通过合伙形成的合作所带来的收益和价值(如 Bennett,Ingram,and Jayes,1996),并且这种信仰的变化在一些最近的描述中仍然存在(如 Li et al.,2001)。然而,其他人则强调在实践中实施合伙的难度(如 Ng et al.,2002;Bresnen,2007),以及在测量绩效变化及如何将绩效提升明确地归功于合作方面的问题(如 Nystrom,2008)。

更一般地说,有一种清楚的认识,即合作的潜在紧张和矛盾(Bresnen 2007)造成了一系列潜在的影响,根据不断变化的商业和其他条件,可能在任何时候提供激发关键的辩证冲动以促进参与者和机构演进(也可能是回退?)工作方式。也就是说,即使如今合伙在特定的制度环境下似乎是被"广为接受"的,也不代表它一定会持续这样——因为在一定程度上,它代表了合作收益和竞争收益之间真正的冲突。因此,即使如今合伙可能越来越多且被"广为接受",这也并不代表理解余留的辩证冲突和矛盾是不重要的,这种新型的制度逻辑可能压制着这些冲突和矛盾(如 Green,1999;Bresnen,2007)。这在一些地方甚至更加明显,比如说在英国,随着时间的推移,更大范围的对合伙的采纳不可避免地暴露出其实际成本(如竞争性投标收益的损失)与其所带来的好处一样多的事实。此外,合作不纯粹是合伙的结果,也可以在更传统、可能是对立的合同中发现,这一事实为那些质疑合伙的新型制度逻辑的人带来了进一步的依据。

更进一步,上述的讨论为从更一般的角度理解项目管理和组织带来了一些启发。

第一,通过将对产业层面的不断变化的谈论话题的分析和对项目层面的不断变化的实践的分析相结合,人们试图阐释项目管理是多么易于受到制度逻辑的共存和混合影响的领域,特别是在经常开展复杂项目的碎片化制度结构中。可以在其他制度化的复杂项目制背景下找到类似的情况,例如在生物技术领域,科学逻辑和商业逻辑经常在新药生产和过程创新中共存且互相结合(Powell et al.,2005)。现有的研究表明,组织的网络形式可能有益于制度逻辑的混合,因为其有利于不同规范和价值观快速发展并为其提供了互相结合的空间(Smith-Doerr,2005)。然而,在临时性项目制组织中——其行动的基础是一次性的项目任务(Ekstedt et al.,1999)——其所处的环境可能使得这类过程和冲突更加突出和显著。这在组织形式可以被归类为"激进"(Lindkvist,2004)或"危险"(Whitley,2006)的项目中可能尤其突出,它们在面对变化时更容易受到不同作用和压力的影响。显然地,不仅需要更多的研究来探索项目制环境中变化的制度逻辑,也需要更多的研究来探索本文提出的观点——项目制组织尤其倾向于制度逻辑的共存和混合,其与变化的管理实践相关联,而且制度环境越碎片化,这种情况越容易发生。

第二,最近关于制度理论的研究也开始强调变化的制度逻辑和职业身份认同之间的关系。例如,Lounsbury(2007:302)在结论中呼吁更多的相关研究去探索特定制度逻辑的更广泛的象征意义系统如何与本地实践及管理和职业认同的构建相联系。由于本章注重理解合伙的行业会谈和实践案例之间的内部关系,因此更深入地探讨建立职业身份的推动力是不可能的,显然这一领域需要更多的研究。然而,研究多次触及了转向合伙制对于个体和组织身份感受及其合理的专业/管理行为的影响,这表明仍有重要的因素限制了现有制度角色和管理实践的合法化和普遍接受程度,这在处于制度改变过程的项目组织中十分突出。回到前面的提议——碎片化制度情境下的项目制组织可能是验证项目的混合制度的主要对象——关于项目环境中的条件对于专业/管理身份的发展和变化意味着什么仍需要大量的研究。例如,考虑到与不同形式的项目组织相关的专业知识模式的变化(Whitley,2006:90),在更加不稳定的项目背景中,其对管理者身份的影响会更加明显和激进吗?

第三,这里进行的分析证明了将对制度层面的变化和单个项目层面的实践变化的研究结合起来的价值。对项目制组织形式的研究常常倾向于单纯研究制度层面(如Powell et al.,2005;Whitley,2006),或者组织层面——例如检验项目和组织管理实践之间的联系(如Dubois and Gadde,2002;Sapsed and Salter,2004)。相反,本章将注意力放在制度分析的这样一条支线上:通过多层次的深入分析,更深刻且实际地研究制度层面改变对于实践的影响(以及反方向的作用)。因此,为了理解制度过程和新兴管理实践之间的递归关系,采用更多层次的分析方法可能是更有附加价值的(参见 Sydow,Lindkvist, and DeFillippi,2004)。因此,我们可以研究项目管理知识的发展在多大程度上是被它们所需要的合法性所推动,以便转化为实践,并在管理该领域的各种相互竞争的制度中获得认可。虽然这种方式非常具有挑战性,但与目前的情况相比,它为更深入地理解项目制组织形式下合作的推动力带来了前景。

第四,但同样重要的是,它还使我们有机会更充分地理解开发并制度化一种知识体系时所面临的问题和前景,而这种知识体系构成了在复杂项目环境中指导行为的明确而统一的参考框架。正如前面提到的,项目管理知识体系的发展(将包括对不同合作方法的考虑)已经被证明是一个复杂的具有风险的活动,但同时也是必然的,因为复杂项目生态中出现了非常不同的制度逻辑。然而,上述分析也表明,这种情况不一定会发生,如果内部制度矛盾所产生的冲突能够带来新的研究模式,这会反过来挑战并扩充现有的知识基础。问题可能在于我们假设了一个更加静态的观点,目标是开发一个更确定的但仍然抽象的知识体系,并且试图超越制度差异进而将之用于实践。相反,上述分析表明,在多种项目环境中都已出现的制度碎片化的条件下,制度改变的过程而非制度同质的过程,才是一个人探索并试图理解制度的动力,如果这个人对项目管理知识的发展及其在项目管理实践中的应用感兴趣的话。

6.5 致谢

本章所报告的研究由 EPSRC 授权引用 GR/L 01206。

6.6 参考文献

ACTIVE (1996). *ACTIVE Engineering Construction Initiative: The Action Plan*. London: ACTIVE.

ANVUUR, A. M., and KUMURASWAMY, M. M. (2007). "Conceptual model of partnering and alliancing," *Journal of Construction Engineering and Management*, 133/3: 225–34.

BARLOW, J., COHEN, M., JASHAPARA, A., and SIMPSON, Y. (1997). *Towards Positive Partnering*. Bristol: Policy Press.

BENNETT, J., and JAYES, S. (1995). *Trusting the Team: The Best Practice Guide to Partnering in Construction*. Reading: Centre for Strategic Studies in Construction/Reading Construction Forum.

——INGRAM, I., and JAYES, S. (1996). *Partnering for Construction*. Reading: Centre for Strategic Studies in Construction, Reading University.

BRESNEN, M. (1990). *Organising Construction*. London: Routledge.

—— (1996). "Traditional and emergent professionals in the construction industry: competition and control over the building process," in I. Glover and M. Hughes (eds.), *The Professional-Managerial Class: Contemporary British Management in the Pursuer Mode.* Aldershot: Avebury, 245–68.

—— (2007). "Deconstructing partnering in project-based organisation: seven pillars, seven paradoxes and seven deadly sins," *International Journal of Project Management*, 25/4: 365–74.

—— and MARSHALL, N. (2000). "Building partnerships: case studies of client–contractor collaboration in the UK construction industry," *Construction Management and Economics*, 18/7: 819–32.

CHAN, A. P. C., CHAN, D. W. M., and HO, K. S. K. (2003). "An empirical study of the benefits of construction partnering in Hong Kong," *Construction Management and Economics*, 21/5: 523–33.

CHERNS, A., and BRYANT, D. (1984). "Studying the client's role in construction management," *Construction Management and Economics*, 2: 177–84.

COLYVAS, J. A., and POWELL, W. W. (2006). "Roads to institutionalisation: the re-making of boundaries between public and private science," *Research in Organisational Behaviour*, 27: 305–53.

CONSTRUCTION INDUSTRY INSTITUTE (1989). *Partnering: Meeting the Challenges of the Future.* Austin, TX: Construction Industry Institute.

COX, A., and TOWNSEND, M. (1998). *Strategic Procurement in Construction: Towards Better Practice in the Management of Construction Supply Chains.* London: Thomas Telford.

CRINE (1994). *CRINE Report.* London: Institute of Petroleum.

DIMAGGIO, P., and POWELL, W. (1983). "The iron cage revisited: institutional isomorphism and collective rationality in organizational fields," *American Sociological Review*, 48: 147–60.

DUBOIS, A., and GADDE, L.-E. (2002). "The construction industry as a loosely coupled system: implications for productivity and innovation," *Construction Management and Economics*, 20/7: 621–31.

EGAN, J. (1998). *Rethinking Construction.* London: DETR.

EKSTEDT, E., LUNDIN, R., SÖDERHOLM, A., and WIRDENIUS, H. (1999). *Neo-industrial Organizing: Renewal by Action and Knowledge Formation in a Project-Intensive Economy.* London: Routledge.

ENGWALL, M. (2003). "No project is an island: linking projects to history and context," *Research Policy*, 32/5: 789–808.

FRIEDLAND, R., and ALFORD, R. R. (1991). "Bringing society back in: symbols, practices, and institutional contradictions," in W. W. Powell and P. J. DiMaggio(eds.), *The New Institutionalism in Organizational Analysis.* Chicago: University of Chicago Press.

GRABHER, G. (2002). "The project ecology of advertising: tasks, talents and teams," *Regional Studies*, 36/3: 245–62.

GREEN, S. D. (1999). "Partnering: the propaganda of corporatism?" in S. O. Ogunlana (ed.), *Profitable Partnering in Construction Procurement.* London: E. & F. N. Spon, 3–13.

—— FERNIE, S., and WELLER, S. (2005). "Making sense of supply chain management: a comparative study of aerospace and construction," *Construction Management and Economics*, 23: 579–93.

Higgin, J., and Jessop, N. (1965). *Communications in the Building Industry*. London: Tavistock Publications.

Hobday, M. (2000). "The project-based organization: an ideal form for managing complex products and systems?" *Research Policy*, 29: 871–93.

Hodgson, D., and Cicmil, S. (2007). "The politics of standards in modern management: making 'the project' a reality." *Journal of Management Studies*, 44/3: 431–50.

Jones, C., and Lichtenstein, B. (2008). "Temporary inter-organizational projects: how temporal and social embeddedness enhance coordination and manage uncertainty," in S. Cropper, M. Ebers, C. Huxham, and P. S. Ring (eds.), *Oxford Handbook of Inter-organizational Relations*. Oxford: Oxford University Press.

Kadefors, A., Bjorlingson, E., and Karsson, A. (2007). "Procuring service innovations: contractor selection for partnering projects," *International Journal of Project Management*, 25: 375–85.

Latham, M. (1994). *Constructing the Team*. London: HMSO.

Li, H., Cheng, E., Love, P., and Irani, Z. (2001). "Co-operative benchmarking: a tool for partnering excellence in construction," *International Journal of Project Management*, 19/3: 171–9.

Lindkvist, L. (2004). "Governing project-based firms: promoting market-like processes within hierarchies," *Journal of Management and Governance*, 8: 3–25.

Lounsbury, M. (2007). "A tale of two cities: competing logics and practice variation in the professionalizing of mutual funds," *Academy of Management Journal*, 50/2: 280–307.

Maguire, S., Hardy, C., and Lawrence, T. B. (2004). "Institutional entrepreneurship in emerging fields: HIV/AIDS treatment advocacy in Canada," *Academy of Management Journal*, 47: 657–79.

Marshall, N. (2006). "Understanding power in project settings," in D. Hodgson and S. Cicmil (eds.), *Making Projects Critical*. Basingstoke: Palgrave Macmillan, 207–31.

Morris, P. W. G. (1994). *The Management of Projects*. London: Thomas Telford.

NEDO (1991). *Partnering: Contracting without Conflict*. London: HMSO.

Newell, S., Goussevskaia, A., Swan, J., Bresnen, M., and Obembe, A. (2008). "Managing interdependencies in complex project ecologies: the case of biomedical innovation," *Long Range Planning*, 41/1: 33–54.

Ng, T., Rose, T., Mak, M., and Chen, S. E. (2002). "Problematic issues associated with project partnering: the contractor perspective," *International Journal of Project Management*, 20/6: 437–49.

Nystrom, J. (2005). "The definition of partnering as a Wittgenstein family-resemblance concept," *Construction Management and Economics*, 23/5: 473–81.

Nystrom, J. (2008). "A quasi-experimental evaluation of partnering," *Construction Management and Economics*, 26: 531–41.

Orr, R. J., and Scott, W. R. (2008). "Institutional exceptions on global projects: a process model," *Journal of International Business Studies*, 39: 562–88.

Phua, F. T. T. (2006). "When is construction partnering likely to happen? An empirical examination of the role of institutional norms," *Construction Management and Economics*, 24/6: 615–24.

Pisano, G. (2006). "Can science be a business? Lessons from biotech," *Harvard Business Review*, 1 October: 114–25.

Powell, W. W., White, D. R., Koput, K. W., and Owen-Smith, J. (2005). "Network dynamics and field evolution: the growth of interorganizational collaboration in the life sciences," *American Journal of Sociology*, 110: 1132–205.

Power, M. (1994). "The audit society," in A. G. Hopwood and P. Miller (eds.), *Accounting as Social and Institutional Practice*. Cambridge: Cambridge University Press, 299–316.

Reay, T., and Hinings, C. R. (2005). "The recomposition of an organizational field: health care in Alberta," *Organization Studies*, 26/3: 351–84.

Sapsed, J., and Salter, A. (2004). "Postcards from the edge: local communities, global programmes and boundary objects," *Organisation Studies*, 25/9: 1515–34.

Scott, W., Ruef, M., Mendel, P., and Caronna, C. (2000). *Institutional Change and Healthcare Organizations: From Professional Dominance to Managed Care*. Chicago: University of Chicago Press.

Seo, M. G., and Creed, W. E. D. (2002). "Institutional contradictions, praxis and institutional change: a dialectical perspective," *Academy of Management Review*, 27: 222–47.

Smith-Doerr, L. (2005). "Institutionalising the network form: how life scientists legitimate work in the biotechnology industry," *Sociological Forum*, 20/2: 271–99.

Sydow, J., and Staber, U. (2002). "The institutional embeddedness of project networks: the case of content production in German television," *Regional Studies*, 36/3: 215–28.

——Lindkvist, L., and DeFillippi, R. (2004). "Project-based organisations, embeddedness and repositories of knowledge," *Organization Studies*, 25/9: 1475–89.

Townley, B. (2002). "The role of competing rationalities in institutional change," *Academy of Management Journal*, 45: 163–79.

Whitley, R. (2006). "Project-based firms: new organizational forms or variations on a theme?" *Industrial and Corporate Change*, 15/1: 77–99.

Winch, G. M. (1998). "Zephyrs of creative destruction: understanding the management of innovation in construction," *Building Research and Information*, 26/5: 268–79.

Wood, G. D., and Ellis, R. C. T. (2005). "Main contractor experiences of partnering relationships on UK construction projects," *Construction Management and Economics*, 23/3: 317–25.

第7章 项目生态:临时组织的情境观

Gernot Grabher Oliver Ibert

7.1 引言

项目似乎能够形成自己的小世界。"临时组织"(Lundin and Söderholm,1995)和一次性的风险项目似乎是没有过去和未来维度的独特现象。作为目标导向的组织(Turner and Müller,2003),项目唤起了不同的相关系统。项目强烈关注其范围,且涉及的参与者都是依据他们对项目目标的贡献而挑选的。此外,项目从一开始就有完整定义的预算和其他资源。这些对组织边界的严格定义和对内外部的明确区分,其实已经暗示了一种对临时组织的解读视角,这些临时组织更偏好于集中在项目管理的内部流程。

然而最近一种项目的情境观(见 Blomquist and Packendorff,1998;Ekstedt et al.,1999;Gann and Salter,2000;Grabher,2002a;Sydow and Staber,2002;Asheim,2002;Engwall,2003;Brady and Davies,2004;Söderlund,2004;Davies and Hobday,2005)风头正盛,这使得传统观点的缺陷有待商榷。这些文献没有将项目看作与其历史分割的现象,或剥去项目的当代社会和空间情境,或认为项目独立于未来,而是强调了临时组织与外界环境的持续相互作用。例如,一个项目的目标和规模必须放在其利益相关者的历史观点和未来观点的背景中去解释(Engwall,2003)。项目中所需的个人专业技能可以灵活地从本土劳动力市场中获取(Jones,1996;DeFillippi and Arthur,1998)。项目制企业通常管理一系列相关项目(Anell,2000),其中一些企业存在资源竞争关系,而其他企业则可能互相交叉资助。相互信任在临时组织中通常是有一定风险的,这种信任可能来自过去合作所获得的大量个人经验,也可能在很短时间内来自现有的制度环境和已建立的专业标准——"快速信任"(Meyerson,Weick,and Kramer,1996)。

"项目生态"的概念(Grabher,2002a,2002b,2002c,2004a,2004b;Grabher and Ibert,2006;Ibert,2004)从情境观的视角提出了一个分析项目的概念性框架。简而言之,项目生态创造出一个关系型空间,可以为个人、组织和制度资源提供完成项目的场所。这个关系型空间包含多个范围的社会层级,从微观层面的人际网络,到中观层面的组织内和组织间合作,再到宏观层面的制度环境。此外,它展现了一个复杂的地理空间,其明确了不局限于地方集群,而是延伸到更远的个人和组织或一个空间机构(DeFillippi and Arthur,1998;Grabher,2002b;Asheim,2002;Sapsed and Salter,2004;Grabher and Ibert,2006)。

情境观主要为项目制学习这个领域带来新见解(Schwab and Miner,2008)。鉴于它的跨学科性和临时性,项目似乎是在应用情境中与知识创造最相关的形式(Amin and Cohendet,2004)。然而,项目的临时性这一局限也导致了任何临时组织形式在积累知识时面临的主要障碍。一旦项目团队解散,成员被安排到不同的任务、进入另一个团队并接到一个新的截止时间,这时项目的知识积累就处于被分散的风险中(DeFillippi and Arthur,1998;Prencipe and Tell,2001)。对截止时间的首要关注,几乎没有为反思上一个任务留出时间(Hobday,2000;Brady and Davies,2004)。

风险单一的项目可以有效结合多种多样的知识,然而,它们也显然倾向于快速遗忘。这个众所周知的"组织失忆"综合征正逐渐将注意力从单一风险项目中转移到更广泛的项目所处的社会情境中去(Hobday,2000;Prencipe and Tell,2001;Brady and Davies,2004;Sydow,Lindkvist,and DeFillippi,2004;Cacciatori,2008)。在项目与组织、网络和机构的交互之间,以及通过在这过程中的项目运作,我们可以看到创建和积累知识的基本过程(Scarbrough et al.,2003;Schwab and Miner,2008)。本章通过对构成项目制学习的社会层次进行连续分离,来揭示项目生态的多层体系结构,其中包含核心团队、企业、知识社群以及个人网络。

在区分了积累性和破坏性的学习制度后,我们在第二部分探索了项目的基本组织单元和学习场合:核心团队。核心团队在整个项目过程中具有短暂的连续性并负有主要责任(DeFillippi and Arthur,1998)。当研究对象从核心团队转到企业,分析对象也从单个项目层面转移到从项目组合管理中获得知识的学习过程层面(在第三部分)。通过掌控连续的且相互关联的一系列项目,项目生态中的企业因此获得了特定的"项目能力"(Davies and Brady,2000)。

项目制学习的实际发生地范围已经超越了单个企业的边界。实际上,贯穿企业边界是项目生态的标志性特征。特定项目的知识创造随之产生于知识社群中(第四部分)。知识社群涉及所有贡献于知识生产以实现特定任务的项目参与者,即使仅仅是临时且部分性地贡献(另见 Knorr Cetina,1981,1999;Amin and Cohendet,2004:75)。最重要的是,它们包含客户和供应商,项目生态也逐渐依附于主要的企业群。

核心团队、企业和知识社群代表了为实现特定项目而临时绑在一起的组织层级。在这个显而易见的组织网络模式之外,项目生态也拓展到了更宽广的个人网络,并在实际项目中延续(第五部分)。尽管这些潜在的网络可以被激活以解决特定项目的问题,但是它们通常仍然存在于项目背景中,并且伴随单个项目成员的持续学习过程(另见 Starkey,Barnatt,and Tempest,2000;Wittel,2001)。

项目生态的基本理念在理论和实地调研的密切对话中发展起来。两个连续的研究项目对其进行了阶梯式的探索。第一个研究项目是一个项目制组织的纵向实地研究,该研究对伦敦广告业中的广告代理公司(由客户经理、客户企划以及艺术指导参与)及其合作的电影公司和后期制作公司进行了 78 场半结构式访谈(平均持续时间 120 分钟)。通过对数据进行归纳定性分析(Eisenhardt,1989),汇总了结果并第一次提出项目生态的概念(Grabher,2002a,2002b,2003)。基于这一研究,第二个研究尽力将目标放在对两个不同但可比的项目生态的系统性比较上:慕尼黑的软件生态和汉堡的广告生态。慕尼黑软件生态中的实证材料包含 38 个半结构式访谈(与项目经理、软件工程师以及核心管理人员),汉堡广告生态中的数据则由 29 个访谈组成(与有创造性的员工、客户经理以及计划制订者)。这两份研究材料为比较项目生态的概念化提供了实证基础(Grabher,2004a,2004b;Grabher and Ibert,2006)。

7.2 对比项目生态:积累性学习 vs. 破坏性学习

通过比较两种类型的项目生态(受到对立的逻辑以及创造和积累知识的组织实践的推动),我们尝试阐明这一概念性框架。

软件生态的核心是模块化(de Waard and Kramer,2008)。这一模式中的知识实践根植于学习与重复之间的基本联系:组织内部互动以及组织与环境之间互动的重复循环构成了学习的基础。项目组织从单一的一次性风险项目转移到可重复的解决方案(Davies and Brady,2000;Brady and Davies,2004;Davies and Hobday,2005;Frederiksen and Davies,2008;Schwab and Miner,2008)。慕尼黑的软件生产为积累性学习体制提供了例证。

模块化逻辑可以与在必要的独创性中组织起来的学习模式相并列。虽然重复学习也扮演了重要的角色,但通过在组织内部和跨组织之间轮换来学习才是这种生态类型的典型学习方法。伦敦和汉堡的广告生态是破坏性学习机制的典型,其中对创意的首要需求减少了可重复解决方案的发挥余地,而蔑视常规也被鼓励成为一种惯例(Nov and Jones,2003:9)。

接下来部分的主要目标既不在于为慕尼黑、汉堡或伦敦等提供一个本地集群的深入具体描述,也不在于对软件和广告商业提供详尽的部门分析,我们所希望讨论的议题在于以经验为基础进行概念化(见 Glaser and Strauss,1967)的两种类型的项目生态:积累性的项目生态(来自对慕尼黑软件的研究)和破坏性的项目生态(来自对汉堡和伦敦的广告研究)。为了研究不同类型项目生态中多层体系结构的一致性和有效性,争论可能会偶尔忽略经验案例的特征(Whitley,2006:84)。

7.3　核心团队:减少认知距离 vs. 保留认知距离

核心团队集中体现了一种短暂的连续性和责任性(DeFillippi and Arthur,1998),并且构成了基本的学习场所(Söderlund, Vaagaasar, and Andersen,2008)。虽然在连续项目中很少重复出现特定的个体集群,但临时组织仍然"基于持续的结构化角色系统(在现场对细微差别进行协商)被组织起来"(Bechky,2006:4)。通过对生产过程中的特性进行抽象化处理,破坏性和积累性生态中的核心团队分别形成了一套具有共同特点的专业知识和技能。解决客户特定问题的服务逻辑至少应当是一个项目的基本逻辑。客户的特定任务、需求和期望必须与项目管理的逻辑相平衡,而项目管理的逻辑旨在控制项目的核心参数,如时间和预算。服务逻辑(解决客户的商业问题)和管理逻辑(保持项目在正轨上)之间的脆弱平衡为组织提供了坐标,专业知识的逻辑得以在其中展现。

这些组织项目的通用观念存在于不同行业的专业资料中(软件方面,见 Ibert,2004;广告方面,见 Pratt,2006:6-12),并在其中得到平衡。每种专业资料都代表了一种特定的工作精神和观点,暗指这些行业中各自特定的"认知距离"(Nooteboom,2000)。只要参与者能够弄清楚彼此的观点,跨越认知距离的有意义的互动和富有成果的合作当然是有可能实现的。然而,在这两种类型的项目生态中,认知距离是用完全不同的方法制定的。积累性生态中核心团队的互动和实践是为减少认知距离的,而破坏性生态中的项目组织却旨在保留认知距离。

积累性生态中,可以通过一系列的组织实践和惯例减少认知距离。首先,专业人员在其职业生涯中,有时甚至是在一个项目的过程中,会变换角色。"软件工作者没有清晰的分类,例如设计师、程序员和测试员。在组织结构中的任命并不提供工作说明——工作说明是模糊的"(Ilvarasan and Sharma,2003:3)。转换角色的实践也受到非歧视性培训的促进:工程和技术领域(在范围更广的学科中)的研究生候选者通常是企业为了广泛的工作内容和角色而挑选的。其次,核心团队的组成在一些项目周期中也体现出能够保持稳定的特征。团队合作因此从严格的专业角色间的互动进化为熟悉的同事之间的关系。一般情况下,相比于特定的职业精神,项目中的合作似乎更多地被与解决问题相关的服务逻辑所塑造。与寂静格子间里眼中布满血丝、不擅社交的程序员形象相反,合作精神成为主流。

相反,在破坏性生态中,职业身份结晶成为"信条",其特殊性通过组织实践、职业风格以及不同的穿着和语言方式被反复提及(Grabher,2002b:248;Bilton and Leary,2002:56-7)。专业人员很少改变其在核心团队中的角色。虽然他们也是从更广泛的教育和生活背景中成长起来的,但深入的培训似乎使不同的职业间产生了更大的区别,因为这些培训是由专业人员协会提供的(如账户规划组),而非由个人代理提供。此外,团队的成员组成也会时不时地有意被改变,以触发不同视角下新奇且出乎意料的碰撞。相比于联合项目任务,彼此对抗的职业身份在更大程度上促进了团队中的互动。例如,对于有创造力的个体来说,核心团队中的市场研究人员和战略规划人员限制了他们的想象力和灵感,专业人员都是些"缺乏广告热情"的人(Shelbourne and Baskin,1998:78)。正如商业箴言所说的,创造性的火花在强烈的专业身份之间的斗争中被点燃。

7.4 企业:重复经济 vs. 重组经济

重复经济:工具、文化、故事

尽管存在大量的项目化生产模式,企业显然仍在积累性和破坏性生态中扮演重要角色。企业维持着持续而且重复的商业过程,这有助于对项目组合进行管理(Gann and Salter,2000;Geraldi,2008;Blichfeldt and Eskerod,2008;Ariuta,Smith,and Bower,2009)。通过处理一定范围内连贯且相关的项目,两种生态中的企业实际上都试图提高和积累特定的"项目能力"(Davies and Brady,2000;Brady and Davies,2004)。

在破坏性和积累性生态中,企业特定的最佳实践被编码化为工具,这些工具通过为风险评估、成本计算、项目设计、进度安排以及合同协议提供活动清单来统一集体行动。此外,企业希望在(较不成文的)文化中加强并扩大编码化工具的使用范围。合作双方的企业文化特质都带有鲜明的个人色彩,在积累性生态环境中这种情况就不那么明显,但在围绕着"明星"和机构创始人的破坏性生态中却更为明显,典型特征表现是机构本身以他们命名。最近有关项目的研究显示,编码化的知识也成为物质化的知识制品,并反过来作为企业文化长期存在。例如,存储在手册、清单或 excel 图表中(Cacciatori,2008)的常规工作经常在后续的项目中被重新使用。新的管理实践不仅可以被阐述,而且还可以在其他描绘组织蓝图的方式中被唤起和修正(Taxén and Lilliesköld,2008)。

重组经济：模块、产品

虽然在我们的生态中，项目之间的学习和项目从业务中的学习使得企业能够获得"重复经济"（Davies and Brady，2000），但只有积累性生态能够从重组经济中获得比较大的收益。这些效应来自其平衡相互冲突的需求的能力：需要为客户提供一个特定的问题解决方案，同时也需要将项目的知识在"模块"中重新利用和沉淀，以便在随后或相关的项目中重新组合。模块是我们常说的"黑箱"的一个代表，它是能将特定的输入生产为特定输出的组件，而其内部功能仍然在很大程度上不为人知（Brusoni and Prencipe，2001；de Waard and Kramer，2008）。

从严格意义上说，重组经济产生于企业无法提供一次性的解决方案。在特定的"从项目到项目"的层面上，对以前项目中熟悉的元素和副产品进行创意结合产生了重组经济（Hansen，Nohria，and Tierney，1999）。从更具战略性的层次来看，当企业从某类项目的第一例转移到对相关项目组合进行管理的过程中，企业就认识到了重组经济的价值（Davies and Brady，2000：952；Frederiksen and Davies，2008）。从提升"效用"（通过使模块化更加易于使用）和/或规则的"可变性"（通过增强对不同情境的适应性）的意义上来讲，这种转移扩大了模块可以再度使用的范围。然而仅仅通过重组来学习是相当不明确的，还需要在标准化、编码化、行政管理和合作等方面做出努力。重组的相关成本来自项目各自预算中的耗费（Ibert，2004；de Waard and Kramer，2008）。此外，在储存知识的时候，要预期知识被再次使用的具体情况是很难的，如果不是不可能的话。存储在模块中的知识的未来价值是高度不确定的。

例如，在慕尼黑生态中，组织能否系统性地重新利用其组件似乎很大程度上受限于图书馆模型（建立了组件的中心化知识库）。在一些例外的情况中，还有馆长的简单版本模型——管理组件知识库的专家还被分配给质量认证的角色，另见Fichman and Kemerer，2001）。提供存储库的主要是大公司，也可以说是提供了一个产品的具体化版本，一个标准化的软件程序。然而，即使对于产品专业化的企业，项目也是至关重要的。项目为改善产品或拓宽产品的应用领域带来了重要的学习机会（Fichman and Kemerer，2001）。换句话说，项目可以作为由客户发起的专门研究产品的公司外部研发实验室。

在产品层面重新利用知识的逻辑似乎与破坏性生态中首要的创新精神完全对立。例如，在广告业中，单个宣传活动必须符合品牌身份给人的印象，包括审美细节，如配色方案、图形元素、图像的色调和声音的音调，以及传递带有青春气息、诚信或便宜的品牌形象。在这些体现专业创造精神的参数以及客户对新观点的明确需求下，重复使用的范围被限制到了绝对的最低点。此外，某个品牌的审美和语义印象（如颜色方案）不能简单地像软件代码集那样被重组到另一个品牌。

7.5 知识社群：客户、供应商、企业集团

知识生产的实际地点当然跨过了企业边界并延伸到知识社群。知识社群是"与环境相连并参与到意义解释、发掘和一致性调整的，正是在这种不同角色相互作用的地方产生了新的见解"（Brown and Duguid，1991：53）。审慎的知识创造源自更专业的"知识社群"（Knorr Cetina，1981，1999）。知识社群围绕着特定的项目任务和彼此相关的知识问题子集来组织。他们受到为实现项目目标而从内部或外部赋予的阶段性权威的管理（见 Cowan，David，and Foray，2000）。个体根据其自身经验积累知识，而知识有效性的判断则由阶段性权威做出：依据由阶段性权威制定的标准来评估成员对认知目标的贡献（Amin and Cohendet，2004：75）。破坏性和积累性生态中的知识社群将其范围扩大到企业之外，包括了相同目标的参与者集合，即客户、供应商和企业集团。

"社群"这一概念会引起一种持久、连贯且和谐的感觉，但这似乎不仅是不存在的，在专注于原创性的广告生态中甚至也不被需要。学习实践中的相互对立竞争，和破坏性学习机制中关系的不稳定，都可以创造价值。然而，由于我们这里的关注点在于项目生态的基础结构，我们将在本章重新阐明这种区别（更多细节见 Grabher，2004：1498）。

客户：技术锁定 vs. 个人锁定

客户在知识生产中扮演了中心角色，而且并没有局限于发起和赞助整个事业。两种生态都是受到战略目标推动的，从而将单一项目转变为持久的关系。在这两种情境中，项目都在很大程度上被构想为战略中心，能够带来持续的业务流。除了对将项目转变为关系有共同的兴趣之外，破坏性和积累性的生态依赖于不同的实践来"锁定"客户。

在积累性的软件项目生态中，用户的参与程度似乎非常深入（见 Lehrer，2000：592；Petter，2008）。软件项目经常在现场开发，而且需要与客户组织的 IT 部门及终端用户不断进行沟通。虽然客户的预期已经大致形式，但通常情况下，这一预期在项目过程产生一些临时变量前无法确定。并且随着软件在项目推进过程中变得越来越复杂，即使客户组织及其运营在旧软件平台上的遗留系统发生微小的改变，也会牵涉更加复杂的问题。

即便在较短的项目周期内，项目的规格也会不断"增长起来"（Girard and Stark，2002：1940）。众所周知，这种"范围渐变"（Jurison，1999：33）会将预先计算的资源分配计划置于危险中。然而从更具战略性的视角来看，范围渐变可能不仅使软件更加有用，

而且也开拓了将单一项目转变为持续关系的前景(Casper and Whitley,2002:24)。在积累性生态中,这种战略范围渐变的全部技能(即通过增加相互依赖性来有意锁定客户),包括从培训客户员工、通过热线电话随时提供建议到技术维护(例行更新和故障排除)的范围。

在破坏性的广告生态中,客户参与的低强度与项目产出和客户现有业务之间的低技术依赖性相关。当然,单个宣传活动必须符合品牌身份。然而这种相互依赖性,相比于技术兼容性中的问题,更大程度上是解释合理性的问题。因此,在破坏性生态中,战略范围渐变的空间受限于且需要符合已有的个体信任关系。在互动很少像是"事实和数据"的商业术语交换,并且反而更多受到个人品味和审美偏好影响的情境下,对专家判断的信任具有巨大的价值。

但信任并不等于参与。相反,高水平的信任对创造过程产生了更低水平的控制。信任是通过实践培育的,而这一实践在伦敦广告生态中被称为"教育客户"(Grabher,2002b:250)。除了认同基本的审美标准,这一实践还包括明确根植于相互尊重专业能力的劳动分工。积累性生态中的客户参与积极性在很大程度上受到其必要性的影响以及(利用机会)将项目产出整合到"遗留系统"的动力所驱动。而破坏性生态中的客户参与则受限于创造性精神,而这种精神要求至少暂时独立于客户的干扰,因为这些客户习惯性地将创造力与风险联系在一起(Shelbourne and Baskin,1998)。

供应商:乐曲编制 vs. 即兴创作

不同的客户参与程度与供应商的角色呈反向的关系。在积累性生态中,更高程度的客户参与和相对更低强度的外部合作关系相关。当大型的产品导向型公司为了实现特定客户的周期循环而依赖于供应商网络时,小型公司的专注于项目的专家在面对扩大的供应商网络时,似乎更偏好于选择内部解决方案。实际上,自由职业者常常被小型的服务供应商贬低为"个体租赁"。

项目模块化和分析的专业精神支持项目合作者之间进行一定的分工,而这些项目合作就像是乐曲的编制。在组织方面,乐曲编制涉及定义清晰的单一领导者角色、清晰的任务和职责安排以及准确的时间控制。由于项目的规模和技术的复杂程度(Fichman and Kemerer,2001:58),可持续性再一次拥有了很高的价值。此外,与一组相对稳定的供应商的长期合作不仅降低了交易成本,而且也能够提供互动的学习过程,这有益于软件接下来的维护和升级。

在破坏性生态中,技术专家的参与遵循类似的分层同步和任务模块化原则。然而,具有创造力的专家间的合作涉及动荡、模糊以及不间断的"即兴创作权利的再分配"

(Weick,1998:549)。有创造力的供应商之间的合作模仿了(爵士)即兴创作的组织特征,后者是设计来最大化创新的"组织原型"(Hatch,1999)。即兴创作意味着领导者的循环以及故意打破常规模式。就像爵士乐队会变更其表演者的组成,供应商的代理关系也时常在一个相对稳定的核心关系集中被重新配置。这些变化一方面反映出对特定项目技能集的需求;另一方面与供应商的合作关系也因为追求新鲜感而被有意打断或终止。新的团队成员往往意味着新的想法(Grabher,2001:367–9;另见 Perretti and Negro,2007)。

企业集团:以产品为中心的联系 vs. 以客户为中心的联系

知识实践越来越多地受到企业集团的影响,在这些团体中,生态逐渐变得紧密联系起来。在积累性生态中,企业集团的重要性由于一些真正的全球软件品牌的出现而立刻变得明显起来,这些品牌包括 SAP、Oracle 或 Microsoft。除了直接的所有权关系,小型企业经常通过许可协议与企业集团相连,这主要是指在周期性的项目情境下,特定客户通过协议采用大型企业的产品集。许可协议通常是为了从项目应用前线带回反馈,以改进企业工具和进一步实现产品组合的演变。例如,企业方法、标准和工具的持续流入带来了积极的声誉影响,如通过"Oracle 准许"的标签来增加额外客户。

在破坏性生态中,大型企业领域的重要性很不明显,而且是有意为之。因为伦敦广告代理商与三个全球领先的传媒集团(Interpublic、Omnicom 和 WPP)之间的关系常常受限于财务控制,这些所有权关系仅提供了相对狭窄的渠道,企业技术工具和文化通过这个渠道扩散到生态中,而项目经验又通过这个渠道反馈回企业集团。虽然企业集团(如 WPP),建立了"知识社群"来分享非机密性的观点和案例研究证据(WPP Group Navigator,2008),但企业网络中项目后和项目间的学习规模是相当小的,而这不仅仅是因为这些联合团体中存在着显著不同的代理文化。

企业集团在积累性生态中主要通过产品明确发展方向,它们在广告生态中的演变则主要围绕着客户展开。例如在广告业中,核心原则是在全球范围内用跨领域的方式为客户提供"一站式"服务,包括全部范围的沟通服务,从传统广告到直接营销、赞助、公关以及设计的服务。对软件企业而言,参与到集团中既包含模块化也包含技术组合;对广告代理集团而言,合作仅限于将技术范围扩大,从而能够构建核心团队,否则的话,企业集团内部的模块化转移会受到原创性要求的限制。

尽管集团公司的支持有助于获取全球客户,但在破坏性生态中,与"华尔街巨头"的关系会显著降低企业在创造性方面的声誉。对于创造力而言,"核心"、效率驱动手册和标准化的企业工具包不可避免地会阻碍创造过程,这一过程不仅需要与客户干扰保持距离,也要与办公室职员的统一企业原则保持距离(另见 Pratt,2006)。

7.6 个人网络:集体性和连通性 vs. 社会性

认知社群围绕着代表项目生态"渠道系统"的实际组织网络来构建(另见 Podolny,2001;Owen-Smith and Powell,2004)。每个项目都会重新配置"渠道",通过这些渠道对资源进行传输以实现特定项目目标。然而,项目生态也包括了个人网络,它以超越实际生产网络的模式进行延续和扩展。虽然这些更潜在的个人关系能在解决实际项目中的特定问题时被激活(Starkey,Barnatt,and Tempest,2000;Söderlund,Vaagaasar,and Andersen,2008),但它们更常会留在项目背景中,并以多种方式为个体成员提供持续支持。

在破坏性和积累性生态中,成员似乎依赖于在系统中不同于其治理原则和架构的个人网络。正如关系的多重性所表明的那样(Uzzi,1997;Uzzi and Gillespie,2002),网络类型的分化反映了不同程度的社会嵌入性(Granovetter,1985)。网络集体性错综复杂地交织着私人与专业层面的社会交换(高多重性),网络社会性由仅有私人方面支持的专业议程所主导,而网络连通性几乎是专业化排他导向的(低多重性)。这三种措辞不同的网络类型,范围从社交方面关系深厚且类似于友谊的集体性,到社交方面关系较弱且类似于工作伙伴的连通性,再到占据中间位置的社会性。在积累性和破坏性生态中,网络连接中的区别是一个需要归纳的类型学,用以系统化观察实践并直接深化对潜在个人网络的理论想象(见表7.1)。

表7.1 个人网络在积累性和破坏性项目生态中的本质和功能

	集体性	社会性	连通性
	积累性项目生态	破坏性项目生态	积累性项目生态
关系本质	持续的,强烈的	短暂的,强烈的	短暂的,较弱的
社会领域	私人的和专业的	私人的和专业的	专业的
治理	信任	网络化声誉	专业化精神
内容	经验	知道是谁	知道如何做

集体性:交换经验

集体性的概念代表着稳固且深厚的关系,而这种关系深深地根植于个人熟悉度和社会凝聚度之中。集体性与积累性生态表现出较高的相关性。积累的学习机制转化为与企业相对长期的联系,这反过来又降低了与前同事或长期工作伙伴之间的网络联系被公司间和区域间流动所破坏的可能性。长期的组织关系与地点产生较强的关联,使基于个人经验的信任演变成为主要的治理原则。基于一般个人经验的稳固结构限制了关系的数量（另见 Granovetter，1985；Uzzi，1997），典型的就是慕尼黑生态中仅有 3 个到 6 个关联。然而，个人关系的强度不一定意味着高频率的互动。相反，这些网络通常能够长期保持静止，且可以在不需要付出太多社会努力的情况下被激活。

因为集体性根植于社会凝聚度而不是职业身份，所以其对特定项目的支持范围就自然受到限制。网络集体性通常为解决个人问题提供机会，例如，当这些关系被用作考虑职业决策或讨论核心团队冲突的传声板时。

社会性：获取人脉关系

相比于集体性中强烈而持续的关系，社会性的概念强调强烈但短暂的网络化过程，而这一过程主要受到专业动机的推动（Wittel，2001）。社会性代表了破坏性生态中的典型网络化形式。集体性随着稳定性和长期承诺而演变，社会性则受到流动性和灵活性的规范所驱使。短周期的项目几乎没有为基于共享的经验、熟悉度或社会凝聚度所开发的个体信任留出时间。相反，社会性本质上依赖于作为主要治理原则的"网络化声誉"（Glückler and Armbrüster，2003）。在缺乏与特定个体或企业合作的个人经验的情况下，项目成员依赖对朋友的信任或合作者的口碑。

更为复杂的网络社会性架构主要围绕专业互补性建立。社会性包含了与实践者的关系，这些实践者能在未来的项目中为核心团队或供应商网络做补充。由于这些关系的私人维度（如个人同情心、某些爱好，或共同的熟人）主要被看作为专业议程留有余地的工具，所以通常停留在表面。因此，社会性相比集体性较少受到限制，而且可以同时涉及几十到几百个关系。

在破坏性生态中，社会性发挥了不可或缺的作用。最重要的是，社会性为流动的项目工作者提供了有关工作机会的关键信息，也提供了有关潜在客户、即将到来的挑战以及可获得的合作伙伴的信息（另见 DeFillippi and Arthur，1998；Tempest and Starkey，2004；Pratt，2006）。这种流通的人脉关系并不仅仅限于获得信息，也涉及一般的项目技能，如可靠性和压力耐受性方面的信息。

连通性：升级到知道如何做

连通性的概念指的是社交上关系强度最弱且文化上最中立的网络化，在某种意义上，即最弱的网络化镶嵌模式。连通性与个人领域相距较远，关系几乎完全是信息化的。由于其低水平的社会嵌入性特点，连通性主要呈现虚拟形式的互动，而集体性和社会性则主要呈现面对面的网络化模式。这些虚拟且短暂的交换形式很难产生个体信任，它们也很难成为提升网络化声誉的推动力。然而，在线网络依赖于一种广义的互惠,能够保护集体积累的知识不受过度搭便车行为的影响。在(近似)匿名交换的条件下,连通性似乎受到专业规范和专业精神的管制(另见 Grabher and Maintz,2006)。尽管这些关系的规模大量扩张,但网络架构仍遵循一个简单的建设原则:要求参与者具有特定水平的专业知识,这使得他能够与其他参与者进行有意义的互动。这种可以延伸更远的连通性在积累性生态中对于集体性的限制进行了补充。

当集体性成为在特定项目之外传递个人经验的渠道时,连通性则为软件项目的实质内容(即编程)提供了必备的持续学习过程。首先,特别是在开源编程(如 Linux)的环境中,连通性提供了虚拟的工作地点,在那里可以更新、修改和修复代码,也就是说,它为软件开发者提供了进行实际编码工作的地方。其次,连通性是在日常基础上更新和重构软件技能的最有效的工具。通过勾勒出远超核心团队和企业原本的知识范围,连通性为持续深入的(自我)教育和个人的"知道如何做"的升级打开了宽阔的视野(另见 Amin and Roberts,2008)。

7.7 总结和讨论

受到项目情境观的启示(Blomquist and Packendorff,1998;Ekstedt et al.,1999;Gann and Salter,2000;Grabher,2002a;Sydow and Staber,2002;Engwall,2003;Brady and Davies,2004;Scarbrough et al.,2003;Söderlund,2004;Davies and Hobday,2005;Frederiksen and Davies,2008;Schwab and Miner,2008),本章着手介绍一个用于分析项目制学习过程的概念性框架。这个框架围绕着项目生态的概念被建立起来(Grabher,2002a,2002b,2002c,2004a,2004b;Grabher and Ibert,2006;Ibert,2004)。通过依次探究项目生态的各个基本层次(核心团队、企业以及知识社群和个人网络),项目生态的多层次组织架构被揭示出来。这一架构为积累性和破坏性生态的比较探索提供了理论模板(见表7.2)。

从项目生态的基础组织层次入手,核心团队代表了基本的学习领域。当软件生态试图通过减少核心团队内的认知差距来促进积累性学习时,广告生态则通过培养竞争对手并维持团队成员间的认知差距来触发创造力。

当从核心团队转移到企业时,分析对象也从个体项目中的学习转移到项目组合管理中产生的学习。在这两种生态中,企业都通过将个体项目的学习转移到特定企业的一系列组织工具、特色文化以及全部故事组合中,从而获得了"重复经济"(Davies and Brady,2000)。然而,除此之外,积累性生态还受益于"重组经济",这种经济体现在将知识积累模块化并在随后的项目中被有效重组。

在两种类型的生态中,特定项目知识的实际生产地点都是知识社群,这一社群扩展到企业之外,包括了客户、供应商以及全球企业集团。从不同的客户参与程度来看,积累性生态中的项目可能更适合被描述为与客户共同完成项目,而广告项目更接近于为客户实现项目(Girard and Stark,2002)。在供应商关系的水平方面,积累性生态中的常识是"永远不改变冠军队伍",而破坏性生态中的常识则是为了新鲜感而挑战去"总是改变冠军队伍"(Mayer,2008:137),这体现了二者对立的学习逻辑。对于积累性生态而言,与全球企业集团持续增强的紧密关系意味着模块化和技术组合的拓宽,而这对破坏性生态则意味着拓宽了组成核心团队的技术范围。

表7.2 积累性和破坏性项目生态的多层次架构

积累性生态 (软件)	破坏性生态 (广告)
核心团队	核心团队
减少认知差距	保留认知差距
变换的角色	稳定的角色
稳定的团队	变换的团队
企业	企业
重复经济	重复经济
工具,文化	文化,工具
重组经济	重组经济
模型,产品	—
知识社群	知识集合
客户	客户
与客户完成项目	为客户实现项目
技术锁定	个人锁定
供应商	供应商
乐曲编制	即兴创作
永远不改变冠军团队	总是改变冠军团队
企业集团	企业集团
以产品为中心	以客户为中心
技术和模块的组合	技术的组合
个人网络	个人网络
集体性	社会化
经验	知道是谁
连通性	
知道怎么做	

核心团队、企业以及知识社群代表了为完成一个特定项目而临时绑在一起的组织层面。在这些临时性的组织网络之外,项目生态也展开了一个宽泛的、潜在的但更持久

的个人网络结构。软件生态的积累性学习模式一方面转变为稠密但持续而强烈的受限于网络中个人经验的交换关系（集体性）；另一方面则转变为社交上较弱但庞大的虚拟网络（连通性），可提供技能的持续升级和特定的"知道如何做"的偶尔交换。相反，在汉堡和伦敦广告生态中占主导地位的破坏性学习制度，则支持短暂但强烈的网络变体（社会性）。社会性暗示着网络的商品化，是建立"知道是谁"的基础。

然而，基本的组织层次不仅仅支持着创造和沉淀知识的不同推动力（见表7.2的各行），而且整个架构的各个层次在两种生态中有着相对不同的重要性和特定作用，也有不同的性质（见表7.2的各列）。虽然项目制组织中的所有层次都渗透有抑制失忆行为的尝试，但企业似乎在积累性生态的知识沉淀中扮演了一个更重要的角色。企业不仅是积累一般项目能力的主要场所，也是由特定项目的"知道如何做"法则而成的模块和产品的主要存储空间。因此企业在积累性生态中发挥了核心记忆功能（Ibert，2004）。相反，在破坏性生态中，企业的主要功能是存储项目，不过对原创性的强烈要求限制了模块化项目知识的范围。此外，网络社会性为"知道是谁"提供了分散的存储空间，它在关系重组和团队重构中必不可少。从这个意义上来说，破坏性生态的知识存储空间既包括企业也包括个人网络。

尽管产业间存在区别，项目生态的概念似乎仍然是一个有价值的观念模板，这至少有三个原因。第一，情境和项目是共同构成的。因此项目生态的概念既克服了传统项目管理方法的缺点，也克服了组织制度观的缺点。前者倾向于完全忽视项目和情境之间的互动，而后者倾向于认为（事先给定的）制度情境对组织有着单向影响，至少是含蓄地给予制度情境某种特权。项目生态的概念类似于结构化的视角（例如见Sydow and Staber，2002），将重点放到递归的共同生产以及项目和生态的相互匹配上。例如，项目合作可能会产生一个个人网络，该个人网络随后可能成为后续项目建立核心团队的基础。从这个意义上说，个人网络既是情境也是项目。因此，核心团队、企业、知识社群以及个人网络的复杂的混合否定了任何将项目和情境进行静态二元简单分类的尝试。

第二，项目生态的概念强调多样性。一个项目生态不仅组成了一套多样化的组织、社群以及个人网络，而且也代表了一种包含着专业精神、社会逻辑、组织原则以及文化的多样化生态。通过有意地囊括这些多样性，分析对内部矛盾和冲突变得更加敏感。这里提供的分析框架并没有建立相互排斥且完全互补的生态层次，相反，其容纳了不连贯性。例如，个体项目参与者面临着调整其对项目、企业以及个人职业追求的相互冲突的忠诚所带来的挑战（Grabher and Ibert，2006）。项目生态的概念避开了"最佳实践"方法的功能主义，反而为项目商务隐藏的成本和悖论问题带来了启发（Hodgson and Cicmil，2006）。

第三,项目生态的概念倡导超越特定项目的网络的传播范围。通过倡导一个范围内的潜在关系,网络不仅被看作传输资源的"渠道",也被看作观察和评估生态中其他成员的"棱镜"(Podolny,2001)。此外,这些潜在的网络不仅仅是潜力的代表(Wittel,2001:71),它们也保持了与潜在的未来合作者的联系,并维持着开放的信息渠道,这些都潜在地为抓住即将到来的项目机会提供了途径。因此,整合的项目生态概念能够为我们提供一个概念模板,从而使我们对项目嵌入性的理解提升到一个更少功能主义、更多差异化以及更多动态性的层次。

7.8 未来方向

我们对积累性生态和破坏性生态的对比研究是基于慕尼黑的软件生态以及伦敦和汉堡的广告生态的,同时也被二者所阐释。不过,我们认为项目生态的概念可以在不同的产业环境中有效地应用于探索项目制组织的多层次组织架构(另见 Ekstedt et al.,1999:192;Asheim,2002;Whitley,2006)。在我们看来,有两个领域的研究可能是非常值得深入进行的。

首先,项目方面的文献在相当大的程度上关注于以企业为支柱的生态。典型的例子就是建筑行业,其长期代表了研究和概念化项目组织的特权领域。事实上,在1984—1998年的《国际项目管理期刊》中,46%的文献都是研究建筑行业的,这反映了项目组织在建筑业的重要作用(Themistocleous and Wearne,2000:11)。在人们对创意产业以及更广泛的文化产业的兴趣急剧增长的背景下,关于项目组织的文献也在理论上剖析了这些企业和网络中的生态组织,如电影长片的生产(例如 Jones,1996;Bechky,2006;Schwab and Miner,2008)。到目前为止,基本上围绕网络演进,而企业在其中只起到较少作用的生态吸引了更少的关注。可能的情况是,在电子游戏行业或开源项目的某些细分领域,项目生态在更非正式的层面似乎扮演了首要作用,其不仅作为一个被动的背景,而且也成为人员、组织动机以及知识的来源。

其次,项目研究在单一大型事件(如世界博览会或世界杯)或(基础性的)大型项目的管理方面,已经积累了一个相当大的知识体系。这类文献往往关注于管理复杂项目的组织(不)合理性的管理实践,这些复杂项目涉及大量的参与者、很长一段时间以及/或者相当程度的技术复杂性,还有紧张的预算和时间限制下的相互依赖(例如见 Flyvbjerg,Bruzelius,and Rothengatter,2003;Pitsis et al.,2003;Marrewijk et al.,2008)。情境观很少被用于这种类型的项目。尤其是单一大型事件或稀有事件(非常多样化,如自然灾害、大型基础设置故障或经济危机)的研究到目前为止还几乎没有用系统性的方法分析

（一个重要的例外见Lampel,Shamsie,and Shapira,2009）。在这类事件中,我们所提倡的项目生态的概念可能为探索参与者如何从个人网络中动员资源,以及如何依靠已有组织来动员知识资源并积累经验提供有用的模板（Cacciatori,Grabher,and Prencipe,2007）。这些案例中的特定挑战似乎不仅是对熟悉情境的转移和应用,也包括选择合适的情境,以提升超越常规认知体系和常见的后设合理化的学习（Lampel,Shamsie,and Shapira,2009）。

7.9 致谢

本章关注于项目生态的概念化,其最初发表在Grabher(2004b)中。作者在此特别感谢Deutsche Forschungsgemeinschaft（DFG:GR 1913/3）在资金上的支持。

7.10 参考文献

AMIN, A., and COHENDET, P. (2004). *Architectures of Knowledge: Firms, Capabilities, and Communities.* Oxford: Oxford University Press.
—— and ROBERTS, J. (2008). "Knowing in action: beyond communities of practice," *Research Policy*, 37/2: 353–69.
ANELL, B. (2000). "Managing project portfolios," in R. A. Lundin and F. Hartman (eds.), *Project as Business Constituents and Guiding Motives.* Boston: Kluwer Academic Publishers, 77–88.
ARIUTA, B., SMITH, N., and BOWER, D. (2009). "Construction client multi-projects: a complex adaptive system," *International Journal of Project Management*, 27/1: 72–9.
ASHEIM, B. (2002). "Temporary organizations and spatial embeddedness of learning and knowledge creation," *Geografiska Annaler*, 84(B)/2: 111–24.
BECHKY, B. A. (2006). "Gaffers, gofers, and grips: role-based coordination in temporary organizations," *Organization Science*, 17/1: 3–21.
BILTON, C., and LEARY, R. (2002). "What can managers do for creativity? Brokering creativity in the creative industries," *International Journal of Cultural Policy*, 8/1: 49–64.
BLICHFELDT, B. S., and ESKEROD, P. (2008). "Project portfolio management: there's more to it than what management enacts," *International Journal of Project Management*, 26/4: 357–65.
BLOMQUIST, T., and PACKENDORFF, J. (1998). "Learning from renewal projects: content, context and embeddedness," in R. A. Lundin and C. Midler (eds.), *Projects as Arenas for Renewal and Learning Processes.* Boston: Kluwer Academic Publishers.
BRADY, T., and DAVIES, A. (2004). "Building project capabilities: from exploratory to exploitative learning," *Organization Studies*, 25/9, Special Issue on "Project-Based Organizations, Embeddedness and Repositories of Knowledge": 1601–22.
BROWN, J. S., and DUGUID, P. (1991). "Organizational learning and communities of practice: towards a unified view of working, learning, and innovation," *Organization Science*, 2/1: 40–57.

Brusoni, S., and Prencipe, A. (2001). "Unpacking the black box of modularity: technology, product, and organisation," *Industrial and Corporate Change*, 10/1: 179–205.

Cacciatori, E. (2008). "Memory objects in project environments: storing, retrieving and adapting learning in project-based firms," *Research Policy*, 37: 1591–601.

——Grabher, G., and Prencipe, A. (2007). "Continuity in project-based organizing: antecedents, artifacts, and adaptiveness," paper presented at the VII. IRNOP Conference, September 19–21, Brighton.

Casper, S., and Whitley, R. (2002). "Managing competences in entrepreneurial technology firms: a comparative institutional analysis of Germany, Sweden and the UK," Working Paper No. 230. ESRC Centre for Business Research, University of Cambridge.

Cowan, R., David, P. A., and Foray, D. (2000). "The explicit economics of knowledge codification and tacitness," *Industrial and Corporate Change*, 9/2: 212–53.

Davies, A., and Brady, T. (2000). "Organizational capabilities and learning in complex product systems: towards repeatable solutions," *Research Policy*, 29/7–8: 931–53.

——and Hobday, M. (2005). *The Business of Projects: Managing Innovation in Complex Businesses and Products.* Cambridge: Cambridge University Press.

DeFillippi, R. J., and Arthur, M. B. (1998). "Paradox in project-based enterprise: the case of film making," *California Management Review*, 40/2: 125–38.

De Waard, E. J., and Kramer, E.-H. (2008). "Tailored task forces: temporary organizations and modularity," *International Journal of Project Management*, 26/5: 537–46.

Eisenhardt, K. M. (1989). "Building theories from case study research," *Academy of Management Review*, 14/4: 532–50.

Ekstedt, E., Lundin, R. A., Söderholm, A., and Wirdenius, H. (1999). *Neo-Industrial Organizing: Renewal by Action and Knowledge in a Project-Intensive Economy.* London: Routledge.

Engwall, M. (2003). "No project is an island: linking projects to history and context," *Research Policy*, 32/5: 789–808.

Fichman, R. G., and Kemerer, C. F. (2001). "Incentive compatibility and systematic software reuse," *Journal of Systems and Software*, 57/1: 45–60.

Flyvbjerg, B., Bruzelius, N., and Rothengatter, W. (2003). *Megaprojects and Risk: An Anatomy of Ambition.* Cambridge: Cambridge University Press.

Frederiksen, L., and Davies, A. (2008). "Vanguards and ventures: projects as vehicles for corporate entrepreneurship," *International Journal of Project Management*, 26/5: 487–96.

Gann, D. M., and Salter, A. J. (2000). "Innovation in project-based, service-enhanced firms: the construction of complex products and systems," *Research Policy*, 29/7–8: 955–72.

Geraldi, J. G. (2008). "The balance between order and chaos in multi-project firms: a conceptual model," *International Journal of Project Management*, 26/4: 348–56.

Girard, M., and Stark, D. (2002). "Distributed intelligence and organizing diversity in new media projects," in G. Grabher (ed.), "Fragile sector, robust practice: project ecologies in new media," *Environment and Planning: A Theme Issue*, 34/11: 1927–49.

Glaser, B. G., and Strauss, A. L. (1967). *The Discovery of Grounded Theory: Strategies for Qualitative Research.* New York: Aldine Publishing.

Glückler, J., and Armbrüster, T. (2003). "Bridging uncertainty in management consulting: the mechanisms of trust and networked reputation," *Organization Studies*, 24/2: 269–97.

Grabher, G. (2001). "Ecologies of creativity: the village, the group, and the heterarchic organisation of the British advertising industry," *Environment and Planning A*, 33/2: 351–74.

GRABHER, G. (2002a). "Cool projects, boring institutions: temporary collaboration in social context," in G. Grabher (ed.), "Production in projects: economic geographies of temporary collaboration," *Regional Studies*, Special Issue, 36/3: 205–15.

—— (2002b). "The project ecology of advertising: tasks, talents and teams," in G. Grabher (ed.), "Production in projects: economic geographies of temporary collaboration," *Regional Studies*, Special Issue, 36/3: 245–63.

—— (2002c). "Fragile sector, robust practice: project ecologies in new media," in G. Grabher (ed.), *Environment and Planning: A Theme Issue*, 34/11: 1903–2092.

—— (2003). "Switching ties, recombining teams: avoiding lock-in through project organization?" in G. Fuchs and P. Shapira (eds.), *Rethinking Regional Innovation and Change: Path Dependency or Regional Breakthrough?* Boston: Kluwer Academic Publishers.

—— (2004a). "Learning in projects, remembering in networks?" *European Urban and Regional Studies*, 11/2: 103–23.

—— (2004b). "Temporary architectures of learning: knowledge governance in project ecologies," *Organization Studies*, 25/9: 1491–514.

—— and IBERT, O. (2006). "Bad company? The ambiguity of personal knowledge networks," *Journal of Economic Geography*, 6/3: 251–71.

—— and MAINTZ, J. (2006). "Learning in personal networks: collaborative knowledge production in virtual forums," Working Paper Series. Columbia University, New York: Center on Organizational nnovation. Available online at: http://www.coi.columbia.edu/workingpapers.html.

GRANOVETTER, M. (1985). "Economic action and economic structure: the problem of embeddedness," *American Journal of Sociology*, 91/3: 481–510.

HANSEN, M. T., NOHRIA, N., and TIERNEY, T. (1999). "What's your strategy for managing knowledge?" *Harvard Business Review*, 77/2: 106–16.

HATCH, M. J. (1999). "Exploring the empty spaces of organizing: how improvisational jazz helps redescribe organizational structure," *Organization Studies*, 20/1: 75–100.

HOBDAY, M. (2000). "The project-based organisation: an ideal form for management of complex products and systems?" *Research Policy*, 29/7–8: 871–93.

HODGSON, D., and CICMIL, S. (2006). *Making Projects Critical*. Basingstoke: Palgrave Macmillan.

IBERT, O. (2004). "Projects and firms as discordant complements: organisational learning in the Munich software ecology," *Research Policy*, 33/10: 1529–46.

ILVARASAN, P. V., and SHARMA, A. K. (2003). "Is software work routinized? Some empirical observations from the Indian software industry," *Journal of Systems and Software*, 66/1: 1–6.

JONES, C. (1996). "Careers in project networks: the case of the film industry," in M. B. Arthur and D. M. Rousseau (eds.), *The Boundaryless Career*. Oxford: Oxford University Press, 58–75.

JURISON, J. (1999). "Software project management: the manager's view," *Communications of the Association for Information Systems*, 2/17.

KNORR CETINA, K. (1981). *The Manufacture of Knowledge*. Oxford: Pergamon Press.

—— (1999). *Epistemic Cultures: How the Sciences Make Knowledge*. Cambridge: Cambridge University Press.

Lampel, J., Shamsie, J., and Shapira, Z. (2009). "Experiencing the improbable: rare events and organizational learning," *Organization Science*, 20/5: 835–45.

Lehrer, M. (2000). "From factor of production to autonomous industry: the transformation of Germany's software sector," *Vierteljahreshefte für Wirtschaftsforschung*, 69/4: 587–600.

Lindkvist, L. (2005). "Knowledge communities and knowledge collectivities: a typology of knowledge work in groups," *Journal of Management Studies*, 42/6: 1189–210.

Lundin, R. A., and Söderholm, A. (1995). "A theory of the temporary organization," *Scandinavian Journal of Management*, 11/4: 437–55.

Marrewijk, A. van, Clegg, S. R., Pitsis, T. S., and Veenswijk, M. (2008). "Managing public–private megaprojects: paradoxes, complexity, and project design," *International Journal of Project Management*, 26/6: 591–600.

Mayer, H.-N. (2008). "Mit Projekten Planen," in A. Hamedinger, O. Frey, J. Dangschat, and A. Breitfuss (eds.), *Strategieorientierte Planung im Kooperativen Staat*. Wiesbaden: VS Verlag für Sozialwissenschaften, 128–50.

Meyerson, D., Weick, K. E., and Kramer, R. M. (1996). "Swift trust and temporary groups," in R. M. Kramer and T. R. Tyler (eds.), *Trust in Organizations: Frontiers of Theory and Research*. Thousand Oaks, CA: Sage, 166–95.

Nooteboom, B. (2000). "Learning by interaction: absorptive capacity, cognitive distance and governance," *Journal of Management and Governance*, 4/1–2: 69–92.

Nov, O., and Jones, M. (2003). "Ordering creativity? Knowledge, creativity, and social interaction in the advertising industry," Working Paper, Judge Institute of Management, Cambridge University.

Owen-Smith, J., and Powell, W. W. (2004). "Knowledge networks as channels and conduits: the effects of spillovers in the Boston biotechnology community," *Organization Science*, 15/1: 2–21.

Perretti, F., and Negro, G. (2007). "Mixing genres and matching people: a study in innovation and team composition in Hollywood," *Journal of Organizational Behavior*, 28/5: 563–86.

Petter, S. (2008). "Managing user expectations on software projects: lessons from the trenches," *International Journal of Project Management*, 26/7: 700–12.

Pitsis, T., Clegg, S., Marosszeky, M., and Rura-Polley, T. (2003). "Constructing the Olympic dream: a future perfect strategy of project management," *Organization Science*, 14/5: 574–90.

Podolny, J. M. (2001). "Networks as pipes and prisms of the market," *American Journal of Sociology*, 107/1: 33–60.

Pratt, A. C. (2006). "Advertising and creativity, a governance approach: a case study of creative agencies in London," *Environment and Planning A*, 38/10: 1883–99.

Prencipe, A., and Tell, F. (2001). "Inter-project learning: processes and outcomes of knowledge codification in project-based firms," *Research Policy*, 30/9: 1373–94.

Sapsed, J., and Salter, A. (2004). "Postcards from the edge: local communities, global programs and boundary objects," *Organization Studies*, 25/9: 1475–89.

Scarbrough, H., Laurent, S., Bresnen, M., Edelman, L., Newell, S., and Swan, J. (2003). "Developing the contextual view of project-based learning: analysis of case-studies," paper presented at the 19th EGOS Colloquium, Copenhagen Business School, July 3–5.

Schwab, A., and Miner, A. S. (2008). "Learning in hybrid project systems: the effects of project performance on repeated collaboration," *Academy of Management Journal*, 51/6: 1117–49.

Shelbourne, J., and Baskin, M. (1998). "The requirements for creativity: a director's perspective," in A. Cooper (ed.), *How to Plan Advertising*. London: Cassell/The Account Planning Group, 64–80.

Söderlund, J. (2004). "Building theories of project management: past research, questions for the future," *International Journal of Project Management*, 22/3: 183–91.

——Vaagaasar, A. L., and Andersen, E. S. (2008). "Relating reflecting and routinizing: developing project competence in cooperation with others," *International Journal of Project Management*, 26/5: 517–26.

Starkey, K., Barnatt, C., and Tempest, S. (2000) "Beyond networks and hierarchies: latent organizations in the U.K. television industry," *Organization Science*, 11/3: 299–305.

Sydow, J., and Staber, U. (2002). "The institutional embeddedness of project networks: the case of content production in German television," in G. Grabher (ed.), "Production in projects: economic geographies of temporary collaboration," *Regional Studies*, Special Issue 36/3: 215–27.

——Lindkvist, L., and DeFillippi, R. (2004). "Project-based organizations, embeddedness and repositories of knowledge: editorial," *Organization Studies*, 25/9: 1475–89.

Taxén, L., and Lilliesköld, J. (2008). "Images as action instruments in complex projects," *International Journal of Project Management*, 26/5: 527–36.

Tempest, S., and Starkey, K. (2004). "The effects of liminality on individual and organizational learning," *Organization Studies*, 25/4: 507–27.

Themistocleous, G., and Wearne, S. H. (2000). "Project management topic coverage in journals," *International Journal of Project Management*, 23/1: 1–45.

Turner, R. J., and Müller, R. (2003). "On the nature of projects as temporary organizations," *International Journal of Project Management*, 21/1: 1–8.

Uzzi, B. (1997). "Social structure and competition in interfirm networks: the paradox of embeddedness," *Administrative Science Quarterly*, 42: 35–67.

——and Gillespie, J. J. (2002). "Knowledge spillovers in corporate financing networks: embeddedness and the firm's debt performance," *Strategic Management Journal*, 23/7: 595–618.

Weick, K. E. (1998). "Improvisation as a mindset for organizational analysis," *Organization Science*, 9/5: 543–55.

Whitley, R. (2006). "Project-based firms: new organizational form or variations on a theme?" *Industrial and Corporate Change*, 15/1: 77–99.

Wittel, A. (2001). "Toward a network sociality," *Theory, Culture & Society*, 18/6: 51–76.

WPP Group (2008). WPP Group Navigator. http://www.wpp.com/wpp/.

第三部分

战略与决策

第8章 项目型企业：权变、特征与挑战

Jonas Söderlund　Fredrik Tell

8.1 引言

从很大程度上来看，项目的吸引力在于其整合不同领域知识和专业技能的能力。这种能力随着产业、企业及对应的商业模式转向"复杂产品系统"和"整体解决方案"后变得更为重要，复杂产品系统和整体解决方案都需要跨越知识领域及组织边界的研发投入和执行力。这一发展趋势推动企业探索项目的应用与价值，将其作为企业组织设计和成长轨道的一个重要特征。由此看来，项目不仅是整合多种知识来源的工具，也使得降低成本和灵活使用资源投入成为可能(Sydow Lindkvist, and DeFillippi, 2004)。

项目成为组织实践重要特征这一现象，吸引了学者们进行广泛议题的研究。探究项目型组织/企业本质的历史文献可以分为三个主题(Davies and Frederiksen, 2010)：①"单一项目企业"：通常是通过企业联盟及组织间合作开展的大型项目，因项目本身而建立或解散；②"项目主导型组织"：运行于企业内部，为企业提供新知识、新服务和新产品的组织，通常出现在公司的研发部门(Hobday, 2000)；③"项目型企业"：以向外部客户销售、交付项目及复杂系统而盈利的企业，通常出现在建筑、电力系统、电信、咨询、媒体等行业。

本章讨论的重点是项目型企业，即以开展项目为主营业务活动的常设组织，其中项目被称为基本"生产单元"。我们希望将此类企业与为某一特定任务而临时组建并且之后又解散的"单一项目企业"区别开来，同时也希望将之区别于那些项目居于重要地位但仍不是基本生产单元的企业。因此，我们基于Hobday(2000)和Whitley(2006)对项目型企业进行的一般性分析，认为它具有独特而明确的性质。本章也与Mintzberg(1979)

提到的"灵活运营组织"（operating adhocracy）和"直接代表客户执行项目并交付于外部市场"的"类型1组织"（Keegan and Turner，2002:370）有关。此类组织常见于工程、采购和建筑（Engineering，Procurement and Construction，EPC）行业以及复杂产品系统行业（Hobday，1998），此外，在广告、软件工程、咨询、媒体等部门也能找到它们的踪影。它们的共性在于均牵涉复杂问题的解决以及将多元专业知识与高度单一性的产品进行整合（Whitley，2006）。这促使企业不断地重新配置生产单元以随时满足当前的特定需求。随着科技的发展，许多项目型企业通过不断的改革来应对日益增加的复杂性，利用众多知识库和子系统来制造产品。这些发展使系统、组织和知识整合变得更加重要且艰难。

本章的一个主要论点是项目型企业在过去的研究中并没有得到足够的重视。与被广泛研究的事业部型企业相比，这一说法尤其正确。事业部型组织由Chandler（1962）提出，是战略方面的文献经常涉及的话题，常常被用来解释大型工业企业的成长、企业国际化发展的轨迹以及企业的多元化经营（Bartlett and Ghoshal，1993；Collis，Young，and Gould，2007；Galan and Sanchez-Bueno，2009）。尽管许多研究报告指出，项目构成了组织的重要支柱并且在某种程度上扮演着与事业部型组织中"事业部"相类似的角色，项目型企业的特征仍未在以往文献中得到明确的说明和阐释。[在本章中，我们特别关注正式的组织结构，因此我们使用"型"（form）这一表述。这样的选择自然排除了对基于项目的组织的分析层面，但希望我们所选的关注点有助于更清晰地进行阐述。]鉴于以上原因，本章在Hobday（2000）、Gann and Salter（1998）、Lindkvist（2004）和Whitley（2006）等研究的基础上，进一步研究项目型企业，将事业部型企业和项目型企业加以比较。本章立足于三个基本问题来研究项目型企业的本质：①它们存在于哪里（即项目型企业运行于怎样的权变）；②它们的特征是什么（即项目型企业的突出特点是什么）；③它们面临什么问题（即项目型企业在实施和运行过程中面临哪些挑战）。

为了回答以上问题，本章做出如下安排。首先，我们将对项目型企业和事业部型企业进行比较。重点将放在一些选定的权变因素和组织特征上，它们对于我们理解项目型企业面临的特殊挑战是非常重要的。其次，我们观点的一个核心信条是，项目型企业通过简化和促进具有临时性、本地性及跨学科性的学习机制，增强了异质性学习和能力积累（Levinthal and March，1993）。我们的主要观点是，在解决问题的过程中，项目型企业允许"临时分权"（Siggelkow and Levinthal，2003）。因此我们在本章的最后专门研究临时分权及其应用于项目型企业时所面临的挑战，并对未来的研究提出建议。

8.2　项目型企业和事业部型企业

历史文献中往往通过对管理层级的讨论来分析正式组织（Chandler and Daems，

1980)。Chandler(1962,1990)的研究表明,事业部型组织对于20世纪20年代至70年代大型企业的成长和能力建设具有深远意义。此前,对单一型组织层级的投资使得19世纪后期的美国公司能够从一般技术、标准化操作和新兴市场的出现中受益。单一型组织根据职能划分业务单元(Walker and Lorsch,1968),以充分利用与这种组织形式相关的专业化经济和规模经济。随着市场的扩散,事业部型组织逐渐取代了单一型组织,主要原因在于由总部领导的事业部被划分为(半)自治单元,通过实施多样化战略实现以范围经济补充规模经济。因此,维系事业部型企业的一个基本原理依然是"生产量经济",即以巨额固定资产设备投资换回批量生产和较低的单位成本(Nightingale et al., 2003)。Chandler(1962)认为,组织结构中基于不同产品市场的事业部的出现是大家为了应对增长的需求以及市场和技术的分割而采取的措施。事业部既满足了本土的响应能力,又减轻了公司总部的行政负担,因此成了事业部型企业的基石。事业部型组织被作为一种理想类型而提出,它将公司的业务分解和分部管理结合起来,以促进管理和领导能力的发展。它为我们深入了解大型企业及其增长和核心能力奠定了基础。

为了应对大型企业面临的现实和挑战,作者认为有必要打破大家对事业部型企业的传统观点。这支文献的一个重要观点是事业部型企业在利用知识和核心能力方面更加低效(Chandler,1990;Prahalad and Hamel,1990)。如Hedlund(1994)认为,事业部型企业的诸多缺点与其对部门的过度关注、结构一成不变、高层管理、纵向沟通及层级制度密切相关。Hedlund的批判也同样适用于日常运营中高度依赖项目的企业,它们往往要求跨职能整合、横向沟通以及临时结构。

对传统观点中关于大型企业的认识进行补充并考量项目在提升企业增长潜力和增强企业组织能力中发挥的作用非常重要。之所以这样说有两点原因。第一,许多大型企业严重依赖于利用项目型组织来开展运营。如Söderlund and Tell(2009)对全球电力输送系统领导者Asea Brown Boveri(ABB)的研究表明,自20世纪50年代以来,项目经理和项目主管对ABB的企业增长发挥了重要作用。成百上千的"全球项目经理"在ABB国际化扩张进程中承担着领导职责,为解决部门间的一体化问题而努力。可是,对与ABB相似的其他企业的分析却常常不那么重视项目作为组织形式以及项目经理作为企业能力建设过程中重要"代理人"的作用。第二,许多产业的增长是以项目为基础的(Sydow,Lindkvist,and DeFillippi,2004;Davies and Hobday,2005)。公司事业部在这些产业中的地位被削弱,相反,不同类型和规模的项目往往能够满足快速变化环境的需求(Eisenhardt and Brown,1997)。在项目型企业中,企业战略倾向于具有临时性特征,更加偏好于将"临时系统"作为组织的基石。因此,研究项目型企业的权变、特征和挑战有助于分析项目型企业和事业部型企业的不同之处,并且可以解决成熟的和不成熟的项目型行业都会面临的一些挑战。

8.3 项目型企业的权变

那么项目型企业和事业部型企业的权变和情境因素有何不同？我们的概述和分析从表8.1开始，它描述了一些可能出现的权变变量，它们是项目型公司与事业部型企业相比之所以会涌现并且具备可持续性的原因。总的来说，这些权变变量集中出现在项目型企业，特别是在涉及市场环境、技术互补、生产方式和经济逻辑的情况下。接下来，我们分别分析每一权变因素并比较它们在项目型和事业部型企业中的不同。该部分受到 Hedlund(1994)以及 Söderlund and Tell(2009)的启发，并将他们的观点进一步展开。

表8.1 项目型企业和事业部型企业的权变比较

权变	项目型企业	事业部型企业
市场条件	差异化、动态化	差异化、稳定化
产出类型	定制化产品、系统和服务	在不同市场销售的标准化产品
用户参与	用户高度参与创新过程	用户低度参与创新过程
时间导向	截止日期导向	持续导向
生产系统	单件生产、小批量	大批量、大规模生产
经济逻辑	系统经济	规模经济、范围经济
技术类型	工程型（并且非程序）	程序型
主要依赖类型	互惠式依赖	联营式依赖、顺序式依赖
任务特征	异质的、罕见的、因果关系模糊的	同质的、频繁的、因果关系明晰的
知识专业化维度	广度、深度	（广度）、深度
问题特征	近似可分解、不可分解	可分解

组织环境尤其是市场条件对组织的适应性十分重要。Mintzberg(1979)的组织权变理论将影响组织设计的市场条件划分为两个维度：第一个维度是市场的动态性（动态/静态）；第二个维度是市场的差异化程度（高/低）。事业部型企业的兴起是为了应对不断增加的差异化和市场扩散（即通过使用互补资产来实现范围经济，见 Teece，1980），每一个独立的事业部都以在清晰界定的细分市场内实现规模经济和效率为目标，而这些细分市场的变化多多少少是可以计划的。然而，当市场既具差异性又具动态性时，就需要创新并将知识和能力重新组合，以满足新的消费偏好并主动诱导新需求。当产品高度定制化或以订单形式生产时（而不是预先给定产品规格或存货式生产），就需要快速实现产品和服务的组合及一体化，提出定制化解决方案。在"客户项目"或"商业项目"中，为客户提供定制化的产品服务组合是一种常见情形。在包含复杂产品和系统及 IT 系统实施的项目生产过程中，这种定制化服务以及客户高度参与

创新和交付过程的情形是十分常见的(Hobday,1998)。事业部型企业权变的典型特征是标准化及与顾客的常规交易,而项目型企业中用户-生产者互动、产品复杂性的增强及顾客选择范围的扩大,通常有利于那些能够快速整合多种专业知识基础的组织形态的成长。由此可见,事业部型企业和项目型企业的市场条件迥然不同。

时间导向也是一个体现两种组织形式差异的重要权变因素。项目型企业似乎更适用于具有严格截止日期和明确目标的情形(Lindkvist, Söderlund, and Tell, 1998)。从逻辑上来看,"步调"型的环境要求组织能将时间划分成离散的并逐一应对每个事件,这与事业部型企业的持续"学习曲线逻辑"形成鲜明对比,后者通过规模经济和范围经济的"生产量经济"来达到节约经济(Chandler,1990)。正如 Nightingale 等(2003)所述,在事业部的经济逻辑适用的情境中也可能存在以下情况,即表现出所谓的"系统经济",在系统经济中,绩效提升是"通过在给定的时间内提高固定数量的装机容量的利用率实现的,即使规模、范围和生产速度维持不变"(Nightingale et al., 2003:479)。系统经济建立在对系统间相互作用的特性进行深入学习的基础上,如改进技术控制系统以更好地发挥基础设施的整体性能。这样的学习又以项目型组织的特性(跨学科的组织互动)为必要前提。

Woodward(1965)研究了技术(理解为生产系统)与组织形态的关系,并将技术分为"小批量和单件生产""大批量和大规模生产"和"连续生产"三种范畴。她主张技术的三种范畴和技术复杂程度密切相关(Woodward,1965:40-4),同时指出灵活组织或项目型组织这样的有机式组织结构(Burns and Stacker,1961:121-2)更偏向于小批量和单件生产,而机械式组织结构更偏向于大批量和大规模生产(Woodward,1965:64)。Perrow(1970)进一步扩展了这种分析,并发展了以任务多变性(高/低)和任务可分析性(高/低)为基础的类型学。任务多变性指的是执行某一特定任务时出现例外情况的数量,而任务可分析性指的是执行任务时为解决问题而必须进行研究活动的程度。基于以上分类,我们认为项目型企业更适用于任务多变性高的情形,尽管它们之间的任务可分析性可能不同(参见 Lindkvist, Soderland, and Tell, 1998)。除此之外,考虑到生产过程中的相互依赖,人们有了更多对技术方面的考量。借鉴 Thompson(1967)提出的术语,我们可以区分出生产过程中所有元素彼此依赖的"互惠式依赖"特征,其要求组织成员共同参与调整,通常存在于项目型企业中,通过不同领域的专家组成的跨学科项目团队促进发展。相应地,事业部型企业的能力建立在不同部门对总部或共有职能机构的"联营式依赖"基础上,同时也寻求生产过程中不同部门间的"顺序式依赖"。

在进一步分析项目型企业及其特有的技术性和知识性难题后,Zollo and Winter

(2002)指出了三个独特的任务特征,他们认为这些特征会影响组织中知识被明确表达和编码的程度。他们认为,由于需要一定的认知投资,知识的明确表达和编码可以在任务具有异质性、罕见性和因果关系模糊性的环境中找到。这些任务特征与项目型企业中独特的产品、较低的采购频率和标准化进程的困难密切相关。进一步地,Brusoni,Criscuolo, and Geuna(2005)认为,企业生产复杂的产品和系统要以知识的广度和深度为前提。总的来说,我们同意这一观点,但我们也强调这一前提既适用于事业部型企业,也适用于项目型企业。考虑"系统的问题特征"和具体问题的解决策略有助于我们得到更加细致的分析,Simon(1962)将问题划分为三类:可分解、近似可分解和不可分解。事业部型企业的问题解决策略是将问题分解至事业部所代表的独立单元。在事业部中,人们可以依赖于深度(专业化),特别是在那个具体单元的独特环境条件下。正如 Simon(1996:198)所说:"①在近似可分解的系统中,每一个子系统的短期行为近似与其他子系统的短期行为独立;②长期来看,子系统的行为仅仅以一种总体的方式依赖于其他子系统。"在系统近似可分解的情形下,当进行组织设计时,有必要既考虑专业化和深度,也考虑其将对整个系统产生的影响的宽度(Yakob and Tell,2009)。基于以上分析,我们认为项目型企业具备解决"近似可分解问题"和"不可分解问题"的特征(Siggelkow and Levinthal,2003;Nickerson and Zenger,2004)。

正如前文的比较分析所示,项目型企业和事业部型企业建立在不同的重要基础上,它们通常运作于非常不同的环境和组织条件。我们认为这些条件会对公司开发和维护组织能力的方式产生根本性的影响,即在这里讨论的两种企业类型中,哪些能力是至关重要的,在能力建设过程中会遇到哪些困难。为了应对这些挑战,我们将首先进一步探索这两种理想企业类型各自的特征。

8.4 项目型企业的特征

本节主要关注与前文权变因素相对应的结构特征,重点是生产单元、分组原则、沟通类型、能力类型和决策结构等。

组织理论中的一个基本问题是组织单元应当以产品/市场进行划分还是以职能进行划分(Walker and Lorsch,1968)。传统职能型组织将职能作为主要设计特征并因此而达到规模经济。事业部型企业提出的新构想是依据产品/市场划分组织单元,以牺牲规模为代价来促进单元内的协调,与此同时,通过核心化职能实现规模经济和范围经济。与矩阵型结构类似,由于项目经常按产品或市场定义,但同时又从不同的或相互联系的职能部门中抽取组织成员,因此项目型企业同时依据产品/市场与职能进行划分。这种产品/市场与跨部门的联合既实现了规模经济和专业化,同时也为组织的协调与整合提供了一种机制。

与 Burns and Stalker(1961)对有机式组织研究中的网络结构相类似,项目型企业沟通的特点是组织成员之间的水平/横向联系。相反地,在事业部型企业中,总部与事业部或事业部内的信息和沟通是纵向的(Hedlund,1994)。表8.2对比了项目型企业和事业部型企业的部分结构特征。

表8.2　项目型企业和事业部型企业的特征比较

特征	项目型企业	事业部型企业
生产单元	项目	部门/业务单元
分组原则	市场、职能	市场
沟通类型	横向	纵向
能力类型	知识专业化、一体化	知识专业化
决策结构	临时分权	部分分权

如前文所述,事业部型企业依赖某一产品或市场的专业化知识。在每个部门内部,知识被整合以生产服务于指定市场的特定产品,而跨部门的知识整合不被支持(Prahalad and Hamel,1990)。与此相反,项目型企业凭借对跨职能工作和特定项目专业组织的高度重视,通常能够为复杂多样的知识提供一体化组合方案(Grandori,2001)。因而,项目型企业推动了"综合能力"(Kogut and Zander,1992)与"知识整合"(Grant,1996)的发展,其中知识的专业化和一体化都是非常重要的(Lindkvist,2005)。

事业部型企业的另一个显著特征是其战略决策依靠从公司总部到部门经理的部分分权,同时又依赖于集中职能,如研发和营销。这是以产品市场能清楚区分并自主管理为前提假设的。进一步的分析将分权划分为两种重要分支:第一,分权意味着决策被下放到子单元;第二,当与活动相关的选择被分组到离散的子单元时,单元之间的相互依赖就被减弱,整个企业的设计问题可以表示为"可分解"(Simon,1962)。

项目型企业的结构特征集中在两个变量——决策分散化(决策分权)和问题可分解(决策问题)。从临时分权的观点来看,项目代表一种新的"活动配置"以分解决策和探究问题。Siggelkow和Levinthal认为,"当决策权被下放到大量的子单元或部门并由其自由决策时",组织结构是分散化的(2003:651)。相反,集中的组织结构的特征是决策总是被置于公司整体层面的高度。依据此框架,企业被概括为互相依赖的活动的系统,由此,项目被抽象为互相依赖的活动的临时系统。这表明,对于分析企业为什么转向将项目作为解决组织问题的方案,活动间相互作用的程度和模式至关重要。如果企业面临的问题可以以某一方式分组,使所有的相互作用都可以被分散到离散的单位或部门,不存在跨部门的互相依赖,那么企业面临的整体决策问题便是"可分解"的。然而,经验研究表明,许多组织和管理问题远不是可分解的。例如,在项目型企业中存在大量的将问题和决策权分解到个别项目所面临挑战的例子。其中包括需要跨项目协调的资源分享、长期责任维护、跨项目沟通和营销活动。如果企业活动间的互动是不可分解的,那么分权或永久分权的组织结构都不能带来高绩效(Siggelkow and Levinthal,2003:652)。在这样的情况下,临时分权和后期重组的组织原则会带来最高的长期绩效,而这一原则恰好总结了一些项目型企业的重要基础。

在 Siggelkow and Levinthal(2003)有关临时分权的研究中,组织结构从本质上讲就是决策权分配。决策权可以被视为集中的或分散的。正如事业部型企业中(永久)部门的设立,(临时)项目也可以被认为新部门形式下的分权尝试。这是创新和产品开发文献中经典的所谓"老虎团队"或"自治团队"的组织结构(Clark and Fujimoto,1991)。作为一种组织的解决方案,它们允许低成本的实验,并且不会对既得利益者造成威胁,而这种威胁常常与创建常设机构,如部门、职能部门或业务单元相联系(Sydow,Lindkvist,and DeFillippi,2004:1475)。Lindkvist,Söderlund,and Tell(1998)认为,项目中的组织活动可以被视为将活动和组织过程从组织中的其他部分分离出来。从这一方面来看,项目作为一种组织形式,与其他的分权和部门化相类似,尽管项目由于其必要的临时性而被认为是一种特殊类别的分权。

就像其他类型的部门化解决方案,项目通过对关系和互动产生或多或少的作用而带来某种简化;切断关系使得人们在有限的认知条件下解决既有问题成为可能(Levinthal and March,1993)。这种简化似乎是非常重要的,尤其是考虑到当代项目因涉及大量专家、技术和子系统而变得越来越复杂。因此,项目可能减少(在某些情况下甚至允许)对复杂性的回避,这会引发行动并且提高从经验中学习和进行跨知识库整合的可能性。这种学习之所以可能是因为集中于当前特定项目的狭小目标。集中于特定客户、截止日期、预算、质量及与项目管理相关的典型类似目标就是简化的具体表现。正如学习理论所说,简单和集中是从经验中学习的基本原则。在其他条件不变的情形下,这会导致"局部学习",并带来诸多好处,虽然同时也需要承担一定的成本和风险。显而易见的好处是获得系统经济的收益。在这一方面,跨职能并以团队为基础的单元,如项目,由于其固有的对专家知识进行重组的可能性,也可以提供"探索性跳跃"的机会(Levinthal and Warglien,1999)。与 Allen(1995)的观点一致,成本取决于学科知识发展的变化率,快速发展的学科知识意味着参与到项目中的人面临着失去专业知识的风险,因为他们没有与自身专业的根基相联系,从而可能错过各学科领域最新的技术、创新和观点。另外一种风险关系到分权,因为它可能导致整体组织目标和分权单元内决策的分离。这种现象在项目管理中被称为"游离问题",项目趋向于游离状态(例如,Clark and Fujimoto,

1991)。在项目型企业中,市场和外部客户扮演着重要角色。然而客户能够将项目引到两个不同的方向:触发游离(调整需求、改变规格、要求短期优先的决策)和管控游离(为项目经理限定决策机会、根据预定计划控制过程)。

项目型企业的决策问题通常涉及系统复杂性和依赖性,因此决策问题对理解项目和项目组织非常关键。如前所述,指导性的参数是这一组织问题能否被归类为可分解、近似可分解或不可分解,与这三种分类相对应的是复杂性的逐渐增加(Nickerson and Zenger,2004)。先前关于企业的知识基础观(knowledge-based theory of the firm)方面的文献强调依赖性的创造可以产生新的知识(Grant,1996)。在知识复杂性和差异化密集的环境下,跨职能项目中基于团队的知识整合被认为是一种可行的机制安排(Grandori,2001)。因此,项目不仅仅是一种西门式(Simonian)的解决决策问题的方式,也是制造相互依赖关系的纽带。在后一情形中,知识整合能力的发展是核心特征,这也是项目型企业为何将系统整合、项目管理和复杂问题解决等活动作为其核心竞争力的可能原因之一(Davies and Hobday,2005;Söderlund,2005)。

项目中大规模整合的复杂性也带来了深远的因果关系的模糊和更大的模仿障碍。除了专业知识整合机制的简化和促进,项目型企业的关键管理任务是组织能力架构的持续改进(Grant,1996)。如果企业被认为是自适应系统,那么组织设计就成为一项涉及构建相互依赖关系的任务。这里的一个基本问题是如何在开发过去经验的同时又探索新的机会(March,1991;Levinthal and Warglien,1999)。这个问题被Siggelkow和Levinthal概括如下:

> 大家对治理这一过程的组织机构有着不同的建议。一方面,企业需要大范围地调查新的活动布局;另一方面,企业需要协调其各个独立的活动以避免不合时宜和不稳定。尽管平衡调查和协调的呼声已经被充分理解,我们对于不同的组织结构是如何调节这一平衡的依然所知甚少(Siggelkow and Levinthal,2003:651)。

项目型企业可以被视为在两个不同的组织层级上维持经营,一个是项目层级(临时性系统、团队、组织),另一个是公司层级(永久性系统、公司、企业)。这些组织层级在企业的发展和变革中共同发挥作用。临时性系统所应对的新观点和新挑战以及从经验中所学到的被运用到永久性系统中。适应性并不是单独某个项目的事情,而是临时性系统/项目这一群体(即公司层面)的特性。因此,公司通过在"非适应、高效和合法"的临时系统中作出选择以达到适应性目的(March,1995:434)。项目型企业尝试通过设立另一应对新挑战的新组织来解决开发问题,这意味着一个项目被另一项目所取代。正如March(1995:434)所说,"组织失去了永久性这一重要因素"。

迄今为止,大多数有关项目型组织的研究都认为,选择项目作为组织形式是基于不断增加的环境复杂度的权变,或者是因为需要解决的问题/任务变得越来越复杂,需要大量的专业技能、知识基础和子系统相整合(例如,Hobday,2000)。换句话说,项目被用来与外部权变相匹配,以保证灵活性和响应能力。然而,基于对变化的环境进行适应的想法,我们认为项目不仅是简单地匹配外部复杂性的机制,也是构造并控制相互依赖性的组织设计机制(Levinthal and Warglien,1999)。这种观点在 Eisenhardt and Brown(1997)对时间进度控制的研究中显而易见。该研究表明了基于时间的控制和所谓的"半结构化"在高度复杂情形中的重要性。一个典型的例子是设置固定截止日期并辅以严重后果的合同,这些举措对控制组织活动的进度产生了重要影响。

尽管有着临时性的特征,项目型企业赖以生存的另一重要原因是其能够受益于永久性活动(如调查活动、辨识新机会/项目、分权努力或重组结果以及局部学习),虽然这一说法看起来自相矛盾。如果不是这样,如 Whitley(2006)所说,项目型企业将几乎没有创造可持续竞争优势的可能性。在这种情况下,项目型企业将"仅仅起到行政方便的作用"(DeFillippi and Arthur,1998:137),而没有能力应对产业波动。这最终会导致"企业的失败"或在最好的情况下导致"岌岌可危的项目型企业"(Whitley,2006)。

项目型企业以实现项目层级效率的能力为基础,并在其所有项目间进行充分的探索。重要的是持续不断的"突变组织",即公司所从事的项目组合的相关变化。换言之,项目型企业朝着"拥有连续相关项目的大家庭"发展(DeFillippi and Arthur,1998:126)。由此看来,只有当有别于之前项目但同样能充分发挥当前学习组合优势的新项目有一个持续的产生过程时,项目型企业才能发挥可持续、适应性系统的作用。这为差异化的调查研究、知识的重新整合与组合创造了机会。换句话说,尽管在不可分解和近似可分解的问题情形下构建并管理组织形式面临着诸多挑战,项目型企业尤其适合于这种环境。

8.5 项目型企业的挑战

之前的部分我们讨论了项目型企业的权变和特征。有关特征的分析集中在项目作为基本的生产单元、依据市场和职能分组、横向沟通和知识整合的集中性等方面。我们也强调项目型企业的独特特征与临时分权有关,它是分析项目型企业利弊的重要理论框架,甚至可能对我们理解在何时和何地用项目来组织活动有帮助(Söderlund,2004)。

前文提到,项目型企业特征的优点包括灵活的资源投入以及适应特定情形以解决复杂问题的能力。当然,这些特征的内在结合也充满了一系列的挑战。前文已经提到,

Zollo and Winter(2002)将任务特征归类为因果模糊性(复杂性)、异质性和罕见性。以项目运行的企业在以上特征中都得分很高,在解决复杂问题时,许多挑战来自它们的设计方法,这些方法被用以应对问题解决的复杂性、项目的自主性和异质性,以及与项目频率相关的跨期考量。我们认为前三种挑战均和第四种挑战,即重新整合和组合相关联。下面我们将分析这四种挑战:①分解;②临时分权;③时间导向;④重新整合。

挑战1:分解

第一种挑战的出现是由于项目型企业依赖于将需要解决的复杂问题分解化。项目型组织和其他组织一样致力于简单化(参见Levinthal and March,1993),将活动从它们的环境中分离,让自治小组负责预定的任务。项目型企业在运营层次暂时忽略了有利于长期绩效的相互依赖性(Siggelkow and Levinthal,2003:664)。将明晰的目标、任务结构和截止日期分解到不同的项目中为在项目内进行深入学习和解决问题创造了机会。此外,项目可以被视作反映了重要的组织依赖性的"知识集体"(Lindkvist,2005)。项目在近似可分解的系统中构成了重要的解决方案,特别是它们可以打破当前的惯例和做法。由于跨学科和临时性的特性,项目也许能减轻与组织简化、专业化和实践社群相关的局部短视。项目组织不仅仅提高了基于知识的相似性——职能专业化和公共知识发展的重要特征,也意味着同质性组织成员的关系更为短暂。然而,分解是有代价的。就像任何其他组织实践一样,项目可能会有自己的发展路径,如Sapsed and Salter(2004)所讨论的,由于项目分布在组织当中,这些组织面临着发生"割据项目实践"的风险。因此,Prencipe and Tell(2001)给出的项目型组织所面临的主要挑战是跨项目的学习以及项目与组织之间的学习。

挑战2:临时分权

项目型企业的第二种挑战源自决策权分配中的权力临时下放。项目型企业不仅仅是对解决问题时所面临的认知挑战的分解响应,此外,它还引进了基于市场的治理结构,这意味着项目的目标被清晰地建立,并且有机会制造与实现项目目标相关的激励结构。由于项目及项目经理在目标实现过程中被赋予大量决策自治权,管理者可以依据项目的产出评价这一行为。如Nonaka and Takeuchi(1995)所讨论的,这样的项目自治有利于知识的整合,因为分权和基于绩效的控制为组织行为的改变创造了机会。然而,临时分权的应用(以及相应的临时集中)会为管理带来新的挑战。分权/集权的内容和分权/集权的时间是临时分权的两个分支。前者与分配给项目及项目经理的自治权的内容和管辖权相关。后者是指寻找合适时机下放权力至项目以及收回决策权以坚持更为集中的规章制度的困难(例如标准化项目管理模型的推广)。

挑战3:时间导向

第三种挑战指的是之前提到的时间导向和截止日期。首先,与分解和分权的潜在基本原理相一致,项目型企业在很大程度上由时间控制和截止日期驱动。如前文提到的,项目与其他组织形式相区别的独特特征就是截止日期以及项目是"故意临时性"的事实。这显然也是临时分权的观点,并且会产生重要影响。Gersick(1995)认为,截止日期有助于实现打破个体为自身考虑这一魔咒的理性突破。这样的突破会带来对战略和手段-目的的反思性分析。因此,以时间为基础的控制机制以及项目组织更倾向于用项目导向的"结果性逻辑"取代官僚主义和"适当性逻辑"(March and Olsen,1989)。然而,考虑到项目型学习过程的跨时期特征,尤其从项目的习惯养成和经验累积来看,项目的罕见性构成了项目型企业的一个问题(Prencipe and Tell,2001)。如果项目型企业中的每个项目都代表需要项目成员按全新方法思考的罕见事情,那么整个企业的挑战在于记住这些罕见事情。然而,关于项目型企业的临时性还有一个挑战,那就是项目型企业不仅会忘记这些罕见事情,而且由于分散及分权性质的项目难以存在共性,因此在企业的"全局时间"以及个体项目如何与"全局时间"相关联方面存在"时间点"的问题(Söderlund,2002)。正如一些特定项目中需要匹配时序,整个企业的时间也需要被协调。

以上三种挑战展示了项目型企业分解、临时分权和时间导向的结果,这些挑战解释了一个共同的主题,即探索与开发的平衡问题(March,1991)。简而言之,项目型企业有利于前者,而对后者欠缺考虑。Brady and Davies(2004)认为,项目型企业如Ericsson和AT&T通过一系列的从最初探索活动向后来开发活动的转型尝试建立了能力。然而,所谓的"重复经济"和"可重复的解决方案"是项目型企业一直面临的难题(Davies and Brady,2000)。

挑战4:重新整合

项目型企业的第四种挑战补充了Brady and Davies(2004)考虑这一问题的线性思维。我们认为,知识的重新整合和组合中的挑战更加一般化,而临时性问题中的挑战更加具体。因此,重新整合的挑战是以上三种挑战的结果,因为它强调跨项目在整个公司的整合,而这些项目在问题关注点、权力和时间方面都是分开的。尽管项目也许会在开发组织成员间可重复的经验方面给组织学习带来阻碍,但它却可以让组织成员更多地参与市场化倾向的过程,由强烈的项目目标和清晰的时间限制所引导,从而促进新的知识组合的利用。从"知晓谁知道什么"而非"知晓其他每个人知道什么"(参见Lindkvist,2005)的角度,在项目团队中建立一个"发达头脑"是非常重要的。因此,利用知识储备间的互补是知识整合的重要特征(Enberg,Lindkvist, and Tell,2006)。但是这样的"项目特征"如何反映在组织层面(其中项目按知识、决策权和临时性而分布)呢?

这个挑战可以追溯到Siggelkow and Levinthal(2003)关于临时分权的最初概念。尽管或许会对项目型企业带来误导,我们认为这一概念是具有启发性的。我们认为这一概念强调的重心在于临时性,而不是分权。分权的挑战已经广为人知并且前文已经详细地讨论过,项目型企业的主要挑战恰恰是分权的临时性管理问题。分权与集权的时间性表明项目型企业需要某种按项目来为组织设定节奏的机制。

总体来看,项目型企业的理想形式也许为平衡探索与开发这一困境提供了唯一的机会。项目从组织的规矩和习惯中分离出来而聚焦于某一特定问题,是定制式的或客户交互式的。这种权力下放和任务分解的努力,通常伴随着管理权威对可以减少复杂性的机会所做出的反应。这会带来局部问题解决、局部探索和情境学习过程。正如前面所讨论的,这会导致将局部知识转换到其他环境中的困难。在这种情况下,重要的是战略和管理的角色,以在项目大家庭与为获得先前学习的好处所需要的核心能力的发展和可持续性之间创造协同效应。因此,项目型企业必须发展自己的核心能力,以使自己不仅仅成为分散项目的"行政便利"和"财务组合"。如果想要实现全系统范围和公司高层的效率,良好的综合管理将很重要。当然,项目层次的管理是关键问题,然而为了应对市场动态和产业变化,管理项目型企业远比管理单个项目难得多。

8.6 结语

有人可能会问项目型将会取代还是补充事业部型,或者说它们是共存还是相互冲突?在大型组织中,事业部型和项目型往往是共存的,因为其有必要设立分离的业务领域和部门,其中项目型组织存在于事业部中。ABB公司就是个明显的例子,事业部型和项目型的特征在其公司演化过程中都扮演了重要角色(Söderlund and Tell,2009)。永久性部门需要足够强大,从而使得跨部门的工作不太必要,而且永久性指导方针的制定不需要太多和太频繁的改变。在分权的力度和持久度上,这两种组织有着本质的区别。如果不太可能产生这样的持久性,那么组织就更倾向于选择项目型,尽管在某些权变下选择事业部型更有利。

在这一章中,我们集中讨论了与局部探索和学习、临时分权、时间导向以及系统范围内的知识转移相关的挑战。在我们所进行的分析中,项目过程被描述成临时分权和重新整合的过程。这样的"临时系统"由一系列组织机制控制,包括时间限制和项目目标,它们界定了临时系统的界限。在这个界限内,适应当地需求和优先级的分权知识过程得到发展。临时系统的界限受到了普遍关注。分析指出,项目的界限是解决公司层级适应性的基础,它们切断了同一环境中其他部分和平行项目的关联。换句话说,尽管分权在项目层级考虑到了捆绑的依赖性问题,但同时还是会导致对依赖性的忽视。

本章的目的在于说明项目型企业的权变、特征和挑战。之后的分析很大程度上回应了与临时分权密切相关的问题和特征。我们相信分权兼具管理和理论启示,具有重要意义。当预测未来和制订计划(该计划使方案和永久性分权措施在数月之后仍有效)变得困难时,这一分析是非常适用的。考虑到基于截止日期的临时分权的重要性,我们认为截止日期在项目型企业中很重要,不仅仅出于控制的目的,而且也出于"战略反应"、企业模式和系统范围内效率的目的。除了这种"截止日期的心态",临时分权和项目组织通常也包含一些"临时性组织"的逻辑(Goodman and Goodman,1976;Lundin and Söderholm,1995),这意味着新人被带进来,而现在的项目成员离开去解决特定的问题,从而实现系统范围的效率。换言之,项目型企业抑制了"群组长寿"(Katz,1982)的问题,这对个体的外部意识和创造性有着积极作用(Skilton and Dooley,2010)。从这个方面看,项目型企业能够摆脱事业部型企业的固定化模式所带来的一些相关问题。然而,这需要确保人们有某种"共识"从而能够建立合作和协调机制,建立信任,高效交流(参见 Meyerson,Weick,and Kramer,1996)。

为了结束本章,在项目型企业的本质和动因分析中,我们认为有几个重要研究方向:

- **项目型企业的本质**。这需要对不同类型的项目型企业、行业间差异以及制度环境做更进一步的分析。根据 Whitley(2006)的观点,区分项目型企业的单一性、稳定性工作角色的分工将成为研究的出发点。这一观点支持对项目型企业运行制度环境进行更加细致的考察:项目型企业为何能在制度主导因素不利于自身发展的条件下得以发展和生存?

- **项目型企业的形成**。这包括早期项目型企业的发展历史、外部权变的驱动因素以及企业如何应对这些要求(如不断差异化和动态化的市场等)。对于此,我们认为企业有两种截然不同的发展轨迹:其一是与项目型的特征相一致,其二是最初采用一元结构或事业部型,但随后渐渐采用与项目型类似的特征。因此,受限于公司的路径依赖和实现项目型企业的可能性便成为发展的一大难题,尽管日常活动和能力可能使得组织向不同的方向发展。

- **项目型企业的成长**。这建立在特别强调"项目能力"和"项目竞争力"的重要性的文献及研究基础上（Söderlund,2008）。项目型企业的核心能力如何发展？核心能力的关键何在？它们的重要程度随着时间如何变化？项目层级的能力如何与公司层级的能力相匹配？项目型企业如何在不同层级建立自己的领导力？又如何使不同层级的领导力共同促进项目型企业的可持续发展以应对技术间断和激进创新的挑战？项目型企业的僵化会给其带来怎样的具体成长问题？项目型企业规模的扩张有没有限制？

8.7 参考文献

ALLEN, T. J. (1995). "Organization and architecture for product development," Working Paper, MIT Sloan School of Management.

BARTLETT, C., and GHOSHAL, S. (1993). "Beyond the M-form: toward a managerial theory of the firm," *Strategic Management Journal*, 14: 23–46.

BRADY, T., and DAVIES, A. (2004). "Building project capabilities: from exploratory to exploitative learning," *Organization Studies*, 25/9: 1601–21.

BRUSONI, S., CRISCUOLO, P., and GEUNA, A. (2005). "The knowledge bases of the world's largest pharmaceutical groups: what do patent citations to non-patent literature reveal?" *Economics of Innovation and New Technology*, 14/5: 395–415.

BURNS, T., and STALKER, G. M. (1961). *The Management of Innovation*. London: Tavistock.

CHANDLER, A. D. (1962). *Strategy and Structure: Chapters in the History of Industrial Enterprise*. Cambridge, MA: MIT Press.

——(1990). *Scale and Scope: The Dynamics of Industrial Capitalism*. Cambridge, MA: The Belknap Press of Harvard University.

——and DAEMS, H. (eds.) (1980). *Managerial Hierarchies: Comparative Perspectives on the Rise of the Modern Industrial Enterprise*. Cambridge, MA: Harvard University Press.

CLARK, K. B., and FUJIMOTO, T. (1991). *Product Development Performance: Strategy, Organization and Management in the World Auto Industry*. Boston: Harvard Business School Press.

COLLIS, D., YOUNG, D., and GOULD, M. (2007). "The size, structure and performance of corporate headquarters," *Strategic Management Journal*, 28: 383–405.

DAVIES, A., and BRADY, T. (2000). "Organisational capabilities and learning in complex product systems: towards repeatable solutions," *Research Policy*, 29: 931–53.

——and FREDERIKSEN, L. (2010). "Project-based innovation: the world after Woodward," in *Technology and Organization: Essays in Honour of Joan Woodward*. Research in the Sociology of Organizations Series.

——and HOBDAY, M. (2005). *The Business of Projects: Managing Innovation in Complex Products and Systems*. Cambridge: Cambridge University Press.

DEFILIPPI, R. J., and ARTHUR, M. B. (1998). "Paradox in project-based enterprise: the case of film making," *California Management Review*, 40/2: 125–39.

EISENHARDT, K. M., and BROWN, S. L. (1997). "The art of continuous change: linking complexity theory and time-paced evolution in relentlessly shifting organizations," *Administrative Science Quarterly*, 42/2: 1–34.

Enberg, C., Lindkvist, L., and Tell, F. (2006). "Exploring the dynamics of knowledge integration: acting and interacting in project teams," *Management Learning*, 37/2: 143–65.

Galan, J. I., and Sanchez-Bueno, M. J. (2009). "The continuing validity of the strategy-structure nexus: new findings 1993–2003," *Strategic Management Journal*, 30: 1234–43.

Gann, D., and Salter, A. (1998). "Learning and innovation management in project-based, service-enhanced firms," *International Journal of Innovation Management*, 2/4: 431–54.

Gersick, C. (1995). "Everything new under the gun: creativity and deadlines," in C. M. Ford and D. A. Gioia (eds.), *Creative Action in Organizations*. Thousand Oaks, CA: Sage.

Goodman, R. A., and Goodman, L. P. (1976). "Some management issues in temporary systems: a study of professional development and manpower—the theater case," *Administrative Science Quarterly*, 21/3: 494–501.

Grandori, A. (2001). "Neither market nor identity: knowledge-governance mechanisms and the theory of the firm," *Journal of Management and Governance*, 5: 381–99.

Grant, R. M. (1996). "Toward a knowledge-based theory of the firm," *Strategic Management Journal*, 17, Special Issue: 109–22.

Hedlund, G. (1994). "A model of knowledge management and the N-form corporation," *Strategic Management Journal*, 14: 73–90.

Hobday, M. (1998). "Product complexity, innovation and industrial organisation," *Research Policy*, 26: 689–710.

—— (2000). "The project-based organization: an ideal form for management of complex products and systems?" *Research Policy*, 29: 871–93.

Katz, R. (1982). "The effects of group longevity on project communication and performance," *Administrative Science Quarterly*, 27/1: 81–104.

Keegan, A., and Turner, J. R. (2002). "The management of innovation in project-based firms," *Long Range Planning*, 35: 367–88.

Kogut, B., and Zander, U. (1992). "Knowledge of the firm, combinative capabilities and the replication of technology," *Organization Science*, 3/3: 383–97.

Levinthal, D., and March, J. G. (1993). "The myopia of learning," *Strategic Management Journal*, 14, Special Issue: 95–112.

—— and Warglien, M. (1999). "Landscape design: designing for local action in complex worlds," *Organization Science*, 10/3, Special Issue: Application of Complexity Theory to Organization Science: 342–57.

Lindkvist, L. (2004). "Governing project-based firms: promoting market-like processes within hierarchies," *Journal of Management and Governance*, 8/1: 3–25.

—— (2005). "Knowledge communities and knowledge collectivities: a typology of knowledge work in groups," *Journal of Management Studies*, 42/6: 1189–210.

—— Söderlund, J., and Tell, F. (1998). "Managing product development projects: on the significance of fountains and deadlines," *Organization Studies*, 19/6: 931–51.

Lundin, R., and Söderholm, A. (1995). "A theory of the temporary organization," *Scandinavian Journal of Management*, 11/4: 437–55.

March, J. G. (1991). "Exploration and exploitation in organizational learning," *Organization Science*, 2/1: 71–87.

—— (1995). "The future, disposable organizations and the rigidities of imagination," *Organization*, 2/3–4: 427–40.

—— and Olsen, J. P. (1989). *Rediscovering Institutions: The Organizational Basis of Politics*. New York: Free Press.

Meyerson, D., Weick, K. E., and Kramer, R. M. (1996). "Swift trust and temporary groups," in R. H. Kramer and T. R. Tyler (eds.), *Trust in Organizations*. Thousand Oaks, CA: Sage.

Mintzberg, H. (1979). *The Structuring of Organizations*. New York: Prentice Hall.

Nickerson, J., and Zenger, T. (2004). "A knowledge-based theory of the firm: the problem-solving perspective," *Organization Science*, 15: 617–32.

Nightingale, P., Brady, T., Davies, A., and Hall, J. (2003). "Capacity utilization revisited: software, control and the growth of large technical systems," *Industrial and Corporate Change*, 12/3: 477–51.

Nonaka, I., and Takeuchi, H. (1995). *The Knowledge Creating Company*. New York: Oxford University Press.

Perrow, C. (1970). *Organizational Analysis: A Sociological Review*. Belmont, CA: Wadsworth.

Prahalad, C., and Hamel, G. (1990). "The core competence of the corporation," *Harvard Business Review*, May–June: 79–91.

Prencipe, A., and Tell, F. (2001). "Inter-project learning: processes and outcomes of knowledge codification in project-based firms," *Research Policy*, 30: 1373–94.

Sapsed, J., and Salter, A. (2004). "Postcards from the edges: local communities, global programs and boundary objects," *Organization Studies*, 25/9: 1515–34.

Siggelkow, S., and Levinthal, D. A. (2003). "Temporarily divide to conquer: centralized, decentralized, and reintegrated organizational approaches to exploration and adaptation," *Organization Science*, 14/6: 650–69.

Simon, H. (1962). "The architecture of complexity," *Proceedings of the American Philosophical Society*, 106/6: 467–82.

—— (1996). *The Sciences of the Artificial*, 3rd edn. Boston: MIT Press.

Skilton, P., and Dooley, K. (2010). "The effects of repeat collaboration on creative abrasion," *Academy of Management Review*, 35/1: 118–34.

Söderlund, J. (2002). "Managing complex development projects: arenas, knowledge processes and time," *R&D Management*, 32/5: 419–30.

—— (2004). "Building theories of project management: past research, questions for the future," *International Journal of Project Management*, 22/3: 183–91.

—— (2005). "Developing project competence: empirical regularities in competitive project operations," *International Journal of Innovation Management*, 9/4: 451–80.

—— (2008). "Competence dynamics and learning processes in project-based firms: shifting, adapting and leveraging," *International Journal of Innovation Management*, 12/1: 41–67.

—— and Tell, F. (2009). "The P-form organization and the dynamics of project competence: project epochs in Asea/ABB, 1950–2000," *International Journal of Project Management*, 27: 101–12.

Sydow, J., Lindkvist, L., and DeFillippi, R. (2004). "Project-based organizations, embeddedness and repositories of knowledge: editorial, special issue," *Organization Studies*, 25/9: 1475–89.

Teece, D. (1980). "Economics of scope and the scope of an enterprise," *Journal of Economic Behavior and Organization*, 1: 223–47.

Thompson, J. D. (1967). *Organisations in Action*. New York: McGraw-Hill Book Company.

Walker, A. H., and Lorsch, J. W. (1968). "Organizational choice, product versus function," *Harvard Business Review*, November/December: 129–38.

WHITLEY, R. (2006). "Project-based firms: new organizational form or variations on a theme," *Industrial and Corporate Change*, 15/1: 77–99.

WOODWARD, J. (1965). *Industrial Organization: Theory and Practice.* London: Oxford University Press.

YAKOB, R., and TELL, F. (2009). "Detecting errors early: management of problem-solving in product platform projects," in A. Gawer (ed.), *Platforms, Markets and Innovation.* Cheltenham: Edward Elgar.

ZOLLO, M., and WINTER, S. G. (2002). "Deliberate learning and the evolution of dynamic capabilities," *Organization Science*, 13/3: 339–51.

第9章　通过项目实施战略

Christoph Loch　Stylianos Kavadias

9.1　项目管理:战略制定还是战略执行?

项目(project)一词的词根为拉丁词 *projectum*,意为"向前推进的事物",相较于战术执行角度,该词更侧重于强调前瞻性。尽管项目管理的许多工具早在美国导弹计划如北极星中就曾被使用,但进一步的研究表明北极星计划更多是围绕战略选择层面进行而不是项目管理技术层面。在1955年,美国海军的舰载弹道导弹计划(Fleet Ballistic Missile,FBM)旨在"从弹道导弹计划中分得一杯羹"(Spinardi,1994:25):Admiral Burke认为,"第一个证明其能力的机构极有可能继续该项目,并使得其他项目被迫中止"(1994:26)。其结果则是更清晰的对于成本和规范的优先级安排(实际上,北极星导弹计划的前两个方案在理想范围和爆炸性能方面都不足)。这一规则很明显与竞争性的空军系统不同,其强调在有限精度要求下对城市中心的摧毁能力——而空军系统对硬性目标的摧毁更强调精度而非摧毁能力(1994:34)。

即使是PERT(计划评审技术,北极星项目开发出的正式的规划方法)都很少强调改进项目控制,而更多强调"提供技术活力,这对于项目推广是更有价值的……管理效率的形象会对项目有利。重要的不是系统的某一部分是否正常运转甚至存在,而是特定的人在特定时期是否认为它正常运转或存在"(Spinardi,1994:36)。总之,对于海军的战略组织目标,其操作性定义、优先级、行动甚至是"效率"本身都是不断变化的:以确保与美国空军之间进行资源竞争。

然而这种战略层面的考量已经在项目管理学科内逐渐减少。项目管理已经将视角转换至项目执行层面,通常将使命视为不可更改并且目标由外部给定(见本书第1章)。

例如,美国项目管理协会的项目管理知识体系指导(PMI,2004)将项目管理定义为,运用知识、技能、工具和技术项目等来推动项目活动以满足甚至是超出利益相关者对于此项目的需求和期望。这涉及平衡相互竞争的需求的范围、时间、成本和质量,也涉及平衡拥有不同需求和期望的利益相关者,包括他们的确定要求(需求)和不确定的要求(期望)(PMI,2004)。类似地,两本具有代表性的教科书(Kerzner,2003:3;Meredith and Mantle,2003:9)也在项目管理的定义中均排除了对项目范围的决策。

因此,项目管理的历史演进包含了一丝讽刺:尽管北极星计划被公认为对项目管理的诞生有着重要贡献,但是该学科却与驱使北极星计划成功的战略式行动相悖。

最近,这种"向下窄化"已经开始扭转。一些学者开始呼吁改善项目管理和战略之间的联系。Morris(2006)将项目定义以及项目在环境中的合理嵌入视为"最重要的成功驱动因素"。Artto and Dietrich(2004)将项目组合工具视为项目战略管理的一种方法。新的教科书已经开始讨论项目(应该)如何嵌入战略中去(参见Pinto,2006)。甚至美国项目管理协会的项目管理知识体系指导(PMI,2004)都开始认为"项目通常是被用来实现组织战略计划的一种方式",并且认为项目是"战略考量后的结果"(2004:7)。

因此,目前的共识是,项目的失败不仅仅是由于执行上的失利,而且也是由于混乱的战略方针、不恰当的项目范畴或者是利益相关者之间不明确的因而未解决的紧张局势和/或权衡[参见(Morris,2006)及本书第1章]。这一共识传达出直截了当的信息:项目管理者能够从拓展他们的活动至战略联盟和组织推动方面来获得极大的利益。

在本章,我们认为应将项目管理从战略制定中分离出来,尽管这一观点似乎超前了一步。它意味着由业务人员来设定产出与章程,并通过项目管理来执行。然而这一观点忽略了一个事实,即战略不仅仅是由上制定并向下实行的。在不确定性、波动性以及企业、产业及国家间的相互依赖性不断增加的环境下,战略制定是非常紧急的,它需要根据所发生的事件做调整(Mintzberg,1978)。因此,战略制定是自上而下的,也是自下而上的。项目管理这一学科不可以往后退而说:"我们承认我们需要了解战略,这样我们才能更好地实行它们,但是我们把这一重大决策交给了那些大人物!"项目管理应该通过参与战略制定本身来将视角提升至更高层面。

9.2 项目自上而下和自下而上的贡献:搜寻理论

富有挑战性的组织问题需要复杂的项目来提供解决方案。有文献将其抽象成复杂函数的优化问题(加粗的符号代表向量)(Loch and Terwiesch,2007;Mihm,Loch,and Huchzermeier,2003;Rivkin and Siggelkow,2003):

$$\text{Max}_x P(\pmb{x}, \pmb{a})$$

在这个抽象公式中,向量 $\pmb{x}$ 代表一系列决策变量。例如,修建新型的铁矿石还原设施需要设计成千上万的组件,它们又组成了数以百计的子系统,其中的设计参数必须被设置。因此,向量 $\pmb{x}=(x_1,\cdots,x_n)$ 可能包括成千上万的变量。函数 P 代表特定项目的绩效指标(比如财务、技术、声望等)。它代表了这些变量之间的因果关系,比如,一个变量是否会增加或减少绩效,以及 x_i 之间的相互作用。P 可能会受到众多外生参数的影响,记作向量 $\pmb{a}$,它们是不受项目管理团队控制的。这些参数可能随时间以不可预见的方式改变(例如,由于下游产业的经济变化、原材料特性或监管体制的变化而导致的客户需求的变化)。原则上,P 将问题解决方案 $\{x\}$ 中每一个元素都映射成一个实数(通常是一美元的价值)以便于比较绩效。恰当的指标选择会反映行业竞争的主要维度。图9.1总结了项目的这种抽象表示。

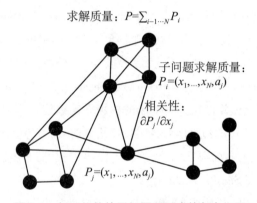

图 9.1　相互依赖的子问题所形成的复杂问题

决定项目绩效的变量可能"以并不简单的方式相互作用,这使得根据某些部分的属性以及它们相互作用的某些法则就推出整个问题的属性成为一个并不简单的问题"(Simon,1969:195)。因此根据映射 P 来衡量绩效状况的方式是粗糙的,也就是说,它会出现许多的局部极大值(局部极大值是 $\pmb{x}$ 的一个解,且没有任何偏离该解的 x_i 能够提供优化)。当绩效函数 P 是粗糙的时候,通过局部小的改善并不能找到全局最优,即全局最优解。另外,不同的决策变量 x_i 可能需要不同领域的专业知识来评估并有效地选择新值。通常,没有一个"策划人"可以完全具备这些能力并且完全理解整个绩效函数 P 从而"优化"所有方面(Kavadias and Sommer,2009)。

为了应对这些挑战,组织通常会采用两种搜索策略:①将重要任务分配给多个成员(代表团及分布式问题解决);②创建迭代过程来很快找到一个更优解(根据给定指标)。

搜索通常分布于众多行动者之中,这是因为关于子问题和组件的较深入的知识由专家掌握(Simon,1969;Loch and Terwiesch,2007)。在我们的正式的抽象表达中,总绩效 P 来自许多较小部分绩效的加总:$P = \sum_i P_i(x_1,\cdots,x_N,a_i;d)$。每个子问题下的绩效 P_i 均代表一个行动者 i,比如一个子团队或一个专业分包商。参数向量 d 代表反复执行的分析、测试、组件设计、管理协调活动等,它们均根据正式规则(也称为流程)设立,以确保组织层级的效率(Nelson and Winter,1982)。例如,分包商往往受制于关于交付成果和规格的详细合同协议,以确保对整体绩效做出适当的贡献。众所周知的流程,比如项目生命周期(或是产品开发项目中相应阶段的流程)正是制度化的规则集,它规定了如何靠近解决方案,即由目前的解 x 到新解 y 的步骤。

流程也必须确保协调性和/或良好的沟通,因为子问题往往相互联系(比如图 9.1 中部分交叉衍生内容之间的相关性),因此组织由或多或少地紧密耦合的组合组成(Cyert and March,1963)。

总之,搜寻理论将项目工作描述为一系列子问题的连续迭代试验解,它们趋向于整个系统的解。对于这样的复杂项目,搜索理论给出了如下的相关见解:

● 高级管理人员不解决具体问题。子问题(组件、模块)的决策和一线问题解决方案应该被下派到尽可能低的层面上(Rivkin and Siggelkow,2003;Mihm et al.,2010)。

● 高级管理人员梳理并检查一线生成的解决方案以使之为整体绩效做出贡献:它设置了必要的安排(子团队沟通与协调机制,较低级别解决方案与较高级别优先问题之间的一致性检查,死锁消解规则)。高级管理者需要授权,而高层过度控制会降低解决方案的质量(Rivkin and Siggelkow,2003)。

因此,搜寻理论提出,当遇到项目管理任务时,应当在决策权方面做出有效分配:当高级管理人员确实不知道什么是恰当的操作决策时,这些决策应被放到一线,在充满运营方面知识的环境下解决。然而高级管理人员确实有监督责任去决定正确的绩效指标是什么,并且确认有效的制度化流程和规则——当然这些也受到环境变化和组织学习的影响,从而进行修正和变化。换句话说,存在二次搜寻过程,它在高级管理层间平行发生。这个高级管理层的搜寻过程制约了操作层面(项目级)的搜寻过程,但随着它们在一个不断变化的环境中产生学习效果,其本身会受到操作层面结果的影响。通过这两种连锁搜寻过程,自上而下与自下而上的管理相互交织,它们需要同时被考虑。

有一套理论体系可以被用来描述并理解这两种搜寻过程,即嵌套层级结构进化周期理论(hierarchically nested evolutionary cycles),其通常被用于进化生物学和人类学方面(Sober and Wilson,1999;Boyd and Richerson,2005)。我们将这一观点用自己的术语展现在图 9.2 中(改编自 Loch and Kavadias,2007)。

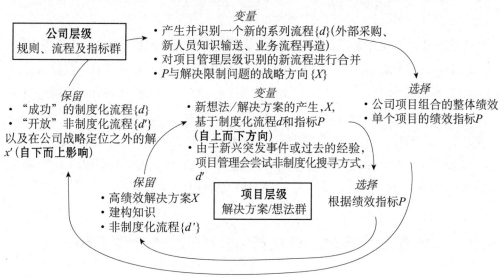

图 9.2　组织中项目的两级进化观点

图 9.2 展示了两级搜寻过程,或称为进化周期,每个过程都包括三个进化阶段:变量、选择和保留至下一环节。较低级的操作周期在项目管理层级运作。这就是解决问题的地方:对组织所面临的问题创建新的解决方案,这一方案经由创造性的想法(部分随机产生)与其他领域专业及知识相结合产生,并通过制度化流程来塑造和约束。这种从想法到产出(产品或生产流程)的转化明确展示出创造性搜寻的进化步骤,即概念产生、选择(基于反应战略目标的预设指标)以及保留(以工件、原型甚至是显式的技术数据库的形式)(例如 Hargadon and Sutton,1997;Thomke,2003;Fleming and Mingo,2007)。

在图 9.2 的较高层级,我们发现了管理项目工作的制度化流程和习惯,并反映出"组织的行事方式"。这些过程可能以并不完全被认知的方式在组织内部发生(Nelson and Winter,1982)。它们可能产生于现有项目的实验中(自下而上效应),或者来自对外部基准范例或专业实践的模仿。流程是根据它们的绩效来选定的,但这通常较难衡量(成功情况是随机且因果关系模糊的,只能做长期评估),所以选择可能是不理想的。错误界定因果关系,且基于虚假结果导致流程被选择或淘汰的情况确实可能在组织内发生。被"选择出来"的流程可能会被正式停用或淘汰,但是随着时间的推移,流程也可能会有较强的持续性。

进化的这两个层级相互作用:低层级"组合"形成高层级(例如一个公司总的流程由若干项目实践组合而成),反过来,高层级的结构会影响低层级的创建、标准选择及继承。层级之间可能会相互冲突:低层级适用的不一定适用于高层级(Sober and Wilson,1999:27)。同时,两个流程之间自下而上的交互强烈依赖于高级管理层的开放水平:允许成功实践从组织的低层级"向上"进行整合,并最终塑造其接下来的方向和绩效。

从图9.2可以得出两个重要的启示:首先,产品的优化过程是通过迭代逐步累积的,而不是通过向某个既定的、众所周知的目标努力获得;其次,战略决策和项目执行是一个统一的整体,因此需要从整合的视角去看待。它们反映了之前所观察到的诱导战略与紧急战略之间的区别(Mintzberg,1978;Burgelman,1991)。因此,项目不仅仅是单纯的"战略执行联合机制",它们也是"战略搜寻"过程中不可或缺的一部分。

在剩下的两个部分中,我们首先展示广泛应用于战略级联及项目联盟的工具,其次提供项目作为战略制定工具(必要但不一定被广泛使用)的概览。

9.3 连接商业战略和项目执行:自上而下的级联工具

一些工具和方法使得项目管理者能够建立并维持战略与项目执行之间的联系。在这里,我们简要介绍三种不同类别的工具,实践证明它们是有用的:①战略级联工具,它可以促进商业战略转换为具体的项目目标;②项目组合图,它能够帮助明确识别在项目间进行资源分配时所面临的权衡取舍,同时对单个项目做出更加准确的评估;③影响利益相关者与谈判的正式工具,它能够促进项目执行过程中摩擦的识别与协商。没有一种具体工具可以给出明确的"答案"(类似于一种优化方案)。这些工具旨在帮助组织建立一种通用语言,一种能够持续维系经营目标和战略目标之间关系的语言。这需要行动者之间更有效率地交换信息并且以一种协调的方式行动。

战略级联

我们给出三种战略级联工具:比例树、平衡计分卡以及Markides的五问题战略框架。

第一个工具是1985年由Richard Foster及同事提出的财务比例树。它是基于杜邦公司一个工程师F. D. Brown早在1914年就提出的著名杜邦财务比例树发展而来的。该观点可以精炼为将企业投资(R&D的财务回报)分解成"技术表现"部分和"商业化"部分。技术进步由运营绩效的改善来衡量(例如产品特性、流程效率或质量),商业层面的成功由回报率来衡量(例如市场份额及赚取的利润)(见图9.3)。

研发回报树是一个极好的概念性工具,它有助于清楚了解因果关系,尤其是在分离研发与商业活动的复杂影响上。尽管它非常有名且经常在文献中被提及,但它极少被

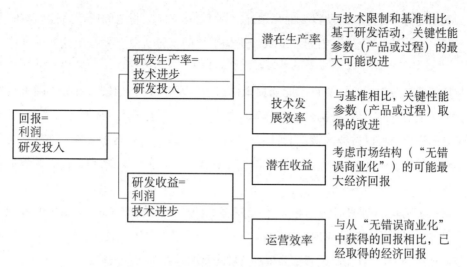

图 9.3　一般财务比例树与运营能力测量的结合
资料来源：改编自 Foster et al.（1985）。

真正使用，因为①这种方法较难被实现（且容易引发无尽争议），②当把该树扩展到越来越多的运营措施时，其复杂性急剧增加。

第二种被广泛使用的工具是平衡计分卡（见图 9.4），由 Kaplan 和 Norton（1996，2000）提出。它根据财务、客户、业务流程、"学习"或能力建设目标等方面来评估组织活动。平衡计分卡全面总结了四种类型的组织目标，并使得将它们分解到更低层级的组织单元成为可能。

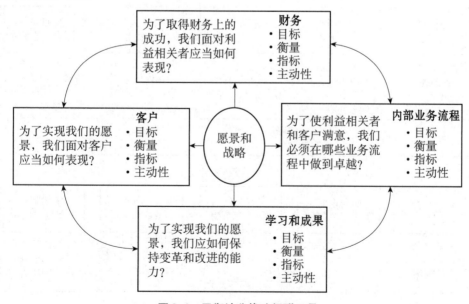

图 9.4　平衡计分战略级联工具
资料来源：改编自 Kaplan and Norton（1996）。

平衡计分卡工具有两个很大的局限性。首先，由于标准制定的通用属性（财务、客户、流程和学习），这个工具很容易变成一个标准化的衡量机制。原则上这些标准应该是可以调整的，但是实践中经常会变得标准化（就像客户和流程指标中的"最佳实践"最后往往仅选择最常用的），并且不能捕捉个体组织的真正战略。其次，计分卡通常具有强大的自上而下的意味，忽视了本章强调的自下而上的反馈循环。原则上，对这两种反对意见的回应都可以被纳入该工具，但复杂性的增加却大大提高了成本。这就是为什么相较于销售或制造业，很少有项目管理使用平衡计分卡这个工具，因为前者绩效更容易计算。

第三个工具，与平衡计分卡相关，但是却很少被广泛使用，即 Markides(1999)在项目管理文献中提到的五问题通用框架（见图9.5）。与平衡计分卡相比，这个工具采用明确的战略观点，并希望首先通过五个简单的问题来阐明业务单元的战略：

(1) 我们提供什么产品？回答这样一个问题并非微不足道，它需要回答几个较难的问题，例如：我们提供支持性的服务吗？为什么或为什么不呢？我们提供解决方案或产品/组件吗？等等。

(2) 进行支付的客户是谁？这个问题的答案可能会揭示客户（为产品进行支付的群体）和最终用户（实际使用产品的群体，并可能影响购买方）之间的区别，也能使我们更好地理解哪种项目规范可以更好地满足某一方群体的需求。

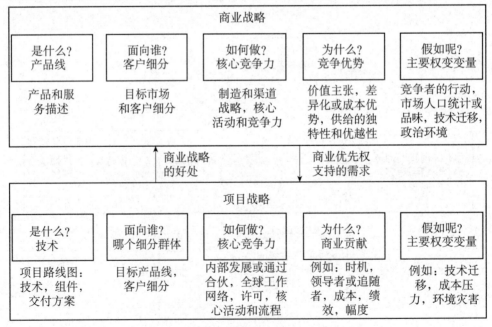

图9.5 战略定位级联工具的五个问题

资料来源：改编自 Markides(1999)。

(3)组织怎样交付产品或服务？这个问题的目的是阐明组织的核心流程（即基于核心能力和知识的活动）。一个项目可能代表一项核心活动，比如在一些组织中是交付解决方案，在另一些组织中是执行变革。

(4)为什么消费者从我们这里购买商品而不是从竞争者手中购买或者根本不买？这一问题旨在找出有关我们产品/服务的清晰的价值定位。

(5)如果环境发生变化怎么办？竞争性逻辑是否会改变市场需求和/或组织流程？

项目战略表明项目在商业周期中到底占据什么样的地位：提供多大的范围，满足什么样的"客户"，应使用什么样的项目管理方法和流程，项目会为公司的领先带来怎样特定的价值？最后，什么变化可能迫使项目团队修改项目范围或方法？

商业战略给项目范围提出了需求和财务限制。反过来，项目战略给商业战略提出了可行性约束，为商业战略提供了新的机遇或修正。Markides的框架能够带来高效的自上而下与自下而上的对话。这一工具在某种程度上比平衡计分卡理更为复杂，但是它更易捕捉较为精准的组织商业战略。同时，它使得规则和流程(d)更加清晰地展现在我们所介绍的进化框架中。Loch and Tapper(2002)描述了一家小型钻石公司高级开发部门的一个具体应用案例。

总之，三种战略级联工具都强调校准的重要性。偏差可能会对技术专长的追求造成影响（工程师们以过分设计的"镀金"解决方案闻名于世）、追随竞争对手的创新却从来追赶不上以及伪造业务数据（"追逐曲棍球棍"：收入的爆炸性增加总是被推脱还需两年）。如果不了解战略，项目团队成员就不能明确他们决策的结果和价值，这会使得他们失去动机，也不再贡献他们的知识，或者开始追求个人价值而非为组织服务。

明确表达项目战略的好处不仅仅在于它可以被用作一种"控制工具"，实际上，相比于使用哪种工具，管理者是否能够用它来增进对话和激励似乎更加重要。战略级联的好处可以大致总结为，它能够使利弊权衡更加清晰并对其有所指导，还能够激励和授权于项目工人(Loch, 2008)。

组合性观点

将任何战略性观点从充满希望的表述转换成具体行动计划的一个关键要素是在行动和任务中有效分配资源以使战略目标能够实现。组合性观点为那些促进商业战略进化的组织努力提供了一种整体视角。这一观点已经在项目管理教科书中被广泛提及(Meredith and Mantel, 2003; Pinto, 2006)，但仅仅是定性的或是基于财务比率的（比如回报率或现金流）。它们都忽视了一个重要视角，那就是项目对于一个企业的价值要依赖于整个项目组合,而并不仅仅是项目层级(Girotra,Terwiesch,and Ulrich,2007)。

当项目管理人员对整个项目集合有更深入的理解时,他们能够更好地交流项目绩效。认识到项目间的交互可以帮助人们更好地理解单个项目对整体战略的贡献,同时也可以使项目被更加集中且可靠地执行。组合性观点可以体现组织是如何实现其战略目标的。项目团队能够清楚理解他们的项目支撑着什么样的战略,扮演着什么样的角色,是否存在重复或备份,以及与其他项目之间有什么依赖关系等。

有许多表示组合的工具和框架,这里我们提供两种广泛使用的可视化工具(见图9.6)作为例子。我们认为组合机制应该为组织量身定制,而不应局限于标准观点(Hutchison-Krupat and Kavadias,2009)。图9.6的左图强调项目在技术使用和市场方面的新颖度(包括风险),右图根据细分市场以及公司在这些领域的竞争定位来对项目进行分类。

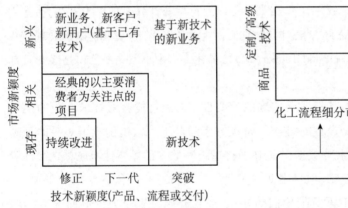

图9.6 两种项目组合图

在图9.6的左图,在两个维度(技术和市场)上都是低新颖度的项目表现为对"持续改进"所做出的努力(比如客户支持或升级项目)或是在特定的组织流程中使用六西格玛原则改进项目。持续改进的项目对组织是非常重要的:软件升级可以带来大笔收入;客户支持项目能够在工程服务中赚取可观的收入并构建品牌效应;内部持续改进项目推动生产力的增长,是利润保证的生产线。这些项目都具有较低的风险。然而它们却只有很低的"魅力要素",因此仅仅吸引高管层很小的注意力,这会导致聚焦于控制的"自动驾驶"情况。此外,正式的专业项目管理方法对某些项目也是较难操作的:比如,六西格玛项目需要四个人一周的努力来完成,并且往往需要分散在一个五个人的团队中。在这种情形下,问题不在于简单的正式协调与进展追踪。相反,挑战在于激励操作人员参与并为他们提供想法和隐性知识。过分强调控制可能会使他们的积极性丧失。

在左图中间区域是有挑战性的项目,在项目管理中经常遇到这样的故事和例子:它们定位在新的客户和/或区位上(尽管在相似的细分市场),这就会增加与消费者形成误解和紧张关系的风险,同时它们也会包含一些新技术,这也会增加及时交付与系统集成的风险。这些项目会带来巨大风险,但同时也是专业规范的方法,如规划、要求协商与"固定"、监管以及风险管理体现价值的地方。

最后,有一些项目属于对组织而言全新的领域。新领域意味着会有一批新的客户(比如流化床反应器工程承包商会与从事金属还原的工作人员以及化工企业的化学反应堆容器设计人员一同工作),同时也意味着将全新的平台技术融入项目中去[比如将连续可变传动(CVT)动力系统与运动型多功能车(SUV)进行整合并且改变整个产品的类别]。这类项目提供了潜在的高回报率但也伴随有高风险。此外,建立正式项目管理方法的有效性也被质疑。

图9.6的右图将项目置于组织的细分市场以及组织在这些细分市场的战略性地位中。在我们提及的流化床反应器工程项目中,该图展现了两个细分市场(金属和化工),以及它们各自的子细分市场标准化商品(现有业务)和高端定制商品(新业务)。在这个组织项目矩阵中显示出两个关键的战略问题。第一,业务部门事实上的优先级:哪一个项目应该得到更多的资源以资助更多的行动?哪个细分市场存在未被满足的市场需求或未被实现的增长机会?第二,项目是"捍卫"正在进行的业务目标还是旨在产生新业务目标?对这些问题的回答决定了风险状况,因为适应目前的方法要比进入一个新市场风险更小。对于我们之前的CVT和SUV例子,用这种观点来看,该项目旨在将企业定位于SUV细分市场的绩效前沿。再次重申,这里的目标不是评估单个项目的吸引力,而是评估这些行动合起来是否满足组织所在的市场并支持其商业战略。

这种组合观点促使高级管理人员考虑平衡问题:我们是否承担了太少(或太多)创新性高风险项目?对于大部分组织来讲,该指标都应低于10%,因为承担太多该类项目会给整体带来巨大风险。我们是否应该为持续改进项目投入足够的项目管理资源?如果我们投入太少,我们的组织方法和流程将不会得到足够的积累以满足生产率目标和获得成本竞争力。但如果我们对这一类型关注过多,那么我们可能太过激进并且过于偏向短期化了。也就是说,使用组合工具时应该询问有关项目资源投资的优先级问题,对这一问题的回答有助于明确怎样的项目才能对企业做出贡献。图9.6左边的组合问道:对于目前的产品和流程、下一代产品以及突破性项目我们想要投资多少?我们会承担多少风险?右边的组合则问道:我们应该将精力投放于哪个细分市场?我们应该在现有业务增长和新业务开发方面维持怎样的平衡?

另外,组合性工具的全局性视角使得我们对项目的评估不仅仅是绝对的,而是还可以进行对比评估。基于标准财务指标的项目排序可能会说明一些问题,但是这并不意味着就要把这些项目放入组合中,因为组织有可能决定在另外的市场进行开发。组合管理的自下而上方法的最主要局限在于,它存在将有吸引力的项目放入组合、但这些项目并不支持组织战略的风险。换句话说,整个组合应该比单个部分(项目)的加总更加有价值。高级管理人员的职责就在于,对需改进的、下一代的以及高风险的创新性项目进行平衡考量。没有方法可以"推导出"正确的组合,因为高级管理人员会设定业务优先级。但是项目管理者必须积极参与,因为在评价拟建项目的潜力时需要他们的具体知识。

不幸的是,大部分组织甚至是复杂的组织都会使用"通用"组合,并且是文献中有所提及的那种(例如,Wheelwright and Clark, 1992; Artto and Dietrich, 2004; Kavadias and Chao, 2007)。例子包括风险与回报率以及市场增长与市场规模(经典的波士顿咨询公司的战略组合)之间的权衡。只有当两个不同的组织拥有相同的战略时,它们使用相同的通用组合才是适当的。例如,如果一个工程承包商的竞争优势在于提供快捷、低成本的标准化设施,那么它就不应该与提供高科技定制化设施的公司采用相同的项目组合。

谈判与利益相关者

利益相关者虽然未必对项目有明确的作用,但是却与项目有着直接的利害关系。正如我们在这部分开篇提到的,不论是整体业务战略还是个体项目战略都倾向于在相互权衡后进行折中;利益相关者(组织边界内部或外部)之间常常会有不同的利益,或者以不同的方式来看待这些折中。这可能是由于他们之间存在利害冲突,也可能是由于他们各自的想法不同所导致(Dougherty, 1992)。例如,政府可能资助一项新的"绿色"技术或重要基础设施项目以增加社会福利,但项目分包商的目的可能是试图从中获利。

两种广泛使用的工具能够用来展示这种利益相关者之间的交互关系,它们分别是利益相关者图及权力/利益矩阵(Freeman, 1984; Elias, Cavana and Jackson, 2002; Winch and Bonke, 2002)。利益相关者图,或所有利益相关者的利益表,表明了项目会给谁带来问题(反对者),以及会给谁带来较大的利益(支持者)。权力/利益矩阵提供了利益相关者的分类,按照这个分类他们依次进行接触(见图9.7)。

这个权力/利益矩阵指出了存在于组织中的关系网(Rowley, 1997)。没有任何决策是独立的,我们需要向认识并信任的人询问建议。因此,利益相关者策略必须找到该关系网中有影响力的"代表"。如果你能得到有影响力的利益相关者的支持,那么他们的关系网将会"为你所用";这种动态情况展现出一种非线性反馈的过程,它会导致"广泛

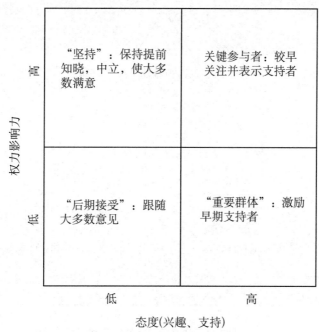

图 9.7 利益相关者权力/利益矩阵

的支持"(或是反对)。

根据这种社交网络逻辑,权力/利益矩阵会按这种顺序前进:处于网络中心并因此具有影响力且恰好支持这一项目的利益相关者自然是早期盟友。一旦他们愿意为这一项目说话,那么不那么有影响力但态度积极的"重要群体"便会被调动起来,然后他们对于相对较消极成员的影响便蔓延开来(Rowley,1997;Krackhard and Hanson,1993)。每种利益相关者都有自己的关注点和处理方法。

尽管利益相关者图和权力/利益矩阵都可以全面地提供利益相关者网络及其成员的意图,但它们能够反映的意图的潜在来源只有一个,即理性驱动的"利益冲突";然而另外两种重要的利益相关者的意图是较无意识且较微妙的文化,和/或社交事务的情感层面(见图 9.8 中底部的灰色层)。

网络影响层下面的一层是文化层,即"什么是合适的"。文化是指代际成员间传承的、关于社会整合与问题解决的、社会化习得的惯例和假设(Schein,2004;Boyd and Richerson,2005)。在我们之前提及的术语中,这就是指规则/流程(d)不总是由某种最优解明确推导出来的,而是从文化习惯与不言而喻的假设中求得。因此,在不明确的文化转变中也可能会发生变化,而且规则不仅会受到官方激励和制裁措施的影响,而且会受到社会规范与人群压力的影响。各种不同类型项目的例子比比皆是:当你的项目需要在一个特定的国家进行某项活动时,是否会受到政府和当权者的限制?它是否充分征询

图9.8 利益相关者影响层级

了当地人的想法从而受到人们的尊敬？为了能够使项目在社会可接受的配置和结果范围内实行,有时必须对项目规格做出调整。

更深的层次则是情感层。具体来说,当组织中的交互需要建立威望意识,以及与之相伴随的"赢"的渴望时,利益相关者便可能努力提升地位和要求;但是当关系构建起来或者是强调某种共同的身份而产生了某种"我们"的意识时,人们将会变得更加合作。这种行为的影响是稳定的,而且往往在经济层面是影响巨大的(Loch and Wu,2008)。在利益相关者管理中,这就意味着虽然个人可能发现项目是非常有益的但却抗拒或阻碍其进程,这仅仅可能是因为项目管理者并没有在项目关键时刻寻求建议,没有邀请他们参加里程碑式的仪式,或者没有在当地的媒体采访中提到他们。这样当地人对一个项目的态度可能在与当地专家指导委员会沟通,或对项目本身进行了解后被动摇(因此应给予相关人员尊重并建立关系)。一旦人们认定这是他们心仪的项目,他们将不顾针对这一项目的反对声音而自然而然地支持这一项目。

图9.8的下面两层揭示出理解利益相关者利益及其政治影响力的基础,在一些情况中,理解强烈情感的来源有助于项目管理者将支持的声音扩大。

9.4 战略制定:项目作为战略创建工具

在这一部分,我们将讨论项目所扮演的三个自下而上的战略发掘的角色,正如我们在图9.2中所讨论的那样,它们可以根据两个维度来进行分类:在前方进行搜索的类型(渐进的或激进的),以及所允许的自下而上行动的程度。能产生新颖解决方案的搜寻过程/活动可以被分为两类:并行搜寻(生态系统实验)和试错迭代法(Loch,Pich,and De Meyer,2006)。基于这个分类:

- 我们将讨论小型新兴并行项目的生态系统是如何积累而实现商业战略转型的;
- 我们将展现如何管理需要发展重大解决方案的大型项目以及由此所带来的重大战略变化;
- 我们将给出一个激进项目的例子,它本身能够代表组织战略的迅速转变。

通过小型项目管理变化

我们前面提到,高绩效的组织搜寻项目应该对战略有所贡献,它更多是影响目标而非单单只是执行给定目标。如果单个项目较小且相对简单,这甚至也适用于制造业组织(通常表现为不容忍自下而上的行动)。Sting and Loch(2009)研究了六个制造业组织中的战略部署,发现战略是受到一系列有所改进的项目的影响的。

例如,每个组织都有10—20个"战略"提升项目,它们是由高级管理层提出并跟进的(除了许多在生产线或部门水平被执行的小项目)。图9.9根据问题所在领域将这些项目进行分类,可以看出它们中的许多都来源于组织底部,而并非顶部。重大的(制造流程)科技投资都非常昂贵,以至于它们自顶部开始(见图9.9的最右侧),但是产品/市场以及组织项目在某种程度上都是开始于底部的。

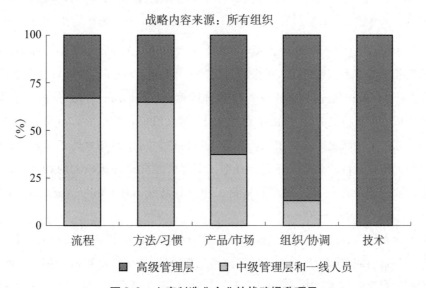

图9.9 六家制造业企业的战略提升项目

另外,6个组织中的4个在它们的战略目标上都是灵活的,可以根据结果来进行调整。例如,其中一个组织通过工作会议将产品设计工程师、流程设计工程师以及有经验的生产工人聚集起来,共同讨论和改进其技术路径。另一个组织试验了一条由老工人组成的生产线,这一建议是由一位部门经理提出的,他在一次高层管理会议上发现员工正在变老,这就威胁到生产率目标。这条生产线的人员完全自下而上地开发出了一个结合了人体工程学、工作安排和健康管理的集成系统,使效率提高到了年轻员工的水平;这个系统被整个公司所采用,并因此改变了公司的人力资源管理战略(Loch et al.,2010)。

组织从底部通过项目形塑战略的能力的关键在于组织顶部明确指出问题的意愿,并允许行动"向上走",只有在需要进行跨部门协调及出现结果的情况下才进行监管。即使这些结果是在意料之外的方面有用也是被允许的。单个项目相对较小(通常小于一人一年的工作量),但是组合起来就会产生战略性的影响。

新兴不确定项目中的迭代与并行试错

希望能对战略有所贡献的大型复杂项目必须能够承受项目内部的高风险水平(比如新技术或新市场)。更糟糕的是,这类项目必须一开始就承担不可预知的风险。Drucker(1985:189)很好地印证了这一观点:

> 当新的探索成功时,往往并不是在其最初计划服务的市场,而是在另一个市场,而且并不是通过其原来计划提供的产品和服务,购买它的大部分顾客也并不是其最开始考虑的,并且产品和服务被用于了最初设计功能之外的目的。

经济学家称之为"未察觉"或"不可预见的突发事件"(Modica and Rustichini,1994);公共政策领域的学者们称之为"邪恶的问题"(Rittel and Webber,1973);项目管理专家会使用"未知的未知状况"("unk unks")这样的术语(Wideman,1992)。当一个项目开发新技术或占据新市场时,未知的未知状况会非常多(Loch,Pich,and De Meyer,2006)。

当未知的未知状况非常突出从而导致项目目标和路径都基本处于未知状态时,风险管理与局部灵活性就会略显不足。任何计划都可能会出现比较大的意外,而项目团队就会放弃一些既定假设并在未知的情况中寻找解决方案(Miller and Lessard,2000;Loch,Pich,and De Meyer,2006)。

当然,项目团队应尝试去通过前期可行性分析和风险分析将未知的未知状况转化为风险——适当的风险管理与项目规划依然是需要的,并应该尽可能使用。然而,在新的或刚刚取得突破的项目中,不论一个人如何努力,这也很明显是不足的。在项目开端就具有良好灵活的心态是非常必要的:尽管未知的未知状况自身无法预见,但目前这种情况是可预见的。例如,以发现为导向的规划(McGrath and MacMillan,1995,2000)旨在识别现存的未知的未知状况,并且通过假设清单等来分析它们。类似地,Loch et al. (2008)描述了一个创业投资项目是如何通过系统调查来诊断未知的未知状况的,这种调查包括询问人们关于项目知道什么以及他们的直觉中不安全的情况在哪里。

有两个基本方法可以帮助认知这种未预见的不确定性:试错学习以及自然选择论(Pich et al.,2002;Leonard-Barton,1995)。

在试错学习中,团队一开始朝着一个结论(能够识别的最好结论)靠近,但是它随时准备着当新信息变得可得时,在结论和行动路径上从根本上反复地改变。探索性实验,旨在没有任何进步贡献的情况下收集信息,是这种方法的重要组成部分,这类实验的失败并不代表错误,而是学习的来源。因此,追踪学习与减少知识空白是非常重要的,而不仅仅是追踪朝向一个目标的进程。这种方法以不同的名字在技术转移、新产品开发、工程项目与创业项目中被多个学者所表述(请参见 Sommer and Loch,2009,其提供了一个概览)。

另外,这个团队可能选择"对冲"和自然选择论,即并行使用多种方法并观察什么方法奏效,什么方法不奏效(并不必完全解释原因),从而在事后选择最好的方法。这种方法的例子比比皆是,包括微软在 20 世纪 80 年代对几个操作系统的追求(Beinhocker,1999),丰田的"基于集合的工程"(Sobek,Ward,and Liker,1999),以及日本消费电子公司在 20 世纪 90 年代早期的"产品动荡"(Stalk and Webber,1993)。

在对 65 个创业项目做了大范围实证分析后,Sommer and Loch(2009)指出,学习与自然选择的最好结合点(以它们对项目成功的影响来衡量)取决于不可预见的不确定性的程度以及项目的复杂性(见图 9.10)。当不确定性和复杂性较低时(左下象限),计划和标准风险管理就取决于任务并且是最有效的。当不可预见的不确定性变大时,要变得更加灵活并使用试错法。当复杂性较高时,使用平行试验并尽快将范围缩小到最佳方案。最难的情况就是右上象限,这里不可预见的不确定性和项目复杂性都很高。结果表明,最高的成功水平与平行试验有关,假使它们能够存活到不确定性降低至所有重要风险都被知晓的程度;否则,试错法表现更好。当然,在任何大项目中,试错法和自然选择都应该结合起来并应用于不同的子项目中。

创建和发展项目的战略使命:一个案例

最后,我们讨论一个特殊的项目案例,这一项目中的事件导致了组织战略的转变。这个例子说明项目的使命很少是客观的,并且项目所支撑的战略并不总是存在或者说总是固定,因为环境是在不断变化的。尽管这里面有好多技术术语,但我们总是能够从反映利益相关者"希冀"的社会结构开始讲起(这可以用来支撑组织战略)。

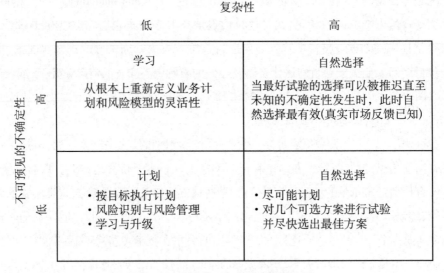

图 9.10　试错学习与自然选择的对比

这一战略经常是随着时间的推移而兴起和发展起来的,而且有时依赖于多个成员间多变而短暂的联盟。公共领域的项目尤其容易模糊不清,但是大型组织中的项目也可能出现这一紧急层次的目标(Rittel and Webber,1973)。对于这种紧急的战略项目,利益相关者的优先级在项目完成前不断变化,组织常常会面临一个复杂问题:组织是强制执行利益相关者预先设定的承诺还是进行不可避免的再次谈判而将项目的利益置于风险之中。

答案是,利益相关者的转变是不可避免的:项目目标很有可能转变以反映社会共识和联盟情况。组织基本不能使利益相关者执行之前的承诺,它必须使目标转变,但应当使这种转变尽可能移向继续支持组织战略的方向上来。这个任务相当艰巨,需要具备与传统项目管理一样多的外交和政治能力,并且需要得到组织高级管理层的全力支持与参与。因此对于这种紧急项目,组织的关键能力就是持续严格关注该项目在组织中所扮演的战略角色。

考虑最近的欧洲航管组织(Eurocontrol),即欧洲空中交通管制机构的例子(Loch and Mihm,2008)。这个机构向欧洲交通部长理事会(the Council of European Transport Ministers)报告说,在欧盟交通管制方面,它有2500余名员工共同协调工作。该机构的任务比较复杂,因为35个成员国中的每一个都拥有欧洲领空的一部分;另外,各个国家的空中交通管制执行及当地系统都是互不相容的;人员凭证与政策在国家与国家之间也有所差别。这种复杂性使得欧洲的空中交通管制相较于美国变得成本高昂,并极易由于协调失误而导致航班延误。

自20世纪90年代中期起,不同的团体都以非正式的形式讨论了欧洲范围内可兼容的空中交通管制(air traffic control,ATC)系统的框架。在 2001 年,欧洲航管组织的研发和系统仿真组织(RDC)为欧洲 2020 年及之后的空中交通管制开启了一个开发"操作概念"的项目。这种操作概念用于高度总结指导飞机的路径和流程,但并不在如何运作方面提供任何技术性描述。这个项目有两个基本原理:①这个概念是 RDC 使命的一部分,希望能够真正推动空中交通管制向前发展;②RDC 想要将它自身置于利益相关者(政府、各国半公半私的空中交通管制服务提供商、航空公司、机场以及空中交通管制设备制造商)网络中较为中心的位置。RDC 与一些设备制造商及各国空中交通管制服务提供商之间形成了研究联盟,并且得到了欧洲委员会(European Commission)的资金支持,作为其五年期研发框架基金的一部分。在 2004 年,这个联盟递交第一阶段的高层次概念。这个项目叫作协作化空中交通管制(Collaborative ATC,CATC),在图 9.11 的左边展示出来。

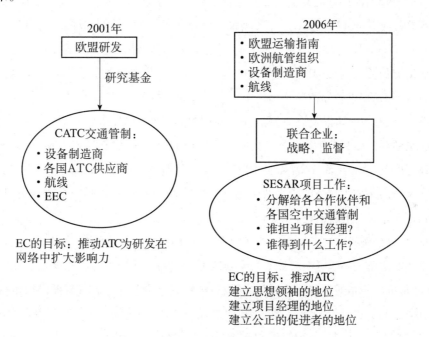

图 9.11 RDC 的空中交通管制项目演变

资料来源:改编自 Loch and Mihm(2008)。

然而,利益相关者联盟在这三年发生了一定的变化。各国空中交通管制服务提供商和航空公司认为 CATC 非常重要,以至于不能仅仅留给研发人员——尤其是在欧洲航管组织和 RDC 的赞助下,它已经成为代表欧洲委员会的中心组织而不仅仅是代表各个国家。一个更为广泛的联盟由此成立,它由商业人士掌控而非由研发人员掌控。RDC 试图成为这个联盟中的一员,这样才可能不被淘汰出局。新联盟因 CATC 的操作概念太过灵活而很快对其进行了抵制。他们将精力放在了单体欧洲航空高级研究(Single European Sky Advanced Research, SESAR)上,到2008年,SESAR已经成为试图重组欧洲空中交通管制的统一表达。SESAR在2006年开始创造改进的操作概念。然而直到2007年年中才有了一定进展,并且在很大范围上重复了CATC——证据表明技术标准不是起作用的唯一因素。

SESAR项目在图9.11右边有所显示。它收到了来自欧洲委员会和欧洲航管组织12年来20亿元的资金支持,并且将形成一个新的实体(项目指导委员会),即联合企业。尽管SESAR项目的技术目标与最初的CATC没有太多的不同,但是这个项目却拥有不同的任务,且运作上也不尽相同。RDC将为联合企业服务,具体角色仍被确定为项目运作的管理者,它能够将不同人员和工作进行协调,作为特定研发和仿真工作或者是它们二者结合的分包商。

RDC是如何回应这一改变的呢?它最初的战略视角不再适用。然而,RDC仍然对整体有着较大贡献,同时通过将自己放置在利益相关者网络中而为自己的组织获取价值。而RDC的这个价值定位正如同其自身在项目中的战略定位一样需要被改变。尽管这个变化突如其来,但是RDC在项目中仍旧是有一个战略定位的:在2020年将自身开发成为概念上的"思想领袖";作为一个项目管理者,它可以将组织中各国空中交通管制服务提供商、航空公司以及设备制造商等不同群体进行协调;作为一个公正的仲裁者,它能够帮助利益相关者达到双赢的折中局面。如果运作得好,相比于原项目,新项目将更好地帮助RDC。然而,这就需要RDC的高级管理人员明确参与其中,以便于引导SESAR向既定方向发展。它不是一个具有可交付成果的项目,而是一个改变组织规模、结构和外部定位的战略倡议。

总之,这个例子体现了经典的项目管理方法,即将规则视为给定并将其改变视为一次灾难性的颠覆——这可能会使参与全新的庞大战略项目的组织陷入瘫痪。在这类项目中,其目标可能是通过共识达到某种社群构建,而不是"为给定问题提供技术解决方案"。因此,高级管理层必须参与到达成"变革"共识的紧要过程中来。如果完成得好(即便以在改变中造成操作项目管理效率低下为代价),这个项目将会成为很好的战略资产,正如我们在SESAR项目中看到的那样。如果没有把握住这次机会,那么将会丧失这个项目机遇,甚至是成为伤害组织信誉和地位的一次灾难。欧洲航管组织项目生动地展示了高级管理层的"开放"对于处理大型项目(不可预见)紧急影响的重要作用,其重要性不是简单的过程监督,而是在变化的环境中进行治理、优先处理以及项目定位。监督必须包括利益相关者——只有他们在怎样应对项目改变的问题上达成一致,才能够深化组织战略制定,而不是引发争吵和冲突。

最后一点是有关图9.2中的项目战略框架的。战略的"如果……,就……"紧要维度,不仅要求高度关注宏观经济的新趋势,而且也要求关注项目内部事件的新变化。也就是说,组织的项目应将消费者行为、利益相关者、竞争者以及市场的新生变化也作为预警信号的一个来源。

9.5 结论

在传统意义上,项目的范围、目标及规范都被看作委托授权由项目管理者来运作并争取实现的。而项目管理的最新研究重新发掘了项目作为执行组织战略的"工具"的系统性作用。有三种战略联盟工具被广泛使用并整合到项目管理中,我们在此做一简单回顾:

(1)通过级联工具将商业战略系统化地转变成为项目目标。

(2)对组织的项目进行组合水平的评估。项目与其对业务的影响相互交织,组合水平的视角使现有优先级更加清晰。

(3)全面充分理解利益相关者"地图"以及他们相应的目标。这是战略联盟的有效组成部分。

然而,项目还会自下而上地创造和构建战略。由于组织不能使战略最优,而只是寻找可接受的解决方案,因而项目可以成为这种搜寻的一个有效组成部分。自下而上的战略构建包括:

(1)如果高级管理层愿意接受有用但不可预期的结果,那么项目的小型改进的组合可以改变和加强战略;

(2)能够对新兴战略的制定作出贡献的大型项目,但是必须要将接受其不可预见的不确定性作为项目愿景的一部分。这需要试错和自然选择(平行试验)的项目管理方法。

作为战略尝试与改变的工具,项目管理可以在组织中扮演更为重要的角色。为了扮演好这个角色,本章中所总结的自下而上的战略决策工具需要被正规化并不断加以应用。

9.6 参考文献

ARTTO, K. A., and DIETRICH P. H. (2004). "Strategic business management through multiple projects," in P. W. G. Morris and J. K. Pinto (eds.), *The Wiley Guide to Managing Projects*. London: John Wiley & Sons Inc., 144–76.

BEINHOCKER, E. D. (1999). "Robust adaptive strategies," *Sloan Management Review*, 40/3: 95–106.

BOYD, R., and RICHERSON, P. J. (2005). *The Origin and Evolution of Cultures*. Oxford: Oxford University Press.

Burgelman, R. A. (1991). "Intraorganizational ecology of strategy making and organizational adaptation: theory and field research," *Organization Science*, 2/3: 239–62.
Cyert, R. M., and March, J. (1963). *A Behavioral Theory of the Firm*. Englewood Cliffs, NJ: Wiley Blackwell.
Dougherty, D. (1992). "Interpretive barriers to successful product innovation in large firms," *Organization Science*, 3/2: 179–203.
Drucker, P. F. (1985). *Innovation and Entrepreneurship*. New York: Harper Collins.
Elias, A. A., Cavana, R. Y., and Jackson, L. S. (2002). "Stakeholder analysis for R&D project management," *R&D Management*, 32: 301–10.
Fleming, L., and Mingo, S. (2007). "Creativity in new product development: an evolutionary integration," in C. H. Loch and S. Kavadias (eds.), *Handbook of New Product Development Management*. Oxford: Butterworth/Heinemann, 113–34.
Foster, R. N., Linden, L. H., Whiteley, R. L., and Kantrow, A. M. (1985). "Improving the return on R&D I," *Research Technology Management*, January–February: 12–17.
Freeman, R. E. (1984). *Strategic Management: A Stakeholder Approach*. Boston: Pitman.
Girotra, K., Terwiesch, C. K., and Ulrich, T. (2007). "Valuing R&D projects in a portfolio: evidence from the pharmaceutical industry," *Management Science*, 53/9: 1452–66.
Hargadon, A., and Sutton, R. I. (1997). "Technology brokering and innovation in a product development firm," *Administrative Science Quarterly*, 42: 716–49.
Hutchison-Krupat, J., and Kavadias, S. (2009). "Organizational enablers for NPD portfolio selection," Georgia Tech Working Paper.
Kaplan, R. S., and Norton, D. P. (1996). *The Balanced Scorecard*. Boston: Harvard Business School Press.
——— (2000). "Having trouble with your strategy? Then map it," *Harvard Business Review*, September–October: 167–76.
Kavadias, S., and Chao, R. (2007). "Resource allocation and new product development portfolio management," in C. H. Loch and S. Kavadias (eds.), *Handbook of New Product Development Management*. Oxford: Butterworth Heinemann Elsevier.
—— and Sommer, S. (2009). "The effects of problem structure and team expertise on brainstorming effectiveness," *Management Science* (forthcoming).
Kerzner, H. (2003). *Project Management: A Systems Approach to Planning, Scheduling and Controlling*, 8th edn. Hoboken, NJ: Wiley.
Krackhard, D., and Hanson, J. R. (1993). "Informal networks: the company behind the chart," *Harvard Business Review*, July–August.
Leonard-Barton, D. (1995). *Wellsprings of Knowledge*. Cambridge, MA: Harvard Business School Press.
Loch, C. H. (2008). "Mobilizing an R&D organization through strategy cascading," *Research Technology Management*, September–October: 1–9.
—— and Kavadias, S. (2007). "Managing new product development: a framework," in C. H. Loch and S. Kavadias (eds.), *Handbook of New Product Development Management*. Oxford: Butterworth Heinemann/Elsevier, chapter 1.
—— and Mihm, J. (2008). "Eurocontrol's experimental center," INSEAD Case Study.

——and Tapper, U. A. S. (2002). "Implementing a strategy-driven performance measurement system for an applied research group," *Journal of Product Innovation Management*, 19: 185–98.

——and Terwiesch, C. (2007). "Coordination and information exchange," in C. H. Loch and S. Kavadias (eds.), *Handbook of New Product Development Management*. Oxford: Butterworth Heinemann/Elsevier, chapter 12.

——and Wu, Y. (2008). "Social preferences and supply chain performance: an experimental study," *Management Science*, 54/11: 1835–49.

——Pich, M. T., and De Meyer, A. (2006). *Managing the Unknown: A New Approach to Managing Projects under High Uncertainty*. Hoboken, NJ: Wiley.

——Solt, M. E., and Bailey, E. (2008). "Diagnosing unforeseeable uncertainty in a new venture," *Journal of Product Innovation Management*, 25/1: 28–46.

——Sting, F., Bauer, N., and Mauermann, H. (2010). "Mobilized productivity knows no age," *Harvard Business Review*, March: 99–104.

McGrath, R. G., and MacMillan, I. (1995). "Discovery driven planning," *Harvard Business Review*, July–August: 44–54.

——(2000). *The Entrepreneurial Mindset: Strategies for Continuously Creating Opportunity in the Age of Uncertainty*. Cambridge, MA: Harvard Business Press.

Markides, C. C. (1999). "A dynamic view of strategy," *Sloan Management Review*, Spring: 55–63.

Meredith, J. R., and Mantel, S. J. (2003). *Project Management: A Managerial Approach*. Hoboken, NJ: Wiley.

Mihm J., Loch, C. H., and Huchzermeier, A. (2003). "Problem-solving oscillations in complex engineering projects," *Management Science*, 49/6: 733–50.

—— ——Wilkinson, D., and Huberman, A. (2010). "Hierarchical structure and search in complex organizations," *Management Science* (forthcoming).

Miller, R., and Lessard, D. R. (2000). *The Strategic Management of Large Engineering Projects: Shaping Institutions, Risk and Governance*. Cambridge, MA: MIT Press.

Mintzberg, H. (1978). "Patterns in strategy formation," *Management Science*, 24/9: 934–48.

Modica, S., and Rustichini, A. (1994). "Awareness and partitional information structure," *Theory and Decision*, 37: 107–24.

Morris, P. W. G. (2006). "Initiation strategies for managing major projects," in P. C. Dinsmore and J. Cabanis-Brewin (eds.), *The AMA Handbook of Project Management*. New York: AMACOM, chapter 4.

Nelson, R. S., and Winter, S. G. (1982). *An Evolutionary Theory of Economic Change*. Cambridge, MA: Harvard University Press.

Pich, M. T., Loch, C. H., and De Meyer, A. (2002). "On uncertainty, ambiguity and complexity in project management," *Management Science*, 48/8: 1008–23.

Pinto, J. K. (2006). *Project Management: Achieving Competitive Advantage*. Englewood Cliffs, NJ: Prentice Hall, Pearson Education.

PMI (2004). *A Guide to the Project Management Body of Knowledge (PMBOK Guide)*, 3rd edn. Newton Square, PA: Project Management Institute.

Rittel, H. W., and Webber, M. M. (1973). "Dilemmas in a general theory of planning," *Policy Sciences*, 4: 155–69.

Rivkin, J. W., and Siggelkow, N. (2003). "Balancing search and stability: interdependencies among elements of organizational design," *Management Science*, 49/2: 290–311.

Rowley, T. J. (1997). "Moving beyond dyadic ties: a network theory of stakeholder influences," *Academy of Management Journal*, 22/4: 887–910.
Schein, E. H. (2004). *Organizational Culture and Leadership*. San Francisco: Jossey-Bass.
Simon, H. A. (1969). *The Sciences of the Artificial*, 2nd edn. Cambridge, MA: MIT Press.
Sobek, D. K., II, Ward, A. C., and Liker, J. K. (1999). "Toyota's principles of set-based concurrent engineering," *Sloan Management Review*, 40/2: 67–83.
Sober, E., and Wilson, D. S. (1999). *Unto Others: The Evolution and Psychology of Unselfish Behavior*. Boston: Harvard University Press.
Sommer, S. C., and Loch, C. H. (2009). "Project management under high uncertainty," in V. K. Narayanan and G. O'Connor (eds.), *Technology and Innovation Management Encyclopedia*. Oxford: Blackwell.
———— and Dong, J. (2009). "Managing complexity and unforeseeable uncertainty in startup companies: an empirical study," *Organization Science*, 20/1: 118–33.
Spinardi, G. (1994). *From Polaris to Trident: The Development of US Fleet Ballistic Missile Technology*. Cambridge: Cambridge University Press.
Stalk, G., and Webber, A. M. (1993). "Japan's dark side of time," *Harvard Business Review*, July–August: 93–102.
Sting, F., and Loch, C. H. (2009). "Where top-down and bottom-up meet: a study of strategy deployment at five manufacturing organizations," INSEAD Working Paper, August.
Thomke, S. H. (2003). *Experimentation Matters*. Cambridge, MA: Harvard Business School Press.
Wheelwright, S. C., and Clark, K. B. (1992). *Revolutionizing Product Development*. Boston: Harvard Business School Press.
Wideman, R. W. (1992). *Project and Program Risk Management: A Guide to Managing Project Risks and Opportunities*. Newtown Square, PA: Project Management Institute.
Winch, G. M., and Bonke, S. (2002). "Project stakeholder mapping: analyzing the interests of project stakeholders," in D. P. Slevin, D. I. Cleland, and J. K. Pinto (eds.), *The Frontiers of Project Management Research*. Newton Square, PA: Project Management Institute, 385–403.

第10章 项目集管理:研究与学术的新机会

Sergio Pellegrinelli　David Partington　Joana G. Geraldi

10.1 引言

项目管理专业学科的兴起伴随着项目管理研究学者数量的增长,他们渴望在顶级管理期刊上发表自己的文章,尤其是那些要求在既定的理论领域内开展研究的期刊。越来越多的学者将项目管理视为研究背景,从其他视角进行基于理论的探究。重要的基于的理论的研究已经对管理实践做出了重要的贡献。

本章中,我们认为项目集及项目集管理为学者运用并拓展理论提供了进一步的机会,因此可以以多种方式完善管理实践,补充重要的知识体系。项目集管理已经发展成协调项目基础活动与整合资源以及实现复杂、紧急活动的管理方法,并且依然在不断演进中。项目集这一术语被广泛地用于工作安排、组织架构、过程变革和竞争力打造机制。本章回顾了为定义项目集管理所做的尝试,还回顾了学者们关于项目集管理是项目管理的延伸还是一门独立学科的辩论。尽管项目集及项目集管理依然是研究和实践的新兴领域,但我们认为它已经是一门独立学科,并进一步总结了项目集及项目集管理的核心特征。

基于我们的个人经验和研究兴趣,我们将管理研究划分为五个领域:组织理论、组织变革、战略管理、领导力和竞争力。

10.2 项目管理研究的学术和出版

我们的周围遍布着项目及项目工作,从地标性建筑的建造到学生研究论文的写作。

项目已经在许多组织中根深蒂固,以至于评论员杜撰出"项目化"(projectification)这一术语来描述这种现象(Midler,1995)。项目管理,作为正式的管理学科,起源于航空和国防领域(Morris,1994)。如今,项目管理的范围已经超出了运营管理和工程的范畴,但传统的工具和技术依然与项目管理紧密相关,如工作分解结构、网络、关键路径法和成本进度跟踪。现在它还涵盖了采购、团队发展、利益相关者管理和项目领导力等话题。尽管项目管理的范围依然存在争议,但它可以并且已经被视为一种广泛的管理方法而不仅仅是一门只涉及执行的学科(Morris,1994,2009)。

学术界同时进行着平行的发展。项目管理已经成为大多数商业管理学位的核心课程,同时也是本科生和研究生的专业课程。项目管理的学术传播伴随着该领域研究学者数量的稳定增长,老师们教授这门课,并且展开研究,致力于为知识体系的发展做出贡献。学者们的研究紧紧跟随这一领域的发展兴趣,同时关注项目管理在各行各业的应用。虽然项目管理依然关注于实践并且帮助实践者,但这一学科的发展已经变得更加理论化,针对项目管理的研究也变得更加严谨和系统。在过去的十年间,更加多元化的本体论和认识论的假设及理论视角被引入这一领域的专业著作。其中的一些成果已经被顶级期刊出版,使得对项目及项目管理的理解更丰富、更深刻、更理论化(例如 Brown and Eisenhardt,1997;Hodgson,2002,2004;Hodgson and Cicmil,2007;Pich,Loch,and De Meyer,2002;Söderlund and Bredin,2006)。它已经促进了知识体系的发展,并且提高了学者和从业者对项目管理的认识,而先前人们认为项目管理具有非理论化的、独立的、自我参照的性质。项目管理的研究已经远远超出了早期规范性的、工具性的、非反思性的性质,已经通过理性主义范式而成为专业知识体系(Williams,2005)。

项目集及项目集管理为产生或拓展这一严密的系统理论研究提供了另一个机会,同时提升了项目集管理实践。这一学术成果可以建立在更加成熟的领域,并对这一领域的知识和讨论有所贡献,且能够在顶级期刊发表,丰富我们对这一日益重要的管理方法的认识。

10.3 项目集管理的概念化

作为一种重要或主要的工作方法,项目的增长伴随着对协商、高效的资源配置以及项目间多方利益和优先级平衡机制的明显需求。项目集管理曾被视作协调和指导项目的一种方法,现在很多人也依然这样认为(Ferns,1991;Gray,1997)。最近,Maylor 等指出,当运行复杂的组织时,项目集及项目集组合被当作活动基本单元,它们可以提供管理意义建构和控制(2006:671),并且创造出"项目集化"(programmification)这一术语。或许并不是所有的复杂组织都能受益于项目集管理,但是项目集和项目集管理却被广泛地运用于复杂的事业。在一个更规范的体系中,企业项目集管理的概念得到进一步提升——结构和过程与组织战略、项目总体及相关变革活动更紧密得联系起来(Williams and Parr,2004;Gaddie,2003)。这一广泛包容的方法的优点可能在于增强了开支的透明度和控制制度,实现了更好的资源配置,从而给予组织更大的机会以实现他们的战略,并且从他们的项目集和项目中获得期望的收益。

专业机构,如美国项目管理协会(PMI)和英国项目管理协会(APM),将项目集的概念共同定位于协调项目(和非项目)活动的方法。英国项目管理协会的知识体系将项目集定义为"对相关项目的协调管理,可能包括作为日常活动的相关业务,它们共同实现组织中有战略意义的有利变革"(APM,2006:6)。美国项目管理协会的知识体系将项目集定义为"一组相关活动的协调管理,以实现单独管理所不能获得的利益和控制"(PMI,2006:16)。这些专业机构在某种程度上暗含了一些隐藏假设,即项目集管理是项目管理的延伸或一部分。项目管理的基本假设——理性、控制、高效资源配置和有效交付——也经常被用于项目集管理。项目集有时被当作项目的放大——大型项目。项目集和项目两个词有时也互相通用。

除了协调的框架,还有另一种更为广泛的意思涵盖了项目集中项目的发起和塑造(Pellegrinelli,1997)以及更广范围的战略或战术利益的实现过程(Murray-Webster and Thiry,2000)。项目集及项目集管理被认为是可以带来社会变革和组织变革的管理方法(OGC,2003,2007)。在航空和国防部门,与获取、发展、维持和增强能力相关的工作长期被称为项目集,并且主要在美国国防部门的推动下(Meier,2008;Sapolsky,1972),"项目集"管理的概念成为美国研究的主流。日本最重要的项目及项目集管理指南 P_2M 在其最新版本中指出,项目集和项目集管理是应对外部变化、实现灵活性以及处理模糊性、复杂性、不确定性和扩展性的一种"实践能力"。P_2M 指南的上一版集中在关注外部的项目集,而这一版本包括了大型项目和重要基础设施建设,涵盖了许多不同的项目集类型(P_2M,2008)。

为了理解项目集采取的各种形式,不同学者提出了不同的类型学和分类。Ferns(1991)将项目集与组织变革相联系,并将其分为战略项目集(涉及组织使命的变化,如合并、私有化等)、与业务流程持续变化相关的商业周期和单一目标项目集(通常不是大型项目)。Wheelwright and Clark(1992)从产品变革和过程变革两个角度出发,提出了一个产品开发项目的分类框架:衍生、平台、突破和(在它们的主要领域之外)研发。他们认为平衡的开发组合或"总体项目计划"会在有限的资源和竞争优先权中实现更好的结果。Pellegrinelli(1997)基于对大型电信公司组织安排的实证观察,提出了三种项目集结构:组合型、目标导向型和心跳型。尽管其分类被批评为缺乏说服力且不够全面(Vereecke et al.,2003),这些结构强调了项目集服务的目标范围。结构描述了项目集与其构成项目之间的关系:相对独立的项目的系统性协调(组合型),对构成项目的积极发起、塑造与管理(目标导向型),将离散工作组合成项目并高效实施(心跳型)。Vereecke et al.(2003)从两个维度将项目集进行分类:项目的发起规模和项目集预期结果的变化程度。Evaristo and van Fenema(1999)依据项目的数量和地理位置对项目集进行分类:同地协作式项目、分散式项目以及传统式项目(单一地区的单一项目)。相似地,Maylor et al.(2006)基于项目集中项目的相互关系进行分类:项目链(顺序的)、项目组合(并发的)以及项目网络(相互依赖的)。

目标导向型结构或项目集基本原理(Pellegrinelli,1997)已经成为广大学者的研究重点,而其他两种结构被认为是多项目管理的一种形式或是运营管理的延伸。为了与学术界主流观点及项目集基本原理保持一致,本章剩下部分的关注点将放在目标导向型项目。

10.4　项目集管理:综合观点

就目前来看,尽管对项目集的应用不断增加,学术界仍然缺乏有关项目集及项目集管理性质与目的的共识。项目集管理观点和实践的发展是碎片化的,对它的评论没有能很好地建立在先前知识的基础上。

将项目集管理作为独立学科的提倡者寻求远离执行导向的项目管理方法和心态(Thiry,2002,2004;Pellegrinelli and Partington,2006;Pellegrinelli,1997),他们将项目集立足于"实践",并说服项目集管理者有区别地处理他们的工作。Lycett,Rassau,and Danson(2004)指出标准项目集管理方法的缺点可以追溯到两个错误的假设。第一个是项目集管理是项目管理的放大版本,项目管理的专业知识体系仍然在暗示这一点。第二个是"一体适用"的方法对项目集管理不适合。

怀疑论者质疑项目集管理在多种环境下的独特性,以及其声称的在转化和实施战略中的首要角色和协调角色。良好的项目经理清楚地知道他们的工作如何影响组织,以及为实现利益需要做些什么。他们理解战略并且寻求将工作与战略目标联系起来,已经与利益相关者及供应商协调,进行了沟通和咨询并建立起治理安排。这些活动既不是新的,也不是项目集管理独有的,而是来自项目管理是全面管理方法之一这一视角。项目管理并不仅仅承担执行的职责,其服从于项目集管理(Morris,2009)。应对大型项目的挑战与管理项目集有一些共同之处。

我们的观点是，项目可以而且常常是单独存在的，它脱离了项目集的框架，并且这些独立项目的经理努力在商业和社会环境下实现他们的目标。并不是所有的项目都是项目集的组成，也没有必要全是那样，否则就会失去它们自身的战略以及它们对重要组织或社会目标的直接贡献。但是到目前为止，一些根本性的问题并没有得到共同认可的答案。项目和项目集的相似与区别之处在哪里？例如，如果你用工作包替换项目构成，用工作包经理替换项目经理，那么方法和管理协调将会有怎样的本质不同？项目集存在难道不是简单地因为人们被暗含战略的、因而有着更高的重要性、地位和权威的项目集管理所吸引吗？

我们主张项目和项目集以及与它们相关的管理方法是更大范围内有目的的（即一定程度上是渴求的、托管的）、结构化的（即一定程度上是计划的、控制的）变革的一部分。这种变革也许和组织的资产、结构、基础设施、系统和/或流程都有关系，与某种形式的运营能力的发展（如国防）、新社会秩序的建立[如用与私人公司相关或由私人公司赞助的新的复兴教育取代失败的中学教育（设施、教职员工和课程）]、国家基础设施的改造（如公路网、铁路网）等有关。这种变革实例的多样性表明在应对某一特定情形时，人们将会期待并且最终发现无数的实践经验。

尽管我们承认项目和项目集之间存在一定的重叠，但是这并没有减少项目管理的价值和重要性，我们认为项目和项目集两个术语之间在性质上有着微妙的但却十分重要不同。项目集管理作为一系列的管理实践最初来自项目管理，但是现在包含并继续吸收来自其他学科领域的观点、理论和技术。项目集管理已经超出项目管理包容的整体的概念并发展成为处理有目的的、结构化的变革实例的方法。项目集管理寻求处理的变革及其环境的特征包括但不限于环境的不确定性、模糊性、嵌入性、根植性和规模性。

项目集管理主要倡导者的研究与项目研究在概念和方法上有质的不同。除了一些别的特征和维度，项目集管理的概念和实践建立在核心项目管理概念上，并且有着显著的不连续性（Partington, Pellegrinelli, and Young, 2005）。我们认为典型的项目集管理与项目管理相比有一些不同的假设（尽管尚未被完全发现）。从实践的角度来看，将项目集管理归类为项目管理的子集或线性延伸会冒着引发管理者一系列的期望、惯例和过程的风险，会阻碍努力的根本目标的实现（Pellegrinelli and Partington, 2006）。从研究的角度来看，将不同的现象合并会冒着妨碍知识积累、理论发展的风险。

最近几年的研究已经在努力阐明项目集和项目集管理。例如，Pellegrinelli et al.

(2007)研究了项目集管理遵循 OGC MSP(Management Successful Programs,管理成功项目集)框架的程度,该指南是广为认可的指南之一,并且在英国公共部门项目集中被采用。这一研究表明项目集管理实践植根并成形于其环境,并不遵循指南/框架,即便是当被命令的时候。Martinsuo and Lehtonen(2007)从意义建构的角度探究项目集的起源(Weick,1995)。Lehtonen and Martinsuo(2008,2009)依据组织理论分析项目集边界的创建和维护以及在其上级组织范围内的项目集整合。Partington, Pellegrinelli and Young(2005)运用现象图析法描述了项目集经理的概念。这一研究提供了丰富的见解,扩展了项目集和项目集管理的各种文献资料和指南。这一基于研究的工作强调了真实实践和主要规范指南之间的差异,并开始建立起一个基于理论指导和经验的知识体系。

我们不希望参与到有关定义的争论中,它很可能会证明研究的匮乏以及研究与实践者有关项目和项目集的生活经验的摩擦,此外,我们认为没有必要将微妙的、依赖于环境的多元化现象具体化,因而我们给出了关于项目集和项目集管理的独特特征的综合概念。这一综合观点从以往的著作、我们的研究以及实践者的个人经验中总结而来,是理解项目集本质的一个步骤,并描绘出了项目集管理这一新兴学科的框架。

项目集是协调、沟通、结盟、管理和控制活动(主要是"项目")的(多种结构的)框架,以期实现协同作用、利益、产出或愿景。(目标导向型)项目集的愿景及其成功标准通常更加战略化,如竞争优势的产生、国家安全的提升或社会福利的提高,因此项目集产出变得不再那么有形,在项目中则可能希望更加有形,并且也可能确实是这样。与项目相比,项目集在内容、范围和最终产出等方面是新兴的,有着更加不明确的时间范围(因此本质上更少临时性),并且更加根植于其所服务的组织或社区的政治、文化和管理标准。它们有着可渗透的、易适应的边界,并且经常嵌入持续的惯例、运营和决策过程。它们依赖于各种利益相关者的贡献和参与。项目集及其经理需要应对天生复杂、模糊、流动、不稳定的商业和社会环境。因此,项目集经理需努力适应改变的议程、迎合变化的环境、调节各方的利益和愿望、应对利益相关者和贡献者,并实现变革。项目(经理)在"灰色"环境中运营,并需要应对强大的政治力量和更广的多元主义。

除了有形的可交付成果,项目集的内容包括开始和维持有利变革所需要的过程、行为、态度或工作方式的变革。项目集管理融合了一些概念和技术,这些概念和技术可以使得产出与期望的利益联系起来,决定工作(项目)的顺序,确定旨在实现能力的阶段性变化的各阶段(与项目或活动相关)规模和速度。为组织或社会成员获取能力并利用能力做准备、管理转变过程、促进利益的实现是这项工作的核心部分。发展新奇的方法和知识、技巧及能力是项目集管理工作的本质内容。视野要尽可能得开阔,决策要尽可能得晚,以获得应对变化情形的选择权、灵活性和能力。项目集的结构和内容(假设)意在发展能力的同时实现阶段式的、不断增加的利益。质量(与目标匹配)和绩效水平会经历审查和变更,通常是但不限于阶段的末端,并且是在内部和外部因素(例如竞争、消费者态度和/或新技术)的影响下进行的。尝试实现收益的经验促进了下一阶段的能力开发,从而创建了一个内置的学习过程。商业案例(尤其是投资评估)是决策的核心工具,也是确保或授权提供资金的关键。

在一些情形下,变革的内容和环境使得它们自身就成为一种项目或项目集的管理方法。而在其他情形下,当选择定义和管理某一变革作为项目而不是项目集时,需要含蓄或明确地权衡关注点、控制、效率、交付的有效性(项目的特征)以及灵活性、适应性、阶段式的利益实现(项目集的特征)。重要的是,我们认为项目集管理的方法(协调框架)不需要也不应当与组成或构成项目管理的方法相同。在这一背景下,项目和项目集管理的方法、概念及技术是相互补充的而不是相互替代的。

项目集被应用于带来重大变革的情况不断增加,为研究者直接研究这一现象提供了机会,同时为从其他领域延伸或发展理论提供了背景。

10.5 研究议程

正如 Artto et al. (2008) 所指出的,项目集似乎是其他学科(如战略、组织理论等)研究的必要组成部分。作为有着活跃学术成果的领域,这是我们项目集管理研究者团体加入对话的机会,同时也是我们将项目集管理和更广范围的有目的的结构化变革建设为有生气的学术领域的机会。从我们自身的经历和研究中,我们分出五大研究内容:组织理论、组织变革、战略管理、领导力和竞争力,这些研究内容为学者的管理研究提供了丰富的领域,同时也将为项目集实践者提供有益的见解。以上领域既不是全面的也不是限定的,而是从事相关学术研究的一个起点。

组织理论

项目集为构成它的项目提供了一个组织框架,同时也为独立项目进行变革提供了可选择的方法。我们认为项目和项目集在概念上有所区别,尽管我们组织内的工作表明这些区别在通常情况下并没有被识别和接受,在安排开发过程和治理的时候也没有被考虑。高级管理者通常更熟悉项目和项目管理。许多人认为项目集经理,与相应的项目经理相比,本应该有着相同的结构、控制、纪律和绩效矩阵。项目管理和项目集管理在许多组织中似乎仅仅被认为是同一专业学科的变体。

考虑到项目管理的支配地位，这一情形或许是很平常的。主要的专业团体定期更新和编纂项目管理的知识体系（如 APM，2006；PMI，2008），并且推动其专业资格，除了英国政府商务办公室的出版物（如 OGC，2007）外，项目集管理没有独立的专业体系，这隐晦地表明了它是项目管理的延伸。从制度理论角度来看，可以认为模仿的（标准）和规范的（专业化和训练）同构压力正在影响着实际应用。这样的制度因素深刻地影响着组织，使变革变得困难（Scott，2001）。

Pellegrinelli et al.（2006）在 Partington，Pellegrinelli，and Young（2005）有关项目集经理概念的基础上，探究促进或阻碍项目集管理工作绩效的组织因素（结构、过程和文化）。他们的研究揭示了受访者的系统性偏好。认同较低级别概念（概括地等同于项目管理）的人通常更喜欢"机械化的"系统或环境，认同较高级别概念（概括地等同于项目集管理）的人通常更喜欢"有机的"环境（Burns and Stalker，1961），他们认为采用机械化的框架、结构和过程将会使得项目集管理不适合流动且快速变化的组织环境。

因此，项目和项目集能否在组织内相互补充且有效共存受到了人们的质疑。这强化了制度（同构）压力和对两面性需求（同时运行松散/有机的与紧密/机械化的结构以带来变革）（Birkinshaw and Gibson，2004；Gibson and Birinshaw，2004）之间的矛盾，因而促使进一步的研究。

也存在基于组织理论的其他研究机会。针对"非临时性组织"的项目集管理的研究如何促进我们对作为临时性组织的项目的理解（Packendorf，1995）？如果可以，那么项目集是如何促进并行知识尤其是隐性知识之创建与部署的吸收、扩散和应用的（Love，Fong，and Irani，2005；Williams，2008）？还存在其他的研究机会，比如以 Lehtonen and Martinsuo（2008，2009）关于跨界角色和流程的研究为基础进行研究，以及通过研究历史和环境如何塑造项目集管理实践来进一步拓展 Engwall（2003）和 Pellegrinelli et al.（2007）的研究。

组织变革

项目管理和项目集管理方法在被提及和使用时有时伴随着其他方法，如运营规划或结构重组，它们是为了通过合理、直接的方式实现期待（战略性）的变革（Morris and Jamieson，2005；Winter and Szczepanek，2008）。"计划"的方法将组织中的变革定义为离散的片段（Mintzberg and Westeley，1992），它由高级管理者或其他主导联盟发起，并通过程序性的计划和执行来展开。变革的这一概念与 Kurt Lewin 的三阶段变革模型，解冻—变革—再冻结（Lewin，1947）相呼应。

然而，对 Lewin 模型的解读，从它最初发展到组织设置的集体动态的研究和干预的角度来看,存在局限性。将组织喻为"冰块"受到了批评,这是由于其未能反映组织的流动性(时常通过权力斗争、联盟建立、议题改变来发展)以及组织变革的混乱的、展开的、反复的性质(体现为忽略和犹豫)(Kanter,Stein,and Jicks,1992;Pfeffer,1992;Huczynski and Buchanan,2001)。Dawson(1994)认为,变革不能被固化或当成一系列线性事件处理,但其可以从过程的角度被更好地研究和理解。当组织处于更加稳定的环境中时,Lewin 的模型也许对理解和管理变革是有帮助的,但是在当今世界中,将变革视为在其之后伴随着再冻结的单一的行为模式也许并没有很大价值和意义。

更广泛地,由短时期基础性变革引起的长时期演化性变革的间断平衡模型(Romanelli and Tushman,1994)已经被质疑。Brown and Eisenhardt(1997)依据复杂理论认为组织中的变革是连续的。Weick(2000)从意义建构的角度指出组织中的突发变革是普遍的,并提出在许多情形下,组织内的意义建构工作和适应性过程或许是一种更好的方法。三阶段变革模型的替代模型是:冻结—再平衡—解冻。冻结允许组织的成员理解并检验他们交互的模式及假设。再平衡意味着重新解释和重新辨别他们的(社会构建的)组织环境,并且重新对步骤排序,从而可以向期待的方向迈进并减少阻碍。解冻使得即兴发挥、学习和适应重新开始。

在从深思熟虑到顺其自然(Mintzberg and Waters,1985)的范围之中,现实世界战略的概念化已经被组织应该将理论 E 和理论 O 的方法结合起来以变革的论点所超越(Beer and Nohria,2000)。E 理论认为变革是由高级管理层通过结构化过程和激励驱动的,目标是最大化(股东的)经济价值。O 理论认为变革是参与式的、突发式的,目标是使得利益相关者(尤其是雇员)朝着创造组织人员能力的方向改进。将相互对立的两个理论结合起来并不容易,将会冒着两个理论的解释力均下降的风险。Beer and Nohria(2000)提供了一个案例和一些关于如何在实践中结合这两种(明显)对立观点的指导,比如直面 E 理论和 O 理论目标的冲突;上级设定目标并让下级参与;同时关注组织的软硬两面;为自然发生的事情做计划。管理变革尤其是大型组织的变革,有时会导致意想不到的结果,在大多数情形下,管理变革是一个从计划内战略到计划外结果的运行过程(Balogun,2006)。

项目集适合于研究组织变革,尤其是研究计划与意外、间断与连续、指导与参与之间的矛盾和相互作用。项目集的意图是对这些感知到的二分法持观望态度,而项目集经理则会处理和协调。尽管假设、分级/复核和修正使得项目集管理是重复的并且具有突发的性质,项目集依然是有愿景、蓝图和目标的。那些参与项目集的人是否或如何拥抱及促进意义建构和意义给赋、学习和适应是值得研究的。项目集(应该)将能力的交付与开发和变革的人工过程结合起来,从而使这些功能被有效地调度和使用。

战略管理

对竞争优势的寻找和理解是战略和战略管理研究的核心主题。正如 Porter(1980)所说的那样,一些人关注关系的适当性或者组织对其外部环境的"适应性"以及为降低或避免削弱价值的竞争而采取的行动。其他人认为竞争优势的来源是组织内部(Barney,1991,1995)的资源或核心能力,其中资源为有形的或无形的资产,如专利、流程、关系、专业技能(Prahalad and Hamel,1990)。如果这些资产是有价值的(能在一般的市场条件下产生经济价值)、稀缺的、独特的和非替代性的,那么它们便是竞争优势的来源(Barney,1991,1995)。后一种理论观点就是著名的资源基础观。资源基础观是静止的理论,关注组织已有的资源配置。但是市场和商业环境很少有静止或缓慢变化的情形。因此问题出现了:组织如何改变自身的资源储备以应对外部环境的变化,或者如何主动地塑造和推进有利于其自身发展的商业环境(Nelson and Winter,1982;Winter,2003)。归根结底是要探寻随着时间推移可持续的竞争优势。

动态能力使得组织能够变革、成长和繁荣。Teece,Pisano,and Shuen(1997)将动态能力概括为竞争力,包括组织成员共有的隐性知识和实际专业技能,它们使得组织能快速应对变化着的市场。Eisenhard and Martin(2003)提供了将过程作为动态能力的例子,如产品开发例行程序、联盟和并购能力、资源分配例行程序、知识转移和复制例行程序。Helfat et al.(2007:4)给出了动态能力的概括性综合定义:"组织有目的地创造、拓展或修改其资源基础的能力"。基于之前的文献和研究,他们认为动态能力的本质包含了学习、环境侦测、机会识别和选择以及更广范围的远见、判断、编排、协调和战略管理者的企业家精神。项目和项目集管理也属于这种动态能力的定义。Helfat et al.(2007:7)区分了技术适应性——"一项能力在被成本标准化(除以它的成本)后,它能够在多大程度上有效地发挥其预期的功能"和演进适应性或外部适应性——"动态能力能够在多大程度上使得组织通过创造、拓展、修改资源基础得以生存"。因此,组织有可能拥有并使用这样一种动态能力:它一方面能够(在成本上)有效推动企业资源基础的改变,因而具有技术适应性,但另一方面,新的资源基础可能与市场或环境需求不一致,因而缺乏演进适应性。Wang and Ahmed(2007)结合文献和研究,描述了动态能力的共同特征或组成部分,包括适应能力、吸收能力和创新能力。Ambrosini and Bowman(2009),基于之前关于动态能力对公司级战略的影响的研究成果(Bowman and Ambrosini,2003),提出一个模型来理解动态能力在内外部因素(路径和位置)共同组成的情境中如何成为价值创造过程的一部分。

这一观点为研究项目集管理作为一种动态能力以带来持续的组织生命力提供了一个视角。例如当与项目相比较的时候,项目集是否能够并如何带来或促进更大的发展的"适应性"是特别有意义的。另一个主题也许是就演化适应性和技术适应性权衡的方面来对项目和项目集进行概念化的问题。因为需要更多的研究来探索和发展动态能力的概念化问题,所以研究的机会是很大的(Wang and Ahmed,2007;Ambrosini and Bowman,2009)。

领导力

无论是私有部门还是公有部门,组织都是从正式的层级、命令式管理和控制过程转变到由不同利益方构成的松散网络结构的,而且后者由相互学习和适应的局部易碎联盟所维系。传统的作为个体任务的领导力概念被如今共享的、集群的、分散式的领导力概念所补充和取代(Ancona et al.,2007)。

Pearce and Conger(2003:1)将共享领导力定义为:"团体内个体之间动态的、交互式的影响过程,领导力广泛地分散于一系列个体之间而不是集中在某一个个体手中"。共享领导力转移了学者们对"领导"的注意力,在过去几十年的文献中,"领导"的单一指向占据主导地位,领导经常被认为是英雄式的个体。领导力被当作能够并且应当由组织或社会不同层级的人所参与的一系列实践。在讲述一个人的故事的时候,许多人的贡献和领导力丢失了。共享领导力本质上是一个社会过程——植根于其所在环境的流动的、多方向的集体活动。理想的共享领导力是以热情、授权的行动、增强的自尊、崭新的知识和渴望更多的联系为特征的积极互动(Hetcher and Kaufer,2003)。真正的共享领导力必须克服英雄主义领导者的文化和历史遗产以及有抱负的(通常是唯一的、男权主义)的领导者的自我需要(认可、权力、控制等)。我们语言中的领导力和组织中的晋升方法更偏向于无情的自我发展,而不是信任、率真和脆弱。尽管新一代知识工人与上一代相比要求更多并且更缺乏耐心,许多个体还是会选择更加稳定的、无责任的、无冲突的追随者或团队成员式的生活。

尽管有时项目有清晰的职责分工、代理权限和汇报程序,共享领导力在许多公共部门环境下是常见的。在地方政府,选出的议员和执行首长一同工作;在医院,管理者和临床医生一同工作,并且两者都需要与更广泛的监管、资金、专业团体和内部支持打交道。这样的多元设置以分散的权力和发散的目标为特征,需要形成领导力群集和集体领导以产生变革(Denis,Lamothe,and Langley,2001)。这些群集是脆弱的,受制于来自多样化的影响和团体内的紧张关系,导致分散而零星的变更。多元主义及其结果正越来越多地成为私有部门企业和项目集的特征。

没有个体承担最终责任或义务的共享领导力，在人们长期所坚持的综合责任（Archibald,1976）这一原则下有些站不住脚，综合责任原则是大多数项目和项目集管理文献及研究的根基。然而从某种程度上说，共享领导力对于项目和项目集管理而言并不是全新的概念。Hunt and Rubin(1973)研究了美国政府（国防部门）和承包商之间的关系，发现用以确保采购和治理廉洁性的授权角色的明确分离机制在实践中并不存在。相反，他们发现了模糊不清的组织界限、重叠的利益和对共同命运的认知以及相互关联、依赖、渗透的控制和决策过程。他们指出，这样的情形导致了共享领导力模型的产生。Engwall(2003)将所研究项目的成功部分归因于项目经理"模糊的协调方法"、为人谦逊、对同事的信任以及与现行规范和结构的和谐相处。无论从组织的还是国家的角度来看，共享领导力也许更适合于集体主义比个人主义更受欢迎的、更加两厢情愿的文化（Hofstede,2001）。尽管在英国政府商务部对项目集管理的指导中（OGC,2003,2007）提出了指定人物，但是却承认了更宽泛的领导安排，尽管不是真正意义上的共享。项目集经理（PgM）对新性能的交付承担首要责任，商业变革经理（business change manager, BCM）对联络和准备商业变革负责。在这些角色之上的是包括高层负责人（senior responsible owner,SRO）在内的赞助集团。从实证研究来看，即使是被委托管理，这些角色也并不总是发挥作用（Pellegrinelli et al.,2007），高层负责人自我认知的问责制也各有不同（Lupson,2007）。

亟待更多的研究去探究项目集的实际领导力而不是规范性领导力，理解利益相关者的参与、合作和贡献如何创造并促进了不同层级的共享领导力，探索如何解决矛盾，如何保证承诺和动力，以及如何在重要或竞争性的变革中使脆弱的联盟团结一致。

竞争力

理解、发展并增强工作环境中的竞争力是管理者和管理研究者一直以来的目标（Horton,2000）。竞争力可以被定义为能产生优越结果或实现既定绩效标准的知识、技能和个人特征（Boyatzis,1982）。更简单地说，竞争力意味着擅长某事。对一些人在何种条件下比别人表现得更好及其方式和原因有所见解可以帮助个人实现更好的工作设计、选择和发展。研究竞争力的两种传统方法是"工作导向"和"工作者导向"。

竞争力的工作导向将工作视为出发点，包括确定工作活动，并将其转化为个人竞争力。由诸如英国项目管理协会（APM,2006）、美国项目管理协会（PMI,2008）等专业团体出版的项目管理专业知识体系是工作导向竞争力的例子，其以实践者累积的知识和一些学术研究为基础。这一竞争力类型的典型特征是，它们定义了相关的知识领域、活动和流程以及(有时是隐含的)绩效指标或基准。工作者导向将工作者视为出发点,并尝试找出有能力工作者所具备的属性(通常包括知识、技能和能力)的一般特征。在项目管理领域,Gadaken(1994)有关英国军队和美国军队在采购中表现出色的项目经理的特征研究就是这一类型的例证。

另一替代的解释方法是由 Partington,Pellegrinelli,and Young(2005)使用的被称为现象图析学的方法,该方法依赖 Jorgen Sandberg(1994,2000)的独创性工作,其研究了个人在执行项目集角色时的竞争力。现象图析学是 20 世纪 70 年代在瑞士教育研究领域发展出来的实证研究方法(Marton,1981)。它是"对人们经历、感知、理解、领会或概念化其周围各种现象的不同方式的实证研究"(Marton,1994:4425)。换句话说,现象图析学试图尽可能忠实地从信息接收者的角度来观察和提炼其所感兴趣的现象——个体工人在这种情况下是如何看待其工作的,以及在经过榜样的启发后,他们又是如何看待其工作的。一个人对工作在其生活经历中所承载意义的主观认识会影响其竞争力。在任何一群人当中,关于现实同一方面所形成的认知数量是有限的(通常在二到六个之间)(Marton,1981)。认知可以被放入一个复杂性不断增加的层次结构中,其中"对所研究现象的不同体验方式可以被定义为,在更具包容性或复杂的方式下看待这些现象的组成部分和关系的一个子集"(Marton and Booth,1997:125)。认知的嵌套式集合为评估绩效和影响发展提供了一种方式。

这一方面的研究及它们所提出的竞争力框架为管理开发和过程评估奠定了基础(Pellegrinelli,Partington,and Young,2003),Pellegrinelli(2008)后来详细阐释了这一研究。Chen and Partington(2006)利用现象图析法研究了对建设项目经理的认知。Lupson(2007)也使用这一方法探究了英国政治家们在为公共部门项目扮演高层负责人角色时所持有的对问责制的认知。

这一研究可以被扩展到研究担当项目集其他相关角色时个人的认知,如商业环境中的赞助商、商业变革经理、项目管理办公室的管理者和职员及其他的贡献者或利益相关者。这一研究会完善并丰富有关角色和竞争力其他方面的研究。

10.6 结语

本章的目的是识别与项目集及项目集管理相关的研究和学术机会。我们已经努力强调了这一领域的发展状况和不同的辩论及观点,并且通过提供对项目集和项目集管理主要特征的综合分析为未来的研究搭建了平台。

以上所列举的研究机会并不是全面的研究计划,但可以作为进一步探究、分析和发展的跳板。学者们希望补充到知识体系及用于指导实践的其他理论和观点也可能会是富有成效的。

我们希望本章内容对学者有所启发并激发他们的相关行动。

10.7 参考文献

AMBROSINI, V., and BOWMAN, C. (2009). "What are dynamic capabilities and are they a useful construct in strategic management," *International Journal of Management Reviews*, 11/1: 29–49.

ANCONA, D., MALONE, T. W., ORLIKOWSKI, W. J., and SENGE, P. J. (2007). "In praise of the incomplete leader," *Harvard Business Review*, February: 92–100.

ARCHIBALD, R. D. (1976). *Managing High-Technology Programs and Projects*. New York: John Wiley and Sons.

ARTTO, K., MATINSUO, M., GEMUENDEN, H. G., and MURTOARO, J. (2008). "Foundations of program management: a bibliometric view," *International Journal of Project Management*, 27: 1–18.

ASSOCIATION FOR PROJECT MANAGEMENT (APM) (2006). *Body of Knowledge*, 5th edn. High Wycombe: APM.

AUBRY, M., HOBBS, B., and THUILLIER, D. (2008). "Organisational project management: an historical approach to the study of PMOs," *International Journal of Project Management*, 26: 38–43.

BALOGUN, J. (2006). "Managing change: steering a course between intended strategies and unanticipated consequences," *Long Range Planning*, 39: 29–49.

BARNEY, J. (1991). "Firm resources and sustained competitive advantage," *Journal of Management*, 17/1: 99–120.

—— (1995). "Looking inside for competitive advantage," *Academy of Management Executive*, 9/4: 49–61.

BARTLETT, J. (2002). *Managing Programs of Business Change*, 3rd edn. Hook: Project Manager Today Publications.

BEER, M., and NOHRIA, N. (2000). "Cracking the code of change," *Harvard Business Review*, May–June: 133–41.

BIRKINSHAW, J., and GIBSON, C. (2004). "Building ambidexterity into an organization," *MIT Sloan Management Review*, 45/4: 47–55.

BLOMQUIST, T., and MUELLER, R. (2006). "Practices, roles, and responsibilities of middle managers in program and portfolio management," *Project Management Journal*, 37/1: 52–66.

BOWMAN, C., and AMBROSINI, V. (2003). "How the resource-based and the dynamic capability views of the firm inform corporate level strategy," *British Journal of Management*, 14: 289–303.

BOYATZIS, R. E. (1982). *The Competent Manager: A Model for Effective Performance*. New York: Wiley.

BROWN, S. L., and EISENHARDT, K. M. (1997). "The art of continuous change: linking complexity theory and time-paced evolution in relentlessly shifting organizations," *Administrative Science Quarterly*, March/42: 1–34.

Burns, T., and Stalker, G. M. (1961). *The Management of Innovation.* London: Tavistock.

Chen, P., and Partington, D. (2006), "Three conceptual levels of construction project management work," *International Journal of Project Management,* 24/5: 412–21.

Crawford, L. (2005). "Senior management perceptions of project management competence," *International Journal of Project Management,* 23: 7–16.

Dawson, P. (1994). *Organizational Change: A Processual Approach.* London: Paul Chapman Publishing.

Denis, J.-L., Lamothe, L., and Langley, A. (2001). "The dynamics of collective leadership and strategic change in pluralistic organizations," *Academy of Management Journal,* 44/4: 809–37.

DiMaggio, P. J., and Powell, W. W. (1983). "The iron cage revisited: institutional isomorphism and collective rationality in organizational fields," *American Sociological Review,* 48/April: 147–60.

Eisenhardt, K. M., and Martin, J. M. (2003). "Dynamic capabilities: what are they?" *Strategic Management Journal,* 21/10–11: 1105–21.

Engwall, M. (2003). "No project is an island: linking projects to history and context," *Research Policy,* 32: 789–808.

Evaristo, R., and van Fenema, P. C. (1999). "A typology of project management: emergence and evolution of new forms," *International Journal of Project Management,* 17/5: 275–81.

Ferns, D. C. (1991). "Developments in program management," *International Journal of Project Management,* 9/3: 148–56.

Fletcher, J. K., and Kaufer, K. (2003). "Shared leadership: paradox and possibility, in Pearce," in C. L. Pearce and J. A. Conger (eds.), *Shared Leadership: Reframing the Hows and Whys of Leadership.* Thousand Oaks, CA: Sage.

Flyvbjerg, B., Bruzelius, N., and Rothengatter, W. (2003). *Megaprojects and Risk: An Anatomy of Ambition.* Cambridge: Cambridge University Press.

Gadaken, D. O. C. (1994). "Project managers as leaders: competencies of top performers," Paper presented at 12th INTERNET World Congress on Project Management, Oslo.

Gaddie, S. (2003). "Enterprise program management: connecting strategic planning to project delivery," *Journal of Facilities Management,* 2/2: 177–89.

Gibson, C. B., and Birkinshaw, J. (2004). "The antecedents, consequences, and mediating role of organizational ambidexterity," *Academy of Management Journal,* 47/2: 209–26.

Gray, R. J. (1997). "Alternative approaches to program management," *International Journal of Project Management,* 15/3: 5–9.

Helfat, C. E., Finkelstein, S., Mitchell, W., Peteraf, M. A., Singh, H., Teece, D. J., and Winter, S. G. (2007). *Dynamic Capabilities: Understanding Strategic Change in Organizations.* Oxford: Blackwell Publishing.

Hodgson, D. (2002). "Disciplining the professional: the case of project management," *Journal of Management Studies,* 39/6: 803–21.

—— (2004). "Project work: the legacy of bureaucratic control in the post-bureaucratic organization," *Organization,* 11/1: 81–100.

—— and Cicmil, S. (2002). "The politics of standards in modern management: making 'the project' a reality," *Journal of Management Studies,* 44/3: 431–50.

Hofstede, G. (2001). *Culture's Consequences,* 2nd edn. Beverley Hills, CA: Sage.

Horton, S. (2000). "Introduction—the competency movement: its origins and impact on the public sector," *International Journal of Public Sector Management,* 13/4: 306–18.

HUCZYNSKI, A., and BUCHANAN, D. (2001). *Organizational Behaviour*, 4th edn. Harlow: FT/Prentice Hall.

HUNT, R. G., and RUBIN, I. S. (1973). "Approaches to managerial control in interpenetrating systems: the case of government–industry relations," *Academy of Management Journal*, 16/2: 296–311.

KANTER, R. M., STEIN, B. A., and JICKS, T. D. (1992). *The Challenge of Organizational Change*. New York: Free Press.

LEHTONEN, P., and MARTINSUO, M. (2008). "Change program initiation: defining and managing the program-organization boundary," *International Journal of Project Management*, 26: 21–9.

—— (2009). "Integrating the change program with the parent organization," *International Journal of Project Management*, 27: 154–65.

LEWIN, K. (1947). "Frontiers in group dynamics," in D. Cartwright (ed.), *Field Theory in Social Science*. London: Social Science Paperbacks.

LOVE, P., FONG, P. S. W., and IRANI, Z. (2005). "Introduction," in P. Love, P. S. W. Fong, and Z. Irani (eds.), *Management of Knowledge in Project Environments*. Oxford: Burlington/Elsevier.

LUPSON, J. (2007). "A phenomenographic study of British civil servants' conceptions of accountability," Ph.D. thesis, Cranfield School of Management.

LYCETT, M., RASSAU, A., and DANSON, J. (2004). "Program management: a critical review," *International Journal of Project Management*, 22: 289–99.

MARSH, D. (2001). *The Project and Program Support Office Handbook*. Hook: Project Manager Today Publications.

MARTINSUO, M., and LEHTONEN, P. (2006). "Program and its initiation in practice: development program initiation in a public consortium," *International Journal of Project Management*, 25: 337–45.

MARTON, F. (1981). "Phenomenography: describing conceptions of the world around us," *Instructional Science*, 10: 177–200.

—— (1994). "Phenomenography," in T. Husen and T. N. Postlethwaite (eds.), *The International Encyclopaedia of Education*. Oxford: Pergamon, 4424–9.

—— and BOOTH, S. (1997). *Learning and Awareness*. Hillsdale, NJ: Lawrence Erlbaum Associates.

MAYLOR, H., BRADY, T., COOKE-DAVIES, T., and HODGSON, D. (2006). "From projectification to programmification," *International Journal of Project Management*, 24: 663–72.

MEIER, S. R. (2008). "Best project management and systems engineering practices in the preacquisition phase for federal intelligence and defense agencies," *Project Management Journal*, March: 59–71.

MIDLER, C. (1995). "Projectification of the firm: the Renault case," *Scandinavian Management Journal*, 11/4: 363–75.

MINTZBERG, H., and WATERS, J. A. (1985). "Of strategies, deliberate and emergent," *Strategic Management Journal*, 6: 257–72.

—— and WESTELEY, F. (1992). "Cycles of organizational change," *Strategic Management Journal*, 13: 39–59.

MORRIS, P. W. G. (1994). *The Management of Projects*. London: Thomas Telford.

—— (2009). "Implementing strategy through project management: the importance of the project front-end," in T. M. Williams, K. Samset, and K. J. Sunnevåg (eds.), *Making Essential Choices with Scant Information: Front-End Decision-Making in Major Projects*. Basingstoke: Palgrave Macmillan.

——and HOUGH, G. H. (1987). *The Anatomy of Major Projects: A Study of the Reality of Project Management*. Chichester: John Wiley and Sons.

——and JAMIESON, A. (2005). "Moving from corporate strategy to project strategy," *Project Management Journal*, December: 5–18.

MURRAY-WEBSTER, R., and THIRY, M. (2000). "Managing programs of projects," in J. R. Turner and S. J. Simister (eds.), *Gower Handbook of Project Management*. Aldershot: Gower, 33–46.

NELSON, R. R., and WINTER, S. G. (1982). *An Evolutionary Theory of Economic Change*. Cambridge, MA: Harvard University Press.

OFFICE OF GOVERNMENT COMMERCE (OGC) (2003, 2007). *Managing Successful Programs*. London: The Stationery Office.

PACKENDORFF, J. (1995). "Inquiring into temporary organization: new directions for project management research," *Scandinavian Management Journal*, 11: 319–33.

PARTINGTON, D., PELLEGRINELLI, S., and YOUNG, M. (2005). "Attributes and levels of program management competence: an interpretive study," *International Journal of Project Management*, 23: 87–95.

PEARCE, C. L., and CONGER, J. A. (2003). "All those years ago: the historical underpinnings of shared leadership," in C. L. Pearce and J. A. Conger (eds.), *Shared Leadership: Reframing the Hows and Whys of Leadership*. Thousand Oaks, CA: Sage.

PELLEGRINELLI, S. (1997). "Program management: organising project based change," *International Journal of Project Management*, 15/3: 141–9.

——(2002). "Shaping context: the role and challenge for programs," *International Journal of Project Management*, 20: 229–33.

——(2008). *Thinking and Acting as a Great Program Manager*, Basingstoke: Palgrave Macmillan.

——and PARTINGTON, D. (2006). "Pitfalls in taking a project-based view of programs," *Proceedings of the PMI Congress 2006—Europe*, Madrid.

——and YOUNG, M. (2003). "Understanding and assessing program management competence," *Proceedings of the PMI Congress 2003—Europe*, The Hague.

——HEMINGWAY, C., MOHDZAIN, Z., SHAH, M., and STENNING, V. (2006). "Helping or hindering? The effects of organisational factors on the performance of program management work," *Proceedings of the PMI Research Conference 2006*, Montreal.

————————(2007). "The importance of context in program management: an empirical review of program practices," *International Journal of Project Management*, 25: 41–55.

PFEFFER, J. (1992). *Managing with Power: Politics and Influence in Organizations*. Boston: Harvard Business School Press.

PICH, M. T., LOCH, C. H., and DEMEYER, A. (2003). "On uncertainty, ambiguity, and complexity in project management," *Management Science*, 48/8: 1008–23.

PORTER, M. (1980). *Competitive Strategy*. New York: Free Press.

PRAHALAD, C. K., and HAMEL, G. (1990). "The core competence of the corporation," *Harvard Business Review*, May–June: 79–91.

PROJECT MANAGEMENT INSTITUTE (2006). *The Standard for Program Management*. Newtown Square, PA: Project Management Institute.

——(2008). *PMBOK: A Guide to the Project Management Body of Knowledge*, 4th edn. Newtown Square, PA: Project Management Institute.

P2M (2008). *A Guidebook of Project and Program Management for Enterprise Innovation*. Tokyo: Project Management Professionals Certification Centre (PMCC).

Reiss, G. (1996). *Program Management Demystified*. London: E & TFN Spon.
Romanelli, E., and Tushman, M. L. (1994). "Organizational transformation as punctuated equilibrium: an empirical test," *Academy of Management Journal*, 37/5: 1141–66.
Sandberg, J. (1994). *Human Competence at Work: An Interpretative Approach*. Göteborg: Bas.
—— (2000). "Understanding human competence at work: an interpretative approach," *Academy of Management Journal*, 43/1: 9–25.
Sapolsky, H. (1972). *The Polaris System Development: Bureaucratic and Programmatic Success in Government*. Cambridge, MA: Harvard University Press.
Scott, W. R. (2001). *Institutions and Organizations*, 2nd edn. Thousand Oaks, CA: Sage.
Söderlund, J., and Bredin, K. (2006). "HRM in project-intensive firms: changes and challenges," *Human Resource Management*, 45/2: 249–65.
Teece, D. J., Pisano, G., and Shuen, S. (1997). "Dynamic capabilities and strategic management," *Strategic Management Journal*, 18/7: 509–33.
Thiry, M. (2002). "Combining value and project management into an effective program management model," *International Journal of Project Management*, 20: 221–7.
—— (2004). "For DAD: a program management life-cycle process," *International Journal of Project Management*, 22: 245–52.
Vereecke, A., Pandelaere, E., Deschoolmeester, D., and Stevens, M. (2003). "A classification of development programs and its consequences for program development," *International Journal of Operations and Production Management*, 23/10: 1279–90.
Wang, C. L., and Ahmed, P. K. (2007). "Dynamic capabilities: a review and research agenda," *International Journal of Management Reviews*, 9/1: 31–51.
Weick, K. E. (1995). *Sensemaking in Organizations*. Thousand Oaks, CA: Sage Publications.
—— (2000). "Emergent change as a universal in organizations," in M. Beer and N. Nohria (eds.), *Breaking the Code of Change*. Boston: Harvard Business School Press.
Wheelwright, S. C., and Clark, K. B. (1992). "Creating project plans to focus product development," *Harvard Business Review*, March–April: 70–82.
Williams, D., and Parr, T. (2004). *Enterprise Program Management*. Basingstoke: Palgrave Macmillan.
Williams, T. (2005). "Assessing and moving on from the dominant project management discourse in the light of project overruns," *IEEE Transactions on Engineering Management*, 52/4: 497–508.
—— (2008). "How do organisations learn from projects—and do they?" *IEEE Transactions on Engineering Management*, 55/2: 248–66.
Winter, M., and Szczepanek, T. (2008). "Projects and programs as value creation processes: a new perspective and some practical implications," *International Journal of Project Management*, 26: 95–103.
Winter, S. G. (2003). "Understanding dynamic capabilities," *Strategic Management Journal*, 24: 991–5.

第 11 章 项目与创新:创新和项目

Tim Brady Mike Hobday

11.1 引言

多年以来,科学技术的发展推动了经济的繁荣。但是,今天人类面临的很多重要问题(例如天气变化、老龄化、安全,等等)都不仅仅是技术的问题,而且还是社会的、文化的、政治的问题。技术创新和组织创新越来越广泛地被当作经济和社会福利的基石。在竞争加剧的全球市场中,那些能将知识、技术能力和经验运用于产出(无论是产品还是服务)和/或运用于如何在生产和交付上有所创新的国家和组织,更有可能获得成功。一些创新可能源于灵光一现,但是大多创新(尤其是成功的那些)都是有意识行动的结果(Drucker,1985)。组织创新和变革常常依赖于项目、推出新产品的一次性倡议、新流程、新投资和组织重组等(Shenhar and Drir,2007)。项目中经常产生创新。因此,项目是组织创新的关键方式,并且创新是某类项目的重要产出。

本章关注项目和创新之间历史的和实践的关系以及这两个通常情况下不同的研究领域之间的联系。首先,我们回顾了创新和项目/项目管理之间的联系,包括20世纪50年代和60年代的军事项目,展现了在传统组织形式、政治和流程外,项目是如何酝酿创新的。接下来,我们将探讨文献中创新的多种形式,并且为创新提供一个清晰简单且具有实践意义的定义。这之后,我们将总结不同的创新模型,以说明过去数十年来创新本质和功能的变化、研究者是如何解释这些变化的以及这些变化是如何和项目管理相联系的。然后我们将通过检查某一类项目,即高技术、大规模资本的产品(或"复杂产品系统",CoPS,在这种产品中,生产的基本形式一直是基于项目的),来阐明项目和创新之间的复杂且变化着的相关性。最近的研究发现,组织内创新能力的构建可以解释 CoPS 中的创新是如何围绕各种项目产生的。接下来,我们将说明所谓的"先驱项目"是如何被用于 CoPS 以带来产品、系统和服务的新型组合的,事实上,为了创造新市场,经常需要用户或顾客的直接参与。结论部分总结了主要观点,并为未来研究提供了建议,以进一步提高我们对项目和创新的理解,我们谈到了"项目型经济"的想法,这个想法认为大部分经济和创新活动都是以项目为组织形式的。

11.2 创新和项目管理研究的历史联系

长时间以来,创新和项目管理领域中的热点都在并行发展,随着这种发展,这两个领域已经密切相关。本部分将从简单对比项目管理学科和创新研究的不同起源开始,并指出两个领域渐渐出现的联系。然后将介绍在项目和创新的理解与实践中十分重要的四个后续知识发展轨迹:第一,"理性的"主流项目管理方法;第二,组织设计方面的文献,这些文献提供了项目型组织的早期概念;第三,项目型组织如何在多学科领域运行的跨组织、跨部门研究;第四,相对较新的跨学科的"项目商务"领域,它试图证明项目对于战略商务活动(包括新市场的创造)等的重要性。

项目管理学科在 20 世纪 30 年代至 50 年代出现,来自军事和流程工程行业(Morris,1994:8)。在第二次世界大战之后的冷战环境中,我们看到了军事项目的扩张以及项目管理中相应的发展。这个阶段见证了系统整合以及用于计划和控制的项目管理工具(例如 PERT 和 CPM)的发展和使用。

创新研究表现出了一种略有不同的发展模式。尽管约瑟夫·熊彼特(Joseph Schumpeter)——有时被认为是创新研究的"教父"(Tidd,Bessant,and Paritt,2005:7)——最早的作品发表于 20 世纪的早期,但他的研究在 20 世纪 30 年代才首次以英语出版,而且在 20 世纪 60 年代之前,关于创新的学术出版物几乎没有或者很少(Fagerberg and Verspagen,2009)。正是在冷战期间,美国政府意识到他们的全球支配力取决于自身的技术领导力,因而成立了一些机构如兰德公司(RAND)以继续保持这种优势。很多早期关于研发和创新经济学的出版物都来自兰德公司内部,创新研究这个领域的很多先锋人物(像 Richard Nelson、Sidney Winter、Burton Klein 和 Kenneth Arrow)也都和兰德公司有关系(Fagerberg and Verspagen,2009)。

项目和项目管理研究广泛地延续了众多的知识轨迹。第一,主流项目管理出现于 20 世纪 60 年代,是理性的、技术的、管理方面的学科,用来服务大量以专业项目经理社团和协会以及行业咨询为基础的从业者。这种新的缜密方法的认识论是非常实证主义的,体现了控制的潜在本质(Smyth and Morris,2007)。这在很大程度上仍是"核心"项目管理的本质。大量项目管理方面的文本和手册提供了如何按照顾客要求,按时、按预算执行项目的指导、概念、工具和技能。

正如 Shenhar and Dvir(2007)最近指出的,项目管理的标准的正式方法是基于可预测的和相对简单、理性的模型的,这些模型大多对环境和商业需求的变化不予考虑。Morris(1994)、Morris and Pinto (2004)、Davies and Hobday (2005)、Dvir and Lechler (2004),以及 Shenhar and Dvir(2004)表明这种方法有很大的局限性:①不能解释项目的"突变性"特征,比如开始时并不能完全明确原始要求;②不能解释管理研究会塑造项目的定义以使之最符合利益相关者的战略并优化预期利益的事实。此外,该方法将所有项目都看作"好像"是一样的,不承认环境的重要性。

这些限制对分析和实践都产生了影响。从分析角度来看,"理性"方法的支配地位使得我们可以全面理解各种行业环境中不同类型的项目模型。并且,在项目管理中,为支持简单的、基于规则的模型,不确定性、学习和非正式流程在模型中被淡化。从实践层面上来说,正如 Shenhar and Dvir(2007:7)指出的那样,由于高级经理人和项目小组预先低估项目中涉及的不确定性和复杂性的程度,因而不能够根据环境调整他们的管理风格,导致项目出现高失败率。Lovallo and Kahneman(2003)将这种低估称为为使项目获得通过而出现的"乐观偏见"。Flyvbjerg(2003)同年承认了这些偏见的存在,认为故意低估更多的时候是出于需要做出乐观预测的政治压力。就像我们下面将展示的,尤其是在高科技 CoPS 这种不确定的行业环境中,理性的方法是有缺陷的。在 CoPS 中,消费者的需求不能完全被提前确定,并且项目成功需要不同的生产参与者大量"学习"。

第二,关于组织设计的文献是基于项目的组织进行现代理论化和实证研究的重要基石。与用于职能组织的官僚式和机械式管理结构相比,项目将人们组织起来并带入有机的、适应性的且扁平的结构中,也就是 Alvin Toffler(1970)所说的灵活组织,这种结构能够围绕特定消费者,有时候是在特定产品领域带来创新。Burns and Stalker(1961)暗示,在稳定的环境中,机械式的方法更加适用,但是在多变的条件下,像是技术和市场快速变化的环境,那么一个更加有机的组织形式对于产生创新更加适宜,但是他们没有明确指明是项目形式。Lawrence and Lorsch(1967)注意到因为职能子环境会产生的不同需求,这两种组织形式能够在同一组织中共存。Tushman and O'Reilly(1996)进一步发展了这种想法,提到了两面派组织的必要性,因为其能够同时应对进化性科技变化和革命性科技变化。

Galbraith(1973)率先区分出组织设计可选方案的范围,从纯功能到矩阵型再到纯产品/项目型组织选择。在 20 世纪 50 年代后期,美国航空航天制造商发展出了矩阵组织以作为实现大量项目需要的整合资源的有效整合方式（Lawrence and Lorsch, 1967；Galbraith,1973；Davis and Lawrence,1977）。Mintzberg(1983)是首批阐明在快速变化的商业环境下项目形式优点的组织理论家之一。职能组织关注于通过完善内部过程和产出的标准化不断提高绩效，而项目结构关注于解决外部的特定消费者的问题，并鼓励创新。Mintzberg关于组织形式的分类（包括了临时委员会这一形式）近期被代表项目组织观点方面的文献广泛引用（如Hobday,2000；Gann and Salter,2000）。尽管关于组织形式的早期讨论没有将项目形式作为中心讨论点，但是在20世纪90年代，我们见证了所谓的项目组织北欧学派的出现（如Lundin and Söderholm,1995,1998；Kreiner,1995；Lindkvist, Söderlund, and Tell,1998；Sahlin-Andersson and Söderholm,2002；Engwall,2003）。这个"学派"受到了IRNOP(the International Research Network on Organizing by Projects,项目组织的国际研究网络)成果的启发，IRNOP的第一次会议是由Umeå经济管理学院在1994年于瑞典北部的Lycksele主办的。这个学派的思想贡献是针对项目作为临时组织提供了宝贵的概念性见解，展示出项目是如何植入公司及更广泛的网络之中的。

这一特定的传统没有直接解决创新方面的问题。在理论中，临时组织形式（如项目形式）是创新的关键，使得公司可以进行"不同寻常"的实验活动。但是我们也知道很多创新是在稳定、相对不变的、不存在紧迫的最后期限的环境下发展出来的。不断持续的创新需要持续的学习，进而要求更长期组织的支持，而临时项目组织形式最适合于新的激进变革。由于职能、科技和产业环境的不同，最合适的组织形式是不同的（就像下面研究领域中建议的一样）。

第三，研究已经表明不同的项目组织形式是如何实现不同类型的多学科项目的，包括研发和新产品开发项目（如Freeman,1974；Allen,1977；Katz and Allen,1985；Clark and Fujimoto,1991；Iansiti,1998；Lindkvist, Söderlund, and Tell,1998；Chesbrough,2003；Cusumano and Nobeoka,1998）。这种传统包括了对于特定类型的重要项目（如Morris and Hough,1987；Morris,1994；Wheelwright and Clark,1992；Bowen et al.,1994）和特定部门的项目活动（例如电脑（Kidder,1982；Bauer et al.,1992）、北海石油项目（Stinchcombe and Heimer,1985）、汽车（Willman and Winch,1985；Whipp and Clark,1986；Clark and Fujimoto,1991；Midler,1993））的深入研究。和主流的项目管理方法不同，这些研究表明了区分不同项目类型的重要性和循序渐进的必要性（比较Klein and Meckling, 1958），这是很多政府机构（包括英国政府信息化办公室和英国国家审计局）现在所推荐的实践。更好地理解项目失败的原因在这一研究领域中处于显要的地位（Morris and Hough,1987；Miller and Lessard,2001；Flyvbjerg,Bruzelius,and Rothengatter,2003）。

第四,自 20 世纪 90 年代中叶,出现了一个被称为"项目企业"或"项目商务"的跨学科研究的新兴领域,它结合了上述传统中的每一个元素,并解释了项目对战略性活动的重要性,而这些战略性活动是商业企业管理和发展新市场的核心(Artto and Wikström,2005;Davies and Hobday,2005;Prencipe,Davies,and Hobday,2003;Morris,2004;Morris and Jamieson,2004;Morris and Pinto,2004;Shenhar and Dvir,2007;Artto and Kujala,2008)。这项研究强调项目执行时的环境,以及如何通过更有效的项目管理来产生价值和商业利益的杠杆效应。

11.3 定义创新

就像很多宽泛的概念一样,创新的关注点和定义一直在随着时间演变。很多研究将关注点过度放到科技创新上,因为科技创新经常和组织创新联系在一起。但是,甚至是熊彼特的早期研究也认为创新不仅仅是关于科技这么简单,而是包括产品、生产方法、供应商、市场和不同的组织方式。这些年来,其他的定义也是保持着这一方法。Freeman 是这个领域的先锋,声称产业创新包括了科技、设计、生产、管理以及涉及新产品(改进产品)的营销或者新(改进)流程或设备的首次商业使用的商业活动(Freeman,1974)。Affuah(1998)将创新定义为用新的知识为消费者提供想要的新产品或服务。Dodgson,Gann,and Salter(2008)将创新定义为包括科学技术、组织、金融和商业活动在内的引入新(或改进)产品或服务的新想法的成功商业运用。

这些定义的共同点是新颖和成功,如果产品、流程、组织方式等不是新的,那么它就不是创新。同样,如果一个改变行业产品或系统的想法或尝试不能产生商业价值,那么它也不能被定义为创新。创新这个词本身来自拉丁词"innovare"——产生新的。综上,从这些定义可以很明显看出,创新是一个过程,是新的想法变成现实并且从中获得价值的过程(Tidd and Bessant,2009:19)。

学者已经区分了不同类型的创新。渐进式创新和激进式创新有很大的不同。Marquis(1969)提出了三种不同类型的创新:①与复杂系统有关的创新(如通信网络、武器系统或登月任务,这些创新需要很多年来发展,并且花费数百万美元);②能够改变产业的重大科技突破中的创新(例如静电复印术、飞机引擎);③螺母螺栓式创新——所谓的企业内的、普通的、日常的科技变化。很多关于创新的研究都基于后两种创新类型——激进式创新和渐进式创新。在前面的讨论中可以很明显地发现,项目管理是从 Marquis 所说的第一类创新(复杂系统创新)中发展出来的。我们将在后面的部分回到关于创新本质方面的讨论,但是我们首先要简要地概述这些年关于创新流程的理解是如何演变的,以及它是如何与项目管理相联系的。

11.4　创新模型的演变及其与项目管理的联系

自20世纪50年代起,创新模型开始流行,很多人打算解释和/或指导工业公司内的创新过程,其他人则想证明某种特定形式的政府政策和干预是正确的。Rothwell(1991,1992,1994)认为第二次世界大战后的时代是以与企业战略发展相联系的、不断的科技创新浪潮为特征的,这一观点对该领域的发展是开创性的。表11.1总结了Rothwell的从20世纪50年代到20世纪90年代的五代创新模型发展的观点。一个创新模型通常是由对于创新中的流程、驱动因素和参与者的高度概括的描述组成的。"一代"一词指的是随着时间的流逝,经常是数十年,模型在关注点、性质和核心分类方面的改变。

第一代创新模型,所谓的技术推动模型,是在20世纪50年代形成的简单线性模型,它认为创新是每个分立的阶段按次序出现的过程。这个模型认为科学发现先于科技创新并且通过应用研究、工程学、制造和市场营销推动科技创新。就像Rothwell(1994)认为的那样,这种模型常常被用来证明公司和政府增加的研发费用能够产生更大的创新并获得更快的经济回报。创新导向的公共政策强调通过供给侧的干预来支持创新。

Rothwell(1994)指出,在20世纪60年代的后半段中,创新过程的实践研究开始强调市场拉动(或需求拉动)模型的创新理论,尤其是Myers and Marquis(1969)。这些模型本质上也是线性的,在确认和回应消费者需求时,强调市场和市场调研的重要性,并且根据这些需求来指导研发投资。在这些模型中,市场是研发想法的主要来源,研发是为了满足市场的需求。

20世纪70年代,上述两种线性模型(技术推动模型和市场拉动模型)的详细实证研究表明它们是很极端的,对于工业创新而言是非典型的情况。特别的,Mowery and Rosenberg(1978)坚称创新是以科技和市场的耦合(相互配合)为特征的。不像先前两个模型,交互模型明确将公司决策与科技沟通和市场联系起来。

表11.1　五代创新模型

第一代:技术推动模型(20世纪50—60年代中期)	简单的线性序列过程,强调研发推动,市场接受研发的结果
第二代:市场拉动模型(20世纪60—70年代)	市场(需求)拉动,也是简单的线性序列过程,强调市场营销,市场是研发的来源和导向,研发充当响应的角色

(续表)

第三代:耦合模型(20世纪70—80年代)	序列模型,但是有了对前阶段的反馈环,涉及推动或者推拉的结合,研发和营销更加平衡,强调研发和营销接口的整合
第四代:一体化模型(20世纪80—90年代)	一体化发展团队的并行发展。与上流供应商联系并合作紧密。与领先的前沿客户保持密切联系。强调研发和生产(如生产能力的设计)之间的一体化。水平合作包括合资企业和战略伙伴关系
第五代:系统集成及网络模型(20世纪90年代后)	由先进的信息技术支持,并行发展的完全集成。在研发中使用专家系统和模拟模型。与主要的边缘消费者有很强的联系(消费者的关注点对于战略发挥重要作用)。与主要供应商进行战略整合,包括共同开发新产品和相互联系的CAD系统。水平联系包括合资企业、共同研究团队、合作的营销安排等。强调企业的灵活性和发展的速度(基于时间的战略)。更加关注质量和其他非价格因素

资料来源:根据Rothwell(1991,1992,1994)改编。

尽管第三代模型是非线性的,有反馈环,但是Rothwell(1994)评论它们在本质上还是序列性的。在20世纪80年代,根据对日本汽车创新的观察,发现部门和/或活动间存在重要职能重叠的一体化或并行模型。这些模型试图获得企业内部及企业外部(与供应商、消费者、高校和政府机关等)活动的跨职能整合的高度一体化。

第五代系统集成及网络模型强调企业内和企业间的学习,意味着创新是广泛的、根本的分散网络化过程。这些模型是在观察20世纪80年代和90年代的企业联盟、合伙企业、研发财团及各种合资企业的基础上得出的。这些解释是对第四代一体化模型的扩展,进一步强调垂直关系(如和供应商及顾客的战略联盟)和竞争者合作。Rothwell的第五代过程为了能够提高包括内部职能部门、供应商、顾客和外部合作者在内的整个创新网络中新产品的开发速度和效率,也要依赖于精密电子工具的使用。

值得注意的是,Rothwell并没有说随着时间的流逝,世界是一起从一代向另一代前进的。事实上,五代模型在很大程度上与学术界和商业界对创新的看法的变化以及创新本身的变化有关(Hobday,2005)。在现实中,创新在公司、国家、部门和技术领域的进程并不是同步的,进步往往只是部分地从一代发展到另一代。第五代模型也许被认为是最理想的模型,这是源于对信息通信技术(ICT)的期望和愿景,而不是基于ICT或者创新的现实存在。第五代创新模型的近期表现(Dodgson, Gann, and Salter, 2002)是由于新数码技术的出现而强化的创新过程,这些技术在Rothwell论文出版时尚没有形成或者可供使用。作者认为Rothwell有关IT及相关技术和战略整合对创新过程的影响会不断增加的思考已经被证明是正确的。第五代还将基于ICT的方法(如网络、Linux,以及基于计算机的快速原型设计)与以管理为导向的"系统集成"相结合,这种系统集成往往以企业战略为中心,包括企业在价值链中的定位等。区分这两代模型可能有一些好处,但是在实践中,所有这些所谓的"一代"模型都有很大的重合,因此最好将它们看作学术的解释以及新的研究重点和见解,而不是给定时间内某一工作的实际的连贯的过程。总的来说,Rothwell提供了一个在实践中,针对不同阶段的特定部门、公司和技术,用来评价创新的本质和发展的"基准",是理解前面提到的散乱的、复杂的和不断变化的创新本质的指南或地图。

创新模型与项目管理的联系

尽管创新和项目管理之间直接且广泛的联系在理论中很少出现,第一代的研发推动创新模型在很大程度上和前面提到的某种研发项目(武器系统开发项目如Atlas和Polaris)紧密联系在一起。项目管理的实证主义方法和技术推动创新模型是相互联系的。尽管有人对项目实证法持反对意见(例如Klein和Meekling的Mr Skeptic),但是这种观点已经流行了很多年。

当项目从原来的军用普及到和产品及流程发展有关的商业范围内的应用时,在市场拉动型创新模型中,更多注意力会放到顾客需求上。但是大部分项目管理领域还是关注内部而很少有顾客参与。第二代和第三代创新模型,无论在理论上还是实践中,都没有反映出项目管理方法的巨大变化。

但是在项目管理实践中有一些重大发展,这些发展以第四代创新模型为典型特征。这一模型所体现的高层次跨职能整合和交互与不同项目组织模型(包括矩阵管理及其变形)的出现相符合,也与对项目团队的不同领导力要求相一致。Wheelwright and Clark(1992)区分了四种基本结构:职能型、轻量型项目结构、重量型项目结构以及基于项目的结构。在前面两种基本结构中,项目经理比职能经理的地位低,其对资源没有直接的控制力。在重量型项目结构和基于项目的结构中,项目经理更应该获得对资源的控制力,例如资金和人事,而不是发挥倾向于应由项目线上的经理人相互协调的营销、财务和生产职能。

总而言之,尽管项目管理和创新的研究领域几乎没有整合,两个团体仍不断从对方的领域中吸取经验,逐渐形成良性的重合领域。后来,有关创新和CoPS的研究开始整合项目管理和创新研究的元素,这也是我们接下来将要研究的。

11.5 复杂产品系统(CoPS)的创新

CoPS可定义为企业为了满足大型商业或政府客户的需求而设计和创造的一次性

或小批量定制的高价值的资本产品系统、网络和基础设施组件。CoPS 有很多类型(Hobday,Rush,and Tidd,2000)。可以根据部门(像航天航空、军事和交通)、职能(像控制系统、通信和研发)、复杂程度(按定制组件和分系统的数量、设计选项、所需新知识的量等)分类。例如有飞行模拟器、飞机引擎、航空电子设备系统、电信交换、火车引擎、空中交通管制单元、电网系统、海洋石油设备、行李处理系统、智能建筑、手机网络设备等(完整清单可见 Hobday,1998)。这种小容量、高定制的 B2B 活动经常是以项目的形式组织的。事实上,在 20 世纪中期,美国国防产业是早期项目形式中创新和项目管理技术的先锋(Hughes,1998)。在 20 世纪 60 年代期间,这些美国军工业的项目创新开始向其他行业扩散,如电信和建筑,并且不仅仅是公共部门,还包括社会的其他领域(Morris,1994)。

作为重要的固定资本,CoPS 是现代经济的基础。它们构建了重要的高科技基础设施,使得发达经济体和发展中经济体的商品、服务、能源、交通、信息和知识得以流通。CoPS 是由很多(通常是定制的)相互联系的元素组成的,包括本身就高度复杂、定制化、高成本的子系统和组件。这种复杂性意味着大量投入的多种知识和技能需要整合,而这些知识和技能通常存在于不同的公司之间。CoPS 中的两个核心能力是系统集成(包括系统设计和系统工程)和项目管理。不像消费品,CoPS 是不会被大规模生产的,其生命周期可以延续很多年。

这些特征意味着项目中创新发生的方式非常不同于大批量生产的商品,后者派生出了很多关于创新和商业管理的传统智慧。也许一个关键的特征是,CoPS 在生产(设计、系统工程和系统整合阶段)和使用中展现出了不可预测和意料之外的新特性。这表明 CoPS 项目经常是高度复杂又不确定的活动。这种复杂性和不确定性意味着前面提到的简单化和理性的项目管理方法、工具和技术不仅在 CoPS 环境下是不合适的,而且它们在效率和效果方面也是达不到预期的。

尽管追溯到 20 世纪 60 年代,复杂系统中的创新被认为是和其他类型的创新有所不同的,但是大多数理论和创新模型都和大众市场的商品生产紧密联系。公司倾向于被清晰地定义为将商品供应到市场的可辨认的商业实体,最终消费者可以在市场不同的供给中进行选择。Utterback and Abernathy(1975)认为,产品和与之相关的创新过程倾向于遵循从出生到成熟的生命周期。

上面的例子大部分来自大规模生产的消费品,模型描述了创新的三个主要阶段:第一,产品创新主导的"流动阶段",以很多提供相互竞争的产品设计的小公司间的竞争为特征;第二,以"设计主导"的出现为开始的"过渡阶段","设计主导"是市场衰退的标志,此时行业被少数大企业控制,特点是强调过程创新和标准化产品的大规模生产(降低成本驱导);第三,"成熟阶段",即过程创新的比率也开始下降,并且产品学习和最好的实践经验在公司间传播。这种典型的模式被间歇性的激进式创新或破坏式创新所扰乱,这就迫使能力受限于现有技术的企业去适应新的创新,否则就可能会沦为行业内的次级角色,甚至被迫退出。

但是,标准模型在理解 CoPS 的创新生命周期时并不那么有用,CoPS 似乎停留在系统创新的早期的流动阶段(Miller et al., 1995)。尽管 CoPS 很成熟,但是为大众市场大量生产标准化产品的阶段不会发生在 CoPS 上,因为 CoPS 本质上是生产一次性和小批量项目的。

换句话说,CoPS 中的创新无法通过从实验性的、相对小规模的生产到基于装配、精益、敏捷或大规模定制技术的大规模标准化生产的变动来分析和测度。事实上,传统中对产品和过程不同的区分对于解释 CoPS 中创新的本质和决定因素是没有帮助的,在 CoPS 中,系统/解决方案的创新率一直是很高的,产品设计开发以及组织的"项目"形式是 CoPS 核心生产活动的特征。

另外,和传统模型中关于产业衰退的预测不同,Miller et al.(1995)用来自飞行模拟器产业的证据表明,CoPS 产业在一代又一代的技术和/或产品中,是以系统整合层面上相当大的稳定性为特征的。Bonaccorsi and Giura(2000)用来自涡轮螺旋桨发动机产业(1948—1997)的历史提供了进一步证据,涡轮螺旋桨发动机产业表现出一种没有衰退的模式,并且至今仍旧由少数领头的公司主导,这些公司的竞争优势源于其系统创新的能力和经验以及强大的客户关系,而不是规模经济和范围经济。

每个 CoPS 产业都显示出了特定的创新模式和长度、阶段以及产品生命周期的持续时间。比如,在移动通信产业中,Davies(1997)指出 CoPS(比如电信基础设施)主要通过两个阶段的创新进行演化。第一,在潜在的 CoPS 产品商业化之前,开发新系统的"架构风格"。在这个阶段,架构设计被系统供应商和管理人员、标准制定机关及大型使用者共同驱动。第二阶段,在架构风格方面达成一致之后,紧接着是新系统时代阶段,此时组件和系统的创新率增加,并且不断引入新产品和新组件,但没有根本性改变已经建立的架构设计。

尽管重复的大规模生产学习过程可能和全面的 CoPS 解决方案或系统不相关,但在组件层级很可能有大范围的规模经济,因为此时需求可能非常高(如飞机、电信和高科技建筑)。通过更改设计的架构风格以增大使用大批量组件的范围,使得一流的 CoPS 供应商获得了战略性优势。

在系统/解决方案设计的层面上,由于小批量特征,CoPS 生产商不愿意考虑将大批量生产作为关键的设计约束条件(不像在大规模生产的商品,如汽车、手机或微波炉这类情况中所说的)。相反地,他们在内部必须保留某些特定类型的组件设计知识,以便能够有效地实现外包。因此,CoPS 的设计规则、决策流程和那些为大众大规模生产的、更简单的商品中十分重要的规则非常不同。CoPS 设计的策略(如模块化)不得不考虑到必须存在于解决方案/系统集成商公司的知识要素。因此,核心能力、外包和设计的战略不能与那些用标准组件制造的简单商品相似。

11.6　CoPS 环境下的创新:能力的关键作用

根据 Penrose(1959)的原创贡献,组织能力对公司创新的成功十分关键这一观点很容易理解。就像 Richardson(1972)指出的,成功的公司倾向于专业化其拥有竞争优势的活动。企业必须发展自身能力(即组织、知识、技能和经验等)以完成不同职能活动,如研发、设计、生产、营销等。能力指的是能为企业提供不能被产业中其他公司广泛获得的竞争优势的核心或独特资源。Penrose 认为,那些在商业新领域成功发展的企业就是通过建立和保持"使用某一类型的资源和技术以及开拓某一类型的市场的基本定位"来做的(Penrose,1959:137—8)。

一个公司的技术基础指的是开展与某一特定技术领域相关的研究、开发、设计以及生产活动所必需的知识和技能,像电子学、航空电子学或分组交换系统。市场基础指的是对于不同类型的顾客需求的反应能力,如理解新的客户需求、培养客户关系、营销、分销和销售。一个公司的创新路径是由技术基础和市场基础之间的活跃的互动塑造的。这种方法的两个关键点是:第一,在企业现存的技术基础和市场基础下,通过不断增加的资源专业化利用或特定产品,企业实现了利润扩张;第二,移动和调动公司的资源以使其新技术基础和/或市场基础更加多样化的创新能力对于企业在长期中的竞争生存和发展更加重要。

我们的研究表明,在 CoPS 中,激进式创新经常是"基础移动"项目,这些项目会通过改变核心产品或系统而从根本上改变基础的商业技术根基(Davies and Hobday,2005; Davies,Brady,and Hobday,2006)。比如数字电脑技术完全改变了飞行模拟器的性质和生产过程,将它从模拟电子机械商业变成半导体为基础的、软件驱动的商业(Miller et al.,1995)。CoPS 中的渐进式创新导致了现存技术基础中的新产品或新服务(如新一代的数字飞行模拟器或飞机引擎)。不同的是,渐进式创新中(对于产品或过程)的改进是很小的,比如对于现存产品或生产过程的改进(比如改进后的飞行模拟器或新的物流系统,它们能够减少成本并提高飞行模拟器的传送速度)。

CoPS 的供应商可以通过以下方式创新并创造竞争优势:①通过现存的技术基础和市场基础更有效地管理项目;②利用项目来设想和实现多元化的战略。第二种类型的项目使得 CoPS 公司能够进入新技术的领域和/或产生、开拓新市场,因此被称为"战略性""先锋"(Brady and Davies,2004)或者"基础移动"(Davies,2004)。后来的研究指出,改变或延伸公司的核心技术或市场以产生创新的先锋或基础移动项目有三种类型:

(1)延伸到新技术基础以向现有顾客提供新产品(关注新技术);

(2)通过现有技术使得新市场基础多样化(关注新市场);

(3)延伸到新市场/商业基础——使用新技术来满足新顾客的要求(关注新市场和新技术)。

沿着这三种路径前进的战略性创新决定经常在项目中承担巨大的风险并使用稀有的资源,但不一定会成功。

CoPS 中项目的战略地位与有关项目管理的文献有很大不同,这些文献将项目当作内部的日常活动,包括研发(Iansiti and Clark,1994;Iansiti,1995,1998)、新产品开发项目(比 Kusonoki,Nonaka,and Nogata,1998)和信息技术项目。产品开发项目通常是在组织内部,面对内部的虚拟顾客开展的。他们通常关心新技术的整合(Iansiti,1995,1998)。这些项目通常使用现存的或已知的技术来满足顾客的具体需求。不同的是,在 CoPS 中,产品开发和执行都是很复杂的,是相互独立的基于项目的活动。在大规模生产中,市场部门负责准确描述潜在顾客的需求,因此在引入市场之前,设计是被冻结的;而在 CoPS 中,顾客是一直紧密参与到重要项目的整个不断持续的设计过程中的。

11.7 基础移动项目在发展公司能力时的角色

基础移动项目能够获得新技术或新市场基础,和那些需要在现有基础上行动的项目非常不同。依赖于基础移动项目,CoPS 企业往往需要经历包括激进组织变革在内的能力建设阶段(Davies and Brady,2000;Brady and Davies,2004)。基础移动项目包括高管领导的自上而下的战略项目和自下而上的无计划(如小规模)项目(Davies,Brady,and Hobday,2006)。

自上而下的动力通常来自公司部门,并以建立重要先锋项目和动员大规模资源的战略性决定为开始。当项目能够使得公司"掌控其未来"时,项目就是战略性的。这些高管团队决定战略(比如向新技术和新市场定位扩展),并且将该项目交由比一般项目运营更有经验的战略或项目主管来领导。对于这类项目,关注点是完成公司的整体商业目标。

不同的是,自下而上的项目经常是由运营层面发起和执行的,其中有些是种子项目计划,只需要有限的资源。自下而上项目的速度和本质取决于公司的文化。一些公司非常热衷于提出新的实验性的行动。其他的公司则"害怕"新项目,因为新项目可能使得现有的运营不稳定。很多大公司,像 Du Pont、General Electric 和 IBM 用企业内部创业(internal corporate venturing,ICV)项目作为自下而上促进成长和多样化的工具。有时候 ICV 项目能够成长为独立的新业务(参见 Frederiksen and Davies,2008)。在其他情况下,项目发起人会遇到顶层的阻止,认为项目是"反对公司传统智慧的"。

有些作者建立了基于先锋项目的想法,并随着时间从探索性学习和开发性学习实现转变。Söderlund and Tell(2009)基于先锋项目的概念,将 Asea/ABB 超过 55 年(1950—2000)的长期演变划分为四种不同的项目时期。他们展示了公司内的能力演变是如何通过关键项目形成的,这是第一种类型的机会。Midler and Silberzahn(2008)指出了企业家精神领域、组织学习理论、多项目管理领域和组织理论间的新联系。他们将先锋项目的概念延伸到了已建成的公司,这些已建成的公司通过将先锋项目运用于新创企业而发现了新的市场和技术机会,这在项目开始的时候是未确定的。他们认为这些项目是最具创意的。通过这么做,他们将学习视角从对开发问题的经典探索扩大到对争议更少问题的探索,再扩大到探索收敛。Lenfle(2008)根据项目环境仔细检查了探索和开发之间的紧张关系。他区分了两种不同的项目观点:第一种是,从开发角度看,项目的任务是在给定的约束条件(时间、预算、质量)下进行组织以实现先前定义的目标;第二种观点认为项目是一种创新领域探索的组织方式。根据 Lenfle 的分析,在前一种观点中,项目主要开发现有的能力,这和 PMI 以及 Clark and Fujimoto(1991)的研究所采用的项目的工具观点相一致。在第二种观点中,事前定义项目是不可能的,所以项目是高度不确定的、反应性的探索和学习的过程。由此,它们就成为研究过程的一个基础部分,而不是实现过程的一部分。

11.8　结论

本章探讨了项目管理和创新之间的联系,揭示了两者之间的有趣关系,虽然它们在研究和实践中通常都是分开的。在历史上,这两者几乎没有整合,不过最近两个团体都开始吸取对方的研究和经验,虽然只是有限的重合,但还是产生了有益的情形。最近对 CoPS 中的创新的研究试图整合项目管理和创新研究的主要元素。

关于创新研究,自 20 世纪 50 年代起,学者已经研究出了各代的创新模型,这些模型试图呈现主要的创新过程、驱动因素和参与者,以及它们是如何相互联系的,模型中利用了很多有关创新的实证研究。Rothwell 的五代创新模型观点试图表明这些年来创新的这些关系和驱动因素是如何改变的。但是这些模型往往不能抓住实践中创新的"混乱现实",尽管它们在产业中因管理目的而被广泛使用并被政府用来证明某些干预是合理的。最鲜明的反差出现在早期的线性模型和最近的需求驱动的网络模型之间,前者强调研究和技术推动活动,后者包含了先进的 ICT 和最新的关于系统集成的公司战略。

这些模型以及更一般的创新领域还没有真正和项目管理领域联系起来。尽管项目管理领域沿着不同的知识轨道前进,但是出现于 20 世纪 60 年代的主流项目管理,即作为理性、技术和管理的学科,至今仍在实践中占据统治地位是不争的事实。但是研究表明理性方法有一个主要的限制,那就是它没有考虑重要项目的意外情况和不确定的本质,对不同经济环境中不同项目类型的执行情况也一笔带过。它同时也对如何解决实践中出现的问题及技术发展提供了一个具有误导性的简单化看法,而且没有充分理解工程师和设计师在不确定条件下对复杂问题提出解决方案的方式。出现项目高失败率的部分原因就在于运用传统方法。传统方法在 CoPS 产业这种不确定的环境下是尤其有缺陷的,在整个开发和执行阶段,CoPS 产业不能完全提前确定顾客的需求,并且项目成功需要系统性的、大量的经验分享。

从 20 世纪 90 年代早期开始,有时被称为"项目商务"的新的跨领域研究试图解释项目对于创新的重要性以及创新对于项目的重要性。这项研究强调项目执行的环境,揭示了特定项目类型是如何成为创新的中心的。在 CoPS 中,激进式创新经常是在"基础移动"项目中进行的,能够完全改变商业中潜在的技术基础或市场基础。研究表明 CoPS 公司依赖于这些战略性项目,并且面临着包括激进式组织变革在内的创新能力建设过程的挑战。

创新和项目研究在对接口还有很多未解决的问题。"临时性组织"理论现在还没有涉及创新问题,而且激进式创新和渐进式创新很可能对组织结构持久性有着不同程度的要求,尤其是在创造和发展的早期阶段。而且我们对于部门和技术因素在创新过程中如何塑造项目的本质和角色缺乏细致的理解。不同职能(如研发和产品开发)、部门和创新过程中的不同阶段要求非常不同的项目结构。在很大程度上依赖于"以前进行了什么"的创新可能需要更长期的组织结构,而项目结构最能适应激进式和实验式的创新。项目这种形式对于"从过去学习"很可能是不利的,更传统的部门制往往更利于"从过去学习"。如果确实是这样,那么就意味着需要在学习和创新间进行权衡:用项目支持创新,而用一个更加长久的结构支持学习。

关于未来的研究需求,高科技的 CoPS 产业的例子证明了项目在企业演变、重生和创新以及市场开发过程中的重要性。项目的这种"战略性"地位是否能够应用到其他类型的产业中(如电子学、手机、医药品和化学),以及运用到何种程度需要进一步的研究。在宏观经济层面,理解和测量"项目经济"的重要性是很重要的,尤其是与其他流行的组织形式相比,这会引起学术界、商业领袖和政策制定者的关注。我们也需要对战略项目的有效管理进行深入研究,由此,项目-创新管理的实际模型就能够被设计出来,并通过研究创新中的项目和项目中的创新两个维度的新知识基础来支持实践中的经理人。

11.9 参考文献

AFFUAH, A. (1998). *Innovation Management: Strategies, Implementation and Profits.* New York: Oxford University Press.

ALLEN, T. J. (1977). *Managing the Flow of Technology: Technology Transfer and the Dissemination of Technological Innovation within the R&D Organization.* Cambridge, MA: The MIT Press.

ARTTO, K. A., and KUJALA, J. (2008). "Project business as a research field," *International Journal of Managing Projects in Business*, 1/4: 469–97.

—— and WIKSTRÖM, K. (2005). "What is project business?" *International Journal of Project Management*, 23/5: 343–53.

BAUER, R. A., COLLAR, E., TANG, V., with WIND, J., and HOUSTON, P. (1992). *The Silverlake Project: Transformation at IBM.* New York: Oxford University Press.

BONACCORSI, A., and GIURA, P. (2000). "When shakeout doesn't occur: the evolution of the turboprop engine industry," *Research Policy*, 29/7–8: 847–70.

BOWEN, H. K., CLARK, K. B., HOLLOWAY, C. A., and WHEELWRIGHT, S. C. (eds.) (1994). *The Perpetual Enterprise Machine.* New York: Oxford University Press.

BRADY, T., and DAVIES, A. (2004). "Building project capabilities: from exploratory to exploitative learning," *Organization Studies*, 26/9: 1601–21.

BURNS, T., and STALKER, G. M. (1961). *The Management of Innovation.* London: Tavistock.

CHANDLER, A. D. (1990). *Scale and Scope: The Dynamics of Industrial Capitalism.* Cambridge, MA: Bellknap Press.

CHESBROUGH, H. (2003). *Open Innovation: The New Imperative for Creating and Profiting from Technology.* Boston: Harvard Business School Press.

CLARK, K. B., and FUJIMOTO, T. (1991). *Product Development Performance.* Boston: Harvard Business School Press.

CUSUMANO, M. A., and NOBEOKA, K. (1998). *Thinking Beyond Lean: How Multi-Project Management Is Transforming Product Development at Toyota and Other Companies.* New York: The Free Press.

DAVIES, A. (1997). "The life cycle of a complex product system," *International Journal of Innovation Management*, 1/3: 229–56.

—— (2004). "Moving base into high-value integrated solutions: a value stream approach," *Industrial and Corporate Change*, 13/5: 727–56.

—— and BRADY, T. (2000). "Organisational capabilities and learning in complex product systems: towards repeatable solutions," *Research Policy*, 29: 931–53.

—— and HOBDAY, M. (2005). *The Business of Projects: Managing Innovation in Complex Products and Systems.* Cambridge: Cambridge University Press.

—— BRADY, T. and HOBDAY, M. (2006). "Charting a path towards integrated solutions," *MIT Sloan Management Review*, 47/3: 39–48.

DAVIS, S. M., and LAWRENCE, P. R. (1977). *Matrix.* Reading, MA: Addison-Wesley Publishing Co.

DODGSON, M., GANN, D., and SALTER, A. (2002). "The intensification of innovation," *International Journal of Innovation Management*, 6/1: 53–83.

———— (2008). *The Management of Technological Innovation.* Oxford: Oxford University Press.

DRUCKER, P. F. (1985). *Innovation and Entrepreneurship.* New York: HarperCollins.

DVIR, D., and LECHLER, T. (2004). "Plans are nothing, changing plans is everything: the impact of changes on project success," *Research Policy*, 33: 1–15.

ENGWALL, M. (2003). "No project is an island: linking projects to history and context," *Research Policy*, 32: 789–808.

FAGERBERG, J., and VERSPAGEN, B. (2009). "Innovation studies: the emerging structure of a new scientific field," *Research Policy*, 38: 218–33.

FLYVBJERG, B. (2003). "Delusions of success: comment on Dan Lovallo and Daniel Kahneman," *Harvard Business Review*, December: 121–2.

—— BRUZELIUS, N., and ROTHENGATTER, W. (2003). *Megaprojects and Risk: An Anatomy of Ambition.* Cambridge: Cambridge University Press.

FREDERIKSEN, L., and DAVIES, A. (2008). "Vanguards and ventures: projects as vehicles for corporate entrepreneurship," *International Journal of Project Management*, 26/5: 487–96.

FREEMAN, C. (1974). *The Economics of Industrial Innovation.* Harmondsworth: Penguin.

GADDIS, P. O. (1959). "The project manager," *Harvard Business Review*, May–June: 89–99.

GALBRAITH, J. (1973). *Designing Complex Organizations.* Reading, MA: Addison-Wesley.

GANN, D. M., and SALTER, A. (2000). "Innovation in project-based, service-enhanced firms: the construction of complex products and systems," *Research Policy*, 29: 955–72.

GRANT, R. M. (2002). *Contemporary Strategic Analysis*, 4th edn. Cambridge, MA: Blackwell Publishers Inc.

HOBDAY, M. (1998). "Product complexity, innovation and industrial organisation," *Research Policy*, 26: 689–710.

—— (2000). "The project-based organisation: an ideal form for managing complex products and systems?" *Research Policy*, 29: 871–93.

—— (2005). "Firm-level innovation models: perspectives on research in developed and developing countries," *Technology Analysis & Strategic Management*, 17/2: 121–46.

—— RUSH, H., and TIDD, J. (2000). Editorial "Innovation in complex products and systems," *Research Policy*, 29/7–8: 793–804.

HOUSE OF COMMONS (2004). "Improving IT procurement: the impact of the Office of Government Commerce's initiatives on departments and suppliers of major IT-enabled projects," Report by the Comptroller and Auditor General, HC877 Session 2003–2004. London: The Stationery Office.

HUGHES, T. (1998). *Rescuing Prometheus*. New York: Pantheon.

IANSITI, M. (1995). "Technology integration: managing technological evolution in a complex environment," *Research Policy*, 24/2: 521–42.

—— (1998). *Technology Integration: Making Critical Choices in a Dynamic World*. Boston: Harvard Business School Press.

—— and CLARK, K. B. (1994). "Integration and dynamic capability: evidence from development in automobiles and mainframe computers," *Industrial and Corporate Change*, 3/3: 557–605.

KATZ, R., and ALLEN, T. (1985). "Project performance and the locus of influence in the R&D matrix," *Academy of Management Journal*, 28/1: 67–87.

KIDDER, T. (1982). *The Soul of a New Machine*. New York: Avon Books.

KLEIN, B. H., and MECKLING, W. (1958). "Application of operations research to development decisions," *Operations Research*, 6: 352–63.

KREINER, K. (1995). "In search of relevance: project management in drifting environments," *Scandinavian Journal of Management*, 11/4: 335–46.

KUSUNOKI, K., NONAKA, I., and NOGATA, A. (1998). "Organizational capabilities in product development of Japanese firms: a conceptual framework and empirical findings," *Organization Science*, 9/6: 699–718.

LAWRENCE, P. R., and LORSCH, J. W. (1967). "Differentiation and integration in complex organizations," *Administrative Science Quarterly*, 12: 1–47.

LENFLE, S. (2008). "Exploration and project management," *International Journal of Project Management*, 26/5: 469–78.

LINDKVIST, L., SÖDERLUND, J., and TELL, F. (1998). "Managing product development projects: on the significance of fountains and deadlines," *Organization Studies*, 19/6: 931–51.

LOVALLO, D., and KAHNEMAN, D. (2003). "Delusions of success: how optimism undermines executives' decisions," *Harvard Business Review*, July: 56–63.

LUNDIN, R. A., and SÖDERHOLM, A. (1995). "A theory of the temporary organization," *Scandinavian Journal of Management*, 11/4: 437–55.

—— —— (1998). "Conceptualizing a projectified society: discussion of an eco-institutional approach to a theory on temporary organizations," in R. A. Lundin and C. Midler (eds.), *Projects as Arenas for Renewal and Learning Processes*. Boston: Kluwer Academic Publishers, 13–23.

MARQUIS, D. G. (1969). "Ways of organizing projects," *Innovation*, 5/7: 26–33.

MIDDLETON, C. J. (1967). "How to set up a project organization," *Harvard Business Review*, March–April: 73–82.

MIDLER, C. (1993). *L'Auto qui n'existait pas: management des projets et transformation de l'entreprise*. Paris: Dunod.

——and SILBERZAHN, P. (2008) "Managing robust development process for high-tech start-ups through multi-project learning: the case of two European start-ups," *International Journal of Project Management*, 26/5: 479–86.

MILLER, R., and LESSARD, D. R. (2001). *The Strategic Management of Large Engineering Projects: Shaping Institutions, Risks, and Governance*. Cambridge, MA: The MIT Press.

——HOBDAY, M., LEROUGH-DEMERS, T., and OLLEROS, D. (1995). "Innovation in complex systems industries: the case of flight simulation," *Industrial and Corporate Change*, 4/2: 363–400.

MINTZBERG, H. (1983). *Structures in Fives: Designing Effective Organizations*. Englewood Cliffs, NJ: Prentice Hall.

MORRIS, P. W. G. (1994). *The Management of Projects*. London: Thomas Telford.

——(2004). "Moving from corporate strategy to project strategy: leadership in project management," in D. P. Slevin, D. I. Cleland, and J. K. Pinto (eds.), *Innovations: Project Management Research 2004*. Newton Square, PA: Project Management Institute.

——and HOUGH, G. H. (1987). *The Anatomy of Major Projects*. Chichester: John Wiley and Sons.

——and JAMIESON, H. A. (2004). *Translating Corporate Strategy into Project Strategy*. Newton Square, PA: Project Management Institute.

——and PINTO, J. K. (eds.) (2004). *The Wiley Guide to Managing Projects*. Englewood Cliffs, NJ: John Wiley and Sons.

MOWERY, D., and ROSENBERG, N. (1978). "The influence of market demand upon innovation: a critical review of some recent empirical studies," *Research Policy*, 8: 103–53.

MYERS, S., and MARQUIS, D. G. (1969). *Successful Industrial Innovations: A Study of Factors Underlying Innovation in Selected Firms*, NSF 69–17. Washington, DC: National Science Foundation.

PENROSE, E. T. (1959). *The Theory of the Growth of the Firm*. New York: Wiley.

PRENCIPE, A., DAVIES, A., and HOBDAY, M. (eds.) (2003). *The Business of Systems Integration*. Oxford: Oxford University Press.

RICHARDSON, G. B. (1972). "The organisation of industry," *Economic Journal*, September: 883–96.

ROTHWELL, R. (1991). "External networking and innovation in small and medium-sized manufacturing firms in Europe," *Technovation*, 11/2: 93–112.

——(1992). "Successful industrial innovation: critical factors for the 1990s," *R&D Management*, 22/3: 221–40.

——(1994). "Towards the fifth-generation innovation process," *International Marketing Review*, 11/1: 7–31.

SAHLIN-ANDERSSON, K., and SÖDERHOLM, A. (eds.) (2002). *Beyond Project Management: New Perspectives on the Temporary–Permanent Dilemma*. Copenhagen: Copenhagen Business School Press.

SHENHAR, A. (2004). "How projects differ, and what to do about it," in P. Morris and J. Pinto (eds.), *The Wiley Guide to Managing Projects*. New York: Wiley, 1265–86.

——(2007). *Reinventing Project Management*. Boston: Harvard Business School Press.

SMYTH, H. J., and MORRIS, P. W. G. (2007). "An epistemological evaluation of research into projects and their management: methodological issues," *International Journal of Project Management*, 25/4: 423–36.

SÖDERLUND, J., and TELL, F. (2009). "Exploring the dynamics of the P-form organization: project epochs in Asea/ABB 1950–2000," *International Journal of Project Management*, 27/2: 101–12.

STINCHCOMBE, A. L., and HEIMER, C. A. (1985). *Organization Theory and Project Management: Administering Uncertainty in Norwegian Offshore Oil.* Oxford: Oxford University Press.

TEECE, D. J., and PISANO, G. (1994). "The dynamic capabilities of firms: an introduction," *Industrial and Corporate Change*, 3: 537–56.

TIDD, J., and BESSANT, J. (2009). *Managing Innovation*, 4th edn. Chichester: John Wiley & Sons.

———— and PAVITT, K. (2005). *Managing Innovation*, 3rd edn. Chichester: John Wiley & Sons.

TOFFLER, A. (1970). *Future Shock.* New York: Random House.

TUSHMAN, M. L., and O'REILLY, C. A., III (1996). "Ambidextrous organizations: managing evolutionary and revolutionary change," *California Management Review*, 38/4: 8–30.

UTTERBACK, J. M., and ABERNATHY, W. J. (1975). "A dynamic model of process and product innovation," *Omega*, 3/6: 639–56.

WHEELWRIGHT, S., and CLARK, K. B. (1992). *Revolutionizing Product Development.* New York: Free Press.

WHIPP, R., and CLARK, P. A. (1986). *Innovation and the Auto Industry: Product, Process and Work Organization.* London: Frances Pinter.

WILLMAN, P., and WINCH, G. (1985). *Innovation and Management Control: Labour Relations at BL Cars.* Cambridge: Cambridge University Press.

WINTER, M., SMITH, C., MORRIS, P. W. G., and CICMIL, S. (2006). "Directions for future research in project management: the main findings of a UK government-funded research network," *International Journal of Project Management*, 24/8: 638–49.

第四部分

治理与控制

第 12 章 项目治理

Ralf Müller

本章的要点是治理及与其相关的项目治理。我们将从交易成本经济学（transaction cost economics，TCE）、代理理论和组织控制的综合视角对组织中的治理进行概述，然后拓展到项目及项目管理领域。本章首先回顾治理理论的相关研究，从组织层级开始，再到具体的项目治理模型。最后，我们尝试确定项目治理的范围和议题，这对于关注项目管理的研究者将是很有趣的。

12.1 背景

治理（governance）一词源于拉丁语"gubernare"，是"引导"的意思。治理作为一种职能源于政治科学中的政策研究，但现在已经大大超出这一领域。治理的最初目标是"引导"国家，现在同样适用于治理企业、企业运营、交易和项目。

项目是组织内部或组织之间的交易。后者可以是买方-卖方之间的二元关系，也可以是拥有共同项目目标的组织网络关系。不管交易的复杂程度如何，而且无论是内部项目还是网络项目，总是需要基于双方交易和治理的性质来事先拟定协议，而且通常是以合同的方式。这些协议必须为当事的每一方所认可，因此必须与每一方的公司治理政策相一致，否则负责任的公司经理将不会签署这一合同。协议或合同作为组织间的治理结构代表了不同个体公司治理结构的共同特征。因此，公司治理为项目治理设定了范围，公司内部的项目最为简单，公司之间的项目更为复杂和受限。在诸多关于公司治理的定义中，引用最多的是由经济合作与发展组织提出的（OECD，2004）：

> 公司治理涉及公司管理层、董事会、股东和其他利益相关者之间的一系列关系。公司治理也为公司设定目标、确定实现目标和监督绩效的方法提供了组织结构。

治理的目标是形成组织中"对行为的指导"。利用自我约束的方法,治理借助于弱小的力量来间接地进行引导(Lemke,2001)。如果项目的团队成员由网络化公司构成,那么每一个参与公司为自己的资源负责,同时它们通过合同约定进行联合治理。合同规定了一种通过代表(如指导委员会)的间接方式来引导企业的力量。指导委员会对项目结果负责,但不对项目成员负责。治理为项目中每一个单独个体的行为提供了环境框架,但并不一定决定其行为(Clegg,1994;Clegg et al.,2002),因此"治理最终关注的是为有序规则和集体行动创造条件"(Stoker,1998:155)。

12.2 公司治理

治理成为公司层面的主题起源于科斯的著作——《企业的性质》(1937),以及20世纪中叶有关反垄断的研究与政策。Williamson(1975,1985)通过交易成本经济学发展出治理的经济视角,使得治理获得进一步发展。代理理论(Jensen and Meckling,1976;Jensen,2000)补充了这一观点,增加了结构视角并且强调治理组织中所有者和经理人之间关系和信息的不对称,以及治理组织与其环境间的不对称。后来的组织理论家,如Ouchi(1980)等,提出组织中结构、治理和相关控制机制的关系理论,从而提供了治理组织的内部视角。这三个研究视角奠定了治理的理论基础(Williamson,1999a),并且互相补充,成为项目治理研究中最密切相关的治理视角。交易成本经济学提供了经济视角的理性主义,代理理论进一步补充了机会主义与人的主观性。组织控制使得交易成本经济学和代理理论通过平衡治理的理性水平实现了互动,其方法是客观(产出)与主观(行为)之间的控制。以上三种视角共同为治理提供了全面而多方位的研究角度。

代理理论:治理的信息视角

Eisenhardt(1989)提出了作为组织理论主要贡献者的"代理理论"的重要性,尤其在其与互补观点相结合的情况下。

Jensen and Meckling(1976)将代理的关系定义为一方委托人向另一方代理人进行一系列决策授权。如果双方的目标是最大化自身的经济利益,我们有充分的理由相信代理人不总是实施对委托人最有利的行为。因此,代理理论解释了企业管理者和所有者之间潜在的利益冲突,其根本原因在于只有所有者治理的企业才能实现经济上的有效管理。将企业(比如股东所有的公司)的管理权和所有权分离会降低企业效率,因为治理者(作为代理人)将不会不顾自身利益而仅为其他人(委托人或所有者)的利益着想(Jensen and Meckling,1976;Jensen,2000)。

委托人与代理人之间的关系是存在问题的,因为(Barney and Hesterly,1996;Jensen,2000):
- 如果委托人和代理人都是效用最大化者,那么他们的利益会发生分歧;
- 委托人不能完全无成本地监督代理人的行为;
- 委托人不能完全无成本地监督和获得代理人可以得到或拥有的信息。

Moe and Williamson(1995)将其总结为两个代理问题:
- 逆向选择问题:委托人是否选择了正确的代理人?
- 道德风险问题:代理人是否总是为了所有者的利益最大化而行动?

这两种问题是由委托人与代理人事前(逆向选择)和事后(道德风险)的信息不对称造成的。

委托人与代理人之间的利益通过合同重新整合,合同约定对代理人采取最有利于委托人的行为给予最高的报酬(Bergen,Dutta,and Walker,1992)。在目标不能被明确定义的情形下,以行为为基础的合同处于主要地位。相反地,委托人明确的目标会导致以结果为基础的合同(Hendry,2002)。

四种代理成本与这些结构和激励相关(Jensen,2000):
- 起草和组织委托人与代理人之间合同的成本;
- 委托人的监督费用;
- 代理人的担保支出;
- 由于经理人的利己主义、机会主义行为和有限理性导致的剩余损失。

然而,合同,尤其是复杂项目中的合同总是不完善的(Turner,2004;Williamson,1995),能被代理人利用的机会经常出现。当绩效不能被衡量的时候,多任务环境(如项目)会为不易察觉的低水平绩效提供机会(Holmstrom and Milgrom,1991)。如Harrison and Harrel(1993)实证检验的那样,逆向选择的存在会导致一个决策从代理人的角度看起来是合乎情理的,可这一决策在委托人的角度看起来却不合情理。代理人倾向于实施有利于个人利益的项目。与委托人之间的信息不平衡可能使项目延续成为理性决策,即使该项目从发起人的角度看应该终止。例如,从外部聘请的按照时间和材料来给予报酬的项目经理,他们在项目中待的时间越长,获得的利益越大。在这样的情形下,即使发展态势不好的失败项目也会被继续实施而不是终止。

代理理论是以经济人假设为前提的,即在Jensen and Meckling(1994)看来,参与者是个人主义的、机会主义的、服务于自我的。

对委托人和代理人之间的关系持不同观点的是现代管家理论。组织中的个人被认为是组织的管家,管家认为组织至上,管家集体主义的行为比个人主义、利己的行为有更高的效用。对组织的高度认同产生了委托人-管家的关系,这是一种互相支持而不是互相不信任的委托-代理关系。研究学者认为,在这一情形下,管理者的动机与委托人的目标相一致(Davies,Schoorman,and Donaldson,1997)。

文献通常会在代理理论的上下文中提及现代管家理论,但是反之不会。两种理论的不同在于适用于不同的产业部门,现代管家理论在一定程度上弥补了代理理论的不足。Cares et al. (2006)关于代理理论和现代管家理论的研究指出,代理理论广泛适用于营利组织,但是涉及非营利部门的时候不甚清晰。他们认为现代管家理论是代理理论的一部分,适用于非营利部门。Sundaramurthy and Lewis(2003)提出了更加综合的观点,认为现代企业既需要代理理论中的控制结构,也需要现代管家理论中的合作结构。他们强调一个组织的历史存续受到控制与合作偏好程度的影响。他们提出,聚焦于控制的成功企业会保持自身战略的稳定,而同样聚焦于控制的失败企业会陷入自我加强的下滑循环。在多样化的环境和股东参与的情形下,他们建议通过促进对人类能力的信任、对人类局限性的怀疑以及治理参与者之间的与任务相关的认知冲突,来实现合作与控制的平衡(Sundaramurthy and Lewis,2003)。

上述针对项目领域的总结,为成功的项目提供了一种代理人视角,以及一种代理人和管家视角之间的平衡。

本节关于代理理论的研究在分析单位上各不相同,早期的研究使用委托人-代理人之间的合同或财务绩效作为分析单位,而后期的研究包括了信任的程度和性质。前一种方法通过事前条件和事后结果明确了投入和产出,而后一种方法更多地考虑了心理因素和经验因素。总的来看,分析单位共同向委托人和代理人合作的方向发展。

交易成本经济学:治理的经济视角

交易成本来自经济系统的运转,它们与生产成本不同,并且可以被认为是物理学中的摩擦力在经济学中的等价(Williamson,1985)。交易成本的出现是因为组织内或组织间成员关系的复杂,同时也因为达成规范所有行为关系的全面统一的合同的不可能性。交易成本经济学解释了用以降低不同类型的交易成本的各种方法。为做到这一点,交易成本经济学认为组织是合同(如买方与卖方、员工与企业等之间的)的平衡网络,其中每一个合同都是一种关系的治理结构。因此组织被视为治理结构,其基本的分析单位便是交易(Williamson,1985,1999a)。

交易成本经济学将自己与传统理论中将公司视为一种生产职能(如Coase,1937)或基于能力的常规运营(如Penrose,1959)的观点相区分,后者分别以生产和知识作为分析单位。交易成本经济学特别地将交易作为研究的分析单位。借鉴John R. Commons 的对经济问题的前瞻性论述:"经济活动的最终单位必须包含冲突、相互性和秩序这三项原则,最终单位就是交易(1932,p.4)"(Williamson,2002:2)。

交易成本经济学更加注重微观分析并且借鉴了经济学的模式,而能力则是复合的(侧重于惯例),更关注流程(尤其是学习)和从中学习到的经验。然而,Williamson 总结交易成本经济学不应当成为唯一的角度,合同角度是传统选择角度的补充而不是替代(Williamson,1999a)。

交易发生于当产品或服务在技术上可分离的不同阶段(Williamson,1999a:1089)。交易的三个主要特征是交易的频率、交易的不确定性和支持交易的资产的专用性(Williamson,1999a:1089)。我们可以认为项目是一种特定类型的交易。

依据交易的复杂程度,需要不同复杂程度的治理结构以节约交易成本。"交易成本通过一种区别对待的方式将交易(它们的特征不同)分配给治理结构(不同的自适应能力和相关成本)以节约成本"(Williamson,1985:18)。

交易成本经济学认为公司可以调整它们的治理结构以获得最低的预期交易成本。交易成本经济学认为,为了节约交易成本,较高程度的资产专用性、不确定性和合同的不完整性会导致在组织层级内部"制定"决策,而较低程度会导致企业在市场中"购买"决策,或者将"制定"与"购买"相结合。每一种方法都需要不同的治理结构(Adler et al.,1998)。治理结构以如下的方式适应于合同的性质:治理成本在资产专用性、不确定性和频率的平衡所需的最低级别的控制结构上得到节约。

尽管交易成本经济学由于原始模型的简陋、有所欠缺的权衡、严重的度量问题以及太高的自由度等受到批判(Williamson,1985),但它依然被广泛用于处理研究问题并解释市场现象。例如在指导组织适应性的研究中,Williamson(1994)从概念上指出公司比市场更清楚地知道应该做什么,公司内部的争论使得他们进行调整,而在外部人看来是一双看不见的手(亚当·斯密)。这一观点近来被 O'Reilly and Tushman(2004)进一步扩展,他们认为动态能力(重新配置资产和已有竞争力的能力)和两面性能力(同时探索和开发的能力)使得企业能够适应市场。

为扩大适用范围,交易成本经济学也被运用于公共企业、国家研究所和其他机构。这些结果有助于确定在怎样的特定情形下,一些机构的交易成本被有效节约,而另一些则有待提高(Williamson,1999b,2003)。

信任与控制:治理的组织视角

在交易成本经济学和代理理论的基础上,研究组织理论的学者将信任与控制的问题视为组织治理的典型特征,并完善了治理理论的发展。

关于信任对组织绩效影响的概念性分析表明,治理与信任间同时存在着几种不同关系:①信任能提升治理对绩效的影响;②治理会降低交易伙伴间的信任水平;③项目中的事前信任会影响治理的复杂程度(Puranam and Vanneste,2009)。

Faems et al. (2008)研究了组织联盟中治理的结构(合同)维度和关系(信任)维度之间的相互作用关系。他们的多案例定性研究表明了合同与信任之间的过程关系:善意型信任是决定合同如何运用的条件,合同过程是一个不断积累的学习过程,并且对组织的相对议价能力变化很敏感,互相依赖和能力型信任是后续交易的重要条件。

Ouchi 始于 1975 年的研究成果对于理解组织的控制发挥了非常大的作用,其用定量方法识别出管理者采取产出控制和行为控制的条件。产出控制随着公司层级的上升稳步增加,然而行为控制则不断减少。当任务间的手段-目的关系被很好地理解,而且管理者又在层级较少的小型公司时,他们更喜欢行为控制。产出控制多被管理者应用于有着专业化部门的大型组织,那里需要有便于所有员工理解的简单的绩效评估方法,或者应用于要求有绩效合法证据的情形。与直觉相反,这两种控制方法并不是彼此的替代品(Ouchi and Maguire,1975;Ouchi,1977)。在解决行为控制和产出控制是否以一种相似的方式遍布组织这一问题时,Ouchi 发现行为控制随着公司层级的增加而减少,而产出控制则随着层级的增加而增加。他这样总结道(1978:189):

> 高效率的部门有如下特征:其行为控制的使用受到任务依赖性的影响,可以合理地认为任务依赖性影响控制的需求;它同时还受到管理者经验的影响,知识越渊博的管理者运用越多的行为控制,而知识欠缺的管理者适可而止,运用较少的行为控制。在低效率的部门,这些考虑并不重要,行为控制的运用与管理者的自由时间和自由度紧密联系。对于低效率的部门,拥有较多时间和更多自治权的管理者会使用更多的行为控制,这是组织内封建专制的一种表现。

Ouchi 和他的同事在后来的研究中介绍了家族(clan)的概念及其在组织控制中的角色。研究表明产出控制和行为控制是不完整的,需要有心理学方式的控制加以补充。这一概念后来与交易成本经济学及代理理论相结合,成为治理的第三个视角。家族被定义为文化同质的组织,有着共同的价值或目标,并对为实现共同的目标而如何协调组织间的努力有着相同的信念。家族使得组织成员变得社会化,达到个体和组织的目标相一致的地步,因此利己的行为越来越多地支持组织的目标(Ouchi and Price,1978)。

在为一个松散连接的组织设计控制系统时,Ouchi(1979)利用家族理论扩展了交易成本经济学。这里的交易成本经济学用市场和官僚主义描述了更为简单的控制系统,而家族理论通过心理学维度拓展了这些观点:

- 市场是最简单的控制系统:基于社会行为中的互惠原则,并以价格作为信息载体;

- 官僚主义是更加复杂的控制结构:因为除了要求有市场的互惠原则,还要有领导的合法授权,并加上组织成员对层级的认可,信息通过规章进行传递;
- 家族是最复杂的控制结构:不仅需要互惠原则和合法授权,还需要社会对其价值和信念的广泛认可,信息以组织内的传统为载体。

通过以上三种控制方法的结合,经济组织与控制机制的平衡得以实现。

在项目中,信任和控制通常被认为是使得发起人对项目信息感到满意的两种不同机制。信任满足主观控制的需求,即将恰当的管理者放到项目中所带来的满意感受。控制满足理性的定量的需求,即通过衡量主要绩效标准执行控制的感受(Turner and Müller,2004)。

以上回顾了治理的三种视角的基本性质,即依托于交易成本经济学的经济视角、依托于代理理论的信息视角以及依托于信任与控制的组织视角。基于此可以进一步研究治理的局限性。

12.3 治理的局限性

以上文献回顾表明,治理为制定决策以及符合社会的文化、伦理、道德标准的行为提供了一个心理框架。治理机构的权力范围可以从咨询到政策方针再到立法。在这一系列的行为中,责任被授予治理组织中的参与者。

有些治理的局限性就来源于此,并且既存在于组织层级也存在于项目层级中。参与者的决策取决于组织内或项目环境中的框架解释以及当前的情况,面对信息的不确定性和模糊性以及对所处情况解释的主观性及其环境,会导致一系列可能的决策和行为。

尽管Foucault(1926—1984)的新自由主义为治理提出了清晰的哲学定位,但是关于治理的本体论的、认识论的研究基础并没有被清晰地阐释,而是留给了不同的研究分支。这些分支使用客观的、主观的和概念化的研究方法进行研究。然而,依然很缺乏潜在的关于治理层级(不是其组成部分)的研究认识论的建议。Stoker(1998)将治理理论的特质性描述为:

- 参与者来自治理机构内部或外部;
- 参与者在自主的自我治理网络中运作;
- 解决社会问题的界限和责任模糊不清;
- 一系列行动中的权力依赖是隐藏起来的,需要被辨别;
- 解决问题的能力不依赖于治理机构发出命令或行使其权威的权力。

事实表明,超越现在流行的理论研究和案例研究,未来研究的主流是大量的认识论探究。

正如Williamson(2002)所定义的那样,可以从与传统角度相关的合同角度(企业作为治理结构)探究交易成本经济学(公司作为技术生产体系,专注于资源的合理配置),他总结道,随着资产专用性和干扰的增加,伙伴变得更加独立,因为失败会导致更加严峻的后果。未来的研究将会关注分析对象的相关性,可能会超越传统的生产、合同和能力的观点,将现有观点整合为一个新的观点。博弈论、组织理论和交易成本经济学的结合会促进未来更加综合的模型的发展。进一步地,合同科学需要被更好地理解并灵活运用于现实之中(Williamson,2002)。

12.4 项目治理

项目治理是将治理的原则运用于项目中。项目治理的目标是在公司治理设定的限制内或与外部伙伴商定的合同内,确保项目的持续可预测的交付。项目组合、项目集、项目和项目管理的治理"在公司治理的框架之内并存。项目治理由价值体系、工作职责、过程与政策等构成,使得项目可以实现组织目标,并促进内外部利益相关者和公司本身的利益最大化"(Müller,2009:4)。

项目治理机构

本章前面的内容介绍了项目治理的主要任务是设定目标、提供实现目标的方法和控制过程。这些要在组织层级的每一个节点完成。也就是说,治理存在于组织中的所有层级或存在于所有组织网络中的层级关系,如下面所列举的。

董事会

董事会应当决定业务的目标以及项目在实现这些目标时所扮演的角色。这将会对指导小组、项目发起人和项目管理办公室等管理机构的建立造成影响。同时董事会也许会决定这些机构在不同阶段所可能扮演的角色和责任,如项目继续、改变或暂停的决策,如评估项目及其管理以确保项目在项目治理机构的约束条件内合适交付。因此,董事会决定了项目治理的水平。

指导小组和发起人

对于每一个项目而言,发起人建立起详细的治理基础,这连接了项目与其上级公司或合同。治理基础包括项目治理过程、控制项目的方法以及角色、义务和审批要求。发起人应当和指导小组(或职能相同的部门)一起,在设定的治理框架内(平衡行为控制和产出控制),通过项目经理治理交易(利用交易成本经济学),结构化发起人与项目经理及其团队(利用代理理论)的关系以实现治理项目的目的。

Crawford et al.(2008)的研究表明指导小组的工作通常发挥着两种不同的作用:项目治理和项目支持。在治理的角色中,他们任命项目经理,设定项目预算、时间和成功标准的限制,并在这些条件下定义所要达到的目标。治理通过提供资源、控制项目时间表和可交付物、变更控制以及验收项目等得以实施。指导和建议会在需要的时候给出。在支持的角色中,指导小组为实现项目的可交付成果以及移除障碍,会帮助项目团队获得上级组织的必要批准,并协助管理或影响项目利益相关者。基于具体的情形,项目对治理和支持的需求或高或低。有较高治理需求的项目通常是关键业务项目,存在于不断变化的市场。有较高支持需求的项目通常出现在资源瓶颈或项目产品的使用者拒绝接受的时候(Crawfored et al. 2008)。

项目管理办公室

项目管理办公室是组织单位,拥有实力雄厚的项目管理专家。他们在项目治理中的角色经常被描述为策略性的和战略性的,或者两者的结合。项目管理办公室的具体章程依赖于组织的具体情形。策略性的项目管理办公室关注于项目结果的提升,其通过对项目经理的指导来确保满足企业项目管理的标准。因此,在培训和发展实践团体的支持下,通过行为控制实现了治理。正如 Ouchi and Price(1978)所总结的那样,这和家族的建立有些相似。项目管理办公室使得项目经理团体变得趋同,使得他们拥有共同的价值和目标,这需要相关的协调机制来实现这些共同目标。

扮演更多战略角色的项目管理办公室参与项目组合的治理工作。他们为项目组合经理的决策提供信息,从而对治理的产出控制做出贡献。

项目集和项目组合管理

当项目在项目集之下的时候,项目集及其过程和结构为单个项目的治理限定了环境。在这样的情形下,项目经理扮演着项目所有者或发起人的角色,担当起前文描述的发起人或指导小组的治理角色。

项目组合经理治理项目的相对优先级以及相关的资源和可见性。他们能间接影响时间和成本计划、阶段性目标的制定和完成,以及通过指定优先权和提供必备资源影响项目成果的交付。

12.5 治理框架

最近关于项目治理框架的研究可以被分为两类:①一般项目的治理框架;②特定项目的治理框架。接下来进一步阐述。

一般项目的治理框架

项目治理的研究始于20世纪90年代,随后人们逐渐意识到不同特征的项目需要不同的治理方法,项目的这些不同特征表现在目标的清晰度不同和实现方法的清晰度不同等。因此,这确定了在方法论的选择和项目经理的治理风格方面各不相同的四种管理类型(Turner and Cochrane,1993)。

学者们的关注最近从个体项目转移到了环境中的项目。Söderlund(2004)参照这一发展趋势,认为不同的治理结构适用于单独-多数公司环境中的不同单独-多数项目结构,使得治理从单一的项目管理延伸到多公司和多项目管理的项目生态中。

Turner and Keegan(2001)研究了不同项目数量以及不同客户数量的组织治理结构。他们将多项目组织的一般治理角色描述为经纪人和管家模式。其中,经纪人维持着与客户的沟通,并取得新的商业机会(通常由项目集经理完成),管家治理着所有项目或部分项目的资源库,并决定是否接受新机遇(通常由项目组合经理完成)。

对治理类型和组织绩效间关系的研究表明多项目组织中的治理通常以以下四种可能的情形实施:

(1)多项目组织:项目相互独立,项目所需的目标和资源没有协同效应;
(2)项目集驱动组织:寻求项目目标间的协同效应;
(3)项目组合驱动组织:寻求资源和技术配置的协同效应;
(4)混合组织:结合并平衡项目集与项目组合的方法。

组织范围的绩效在这四种方法中有很大不同。与运用其他三种治理方法的公司相比,混合组织更成功(Blomquist and Müller,2006)。与其他研究(如Müller,Martinsuo,and Blomquist,2008)一致,研究者发现环境特征的差异,如行业、地理和市场动态等,对项目绩效有调节作用,在具体的项目和项目组合治理中需要被考虑。这包含了对成功的认知,如关键绩效指标或绩效的其他评估方法的重要性,因为它们会随着地理、年限和项目类型的改变而改变。在设计或评估国内外项目治理结构的时候,这些变化需要纳入考虑范围(Müller and Turner,2007)。

最新的研究立足于从治理理论和组织理论的角度研究项目治理的模式。通过股东导向或利益相关者导向(Clarke,2004)与产出控制或行为控制(Brown and Eisenhardt,1997;Ouchi and Maguire,1975)的叠加,确立了四种治理模式(见表12.1)。

表12.1 四种治理模式

控制重点	股东导向	利益相关者导向
产出	灵活的经济学家	全能型的艺术家
行为	教徒	敏捷的实用主义者

资料来源:Müller(2009)。

在这个矩阵中,强制遵守项目管理过程的组织在控制方法中专注于行为。相反地,专注于项目可交付成果和现有期望之间匹配的组织更倾向于控制产出。与以行为控制为导向的组织相比,这些组织给予项目及其项目经理更多的自治权。他们的项目通常由拥有大量项目管理技能的敬业的项目经理进行治理(Müller,2009)。

"教徒"模式严格遵守现有的过程、规则和政策以尝试在一组同类项目中保证最低的项目成本。"灵活的经济学家"模式通过熟练地选择项目管理方法,保证可交付成果最低限度地符合其他成功标准,从而实现较低的项目成本。受过良好教育并有着丰富经验的项目经理可以通过专业管理知识找出给定项目中最经济的流程并节约成本。这些有技能的、受过教育的、灵活的、经验丰富的项目经理从事不同种类的项目组合治理。"全能型的艺术家"模式通过平衡由众多不同利益相关者提出的多样化的特定需求与期望,使得效益最大化。项目经理应当发展新的或根据特定需求修改现有的方法、过程或工具以经济地平衡需求的多样性。使用这一治理模式的组织拥有一系列不同种类并处于高科技环境或高风险环境中的项目。最后,"敏捷的实用主义者"模式以技术利用的最大化为目标,经常通过一种在一段时期内进行分阶段的方法来实现产品功能的开发和发布。通过这种模式开发的产品从率先发展的核心功能成长起来,并日益完善其他特征,尽管这些特征对核心功能越来越不重要,但它们却提高了产品的适应性、复杂性和易用性。这些项目通常采用敏捷开发的方法,在给定的时间表内,发起人依据商业价值指定可交付成果的优先级(Müller,2009)。

企业家在组织的不同部分运用不同的治理模式,这取决于他们特异性的目标、对组织任务中手段-目的关系的掌握、领导的偏好、市场的需求以及项目管理成熟度的水平。从交易成本经济学角度来看,项目治理节约了相关行政成本;从代理理论角度来看,治理设立必要的结构以避免项目经理和团队的机会主义,并且通过合适的行为或产出(或者两者一起)控制措施来保证计划的完成,由此治理的职责得以履行。所有这些职责都是在企业的治理框架以及社会环境的行动合法性要求内履行(Müller,2009)。

特定项目的治理框架

项目治理的其他研究更多地关注于行业和项目类型,主要以发展建筑、工程、信息技术和公共项目的治理框架为目标。这一方面的研究多来自建筑行业。然而,研究表明不同的治理方法适用于不同的项目类型。

Winch(1989)解释了交易成本经济学用于理解建筑项目及其环境的适当性,并且建议将关注点从个体项目水平提升到公司水平,将交易成本经济学运用于项目内公司的内外部关系。基于这一角度,他随后将项目视为流程,研究了建筑项目生命周期中的不同交易(Winch,2001)。分析结果显示,当分别考虑交易成本经济学的三个维度,即资产专用性、不确定性和频率时,或者当三者的关系是静止的时候,它们不会对项目构成威胁。一旦现有治理结构的动态环境变得不稳定,便需要做出改变。为同 Stinchcombe(1959)的概念与发现保持一致,Winch(2003)研究了批量生产行业(如汽车行业)与建筑行业的不同,发现批量生产行业的治理方法不适合建筑行业。进一步地,他从复杂系统行业和项目管理中总结出了制造业的模型。

Clegg et al.(2002)综合描述了建造悉尼奥运会设施的治理方法。这种田野调查研究将项目的"治理"当作一种任务,并将悉尼奥运会这种特异性的治理实践与更为普遍的建筑行业的实践及交易成本经济学的相关原理相联系。作者考虑到项目的临时性,并结合了 Foucault、Schutz 和 Williamson 等的理论观点,提出了项目治理的局限性。他们的多层级分析表明,治理文化清晰度的差异取决于其在等级制度或公司网络中所处的位置。这些问题有待于通过利益相关者在不断变化的环境中的管理来解决,从而实现项目治理的持续进步。

Pryke(2005)使用社会网络分析(Social Network Analysis,SNA)研究了建筑项目中的联盟建立。他的研究验证了社会网络分析用于研究治理关系的适当性,并且明确了治理中采购专员不断变化的角色。使用这一框架,Pryke and Pearson(2006)进一步研究了不同类型的合同激励对欧洲建筑项目治理中不同角色的影响。结果显示,不同类型的付出-分享合同会在项目中的公司之间导致不恰当的集群或中心化,同时发现,"保证最高价格"的合同通过灌输强烈的顾客和高效率导向,有效地将风险转移给签订合同后与设计开发相关联的客户。

在 Miller and Hobbs(2005)有关大型资本项目治理结构设计标准的研究中,他们发现与小型项目相比,这些项目在治理结构中有着更高的动态性,有着更多的网络关系而不是买方-卖方的二元关系。综合起来,他们提出需要有更加自我组织的、更加灵活的治理机制以恰当地治理这类项目。类似地,Klakegg et al.(2008)发现不同国家政府的公共项目治理有所不同。研究显示,不同的国家对大型公共项目采取"自上而下"还是"自下而上"的治理框架的偏好不同。有些政府(如挪威),更喜欢自上而下的治理方法,注重项目的结果,其治理方法以来自英国项目管理协会的指导方针(APM,2004)为基础,从法人的角度定义了义务。其他的政府(如英国),更喜欢运用体现控制和服从的自下而上的治理方法,例如将治理标准应用于现有的项目管理方法,如将 $PRINCE_2$(Office of Government Commerce,2008)用作治理的标准。

在开发 NASA 项目管理的框架时,Shenhar et al.(2005)运用了包含新奇度、速度、技术和复杂度的四维度框架来概述项目的四种类型。基于此,他们为这些项目发展了不同的风险组合,进而决定了不同类型项目的治理结构,为供应商和其他参与者提供合同的选择指导。

有关IT项目治理的研究表明,从代理理论和相关通信的视角来看,成功的项目与以下治理特征相联系:

- 最高水平的协作运作化被明确设定为项目目标,项目经理和指导小组有兴趣一起工作;
- 一个中等水平的结构,通过指导小组对项目经理施加的官僚层级和项目中使用方法的清晰程度来衡量。

尽管目标清晰已经被证实对于项目的成功至关重要(例如 Morris and Hough,1987),这一研究表明治理机构如指导小组等必须保证项目经理充分的自由以使其能够独立自主地治理日常工作,因此仅在特殊情况下才交由治理结构的更高层级来解决问题(Turner and Müller,2004)。结构中的这一层级受项目所有者和供应商之间合同类型的影响:标价合同会导致治理结构的结构化不足,而成本补偿合同会导致过于死板的结构从而使得项目经理不能处理日常事务,因此治理结构中的合同可能会成为项目的风险,需要通过适当的沟通来对之进行处理(Müller and Turner,2005)。

在项目治理的背景下,有关信任的定量和理论研究表明,信任与控制之间存在着非线性的负向关系,一定范围内允许相互替代。过多的治理会降低信任,对项目结果有负面的影响(Turner and Müller, 2004;Müller and Turner, 2005)。这一结论被 Hartman (2002)所支持,该研究认为信任是项目成功的前提,然而在项目中,信任的含义对于承包商或所有者角色来说存在差异。在这两种角色中,信任对项目关系的满意度和积极项目成果的影响有所不同(Pinto,Slevin, and English 2009)。

12.6 项目治理研究总结

有关项目治理的研究是多种多样的。从项目的日常工作到战略层面,如项目组合管理、战略性项目管理办公室或者董事会,分析的层次有显著的不同。表12.2展示了上面研究中所提到的例子。在这些研究中,交易成本经济学视角占据主导地位,尤其是建筑项目,而另一些,如IT产业,可以通过交易成本经济学或代理理论的观点进行研究。还有一些治理研究更具探索性,没有运用以上两个理论中的任何一个。总之,理论观点、研究方法以及分析水平显现出多元化趋势,促进了对项目治理的多方位理解。为实现这一目的,需要更多地将针对建筑行业的项目治理或多项目工作的治理等应用于各行各业的研究。

表 12.2　项目治理研究中分析层次的举例

一般项目治理模型		特定项目治理模型		
作者	分析层次	作者	项目类型	分析层次
Blomquist and Müller(2006)	交易成本经济学、多项目组织的治理	Winch(1989,2001) Clegg et al.(2002)	建筑项目	交易成本经济学和政府治理
Müller (2009)	交易成本经济学、代理理论、组织治理模式	Pryke(2005) Pryke and Pearson (2006)	建筑项目	交易成本经济学、社会网络分析的关系和激励
Pinto, Slevin, and English (2009)	信任在项目及其治理中的角色	Miller and Hobbs(2005)	大型资本项目	治理制度的设立标准
		Klakegg et al.(2008)	大型公共项目	治理方法
		Shenhar et al.(2005)	NASA 项目	合同选择的分类和风险组合
		Turner and Müller(2004) Müller and Turner(2005)	IT 项目	代理理论、项目治理的协作与构建

12.7　研究展望

文献综述显示出现有的概念和理论研究尚存在大量不足之处。最明显的是交易成本经济学的运用，其本来是为永久型组织设计的，却被用于临时的动态项目环境。这引起了关于临时环境中项目基本组成要素与具体治理方法，如项目集和项目组合管理等相匹配的问题。需要更多的研究来调查临时性组织内在的不连续性对于三种治理理论的解释力的影响。例如：

- 交易成本经济学在项目联盟背景下以及在公司网络竞争中的先发优势；
- Eccles(1981)概述的准企业关系的稳定性及其与现代组织结构如开源开发项目的相关性。

从代理的角度出发，代理理论(现代管家理论的对立面)背后的经济人假设应当被质疑。这些观点依然和现有项目环境的动态相关吗？如在全球网络下的"自由开源代码软件"(Free Libre Open Source Software, FLOSS)开发项目中的常规要素，如价格和合同(甚至心理合同)已经在全球市场消失不见，而且等级制形式的控制结构也在市场形式的环境中运用。

社会文化的变化如何影响治理形式？这些变化包括婴儿潮下一代人，即 1983—1997 年出生的人的价值观的变化。婴儿潮的一代人注重生活中的享受，而现在新兴的网络一代看重的是人们所知道的和所说的，而非关注他们来自哪里(Tapscott,1998)。相应地，考虑到全球化网络中个体丰富的工作机会和极度的临时性，行为控制和产出控制的概念依然与新的组织形式(如 FLOSS)相关吗?换句话说,现代治理理论相对静态的观点在未来依然具有解释力吗?

解决这一问题可能的方式是研究旧理论(如代理理论)的替代理论(如前景理论),前景理论重视决策过程的收益和损失,而不是最终的资产,并且用决策权重取代概率(Kahneman and Tversky,1979)。

虽然面临着全球性的挑战,项目治理的细节仍然需要被更好地理解。例如,相比之下,其他人包括非营利组织有不同的动力因素,而所有者仅仅寻求增加所有权所带来的回报。这会引发一些研究问题,如:

- 复杂的私有部门项目和同等复杂的公有部门项目间的治理差异;
- 事前声明目标的项目和过程中发展目标的项目的治理差异;
- 为实现项目的成功,项目治理在设定、监督不同项目当事人及其资源提供者的激励措施时所扮演的角色;
- 对于公司治理和独立的项目治理,两者的委员会在组成、职权范围和操作方式方面的关键差异;
- 从失败项目和失败企业中学习经验教训,进一步为提高项目治理提出建议。

未来需要更多的案例研究来理解项目治理的特异性。此外,后现代主义研究的时机或许已经成熟,它超越了现在流行的社会建构理论,促进了对这一学科更为全面的理解。

12.8 致谢

本章作者对 Andrew Edkins 及其对这一章节较早版本的贡献深表感谢。

12.9 参考文献

ADLER, T. R., SCHERER, R. F., BARTON, S. L., and KATERBERG, R. (1998). "An empirical test of transaction cost theory: validating contract typology," *Journal of Applied Management Studies*, 7/2: 185–200.

APM (2004). *Directing Change: A Guide to Governance of Project Management*. High Wycombe: Association for Project Management.

BARNEY, J. B., and HESTERLY, W. (1996). "Organizational economics: understanding the relationship between organizations and economic analysis," in S. R. Clegg, C. Hardy, and W. R. Nord (eds.), *Handbook of Organization Studies*. London: Sage Publications, 115–47.

BERGEN, M., DUTTA, S., and WALKER, O. C. (1992). "Agency relationships in marketing: a review of the implications and applications of agency and related theories," *Journal of Marketing*, 56/3: 1.

BLOMQUIST, T., and MÜLLER, R. (2006). *Middle Managers in Program and Portfolio Management: Practice, Roles and Responsibilities*. Newton Square, PA: Project Management Institute.

Brown, S., and Eisenhardt, K. M. (1997). "The art of continuous change: linking complexity theory and time-paced evolution in relentlessly shifting organizations," *Administrative Science Quarterly*, 42/1: 1–34.

Cares, R., Du Bois, C., Jegers, M., De Gieter, S., Schepers, C., and Pepermans, R. (2006). "Principal–agent relationships on the stewardship–agency axis," *Nonprofit Management & Leadership*, 17/1: 25–47.

Clarke, T. (2004). "The stakeholder corporation: a business philosophy for the information age," in *Theories of Corporate Governance: The Philosophical Foundations of Corporate Governance*. London: Routledge, 189–202.

Clegg, S. R. (1994). "Weber and Foucault: social theory for the study of organizations," *Organization*, 1/1: 149–78.

—— Pitsis, T. S., Rura-Polley, T., and Marosszeky, M. (2002). "Governmentality matters: designing an alliance culture of inter-organizational collaboration for managing projects," *Organization Studies*, 23/3: 317–37.

Coase, R. H. (1937). "The nature of the firm," *Economica*, 4/November: 386–405.

Commons, J. R. (1932). "The problem of correlating law, economics, and ethics," *Wisconsin Law Review*, 8/8: 3–26.

—— (1983). "The structure of ownership and the theory of the firm," *Journal of Law and Economics*, 8: 3–26.

Crawford, L., Cooke-Davies, T., Hobbs, B., Labuschagne, L., Remington, K., and Chen, P. (2008). "Governance and support in the sponsoring of projects and programs," *Project Management Journal*, 39/Supplement: S43–S55.

Davies, J. H., Schoorman, F. D., and Donaldson, L. (1997). "Toward a stewardship theory of management," *Academy of Management Review*, 22/1: 20–47.

Eccles, R. G. (1981). "The quasifirm in the construction industry," *Journal of Economic Behavior & Organization*, 2: 335–57.

Eisenhardt, K. M. (1989). "Agency theory: an assessment and review," *Academy of Management Review*, 14/1: 57–74.

Faems, D., Janssens, M., Madhok, A., and van Looy, B. (2008). "Toward an integrative perspective on alliance governance: connecting contract design, trust dynamics, and contract application," *Academy of Management Journal*, 51/6: 1053–78.

Harpham, A., Turner, J. R., and Simister, S. J. (2000). "Political, economic, social and technical influences: PEST," in J. R. Turner and S. J. Simister (eds.), *Gower Handbook of Project Management*. Aldershot: Gower Publishing Limited, iii. 165–84.

Harrison, P. D., and Harrel, A. (1993). "Impact of 'adverse selection' on managers' project evaluation," *Academy of Management Journal*, 36/3.

Hartman, F. T. (2002). "The role of trust in project management," in D. P. Slevin, D. L. Cleland, and J. K. Pinto (eds.), *The Frontiers of Project Management Research*. Newtown Square, PA: Project Management Institute, 225–35.

Hendry, J. (2002). "The principal's other problems: honest incompetence and the specification of objectives," *Academy of Management Review*, 27/1.

Holmstrom, B., and Milgrom, P. (1991). "Multitask principal–agent analyses: incentive contracts, asset ownership, and job design," *Journal of Law, Economics, & Organization*, 7.

Jensen, M. C. (2000). *A Theory of the Firm: Governance, Residual Claims, and Organizational Forms*. Cambridge, MA: Harvard University Press.

—— (2001). "Value maximization, stakeholder theory, and the corporate objective function," retrieved from http://ssrn.com/paper=220671. Accessed August 14, 2009.

Jensen, M. C. and Meckling, W. H. (1976). "Theory of the firm: managerial behavior, agency costs, and ownership structure," *Journal of Financial Economics*, 3/4: 305–60.

—— —— (1994). "The nature of man," *Journal of Applied Corporate Finance*, 7/2: 4–19.

Kahneman, D., and Tversky, A. (1979). "Prospect theory: an analysis of decision under risk," *Econometrica*, 47/2: 263–92.

Klakegg, O. J., Williams, T., Magnussen, O. M., and Glasspool, H. (2008). "Governance frameworks for public project development and estimation," *Project Management Journal*, 30/Supplement: S27–S42.

Lemke, T. (2001). "The birth of bio-politics: Michel Foucault's lecture at Collège de France on neo-liberal governmentality," *Economy and Society*, 30/2: 190–207.

Miller, R., and Hobbs, B. (2005). "Governance regimes for large complex projects," *Project Management Journal*, 36/3: 42–50.

Moe, T. M., and Williamson, O. E. (1995). "The politics of structural choice: toward a theory of public bureaucracy," in *Organization Theory: From Chester Barnard to the Present and Beyond*. New York: Oxford University Press.

Morris, P. (1998). "Why project management doesn't always make business sense," *Project Management: International Project Management Journal, Finland*, 4/1: 12–16.

—— and Hough, G. (1987). *The Anatomy of Major Projects: A Study of the Reality of Project Management*, vol. i. Chichester: John Wiley & Sons, Ltd.

Müller, R. (2009). *Project Governance*. Aldershot: Gower Publishing.

—— and Turner, J. R. (2005). "The impact of principal–agent relationship and contract type on communication between project owner and manager," *International Journal of Project Management*, 23/5: 398–403.

—— —— (2007). "The influence of project managers on project success criteria and project success by type of project," *European Management Journal*, 25/4: 289–309.

——Martinsuo, M., and Blomquist, T. (2008). "Project portfolio control and portfolio management in different contexts," *Project Management Journal*, 39/3: 28–42.

OECD (2004). "OECD Principles of Corporate Governance," www.oecd.org. Accessed January 10, 2005.

Office of Government Commerce (2008). "OGC governance," http://www.ogc.gov.uk. Accessed July 2, 2008.

O'Reilly, C. A., and Tushman, M. L. (2004). "The ambidextrous organization," *Harvard Business Review*, 82/4: 74–81.

Ouchi, W. G. (1977). "The relationship between organisation structure and organisational control," *Administrative Science Quarterly*, 22/1: 95–113.

—— (1978). "The transmission of control through organizational hierarchy," *Academy of Management Journal*, 21/2: 173–92.

—— (1979). "A conceptual framework for the design of organizational control mechanisms," *Management Science*, 25/9: 833–48.

—— (1980). "Markets, bureaucracies and clans," *Administrative Science Quarterly*, 25: 129–41.

—— and Maguire, M. A. (1975). "Organizational control: two functions," *Administrative Science Quarterly*, 20/4: 559–69.

—— and Price, R. L. (1978). "Hierarchies, clans, and theory Z: a new perspective on organization development," *Organizational Dynamics*, 7/2: 24–44.

Partington, D. (2000). "Implementing strategy through programmes of projects," in J. R. Turner and S. J. Simister (eds.), *Gower Handbook of Project Management*, 3rd edn. Aldershot: Gower Publishing Limited, 33–46.

PENROSE, E. (1959). *The Theory of Growth of the Firm*. New York: John Wiley.
PINTO, J. K., and SLEVIN, D. P. (1998). "Critical success factors," in J. K. Pinto (ed.), *The Project Management Institute Project Management Handbook*. San Francisco: Jossey-Bass.
—— —— and ENGLISH, B. (2009). "Trust in projects: an empirical assessment of owner/contractor relationships," *International Journal of Project Management*, 27/6: 638–48.
PURANAM, P., and VANNESTE, B. S. (2009). "Trust and governance: untangling a tangled web," *Academy of Management Review*, 34/1: 11–31.
PRYKE, S. D. (2005). "Towards a social network theory of project governance," *Construction Management and Economics*, 23: 927–39.
—— and PEARSON, S. (2006). "Project governance: case studies on financial incentives," *Building Research & Information*, 36/6: 534–45.
SHENHAR, A., DVIR, D., MILOSEVIC, D., MULENBURG, J., PATANAKUL, P., REILLY, R., RYAN, M., SAGE, A., SAUSER, B., SRIVANNABOON, S., STEFANOVIC, J., and THAMHAIN, H. (2005). "Toward a NASA-specific project management framework," *Engineering Management Journal*, 17/4: 8.
SÖDERLUND, J. (2004). "On the broadening scope of the research on projects: a review and a model for analysis," *International Journal of Project Management*, 22/8: 655–67.
STINCHCOMBE, A. L. (1959). "Bureaucratic and craft administration of production," *Administrative Science Quarterly*, 4: 168–87.
STOKER, G. (1998). "Governance as theory: five propositions," *International Social Science Journal*, 50/155: 17–28.
SUNDARAMURTHY, C., and LEWIS, M. (2003). "Control and collaboration: paradoxes of governance," *Academy of Management Review*, 28/3: 397–415.
TAPSCOTT, D. (1998). *Growing up Digital: The Rise of the Net Generation*. New York: McGraw-Hill.
TURNER, J. R. (2004). "Farsighted project contract management: incomplete in its entirety," *Construction Management and Economics*, 22/1: 75–83.
—— and COCHRANE, R. A. (1993). "Goals-and-methods matrix: coping with projects with ill defined goals and/or methods of achieving them," *International Journal of Project Management*, 11/2: 93–102.
—— and KEEGAN, A. (2001). "Mechanisms of governance in the project-based organization: roles of the broker and steward," *European Management Journal*, 19/3: 254–67.
—— and MÜLLER, R. (2004). "Communication and co-operation on projects between the project owner as principal and the project manager as agent," *European Management Journal*, 22/3: 327–36.
—— and SIMISTER, S. J. (2000). *Handbook of Project Management*. Aldershot: Gower Publishing Ltd.
WILLIAMSON, O. E. (1975). *Markets and Hierarchies: Analysis and Antitrust Implications*. New York: Collier Macmillan, Canada, Ltd.
—— (1985). *The Economic Institutions of Capitalism*. New York: The Free Press.
—— (1994). "Visible and invisible governance," *AEA Papers and Proceedings: Invisible Hand Theories*, 84/2: 323–6.
—— (1995). "Transaction cost economics and organization theory," in *Organization Theory*. New York: Oxford University Press, 207–56.
—— (1999a). "Strategy research: governance and competence perspectives," *Strategic Management Journal*, 20: 1087–108.
—— (1999b). "Public and private bureaucracies: a transaction cost economics perspective," *Journal of Law, Economics and Organization*, 15/1: 306–42.

WILLIAMSON, O. E. (2002). "The lens of contract: private ordering," *International Society for New Institutional Economics*, http://www.isnie.org/ISNIE02/Papers02/williamsonoliver.pdf. Accessed August 14, 2009.

—— (2003). "The economic analysis of institutions and organisations: in general and with respect to country studies," *OECD Economics Department Working Paper Series* (133).

WINCH, G. M. (1989). "The construction firm and the construction project: a transaction cost approach," *Construction Management and Economics*, 7/4: 331–45.

—— (2001). "Governing the project process: a conceptual framework," *Construction Management and Economics*, 19: 799–808.

—— (2003). "Models of manufacturing and the construction process: the genesis of re-engineering construction," *Building Research & Information*, 31/2: 107–18.

第13章 超支,超时,一而再再而三:管理重大项目

Bent Flyvbjerg

13.1 重大项目的特征

关于法国和英国之间的英吉利海峡隧道——欧洲最长的海底铁路隧道的后续研究产生了令人惊讶的结论。以最终的业务情况为基线,其建设成本超支了80%,融资成本超支了140%,而需求则减少了50%(Flyvbjerg,Bruzelius,and Rothengatter,2003)。对英国经济的实际净现值影响是负的,为-178亿美元,项目的内部回报率为-14.45%,从而得出了不可避免的结论即"要是英吉利海峡隧道没有建设的话,英国的经济可能会更好"(Anguera,2006:291)。

如果英吉利海峡隧道的例子只是 Hall(1980)恰巧指出的"巨大的计划惨败"的唯一例子,我们也无须这么担忧。然而,数据分析表明英吉利海峡隧道及很多项目都并不像外人第一眼所见的那样,此类商业情况是常见的(Flyvbjerg,Holm,and Buhl,2004,2005)。在最近的一些关于重大项目的调查中,90%的项目都有成本超支的问题,超过限度的50%—100%是非常普遍的,而超过100%也不是不常见。在需求和收益方面,与实际的开发情况相比较,估计的情况往往相差20%—70%(Altshuler and Luberoff,2003;Flyvbjerg,Bruzelius,and Rothengatter,2003:18-19;Morris and Hough,1987;Priemus,Flyvbjerg,and van Wee,2008)。

重大项目和重大项目集一般有以下的特征(重大项目在这里是指花费1亿美元或者更多的项目;重大项目集由一系列的项目组成,花费10亿美元以上。本章大多数的结论同样适用于重大项目和重大项目集。但是为了书写和阅读的简便,重大项目将作为本章主要用语)。

- 由于长期的规划周期和复杂的相互作用,这些项目存在固有风险。

- 决策、计划和管理是典型的利益冲突的多角色处理过程。
- 技术和设计通常是没有标准的。
- 某一项目概念在早期被过度承诺,导致了"锁定"或"俘获",使得可供选择方案的分析薄弱或缺乏,并且导致后期的承诺升级。
- 由于涉及大量的金钱,委托-代理问题十分普遍。
- 项目的范围或期望水平通常会随着时间的推移而发生巨大的变化。
- 统计证据表明,这些复杂性和计划外的事件经常是未被考虑到的,导致了预算和时间的权变严重不足。
- 因此,在整个项目的开发和决策中,关于成本、时间表、收益和风险的错误信息是司空见惯的。
- 结果是在项目执行中成本超支且收益不足,从而削弱了项目的可行性。

但这并不意味着那些成本和/或收益刚好符合预算甚至比预算更好的项目不存在。古根海姆博物馆就是重大项目中少有的能够按时完成、符合预算成本、收益高于预期的例子(Flyvbjerg,2005)。但是就成本超支和收益不足这一点而言,罗列出失败的重大项目远比罗列出成功的重大项目简单得多。举例来说,作为正在进行的关于重大项目成功管理的一部分研究,本章作者和同事正努力建立足够大的样本集以获得有效统计的结果。但是到目前为止,我们失败了。为什么?因为重大项目管理中成功的案例太少了,以至于它们现在只能被作为小样本问题来研究。

上面所罗列的重大项目的特征是会带来很大问题的,因为它们的失败会造成其他更多的失败。大多数情况下,对人们造成的主要影响是带来经济损失,这对于纳税人和其他资助重大项目的投资人而言是非常糟糕的。但更糟糕的是,本就经常处于不利位置的特定群体有时候会被迫承担更多的由项目导致的环境和社会负面影响,这些项目甚至根本没有获得收益。

接下来我们将会说明导致成本超支和收益不足的更深层的原因,并叙述一些对这种问题的可能解决方案。

13.2 绩效不佳的原因及根本原因

在解释项目成本超支、收益不足和延期时区分原因和根本原因是非常有用的。按照惯例,接下来罗列的是在文献和实践中项目绩效不佳的原因:项目复杂、项目范围变化、技术不确定、需求不确定、预料之外的地质特征以及消极的多数人(即反对股东的声音)(Flyvbjerg,Bruzelius,and Rothengatter,2003;Miller and Lessard,2000;Morris and Pinto,

2004）。毫无疑问，所有这些因素会同时或者分别导致成本超支和收益不足，但可能还有争议的一点是它们不是真正的或根本的原因。绩效不佳的根本原因是项目的计划者倾向于在项目开发或决策时低估甚至忽视系统的复杂性和范围变化等因素带来的风险（Flyvbjerg, Garbuio, and Lovallo, 2009）。这些风险的忽视或低估通常被称为乐观主义，如果我们接受了绩效不佳的根本原因是乐观主义这一观点，那么复杂性、范围、技术等仅仅是计划者所持乐观主义导致的具体问题，通过这些问题证明了乐观主义本身的存在。同理，可以认为扩大承诺和锁定是绩效不佳的原因，但不是根本原因（Staw and Ross, 1978）。这些现象在重大项目中是如此普遍，以至于在项目的准备过程中，它们出现的风险应当被明确地考虑进去。但是，这些风险又常常被忽视或低估，这是绩效不佳的根本原因。

接下来，关注点将是绩效不佳的根本原因而不是常见原因。这就意味着常规文献中的一大部分将被省略。不是因为这些文献不重要，而是因为本章有不同的关注点：我们尝试更好地理解什么是绩效不佳的深层原因。

从最基本的角度来说，项目绩效不佳的潜在原因可以被划分为三类，依次来考虑这三类：①运气不佳或失误；②乐观偏见；③战略性虚假陈述（Flyvbjerg, Garbuio, and Lovallo, 2009）。运气不佳或对重大项目中不确定事物的不幸决定，是管理者对于不好结果的典型解释（Ascher, 1979; Clapham and Schwenk, 1991; Ford, 1985; Morris and Hough, 1987）。这些解释的问题是，它们经不起数据的统计检验。将运气不佳或失误作为绩效不佳的解释存在了数十年之久，仅仅因为项目绩效的数据通常是低质量的，即因为来自小样本，所以数据是离散的、不连续的，不能对它们进行严格的数据分析。一旦在项目之间建立可相互比较的高质量数据，并且数量达到统计上的显著水平，那么运气不佳和失误这样的解释就会轰然倒塌。这些解释是与数据不相符的（Flyvbjerg, Holm, and Buhl, 2002, 2005）。

首先，如果绩效不佳真的是由运气不佳和失误引起的，那么我们可以期待一个在0附近的相对无偏分布。事实上，数据表明在统计上失误的分布显著偏向于平均数而不是0。

其次，如果运气不佳或失误对于绩效不佳是主要的原因，那么我们可以期待经过一段时间后绩效可以得到提升，因为在专业环境下，失误及其来源都可以通过改良的数据、方法等被认识到和处理，就像天气预报或者医学实验那样。事实上，数十年来，大量资源已经被用于改善重大项目管理中的数据和方法，包括成本和收益的预测。然而，证据表明，在成本超支和收益不足方面，这些努力并没有提高绩效表现。因此，运气不佳或失误不能用来解释数据。所谓的估计"错误"或它们的起因并不能作为解释。事实上，不管是有意还是无心，在大量的项目准备中，范围变化的风险、高度的复杂性以及难以预料的地质特征等都被系统性低估，从而导致成本低估和收益高估。

我们可能会认可常见的解释，如对于单个项目来说，预测范围变化、复杂性或者地质问题中的哪种会出现并使得成本急剧上升是不可能的。但是基于先前项目的经验，我们必须坚持，预测项目中那些经常出现的风险以及它们是如何影响成本是可能的。我们也必须坚信在预测成本的时候，它们能够也应该被考虑进去，但是却常常没有。而且重大项目更倾向于Taleb(2007)所说的"黑天鹅"现象，即低概率但影响重大的极端事件，但是预测和风险评估却很少将此反映出来。为了使运气不佳或失误的解释更加可信，他们还需要解释为什么在忽略成本和收益风险方面，包括极端的"黑天鹅"现象，绩效预测是如此一致。

基于上述原因，用运气不佳或失误来解释绩效不佳尽管占据了很长的历史统治地位，但这一解释在今天被认为是子虚乌有的。我们需要寻找其他对于绩效不佳的有效解释，如基于乐观偏见和战略性虚假陈述的解释。

13.3 乐观偏见

用乐观偏见和战略性虚假陈述解释项目都可以预见项目因决策失误而导致高失败率(Flyvbjerg, Garbuio, and Lovallo, 2009)。根据第一种解释(乐观偏见)，经理人的缺陷使其成为心理学家所谓的计划谬误的受害者(Buehler, Griffin, and Ross, 1994)。受到这一影响，经理人会基于妄想的乐观主义而不是根据理性的得失及可能性权衡来做决定。他们高估收益，低估成本和时间。他们无意识地杜撰成功情形，忽略失败和计算错误的可能。结果是，经理人追求的计划不可能对控制预算和时间起作用，也不能获得预期的回报。这往往是在计划时采用内部视角的结果：决策者很愿意将问题想成是独一无二的，因此在提出方案时关注于当前这些案例的特殊之处(Kahneman and Lovallo, 1993)。从问题的外部视角观察问题会减少幻想，正如我们下面将看到的那样，它通过忽视当前项目的具体细节并将大量的相似项目用作参考以预测当前项目的结果来发挥作用。

受到内部视角的影响，经理人会通过考虑计划和完成过程中的阻碍、建立未来进步的情景以及推算现在的趋势等方式来密切关注当前的案例(Kahneman and Tversky, 1979b; Lovallo and Kahneman, 2003)。换言之，通过自下而上这一典型的决策技术，他们基于已经知道的一切信息来考虑问题，尤其注意那些独特的细节。内部视角带来了两种认知错觉，即计划谬误和锚定效应。

当预测风险项目的结果时，经理人通常会成为计划谬误的受害者。心理学家把计划谬误定义为一种低估完成任务所需时间和花费的趋势，甚至在知道大多数相似的任务已经晚于进度或者超支的情况下(Lovallo and Kahneman, 2003)。这是实验研究文献中已被广泛证明和接受的偏见。在一系列的实验中，Buehler，Griffin，and Ross（1994）测算了心理学学生对于完成长达一年的荣誉论文项目时间估算的准确性。在实验中，学生"实事求是"的预测过度乐观了：尽管是在接近年末的时候被问到这个问题，还是有70%的学生花费了比预期更长的时间。平均来说，学生实际花费55天来完成论文，比预测多了22天，超时40%。在不同类型的主体和更多的任务中，如假期购物、税务申报和其他常规的杂事中都可以发现类似的结果（Buehler，Griffin，and MacDonald，1947；Newby-Clark，McGregor，and Zanna，2002）。

这些发现并不局限于实验。在大规模基础设施项目准备中很好地记录了成本和时间的超支（Flyvbjerg，Holm，and Buhl，2002；Mott MucDonald，2002；National Audit office，2003，2005）。在商业中，执行官和企业家看起来都非常容易受到乐观主义的影响。一些研究将资本投资、并购和市场开拓的实际结果与经理人的最初预期进行比较，结果发现经理人都表现出了很强的过度乐观倾向（Malmendier and Tate，2003）。一个对各行业初创企业的分析发现，超过80%的企业未能实现他们的市场份额目标（Dune，Roberts，and Samuelson，1988）。

内部视角导致的另一个结果就是锚定效应和调整法则（Tversky and Kahneman，1974）。在计划中，锚定效应产生的判断偏见是最强的。"锚"指的是问题的第一个可能答案。即使当人们知道锚太高或者太低时，他们的调整一般也不会离锚很远。

在规划重大项目时，总是会有一个计划书，这个计划书就非常可能成为一个锚。而且，这个计划书几乎总是被认为是最"切合实际的"或最符合大多数情况的，是根据世界银行（1994：ii.22）所说的"EGAP"（Everything Goes According to Plan，一切按计划进行）准则形成的。执行官知道事情的发展可能会超出最好的情况或大多数情况，所以他们一般会建立和项目规模成比例的意外基金来弥补不可预见的成本。但是和实际的超额成本相比，这些调整显然还是非常不足的（Flyvbjerg，Bruzelius，and Rothengatter，2003）。而且最初的估计被当作后期估计的锚，这也导致对项目绩效实际情况的调整有所不足。

兰德公司在一项针对3M、杜邦、德士古等公司拥有的44家化学原料加工厂的实地研究中很好地阐释了启发法和偏见的力量。这些化工厂的实际建设成本超过最初估计2倍之多（Merrow，Phillips，and Meyers，1981）。而且在后续流程的每一阶段，经理人都低估了完成工厂建设所需的成本。甚至在起步一年后，大约半数工厂（21个）的产能低于设计能力的75%，25%的工厂产能低于50%。后一类中的很多工厂长久地降低了它们的预期绩效。

但有意思的是，当你问预测者预测不准确的原因时，他们不会将乐观偏见作为主要原因，而是大篇幅地谈论范围变化、复杂性、地质和其他不可见的情况（Flyvbjerg，Holm， and Buhl,2005:138-140)。这当然是因为乐观主义是根深蒂固且不知不觉的,所以没有被预测者反映出来。如上述所言,毕竟乐观主义存在很多实验证据,但是实验数据主要来自简单和非专业的环境。这对于心理学的解释来说是个问题,因为这些解释是否像它们所呈现出来的那么普遍,它们对超出简单实验条件环境的适用程度如何,都是开放的问题。

如果是无经验预测者的估计,那么乐观偏见会成为项目预测中低估成本和高估收益重要且可信的解释,比如那些第一次或者第二次估计成本和收益的人、那些不了解重大项目开发实际情况的人,以及没有借鉴同事知识和经验的人。这些情况是存在的,并可能用于解释个别案例的不精确性。但事实上,在现代社会中,专业技能的一个典型特征是能够被稳定测试——通过科学的分析、批判性测评以及同级的检查,为了根除偏见和失误,预测专家看起来不会年复一年地、傻傻地犯同样的错误而不是从行动中学习。即使不能根除,学习也会使得乐观偏见减少,随着时间的流逝,这会使得估计越来越准确。

但是已知的数据清晰地显示这并没有发生。Flyvbjerg,Holm,and Buhl(2002)指出,在大型交通基础设施项目中,成本低估已经持续了70年。不得不将这些成本预测者理解为乐观派、非专业化的群体,他们在70年的研究中一直保持了自己的乐观偏见,而没有从中学习到他们是在通过低估成本来欺骗自我和他人。但这种假设或许可以与数据相符,却并不是一个可信的解释。因此,从数据来看,乐观偏见并不是导致低估成本、高估收益的唯一根本原因。乐观偏见可能是绩效不佳的一个原因,但不是全部原因。

13.4 战略性虚假陈述

项目绩效不佳的第二个解释模型(战略性虚假陈述)解释了瑕疵计划、根据政治喜好决策以及代理问题。代理问题在 Flyvbjerg,Garbuio,and Lovallo(2009)中有详细的叙述。因此,接下来的关注点是从政治和组织的喜好来解释为何会导致项目绩效不佳。战略性虚假陈述是项目绩效不佳的第二个根本原因,乐观偏见是第一个。

第一个解释是心理学的,但是第二个是政治的。根据这个模型,为了增加项目的可能性,政治家、规划者或者项目的拥护者故意或者战略性地高估收益和低估成本,而不是基于他们的竞争情况、已获得的批准和资金。这种解释模型是由 Flyvbjerg,Holm,and Buhl(2002,2005)和 Wachs(1989,1990)提出的。根据这个模型,行动者有意地杜撰成功的场面,掩盖失败的可能性。这导致经理人推动了那些不可能符合预算/时间或者获得预期收益的投资。

战略性虚假陈述可追溯至政治性和组织性的压力,比如对于稀缺资金的竞争或者为了工作岗位而进行欺骗,从这个意义上来说,这是合理的。按照传统,我们将谎言定义为有意欺骗他人而做的陈述（Bok，1979：14；Cliffe，Ramsey，and Bartlett，2002：3），因此可以发现对于成本和收益的故意虚假陈述就是在撒谎。我们采用了谎言的最基本解释：谎言会有回报，或者至少代理人相信谎言有作用。根据这种解释，哪里有政治性压力，哪里就有虚假陈述和谎言。但是通过提高透明度、提供问责制和一致性激励，虚假陈述、谎言和失败可以被减少。

战略性虚假陈述导致的绩效不佳可以很好地解释数据中发现的系统性成本低估和收益高估。战略性估计的成本是低的，会导致成本超支，而战略性估计的收益是高的，会导致收益不足。战略性虚假陈述这种解释的关键问题是成本和收益的估计是不是有意地产生偏见，以服务于项目发起人的利益。这一关键问题产生了有关撒谎的难题。众所周知撒谎问题是难以研究的，因为根据定义每个谎言都包含有意去欺骗别人的陈述，而为了去证实谎言是否确实发生，还需要知道行动者的目的。基于法律、经济、道德和其他的原因，要是发起人和经理人为了使项目启动，有意编造成本和收益的估计，那么他们不可能正式地告诉研究者或其他人这种情况，因为这可能会导致惩罚。尽管存在这些困难，有两个研究成功地让预测者和经理人谈论了战略性虚假陈述（Flyvbjerg and Cowi，2004；Wachs，1990）。

Flyvbjerg and Cowi（2004）采访了参与大型英国交通基础设施项目的经理人、政府官员、规划者和顾问。总的来说，他们的研究表明，在项目审批阶段，存在强烈的利益和强烈的动机去尽可能展示项目会顺利进行，也就是说，强调收益，而不强调成本和风险。当地政府、当地开发商和土地所有者、当地工会、当地政客、当地官员、当地保守党议员和顾问都支持纸面上看起来顺利的项目收益，他们几乎没有积极的动力去避免收益、成本和风险估计的偏见。国家机构（如资助项目和监督项目的交通部、财政部的某些部门）可能对更切合实际的估计更有兴趣，尽管他们不断改变控制偏见的举措，但是一直到最近都尚未成功实现这种现实主义。

Wachs（1986，1990）发现美国的交通计划也有相似的结果，他也是根据采访梳理了行动者的目的，以证实谎言是否发生。将两个案例一起考虑，英国和美国的研究都很好地解释了现存的低估成本和高估收益的数据。这两个研究都证明了这样一个观念是虚假的，即在高政治性和组织性压力的环境下，成本低估和收益高估是由非有意的错误或者乐观偏见引起的。两个研究都支持了这种观点，即发起人和预测者为了保证项目被批准并获得资金，有意识地使用了下面的公式：

低估的成本 + 高估的收益 = 项目立项

使用这个公式导致了反向的达尔文主义，即"不适者生存"。不是最好的项目得到了执行，而是那些通过人工方式和误导使得纸面上看起来最好的项目得到了执行。在其他都一样的情况下,这些项目就是那些成本低估和收益高估最大的项目。但是从某个方面来说,这些是最差的、最不适应的项目。最大的成本超支、收益不足和不可行风险的存在,就是这些项目在以后的执行中遇到的最大问题。它们就是这样被设计的。

13.5 乐观偏见和战略性虚假陈述的解释力对比

从以上分析中我们看到了政治性和组织性压力是如何对重大项目商业案例的管理产生影响和偏见的。用乐观偏见解释结果,在没有或很少有政治性或组织性压力的情况下,有其相对的优势,但是在高度的政治性压力下,乐观偏见的解释力会降低。相反地,就战略性虚假陈述的解释力而言,在高度的政治性和组织性压力下,它们有相对的优势,当这些压力没有显现出来时,其解释力也就不那么强了。

因此,两种解释是相互补充而不是相互竞争的:当一种弱时,另一种强,这两种解释对于理解我们正在讨论的这种现象——重大项目管理中无处不在的偏见,都是必要的。直到最近,乐观偏见才被作为一种全面模型而提出,即它的支持者认为这个模型可以解释所有或者大部分人类决策中的偏见(Kahneman and Lovallo,2003)。但随着上面所说的战略性虚假陈述的发现,这种观点不再被拥护,它已经被用波普尔式的方法证明是错误的。当然这并不意味着乐观偏见的解释没有价值。这只是意味着随着其更多的领域被应用,它们没有像一开始所假设的那样全面,这对于新理论的发展是非常正常的。我们需要将乐观偏见和战略性虚假陈述相结合以对决策中发生的情况进行全面考虑,尤其是当我们想理解比简单实验情况更加复杂的情况——如重大项目时,而乐观主义模型是在简单实验环境中发展而来的。当仔细思考如何解决决策中偏见和虚假陈述的问题时,我们也需要结合这两种解释。

13.6 外部视角

当项目经理人在考虑如何根除重大项目的决策偏见时,我们需要区分两种根本不同的情况:①项目经理认为获得正确的成本、收益、风险的估计是非常重要的;②项目经理认为估计正确不重要,因为乐观主义估计被看作能够使项目开始的最必要的方式。第一种情况更容易处理,有一套更好的方法对提高项目管理非常有帮助。第二种情况更加困难,对于我们上面所见的政治性项目更加普遍。为了奖励诚信、惩罚欺骗,改变动机是重要的,而当今的动机往往刚好相反。

因此,两个主要的改革方法是更好的预测方法和有所改进的动机结构,后者更加重要,因为政治性问题不能被技术性方法解决。更好的预测方法会在这个部分阐述,更好的动机将在下一部分阐述。

如果项目经理真心认为获得准确的预测是重要的,那么可以推荐他们使用一个新的预测方法——"参考类预测",来减少不准确性和偏见。这个方法最初是 Daniel Kahneman 在他的关于决策中的偏见和不确定性的研究中发现的,用来弥补人类预测中的认知类偏见。该研究使其获得诺贝尔奖(Kahneman,1994;Kahneman and Tversky,1979a)。参考类预测已经被证明比传统预测更加准确。2004 年,它第一次在项目管理实践中被运用(Flyvbjerg and Cowi,2004),2005 年,它成为美国规划协会(2005)支持的官方方法,从那时起,它被英国、荷兰、丹麦、瑞士、澳大利亚、南非的政府和私企广泛使用。

由于篇幅有限,我们只能展示该方法的框架,且主要基于 Lovallo and Kahneman (2003)和 Flyvbjerg(2006)的研究。参考类预测包括在特定项目预测中使用所谓的外部观点。外部观点是基于一组类似项目的信息建立的。外部观点没有尝试预测会影响特定项目的具体不确定事件,相反地,它把项目放在来自同类参考项目结果的统计分布中。对于单个项目,参考类预测要求下面三步:

(1)确定过去相似的可参考的同类项目。参考类的范围要大到使统计足够有意义,小到能够和具体项目真实地做比较。

(2)对所选择的参考类建立概率分布。这要求在参考类中获得足够多可信的实证数据,以获得有意义的统计结论。

(3)为了建立具体项目最有可能出现的结果,将参考类的分布和具体项目比较。

图 13.1 展示了如何用统计学语言来使用参考类预测。首先,参考类预测是基于传统预测的最近似估值——这里用虚线表示了项目发起人的预测值,旁边是参考类预测的平均值。参考类预测的分布结果用点线表示。其次,相对于传统预测,参考类预测扩大了估计区间。

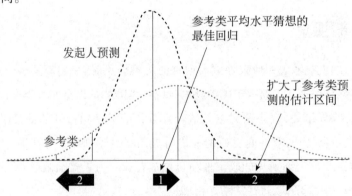

图 13.1　统计学语言表述的参考类预测

举个重大项目管理的例子,筹建新地铁的城市规划者第一步要建立可比较的参考类项目。通过分析,规划者可能会确定参考类项目中的项目确实是可比较的项目。

第二步,如果规划者关心建设成本预测的准确性,那么他将建立关于建设成本预测准确性的参考类结果分布。图13.2展示了Flyvbjerg and Cowi(2004:23)为英国交通部制作的与英国地铁建设相关的参考类分布的图形。

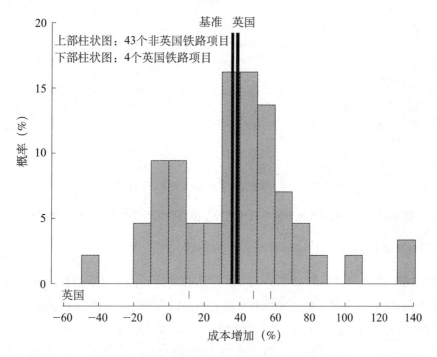

图 13.2 参考类中铁路项目建设成本预测的误差
注:非英国和英国项目的平均成本增加是单独列出的。不变价格。
资料来源:Flyvbjerg and Cowi(2004)。

第三步,规划者将他们的地铁项目和参考类分布相比较。规划者将会清楚,除非他们相比于那些参考类中进行预测和规划的同事,是明显更好的预测者和规划者,否则他们会严重低估建设成本。确定是否存在这种理由的证据是参考类预测的一部分,如果这样的证据存在,那就调整对这一原因的预测(此情况不普遍);如果不存在,那就确保在预测中假定的风险与参考类中的实际风险相似(此情况较为普遍)。

最后一步,为了更加切合实际,规划者会用这个知识来调整他们的预测。图13.3展示了根据英国的情况所做的调整,这也是英国交通部实际所进行的调整,他们用这里所说的方法提出了铁路项目的成本预测。更具体地,图13.3展示了按照通常方法进行的铁路项目成本的预测,即参考类中的项目,如果投资者愿意接受成本超支50%的风险,那么这种预测成本应该向上调整40%。如果投资者愿意接受成本超支的风险仅为

10%,那么需要提升到68%。也就是说,如果铁路项目最初的估计成本为40亿英镑,将成本超支的风险分别提升50%和10%,那么成本超支将会分别是16亿英镑和27亿英镑。

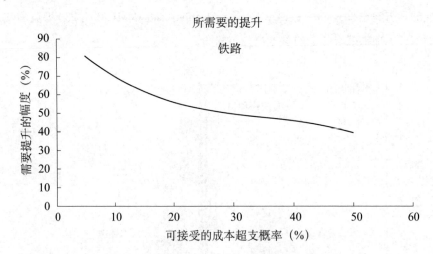

图 13.3　可接受最大限度成本超支情况下英国铁路项目成本估计的必要调整
注:不变价格。
资料来源:Flyvbjerg and Cowi(2004)。

爱丁堡电车2号线计划的资金成本就是这样估计的。规划者最初的成本估计为32 000万英镑,后来考虑到乐观偏见和可接受风险,利用图13.2的概率分布进行调整。这导致新的成本估计为40 000万英镑,其中包括或有费用,以确保在80%的水平上避免成本超支,即20%超支的风险。如果资助这个投资的苏格兰议会愿意接受50%的超支风险,那么成本估计(包括不可预见的费用)将会减低到35 700万英镑。与其他地方一样,保险费是很贵的,当风险接受度降低时,成本超支对应的赔偿金的边际成本增加,如图13.3所示。

内部视角和外部视角的对比已经被研究系统地证实(Gilovich, Griffin, and Kahneman,2002)。研究表明,当人们被要求采用外部视角回答简单的问题时,他们的预测变得显著准确。但是,大多数个体和组织倾向于在规划重大项目时采用内部视角。这是传统和直观的方法。考虑一个复杂项目的传统方式,是关注项目本身和它的细节,考虑经理人所知道的,尤其是关注它的独特性和不寻常的特征,试图预测那些影响项目未来的事件。经理人很少有走出现有的方法而去搜集相关案例的简单统计数据的想法。根据 Lovallo and Kahneman(2003:61-2),这是常有的事。当然,对于大型基础设施项目而言,成本和收益的预测也经常是这样。尽管发起人和他的同事们已经在他们研究基础上对爱丁堡有轨电车的预测做了许多复检工作,但他们并没有发现一个真正有用的参考类来对成本和收益进行预测。Daniel Kahneman 也没有,他最初的设想就是参考类预测。

可以理解,相比于外部视角,经理人偏好内部视角是不幸的。当两种预测方法使用同等的技术时,外部视角更可能获得切合实际的估计。这是因为它可以避开乐观偏见和战略性虚假陈述这类认知和政治偏见,并直接切中结果。使用外部视角时,经理人和预测者不需要创造情境、想象事件或者估计他们自己和他人的能力和控制水平,所以他们不会使这些事出错。当然,外部视角是基于历史的范例,不能预测极端结果,也就是说那些超出历史事件之外的情况。但是对大多数项目来说,外部视角会有更精确的结果。对比之下,关注内部细节更有可能导致不准确性。

外部视角的比较优势对于非常规的项目最明显,这里的非常规项目可以理解为那些某地的经理人之前没有尝试过的项目,例如在城市中第一次建设城市轨道系统或者向市场推出全新的产品。对于这些新尝试的规划,乐观主义和战略性虚假陈述所造成的偏见很可能是最大的。当经理人所预测的项目很难找到范例时,比如新的不熟悉的技术的引入,选择正确的过去的可比项目来组成参考类项目就更困难了。但是,很多重大项目是地方性非常规,并且使用了广为人知的技术。因此,这些项目非常有可能从外部视角和参考类预测中获得好处。

作为预测中"预计和预防"(与"预计和提供"相反)策略的出发点,参考类预测是非常有用的(Owens,1995)。如果本项目像参考类中的项目那样,那么在正常情况下实施时,参考类预测能够向经理人和客户展示项目会往何处发展。但是这个结果对于他们也许是不可接受的。在这种情况下,眼前的工作就不仅仅是给延期、成本超额、收益不足提供或有费用,还需要提出阻止这些发生的策略,即战胜参考类中绩效的策略,这是困难的,但不是不可能的。Pitsis et al. (2003)描述了 2000 年悉尼奥运会基础设施部分中的重大隧道项目是如何通过"思考完美未来"的战略完成的。就超时和成本超额而言,英吉利海峡隧道的绩效表现不佳(Flyvbjerg,Holm,and Buhl,2002),但是根据 Pitsis et al.,悉尼隧道是准时竣工,并且几乎是按照预算完成的。

13.7 改进动机和问责制

在这个部分,我们会考虑项目经理人和其他有影响力的行动者认为获得正确的预测不重要的情况,因此这些经理人不会明晰风险、减少风险,而是会带来和加重风险。这时,项目经理人本身就是一个问题,而不是解决办法。这种情况需要一些说明,因为对很多人来说,听起来是不可能的事,毕竟大家都认为经理人对于他们工作中的准确性和无偏是有兴趣的。甚至在"美国项目管理协会道德准则和职业操守"(2006:4,5)中写道,项目经理人应该"及时提供准确信息",他们必须"不能参与或宽恕故意欺骗他人的行为"。但是项目管理的不为人知的一面在文献中明显考察不足(Flyvbjerg,1996)。

正如 Wachs(1989)非常恰当地指出的,不为人知的一面是,项目经理和规划者"用数字说谎"。他们不是忙于进行预测并使商业案例正确运行以及遵循项目管理协会的道德准则,而是忙于使项目获得资金以及启动。准确的预测可能不是达成这个目标最有效的方式。确实,准确的预测可能产生反效果,而有偏的预测可能在资金的竞争和保证项目的推进中是有效的。Wachs(1989)说:"最有效的规划者有时候是那些主张用科学或技术伪装的合理性来掩盖一些问题的人"。这些主张直接与美国项目管理协会的项目经理人应该"根据最有利于社会的利益来做决定和采取行动"的准则相违背。

就像我们上面所言,为了使项目通过,低估成本和高估收益的表面合理的预测早已成为一个确定的公式。预测在这里只是另一种寻租行为,导致了虚假陈述构建的虚幻世界,这使得人们很难决定哪个项目应实施,哪个不应实施。结果是太多本不应该进行的项目得到了推进;要是没有被"更好的"虚假陈述的项目所取代,很多项目或许是应该推进的,但却没有得到推进(Flyvbjerg,Holm,and Buhl,2002)。

在这种情况下,问题不是项目经理可以做什么以减少预测中的不确定性和风险,而是其他人可以对项目经理做什么样的制约和平衡以激励经理人停止有偏的预测,从而开始根据道德准则工作。挑战在于改变影响预测和项目发展的权力关系。更好的预测技术和道德呼吁在这里不起作用,机构和组织有必要将关注点放到透明度和问责制的改变。

像 Flyvbjerg,Bruzelius,and Rothengatter(2003)所认为的那样,自由民主社会的两类基本问责制是:①通过透明度和公共控制的公共部门问责制;②依靠竞争和市场的私营部门问责制。这两种问责制都是控制项目中虚假陈述的有效方式,并且能够促进承认风险存在且有效处理风险的文化的形成,尤其是使得大量纳税人的钱处于危险中并对社会、环境有巨大影响的项目。为了通过透明度和公共控制实现问责,在实践中,相关机构需要遵循以下的行为规范(Flyvbjerg,Bruzelius,and Rothengatter,2003,ch 9-11):

- 国家政府不应该为了建设某一特定类型项目的单一目的,就对当地代理人提供酌情决定的补贴(也叫作定向补贴)。这些补贴产生了反常的动机。相反,国家政府应该仅仅向当地政府提供"一揽子拨款",让当地政府官员进行资助,但是要确保他们在某个类型项目上花费的每分钱都会减少他们资助其他项目的能力。
- 预测和商业案例应该接受独立的同行审查,比如受国家审计局审查。
- 通过可比较的预测确立基准,比如使用前面所说的参考类预测。
- 对于政府资助的项目,预测、同行审查、基准应该可供公众监督,包括媒体。

- 应该组织公开的听证会、公民陪审团等,使得利益相关者和民间社团可以发声以批评或支持预测。
- 应该组织科学和专业的会议,在会议上预测者要展示和维护他们的预测,接受同事的检查和批评。
- 如果重新计算成本和收入后并不能保证实施,那么夸大收益-成本率的项目应该被重新考虑或停止;根据实际预测收益和成本的项目应该被奖励。
- 对于那些一直并且故意做出让人误解的预测的经理人和预测者,应该处以专业处罚,甚至有时是刑事处罚(Garett and Wachs,2006)。

在本章作者给项目经理人和预测者演讲时,当开始说到我们的职业可能和欺诈、刑事处罚相关时,作者看到了摇头、叹气以及偶尔的嘘声。然而几乎一夜之间,安然公司和伊拉克使这种情形发生了改变。今天,人们听说并且通过文献知道了谎言、预言和管理之间的关系。比如,最近的一本推广乐观偏见、计划谬误和战略性虚假陈述的书直接写道:"任何通过预测导致损害的人不是傻瓜就是骗子。一些预测者对于社会造成的伤害比罪犯还大"(Taleb,2007:163)。立法也紧随其后,最有名的是2002年的萨班斯-奥克斯利法案,该法案规定,为了阻碍、阻止和影响合理的管理事务而有意做出错误预测最多可坐牢20年。毫无疑问,像这样的惩罚会影响行为。关键是项目管理中的玩忽职守应该被严肃以待,就像在其他行业如医疗和法律中一样。没能够做到这样等于没有严肃对待项目管理知识。

为了通过竞争和市场控制实现预测中的问责制,在实践中,相关机构需要遵循并被强制实施以下行为规范:

- 推动重大项目的决定应该尽可能是个体投资者自愿做出的,至少总资本中的三分之一无主权担保的要求。主权担保是指政府将承担偿还贷款的风险的保证,即使是在民间借贷市场中获得的贷款。根据实践经验,对于这些资本来说,三分之一的私人风险资本下限能够有效影响问责制(Flyvbjerg, Bruzelius, and Rothengatter,2003:120-123)。不管项目是否通过市场的检验,换句话说,不管项目是否获得补贴或者是否符合社会正义的规范,都应该这么要求。
- 对于由于虚假陈述和预测偏见导致的成本超支和收益不足,预测者及其组织必须共同承担财务责任。
- 风险资本的加入并不意味着政府会减少对于重大项目的控制。相反,这意味着政府可以更有效地发挥它的功能,即充当普通公民的保证人,确保安全、环境、风险和公共资金的合理使用。

不论是公共项目还是私人项目,或者公共-私人项目,都必须有一个并且只能有一个拥有强大治理框架的项目组织。这个项目组织可能是一个公司也可能不是公司,可能是公共的或私人的,或者是混合的。重要的是,这个组织对承包人、操作者等强制实施问责制,反过来,该组织的主管要对在项目规划、执行和操作中可能发生的成本超支、收益不足、错误设计及未防范风险等负责。

如果承担开发和建设重大项目责任的机构能够有效贯彻实施这些问责方法,那么当今普遍存在的成本、收益和风险估计的虚假陈述都可能有所缓解。如果不这么做,虚假陈述可能还会继续,分配给重大项目的资金很有可能继续是浪费的、不道德的,有时候甚至是非法的。

13.8 希望的曙光

幸运的是,最近出现了改善的迹象。对重大项目中的欺骗是可接受的这一商业模式的默认正在受到攻击。在2009年的白宫财政责任会议上,奥巴马总统公开指出"高昂的成本超支、欺诈和滥用、没完没了的借口"是重大项目公共采购中的关键问题(White House, 2009)。《华盛顿邮报》(2009年2月24日)十分恰当地称此为"引人注目的新论述"。在奥巴马之前,谈论与重大项目相关的成本超支、欺骗、滥用是不合适的,尽管这些情况那时和现在一样已经成为通病,少数这么做的人也被排斥了。但是,我们不能解决我们未谈论过的问题。所以谈论是第一步。

改善的一个更加实际的驱动力是那些最大的项目和国家经济的联系如此之大,以至于单个项目的成本超支、收益不足和风险都可能破坏整个国家或区域的财政,就像2004年的雅典奥运会一样,成本大大过限以至于对于整个希腊的贷款等级产生了负面影响。相似地,当香港新国际机场投入使用时,电脑故障导致了巨大的收益落差,以至于损害了香港的GNP(Flyvbjerg, 2005)。在21世纪初,成本低估和超支问题在很多英国的项目和政府部门运行中蔓延,这导致国家预算的可信赖度受到了打击,英国财政大臣不得不就此问题本身以及如何解决该问题发布了绿皮书(HM Treasury, 2003)。这个行动引发了其他国家的效仿。立法者和政府已经开始看到国家财政困难和不可信的国家预算是支付用传统方法管理重大项目的巨大代价。

而且,在过去的15—20年,重大项目中的私人筹资正在变多,资本基金和银行在项目开发和管理过程中正不断获得发言权。可以肯定的是,私人资本在重大项目管理中不是包治百病的万能药。在一些案例中,私人资本甚至将事情弄得更糟(Hodge and Greve, 2009)。但是私人投资者是使他们自己的资金处于风险中,不同的是,政府是使纳税人的资金处于风险中。因此,资本基金和银行会更加小心,不会自动接受项目经理人和发起人预测的账面价值。银行通常让自己的顾问进行独立预测、审慎调查和风险测评,这些是把握正确方向的重要步骤。一个预测或商业案例(也是一种预测)的错误假设可能暗含着这个项目有问题的真相。取而代之的是,现在项目经理人和发起人渐渐习惯于不同利益相关者有不同的预测,并且预测不仅是客观科学和工程的产物,而且是谈判的产物这样一些合理的事实。为什么这个更加合理?因为这和我们预测未来及其所包含风险的真实能力更加接近。

最后,全世界范围内的民主施政更加强大。安然丑闻和它的后继者已经触发了新的立法,一场直指公司欺诈的战争正在蔓延到政府领域,它们都有相同的目标:限制财政浪费和推动好的治理。尽管进步是很慢的,但是好的治理正在获得稳定地位,甚至在重大项目管理中。改革的主要驱动因素来自传统重大项目管理所涉及的代理人和产业的外部,这是好的,因为这增加了成功的可能性。

例如,在2003年,英国财政部第一次要求所有政府部门带着真正的英国式文明,开发和执行能够控制财政部所说的"乐观偏见"的重大项目流程。那些没有考虑这种偏见的项目将不能够获得资金,如何实施的方法也已经被开发出来了(HM Treasury,2003;Flyvbjerg and Cowi,2004;UK Department for Transport,2006)。2004年,荷兰国会基础设施项目委员会第一次实行了广泛的公众听证会,以便找出能够帮助国会、公众和媒体限制大型基础设施项目虚假陈述的方法(Tijdelijke Commissie Infrastructuurprojecten,2004)。在波士顿,政府已经要求承包商向"Big Dig"隧道偿还因成本超支而要价过高的资金。在未来,更多的国家和城市很有可能跟随英国、荷兰和波士顿的领导,瑞士和丹麦已经在这么做了(Swiss Association of Road and Transportation Experts,2006;Danish Ministry for Transport and Energy,2006,2008)。

现在要说所实行的方法最后是否会成功还太早。看起来想出了这些措施的力量被颠覆是不可能的,为了控制欺骗和浪费,改革派的这些力量恰恰需要互相支持并且共同工作。这就是传统遇上改革的"张力点",权力平衡改变了,新事物正在出现。

13.9 对研究的启发

如果学术研究希望对重大项目管理亟须的改革做出建设性和积极主动的贡献,那么我们需要更好地理解:
- 影响项目和项目管理的趋势,就像上面所描述的那些。
- 在重大项目管理中强而有力的理论以及失败的理论。当今太多的关于重大项目管理的研究理论在知识上是不健全的,与经济学、治理、规划、决策、环境等方面的前沿研究只有微弱的联系。关注强而有力的理论能够帮助我们在学术上推动这个领域。这也能够使我们开发出用于阻止失败和复制成功的更好的工具。

• 高质量数据的重要性。重大项目绩效的数据一般质量并不好，它们往往在某种意义上是特殊的，以至于不能够用来系统地进行跨项目对比，不能够用来进行统计分析和测试。这严重阻碍了研究、政策和管理。现在，我们能做的提升重大项目管理学术研究水平的最重要的一件事，就是开发高质量数据以用于系统地进行跨项目比较。

• 投资和实现重大项目是高风险、高度不可控的随机活动，并且面临着不可控的所谓"黑天鹅现象"——很像金融市场投资，但悖论在于项目经理和研究人员广泛忽视事情的这种状态，并且低估所涉及的风险，而把项目仍旧当作好像处于原因、结果和控制都确定的牛顿世界，尽管所有证据都恰恰相反。

对于在重大项目管理中从事博士研究或相似研究的人，要考虑这些问题——特别要在高质量数据和强势理论方面有所推进，这将确保对该领域做出贡献并获得超过一般研究的比较优势。这不仅仅会使讨论该问题的研究者受益，其他所有人也都会受益，因为该领域会更上一层楼，并且该领域需要这些事发生。

13.10 参考文献

ALTSHULER, A., and LUBEROFF, D. (2003). *Mega-Projects: The Changing Politics of Urban Public Investment*. Washington, DC: Brookings Institution.

AMERICAN PLANNING ASSOCIATION (2005). "JAPA Article Calls on Planners to Help End Inaccuracies in Public Project Revenue Forecasting," http://www.planning.org/newsreleases/2005/ftp040705.htm, April 7.

ANGUERA, R. (2006). "The Channel Tunnel: an ex post economic evaluation," *Transportation Research Part A*, 40: 291–315.

ASCHER, W. (1979). *Forecasting: An Appraisal for Policy-Makers and Planners*. Baltimore: The Johns Hopkins University Press.

BOK, S. (1979). *Lying: Moral Choice in Public and Private Life*. New York: Vintage.

BUEHLER, R., GRIFFIN, D., and MACDONALD, H. (1997). "The role of motivated reasoning in optimistic time predictions," *Personality and Social Psychology Bulletin*, 23/3: 238–47.

——and Ross, M. (1994). "Exploring the 'planning fallacy': why people underestimate their task completion times," *Journal of Personality and Social Psychology*, 67: 366–81.

CLAPHAM, S. E., and SCHWENK, C. R. (1991). "Self-serving attributions, managerial cognition, and company performance," *Strategic Management Journal*, 12/3: 219–29.

CLIFFE, L., RAMSEY, M., and BARTLETT, D. (2000). *The Politics of Lying: Implications for Democracy*. London: Macmillan.

DANISH MINISTRY FOR TRANSPORT (2006). *Aktstykke om nye budgetteringsprincipper* (Act on New Principles for Budgeting). Aktstykke no. 16, Finansudvalget, Folketinget, Copenhagen, October 24.

—— (2008). "Ny anlægsbudgettering på Transportministeriets område, herunder om økonomistyringsmodel og risikohåndtering for anlægsprojekter", Copenhagen, November 18.

DUNE, T., ROBERTS, M. J., and SAMUELSON, L. (1988). "Patterns of firm entry and exit in U.S. manufacturing industries," *Rand Journal of Economics*, 19/4: 495–515.

FLYVBJERG, B. (1996). "The dark side of planning: rationality and *Realrationalität*," in S. Mandelbaum, L. Mazza, and R. Burchell (eds.), *Explorations in Planning Theory*. New Brunswick, NJ: Center for Urban Policy Research Press, 383–9.

—— (1998). *Rationality and Power: Democracy in Practice*. Chicago: University of Chicago Press.

—— (2005). "Design by deception: the politics of megaproject approval," *Harvard Design Magazine*, 22/Spring–Summer: 50–9.

—— (2006). "From Nobel Prize to project management: getting risks right," *Project Management Journal*, 37/3: 5–15.

—— BRUZELIUS, N., and ROTHENGATTER, W. (2003). *Megaprojects and Risk: An Anatomy of Ambition*. Cambridge: Cambridge University Press.

—— and COWI (2004). *Procedures for Dealing with Optimism Bias in Transport Planning: Guidance Document*. London: UK Department for Transport.

—— GARBUIO, M., and LOVALLO, D. (2009). "Delusion and deception in large infrastructure projects: two models for explaining and preventing executive disaster," *California Management Review*, 51/2: 170–93.

—— HOLM, M. S., and BUHL, S. L. (2002). "Underestimating costs in public works projects: error or lie?" *Journal of the American Planning Association*, 68/3: 279–95.

—— —— (2004). "What causes cost overrun in transport infrastructure projects?" *Transport Reviews*, 24/1: 3–18.

—— —— (2005). "How (in)accurate are demand forecasts in public works projects? The case of transportation," *Journal of the American Planning Association*, 71/2: 131–46.

FORD, J. D. (1985). "The effects of causal attribution on decision makers' responses to performance downturns," *Academy of Management Review*, 10/4: 770–86.

GARETT, M., and WACHS, M. (1996). *Transportation Planning on Trial: The Clean Air Act and Travel Forecasting*. Thousand Oaks, CA: Sage.

GILOVICH, T., GRIFFIN, D., and KAHNEMAN, D. (eds.) (2002). *Heuristics and Biases: The Psychology of Intuitive Judgment*. Cambridge: Cambridge University Press.

GORDON, P., and WILSON, R. (1984). "The determinants of light-rail transit demand: an international cross-sectional comparison," *Transportation Research A*, 18A/2: 135–40.

HALL, P. (1980). *Great Planning Disasters*. Harmondsworth: Penguin.

HM TREASURY (2003). *The Green Book: Appraisal and Evaluation in Central Government, Treasury Guidance*. London: TSO.

HODGE, G. A., and GREVE, C. (2009). "PPPs: the passage of time permits a sober reflection," *Economic Affairs*, March: 33–9.

KAHNEMAN, D. (1994). "New challenges to the rationality assumption," *Journal of Institutional and Theoretical Economics*, 150: 18–36.

—— and LOVALLO, D. (1993). "Timid choices and bold forecasts: a cognitive perspective on risk taking," *Management Science*, 39: 17–31.

—— —— (2003). "Response to Bent Flyvbjerg," *Harvard Business Review*, December: 122.

—— and TVERSKY, A. (1979a). "Prospect theory: an analysis of decisions under risk," *Econometrica*, 47: 313–27.

——— (1979b). "Intuitive prediction: biases and corrective procedures," in S. Makridakis and S. C. Wheelwright (eds.), *Studies in the Management Sciences: Forecasting*, vol. xii. Amsterdam: North Holland.

LOVALLO, D., and KAHNEMAN, D. (2003). "Delusions of success: how optimism undermines executives' decisions," *Harvard Business Review*, July: 56–63.

MALMENDIER, U., and TATE, G. A. (2003). "Who makes acquisitions? CEO overconfidence and market's reaction," Stanford Research Paper No. 1798.

MERROW, E. M., PHILLIPS, P. E., and MEYERS, C. W. (1981). *Understanding Cost Growth and Performance Shortfalls in Pioneer Process Plants*. Santa Monica, CA: Rand Corporation.

MILLER, R., and LESSARD, D. R. (2000). *The Strategic Management of Large Engineering Projects: Shaping Institutions, Risks, and Governance*. Cambridge, MA: MIT Press.

MORRIS, P. W. G., and HOUGH, G. H. (1987). *The Anatomy of Major Projects: A Study of the Reality of Project Management*. New York: John Wiley and Sons.

——— and PINTO, J. K. (eds.) (2004). *The Wiley Guide to Managing Projects*. Hoboken, NJ: Wiley.

MOTT MACDONALD (2002). *Review of Large Public Procurement in the UK*, study for HM Treasury. London: HM Treasury.

NATIONAL AUDIT OFFICE (2003). *PFI: Construction Performance*, report by the Comptroller and Auditor General, HC 371 Session 2002–3: February 5. London: National Audit Office.

——— (2005). *PFI: Construction Performance*, report by the Controller and Auditor General. London: HMSO.

NEWBY-CLARK, I. R., MCGREGOR, I., and ZANNA, M. P. (2002). "Thinking and caring about cognitive inconsistency: when and for whom does attitudinal ambivalence feel uncomfortable?" *Journal of Personality and Social Psychology*, 82: 157–66.

OWENS, S. (1995). "From 'predict and provide' to 'predict and prevent'? Pricing and planning in transport policy," *Transport Policy*, 2/1: 43–9.

PITSIS, T. S., CLEGG, S. R., MAROSSZEKY, M., and RURA-POLLEY, T. (2003). "Constructing the Olympic dream: a future perfect strategy of project management," *Organization Science*, 14/5: 574–90.

PRIEMUS, H., FLYVBJERG, B., and VAN WEE, B. (eds.) (2008). *Decision-Making on Mega-Projects: Cost–Benefit Analysis, Planning, and Innovation*. Cheltenham: Edward Elgar.

PROJECT MANAGEMENT INSTITUTE (2006). *Code of Ethics and Professional Conduct*, http://www.pmi.org/PDF/ap_pmicodeofethics.pdf. Accessed January 22, 2009.

STAW, B. M., and ROSS, J. (1978). "Commitment to a policy decision: a multi-theoretical perspective," *Administrative Science Quarterly*, 23/1: 40–64.

SWISS ASSOCIATION OF ROAD AND TRANSPORTATION EXPERTS (2006). *Kosten-Nutzen-Analysen im Strassenverkehr*, Grundnorm 641820, valid from August 1. Zurich: Author.

TALEB, N. N. (2007). *The Black Swan: The Impact of the Highly Improbable*. London: Penguin.

TIJDELIJKE COMMISSIE INFRASTRUCTUURPROJECTEN (2004). *Grote Projecten Uitvergroot: Een Infrastructuur voor Besluitvorming*. The Hague: Tweede Kamer der Staten-Generaal.

TVERSKY, A., and KAHNEMAN, D. (1974). "Judgment under uncertainty: heuristics and biases," *Science*, 185: 1124–31.

UK DEPARTMENT FOR TRANSPORT (2006). *Changes to the Policy on Funding Major Projects*. London: Department for Transport.

Wachs, M. (1986). "Technique vs. advocacy in forecasting: a study of rail rapid transit," *Urban Resources*, 4/1: 23–30.
—— (1989). "When planners lie with numbers," *Journal of the American Planning Association*, 55/4: 476–9.
—— (1990). "Ethics and advocacy in forecasting for public policy" *Business and Professional Ethics Journal*, 9/1–2: 141–57.
White House (2009). "Remarks by the President and the Vice President at opening of fiscal responsibility summit, 2-23-09," Office of the Press Secretary, February 23. http://www.whitehouse.gov/the_press_office/Remarks-by-the-President-and-the-Vice-President-at-Opening-of-Fiscal-Responsibility-Summit-2-23-09/.
World Bank (1994). *World Development Report 1994: Infrastructure for Development.* Oxford: Oxford University Press.

第 14 章　风险管理与项目不确定性：一种认知方法

Graham M. Winch　　　Eunice Maytorena

14.1　引言

本章旨在将项目风险管理与其心理学和经济学的根源再度连接起来，并由此找到项目风险管理的一种认知方法。虽然项目风险管理的工具和技术已经被广泛运用，并且在大量不同的规范和文本中可以找到很好的实践应用，但是在项目绩效方面却没有明显的提升。我们认为项目风险管理技术的不恰当运用不仅无法解决问题，而且还会带来新的问题，因此，我们需要从基本原理开始重新考虑项目风险管理。本章从项目风险管理是项目管理的本质这一基本假定开始，首先回顾影响我们思维方式的相关心理学和经济学的重要成果，再提出项目风险管理认知模型。这个模型来自我们关于项目风险识别的研究成果（Maytorena et al. ,2007；Winch and Maytorena,2009），并展示了我们对这些研究在管理意义上的反思。由于篇幅有限，我们不得不省略一些所参考的内容，但是额外的参考文献都可以在 Winch(2010)中找到。

为了让读者更清楚地了解我们所研究的内容，我们会首先定义什么是认知方法，并回顾最新的有关项目风险管理的研究成果，从而建立牢固的理论基础。其次，我们将重温两个有关项目风险管理的最基本的概念：一是在期望效用理论方面的概念基础，侧重于该理论对主观概率的严格推导，二是风险和不确定性的区别。再次，我们将回顾有关行为心理学方面的最新研究，而我们认为它们将削弱主观概率研究成为一种严谨过程的可能性。基于对管理与组织认知(managerial and organizational cognition, MOC)的研究，我们提出有关项目风险和不确定性的认知模型，它尝试将项目风险管理现有方法的优势与该问题行为和认知维度更深入的理解相结合。最后得出结论。

14.2 定义认知方法

我们用"认知"(cognitive)一词来区分决策过程中通常采用的理性主义和行为主义视角,这一方法来自管理与组织认知方面的研究(Eden and Spender,1998)。管理与组织认知这一领域涉及认知理论、模型以及相关心理学方面的研究,并将这些内容应用于管理与组织研究的范畴,目的是理解管理者如何看待世界、如何根据实际情况建立模型,以及这些如何影响行为,从而提升组织绩效。这一研究需要分析一些概念,如注意力、记忆、心理表征、信息处理、感知过程以及社会建构,等等。

管理与组织认知理论已经更多地被运用于组织的决策过程中(Hodgkinson and Healey,2008)。有两种有关组织的观点对管理与组织认知研究中的决策过程研究特别有影响力:一种是将组织作为"信息处理系统";另一种是将组织作为"解释系统"(Neale et al.,2006)。前者基于Simon(1947)的有限理性理论,March and Simon(1958)将组织理论视为一个信息处理系统的研究,Cyert and March(1963)关于组织如何进行决策的研究以及其他卡耐基学派传统的研究(Lant and Shapira,2001)。从这个角度看,管理与组织认知理论认为决策者会受到信息处理能力以及信息可靠性、准确性和不确定性的限制。后者是基于Weick(1979)的关于规则和意义建构方面的研究,它强调决策制定会持续受到社会环境的影响。从这一角度看,管理与组织认知理论旨在研究管理者获取知识和理解的心智过程,而这些都是他们从日常工作经验、想法和组织环境感知中得到的。

14.3 项目风险管理的研究现状

目前项目风险管理方面的文献已经形成良好的体系,它们能够支持一系列不同部门和国家的不同标准,相关文献综述可见 Raz and Hillson(2005)。虽然这些标准有细微差别,在文献中也有一些诸如如何描述风险之好处的重要争论,但是近来它们却在三个最重要的方面达到了高度认同。第一,风险管理过程最好被描述为一个循环过程(见图14.1),其中一些步骤可能有不同的名称,也可能多出一些步骤,但它们均满足基本原理。第二,位于整个系统最中心的是一种知识管理工具——风险清单,它能用来分配风险责任和问责、监控状态并确定优先行动。第三,在循环过程中不同的点都开发了功能强大的工具来支持它,尤其是在分析阶段,它们常常被强制使用(例如 HAZOPS)。

目前项目风险管理的发展都是按照以下思路建立的:
- 会计实务方面的改革使得人们对于项目治理的关注增强,这导致了将风险管理

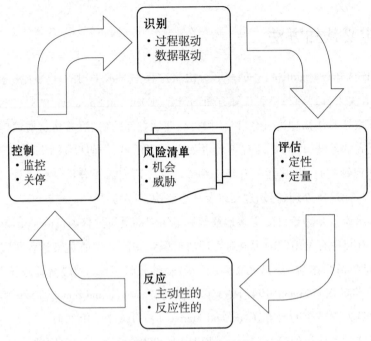

图 14.1　风险管理循环

资料来源：Winch（2010：fig. 13.4）。

过程作为一个整体建立规范化问责制的提议，以便于其原则能延续下去（OGC，2007）。

- 强调项目的战略性前端——被称为在前端装载上油气——基于明确项目任务和范围，能够降低风险并获得项目绩效方面收益的观点（Miller and Lessard，2000）。
- 明确考虑备选方案，并给予它们足够的时间以展示其优点，然后通过自然选择（Loch，DeMeyer，and Pich，2006）被淘汰或成为实际选择的方案（Gil，2009），这样的做法可能产生更有价值的机会，而不会使得某些方案被过早地淘汰。
- 系统动力学方法使我们更加清楚确定的威胁能够通过系统增强相互作用并彼此放大，这会导致项目在临界点上如果没有显著的外部管理干预就不能顺利进行下去（Williams，2002；Lyneis and Ford，2007）。

最近的发展表明项目风险管理的研究和实践都更加成熟，但是我们认为它也仅停留在工具、技术和流程层面，而忽略了风险管理和不确定性的有关人的维度的重要问题（Hillson and Murray-Webster，2005）。这一点已经在 *BP Risk Management Guidelines for Major Projects*（2005：7）中被很好地总结出来了。

风险管理的有效性对于项目绩效的持续改进是至关重要的，不论是单个项目还是英国石油公司的整个项目组合。一个项目成功实施的最主要挑战就是领导和团队的管理行为，而不是管理的流程和方法。然而一般流程对于项目的严整性也是至关重要的。

在接下来的研究中,我们意在探索认知方法是如何支持对行为的关注,以及如何在当前最先进技术状态的概念框架下,基于它对工具和技术上的理论支持,将注意力从对行为的理解上转移开去的。目前研究的核心是期望效用理论。虽然将期望效用理论作为决策核心已经不被卡耐基学派所认可(参见 Simon,1955 和 Shapira and Berndt,1997 对项目风险管理的一个应用),但是它仍然被广泛应用于决策科学和新古典经济学,并继续影响着一般风险管理和项目风险管理(Akerlof and Shiller,2009;Skidelsky,2009)。

14.4 回顾期望效用范式

我们并不对回顾有关我们话题的基本经济学知识感到惭愧,正如凯恩斯在《通论》中所提到的那样,"不论经济学家和政治哲学家的观点是对是错,它们都比普遍大众的认知更为有力"(1961:383)。想了解政治哲学家的贡献,尤其是大卫·休谟的贡献的读者可以参见 Taleb(2007)。期望效用范式是以当代经济学和决策科学为核心的。当今广泛使用的期望效用模型在很大程度上来自 von Neumann and Morgenstern(1944)对经济行为的研究,并辅以 Savage(1954)对个体概率的研究,尽管如今在基础模型上已经有了很大改动(Schoemaker,1982)。期望效用理论的基本原理是,理性的决策者能够清楚地辨别不同行动选择方案(二个或更多)的某一相关事件发生的概率以及这一事件所带来结果(损失或收益)的大小,并且这些结果大小能够被排序从而选出最为有利的行动方案。这一简单但强大的决策模式在期望效用范式中具有重要地位,它被广泛运用于决策的研究和实践当中。计算机的发展强化了这一趋势,直接体现在项目风险管理的概率/影响矩阵中。为了使其有效,需要至少满足两个条件:

- 决策者需要做适当的计算,或至少要准备好相信基于计算机的分析结果,然后将方案基于明确的选择标准进行排序。
- 决策者需要能够测度某一风险事件发生的概率分布,以及该事件造成的影响大小。

大量研究表明,决策者无法根据概率数据做出正确判断,并且根据他们的偏好进行稳定排序。这一点由研究者于"启发式与偏见"领域很好地引入(Kahneman,Slovic,and Tversky,1982;Gilovich,Griffin,and Kahneman,2002),并由 Schemaker(1982)提供了一个早期的综述。然而,虽然这样的研究不利于期望效用范式对准确描述决策过程的断言,但它并没有挑战其本身作为一种关于决定应该如何做出的规范性方法的可信度(Schoemaker,1982)。事实上,可以说规范方法的核心就在于运用于期望效用范式,并且能够使决策者避免犯错误。然而,第二个标准似乎更难满足,因为它关乎认识论问题而不是纯粹的分析。给出结果的概率分布及其影响的能力是至关重要的,但这些理论是基于哪些特质性的决策情境并不是很明确,同时被Taleb(2007)称之为"戏局谬误"的风险也比较高。这种对概率和结果的兴趣最初起源于赌徒,而如今赌博仍然在此领域占据主导地位,比如投掷硬币或者赌扑克牌的花色等(Halpern,2003)。这就刺激了调研和理论的丰富与发展,但是将赌徒行为拓展到项目风险管理研究上会有一些局限性(Huber,2007),这包括以下几个假设:

- 赌博的概率基础来自重复试验,也就是说,只有通过不断投掷硬币我们才能得知正反面出现的概率是50∶50,因此可以坚称下一枚硬币正面出现的概率是50%。
- 未来事件的发展同过去具有一致性。我们假定过去事件发生的模式将重复推演至未来,否则就会被认为是骗局或者非概率计算事件(例如测试硬币被替换成特殊硬币)。
- 事件概率预测的结果显然是可知的,即硬币要么正面朝上,要么反面朝上,没有其他结果出现。
- 事件的影响是可以测定的,并且可以减小至一个定量的区间。在赌博中,这是一个赌注的函数或者是抛掷硬币的赌注。
- 决策的时间是忽略不计的,也就是说从评估事件的概率至事件发生之间的时差是忽略不计的。

当然,上述都是较为严苛的标准,决策科学和新古典经济学的深远发展无法遵循全部条件,但是决策科学因主观概率或个体概率概念(在这里它们是同义的)的发展而取得了很大的进步。

14.5 主观概率及其推导

个体概率的概念缘于一个难题——硬币朝上50%的概率取决于硬币的属性还是决策者?显然,硬币不能做出任何决策,但是决策者得出硬币朝上50%概率的把握明显来自对该事件本身的经验观测值。然而决策者所做的关于下次投掷硬币方向的决策目前还没有发生,因此它一定是基于个人从心理上构建未来状态的能力属性。Savage(1954)论证了这些细微之处不会影响决策的制定。他将客观概率,即英美学派统计学提出的事件频率的独立性,与主观概率区分开来,而主观概率是决策者对于一个特定结果出现的把握程度。他同时提出了第三种重要观点,即概率是逻辑结果,而不是经验性分析,但却并没有深入探究。

这里有一个关键性问题,Savage指出从决策者的角度而非统计推断结果来看,客观观点和主观观点并没有显著差别,因为在这两种情形下的概率测度都取决于个人属性而非事物本身,也就是说任何决策结果都"可能是由人的状态而非世界的状态所决定"(1954:12)。当这种观点与期望效用理论相结合时,基于主观概率的决策理论便发展起来了,这对于新古典经济学也是相当重要的。因此,决策者所持有的对每一种未来状态的概率和效用的个人感知,都可以在规范性理论的背景下被排序并形成意图理性决策的基础。

许多关于项目风险管理的文章(Hillson,2003;Vick,2002)都是以"偶然"和"认知"风险的比较作为开篇,这些风险一方面与诸如掷骰子等游戏相关,另一方面与决策者对于结果的概率的相信程度相关。Savage 的观点是,这两种风险并没有认知上的区别,它们都对未来有着同样的预期。也就是说,即便是偶然风险也是基于未来事件的发展同过去具有一致性这样的认知的。Savage 提供了一种关于决策者如何可能被"行为讯问"所诱导,从而透露出他们就期望效用方面而言,对于选项 A 优于选项 B 更具偏好的理论探索(1971:783)。他最基本的假定是,如果给予诚实和可靠的激励,那么指定的个体概率就会得到有用的数据。但这种方法预见到推导个人概率的主要问题是,专家和其他决策者都知道事件的客观概率是多少,却不愿与需要该信息的人进行沟通。这便没有考虑决策者基于真实情况下的事件基本模式是否有能力得出概率。当主观概率与专家判断相结合时,Savage 便认为可以形成获取定量分析风险所需数据的复杂体系。Spetzler and Staël von Holstein(1975)研究了一系列工具比如"概率轮盘"来推导概率。Keeney and Winterfeldt(1991)提出了分位数的方法,即专家得出概率分布的分位数。据此,推导主观概率的实践性问题已经得到解决,但 Savage 通过严谨地运用合适的测算方法来计算概率可行性的乐观预期,被近 40 年来的大量实证研究打破了,这便是众所周知的"启发式与偏见"传统。

14.6 关于启发式与偏见传统的研究

启发式与偏见这一方法(Gilovich,Griffin,and Kahneman,2002;Kahneman,Slovic,and Tversky,1982)创设了一个决策情境,其中实验者已知事件的客观概率,并让参与者通过对数据进行分析得出正确的推断。在实验前后,参与人在推断上会犯严重的错误。这个实验得出四个基本偏见,它们破坏了我们从数据和方案中得出正确推断的能力。

- 代表性使我们趋向于忽略我们选择观测样本的大小。小样本相比于大样本在统计学上更具有易变性,而决策者可能忽略这一问题。
- 可得性使我们趋向于寻找最近的或备受关注的事件作为我们的研究样本,而不是从整个样本分布中寻找。
- 锚定效应是指我们第一次的估计值具有决定性的作用,它很有可能改变我们对于新信息的估计。这一现象对我们求得主观概率值是一个挑战,因为大部分惯例都是在第一次实验的基础上不断调整而来,且结果对于研究路径的选择也相当敏感。
- 框架效应是指信息并不是孤立的,我们通常基于信息本身及其上下文解释信息。

尽管Spetzler和Staël von Holstein强调他们在研究中考虑了这一问题，并且研究已经越发成熟，但是如何通过概率轮盘或相似的方法来消除专家的这些偏见仍然是一个严峻的问题。相关研究也印证了"消除偏见"并不是一个简单的问题（Fischhoff，1982，2002）。许多实验都试图减少引入主观概率时的这种偏见，但均表明这一问题相当棘手，没有一个十分简单的办法来减小引入概率过程中的系统误差。此外，研究发现专家和普通人一样都受到这种偏见的影响。一旦某一问题并非低影响/高概率事件，那么在消除偏见方面的困难就会急剧增大，与此同时，"当人们对其判断能力信念的增加超过他们本身能力的增加时，就会使得消除偏见变得更加麻烦甚至不值得"，并带来一定的风险（Fischhoff，1982：431）。

这种情形的例外是使用"校准"或者决策者与被预测事件的实际结果的对照（Lichtenstein，Fischhoff，and Phillips，1982）。当然，这种情况只适用于大量计算重复事件的概率及其产生的结果。我们之所以知晓这枚硬币得出的结果是正确的，是因为我们将这枚硬币进重复投掷后得出其正面朝上的概率是0.5，这与我们的主观概率一致。如果经过大量投掷之后这枚硬币正面朝上的概率是0.3，那么我们需要继续重复投掷以进行校准。但这种校准不适用于小概率事件，因为必须使用大量的实验结果才能进行校准。即使小概率事件发生，它本身也不会改变先验概率，因为它可能是偶然发生的。如果平均每个项目都要持续5年，那么一个项目管理者在40年的工作生涯中只能进行8个项目，这显然不足以在满足主观启发要求的水平上产生任何有关实际影响项目绩效的因素的经验洞察力。

进一步的研究是通过研究乐观偏见发展起来的，乐观偏见被定义为对未来不切实际的预期（Weinstein，1980）。与项目风险管理最直接相关的实验研究聚焦于"计划谬误"或者长期无法估计任务持续时间的情形（Buehler，Griffin，and Ross，2002）。研究人员通过实验证实计划谬误是一种普遍且极难克服的现象。后续的研究表明，当小组一起制订计划任务时，小组成员会增加乐观程度，从而加剧计划谬误的不良影响。乐观偏见如今已成为被普遍认知的现象（Flyvbjerg，2006；Kahneman and Lovallo，1993）。这一概念还被英国财政部提出，根据相关规定，在评估投资时，全部预算估计都必须根据规定因素进行乐观偏见纠正（HM Treasury，2003，2004）。然而，这样的尝试可以被认为是徒劳的，因为它们很有可能会由于风险的恒温器效应而刺激纠正行为（Adams，1995）。

另一个需要考虑的方面是控制错觉。即便缺乏证据，决策者仍认为产出结果可以被完全控制，这影响了对成功概率的感知（Langer，1982）。实际上，研究表明，当个体想要明确产出结果并进行个人控制的时候，便会产生对控制的错误判断（Thompson，1999）。与风险相关，有几个学者已经认识到了控制错觉（March and Shapira，1987；Shapira,1995；Kahneman and Lovallo,1993），但他们的相关研究却只得到了有限的关注。最近，Fenton-O'Creevy,Nicholson,and Soane（2003）关于投资交易商的研究表明有控制错觉的交易商往往绩效不佳，并进一步说明控制错觉会导致对风险较差的管理。

对于直观推断与偏见的研究已经发展成为行为决策理论（Behavioral Decision Theory,BDT）（Hodgkinson and Healey,2008），Bazerman（2008）就是该方法的标准文献。然而区分行为决策理论的行为视角和管理与组织认知理论的认知视角仍是非常重要的，后者更符合卡耐基学派的传统组织决策理论（March and Shapira,1982）。行为决策理论侧重于对客观视角概率的实验研究，它主要关注个体判断的决策成果以及决策行为，并将它们同规范性决策理论模型做比较。管理与组织认知理论关注个体过程，包括信息搜集、判断和评估（Ranyard,Crozier,and Svenson,1997），同时考虑组织环境的模糊性、冲突和不确定性。也就是说，它把决策视为一个持续的过程，需要对其进行反应、学习并进行社会建构。基于此，我们对项目风险和不确定性管理的探究又提升了一个层次。

14.7 风险和不确定性概念回顾

这里我们要回顾一个有关决策的早在20世纪20年代发展起来的传统，但其在1945年后被期望效用革命所取代。在某些方面，Savage对由Keynes（1973）和Knight（2002）这些客观主义学派提出的一些批评进行了回应，他们活跃在芝加哥并与Savage同属一个时期。凯恩斯认为，概率是一种理性信念，即一个命题要么是确定的、不可能的，要么是介于两者之间的，概率就是决策者对这一命题的理性信念程度。

凯恩斯继续指出，概率介于确定性与不可能性之间（即介于1和0之间，按照真或假），但这并不能表明它是可测度的，事实上，他认为大部分概率都是不可测量的，但概率并不应该只是限制在客观主义方式可以度量的命题上。此外，即便概率大小可以被排序，也并不意味着不同的命题可以直接进行比较，因为它们的逻辑基础可能不同："当我说并不是所有的概率均可以度量时，我的意思是我们不可能知道每一对事件的结果，因为我们对于一件事情的理性信念程度与对另一件事情的理性信念程度之间不具有任何数量关系"（1973:37）。凯恩斯继续将一个真命题的概率与支持该判断的证据之权重区分开来："权重……，作为一种测度用以衡量有利的和不利的证据的总和，而概率则是衡量差异"（1973:84）。因此，两个可比较的命题可能具有相等的净差异和概率，但也有可能一个命题相较另一个命题来讲概率更大。凯恩斯的研究并没有得到权威认证，但我们承认它也是一个较为重要的贡献。Knight（2002）通过研究不确定性和风险之间的差异而被人们熟知，他的观点在管理学领域具有广泛的影响，尚且不论在经济学和决策科学领域。奈特并没有从概率和决策入手，而是基于企业家精神和经济增长的角度进行研究。他从决策中不确定性的作用着手分析，认为"我们仅仅通过知道有关未来的一些事情而生活着，而生活的问题，或至少是行为的问题，就在于我们对于未来都知之甚少"（2002：199）。因此不确定性的出现源于对未来信息的缺失，并且"我们不是对过去发生的事件做出反应，而是对未来事件状态的愿景做出反应"（2002：201）。他指出计算概率的标准如果仍然沿用拉普拉斯法则，便会带来问题。他区分到，先验概率来自逻辑理性，而统计概率来源于实证观测，并且估计"没有任何分类实例的有效基础"（2002：225）。奈特坚持认为前两种概率与第三种概率在判别方式上存在根本差异，并提出要坚持"可测量的不确定性"和"不可测量的不确定性"之间的区别，我们可能用"风险"定义前者，而用"不确定性"定义后者，并且"必须摆脱"用风险来表述可能的损失并用不确定性来表示收益这一倾向（2002：233）。总之，奈特认为风险属于决策中的逻辑领域或定量分析，而不确定性属于企业家的判断和直觉。凯恩斯和奈特提出的理论具有相似性（Runde，1998），均提出概率分析的可度量性这一关键问题。尽管凯恩斯在论述中没有使用"不确定性"这一词汇，且"风险"一词也使用甚少，但他所表达的含义与奈特完全相似，比如"没有任何科学依据表明可以计算出任何可计算的概率"（1937：214）。对于这两位经济学家，无论事件发生前还是发生后，可度量性对于区分风险和不确定性都是至关重要的，风险能够进行有效度量，而不确定性则不能。这种对于风险和不确定性的区分更广泛地被运用于管理理论方面，比如 March and Simon（1958）及 Galbraith（1977）的学术研究。凯恩斯和奈特都没有拒绝主观概率的概念（LeRoy and Singell，1987），但他们却指出主观概率和客观概率各自属于不同的知识范畴，并不能合并到期望效用的计算当中，这一观点将他们与新古典经济学和决策科学传统区分开来。

14.8 理解风险和不确定性：一种认知方法

这便引发了一个相当明显的问题：如果我们认为 Savage 有关风险性质的观点应当被保留，而严谨计算出未来事件的主观概率方法又存在严重缺陷，那么到底应该如何管理项目上的风险和不确定性呢？我们接下来将尝试解决这一问题。

近几年来，大部分学者都试图在凯恩斯和奈特研究的基础上区分风险和不确定性，尽管它们仍然仅仅是描述性的，并没有一个明确的分析基础。他们也不清楚是否要做出主客观的划分，即到底风险和不确定性是一种心理状态还是一种自然状态。研究主要分成四类，但它们之间都有相似之处（Courtney，Kirkland，and Viguerie，1997；De Meyer，Loch，and Pich，2002；Snowden and Boone，2007；Stephens，2003）。这里我们仅提出 Stephens 的研究观点,因为其优点是包含了其他研究并不具备的概念,即故意隐藏关于威胁和机遇的信息。

- 风险是指这样一种情况,即通过技术手段分析历史数据得出的推断,能够为决策者提供一个可靠基础,因为坚信未来与过去事件的机会或威胁发生的概率具有一致性,并且其相关的影响能够根据现有数据进行计算。这与 Head(1967)坚持的客观主义极其相似,而不同于决策科学,但也吸收了 Savage 的观点,即对于目前决策环境而言,可用数据集的相关性是一种主观判断。

- 已知的未知情况是指,可能的威胁和机会都可以被识别,但其影响不清楚,且并没有关于该影响发生概率的可靠数据。这个类别包含了大量项目风险管理中可识别的机会和威胁。量化机会和威胁常常是有用的,尤其当大量的机会和威胁需要聚合在一些总结性报告中时,或者是某些或有事项需要被确认时。这里的根本特点是上述情形都需要分析者的判断,而不是客观存在的。

- 未知的未知情况是指,可能的威胁和机会都不能被识别,因此认知状态就是无视。重要的一点是决策者能否在事件发生之后感知到此事,这被称为"可预见的意外"(Bazerman and Watkins,2004)。Taleb(2007)的"黑天鹅"概念捕捉到了有重大影响的未知的事件,例如与态度相关的未知事件。

- 未知的已知情况是指,威胁和机遇可以被其他人识别,但由于某种原因,这一信息却没有被决策者发现。理论上讲,这一分类与 Williamson(1979)所讲的机会主义下的信息压缩有关。在实证角度,Kariba Dam 案例(Winch,2010)说明了这一情况对项目是多么有破坏性。

我们框架中的这些分类都是基于 Savage 的主观概率研究的,它们强调对于未来状态的主观意识,而并非本质上不可知的未来的自然状态。因此我们可以认为威胁或机会存在于从确定到不可能的一个连续区间中(Keynes,1973),即便对于未知的未知情况也是如此。当我们知道的有关威胁或机会的信息越多时,我们便离已知的已知情况越近,进而形成一个信息空间(见图 14.2),这一概念是由 Boisot(1995)提出的。凯恩斯和其他学者(如 Tversky and Fox,1995)也指出决策者可以对该信息给出权重。然而我们更愿意使用可信度(confidence)一词,因为这是一个主观而非客观的词汇。在已知的已知情况下,可信度可被量化成统计量(确定性 $p=1$;不可能性 $p=0$),其余情况下就要更取决于人们对于威胁或机会在整个从确定到不可能的连续区间内的判断情况了。信息与可信度也可以成为判断少数未知的已知情况和未知的未知情况的可能性之基础。但是可信度一定要和信息区分开来,因为可获得的信息虽然有可能是可用的,但也有可能是模糊的,因此威胁和机会并不一定能够清晰识别。需要在此重复一遍——因为这一观点的基础是这是一个认知模型——信息空间是从决策者,即项目管理者的角度来感知的。

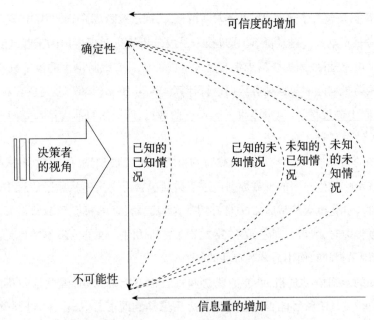

图 14.2　信息空间：管理项目风险和不确定性的认知模型
资料来源：Winch(2010:fig. 13.2)。

我们以上讨论的问题受到卡耐基学派研究组织行为的认知基础的深刻影响。这一观点为我们研究项目风险管理的现有文献提供了一个独特视角，它在某些问题上往往会被混淆(Perminova, Gustafsson, and Wikstrom, 2008)。

- 我们采用了主观视角，将未来存在的威胁和机遇看作是主观思维的状态而非自然客观的状态；
- 我们采用了认知的视角而非行为的视角，认为启发式与偏见研究的客观性并不能充分满足在不确定情况下进行决策时对信息处理过程的要求；
- 我们拒绝了决策科学和新古典经济学中的伪客观主义，即严密计算的主观概率同客观概率具有一样的认知地位；
- 我们认可项目风险管理中现有的流程模型，但对于支持这一模型的分析工具的价值又提出了一些重要问题；
- 也许是最重要的一点，我们通过心理学和经济学的理论和研究，将项目风险管理的研究与实践重新联系起来。

由于篇幅有限，我们不能在此提及更多的有关项目风险管理的研究。比如情感方面的研究(Slovic et al., 2004)、沟通方面的研究(Morgan et al., 2002)，以及关于个体与组织在风险感知方面的差异对项目风险管理的重要影响的研究。Breakwell(2007)提供了对风险心理学的实证研究的回顾，凸显了与这些主题相关的主要问题。还有大量研究被称为建构主义,它对于我们问题的研究也有一定的影响(Winch and Maytorena,2009)。而社会学方面的研究——Lupton(1999)提供了一个综述——也与我们讨论的问题密切相关。

14.9 结论

Keynes(1961)指出资本资产的投资回报率几乎是不可知的,且人们的投资由"动物精神"驱动,而非由"冷静计算"推动。在强调项目的企业家精神方面时,相较于其追随者,即那些新古典经济学家们,凯恩斯的观点与奈特更为接近。通过期望效用理论来分析项目风险管理的原则的发展带来了掩盖未来固有的未知性的不良影响,趋向于使人们觉得风险的识别和分析更多是客观层面而非主观层面。因此"对于未来没有已知的事实"(David T. Hulett 引用 Goodpasture,2004:27),而我们所能做的就是理性地把握对未来的看法(Keynes,1973)。在这一章,我们尝试建立一个有关管理风险和不确定性的认知模型,关于风险的行为研究占据了大部分篇幅,并支持对未来有良好的认识(Winch and Maytorena,2009)。

理性持有的观点只产生一个项目,如果它们被塑造成一个关于未来的连贯的故事——一个未来的完美状态(Clegg et al.,2006)——这将使决策者不仅对这些感知有信心,而且还相信这些感知会协同成一致连贯的整体。正如 Tim Smit,高度成功的 Eden 项目的领军人物,所谈及的 Tinker Bell 项目理论——只有当你对它们有足够的信念时,项目才会成功(Winch,2010)。项目本质上是一场不确定的冒险,虽然项目风险管理的原则可以确保我们对这种不确定性的理解是合理的,但我们会认为,当这些规则允许决策者混淆自然状态和意识状态时,这些规则就会产生反作用。项目从根本上是由意识状态决定的,只有当项目完成之时才能变成客观存在的状态。

14.10 致谢

本章的研究得到了 EPSRC 奖项 EP/D505461/1 和 GR/R/51452/01 的资助。我们也非常感谢编辑以及英国石油公司的 Dave Hillson 和 Steve Jewell,他们对这些研究的初稿提出了中肯的评价。而最终奠定这一论证的论坛在上海同济大学经济管理学院举办。

14.11 参考文献

ADAMS, J. (1995). *Risk*. London: UCL Press.
AKERLOF, G. A., and SHILLER, R. J. (2009). *Animal Spirits: How Human Psychology Drives the Economy, and Why it Matters for Global Capitalism*. Princeton: Princeton University Press.

BAZERMAN, M. (2008). *Judgment in Managerial Decision Making*, 7th edn. New York: John Wiley & Sons.

—— and WATKINS, M. D. (2004). *Predictable Surprises: The Disasters you Should Have Seen Coming and How to Prevent them*. Cambridge, MA: Harvard Business School Press.

BOISOT, M. (1995). *Information Space: A Framework for Learning in Organizations, Institutions and Culture*. London: Routledge.

BREAKWELL, G. M. (2007). *The Psychology of Risk*. New York: Cambridge University Press.

BUEHLER, R., GRIFFIN, D., and ROSS, M. (2002). "Inside the planning fallacy: the causes and consequences of optimistic time predictions," in T. Gilovich, D. Griffin, and D. Kahneman (eds.), *Heuristics and Biases: The Psychology of Intuitive Judgment*. Cambridge: Cambridge University Press.

CLEGG, S. R., PITSIS, T. S., MAROSSZEKY, M., and RURA-POLLEY, T. (2006). "Making the future perfect: constructing the Olympic dream," in D. Hodgson and S. Cicmil (eds.), *Making Projects Critical*. Basingstoke: Palgrave Macmillan.

COOPER, D., GREY, S., RAYMOND, G., and WALKER, P. (2005). *Managing Risk in Large Projects and Complex Procurements*. Chichester: Wiley.

COURTNEY, H., KIRKLAND, J., and VIGUERIE, P. (1997). "Strategy under uncertainty," *Harvard Business Review*, November–December: 67–79.

CYERT, R. M., and MARCH, J. G. (1963). *A Behavioral Theory of the Firm*. Englewood Cliffs, NJ: Prentice Hall.

DE MEYER, A., LOCH, C. H., and PICH, M. T. (2002). "Managing project uncertainty: from variation to chaos," *MIT Sloan Management Review*: 59–67.

EDEN, C., and SPENDER, J. C. (1998). *Managerial and Organizational Cognition: Theory, Methods and Research*. Thousand Oaks, CA: Sage.

EINHORN, H. J., and HOGARTH, R. M. (1981). "Behavioural decision theory processes of judgement and choice," *Annual Review of Psychology*, 32: 53–88.

FENTON-O'CREEVY, M., NICHOLSON, N., and SOANE, E. (2003). "Trading on illusions: unrealistic perceptions of control and trading performance," *Journal of Occupational and Organizational Psychology*, 76: 53–68.

FISCHOFF, B. (1982). "Debiasing," in D. Kahneman, P. Slovic, and A. Tversky (eds.), *Judgment under Uncertainty: Heuristics and Biases*. Cambridge: Cambridge University Press.

——(2002). "Heuristics and biases in application," in T. Gilovich, D. Griffin, and D. Kahneman (eds.), *Heuristics and Biases: The Psychology of Intuitive Judgment*. Cambridge: Cambridge University Press.

FLYVBJERG, B. (2006). "From Nobel Prize to project management: getting risks right," *Project Management Journal*, 37/3: 5–15.

GALBRAITH, J. R. (1977). *Organization Design*. Reading, MA: Addison-Wesley.

GIL, N. (2009). "Project safeguards: operationalizing option like strategic thinking in infrastructure development," *IEEE Transactions on Engineering Management* (in press).

GILOVICH, T., GRIFFIN, D., and KAHNEMAN, D. (eds.) (2002). *Heuristics and Biases: The Psychology of Intuitive Judgment*. Cambridge: Cambridge University Press.

GOODPASTURE, J. C. (2004). *Quantitative Methods in Project Management*. Boca Raton, FL: J. Ross Publishing.

HALPERN, J. Y. (2003). *Reasoning about Uncertainty*. Cambridge, MA: MIT Press.

HEAD, G. L. (1967). "An alternative to defining risk as uncertainty," *Journal of Risk and Insurance*, 2/34: 205–14.

HM Treasury (2003). *The Green Book: Appraisal and Evaluation in Central Government*. London: HM Treasury.

——(2004). *Supplementary Green Book Guidance: Optimism Bias*. London: HM Treasury.

Hillson, D. (2003). *Effective Opportunity Management for Projects: Exploiting Positive Risk*. New York: Marcel-Dekker.

——and Murray-Webster, R. (2005). *Understanding and Managing Risk Attitude*. Aldershot: Gower.

Hodgkinson, G. P., and Healey, M. P. (2008). "Cognition in organizations," *Annual Review of Psychology*, 59: 387–417.

Huber, O. (2007). "Behavior in risky decisions: focusing on risk defusing," in M. Abdellaoui, R. D. Luce, M. J. Machina, and B. Munier (eds.), *Uncertainty and Risk: Mental, Formal, Experimental Representations*. Berlin: Springer.

Kahneman, D., and Lovallo, D. (1993). "Timid choices and bold forecasts: a cognitive perspective on risk taking," *Management Science*, 39/1: 17–32.

——Slovic, P., and Tversky, A. (eds.) (1982). *Judgement under Uncertainty: Heuristics and Biases*. Cambridge: Cambridge University Press.

Keeney, R. L., and Winterfeldt, D. (1991). "Eliciting probabilities from experts in complex technical problems," *IEEE Transactions on Engineering Management*, 38/3: 191–201.

Keynes, J. M. (1937). "The general theory of employment," *Quarterly Journal of Economics*: 209–23.

——(1961). *The General Theory of Employment, Interest and Money*. London: Macmillan.

——(1973). *A Treatise on Probability: The Collected Writings of John Maynard Keynes*, viii. London: Macmillan.

Knight, F. H. (2002). *Risk, Uncertainty and Profit*. Washington, DC: Beard Books.

Langer, E. J. (1982). "The illusion of control," in D. Kahneman, P. Slovic, and A. Tversky (eds.), *Judgment under Uncertainty: Heuristics and Biases*. New York: Cambridge University Press.

Lant, T. K., and Shapira, Z. (2001). *Organizational Cognition: Computation and Interpretation*. Mahwah, NJ: Lawrence Erlbaum Associates.

LeRoy, S. F., and Singell, L. D. (1987). "Knight on risk and uncertainty," *Journal of Political Economy*, 95: 394–406.

Lichtenstein, S., Fischhoff, B., and Phillips, L. D. (1982). "Calibration of probabilities: the state of the art to 1980," in D. Kahneman, P. Slovic, and A. Tversky (eds.), *Judgment under Uncertainty: Heuristics and Biases*. New York: Cambridge University Press.

Loch, C. H., DeMeyer, A., and Pich, M. T. (2006). *Managing the Unknown: A New Approach to Managing High Uncertainty and Risk in Projects*. New York: John Wiley & Sons.

Lovallo, D., and Kahneman, D. (2003). "Delusions of success: how optimism undermines executives' decisions," *Harvard Business Review*, 81: 60–71.

Lupton, D. (1999). *Risk*. London: Routledge.

Lyneis, J. M., and Ford, D. N. (2007). "System dynamics applied to project management: a survey, assessment, and directions for future research," *System Dynamics Review*, 23: 157–89.

March, J. G., and Shapira, Z. (1987). "Managerial perspectives on risk and risk taking," *Management Science*, 33/11: 1404–19.

——and Simon, H. (1958). *Organizations*. New York: Wiley.

Maytorena, E., Winch, G. M., Freeman, J., and Kiely, T. (2007). "The influence of experience and information search styles on project risk identification performance," *IEEE Transactions on Engineering Management*, 54/2: 315–26.

Miller, R., and Lessard, D. R. (2000). *The Strategic Management of Large Engineering Projects*. Boston: MIT Press.

Morgan, M. G., Fischhoff, B., Bostrom, A., and Atmnan, C. J. (2002). *Risk Communication: A Mental Model Approach*. Cambridge: Cambridge University Press.

Neale, M. A., Tenbrundel, A. E., Galvin, T., and Bazerman, M. H. (2006). "A decision perspective on organizations: social cognition, behavioural decision theory and the psychological links to micro and macro organizational behaviour," in S. Clegg, C. Hardy, T. B. Lawrence, and R. W. Nord (eds.), *The Sage Handbook of Organization Studies*. London: Sage.

Office of Government Commerce (OGC) (2007). *Management of Risk: Guidance for Practitioners*, 2nd edn. London: The Stationery Office.

Perminova, O., Gustafsson, M., and Wikstrom, K. (2008). "Defining uncertainty in projects: a new perspective," *International Journal of Project Management*, 26/1: 73–9.

Ranyard, R., Crozier, W. R., and Svenson, O. (1997). *Decision Making: Cognitive Models and Explanations*. London: Routledge.

Raz, T., and Hillson, D. (2005). "A comparative review of risk management standards," *Risk Management*, 7/4: 53–66.

Runde, J. (1998). "Clarifying Frank Knight's discussion of the meaning of risk and uncertainty," *Cambridge Journal of Economics*, 22/5: 539–46.

Savage, L. J. (1954). *Foundations of Statistics*. New York: John Wiley and Sons.

——(1971). "Elicitation of personal probabilities and expectations," *Journal of the American Statistical Association*, 66: 783–801.

Schoemaker, J. (1982). "The expected utility model: its variants, purposes, evidence and limitations," *Journal of Economic Literature*, 20: 529–63.

Shapira, Z. (1995). *Risk Taking: A Managerial Perspective*. New York: Russell Sage.

——and Berndt, D. (1997). "Managing grand scale construction projects: a risk taking perspective," *Research in Organizational Behavior*, 19: 303–60.

Simon, H. (1947). *Administrative Behavior*. New York: Macmillan.

——(1955). "A behavioral model of rational choice," *Quarterly Journal of Economics*, 69: 99–117.

Skidelsky, R. (2009). *Keynes: The Return of the Master*. London: Allen Lane.

Slovic, P., Finucane, M. L., Peters, E., and MacGregor, D. G. (2004). "Risk as analysis and risk as feelings: some thoughts about affect, reason, risk and rationality," *Risk Analysis*, 24/2: 311–22.

Snowden, D. J., and Boone, M. (2007). "A leader's framework for decision making," *Harvard Business Review*, 69–76.

Spetzler, C. S., and Stael Von Holstein, C.-A. (1975). "Probability encoding in decision analysis," *Management Science*, 22/3: 340–58.

Stephens, P. (2003). "The unwitting wisdom of Rumsfeld's unknowns," *Financial Times*, March 12.

Taleb, N. N. (2007). *The Black Swan: The Impact of the Highly Improbable*. London: Penguin Books.

Thompson, S. C. (1999). "Illusion of control: how we overestimate our personal influence," *Current Directions in Psychological Science*, 8: 187–90.

Tversky, A., and Fox, C. R. (1995). "Weighing risk and uncertainty," *Psychological Review*, 102: 269–83.

Vick, S. G. (2002). *Degrees of Belief: Subjective Probability and Engineering Judgment*. Reston, VA: ASCE Press.

von Neumann, J., and Morgenstern, O. (1944). *Theory of Games and Economic Behavior*. Princeton, NJ: Princeton University Press.
Weick, K. L. (1979). *The Social Psychology of Organizing*, 2nd edn. Reading, MA: Addison-Wesley.
Weinstein, N. D. (1980). "Unrealistic optimism about future life events," *Journal of Personality and Social Psychology*, 39: 806–20.
Williams, T. (2002). *Modelling Complex Projects*. Chichester: Wiley.
Williamson, O. E. (1979). "Transaction cost economics: the governance of contractual relations," *Journal of Law and Economics*, 22: 223–61.
Winch, G. M. (2010). *Managing Construction Projects: An Information Processing Approach*, 2nd edn. Oxford: Wiley-Blackwell.
—— and Maytorena, E. (2009). "Making good sense: assessing the quality of risky decision making," *Organization Studies*, 30/2–3: 181–203.

第15章 信息管理与项目的管理

Jennifer Whyte   Raymond Levitt

15.1 引言

信息管理在项目管理的历史中一直扮演着中心却不完全被人所知的角色。自从20世纪中期当需要处理和共享碎片化供应链中大量独特的有关技术和管理的信息时，便刺激了信息技术在项目管理中的应用。例如，20世纪50年代美国军队为SAGE（Semi-Automated Ground Environment，半自动地面防空系统）项目开发了新设备，这一项目旨在用于自动监测、跟踪与拦截飞机。它包括在每一个雷达点放置"高速电子数字处理器"（Redmond and Smith，2000）并通过中央计算机处理这些站点的数据。信息管理、数字技术与项目管理的历史自此便一直交织在一起。

在本章，我们认为新兴的数字技术使项目制行业的新型项目管理形式成为可能。20世纪60年代的项目管理方法产生于成熟的项目制行业，包括石油化工产业、军事、先进制造业、药品、建筑业以及基础设施建设。这种方法被称为"项目管理1.0"（PM1.0），它旨在管理少量的大型复杂商业和监管环境下的项目，从今天的标准看，这些行业都相当稳定。它涉及对项目前期的细致规划，通过将整体结构拆解成不同的层次进行实施。然后，它通过追踪以及消除计划中不确定性的方式来管理项目。这一方法如今仍然存在，并且很好地运用于这些行业中，并随着数字技术应用于计划、可视化、沟通、采购、物流等领域而得到了很大的强化。然而信息技术的使用可能会以几大重要方式对传统的项目管理方法带来挑战。

在现今最具活力的行业中，包括电子消费、电信、生物技术、软件开发、医疗设备等，企业和政府在技术、商业和监管环境中投放大量的小型项目，它们所处的环境相较于建筑、石化、制药和军事等行业更具活力且更加不可预测。对于这些行业,任何细致的计划,无论考虑得多么周全,在几周或几个月之后便会过时。坚持最初的计划可能会产生一些技术上的奇迹,但却会遭遇一些商业上的不幸,比如摩托罗拉的铱项目。在这些行业中便产生了更为敏捷的新方法来管理项目,Levitt et al.(2008)称之为"项目管理2.0"(PM2.0),并迅速获得了关注和推动。这种从根本上更加分散和充满活力的项目管理方法打破了20世纪60年代项目计划方法的模式,并且在项目交付方面提出了可替代的方法以应变更具动态且更加动荡的环境。新的方法将视角从对固定且长期使用的项目计划进行追踪并减小不确定性转移至实时监控、整合和分析信息与预测绩效,与此同时,随着项目和环境的不断变化,它强调自下而上地重新规划项目,而不是自上而下。这是一种更为"灵活"的项目管理方法(Schwaber,2004),已经被广泛地应用于为软件开发制定期限,并被应用于以一种全新的方式来使用信息技术。

可以看出,新方法对于新兴产业的项目管理具有重大影响,并且它从项目广度、复杂性以及多元化的角度都对传统信息管理和项目管理方法提出了一定的挑战。在接下来的部分,我们首先明确信息管理的定义与方法,然后在第三节介绍项目信息管理不断变化的实践,接下来在第四节讨论近年来和正在进行的有关于知识实践、组织设计和战略的研究,考虑它们如何为更好地理解实践提供一个起点,最后在第五节中总结我们所探讨的内容,并对未来的研究议题及方向提出展望。

15.2 定义与方法

信息管理活动、应用和系统

本章所指的"信息管理"是指影响数据流、信息流和知识流的活动,而非物质层面。在现代项目中,这些流动都是数字化使能和支持的。今天,大多项目都涉及复杂而相互关联的信息管理活动,其相关应用与系统包括:

• 存储和检索系统被用于归档数据。大型项目要通过一个中心数据存储库来把记录设计方案的成百上千份文件或大型产品模型归档;指定要被递送的产品或服务;跟踪正在进行的工作;支持审批和质量保证流程。这些数据库对项目团队、管理者,以及其他项目内部或外部人员(比如客户)和监管机构设置不同的权限。它们的创设和维护都是一个重要的组织任务,并且其中的标准、分类以及用于数据存储和传输的协议都意义重大且被重点强调。

• 数字模型及原型由工程师设计,并且被用于整个项目。在项目利益相关者间开发共享使用数字模型和原型的结构化流程和协议是需要不懈努力的,甚至需要历经整个项目周期。这些模型通过使用和集成不同类型的信息来转变原有工作，包括项目早期阶段的地理信息系统（GIS）、计算机辅助设计（CAD），并且3D、4D（三维加时间）等智能模型的应用也不断增加。尽管一个集成的数据集的优点众所周知，但是信息的共享、监测以及使用却并没有直接在项目中体现出来。

- 自动搜索功能。这使得文本和几何数据集能被分析，数据集之间能建立起连接，异常能被发现。这样的技术可以应用在很多方面，包括侦查案件、肿瘤和航空行李扫描以及结构和机械系统之间的3D干涉检查等（比如在建筑和工厂内的梁或柱与空调管道之间的检查）。然而在项目导向的行业中，仍有关于自动搜索流程的争议，有人认为它太过浪费时间与金钱，比如药物的高通量筛选以及石油和天然气储层的4D扫描技术。

- 仿真程序。仿真常被用以更好地把控模型。算法可用于组合来自多个数据源的数据，例如使用当前操作的实时数据，并从数以百万计的预先计算的仿真中找到最为合适的一个。模型和模拟的集成越来越多。

- 通信技术。除了共享访问中心的数据源，通信技术也通过使用网络、手机和可视设备，以文字、声音和视频通信技术来保证项目管理者与工程师之间的沟通。其优点是使得工作在办公室乃至大陆之间被彻底重新分配。

信息管理和项目利益相关者

数字技术的使用覆盖并转换了原有的物理信息管理实践。它们不仅仅被用在计划管理上，而且随着对数据管理生命周期的强调，被越来越广泛地应用在项目各阶段利益相关者的交互上。在大多数项目中，模型成为每个利益相关者的一个更广泛的信息源核心：

- **客户**通过技术和财务模拟来操控信息，使用互联网、电子邮件、自动搜索和知识管理系统来开发商业案例。随着项目的实施，他们与设计师通过工厂或建筑模型的可视化以及生产、入口、出口等的仿真进行交互。

- **工程师和技术管理者**在项目前期使用多种扫描和监控技术以及数字模型进行计划、评估并加强与利益相关者的沟通。在项目后期，他们的工作涉及应用广泛的绩效数据、标准、调度、计算机辅助设计、组织和工作流程仿真、干涉检查、经验数据库、项目数据库、外联网、电子邮件、移动技术，以及企业和项目供应链通过在线沟通进行知识共享等。

- **供应商**能够利用工程设计师提供的数据，并且使用包括自动材料报价、工程到订单设计、自定义系统或设备报价、电子采购以及物流跟踪在内的信息管理技术。

- **设施管理经理**正在使用数字化的设施模型;暖通空调(HVAC)系统或工厂的分布式控制系统,支持质保管理的设施管理数据库,不同子系统的准予列支折旧计算等;设计图纸的档案。

- **监管者**也会使用信息管理技术,比如通过维基百科对环境影响做出评估,并对公共投入做出计算。新加坡就曾开创了所有建筑物信息模型的自动化代码检查。

这些技术一起为项目的进行提供了数字化的基础设施建设。它们对数据流、信息流和知识流产生了重大影响,因此也对项目的组织工作产生影响。研究者曾指出它们正在改变组织的构造(Zammuto et al.,2007),并且"强化"了创新过程(Dodgson,Gann,and Salter,2002,2005)。由于增加了信息和数字化基础设施,组织和经济单元更具有复杂性和交互性,使得它们更难于分析和理解。

比如,以数字化为媒介的信息可用性改变了项目的运行环境以及管理者所面对的状况。一些活跃的组织通过使用互联网、电子邮件、博客、社交网站和移动通信特别是短信的方式来进行组织运作。例如,一个女性运动从2012年伦敦奥运会开始倡导保护野生猫科动物,引发了广大媒体的关注并收集了12000条在线签名,因此重新获得建筑工地的使用权,共计有187只野生猫被慈善组织领养或重新安置。媒体的力量使得项目的实现过程变得多元化,项目团队也将项目的内外部沟通视为项目实现过程的一部分。尽管这些激进的活动被排除在项目管理之外,并被认为需要加以控制,但这些活动仍然可以被看作一个在项目中实现更好决策的机会。

对信息管理实践的关注

项目管理者需要花费大量精力来定义流程。然而为了了解项目信息管理新形式的影响,本章主要关注信息管理实践,这里有两个重要原因。第一,我们通过现有的项目管理文献更多地了解到了项目中数字技术的前景,却很少了解其实际运用。在广义上,科技的魅力和不确定性以及在设计管理方面的挑战,都是项目失败的常见原因(Morris and Hough,1987)。如果将项目看作"必须成功管理的组织实体"(Morris,本书第1章),那么我们需要考虑信息管理如何被运用于项目中,并通过大量阅读信息系统的战略管理和组织科学方面的文献来理解这些实践。

第二,对于实践的关注也引发了对实践者所面临挑战的关注,并且需要关注项目信息管理持续变化的重要性,同时也需关注流程在新信息管理技术下是如何开发起来的。在我们的研究中,我们已经关注了数字化信息实践是如何改变企业内项目交付过程的,比如,关注研究团队是如何在开采油气资源的大型企业中开发并使用了新型视觉优化软件;以及在大型建筑和土木工程项目中,新型协调工具的引入如何改变实践,比如伦敦希思罗机场5号航站楼、2012年伦敦奥运会,以及伦敦地铁项目。在接下来的部分,我们来看一下近50年在信息管理实践方面的改变。

15.3 信息管理实践的变化

技术应用浪潮:自动化和信息管理

不同的技术应用浪潮已经使得管理过程实现自动化,并可以为管理过程补充信息(Zuboff,1988)。图15.1中的项目环境图片说明技术的本质已经在主要应用领域发生了翻天覆地的变化,计算设备的处理能力以及工作环境中数据图形界面的统治地位都明显提高。尽管不同行业和地区的项目信息管理会使用多样化的数字化方法,但这些变化仍有重大而深远的影响。

(a) 20世纪50年代Whirlwind系统控制台,在项目SAGE中使用　　(b) 2000年,美国国家航空航天局的"X团队"数字任务设计环境适应于CIFE建设工程的"集成并行工程"(ICE)

图15.1　利用数字技术的项目工作场景

注:第一张图片由Mitre公司提供。第二张由Arto Kivinierni和集成设备工程中心(CIFE)提供。关于第二张图片,请参见Chachere,Kunz,and Levitt(2004),其描述了美国国家航空航天局和集成设备工程中心(CIFE)实现的数字化集成并行工程(ICE)。

近50年来,在军事、油气资源以及汽车工业的重大项目中都大量投资于数字化方法的使用和发展,包括核对、管理和显示信息等(NRC,1999)。计算机硬件和软件产业本身都是信息管理的新数字化技术研究的副产品,其发展受到想要管理更大更复杂项目动机的激励。在本章开篇介绍的SAGE项目的早期,IBM公司的加入使其在新兴的计算机产业中扮演了一个重要角色(Redmond and Smith,2000)。正在麻省理工学院研发的项目"Project Whirlwind"为SAGE项目做出了贡献(Redmond and Smith,2000)。Redmond and Smith(2000)也提到,IBM公司开发的AN/FSQ-7计算机在SAGE项目中的使用也使其在这一新产业中占据重要地位。

表15.1回顾了过去60年间硬件和软件技术以及相关的新功能在大型民用项目中的使用(军事项目在技术发展中也有重要地位,但由于严格的保密性,其技术通常是几十年后得以继承并扩散到更广泛的项目实践中)。在这期间处理能力的成本已经明显下降:近三十年来,需要投资于重要研发项目的信息技术的价格在商业上变得可进行大规模推广,个人及其公司都可以接受。这种信息处理及存储功能成本的明显下降改变了采购所必须通过批准的组织层级。Feeny and Willcocks(1998)计算得出:这种处理能力的价格在1975年为10 000 000美元(因此只有机构可购买),而在1985年降到1 000 000美元以下(部门可购买),在1995年降到100 000美元以下(特许采购),在2005年已经降到10 000美元以下(个人可购买)。在更近期的项目中,计算机的使用更加个人化,个人就可以使用多元化的设备。技术使用的不同浪潮对于项目信息管理方法有十分重要的影响。然而对于项目管理者来说,困难在于如何以及何时踏上具有长时间酝酿期的大型复杂项目的浪潮。接下来我们将研究从20世纪60年代开始的信息技术实践,它们都旨在追踪及减小计划的可变性,之后会探讨今天项目管理焦点的变化,包括大型复杂项目以及处于动态环境中的项目。

表15.1 重大项目所使用技术和技巧时间线

	20世纪50年代	20世纪60年代	20世纪70年代	20世纪80年代	20世纪90年代	21世纪
硬件	主机批处理计算,如Whirlwind	高端实时,如DAC-1、PERT	点阵式显示器,计算机图形学	第一台个人计算机	笔记本电脑,互联网和第一代移动计算机处理技术	移动计算机处理技术,传感器,电子纸
软件	自动化工程分析工具,如STRUDL	数据库管理系统,如ICES、IDMS	标准、协议和过程,如IDEF0、CMM	基于个人电脑的计算机辅助设计,仿真,互联网	自动数字化搜索,专家系统,项目外联网	可视化决策工具,共享工作区
新功能	自动化分析	调度自动化,会计自动化,共享数据	文本处理,广泛的工程自动化,共享的信息	计算机在小型公司与个人中的传播,知识形式化	跨团队和公司共享信息和知识	使用集中式数据存储和应用程序来进行敏捷分散化开发的方法

基线计划中计算机的应用

20世纪五六十年代支撑项目管理的计算机产业同目前的能力相比是非常初级的。在20世纪60年代早期,一组土木工程研究人员为IBM大型主机开发了一个计算机自动化结构分析软件包,叫作结构设计语言(STRUDL)(Logcher and Sturman,1966)。它在接下来的十年间发展成为一系列自动化分析软件包,涉及诸多领域,从测量到地下水建模再到综合土木工程系统(ICES)的关键路径调度(Roos,1965;Fenves,1967)。到1964年,通用汽车公司发展了"DAC-1",它是一个基于IBM计算机的自动化设计系统。Lockheed Georgia 为飞机设计开发了一个相似的系统(Anon,1986)。在上述例子中,其系统很大程度上都是定制的。它们是独立的系统,硬件、操作系统与软件之间没有明确的划分,运维人员和开发人员也没有区分。

项目管理者迅速意识到计算机在分析多种备选方案、预测并比较结果以及选取最优方案方面具有巨大潜力。当IBM公司在1965年生产出360系列电脑主机时,这让通用电脑和图形终端的商业化成为可能。正是在这样的计算机上,早期项目管理和技术安排,如CPM和PERT发展起来了。我们将这些项目管理计划的方法称为项目管理1.0,它们从此就占据支配地位,并且随着不断跟踪和消除与固定基线计划的差异,变得日益复杂和成熟。

在20世纪七八十年代,随着软件的进一步商品化以及相关标准和协议的发展,项目管理迎来了新的挑战,同时也诞生了新的技术,包括一些标准制定,如SADT/IDEF0,以及流程与管理工具,如能力成熟度模型(capacity maturity model, CMM)。

20世纪60年代的项目信息管理方法随着硬件和软件方面的发展得到强化。随着其他技术于20世纪80年代后期的进一步发展,用于项目管理的桌面程序包预示着一个重要的变化,即"微软项目",它在1990年由Windows操作系统推出。这使得前三十年提出的一系列项目管理技术实现了商业化,比如甘特图及关键路径分析法,随后被大量主流用户使用。通过使用现代项目管理技术,个人和团队制订计划、分配资源、追踪流程以及管理预算和工作量成为可能。

信息管理在大型项目中的焦点转变

有一个问题,即"我们怎样来追踪大型项目的进展",使得Berners-Lee做出假设:非分层关联信息系统是CERN(European Organization for Nuclear Research,欧洲核子研究中心)的一种管理信息的方式(Berners-Lee,1989)。这一项目是互联网的基础,并且在20世纪90年代之后提供了另一种完全不同的信息管理思路。像这样的新的信息系统的互联互通使得决策制定既可以自下而上,也可以自上而下进行。

随着时间的推移,当一些项目需要核对并使用更大的数据库时,它们便面临着一系列的实践挑战,包括:

- 开发标准化协议和过程来归档和共享数据。Kang and Paulson(1998)又回到项目一致信息管理的分类系统这一永恒议题的研究中来。这些标准的发展仍然是行业关注的一个重要焦点。

- 通过工作流、检查和信息发布来保证信息为员工个人所拥有,其他人有责任来检查这一数据并有能力确保其有效性,而且信息应在合适的时间向合适的人披露。
- 权限和数据安全,即不仅要使数据分享更加方便,而且还要在项目和项目网络中保持信息和系统的机密性。
- 管理知识产权、信息不对称,以及项目内的权力和更宽泛的制度化环境对项目工作的影响,其中某个参与方可能会掌控数据。
- 在资产的生命周期中,对数据进行归档和再利用需要数据库几十年的维护,甚至要比硬件和软件系统的寿命长,也超出了所制定的数据展示的标准。

在项目管理 1.0 模式下,人们已经做了大量工作来克服这些挑战,包括标准、流程以及处理协议(Cooper et al. ,2005),它们将适合于这种项目管理模式,并且继续在大型项目中扮演重要角色。然而,目前已经有新研究引发了人们的兴趣,它们是监控、整合和分析实时绩效信息的工作。先进的数据处理技术的使用使得大型项目更容易实施。但是长时间跨度、多元的利益相关者以及项目不确定性都使得数据的持续分析更加重要。目前已经有越来越多的尝试使得项目管理 2.0 更加精益和敏捷,它覆盖了传统的项目管理层级结构,并允许有更快速和非正式的互动与信息交换。

在当今快速发展的时代,软件项目的发展引领着敏捷技术发展的潮流(Schwaber and Beedle,2002;Schwaber,2004)。精益生产思想的实现是以对社会交互动态的关注实现的。对使用高科技的强调也带来了更多的面对面互动的需求。另外,互联网、移动计算机处理技术以及共享工作空间都使得决策分散到熟练工人那里,他们理解高层目标,并懂得项目取舍。这种共享愿景、分散决策以及专家之间的交互有助于形成更为敏捷的项目管理方式,这使得数据和应用变得更加集中,因为决策变得更加分散化了。

在加利福尼亚有一家在网上售卖软件的公司 Salesforce.com,其网站庞大的软件代码体系是一套服务应用程序,被分解为相对独立的模块,每一个模块都可以由开发团队来继续进行研究。开发团队成员从项目伊始,便每 4 个月进行一次小的升级,而不是告知百万用户其软件每 12—16 个月进行一次大的升级。

每个团队都包括编码人员、测试人员、用户交互设计师,以及最重要的产品经理。这允许每个团队自己决定在它的下一个版本中应将项目扩展至多大范围。更为频繁的版本发布消除了开发团队所面临的来自销售和市场的巨大压力,从而使他们能够完成给定发布版本计划范围内的所有内容。每个团队每天都要开 15 分钟的专门会议来讨论项目进展、挑战、障碍以及在团队成员之间动态地重新划拨优先级和工作分配。团队领导负责清除工作障碍,并且协调与其他项目模块之间的交流,即通过"协作小组的协作小组"(scrum of scrum)形式,与其他模块团队的领导每周碰面。

上述办法控制版本发布日期不变,但允许范围及相关资源在团队内进行动态调整,而并非保证范围不变且将成本和计划严格控制。在一个为期四个月的发布周期内,团队将在每个月底的协作小组会议中集成并测试其代码,以确保在最后没有不愉快的整合问题意外发生。

更一般地来讲,这种精益和敏捷的方法会引发这样的思考:如何组织信息相关性,从而形成一系列的活动日程安排(Tommelein, 1998),以及如何采用任务优化技术(Sacks, Esquenazi, and Goldin, 2007)。诸如"末位计划者"这样的技术已经显示了通过提高可靠性来重新组织和简化工作流程的能力。使用"末位计划者"工具,团队能够每周集合起来并探讨工作流程,从而实现项目的顺利交付。这种更加关注效率的激励也引起了更多争议,比如在 Green and May(2005)的研究中,探讨了以雇员工作条件为代价的客户价值。然而,随着数字技术可靠性的进一步增强,已经有越来越多的需求希望将这些技术重新组合以使其应用在更广泛的审查、监控和改进工作流程中。

数字技术,比如4D调度软件,已经并行开发,但与提高行业效率紧密联系,如建筑行业(Koo and Fischer, 2000; Hartman and Fischer, 2007)。3D 和 4D 模型在更庞大的数据库中创造了更加直观并且相互关联的界面,它从管理纸质文件转换至整合数据管理系统,包括几何和语义数据。这种方法允许在设计与构建阶段就来共享模型,而不是仅仅通过发布图纸来看是否通过。这会引发更为混乱的信息管理形式,需要引入更多的原则约束以保证其有效。关键在于通过项目周期管理方法来进行信息管理,并在整个过程中进行项目追踪。

15.4 理解信息管理实践

到目前对信息管理发展的回顾描述了20世纪60年代项目管理方法的局限性,它主要通过固定的基线计划来追踪和减小不确定性,但这样并不能够处理非常大型的复杂项目和处于动态环境中的项目。我们认为研究者有责任去反映并审查信息管理实践的这种变化的性质与结果。为了说明这是如何实现的,我们在这样的调查中讨论了使用不同研究视角和方法的三类文献,它们包括:

• 知识实践——它研究了在组织环境中知识活动如何完成。立足于社会学,知识实践基于民族志对持续的实践工作进行探究,旨在揭示目前实践工作者正在经历的知识工作的混乱性。它使人们意识到项目中知识的共享属性，以及如何与相关人员交流，并随着时间的推进而改变交流方式。

- 组织设计与信息——基于行政学方面的研究，研究者通过模拟决策过程来观测信息在项目工作中的工具性作用，特别注意其在异常情况处理和协调模式下的重要作用。他们还研究信息在组织中扮演的象征性作用以及在不确定情形下面临的挑战。

- 战略、合同和电子采购——基于经济学，这项研究强调了对于不同的项目活动，数字技术对其获取信息的成本的影响。通过关注交易成本或资源的使用，这类文献将研究聚焦在战略性问题上，比如通过市场和层级结构来对项目进行治理以及项目、企业和软件供应商之间的互动。

这些文献强调了信息和项目管理不同的实践和理论问题。在三类文献中，解释实践问题都是一个重点，但第一种视角是最接近真实情况下的项目管理实践的，现在我们就来看一看。

组织中的知识实践

知识管理，而不是信息管理，是最近大部分组织社会学文献的研究焦点。比如 Styhre(2009:27)指出，知识管理不只是处理信息，而且也是社会学问题，是情境知识实践的一部分。因此，这一文献强调社会化过程以及知识共享工作，比如 Salesforce.com 案例。

大量研究都将数据、信息和知识进行了区分。从"知识管理"视角来看（比如 Ackoff,1989），数据描述了一组世界中真实的事实，比如一份描述标准化钢结构构件维度及属性的目录。数据在特定语境下就变成了信息。比如在迪拜塔二层 A-13 与 A-14 网格点之间的横梁为 30 厘米就是一组信息，它可以协助项目中的其他人进行决策。工程师在建筑的这个位置选择这种特定的横梁就成为知识，制定这个决策既需要明确的书本知识，也需要以实践经验为基础的知识。传统的知识管理系统也将理解、智慧以及更高的级别视为同在一个图谱上。

有关知识实践的较新文献将知识视为既是认知的又是感知的，能够按照经验锚定能力（Styhre,2009:107）。信息管理的新形式改变了专家认识事物的方式。Styhre 把凝视描写成一种在特定社会形态中观看的制度化模式。Prasad(2005)指出这种专业化视角的形成与新数字可视化技术有着密不可分的联系。其他学者则提出了知识在实践中再现的方式（例如 Taxén and Lillieskőld,2008；Whyte et al,2008）。组织中记忆的社会行为已经被关于项目记忆的文献研究（例如 Weiser and Morrison,1998；Cacciatori,2008），它们将项目信息划分成项目、用户、事件、会议和文件五类。

尽管数字信息具有虚拟化的性质,但这个观点仍致力于观察实践的物质本质。知识工作由与对象和其他人进行交互的人来开发并协调完成(Star,1989;Carlile,2002;Levina and Vaast,2005;Ewenstein and Whyte,2009)。用于知识活动的对象包括电脑、屏幕和虚拟图像,研究者将其称为"代表性技术"(Boland,Lyytinen,and Yoo,2007)或是"技术转型"(Leonardi and Bailey,2008),以此来表示其在当地知识活动中所扮演的重要角色,以及其作为远程项目参与者在实践中的可用性。

这类文献高度强调新技术的多种解释,比如将局域网的使用视为鼓励组织进行更大范围知识共享的工具,这会促进加强现有的功能和国家边界(Newell,Scarbrough,and Swan,2001)。这类工作大都依据技术的社会学研究,特别是行动者网络方法(Harty,2005)。Hartmann and Levitt(2010)在指出信息技术如何具有本质上的可塑性时运用了行动者网络方法,并让团队在实践中学习如何调整和使用。他们指出,IT领头羊在推广创新技术时必须在其潜在的价值和学习成本方面更加实际。然而这些不同的解释并不能减损信息管理实践具备的物质层面的性质,最近最抢眼的就是其在天气变化方面的应用。项目不仅需要收集并分析更多的关于其所使用资源方面的数据,也需要考虑其知识实践在维护数字基础设施方面所耗费的精力(Berkhout and Hertin,2004;Haigh and Griffiths,2008)。

聚焦于知识实践时也需关注项目工作的时间性质。数字技术的引入和使用打破了现有的实践,取而代之的是动态化实践。有关技术和组织间动态化关系的理论研究(Orlikowski and Yates,2002)指出,工作实践的顺序及节奏对于提升产出效率与质量具有重要作用(Perlow,1999;Perlow,Okhuysen,and Repenning,2002)。这类研究确定了不同代表性技术带来的不同创新浪潮(Boland,Lyytinen,and Yoo,2007),并把人们的注意力吸引到了与管理知识相关的恶性和良性循环上(Garud and Kumaraswamy,1995)。反直觉的研究发现快速决策中使用更多而非更少的知识(Eisenhardt,1989)。在项目制背景下,同地协作且跨学科团队所做出的快速决策允许概念设计过程的急剧转变,这可以大幅节省时间并提高决策质量(Chachere,Kunz,and Levitt,2004)。

组织设计与信息

为研究信息管理是如何影响项目组织设计的,Levitt及其同事(Jin and Levitt 1996;Levitt et al.,1999)使用Galbraith的组织信息处理观点来分析在非常规项目工作中问题解决、信息以及异常情况处理的质量。Galbraith(1973,1974,1977)的组织设计观点试图预测并平衡处理信息异常情况的数量,它将由一组相互关联的任务生成,这些任务需要在处理它们的组织能力下执行。不确定性需要决策者处理更多的信息,并通过冗余资源、自我包含的任务、纵向整合以及矩阵结构的横向关系的形式化来管理。应用这种方法的实践意义在于它考虑到了信息处理能力和异常情况，从而使得决策者能够针对组织设计做出更加明智的决策。

在构建这一方法时，Levitt et al. (1999)试图从简单的以工具为基础的项目管理方案中抽离出来，发展了项目组织设计的仿真模型，认为过程质量取决于组织的工作流程，包括层次结构、人员构成、环境和IT工具。传统的项目管理工具模型仅仅能够指导工作。"虚拟设计团队"(Virtual Design Team, VDT)方法与工具由Levitt及其同事开发(Levitt et al., 1999)，他们将为异常处理和协调建模作为项目中的"隐藏工作"，只有处理好这些问题才能成功完成这一项目。将隐藏工作包括在内，通过进行监督和协调工作，有助于突出在哪些地方并发性、不确定性和复杂技术将会压倒组织的某些部分。VDT建模并模拟了组织正在执行的项目工作的基线计划，以此来预测信息瓶颈以及由此产生的延误、成本超支和对质量的影响。通过修改团队结构（报告关系、集中化、规范化、矩阵优势）、工作流程（活动并发性、灵活性、复杂性、不确定性）以及项目参与者（技能组合、应用经验、团队经验、目标不一致性）等关键属性，图形用户界面允许用户快速模拟以减小这些信息瓶颈的管理干预。这款软件的商业版本，称为SimVision™，自20世纪90年代末被用于石油化工、半导体、航空航天和消费者产品工业等项目组织的设计中。

信息管理的新形式往往意味着项目协调与控制模式需要重新谈判。这将关注点转回到组织学的经典议题，即工作的分化与整合(Thompson, 1967)上。组织可能同时使用许多不同的协调模式(Van de Ven, Delbecq, and Koenig, 1976; McBride, 2008)。管理研究评论人员将项目的特点描述为在全面规划和严格的管理控制下，以工具且理性的判断为主导的官僚模式(Hodgson, 2004)。然而这类文献的描述不是完全一致的: Stinchcombe (1959)将以复杂项目为基础的产业（如建筑业等）占主导地位的行政管理称为"技能"模式，而非"官僚"模式。近年Bechky(2006)认为在电影行业项目中的协调是通过专业规范和社会互动实现的，并非通过规定好的惯例实现。我们在大型项目和动态环境中观察到的信息管理的焦点转变，意味着随着信息技术使得数据系统化存储更为便捷，对于非正式机制的关注再次兴起。

目前非常明确的是，技术改变了决策制定的轨迹与性质。然而我们赞同Kärreman and Alvesson(2004)的说法，即从官僚主义过渡到精神文明模式并不是一个简单的转变过程，而是不同形式的协调和控制交织叠加的过程。Mintzberg有关于协调问题的研究包括直接监督、相互调整、工作流程、技能和知识、输出绩效及意识形态规范等。这些都被van Donka and Molloy(2008)应用于项目之中，并且计算机集成技术在改变项目管理过程中扮演的角色也被探讨(Smith et al.,1992)。

目前大量可用的数据将研究视角从数据收集和存储方面转移至在有限时间内进行数据解析。聚合数据的综合与自动搜索(例如高通量的药物筛选及4D技术在石油和天然气储层建模方面的应用)在理论上可以提供最优解,但在实践过程中却遇到了一些问题,比如它可能在数据中隐藏模糊性,而这些数据将作为人类意义建构的触发器,或者它对于决策制定过程来说时间过长。在一些顶尖级的项目团队中,技术的用途已经转变为建立可视化共享数据以提高项目意识,从而支持技能熟练的专业人员在动态环境中进行实时决策,他们往往以分散化和自动同步,即"能力边缘化"的方式工作(Alberts and Hayes,2003)。其他的理论研究者,比如Dossick and Neff(2008)则将研究聚焦于管理者和领导者如何在紧密耦合的技术解决方案与松散耦合的组织结构之间建立联系,比如在建筑业。这项工作强调了本地计算和共享信息资源的新困境:整合的信息管理系统只有当人们用新方式使用它们进行分散化工作时才能有效。

信息技术也使新工作的安排能够跨公司进行,目前项目越来越多地涉及组织网络之间的协作,以及不同办公室与公司之间的跨边界同步工作(Sinha and Van de Ven,2005)。Taylor(2007)关注了建筑项目3D技术的前身,阐明如何进行工作分配、工作之间如何相互依存以及现有技术如何提供先决条件,同时研究了项目网络的创新与企业利益的组合如何影响项目实现的难易程度,此外也阐明了稳定关系、利益相关、边界渗透以及变革代理人的存在如何影响公司对于新技术的接受和扩散。

制度化的实践关注并优先考虑某些信息,同时既关注合法化也关注效率。Clarke(1999)研究当不确定性存在以下情况,即由于写入计划的许多关键假设都是很不确定的导致某些文件是"不切合实际的文件"时,组织如何进行进一步规划。这对于信息管理有着重要影响,因为这种系统常常扮演着双重角色,即一方面要保证行动的合法化,另一方面应管理所需信息以指导该行动进行。一个从信息管理角度来看效率低下的系统却可能有着重要的合法化功能。

战略、合同和电子采购

March and Simon(1958)认为组织是一个相互协作的系统,并且在决策过程中依赖于高水平的信息处理。经济学和战略学文献指出信息管理工具的改进对于产业如何进行组织有着宏观性的影响。基于交易成本经济学,电子市场理论认为如果所有其他变量保持不变,那么更为强大且有效的IT技术的引入将导致更多地使用市场而不是使用官僚结构来进行经济交易,即技术将会减少组织层级并使供应链碎片化,例如最近在个人电脑和移动电话产品中所发生的那样(Malone,1987)。

Argyres(1999)是用 B_2 隐形轰炸机项目来调查信息技术是如何在公司内部和公司之间进行协同的。它解释了四家公司如何通过公用访问数据库和结构化仿真的方式近乎实现了全数字方式工作。Argyres 利用交易成本理论来说明这些系统如何使得信息处理成本较小,且减少潜在的合同延误,从而使治理更高效。他认为它们通过减小监管成本而使得组织垂直化分离和分散化决策得以实现。

这一趋势由于互联网所具有的对供应链中的上游供应商施行反向拍卖的能力而得到加强。这将相当大的权力集中到了终端用户及距离终端用户较近的系统集成商上,因为他们可以迫使上游的每个人都在项目的许多方面提交有竞争力的投标。组织在过去扮演着中介机构的角色,像职业介绍所安排熟练工人,旅行社提供旅游服务,或者地区经销商销售门窗及管道设备等,但互联网的出现使其中介身份快速失去,同时 XML 协议可以对种类越来越丰富的产品和服务进行详细说明,来确保它们可以被拍卖。

尽管之前曾预测 IT 技术的引入将增加项目中供应商的数量,因为它可以减少交易成本,但在实践中却并不总是这样(Banker,Kalvenes,and Patterson,2006)。其中一个解释是,尽管监控合同中每一项条目的成本都有所减少,但是合同中的条目数量却增多了。另一种解释是基于产业中项目外包的限制,这一观点被 Taylor and Levitt(2007)提出。他们认为 IT 驱动的产业碎片化具有意想不到的副作用,即被现有产品架构所限制,这阻碍了整个行业在系统性创新方面所做的努力。

信息不对称一直是战略学者们感兴趣的点。电子市场采购的使用使买家更容易将采购程序标准化并比较不同的供应商(Sanders and Premus,2002)。企业一直有动机与供应商团体保持亲善关系,并使用一个全球竞争性的电子采购市场(Standing,Stockdale,and Love,2007)。为了研究信息技术的影响,Bharadwaj(2000)指出一种公平市场和嵌入式市场的融合,它通过电子市场获得了全球最好的供应商,同时也通过面对面的接触和密集的线下互动培养起了与本地之间的联系。

15.5 研究议题和方向

项目信息管理的未来是什么样子呢?我们认为它一方面可能会发展成为高度常规化和结构化的数字数据集,其间高度联系;另一方面可能会扩展很多看似混乱且非正式的机制以用来获取其他成员的信任并且在接下来的操作中管理失误。我们观察到在实体环境下叠加了数字化数据的技术被用来引起管理者对关键信息的关注和优先安排。同时,通过扫描和监控技术对部分实体环境进行数字化使在项目早期实现 3D 信息成为可能。

因此，我们认为长期研究的主要挑战在于创建稳健的响应系统，它们使得在动态复杂的项目中进行实时互动与信息管理可以实现。一些有关知识实践、组织设计、战略管理、合同以及电子采购的学术研究都为实践转换视角提供了出发点，但这仅仅是开始。信息管理的新方法意味着不同形式的治理，比如不仅是项目形式还有项目制企业形式。基于我们在本章中的文献研究，有三个方面是特别重要的。

第一方面是项目管理2.0中的新的概念工具，比如通过新形式可视化来过滤信息、关注数据集的相关特性以及将利益相关方引入决策过程。这个领域的研究可以建立在更广泛的有关知识实践的文献上。随着沟通媒体选择的扩大，管理者需要对不同时期的多样化异步文本（如email）、声音以及视频沟通等内容进行处理，这些内容在它们所传达信息的丰富程度方面有所差异（Daft, Lengel, and Trevino, 1987）。新研究需要弄清楚信息管理在数据如此丰富的环境下是如何支持项目管理的。

第二方面是在项目信息管理方面使用并开发合适软件的新战略。商业流程中所使用软件的跨行业特性带来了一定的困境（Whyte, 2010）。新研究需要理解技术解决方案的锁定，以及它们的发展如何影响下一步工作。已有人研究了特定软件解决方案的全球化（Pollock, Williams, and D'Adderio, 2007）。在本研究中，项目管理学者可以有效地借鉴组织设计和策略研究的传统。仍有一些问题，即通用工具如何开发，并且如何在不同部门、项目乃至文化当中加以利用。

第三方面是"集成项目交付"。对大型的、技术复杂的建设项目，如机场或医院的集成交付研究正在增多。在这种形式的合同下，客户、工程师和主要承包商之间会签署三方协议，有时也包括关键专业承包商，其中所有参与方都将获得成本的补偿，并根据项目成果共享项目级别上的激励池。精益建设的许多想法都被运用到这样的项目中，并伴随创新性合同形式、新信息技术（如4D计算机辅助设计），它们通过不同的方式被用来识别和协调参与者之间的相互依赖关系。经济学中的交易成本经济学文献指出，当资产特殊性和不确定性都较高时，关系合同可以使团队间进行跨项目联系，因此对未来合作的顾虑可以减少对手通过投机取巧的方式获取短期利益的动机。相比之下，社会学家认为关系合同会促进社会交流和身份共享（Henisz and Levitt, 2010）。信息技术人员支持视觉模拟，认为其好处在于能够促进对问题的共享意识，并促成它们的解决。我们认为关系合同非常需要整合经济学和社会学观点，同时整合信息和知识共享研究的见解，这样我们才可以将所有力量释放出来以提升未来项目的实践和产出。

对于对项目制行业、管理、信息技术和组织感兴趣的学者来说，项目信息管理的变化展现了众多具有潜在价值的研究领域,但是到目前为止,却很少有人在这个领域做实证研究。信息管理对于项目管理至关重要,不论是动态化行业(如电子消费品、电信、生物技术、软件开发、医疗设备等)还是日益增加的大规模复杂与多元化项目行业(如建筑业)。但目前其对于实现全球化、改变组织的地理范围(Sapsed et al.,2005)以及囊括许多传统项目团队之外的利益相关者仍是一个挑战。这方面研究所提供的观点很可能影响下一代项目管理的领导者。正如我们在本章中提到的,实践的前沿打破了20世纪60年代的项目管理模式,转变了对于固定基线计划和长周期项目计划进行追踪并减少变化性的观点,转变后的项目管理模式能够随着项目及其所在环境的变化,对项目的实时和预测绩效信息进行监控、整合并分析,并能够从下至上而非从上而下地进行再规划。这同时也将实践者推入信息超载危险一直存在的世界。对学者来讲存在一个重大机遇,即对项目信息管理的新模式提供框架、工具以及相关概念方面的思考将对提高决策质量有深远影响。

15.6 致谢

第一作者要特别感谢英国工程和物理科学研究委员会(EPSRC)与英国经济和社会科学研究委员会(ESRC)通过高级管理研究院(AIM)的"管理实践和基于项目的环境设计"项目(RES-331-27-0076)提供的支持。第二作者要特别感谢斯坦福大学综合设施工程中心(CIFE)与斯坦福大学全球项目研究合作实验室(CRGP)的大力支持。

15.7 参考文献

Ackoff, R. L. (1989). "From data to wisdom," *Journal of Applied Systems Analysis*, 16: 3–9.
Alberts, D. S., and Hayes, R. E. (2003). *Power to the Edge: Command…Control…in the Information Age*. CCRP Publication Series.
Anon. (1986). "Toward a machine with interactive skills," in *Understanding Computers: Computer Images*. New York: Time-Life Books.
Argyres, N. S. (1999). "The impact of information technology on coordination: evidence from the B-2 'Stealth' bomber," *Organization Science*, 10/2: 162–79.
Banker, R. D., Kalvenes, J., and Patterson, R. A. (2006). "Information technology, contract completeness, and buyer–supplier relationships," *Information Systems Research*, 17/2: 180–93.
Bechky, B. A. (2006). "Gaffers, gofers, and grips: role-based coordination in temporary organizations," *Organization Science*, 17/1: 3–21.

BERKHOUT, F., and HERTIN, J. (2004). "De-materialising and re-materialising: digital technologies and the environment," *Futures*, 36: 903–20.

BERNERS-LEE, T. (1989). *Information Management: A Proposal*, CERN from http://www.w3.org/History/1989/proposal.html.

BHARADWAJ, A. S. (2000). "A resource-based perspective on information technology capability and firm performance: an empirical investigation," *MIS Quarterly* 24/1: 169–96.

BOLAND, R. J., LYYTINEN, K., and YOO, Y. (2007). "Wakes of innovation in project networks: the case of digital 3–D representations in architecture, engineering, and construction," *Organization Science*, 18/4: 631–47.

CACCIATORI, E. (2008). "Memory objects in project environments: storing, retrieving and adapting learning in project-based firms," *Research Policy*, 37/9: 1591–601.

CARLILE, P. R. (2002). "A pragmatic view of knowledge and boundaries: boundary objects in new product development," *Organization Science*, 13/4: 442–55.

CHACHERE, J., KUNZ, J. C., and LEVITT, R. (2004). "Can you accelerate your project using extreme collaboration? A model based analysis," *2004 International Symposium on Collaborative Technologies and Systems*, San Diego, CA, 139–45.

CLARKE, L. (1999). *Mission Improbable: Using Fantasy Documents to Tame Disaster*. Chicago: University of Chicago Press.

COOPER, R., AOUAD, G., LEE, A., WU, S., FLEMING, A., and KAGIOGLOU, M. (2005). *Process Management in Design and Construction*. Oxford: Blackwell Publishing.

DAFT, R. L., LENGEL, R. H., and TREVINO, L. K. (1987). "Message equivocality, media selection, and manager performance: implications for information systems," *MIS Quarterly*: 355–66.

DODGSON, M., GANN, D. M., and SALTER, A. J. (2002). "Intensification of innovation," *International Journal of Innovation Management*, 6/1: 53–84.

————(2005). *Think, Play, Do*. Oxford: Oxford University Press.

DOSSICK, C. S., and NEFF, G. (2008). *How Leadership Overcomes Organizational Divisions in BIM Enabled Commercial Construction*. LEAD, Stanford Sierra.

EISENHARDT, K. M. (1989). "Making fast strategic decisions in high-velocity environments," *Academy of Management Journal*, 32/3: 543–76.

EWENSTEIN, B., and WHYTE, J. (2009). "Knowledge practices in design: the role of visual representations as 'epistemic objects'," *Organization Studies*, 30/1: 7–30.

FEENY, D. F., and WILLCOCKS, L. P. (1998). "Core IS capabilities for exploiting information technology," *Sloan Management Review*, 39/3: 9–21.

FENVES, S. J. (1967). *Computer Methods in Civil Engineering*. Englewood Cliffs, NJ: Prentice-Hall.

GALBRAITH, J. R. (1973). *Designing Complex Organization*. Reading, MA: Addison-Wesley.

——(1974). "Organization design: an information processing view," *Interfaces*, 4: 28–36.

——(1977). *Organization Design*. Reading, MA: Addison-Wesley.

GARUD, R., and KUMARASWAMY, A. (1995). "Vicious and virtuous circles in the management of knowledge: the case of InfoSys technologies," *MIS Quarterly*, 29/1: 9–33.

GREEN, S. D., and MAY, S. C. (2005). "Lean construction: arenas of enactment, models of diffusion and the meaning of 'leanness'," *Building Research and Information*, 33/6: 498–511.

HAIGH, N., and GRIFFITHS, A. (2008). "The environmental sustainability of information systems: considering the impact of operational strategies and practices," *International Journal of Technology Management*, 43/1–3: 48–63.

HARTMAN, T., and FISCHER, M. (2007). "3D/4D model supported visual knowledge distribution," *Building Research and Information*, 35/1: 70–80.

——and LEVITT, R. E. (2010). "Understanding and managing 3D/4D model implementations at the project team level," *ASCE Journal of Construction Engineering and Management*.

HARTY, C. (2005). "Innovation in construction: a sociology of technology approach," *Building Research and Information*, 33/6: 512–22.

HENISZ, W., and LEVITT, R. (2010). "Regulative, normative and cognitive institutional support for relational contracting in civil infrastructure projects," *Collabatory for Research on Global Projects Working Paper 55*. Stanford, California.

HODGSON, D. (2004). "Project work: the legacy of bureaucratic control in the post-bureaucratic organization," *Organization*, 11/1: 81–100.

JIN, Y., and LEVITT, R. E. (1996). "The virtual design team: a computational model of project organizations," *Journal of Computational and Mathematical Organization Theory*, 2/3: 171–95.

KALLINIKOS, J. (2005). "The order of technology: complexity and control in a connected world," *Information and Organization*, 15/3: 185–202.

KANG, L. S., and PAULSON, B. C. (1998). "Information management to integrate cost and schedule for civil engineering projects," *Journal of Construction Engineering and Management*, 124/5: 381.

KÄRREMAN, D., and ALVESSON, M. (2004). "Cages in tandem: management control, social identity, and identification in a knowledge-intensive firm," *Organization*, 11/1: 149–75.

KOO, B., and FISCHER, M. (2000). "Feasibility study of 4D CAD in commercial construction," *Journal of Construction Engineering and Management*, 126/4: 251–60.

LEONARDI, P. M., and BAILEY, D. E. (2008). "Transformational technologies and the creation of new work practices: making implicit knowledge explicit in task-based offshoring," *MIS Quarterly*, 32/2: 411–36.

LEVINA, N., and VAAST, E. (2005). "The emergence of boundary spanning competence in practice: implications for the implementation and use of information systems," *MIS Quarterly*, 29/2: 335–63.

LEVITT, R. E., FRY, C., GREENE, S., and KAFTAN, C. (2008). "Salesforce.com: the development dilemma," Collaboratory for Research on Global Projects Case Study Archive, http://crgp.stanford.edu.

——THOMSEN, J., CHRISTIANSEN, T. R., KUNZ, J. C., YAN, J., and NASS, C. (1999). "Simulating project work processes and organizations: toward a micro-contingency theory of organization design," *Management Science*, 45/11: 1479–95.

LOGCHER, R. D., and STURMAN, G. M. (1966). "STRUDL: a computer system for structural design," *Journal of the Structures Division, ASCE*, 92: ST6.

MCBRIDE, T. (2008). "The mechanisms of project management of software development," *Journal of Systems and Software*, 81/12: 2386–95.

MALONE, T. W. (1987). "Modeling coordination in organizations and markets," *Management Science*, 33/10: 1317–32.

MARCH, J. G., and SIMON, H. A. (1958). *Organizations*. New York: Wiley.

MORRIS, P. W. G., and HOUGH, G. H. (1987). *The Anatomy of Major Projects*. Chichester: John Wiley & Sons.

NEWELL, S., SCARBROUGH, H., and SWAN, J. (2001). "From global knowledge management to internal electronic fences: contradictory outcomes of intranet development," *British Journal of Management*, 12/2: 97–111.

NRC (1999). *Funding a Revolution: Government Support for Computing Research.* Washington, DC: National Academy Press.

ORLIKOWSKI, W. J., and YATES, J. (2002). "It's about time: temporal structuring in organizations," *Organization Science,* 13/6: 684–701.

PERLOW, L. (1999). "The time famine: toward a sociology of work time," *Administrative Science Quarterly,* 44/1: 57–81.

——OKHUYSEN, G. A., and REPENNING, N. P. (2002). "The speed trap: exploring the relationship between decision making and temporal context," *Academy of Management Journal,* 45/5: 931–55.

POLLOCK, N., WILLIAMS, R., and D'ADDERIO, L. (2007). "Global software and its provenance: generification work in the production of organizational software packages," *Social Studies of Science,* 37/2: 254–80.

PRASAD, A. (2005). "Making images/making bodies: visibility and disciplining through magnetic resonance imaging (MRI)," *Science Technology and Values,* 30/2: 291–316.

REDMOND, K. C., and SMITH, T. M. (2000). *From Whirlwind to MITRE: The R&D Story of the SAGE Air Defense Computer.* Cambridge, MA: MIT Press.

ROOS, D. (1965). "An integrated computer system for engineering problem solving," *AFIPS Joint Computer Conference,* 423–33.

SACKS, R., ESQUENAZI, A., and GOLDIN, M. (2007). "LEAPCON: simulation of lean construction of high-rise apartment buildings," *Journal of Construction Engineering and Management,* 133/7: 529–39.

SANDERS, N. R., and PREMUS, R. (2002). "IT applications in supply chain organizations: a link between competitive priorities and organizational benefits," *Journal of Business Logistics,* 23/1: 65–83.

SAPSED, J., GANN, D., MARSHALL, N., and SALTER, A. (2005). "From here to eternity? The practice of knowledge transfer in dispersed and co-located project organizations," *European Planning Studies,* 13/6: 831–51.

SCHWABER, K. (2004). *Agile Project Management with Scrum.* Redmond, WA: Microsoft Press.

——and BEEDLE, M. (2002). *Agile Software Development with Scrum.* Englewood Cliffs, NJ: Prentice Hall.

SINHA, K. K., and VAN DE VEN, A. (2005). "Designing work within and between organizations," *Organization Science,* 16/4: 389–408.

SMITH, S., TRANFIELD, D., BESSANT, J., LEVY, P., and LEY, C. (1992). "Organization design for the factory of the future," *International Studies of Management and Organization,* 22/4: 61–8.

STANDING, C., STOCKDALE, R., and LOVE, P. (2007). "Hybrid buyer–supplier relationships in global electronic markets," *Information and Organization,* 17/2: 89–109.

STAR, S. L. (1989). "The structure of ill-structured solutions: boundary objects and heterogeneous distributed problem solving," in M. Huhs and L. Gasser, *Readings in Distributed Artificial Intelligence 3.* Menlo Park, CA: Morgan Kaufmann, 37–54.

STINCHCOMBE, A. L. (1959). "Bureaucratic and craft administration of production: a comparative study," *Administrative Science Quarterly,* 4/2: 168–87.

STYHRE, A. (2009). *Managing Knowledge in the Construction Industry.* London: Spon Press.

TAXÉN, L., and LILLIESKÖLD, J. (2008). "Images as action instruments in complex projects," *International Journal of Project Management,* 26/5: 527–36.

Taylor, J. E. (2007). "Antecedents of successful three-dimensional computer-aided design implementation in design and construction networks," *Journal of Construction Engineering and Management*, 133/12: 993–1002.

Taylor, J. R., and Levitt, R. E. (2007). "Innovation alignment and project network dynamics: an integrative model for change," *Project Management Journal*, 38/3: 22–35.

Thompson, J. D. (1967). *Organizations in Action: Social Science Bases of Administration*. New York: McGraw-Hill.

Tommelein, I. D. (1998). "Pull-driven scheduling for pipe-spool installation: simulation of lean construction technique," *Journal of Construction Engineering and Management*, 124/4: 279.

Van de Ven, A. H., Delbecq, A. L., and Koenig, R., Jr. (1976). "Determinants of coordination modes within organizations," *American Sociological Review*, 41/2: 322–38.

van Donka, D. P., and Molloy, E. (2008). "From organising as projects to projects as organisations," *International Journal of Project Management*, 26/2: 129–37.

Weiser, M., and Morrison, J. (1998). "Project memory: information management for project teams," *Journal of Management Information Systems*, 14/4: 149–66.

Whyte, J. (2010). "Taking time to understand: articulating relationships between technologies and organizations," *Research in the Sociology of Organizations*, 29: 217–36.

——Ewenstein, B., Hales, M., and Tidd, J. (2008). "Visualizing knowledge in project-based work," *Long Range Planning*, 41/1: 74–92.

Zammuto, R. F., Griffith, T. L., Majchrzak, A., Dougherty, D., and Faraj, S. (2007). "Information technology and the changing fabric of organization," *Organization Science*, 18/5: 749–62.

Zuboff, S. (1988). *In the Age of the Smart Machine: The Future of Work and Power*. New York: Basic Books.

第五部分

合同化与关系

第16章 塑造项目,建立网络

Bernard Cova   Robert Salle

16.1 引言

2005年8月卡特里娜飓风袭击美国墨西哥湾区之后,世界最领先的项目管理企业之一、美国最大的工程公司柏克德(Bechtel)公司协助进行湾区重建,包括教育、职业提升、培训等多个项目,这是一个致力于为重建墨西哥湾区而提供超过20 000名技术工人的项目。在集团董事长兼CEO莱利·柏克德(Riley Bechtel)的领导下,联邦及州政府办事处、劳工组织、承包商、行业协会和当地社区大学共同合作开展这一庞大的培训计划。事实上,对柏克德而言,项目塑造是一项非常重要的活动,它可能发生在项目的任何时间节点(从准备到完成的各个阶段),或是各类项目构建(和重构)的过程之中。通过项目塑造,柏克德在其他只关注竞标阶段投入的承包商中脱颖而出,也就是说,它是采取主动模式的承包商。

无论采用反应模式还是主动模式,承包商都会开展项目营销,这应该被理解为一种旨在降低客户咨询响应阶段失败率、特别适用于公司销售项目的营销方案。项目营销的关键特征在于其与项目业务的不连续相关(Hadjikhani,1996)。这样的联系是两种项目营销方法的基础(Cova and Hoskins,1997),即基于对项目特征的预估和适应的确定性方法,并结合基于项目塑造的建构主义方法。

本章将讨论项目管理的营销问题,但不包括在企业内部构想并实行的、所谓的"内部"项目营销问题,而只关注由代表其客户的承包商组成的外部项目营销。其中包括国防、建筑、工程、电信、航天、造船等多个领域的项目,主要是大型项目或基础设施建设项目。本章内容的目的并不是对所有"外部"项目营销方法进行总结,而是重点讨论与当前项目管理问题有关的建构主义方法。Morris(1994)提出了三条判断项目成功和失败的标准：

- 项目前期和定义阶段的重要性；
- 项目所有者(或发起人)的关键角色；
- 对项目外部性进行相应管理的需求。

以项目塑造的方法进行项目营销，为公司在项目前期定义阶段甚至之后的活动进行了定位。它围绕项目外部性的管理展开，涉及相互联系的全部项目参与者。

本章包括四个部分。第一部分解释项目营销的理论基础。第二部分介绍项目营销的主要特征及其对时间安排的影响。第三部分详细介绍项目各阶段的塑造方法。第四部分将从网络构建过程的角度描述组织良好的项目营销方法。

16.2 项目营销理论

这一部分将介绍项目营销理论的产生与发展，并和与其相关的四个理论背景相结合，这四个理论背景都对项目营销有所贡献，同时也有其局限。首先，我们介绍基于组织间交易的B2B营销，其中一部分来自项目的购买和出售。其次介绍竞标策略，这是项目业务的传统基准。再次介绍市场网络理论，这将解释项目业务中各个参与者的复杂互动关系。最后介绍共同创造领域的最新发展，特别是那些进一步阐明项目塑造方法的发展。我们将逐一介绍这些趋势对项目营销的贡献。

B2B营销

项目营销起源于B2B营销，是后者的一个分支。在IMP Group(Industrial Marketing and Purchasing Group，工业市场营销与采购集团)的推动之下，B2B营销兴起于20世纪70年代，并在企业市场的四个关键特征基础上建立起来(Hakansson 1982)：

- 第一个特征与交易相关，而交易是不断发展的供应商-客户关系中的一部分。因此，B2B营销强调关系的持续性和强度，这种关系是紧密的、复杂的、长期导向的。
- 第二个特征与客户角色的界定相关。客户在与供应商互动中的表现是主动的。
- 第三个特征是市场特征与结构。从B2B营销的视角看，集中和稳定的趋势在市场中占优。供应商-客户的紧密关系限制了变化的发生，常常导致企业投入资源以维护和发展现有关系，而不是开拓新的关系。
- 第四，B2B研究者(Hakansson,1982)认为，市场营销分析中的实际单位是供应商-客户随着时间推移的互动关系，因此仅仅考虑供应商或客户这样单个参与者的观点都是不正确的。

因此,以供应商-客户互动关系为理论中心,B2B 营销确定了一套供应商-客户关系连续性的逻辑,而这一关系取决于交易的频率。也就是说,双方业务往来越频繁,关系越紧密,相互依赖程度也越高(Ford,1982)。

如果这一关系观点适用于流动产品(如制造业中的半成品、零部件),那么当交易频率较低或交易的产品非常复杂时,这一观点将受到质疑。一些研究者针对复杂产品和交易的营销进行了学术研究。系统销售的概念由 Mattsson(1973)提出,并被众多欧洲学者(Backhaus and Weiber,1987;Bonnacorsi, Pammoli, and Tani,1996;Günter,1988)以及北美学者(Dunn and Thomas,1986;Hannaford,1976;Page and Siemplenski,1983)采用。Mattsson(1973)所提到的产品销售组合包括硬件和软件(包括问题解决方案、服务等),它们一起组成的整合系统能够帮助客户在组织中完成某一任务或一系列任务。类似地,一揽子交易谈判的概念由 Ghauri 提出(Ghauri and Johanson,1979;Ghauri,1983)。Ghauri(1983)关注于双方来自不同的环境的谈判,例如发达国家与发展中国家之间的贸易和关系。针对项目、承包计划等复杂标的物的交易(Ghauri,1986)都被包括在一揽子交易的概念之中。20 世纪 90 年代初期,正是在上述理论基础之上,项目营销作为 B2B 营销的一个子领域发展起来。近来,研究趋势由系统销售转向系统整合(Helander and Möller,2007)或解决方案整合(Davies,Brady,and Hobday,2007)。

超越竞争性招标

项目营销作为一种 B2B 领域中的关系型方法,与传统的竞争性招标战略是相冲突的(Friedman,1956;Rothkopf and Stark,1979),后者关注在给定价格条件下的项目授予可能性。基于对项目销售公司的观察,研究者认识并理解了招标前后所发生的事情,从而摆脱了投标过程的束缚(Boughtom,1987)。因此,在市场营销的语境下,项目不仅仅是一个简单的技术对象:项目营销是为某一时期内的特定销售专门设计的包括产品、服务和 IT 在内的一揽子交易(Gova and Holstius,1993),例如一栋建筑、承包工厂、一座发电站、一个武器系统、一系列起落架或一套复杂的输配电管理服务。因此,项目营销研究将范围界定在传统竞标中的获胜项目上。

项目营销理论在 20 世纪 90 年代建立起来(Cova and Salle,2008;Skaates and Tikkanen,2003),基本观点是将项目作为一个复杂的交易看待。在项目营销所采纳的观点中,需要关注以下几点。

- D-U-C 模型(Mandjak and Veres,1998)描述的项目营销活动的三个特征:不连续性(discontinuity)、独特性(uniqueness)和复杂性(complexity)。对项目活动的不连续性的特别关注(Hadjikhani,1996)是项目营销的核心。项目营销的首要目标是处理将承包商置于脆弱关系地位的经济方面的不连续性,并通过关系网络与众多客户和参与者重新建立连续的关系,特别是社会经济学上的连续性。

- 非业务参与者对项目承包商成败发挥的关键作用(Skaates,Tikkanen, and Lindblom,2002)。实际上,项目市场是由众多的业务参与者和非业务参与者共同构成的(Hadjikhani and Thilenius,2005),后者包括国际借贷机构(Welch,2005)等,双方都参与到整个项目过程中。这意味着很有必要在市场中识别参与者以及他们之间的相互关系、角色和影响力,并将承包商置于这些参与者中(Cova,Mazet,and Salle,1996)。

- 项目销售企业的双轨营销模型(Cova and Hoskins,1997)。承包商在处理项目及活动的复杂问题时,可以将其作为一种事实来看待,并通过将准备工作做到最好来处理这种复杂性(被称为确定性方法)。或者,承包商可以考虑通过参与项目构建和融入项目环境来降低这种复杂性和不确定性(被称为建构主义方法)。

- 项目营销活动的关键成功因素(Cova and Holstius,1993)。推动项目销售成功的因素很多,但可以分为三大类:结构有效性(包括做出特殊财务安排和当地参与的能力)、企业家文化(尤其是风险管理)以及充分的人力资源(尤其是关系建立、战略合作和机会开拓能力)(Huemer,2004)。更重要的是,委托的概念被提出来(Salminen and Möller,2004),并以此作为项目营销的关键成功因素。

市场网络

为了更好地考量各个参与者及其相互关系、角色、影响力,以及承包商在这些参与者中的地位,项目营销研究者摒弃了"市场由承包商和客户组成"的观点,而采纳了"市场是由相互联系的参与者所构成的网络组成的"的观点。这一理论化也是由 IMP Group 完成的。在 IMP Group 看来(Hakansson and Snehota,1989),没有任何公司是一座孤岛。每一个公司都与同一网络中的其他公司或其他组织相联结,包括行业参与者、客户、供应商等(Mattsson,1985),而且它还和行业外同一客户的其他供应商、咨询机构、标准委员会、商会等相联结。

与 B2B 营销类似,项目营销已经变得越来越关系导向,并且更多地关注社会和政治问题。许多项目利益相关者或干预者(Cleland,1988)是本地网络的成员并在某些情况下对当地社会经济系统做出贡献,在系统之中项目以干扰的名义出现,即一个事件或片段包含在所有存在于系统各种角色之间的关系之中。也就是说,项目营销研究的基本单位是区域网络或环境(Cova,Mazet,and Salle,1996)。项目营销研究者关注企业在某一环节中的关系投入。网络的逻辑在这一方法中处于首要地位,并认为交易本质上是社会层面的而不仅仅是技术经济层面的,其中不仅包括业务参与者。很多项目管理研究中都包含类似的观点(Hellgren and Stjernbrg,1995;Havila and Salmi,2009),这些观点基于项目网络概念,并对技术性的项目管理方法进行了补充和平衡。

共同创造

项目营销研究者集中关注不同利益相关者的互动机制,无论他们是业务参与者还是非业务参与者。服务主导逻辑所反映出的价值共创机制(Vargo and Lusch,2004)与这一问题密切相关。服务主导逻辑将市场营销的出发点从"向其推销"转向"与其营销",前一种关系中客户被推销、被作为目标群体并最终被销售者获得,而在后一种关系中,网络中的参与者与客户在整个营销过程中是合作关系(Lusch and Vargo,2006)。Grönroos(2006:324)认为,"供应商仅仅提供资源或方法,使得客户可以为自身创造价值。至少从这一角度看,当承包商和客户互动时,他们参与到了价值共创中"。

基于共同创造的观点,项目营销研究者认为,不同参与者在项目过程中进行互动,从而对项目进行塑造。根据 Miller and Lessard(2000,2001)的研究,项目塑造是一项贯穿整个项目过程的活动,包括项目的多次重构。在针对大型工程项目的 IMEC 研究中,他们发现,成功的项目并不是被选择的,而是被塑造的,例如,投资方通过投入资源来控制项目相关乃至更大治理范围的风险因素。因此,项目成功的种子是很早就被埋下的,并一直受到灌溉。由于项目通常是既复杂又独特的,事先对整个项目进行定义是不可能的,因此这些项目催生了一个长期的共同创造的过程,其中不同的参与者都或多或少有所参与。这一过程使得所有参与者的投入和想法都获得关注并为所有这些参与者共同创造价值。共同创造的理念贯穿这个过程和各类决策之中,包括项目定义及说明。项目营销的主导思想是承包商和客户之间的需求共创,而不是从属于投标需求说明的相关活动。这就要求承包商尽可能早地参与。

项目营销是一项关系型方法,关注网络的建立和调动,并以有利于承包商的方法来塑造项目。在这样的情况下,项目营销依据项目管理的最新变化,向项目产生(Söderlund,2005)和需求开发(而非需求满足)发展。

16.3 项目营销特征

Morris(1994)强调了项目成功的几个关键点。特别地,他指出了项目前期定义阶段管理的重要性。未能及早参与这一阶段的公司将在完成阶段面临困难。因此,这一阶段对于承包商而言非常重要。然而,投标中邀请投标的购买程序常使承包商处于不利的被动情境——在被邀请投标时,承包商对客户提出的要求做出反应——承包商处于服从的地位——他需要服从于投标文件中的规定。在这一情况下,承包商基于客户的需求和要求出售项目,并不参与项目定义。然而,多数学者同意,在投标消息发出时才向委员会提交标书的做法常常导致失败。从客户的角度看,这一做法基于对项目说明的完全定义,然而这对于复杂项目而言是不可能的。对项目营销实践的观察(Cova, Ghauri, and Salle, 2002)反映出,承包商会通过与客户之间的互动尽早地参与项目塑造。我们将在第三部分结合项目市场的特征,对塑造方法展开详细讨论。

我们需要考虑三个相互联系的项目市场特征:独特性、复杂性和不连续性。独特性意味着与特定客户的每次交易都是特别的:交易标的物、如何付款、参与者构成……每一个部分或某些部分每次都会变化。因此,几乎不可能进行完全的复制。复杂性往往是一贯的,其不仅涉及技术问题,还包括财务安排、考虑所有参与者(政治家、行政管理人员、公众、审批单位……)的决策过程等。承包商-客户关系的不连续性取决于双方的交易频率。一般而言,基于交易标的物(项目)的特征,给定客户的购买频率很低,因此难以像过程产品销售那样建立长期关系。由于每个项目的独特性和复杂性,以及与客户商业关系的不连续性,承包商在市场范围和业务规则方面都面临很高的不确定性。因此,项目营销战略的目标在于降低不确定性从而使其能得到更好的控制(Slater, 1990; Tikkanen, 1998)。

项目营销使用两个杠杆来降低不确定性:关系杠杆和技术杠杆。公司为这两个杠杆调动一系列资源,以建立其优势的竞争定位。关系定位来自关系型投入,例如与该地区的相关参与者、客户购买决策中心的项目相关参与人、项目非直接相关者、其他项目参与者等建立联系。关系定位越高,越有可能更早地识别项目需求,并和客户共同创造价值。技术定位来自技术投入,例如针对特定市场而调整承包商的技术、财务和人力技能以及寻求辅助性的合作伙伴来一起参与项目等。因此,技术定位是更受欢迎的,因为企业拥有供不同项目调动的内部资源和外部资源(从合作伙伴中获得)。

在项目营销中,拥有高的关系定位以接触客户及其网络并且拥有高的技术定位以和客户互动并赢得项目是非常必要的(Jansson, 1989)。值得注意的是,承包商无法利用高关系定位来弥补技术定位的不足。项目联盟中承包商之间的合作通常都着眼于提升关系或技术定位的需求。一个公司可以通过发展自身的竞标策略和(或)与其他公司建立长期或临时的互动关系来提高技术定位。类似地,这个公司还可以提高其关系定位。因此,在某一项目网络中的关系定位、联盟、代理选择、过程供应商联系以及相关政府关系等都是提高技术和关系定位的方法。

项目营销中功能定位和关系定位的联合发展取决于资源调配的时序逻辑,而资源调配是基于拓展性的项目时间安排。

- 项目未确立：虽然对承包商而言项目并未正式确立，但当希望获得预期项目[发现的和(或)创造的]时，在项目营销的初期阶段，承包商可以在项目之外就采取一系列行动；
- 项目确立：承包商进行项目识别后，决定是否投入资源以开发方案和建立联系；
- 投标准备：以客户发起市场咨询(投标邀请)、向承包商提出方案需求为标志，项目正式建立；
- 项目完成：项目完成，并且承包商需要进行长期的后期管理，其中包括维护和其他支持性互动。

16.4 四种项目塑造方法

项目营销主要以整个项目时期内的需求和项目塑造为中心，尤其强调项目早期阶段。以项目的四个阶段为框架，可分别确定相关塑造方法(见表16.1)。承包商可以独立或组合使用这四种方法。每种方法都有利于提高承包商的功能和关系定位，从而提升项目绩效。

表16.1 项目塑造方法

塑造方法	项目时间阶段	塑造项目的能力	项目塑造的产出
宏观塑造	项目未确立	强	创造需求与项目
联合塑造	项目确立	中等	项目说明
微观塑造	投标准备	弱	项目条款确定
细节塑造	项目执行	非常弱	项目细节补充

宏观塑造

当承包商的目标客户并未意识到任何项目需求时(独立于项目之外的阶段)，承包商需要作为市场创造者与其他的可能参与者一起塑造竞争环境。在这个阶段，承包商需要在该环境体系，也就是由参与者网络所形成的细分市场中建立关系定位。这一关系涉及业务参与者和非业务参与者，他们在未来项目中都可能是相关利益者。承包商通过构建其客户价值定位来提升功能定位，也就是其核心产品再加上来自该系统和(或)承包商的关系网络的其他合作者的可能外部贡献。在这一阶段，最理想的行动被称为宏观塑造，其目标是创造需求乃至项目。承包商主动启动项目，因此成为项目领导者和规则制定者。在该环境系统中，承包商识别并分析自身能力可以完成但尚未成型的项目需求机会。通过这一方法，承包商能够领先于可能的需求开展行动从而进行项目建构甚至客户建构。承包商提出项目的概念、展开相关可行性研究、进行财务安排、识别可能成为其客户的形形色色的商业公司参与者(见建造—拥有—经营—移交,Build Own Operate Transfer,BOOT模型)。在一些公司,这样的创造型任务由市场部执行,被总结为"作为上游营销者,首先需要倾听客户的需求,理解客户的文化,帮助、激励他想到××企业。接下来,需要最大化共同利益,最小化差异和冲突。这一角色的任务可以分为三个部分:理解客户并考虑其需求;当意识到可能出现问题时协助客户解决;作为内部服务提供商帮助项目执行者"。其他公司建立了被称为"虚拟项目"的方法,也就是向客户展示可以满足其要求和需要的虚拟方案(即使还没有被真正实施),来确定客户的偏好。这一解决方案仅以书面或模型形式呈现,其中包含一个作为技术解决方案的虚拟项目(例如一座会议中心)、一份虚拟合同(一系列条件和财务规定)以及一份虚拟合作者网络名单(合作网络建议);只有客户对此提出反馈,项目才会被实施。虚拟项目是承包商早期阶段的学习过程的成果。

联合塑造

项目需求出现后(项目确立阶段),承包商需要适应不同项目需求的特点,在事前以有利于自己的方式影响需求。在这个阶段,承包商需要确保与该项目关系网络中的其他参与者建立良好的关系(即项目网络),并通过在项目中的客户问题上重新聚焦其内部和外部的供给来发展其技术定位(即项目解决方案)。这一阶段的理想行为被称为联合塑造。这种方法要求与客户共同开发项目说明书。如果承包商成为项目背后的驱动者,那么它就能够进入与客户及客户网络主动互动的阶段。反之,如果客户独立开发项目,那么可以在项目不太严格的部分进行边缘塑造。

微观塑造

客户启动项目购买程序后(投标准备阶段),承包商试图调动买方(即购买网络)内部及相关方的关系网,并提出系统功能建议。这一阶段的理想行为被称作微观塑造,目的在于清晰界定项目的相关细节。如果承包商无法成为项目开发的主要驱动因素,可以尝试打破已有规则并建立新的规则。在这样的情况下,承包商需要处理由客户自主设置或受到其他竞争者和参与者影响的条款和条件。根据客户对于与供应商互动的开放程度,也就是客户对于调整的接受程度,承包商可以在一定程度上改变客户需求(Cova, Salle, and Vincent, 2000)。

细节塑造

当项目工作分配已经完成(项目执行阶段),承包商与项目执行相关参与者合作(执行者网络)以控制项目的成本、质量和时间。这一阶段的理想行为被称作细节塑造,目的在于根据需要完成具体项目需求,提出创造性的增值方案。同时,承包商也可以在项目目标不受影响的基础上,基于已建立的地位,对项目进行修改以使其更符合自身利益。

当前,项目市场中的高效承包商越来越多地在早期与客户合作,并能够塑造项目的问题及解决方案;相反,其他承包商仅对客户所提出的条款和条件做出回应。但值得注意的是,大部分项目仍然采用传统的投标方法。

16.5 通过网络构建塑造项目

在项目营销中,项目塑造活动实质上是基于网络位置的构建。实际上,项目营销是一种典型的基于关系网络的方法,其中,承包商通过雇用和招募参与者(Mouzas and Naudé, 2007)来塑造项目。根据前面介绍的塑造方法(宏观/联合/微观/细节塑造),网络调动过程或多或少将得到发展。在每一步骤中,会出现不同的价值共创问题(见表16.2)。

表16.2 通过网络动员塑造项目的五个步骤

步骤	关键点
1 识别客户网络中的参与者	● 代表客户网络 ● 识别可见和隐藏的参与者
2 选择客户网络中的目标参与者	● 建立对参与者的选择基础
3 识别目标参与者中可调动的因素	● 识别对每个参与者的紧要事件
4 建立连接客户网络中目标参与者的方法	● 使用直接或间接(第三方)途径连接目标参与者
5 与客户网络参与者共同制定价值共创的方法	● 整合供应网络资源

资料来源:Cova and Salle(2008:276)。

识别客户网络中的参与者

承包商如何确保正确理解客户网络中参与者的期望?需要选择哪一层次的网络关系(Anderson,Hakansson,and Johanson,1994)?是否有哪一部分的网络总是内隐的?是否应该偏向某一类型的参与者(业务参与者或非业务参与者)?Mattsson(1985)提出的网络定位概念是否适用?是否存在既是客户又是供应商的多重角色参与者?

Johanson and Mattsson(1988)所提出的方法有助于推进了解和分析客户网络的过程。这一方法框架包括以下一些问题:①谁是客户网络中的参与者?谁是业务参与者?谁是非业务参与者?这些参与者与客户之间有哪些重要的关系?②这些参与者在客户网络中处于什么位置?他们扮演什么角色?他们是否能够帮助承包商进一步接触客户,如何做到? 以上分析将确定网络中的关键参与者。③在客户网络中,承包商-参与者关系如何? ④什么激励因素将促使其他参与者帮助承包商接触客户? ⑤有哪些方法可以帮助承包商在客户关系中取得突破?

另外,承包商不应只关注可见的网络——通过合同关系参与购买过程的社会经济参与者(如客户、工程公司、银行和其他机构),还应关注内隐的网络——通过非合同机制发挥影响的社会经济参与者(如市民、本地社团、国际组织如绿色和平、竞争对手等)。未认识到这一现象并且只与可见参与者建立联系的解决方案承包商会发现他们仅仅完成了网络构建的一半(Sahlin-Andersson,1992)。承包商需要进入网络内部才能识别出内隐的关系,这是比较困难的。因此,承包商是难以对这类网络做出充分准备的,他们必须提升响应和适应变化的能力。

确定目标参与者

在客户网络中,承包商如何选择与哪一个参与者进行互动? 如何避开被独立在外的并不拥有紧密关系的参与者? 如何与有影响力的参与者和相关利益者建立联系? 选择的基础是什么? 是参与者在决策过程中的重要性还是承包商与参与者之间步调的一致性——前者是项目管理中接触相关利益者的原因(Loosemore,2006)? 如何将参与者间的关系纳入选择过程的考量? 如何将客户网络参与者和供应商网络参与者之间的关系纳入选择过程的考量?

识别目标参与者中可调动的因素

如何识别目标参与者与承包商进行价值共创的目标? 能否将价值创造驱动因素建立在与某一组织购买行为相关的风险上? 承包商是否需要在更高的战略层面考量每个参与者的利益? 参与者的利益识别是指确定能够调动这些目标参与者的因素的过程。这一过程包含多个层次:首先是参与者所考虑的公司层面问题,其实是特定实体或部门考虑的技术层面问题,最后是参与者特定个人考虑的个体层面问题。

解决方案销售中的方法同样可以被用在客户网络中的参与者身上(Bosworth,1995)。这一方法关注筛查参与者面临的问题以及参与者未能识别或解决的潜在问题。当承包商基于自身的知识和经验,在参与者组织中观察到某些低绩效或存在不足的现象时,那么这就是一个潜在的问题。这是承包商分析的结果,但参与者并未意识到这一点。承包商提出的批评意味着该参与者面临一定的问题。一般来说,参与者并没有办法解决这一问题。

建立连接客户网络中目标参与者的方法

在与客户进行价值共创活动之前,承包商应如何与客户网络的参与者建立联系?

二者之间的互动是建立在怎样的合法性基础之上的？是否需要借助第三方的力量？在该参与者并未提出任何要求或需求时，利用什么基础与之联系呢？

与客户网络参与者共同制定价值共创的方法

在与相关参与者进行价值创造时，承包商应采用哪种层次和形式的投资呢？如何保证投资的成功，且不会帮助竞争对手获得优势？承包商如何在与客户的关系中将权力交还给这些参与者？针对目标参与者，承包商应当强调哪种能力？所提出的方案如何为所有的相关者创造价值？承包商如何界定与整合解决方案相关的内容，特别是服务方面的内容？承包商如何为解决方案确定合理的整合和集合程度？

16.6 未来研究问题

本章所讨论的全部方法都鼓励承包商关注上游的问题，以使其参与项目最初期定义阶段的活动。然而，今天也有一些研究者提出下游问题的重要性。事实上，当承包商在项目结束后深入参与维护、运营管理等活动时，转向下游的逻辑就出现了（Oliva and Kallenberg, 2003）。这是基于整合解决方案（Davies, Brady, and Hobday, 2007）和全面服务合同（Stremersch, Wuyts, and Frambach, 2001）的发展提出的。基于这一点，第五个阶段可以被纳入项目营销过程：项目完成后的应用阶段。这一新阶段的引入对前面所描述的塑造实践提出一系列问题：这一阶段应该采用什么塑造方法呢？与其他阶段有什么联系？塑造类型和企业特征是否有关？实际上，我们注意到，在第五阶段中，承包商的参与方式各不相同：有些公司专注于最初通过维护、维修和升级等工作建立的服务合同，而另一些公司则从事PPP和PFI项目的开发或全服务合同的开发。对这些问题的回答勾勒出未来研究的初步方向。

另外，在公司战略制定方面，项目时间性上游领域的最新发展对研究者提出了更多挑战，比如对这些行动中的参与者角色和任务发展的疑问。实际上，塑造行为将参与者的角色重点从技术-经济型转向社会-经济型，其突出了关系网络管理的重要性。相关的技能要求也和传统工程领域要求有所不同。项目经理及项目中的其他管理者在项目未形成时的行动不能再依赖于工程科学了。如果项目塑造不断发展，他们的角色和相关项目将如何发展？这些角色将如何与那些关键客户经理互动？而这些经理的任务恰恰是在客户的上游采取行动。市场营销与销售运营应采用何种结构？这些运营工作与项目塑造活动中的技术运营之间如何交互？中短期的项目和中长期的客户关系如何匹配？以上这些构成了未来可研究问题的第二条逻辑线。

这些研究都可以利用Callon（1999）提出的ANT（Actor Network Theory,行动者网络）

理论。这一理论认为,社会被认为是通过相互定义的递归过程形成的。参与者不是事先规定的,而是在社会过程中形成的。因此社会是动态演绎的而不是给定的,框架构造是一个由行为主体发挥作用的迭代过程(Callon,1999),以此达到一定程度的秩序的目的。为了实现成功的框架构造,行为主体必须使他人参与进来,并通过说服和动员来打造新的实体组织。我们相信,行动者网络理论能够为理解项目塑造和网络建立提供新的想法。

16.7 结论

对承包商来说,为了提高争取项目的成功率,项目营销是非常重要的,这一观点基于过去20年间B2B市场营销和项目管理等领域的相关研究。我们强调项目塑造实践的重要性,即从项目建立到项目执行整个过程中发生的活动,它们通常能带来新的构建(或重构)。以项目的四个阶段为基本框架(见表16.1),能够确定四种塑造方法:宏观塑造、联合塑造、微观塑造、细节塑造。这些方法都强调了建立网络的重要性。

项目最早期的活动决定了项目的成败。项目未确立阶段的早期事件通常对项目的各个后续阶段都有非常重要的影响。这也是为什么这一章追求上述的推理,项目管理研究者(Pinto and Rouhiainen,2001;Söderlund,2005)认为,项目管理的常规技术和方法"在项目有明确结束时间的情况下,能够发挥巨大作用。然而,多数项目包含多个阶段,而这些技术和方法并不适用。而且参与者之间的互动将导致项目中目的和手段的反复调整"(Hellgren and Stjernberg,1995:378)。

总的来说,包括了许多组织过程的项目营销方法旨在:
- 通过与客户及关键相关利益者建立持续关系,超越项目运营强加于他们的单纯交易行为;
- 通过提升预测能力,避免仅局限于对客户的条款与条件做出即时的回应;
- 通过客户参与进行项目共创,避免仅局限于服从项目说明;
- 通过高效调动和整合内外部资源,搭建项目框架。

16.8 参考文献

ANDERSON, J. C., HAKANSSON, H., and JOHANSON, J. (1994). "Dyadic business relationships within a business network context," *Journal of Marketing*, 58/4: 1–15.

BACKHAUS, K., and WEIBER, R. (1987). "Systemtechnologien-Herausforderung des Investitionsgütermarketing," *Harvard Manager*, 9/4: 70–80.

BONNACORSI, A., PAMMOLI, F., and TANI, S. (1996). "The changing boundaries of system companies," *International Business Review*, 5/6: 539–60.

BOSWORTH, M. T. (1995). *Solution Selling: Creating Buyers in Difficult Selling Markets*. New York: McGraw-Hill.

Boughton, P. (1987). "The competitive bidding process: beyond probability models," *Industrial Marketing Management*, 16/2: 87–94.

Callon, M. (1999). "ANT: the market test," in J. Hassard and J. Law (eds.), *Actor-Network Theory and After*. Oxford: Blackwell, 181–95.

Cleland, D. I. (1988). "Project stakeholder management," in D. I. Cleland and W. R. King (eds.), *Project Management Handbook*, 2nd edn. New York: Van Nostrand Reinhold, 275–301.

Cova, B., and Holstius, K. (1993). "How to create competitive advantage in project business," *Journal of Marketing Management*, 9/2: 105–21.

—— and Hoskins, S. (1997). "A twin track networking approach to project marketing," *European Management Journal*, 15/5: 546–56.

—— and Salle, R. (2008). "Marketing solutions in accordance with the S-D logic: co-creating value with customer network actors," *Industrial Marketing Management*, 37/3: 270–7.

—— Mazet, F., and Salle, R. (1996). "Milieu as a pertinent unit of analysis in project marketing," *International Business Review*, 5/6: 647–64.

—— Salle, R. and Vincent, R. (2000). "To bid or not to bid: screening of the Whorcop project," *European Management Journal*, 18/5: 551–60.

—— Ghauri, P. N., and Salle, R. (2002). *Project Marketing: Beyond Competitive Bidding*. Chichester: John Wiley.

Davies, A., Brady, T., and Hobday, M. (2007). "Organizing for solutions: systems seller vs. systems integrator," *Industrial Marketing Management*, 36/2: 183–93.

Dunn, D. T., and Thomas, C. A. (1986). "Strategy for system sellers: a grid approach," *Journal of Personal Selling & Sales Management*, 6/August: 1–10.

Ford, D. (1982). "The development of buyer–seller relationships in industrial markets," in H. Hakansson (ed.), *International Marketing and Purchasing of Industrial Goods: An Interaction Approach*. Chichester: John Wiley & Sons, 288–303.

Friedman, L. (1956). "A competitive bidding strategy," *Operations Research*, 4/February: 104–12.

Ghauri, P. N. (1983). *Negotiating International Package Deals: Swedish Firms and Developing Countries*. Stockholm: Almqvist & Wiksell.

—— (1986). "International business negotiations: a turn-key project," *Service Industries Journal*, 6/1: 74–89.

—— and Johanson, J. (1979). "International package deal negotiations: the role of the atmosphere," *Organisation Marknad Och Samhälle*, Special Issue on Buyer–Seller Relationships International Markets, 16/5: 355–64.

Grönroos, C. (2006). "Adopting a service logic for marketing," *Marketing Theory*, 6/3: 317–34.

Günter, B. (1988). "Systemdenken und Systemgeschäft in Marketing," *Marktforschung & Management*, 32/4: 106–10.

Hadjikhani, A. (1996). "Project marketing and the management of discontinuity," *International Business Review*, 5/3: 319–36.

—— and Thilenius, P. (2005). *Non Business Actors in a Business Network*. Amsterdam: Elsevier.

Hakansson, H. (1982). *Industrial Marketing and Purchasing of Industrial Goods: An Interaction Approach*. Chichester: John Wiley.

—— and Snehota, I. (1989). "No business is an island," *Scandinavian Journal of Management*, 5/3: 187–200.

Hannaford, W. (1976). "Systems selling: problems and benefits for buyers and sellers,"

Industrial Marketing Management, 5/2: 139–45.

HAVILA, V., and SALMI, A. (2009). *Managing Project Ending.* Oxford: Routledge.

HELLANDER, A., and MÖLLER, K. (2007). "System supplier's customer strategy," *Industrial Marketing Management,* 36/6: 719–30.

HELLGREN, B., and STJERNBERG, T. (1995). "Design and implementation in major investments: a project network approach," *Scandinavian Journal of Management,* 11/4: 377–94.

HUEMER, L. (2004). "Activating trust: the redefinition of roles and relationships in an international construction project," *International Marketing Review,* 21/2: 187–201.

JANSSON, H. (1989). "Marketing to projects in South-East Asia," in S. Cavusgil (ed.), *Advances in International Marketing.* Greenwich, CT: JAI Press, iii. 259–76.

JOHANSON, J., and MATTSSON, L. G. (1988). "Internationalisation in industrial systems: a network approach," in N. Hood and J. E. Vahlne (eds.), *Strategies in Global Competition.* London: Croom Helm, 287–314.

LOOSEMORE, M. (2006). "Managing project risks," in S. Pryke and M. Smyth (eds.), *The Management of Complex Projects: A Relationship Approach.* Oxford: Blackwell, 187–204.

LUSCH, R. F., and VARGO, S. L. (2006). "Service-dominant logic: reactions, reflections and refinements," *Marketing Theory,* 6/3: 281–8.

MANDJAK, T., and VERES, Z. (1998). "The D-U-C model and the stages of the project marketing process," in A. Halinen and N. Nummela (eds.), *14th IMP Annual Conference Proceedings.* Turku: Turku School of Economics and Business Administration, iii. 471–90.

MATTSSON, L. G. (1973). "System selling as a strategy on industrial markets," *Industrial Marketing Management,* 2/3: 107–19.

——(1985). "An application of a network approach to marketing: defending and changing positions," in N. Dholakia and J. Arndt (eds.), *Changing the Course of Marketing: Alternative Paradigms for Widening Marketing Theory.* Greenwich, CT: JAI Press, 263–88.

MILLER, R., and LESSARD, D. R. (2000). *The Strategic Management of Large Engineering Projects: Shaping Institutions, Risks, and Governance.* Cambridge, MA: MIT Press.

————(2001). "Understanding and managing risks in large engineering projects," *International Journal of Project Management,* 19/8: 437–43.

MORRIS, P. W. G. (1994). *The Management of Projects.* London: Thomas Telford.

MOUZAS, S., and NAUDÉ, P. (2007). "Network mobilizer," *Journal of Business & Industrial Marketing,* 22/1: 62–71.

OLIVA, R., and KALLENBERG, R. (2003). "Managing the transition from products to services," *International Journal of Service Industry Management,* 14/2: 160–72.

PAGE, A., and SIEMPLENSKI, M. (1983). "Product systems marketing," *Industrial Marketing Management,* 12/2: 89–99.

PINTO, J. K., and ROUHIAINEN, P. K. (2001). *Building Customer-Based Project Organizations.* New York: John Wiley.

ROTHKOPF, H., and STARK, R. M. (1979). "Competitive bidding: a comprehensive bibliography," *Operations Research,* 27/2: 365–90.

SAHLIN-ANDERSSON, K. (1992). "The social construction of projects: a case study of organizing an extraordinary building project—the Stockholm Globe Arena," *Scandinavian Housing and Planning Research,* 9/1: 65–78.

SALMINEN, R. T., and MÖLLER, K. (2004). "Using references in industrial bidding: a decision model analysis," *Journal of Marketing Management,* 20/1–2: 133–55.

SKAATES, M. A., and TIKKANEN, H. (2003). "International project marketing: an introduction to the INPM approach," *International Journal of Project Management,* 21/7: 503–10.

——— and LINDBLOM, J. (2002). "Relationships and project marketing success," *Journal of Business & Industrial Marketing*, 17/5: 389–406.

SLATER, S. P. (1990). "Strategic marketing variables under conditions of competitive bidding," *Strategic Management Journal*, 11: 309–17.

SÖDERLUND, J. (2005). "Developing project competence: empirical regularities in competitive project operations," *International Journal of Innovation Management*, 9/4: 451–80.

STREMERSCH, S., WUYTS, S., and FRAMBACH, R. T. (2001). "The purchasing of full-service contracts," *Industrial Marketing Management*, 30/1: 1–12.

TIKKANEN, H. (1998). "Research on international project marketing," in H. Tikkanen (ed.), *Marketing and International Business-Essays in Honor of Professor Karin Holstius on her 65th Birthday*. Turku: Turku School of Economics, 261–85.

VARGO, S. L., and LUSCH, R. F. (2004). "Evolving to a new dominant logic for marketing," *Journal of Marketing*, 68/1: 1–18.

WELCH, C. (2005). "Multilateral organisations and international project marketing," *International Business Review*, 14/3: 289–305.

第 17 章　项目管理合同关系中规范化控制的创新实践

Stewart Clegg　Kjersti Bjørkeng　Tyrone Pitsis

> 我对联盟的看法是，人们签订合同之后就会忘记这件事，合同也会被束之高阁……联盟的纽带是其成员和文化……但我想很多人都没有注意到这一点。
>
> ——联盟领导团队成员，2009 年 3 月 25 日

上述引用展示了我们对于将来的项目治理形式的认识。在过去，仅仅依靠文化、人际关系等软性治理程序而不是白纸黑字的法律合同就开展一个几百万美金的项目是不可想象的。这样的项目非常少，但在最近十年里，我们有幸深入研究了至少两个这样的项目，在其中，人际关系而非法律合同被置于更高的地位，影响了人们做什么以及如何做。在这一章中，我们将讨论最新的项目，并展示在"大型项目联盟"（mega – project alliance）的纵向实地调查研究中发现的成果。五年间，我们对一个澳大利亚联盟项目（由若干私有组织和一个公共部门大客户组成）的领导团队进行了追踪。我们重点关注他们的联盟领导团队（Alliance Leadership Team，ALT）在联盟中的工作行为与在传统设计及构造的合同下的管理有何不同。我们将展示以下四个方面的差别：合同签订者之间的关系、变更与偶发事件管理、财务分配谈判以及创新及创意管理。ALT 认为，相对于传统项目管理，其实践是独特而出人意料的，而以上四个方面的差别就是其中重要的主题。

本章首先讨论合同制度及其方法。接下来是组织创新分析，相比于常规合同中的传统监督惩罚机制，作为一种特定的合同形式，联盟的发展基于更加规范的控制模式。新的项目管理方式正在形成，我们将在本章中做出介绍，包括其优势和劣势。

17.1　合同制度

在当代社会，合同承担着特定的制度性角色。过去的社会组织以机械的团结为基

第17章 项目管理合同关系中规范化控制的创新实践

础,系统化程度高。与此不同,现代组织以有机的团结为基础,通过独立自治个体间功能的相互依赖来建立。现代社会中,社会团结依赖于个体的行为自治,而合同关系是对此做出明确要求的一种基本方式。对项目合同的依赖中有一些方面是令人费解和不理性的。这里的基本假设是合同是项目治理及关系的纽带,是一个"良好的"和有效的控制机制,能够减少项目参与者面临的风险。但当降低风险成为传统合同的主导思想时,事实上也降低了实现良好项目治理的可能。

合同可能看起来是直截了当的,它是一套在一定程度上用精确的等号和明文表示的、各部分互相参照的并由咨询报告、图表、技术细节等其他资料支持的协议。这样看来,建筑工程"仅仅"是将这一"蓝图"变为一座建筑物。"仅仅"意味着这只是一个技术问题。然而,这是一个复杂的、不确定的、高度索引化的解释、示例、解码和文本解释协商过程,而很少是统一的、明晰的或决定性的行动指导。合同是由多种且往往相互冲突的规则实践组成的实物,对其意义的解读与所处组织有关,例如工程师和建筑师能够从完全不同的角度解读一份文件。更进一步,一系列事件的发生常常会影响人们对合同的理解,使得前后的解读不同,当前认为重要的事情,之后就可能不那么重要了。在建筑工程中,合同是多种专业和实操问题论述的压缩和集合,对其的解读因参与者和情境差异而不尽相同,也会在具体执行过程中发生变化,而且人们通常还会在一个非常宽泛的政治经济语境下理解这些论述。经济发展的盛衰能够影响人们对合同的解释,例如利润要求和技术工人供给得到保证在不同情境下的重要性不同。

在很大程度上,经济学理论主导了人们对合同的认识,同时也是法律框架的基础。虽然与合同相关的战略性视角很多,我们将重点关注最主要的交易成本经济学和资源依赖性(当然,这些理论有很多延伸,如代理理论、经济租金和关系视角)。总的来说,基于白纸黑字的法律合同的大型项目暗含了一种不信任的文化,假定人们会为了自身利益最大化而不惜破坏项目,因此承包商力求把合同规定写得滴水不漏。这样的合同安排要求治理机制能够实施高强度的监管,以确保一切都按照合同进行(Lundin and Söderholm,1998;Charue-Duboc and Midler,1998)。同时,这样的合同和治理系统将营造一种关注错误和惩罚而非成功、奖励和认可的文化。这种控制机制可能会造成这样一种情形:掌握丰富资源的项目经理的利益关注点是如果出现问题,应该向谁问责和要求赔偿,以确保承包商组织的利益。虽然这并非正式的项目管理中非常重要的部分,但却是非正式工作场所中学习的关键。更进一步,关于学习和动机的心理学研究充分说明,惩罚及威胁限制了行为和学习,而不是促进学习以进一步促进创造和创新(Glasser,1985)。在项目管理中,这不足为奇,因为有时只有利用这种形势才能保证获得利润。

在组织和管理理论中,合同作为一种分析对象并不是不为人所知的,但它们往往被认为是相当具体和特殊的条文。合同介于以下两种代理之间:市场经济条件允许的自由代理机构以及等级制强制经济命令安排下的代理机构。很多组织研究关注合同是如何被实施的,例如通过交易(见 Williamson 于 1975 年关于交易成本经济学的研究)。在管理和组织理论中,大多数研究者对交易成本经济学(即经济组织中的合同问题)很熟悉,这是一个围绕市场制度和等级制度研究合同关系的领域(例如 Williamson,1979,1985,1991),宣称合同应当使交易成本最小化。在这里,合同被视为社会秩序的基本组成部分,这样的观点起源于 Hobbes(1651)。霍布斯对社会秩序问题的契约性解决方案,即社会秩序的权威形象被概括为一种隐性的"契约"概念,仍然在组织生活的至少一个领域——大型项目组织中被常规实践着。

Williamson(2002a,2002b,2003)提出,经济组织的合同观点是一种"微观架构……在组织理论中,比传统中将企业视为生产功能的解释更为可行"(2003:917)。合同观点认为企业是一种组织治理结构,为了充分理解它,需要将之与自由市场、混合经济等其他治理结构相联系,这些结构中都包含着不同的特性。

从经济学角度看,合同的主要特征包括:①因个体有限理性导致的缺陷;②因个体自私自利导致的违背契约的开放性;③为最小化机会主义而设立的机制和适应性措施(Williamson,1985,1991,2003)。这些机制需要保证合同能够在不可预期的意外情况下重新组织并恢复效率(Williamson,1991)。

合同观点的基本分析单位是交易。因此,交易成本经济学专注于"除了简单的货物交换之外,双方之间不存在任何关系"的个别性契约(MacNeil,1980:10)。交易由三个要素定义:资产专用性、频率和不确定性。因为有限理性和不确定性,所有复杂的合同都不可避免地存在缺陷,需要事后调整。因此,交易成本经济学将关注点放在了合同后期,这与另一个关注合同问题的经济学理论——代理理论——形成对比,代理理论仅关注事前的、为提高风险抵抗能力所设定的合同及规定(Williamson,2000)。

然而,事后调整因交易类型的不同而不同。Williamson 将交易划分为三类,对应地有三类治理形式:市场、等级和混合模式。在市场模式中适用古典的合同法律,其强调正式规则、正式文件以及自偿性交易,并以"完整的展示"为目标(Williamson,1979)。(展示指的是"以时间或地点的方式展现,因此使当下被觉察或实现"(Macneil,1974:863 引用于 Williamson,1979:236;另见 Macneil,1980))。相反地,混合模式是由更为灵活的新古典合同法律所支撑的,其中的合同并不完备,各个签订者具有更高的自治权,同时相互依赖的程度更高,合同机制也更加灵活(Williamson,1991)。然而,新古典主义的合同理论适应性有限。当发生问题的后果非常严重时,各机构的自治机制将导致合同的执行发生问题,使得适应变动的成本增高,所需时间增长(Williamson,1991)。Williamson认为,在这样的情况下,组织内部的等级制度将具备弹性和适应性上的优势。它依赖于"缓期合同法",也就是说,内部适应调整可以通过命令实现,而不需要对企业间协议进行咨询、完善或修改(Williamson,1979)。

以上的论点主要说明了,从交易成本的角度看,合同最重要的功能是尽可能地减少机会主义行为,并为进行修订以应对变化提供灵活的机制。也就是说,合同的主要功能是最小化交易成本和最大化效率(这与企业的出现是为了降低交易成本的观点是一致的)。这样的合同很少带有个人色彩,所涵盖的范围有限,所需要的沟通是语言上的、正式的,满意度局限于有限的经济交换的完成。同时,其假设没有未来交易(Macneil,1980)。

组织分析中的合同理论以内在的不信任为基调(如 Granovetter,1985,1992)。它们通常忽略了任何一个合同都在一定程度上与"关系"有关,这是因为其中包含了双方的关系而不仅仅是单纯的交易(Macneil,1980)。社会学家认为,基于工具性条款的组织合同观点有局限性,这是因为在交易伙伴中,存在着具有独特的道德或价值取向的组织形式(Podolny and Page,1998),包括信任(Granovetter,1985,1992)和互惠(Powell,1990)。"持续的经济关系之外,社会性的内容显现出来,除了经济利益,对于信任和减少机会主义的期望越来越强烈"(Granovetter,1992:42)。因此,这些研究者认为,组织的网络形式(在交易成本理论中被称为混合模式)不应仅从经济合同的视角考虑。

与交易成本经济学一致,基于资源的理论在组织层面的分析上关注合同的经济特性。在资源依赖理论中,组织应避免过度地依赖其他组织,但同时着力于提升其他组织对自身的依赖性。组织回应其资源环境的一个方法是适应。适应战略的目的在于通过长期合同等方法降低资源依赖性。在此,合同又一次被认为是一种稳定的控制工具,其内容是不可谈判更改的。对合同的非合同要素的社会学研究兴趣由来已久,至少可以追溯到社会学家 Durkheim,其对交易成本观点过度的理性主义和功利主义进行了有益的修正。Durkheim 与当时的功利主义代表,尤其是 Herbert Spencer 展开辩论,认为不可能仅仅依靠个人通过交易提升幸福感的愿望来实现社会发展。根据 Granovetter(1985)的合同社会学理论,社会关系并非根植于交易所产生的效用,而是基于个体由此感受到的快乐。即使是以获得效用为起点,关系的发展仍以长期、缓慢的积累为基础,包括信任的建立而不仅仅是效用的增加。当人们签订合同时,必然基于自身利益预先做出承诺,随后也会根据合同对双方社会关系的塑造和构建做出进一步的承诺。这里包括两个方面：对于合同的非合同要素的事先共同承诺，以及这种承诺反映的信任关系会确保合同在未来顺利进行，这就构成了规范控制的框架。

在当代社会，合同承担着特定的制度性角色。过去的社会组织以机械的团结为基础，系统化程度高。与此不同，现代组织通过独立自治个体间功能的相互依赖建立有机的团结。现代社会中，社会团结依赖于个体的行为自治，而合同关系是对此做出明确要求的一种基本方式。以下是一种非常不同的对合同的理解，我们也常常会见到：

> 对法学教授而言，"合同"是一组教条式的描述，其规定了在具备法律约束力的条件下，交易各方应当如何达成共识。对于经济学家，合同是为了换取有形利益而付出有形成本的协议，但不考虑这些协议是否取得法律上的认可。对于商法律师，合同是一种书面文书，将客户认为自身已经达成的协议正式化，同时也解决了客户本应考虑但可能被忽略的尚未发生的潜在事件和问题。对于辩护律师，合同是一种证据，既可以证明各方的一致同意，也可以分析其中模糊不清的、说明不充分的或无法反映现实情况的问题。对于外行人，合同就只是人们在商务环境中签署的一张纸，往往带着一种定局的紧张意味，但常常对其中的学术条文、经济交易、未定权益或证据含义等问题缺乏充分的理解。（Suchman 2003：91）

所有这些关于合同的观点多少带有非索引性的、非物质层面的意味，也就是说，合同的意义建立在跌宕起伏的论证交汇中，他们不将合同作为实质性现象或社会产物，而是作为本质模糊、但在原则上依然可知且可确定的事物。认为合同是社会活动的人为产出的观点，并不仅仅意味着合同是有形的、由纸张或屏幕上的词句和符号构成的东西，还意味着合同是合同制定者基于自身经验所制定的成果，这些制定者常属于某一组织，具有丰富的合同实物处理经验。合同不仅是实物，而且是一门实用技术，也就是说它们是把事情办好的一种方法。合同，尤其是当其变得越来越复杂时，总是呈现出索引性的可能（Clegg，1975），相较对其从情境外观察时承载了更多意义。在实际的使用情境中，合同的意义会因为时间框架、参与者和地理位置的不同而有不同的解读。Suchman（2003：92）指出，"合同机制既是技术系统，也是话语共同体"。因此，合同制度与其诞生和根植的情境有一种互惠关系；制定合同的经验同时改变了其起始所根植的组织以及那些使用它们的组织。同时，作为一种人为活动的产出，合同"本身能够影响文化和经济环境"（Suchman，2003：92）。

对于将建筑工地视为一种组织的评论者，合同在权力关系中扮演特殊角色。合同监管包括了复杂的权力实践（Clegg，1975，1989，1995，2000；Hardy and Clegg，1996：375；Clegg et al.，2006）。评判性的组织理论强调合同如何使个人服从于监管和控制（Dandekker,1990；Marks,2000；Sewell and Wilkinson,1992；Knights and Vurdubakis,1993；Sewell,1998），合同作为规则实践的对象（Covaleski et al.，1998），以及合同如何被语言形式（Oakes,Townley,and Cooper,1998）所主导（Clegg,1975）。尤其在建筑项目中，现场控制是通过对承包商和雇员尽可能严格的监管实现的，这种监管在空间上往往是分散的，而合同则是基于组织利益的行为规范索引。我们希望通过实证研究反驳以下传统观点：工地是一个关注细节的、运用全景式和索引式权力的地方。

根据Suchman（2003:93），从理论上讲，至少有四种理解合同的方法：合同是一系列条文；合同是一种关系；合同是一种人为活动的产物；合同是一份参考索引。关系观点为一些非常著名的理论研究提供了素材，包括Uzzi（1996）和Granovetter（1985）的研究。他们的实证观点认为，交易协议一般是不完善的、突然显现的，因此会因为时间和情境的变化而变化，同时也会受到非正式规则的影响。这些观点与Clegg（1975）等实证研究的结果相一致。这些研究者认为时间、情境及意外情况的影响可以被民族方法学的"索引性"所描述（Garfinkel,1967）：从这个角度看，大型建筑项目合同都是典型的索引式文件，其含义因情境而定。

合同既是一种条款也是一种行为，它可以代表双方或多方就未来的某项交易所自愿签署的达成共识的意见，也可以代表界定、解释以及在具体情境中再诠释这一意见的过程。其中的必要元素是交易关系以及说明性的内容，合同的意义正蕴藏在这些内容之中。合同需要被执行并赋予意义。利益不同的各方在理解合同细节的过程中会赋予其不同的意义，还包括对于支持性文件的理解，它们可以是非常细节的，这就给不同解释提供了可能性，会引起很多未取得一致的问题。这种情况会产生很多索引账户，每一种索引都与其他的有所不同，在某些情境下，如法庭情境中，它们将更多地与责任义务相关联。

在合同即是索引性文件的观点中，合同的含义取决于理解，并且从来不是固定不变的；而理解总是依赖于情境和时间，在这样的情况下，对合同的理解就会影响该合同中代理机构所处的政治关系。

索引式建筑合同的典型行业实践是竞标的"硬通货合同"（hard money contract）。虽然大多数审计机构偏爱这种合同，但这样的偏爱显得有些幼稚。成本问题在合同后期比早期更加明显，可以想象数据中会出现多大的变动。在竞标中，代理机构会提出完成某一具体项目所需的最低预算。行业内人士都知道，在这种情况下，合同的签订只是后续对其含义解释进行谈判和议价的开端，这可能是偏向于顾客一方的对原有合同的维护，也可能是偏向于代理商一方的对原有合同的修改。因此，从这个角度来看，逐渐深入分析合同变成一种人为方法：即合同被视为某种其实质或含义本身永远无法被理解的东西。人们无法仅仅从各种文件的文字和图画中看到合同,而必须从这些文字和图画的使用中窥其真谛。

将合同作为索引文件的观点包含了以下对合同本质的假设。它对合同的解释假定了一个竞争而非合作的情境;在这种情境下,代理人会与其他代理人的解释产生完全相对立的冲突状态,而这几乎是自然而然的。理由很明显:在签署正式文件后,如何理解合同将影响各方的利润。诚然,有些合同的签订如果严格遵守条款,几乎可以断定它们不会对利润做出贡献。重要的是无论价格如何,都要维持合同,从而覆盖固定成本,预期参与合同谈判的代理人能够利用合同的基本索引性提高变化的数量,从而收取溢价来确保利润的安全。

17.2 联盟作为一种合同方法

最近几年,更多的资源被投入建筑合同的创新模型中。这些模型与传统的竞标硬通货合同差别很大,与关系导向的合同联盟较为类似(Clegg et al. ,2002;Pitsis et al. ,2003)。在本章中,联盟被作为一种较新的合同控制形式来讨论(石油行业从20世纪90年代开始使用这种形式):在其中,控制不再是强加于参与者以使该组织优先服从合同的外部力量——经验告诉我们,这常常令人失望(Clegg,1975)——控制转变为参与者对自身的约束。通过这样的方式,参与者对非合同规定的要素建立起共同的承诺,这样的承诺基于信任关系,他们依此对自身、合同和项目组织的行为进行规范控制。我们在此通过一个"联盟"式合同的案例来说明这一点。

我们将"联盟"(alliancing)定义为两个或以上组织之间共享风险、收益、资源以及专家和知识以共同完成一个项目而进行的结合(Pitsis, Kornberger, and Clegg, 2004)。在本章所提及的案例中,我们重点关注一个大型项目的联盟,这是一个大规模的、复杂的、高成本的、涉及公共部门和私人组织合作关系的大型项目(van Marrewijk et al. ,2008)。我们可以看到,在联盟中,合同并没有被用来通过惩罚来维持秩序,而是使得联盟各方能够批判性地但同时又有建设性地看待他人的行为和参与:联盟是一个总体的权力机制,参与各方在其中互相观察,并进行行为规范。

联盟通常被作为一种战略工具,用以在快速变化的环境要求下获得高效率和灵活性(Westley and Vredenburg,1991:66),这是因为联盟能够建立一个"参与各方能够在其中有效认识问题的各方面、了解各自的差异并超越自身限制以寻求解决方案的过程"。典型的情况是,组织间协作是由牵头组织建立的,目的在于分散风险和责任并共享资源(Josserand and Pitsis, 2007;Clegg, 2005;Pitsis, Kornberger, and Clegg, 2004;Pitsis et al. ,

第 17 章 项目管理合同关系中规范化控制的创新实践

2003;Clegg et al.,2002),在以下案例中我们会探讨这两种情况。

17.3 一个联盟的案例

我们从一个大型的澳大利亚联盟项目中获得研究资料。这一联盟项目是公共部门和私人组织组成的一段持续八年的合作关系,目标成本为3.83亿澳元。该联盟由五个组织构成:某公共部门(客户)和四个不同领域的专业国际工程和咨询公司。这五个组织均在人力、经验、关系和意见等方面为该建筑合同的推进贡献力量。在最初的计划中,这一联盟将持续五个项目,但最终他们形成了一个独特的组织实体,合作完成了其他附加项目。联盟领导团队由参与其中的母公司的高级管理团队成员构成,这些团队成员都拥有代表其所在公司做出决策的权力。联盟领导团队是联盟的正式决策机构。该小组于2002年成立,我们的研究对其进行了全程追踪。

我们通过各种人类学研究工具搜集实证研究资料,主要的来源是参与式观察。从2002年到2007年5月的联盟领导团队的月度会议中,都会有一名或多名研究员进行观察,随后我们也对项目进行了深入但并非如此频繁的参与。此外,还包括与联盟领导团队成员在正式会议前后进行的非正式会议和交流以及三次展示和讨论已有研究成果的工作坊。我们还进行了24次半结构化访谈,每次持续1—2个小时。我们还对领导联盟团队成员进行了跟进的邮件访谈。

大部分访谈由两名研究员进行,以便在研究的解释阶段做出更具批判性的考量。研究员也参加了与联盟领导团队会议相关的过去的和当前的其他建设计划。研究员之间共享这些正式或非正式会议中所做的田野记录。此外,我们还搜集了大量的二手资料(包括最初的项目合同、财务报告、管理层报告、官方媒体和联盟文件以及政策文件)。最后,我们研究了归档的资料,包括记录了(正式)愿景、使命、价值观和承诺演变的历史版本、关键绩效指标(KPI)、主要职责领域(KRA)以及来自AMT和联盟领导团队的双月报告(涵盖经济、设计、建设、环境、安全和社区沟通等与项目发展相关的各方面问题)。

与各参与者所执行的大部分项目相比,联盟取得了杰出的成果。项目以低于预算的成本提前完成,在管理实践和工作方式方法上取得了重要创新。在大多数情况下,联盟面临着很大的不确定性、模糊性和复杂性问题,这不仅体现在工程、土木、地形以及由采矿行业工程专业人员的高需求(由全球经济发展带动)带来的人力资本不足等问题上,而且还体现在政府资助的不稳定性、未来项目的不确定性以及最初自我限定的极度复杂、过度设计的关键绩效指标等方面。

17.4 案例分析

我们的初衷是研究学习是如何在联盟内的不同机制间进行的。然而，通过分析过往的一些重要案例，我们无法忽视其与传统设计和建设项目的不同之处。我们只能基于自身的经验背景进行观察。在这个特定的项目中，我们和被采访者都将"常规的"建筑管理项目作为经验背景。在采访中，我们常常听到这个项目"和一般的建筑项目不同"的表述，它被用来解释联盟领导团队的工作（Bjørkeng, Clegg, and Pitsis, 2009）。

本章所展示的材料来自实证研究中的描述性分析（Riessman, 2002）。我们着重留意那些体现联盟实践与传统设计和建设项目相区别的描述。这包括在访谈中展示的叙述，和在联盟领导团队会议中实时回顾意义构建过程中的讲述和重述（Weick, 1995），以及指导行动的可预期的未来完美故事（Pitsis et al., 2003）。此外，研究者自身对传统建筑项目实践中的竞争性控制的描述、该领域的理论研究成果等都有助于我们了解这里一些特定描述的不同之处。

在这里，与传统设计和建筑合同最显著的差异是关于合同各方之间的关系，其次是对于变动和事故的管理，再次是财务分配和创新谈判，最后是想法的实践。联盟领导团队实施的新的控制模式，即概略控制模式，与传统的全景式控制不同。

接下来，我们会进一步探讨体现这些差别的具体例子以及由此发展起来的合作性（项目）控制模式。新兴的概略控制实践包括联盟领导团队成员考虑其他成员的需求，以确定他们在项目实践方法上取得一致（请见 Clegg and Baumeler 将发表的文章）。在 Mathiesen（1997）看来，这些对于重要参与者的观察是为了模仿他们。与过去受自治边界影响不同，模式行为的维护现在不再受外部管理的影响，而更多地是内部"选择"行为。相反，全景式控制着重于项目监督，并主要利用合同来完成这种监督。现场的关系是以对工人、承包商和子承包商的严格监督为基础的。所做的事情是基于合同文件中所描述的必须要做的内容。

在竞标合同中，政治权力着力于从惩罚性角度就合同文件进行解读，如建筑师对于项目经理、工程子承包商对于项目经理的管制等，为了确保服从而对合同和现场进行监管；但在联盟中，政治权力从惩罚性、跨组织性和争议性向更加积极的方向转变。对联盟和其项目交付至关重要的因素是规范的力量"以及知识是如何围绕虚拟的事实——而不是实际的事实——产生的"（Macmillan, 2009: 158）。这些虚拟事实是从关键绩效指标引申出来的，而关键绩效指标正是"一个权力介入以控制产出的目标体系"（Macmillan,2009:158)。关键绩效指标构成了一种作为战略理想的知识形式:如果项目绩效总能超过理想标准,那么项目的所有关键绩效指标的完成度都会是100%。但这很少发生。绩效规范的要点是创建虚拟对象,围绕它可以将现实规范地联系起来,即利用虚拟规范的均值和标准分布等指标来确定度量,并将结果的分布与之对照。关键绩效指标的作用是将一系列的虚拟事实纳入规范中,而这些规范是和考量方法一同被记录的。这些考量标准形成了项目的环境,在其中,社区、安全、环境、成本和时间安排都可以被讨论。通过对其本身的预测以及对预测行为的度量,它们具有独立于项目的生命周期。重点不在于使行为符合一些预先设立的规范,例如在量化调查中可能存在的特定规范,而应从项目中通过关键绩效指标看到的给定状态着手。这构成了绩效平均水平的标准。这样的政治权力不要求严格持续地控制项目细节的执行情况。相反地,所要求的就是确定实际绩效范围、按照确定标准的检查以及与相关人员的针对规则所进行的沟通,工作人员可以根据结果维持或进一步推进计划。对于模式化行为的维护,更多地是一种自主的"选择",而非服从于外部的管理(对于自主权的边界的监管)。为了确保达到这一目的,具体关键绩效指标是不可谈判和变更的,每个评价要素都带有评价标准,只有符合所有评价标准才能得到奖励。由此,即可通过规范化进行行为管理。

表17.1 控制模式对比

对大型联盟项目的观察	解释构建:概略式控制	传统理论和实践:全景式控制
合同各方的关系 ● 管理者经常使用"我们"一词 ● 很难确定哪一个人代表了哪一个公司 ● 联盟领导团队对任务和关系进行安排	**"自我再生的理想集体"** ● 对共同的指示进行授权 ● 营造协作氛围,以联盟而非个别公司利益为出发点 ● 在联盟所设定的情境中,协作本身即是驱动要素	**松散关联的、自我利益驱动的合同参与者** ● 不同的组织通过合约在建筑项目的过程中进行合作 ● 项目的时长依据合同而定 ● 合同各方的关系根据约定的监督和惩罚控制而定
变更与事故管理 ● 不强调失败 ● 作为"救星"提出假设 ● 原因通常不明确,责任共担,因此没有成本和责任的再分配 ● 共同承担预算外的成本	**集体救助和践行仁慈** ● 放弃"任何事情都能得到控制"这种想法,从而做出解释 ● 参与者不需要进行事后的因果分析 ● 从错误中学习的倾向被弱化 ● 基于良好的意愿进行成本控制	**推卸责任** ● 使用合同来对关系规则进行重新谈判 ● 通过正式机制明确责任和成本承担者 ● 犯错成本高,通过公开的冲突甚至法律途径解决变动问题 ● 利用额外的成本是项目管理的主要模式

(续表)

对大型联盟项目的观察	解释构建:概略式控制	传统理论和实践:全景式控制
创新和思维管理 ● 共同创造和知识产权管理对共享产生激励,但潜在竞争者将被排除在外	**开源创新** ● 对开放式创新的共同支持	**知识产权保护** ● 对知识产权的保护主义和严格控制

17.5 "自我再生的理想集体"

在联盟领导团队的实践中,我们可以看到一个成熟的、合作的、集体的言行表现。最值得关注的是其中强烈的集体诉求,这在传统合同中是很少见的。此外,联盟领导团队取得成功不仅是因为合同的签订和执行将他们的工作联系在一起,而且也因为他们很享受相互协作的过程,并持续这样做。我们将这样的工作方式命名为"自我再生的理想集体",并在接下来介绍一些这种工作方式的实践范例。

在对联盟领导团队会议的后期观察中,一个来自某签约工程公司的新参与者加入其中。大家讨论了联盟的流程,并对决策模式再次进行了阐述——所有决定都需要取得一致同意。新的加入者对"决策时必须取得一致同意"的决策提出了质疑。其他与会者惊讶地看着他,暗示这是一个非常不合适的观点。这是个很好的冲突的例子,联盟领导团队的反应也非常值得关注。对于这个对一致同意的"天真的"质疑,小组的一个成员说:"这正是联盟的意义所在!也是联盟的一个部分。"新加入者则问道:"你是说共识(而不是一致同意)?"另一个人补充说:"我们会讨论直到达成共识,但除非对它形成一致同意,我们不会做出决策。"对此,新加入者非常震惊,而其他有经验的团队成员都点头表示同意。

在一般的、新加入者所熟悉的设计和建筑合同中,并不会如此强调一致性的问题。更重要的是,我们也不会在任何传统的组织领导团队中找到这样的情形,大家或许会争取共识,但不会要求全体一致同意。联盟领导团队中关键的公认的赋意框架是:他们需要通过一致同意的决策来进行民主化治理。有趣的是,虽然并不了解 Habermas(1972)提出的"理想话语环境"或 Rawls(1971)提出的"原初状况"等任何理论知识,领导团队似乎在力求达到这些模型所描述的情形。这里的基础是在讲话或其他活动中反复提及的联盟"我们"。毕竟联盟领导团队将自身定义为由一系列独立组织组成的集体导向的"我们",一切就都顺理成章了。然而,令人吃惊的是,我们不能识别出小组成员所在的组织,以及更重要的他们在替谁说话并且代表了谁的利益,这也有助于我们理解由"理想集体"构成的(部分)联盟领导团队的合作行为。

第 17 章 项目管理合同关系中规范化控制的创新实践

联盟领导团队的现实完全由其长期成员所确定。团队成员似乎总是以领导团队的名义进行讨论。有趣的是,一名研究者在项目后期加入小组中,她完全没有办法区分出哪一位成员来自哪一个公司。事实上,两个独立的咨询公司服务于联盟项目的不同方面,在非正式讨论中,他们也向我们反映了相似的观察,一位咨询师说:"我不能区分谁来自哪个公司。"

此外,在领导团队会议中,将联盟称为"我们"的描述不断出现,而反对的声音非常少。构成"我们"的内容似乎是理想的、完美的。身份认同的实践、在预测和解释活动时的身份描述,都被以理想的方式具体化。当上述表现构成了一个"理想集体"并由"理想集体"塑造时,"理想集体"不能脱离"其他"而存在。当成员提及其他建筑项目或过去参加的项目或将联盟与之对比时,当研究人员将联盟与其他实践行为和理论进行对比以发现差异时,"其他"就被构造出来了。

我们认为,这些实践者正在创作一个集体的"我们",因为他们正在完成一系列的活动,而这些活动同时识别出他们,并将他们与"其他"区分开来,而我们在联盟领导团队中发现的创作集体(Carlsen,2006;Carlsen and Pitsis,2009)的特定变体被重复地作为一个理想的"我们"。虽然对于"其他"("我们"的对立面)的定义是较为模糊的,其他任何基于传统设计和建筑规定的项目都可以归于其中。以上理解基于个体对当前联盟的经常性的提及,这与传统的设计和建筑项目不同。在传统项目中,管理实践的基础假设是"不负责任的其他人",这往往在讨论如何分担发生变更的成本时进一步强化。无论是联盟领导团队成员还是其他被访者,都明确或暗含地提到了这样的对比。

"理想集体"的另一个特征是合作的自我再生性。最初,联盟项目合同针对的是五个大型项目的合作,现在已经涵盖了七个大型项目,并在讨论如何进行更多的合作以及寻找更多的合作机会。其中特别有趣的是,与同样规模的大型设计和建筑项目相比,联盟领导团队在联盟项目中投入的时间更多;从投入的人力成本来看,得到的直接财务回报更少;风险相对而言更大,而且奖励机制模糊。有趣的是,继续合作的原因也是不能直接说明的,但似乎项目本身自然而然地就成了合作的推动因素。只有在明确讨论这一问题时,被调查者才会谈及为了达到现有合作水平所付出的努力,以及强调持续合作所带来的价值。"建立信任是需要时间的,关系和合作的容易程度是维持联盟的必要因素,我们最终会真正获得回报。"我们认为,联盟领导团队建立了一个共享的指示性系统,而非竞争的、冲突的。通过创造一个合作性的组织,以联盟而非成员自身的名义行动,联盟领导团队建立了一个合作本身成为驱动因素的合理化体系。这为建立更积极的、更少内耗的关系提供了机会,项目本身成为令人感到高兴的成果,而不仅仅是赚钱、竞争和完成合同的工具。

17.6 集体救助和践行仁慈

在联盟领导团队的工作中，我们可以看到，报告中的事故、失败和可能的变更都被弱化了。而在传统设计和建筑项目中，人们总是相互责备和推卸责任，需要重新修订合同、确定责任和成本，并就新增任务的成本进行谈判等。相反，联盟领导团队构建了解释说明，并被称为"救星"。失败的原因通常是无法查明的，并被解释为无法确定，由于责任是共担的，后续也不需要成本/责任分配。我们认为，放弃"任何事情都是可控的"这一想法可以使回顾性的因果分析变得不那么必要。然而，这也会导致错过很好的学习机会。

以下的例子是关于在一次可能带来巨大成本的事件中，如何澄清事实。联盟项目的建设项目分布在悉尼，包括地理结构最复杂、环境问题最敏感的悉尼盆地和腹区。部分项目离位于 CBD 的总部超过 120 千米。所有这些项目的实施都不可避免地对当地社区产生了巨大影响。

某次领导团队会议前五天，计划内的新废水管道接入原有管道网的工作开始了，但是出现了意料之外的问题。在悉尼的某些地方，废水管道网中的水将会流入清洁系统并转化为城市的饮用水，因此饮用水中可能存在的污染就成了很大的问题。最近，由于连年干旱，悉尼的水资源变得稀缺，主要水库的蓄水量下降了 30%。管道接入两天之后，下游的饮用水蓄水池被污染了。在联盟领导团队会议开始时，已经对包括盆地、管道网、新接入的废水管道的水进行了检测。根据污染发生的时间、接入点与蓄水池的地理位置关系，这次接入被确定为污染发生的原因。

还有一个重要的问题没有解决，污染是怎么发生的？尤其考虑到为了避免污染，接入口已被冲洗七次，这是超过了行业标准的。联盟领导团队对事故调查结果进行了讨论，得出三个可能解释。第一，基于砂岩的密度，接入口处的土质可能与预期不同，导致清洁量计算错误。由于泥土样本符合计算结果，这个解释被否定了。第二个解释是接入口的底部没有冲洗干净，即使清洁次数已经超过了行业标准。由于接入口所在位置的上游水流样本与下游不同，这个解释没有被否定。第三，也可能是爆破产生的水流力量足以冲刷下游的水道。也就是说，下游的水道早在爆破之前就已被污染，不能将其归咎于联盟或领导团队的工作。对于这种解释，人们存在一些疑问，即如果爆破的冲刷量足以清洗管道，那么管道应该早已恢复干净了。最后的官方披露信息中采用了最后一个解释，虽然所有的讨论都更认同第二个解释。

有人会认为,任何以合同为基础的合作都力求最小化参与者在环境污染方面的责任。然而,联盟领导团队中的两位成员是公共服务提供者的管理者,他们也是项目的承包商。无论联盟领导团队采纳哪一种建议,他们都需要对事件负责。在竞争性的设计和建筑合同中,大型建筑工地中管理会议的讨论会围绕一个问题进行:谁该为错误埋单？当这样的事情发生时,各个参与者就需要选定自己的立场和态度,其中会带有敌意,还会有责任的认定和否认。但这不会在联盟领导团队中发生。

在上述会议中,没有任何参与者的辩论观点游离在对其他成员的考虑之外:"我们的清理工作超过了行业标准","我们很好地完成了所有事情","我们的环境评级很高","我们正确地清理了输水管"。大家对联盟的能力都很有信心,对未知事件的认识和理解都很有耐心,因此他们适合集体授权。共享的奖励系统可以在一定程度上解释这种重复性的实践。然而,作为承包商的公共服务提供者为这一解释付出了经济成本,即在公共关系上受到损害。事实上,因为人们对几年前悉尼范围内的贾第虫和隐孢子虫污染事件记忆犹新,对公共服务提供者来说,污染会带来严重后果。之后一周,居民的饮用水、烹饪用水和餐具清洁用水都需要煮沸后使用。从政治角度讲,再发生一起污染事件的后果是非常严重的。

从第三方评估角度看,建立联盟领导团队这一高于七个项目的组织结构的主要原因之一在于促进项目中及项目间的学习,但这个目标与"理想集体"的本质是有潜在冲突的。当理想集体被类似上述的事件所中断时,其意料之外的后果可能是无法从这些事件中吸取教训。有人可能会认为,"理想集体"作为核心价值体系的影响力过大,以至于项目领导团队很难将这些预期之外的事件作为学习的机会(详见 Clegg et al. ,2002)。对于事情的集体导向的理解使得人们可以适应自身作为胜任的(甚至是理想的)参与者的角色定位,这与为了确定达到胜任力的要求而进行谈判是不同的。

在考虑联盟领导团队与传统设计和建筑项目的最大不同之处时,我们发现其中的冲突非常少,这和建筑行业实践中默认的规矩是相反的。冲突,甚至严重的冲突,是存在的,但区别在于参与各方无须诉诸高成本的、破坏性的法律程序以解决问题。总体而言,在这样的联盟中变更更少。因为联盟建立在信任的基础上,其心理合同认为计划和设计是基于不确定性的,建设过程中包含很多即时性问题,需要适应经常发生的意外情况。传统项目中的合同是基于价格的,变更的目的在于通过扩大名义成本和实际成本之间的差距来最大化利润(Pitsis,Kornberger,and Clegg,2004;Pitsis et al. ,2003)。根据行为科学的定义,我们在联盟领导团队中观察到的即是"群体思维"机制。在这样的情况下,群体思维使得对于"理想集体"的承诺升级(Clegg, Kornberger, and Pitsis, 2008; Pitsis et al., 2003; Clegg et al., 2002),而不是强调问题的发生(Dewey, 1934)。最后采纳的污染事件归因对防止同类问题再次发生没有任何帮助。除了在联盟结构、领导团队的成员、学习目标的陈述方面的改变外,在关键问题上,联盟领导团队会议中很少出现对抗性观点。然而,我们应当了解与传统的竞争性控制相比,这样的行为模式将如何影响项目整体,难道相互推卸责任就能够促进学习吗?

在传统设计和建筑项目中,财务分配问题通过合同确定,并在合同变动和修订时进行谈判。如有必要,会通过公开的冲突解决不一致的意见,通过合同和法律程序进行规范。然而,在联盟领导团队中,财务分配是通过持续的谈判进行的,收益的不确定性是谈判的基础:参与各方"就像"在传统项目中那样获得收益,额外的报偿和成本当项目结束时在各参与者之间分配。"就像"一词意味着合同是不明确的,暗示着当参与者改变内部报偿结构时,合同条件也会随之改变。

考虑到联盟是以信任为基础的心理契约,诸如变更之类的决策通常是根据表面价值做出的。然而,一些事件中会有人希望改变。我们会举出这样的例子,以说明联盟领导团队中一贯的实践、推理和意义的建构。当面对预算和成本结构对比的异常时,B公司通知联盟领导团队他们已经给员工发了奖金支票。在最初的联盟合同中各方同意,根据不同公司的整体、与联盟无关的绩效发放的员工奖金不应成为成本结构的一部分。联盟将为所有组织成员完成的工作开具发票,并支付所有费用。来自私人公司B的索赔是回溯性的,涉及三年的奖金。如果这些奖金被积攒下来,就不会成为联盟的成本;如果现在用支票发放,就会成为联盟成本的一部分。这导致联盟的成本数额可能很大,也将影响联盟的绩效表现。

在第一次会议讨论中并未做出决策。联盟领导团队的顾虑在于类似B公司这次发放的报酬到底应该作为奖金还是真实成本。他们就此向财务专家进行咨询。专家建议,基于B公司的成本结构和开发票的历史,接受或者不接受是同样正当的。这项议题在议程中保留了几个月,团队一直没有就此讨论过,包括在最后决策时,也只是提出了一个问题:"或许我们应该从B公司开发票?"这得到了与会者的赞同。而B公司碰巧没有参与这次会议。

这一行动与人们对传统竞争性和全局性控制项目的期望之间的差异令人震惊,与传统理论的差异亦然。在更为常规的建筑合同中,成本控制是盈利能力的核心,而我们在这些合同中发现的理性模式通常都是以将利润放在主导地位为代表的。虽然我们不依附于具有现代理性蓝图的组织和战略理论(Ansoff, 1965; Chandler, 1962; Porter, 1980,

1990,1996),并且会看到我们的贡献落入一个可以描述为更具反思性和批判性的思想潮流(Mintzberg,1987;Pettigrew,1979,1985;Pettigrew and Whipp,1991),我们仍然期望管理团队能够战略性地做出战略决策,以及更为重要的是,鉴于参与者来自不同组织,代表不同的利益,我们确实希望做出有利于联盟,或者至少有利于大多数利益相关者的财务分配决策。毕竟,战略管理越来越被理解为高层管理团队的任务,并且已经获得了几乎等同于"护身符"的重要性(如 Clegg, Carter, and Kornberger 2004；Carter, Clegg, and Kornberger,2008),但在联盟领导团队中,情况却并非如此。

17.7 开源创新

当不同组织合作时,需要处理不同的组织文化、价值观、意向、知识、技能和能力。这些差异在公共部门和私有组织合作中特别明显,二者在价值观上存在本质的冲突。有的研究证实这些差异会导致可能的冲突,但也存在有力证据证明,组织差异可能激发预期结果(产品、服务、基础设施)之外的创新,以及系统、流程、组织实践等组织和管理创新(Mol and Birkinshaw,2008;Bjørkeng,Clegg,and Pitsis,2009)。

传统合同带有很强的保护色彩。企业通常对于他们知识产权的保护有着清晰的认识,尽管项目中创造的价值是共享的,但其使用和应用通常依赖于权力最大的参与者,且权力最大的参与者从项目的创新中获益最大。事实上,组织力量越大,越是拥有最好的法律咨询和法务团队来处理知识产权问题。在联盟中,所有项目相关的创新都在合作组织中共享。由联盟共同创造的、现为很多组织所采用的创新之一是红外线管道定位设备的使用。管道位置通常是由项目的子承包商负责在挖掘和钻孔前确定。在大部分工地中,地下所埋藏的物质都是不可知的。知识地图通常存在错误和不完善之处,经常能够发现意料之外的其他项目铺设的管道。这些管道在大小、长度和材料方面各不相同,并且非常难于定位。在联盟中,发生过管道受损或破坏的情况,这会为进度、成本、社区、生态保护等目标的实现带来潜在问题。为弥补对已有管道了解的不足,联盟改装了雷达设备,大大提高了探测定位的准确度,减少了代价高昂的破坏事故。正如项目经理所说:"这个创新是由我们创造的,也是为我们而创造的,任何人都可以使用它⋯⋯与压力泵系统类似的创新例子还有很多"(2009年7月13日)。其他创新还包括不损坏街道路面的非开挖钻孔技术、世界领先的在施工过程中减少有害尘埃颗粒产生的技术,等等。

联盟还带来了工作实践和工作过程的创新。工作实践中最突出的创新是在 Tyrone 和三位员工的非正式谈话中意外发现的,这次非正式谈话发生于 Tyrone 和 Stewart 都参加的一次项目执行后的回顾研讨会的休息时段。其中一位员工来自公共组织,其他两位都来自私有组织。这三位员工都表示在联盟中的学习是无与伦比的(其中两位资历较浅,另一位的级别较高),其中一位说道:"我的处事方法完全改变了,我想我没法改回原来的模式。"其他两位都对此非常赞同。这样的表达并不是独有的,在其他联盟项目中,我们也了解到相似的看法(Pitsis et al.,2003;Clegg et al.,2002)。在面临不确定的、高风险的、高要求的工作中,如果有才能的、知识渊博的,并且在实践、流程和文化方面经验丰富的参与者能够密切协作,那么就可能发生创新。事实上,在创造更积极的工作体验方面,新的关系模式不可忽视,如一位员工所说:"现在我和之前很少接触的人一起工作时,如果碰到问题,不会再认为是'因为种种原因我们做不到了',而会思考'我们怎么解决这个问题呢'。"

联盟为私有组织提供了履行企业社会责任的途径(包括法律上的要求和营销上的需要),也使得公共部门能够超越过去官僚体制下冗余的流程,更高效地运营(Bjørkeng,Clegg,and Pitsis,2009;Carlsen and Pitsis,2009)。然而,有创新的地方就会有抵制。在传统官僚组织的客户看来,创新的"开放性"并不一定是积极的。事实上,对于很多客户组织而言,联盟代表着"让私有组织有机会自己写支票"。联盟中发展起来的核心创新被客户组织内部的部分人见到,但是在联盟领导团队之外,核心创新实际上已经被客户组织开发出来了。也就是说,私有组织参与者是创新的搭便车者。更重要的是,尽管在实践和流程中实现了创新,并且在部分大型项目中达到甚至超过了所有关键绩效指标标准,联盟仍然面临强烈的反对意见,这甚至发生在客户组织的最高级别管理者中。问题是:联盟确实是具有创造性的,同时也带来了创新,但这些创新重要吗?

联盟合作中面临的一个根本挑战是没有任何合同(包括经济、法律,甚至关系约束)可以用来进行联盟的管理,只能主要依靠价值观进行调节。因为联盟所创造的"理想集体"并不能控制外部的看法,关于联盟的认知、经验、期望和假设存在着被质疑的可能。

对创新价值的认知因观察者的不同而不同。联盟中的组织创新价值必须要得到参与者所在组织的认可,因此,联盟合同关系所要求的一项关键的组织和管理创新是:在联盟范围之外,能够对项目相关的创新进行定义、确认、推动和传播。也就是说,如果联盟参与者所在的组织不认为创新的价值是必需的,这项创新的意义就仅仅在于达到已明确说明和得到同意的项目目标。在本章讨论的公共部门和私有组织的合作中,创造和创新的能力是未来项目的保证,是非常重要的。问题在于了解对客户而言,什么是重要的,什么是不重要的。这个问题看起来简单,但要回答却十分困难,这是因为联盟所宣称的重要的东西,并不一定实际对参与者所在组织也重要。参与联盟项目的组织拥有创新的大好机会,但如果客户组织对此并不需要或认同,联盟应该停止这些创新活动吗?关键在于了解客户需求并证明其成果。

17.8 结语

项目,尤其是关系导向而不是基于法律合同的项目,能够促进积极性和创新,并为个体和组织带来成果(Carlsen and Pitsis,2009,2008)。传统的设计和建筑合同的限定会阻碍创新——因为创新意味着变动。传统合同虽然在表面上试图通过与设计和建筑相关的全景式基础减少变动,实际上却在合同诠释和解读中进行创新,以得到有利于自身组织利益的解释。当然,如果所有合同参与者都卷入这样的零和游戏,大部分项目都会给参与者带来心理和情绪上的压力,并增加组织成本。因此,在"理想集体"中,联盟领导团队非常重视以他们形成的方式处理问题,参与成员也愿意贯彻这一做法。联盟领导团队的出发点是行为规范,而不是通过合同的索引式解释和惩罚机制进行管制。这样集体导向的行为规范方法所带有的风险是:过度强调集体导向的情感方面的价值,而忽略了对于外部机构和合作者的实践价值。这在所开创和创新的东西与主流组织管理逻辑相冲突时特别明显,传统逻辑强调的是竞标合同中的完成度和成本控制。我们需要认识到,联盟领导团队是一项循序渐进的实验,其中一部分工作仍然属于传统的全景式权力控制,例如项目执行监管以确保达到预期标准,但团队也在开创一种新的权力关系,以减少对下级组织就像奴隶那样的管控。新的治理模式被建立起来(Clegg et al.,2002)。前文提到,联盟领导团队也参与到关于创新决策的自我观察之中。但决策行为必须得到外部承认。联盟面对的最大挑战是建立新的权力规则,其既能够创造价值,并且也使得关键利益相关者清楚地认识到这些价值。

17.9 致谢

我们非常感谢 Australian Research Council 在 ARC Linkage Project(项目编号 LP0348816)拨款中的大力支持。我们同样感谢业界合作者的参与和分享,他们在研究项目中所表现的开放和真诚是研究合作的基础。

17.10 参考文献

ALTHUSSER, L. (1969). *For Marx*. London: Allen Lane.
ANSOFF, H. I. (1965). *Corporate Strategy*. Harmondsworth: Penguin.
ANTONACOPOULOU, E. (2007). "Practice," in S. R. Clegg and J. R. Bailey, *The Sage International Encyclopaedia of Organization Studies*. Thousand Oaks, CA: Sage.
BARNES, B. (2001). "Practices as collective action," in T. R. Schatzki, K. Knorr Cetina, and E. Von Savigny (eds.), *The Practice Turn in Contemporary Theory*. London: Routledge.
BJØRKENG, K. (2000). *Dualism: A Metaphysical Necessity or a Conceivable Impossibility?* Oslo: UiO Press.
——CLEGG, S. R., and PITSIS, T. (2009). "Becoming a practice," *Management Learning*, 40: 145–59.
BLACKMORE, S. J. (1999). *The Meme Machine*. Oxford: Oxford University Press.
BOROFSKY, R. (1994). "On the knowledge and knowing of cultural activities," in R. Borofsky (ed.), *Assessing Cultural Anthropology*. New York: McGraw Hill Inc.
BOWKER, G., and STAR, S. L. (1999). *Sorting Things Out: Classification and its Consequences*. Cambridge, MA: MIT Press.
BRUNSSON, N. (2002). *The Organization of Hypocrisy: Talk, Decisions and Actions in Organizations*. Stockholm: Abstrakt forlag AS.
CARLSEN, A. (2006). "Organizational becoming as dialogic imagination of practice: the case of the indomitable Gauls," *Organization Science*, 17/1: 132–49.
—— and PITSIS, T. S. (2008). "Projects for life: the narrative of positive organizational change," in S. R. Clegg and C. L. Cooper (eds.), *The Sage Handbook of Organizational Behavior*. Thousand Oaks, CA: Sage.
———— (2009). "Experiencing hope in organizational life," in *Exploring Positive Identities and Organizations: Building a Theoretical and Research Foundation*. New York: Psychology Press.
CARTER, C., CLEGG, S. R., and KORNBERGER, M. (2008). *A Very Short, Fairly Interesting and Reasonably Cheap Book about Studying Strategy*. London: Sage.
CHANDLER, A. D. (1962). *Strategy and Structure. Chapters in the History of the American Industrial Enterprise*. Cambridge, MA: MIT Press.
CHARUE-DUBOC, F., and MIDLER, C. (1998)."Beyond advanced project management: renewing engineering practices and organizations," in R. A. Lundin and C. Midler (eds.), *Projects as Arenas for Renewal and Learning Processes*. Boston: Kluwer.
CLEGG, S. R. (1975). *Power, Rule and Domination*. London: Routledge and Kegan Paul.
—— (1989). *Frameworks of Power*. London: Sage.
—— (1995)."Weber and Foucault: social theory for the study of organizations," *Organization*, 1/1: 149–78.
—— (2000). "Power and authority: resistance and legitimacy," in H. Goverde, P. G. Cerny, M. Haugaard, and H. Lentner (eds.), *Power in Contemporary Politics: Theories, Practice, Globalizations*. London: Sage, 77–92.
—— (2005). "Talking construction into being," Inaugural Address at the Vrije Universiteit of Amsterdam, September 15.
—— and BAUMLER, C. (forthcoming). "From iron cages to liquid modernity in organisation analysis," *Organization Studies*.

——Carter, C., and Kornberger, M. (2004). "Get up, I feel like being a strategy machine," *European Management Review*, 1/1: 21–8.

——Courpasson, D., and Phillips, N. (2006). *Power and Organizations*. Thousand Oaks, CA: Sage Foundations of Organization Science.

——Kornberger, M., and Pitsis, T. (2008). *Managing and Organizations*, 2nd edn. London: Sage.

—— —— —— (in press). *Managing and Organizations: An Introduction to Theory and Practice*, 3rd edn. London: Sage.

——Pitsis, T. S., Rura-Polley, T., and Marosszeky, M. (2002). "Governmentality matters: designing an alliance culture of inter-organizational collaboration for managing projects," *Organization Studies*, 23/3: 317–37.

Covaleski, M. A., Dirsmith, M. W., Heian, J. B., and Samuel, S. (1998). "The calculated and the avowed: techniques of discipline and struggle over identity in six big public accounting firms," *Administrative Science Quarterly*, 43/2: 293–327.

Dandekker, C. (1990). *Surveillance, Power and Modernity: Bureaucracy and Discipline from 1700 to the Present Day*. Cambridge: Cambridge University Press.

Dewey, J. (1934). *Art as Experience*. New York: The Berkeley Publishing Group.

Engstrom, Y., Puonti, A., and Seppanen, L. (2003). "Spatial and temporal expansion of the object as a challenge for reorganizing work," in D. Nicolini, S. Gherardi, and D. Yanow (eds.), *Knowing in Organizations: A Practice-Based Approach*. London: M. E. Sharpe.

Festinger, L. (1957). *A Theory of Cognitive Dissonance*. Stanford, CA: Stanford University Press.

Garfinkel, H. (1967). *Studies in Ethnomethodology*. Englewood Cliffs, NJ: Prentice Hall.

Gherardi, S. (1999). "Learning as problem-driven or learning in the face of mystery?," *Organization Studies*, 20/1: 101–23.

——and Nicolini, D. (2003). "To transfer is to transform: the circulation of safety knowledge," in D. Nicolini, S. Gherardi, and D. Yanow (eds.), *Knowing in Organizations: A Practice-Based Approach*. London: M. E. Sharpe.

Glasser, W. (1985). *Control Theory*. New York: HarperCollins.

Gomez, M.-L., Bouty, I., and Drucker-Godard, C. (2003). "Developing knowing in practice, behind the scene of haute cuisine," in D. Nicolini, S. Gherardi, and D. Yanow (eds.), *Knowing in Organizations: A Practice-Based Approach*. London: M. E. Sharpe.

Granovetter, M. (1985). "Economic action and social structure: the problem of embeddedness," *American Journal of Sociology*, 91/3: 481–510.

——(1992). "Problems of explanation in economic sociology," in N. Nohria and R. G. Eccles, *Networks and Organizations*. Boston: Harvard Business School Press.

Habermas, J. (1972). *Knowledge and Human Interests*. London: Heinemann.

Hardy, C., and Clegg, S. R. (1996). "Some dare call it power," in S. Clegg, C. Hardy, and W. Nord (eds.), *Handbook of Organization Studies*. London: Sage, 622–41.

Hobbes, T. (1651). *Leviathan*, ed. A. D. Lindsay. New York: Dutton, 1914.

Josserand, E., and Pitsis, T. S. (2007). "Inter-organizational collaborations and relationships," in S. R. Clegg and J. Bailey (eds.), *The International Encyclopaedia of Organization Studies*. New York: Sage.

Knights, D., and Vurdubakis, T. (1993) "Power, resistance and all that," in J. M. Jermier, D. Knights, and W. R. Nord (eds.) *Resistance and Power in Organizations*. London: Routledge, 167–98.

Kornberger, M., Clegg, S. R., and Rhodes, C. (2005). "Learning/becoming/organizing," *Organization*, 12/2: 147–67.

Lave, J., and Wenger, E. (1991). *Situated Learning: Legitimate Peripheral Participation*. Cambridge: Cambridge University Press.

Lundin, R. A., and Söderholm, A. (1998). "Conceptualizing a projectified society: discussion of an eco-institutional approach to a theory on temporary organizations," in R. A. Lundin and C. Midler (eds.), *Projects as Arenas for Renewal and Learning Processes*. Boston: Kluwer Academic Publishers, 13–24.

Macmillan, A. (2009). "Foucault and the examination: a reading of 'Truth and judicial forms'," *Journal of Power*, 2/1: 155–72.

Macneil, I. R. (1980). *The New Social Contract: An Inquiry into Modern Contractual Relations*. New Haven: Yale University Press.

Macneil, J. (1974). "The many futures of contracts," *Southern California Law Review*, 47/3: 691–816.

Marks, J. (2000). "Foucault, Franks, Gauls: il faut défendre la société: the 1976 lectures at the Collège de France," *Theory, Culture and Society*, 17/5: 127–47.

Mathiesen, T. (1997). "The viewer society: Michel Foucault's panopticon revisited," *Theoretical Criminology*, 1: 215–34.

Mintzberg, H. (1987). "The strategy concept I: Five Ps for strategy, and Strategy concept II: Another look at why organizations need strategies," *California Management Review*, 30/1: 11–32.

Mol, M., and Birkinshaw, J. (2008). *Giant Steps in Management: Innovations That Change the Way You Work*. Harlow: Pearson.

Munro, R. (2008). "Actor network theory," in S. R. Clegg and M. Haugaard (eds.), *Handbook of Power*. London: Sage (forthcoming).

Nicolini, D., Gherardi, S., and Yanow, D. (2003). "Introduction: toward a practice based view of knowing and learning in organizations," in D. Nicolini, S. Gherardi, and D. Yanow (eds.), *Knowing in Organizations: A Practice-Based Approach*. London: M. E. Sharpe.

Oakes, L. S., Townley, B., and Cooper, D. J. (1998). "Business planning as pedagogy: language and control in a changing institutional field," *Administrative Science Quarterly*, 43: 257–92.

Pettigrew, A. M. (1979). "On studying organizational culture," *Administrative Science Quarterly*, 24: 570–81.

—— (1985). *The Awakening Giant: Continuity and Change at ICI*. Oxford: Blackwell.

—— and Whipp, R. (1991). *Managing Change for Competitive Success*. Oxford: Blackwell.

Pitsis, T. S., Kornberger, M., and Clegg, S. R. (2004). "The art of managing relationships in inter-organizational collaboration," *Management*, 7/3: 47–67.

—— Clegg, S. R., Marosszeky, M., and Rura-Polley, T. (2003). "Constructing the Olympic dream: a future perfect strategy of project management," *Organization Science*, 14/5: 574–90.

Podolny, J. M., and Page, K. L. (1998). "Network forms of organization," *Annual Review of Sociology*, 24: 101–16.

Porter, M. E. (1980). *Competitive Positioning*. New York: The Free Press.

—— (1990). *The Competitive Advantage of Nations*. New York: Free Press.

—— (1996). "What Is Strategy?" *Harvard Business Review*, November–December.

Powell, W. W. (1990). "Neither market nor hierarchy: network forms of organization," *Research in Organizational Behavior*, 12: 295–336.

Rawls, J. (1971). *A Theory of Justice*. Cambridge, MA: Harvard University Press.

Riessman, C. K. (2002). "Narrative analysis," in A. M. Huberman and M. B. Miles (eds.), *The Qualitative Researcher's Companion*. Thousand Oaks, CA: Sage Publications, 217–70.

Schatzki, T. R. (2001). "Introduction: practice theory," in T. R. Schatzki, K. Knorr Cetina, and E. Von Savigny (eds.), *The Practice Turn in Contemporary Theory*. London: Routledge.

Schütz, A. (1967). *The Phenomenology of the Social World*, trans. G. Walsh and F. Lehnert. Evanston, IL: Northwestern University Press.

Sewell, G. (1998). "The discipline of teams: the control of team-based industrial work through electronic and peer surveillance," *Administrative Science Quarterly*, 43/2: 397–428.

—— and Wilkinson, B. (1992). "Someone to watch over me: surveillance, discipline, and the just in time labour process," *Sociology*, 26/2: 271–89.

Suchman, L. (2003). "Organization alignment: the case of bridge building," in D. Nicolini, S. Gherardi, and D. Yanow (eds.), *Knowing in Organizations: A Practice-Based Approach*. London: M. E. Sharpe.

Tsoukas, H., and Chia, R. (2002). "On organizational becoming: rethinking organizational change," *Organization Science*, 13/5: 567–82.

Uzzi, B. (1996). "The sources and consequences of embeddedness for the economic performance of organizations: the network effect," *American Sociological Review*, 61/9: 674–98.

van Marrewijk, A., Clegg, S. R., Pitsis, T., and Veenswijk, M. (2008). "Managing public–private megaprojects: paradoxes, complexity and project design," *International Journal of Project Management*, 26: 591–600.

Weeks, J. (2004). *Unpopular Culture: The Ritual of Complaint in a British Bank*. Chicago: University of Chicago Press.

Weick, K. E. (1995). *Sensemaking*. Thousand Oaks, CA: Sage.

Wenger, E. (1998). *Communities of Practice: Learning, Meaning, and Identity*. Cambridge: Cambridge University Press.

Westley, F., and Vredenburg, H. (1991). "Strategic bridging: the collaboration between environmentalists and business in the marketing of green products," *Journal of Applied Behavioral Science*, 27/1: 65–90.

Williamson, O. E. (1975). *Markets and Hierarchies: Analysis and Antitrust Implications: A Study in the Economics of Internal Organization*. New York: Free Press.

—— (1979). "Transaction cost economics: the governance of contractual relations," *Journal of Law and Economics*, 22/October: 233–61.

—— (1985). *The Economic Institutions of Capitalism*. New York: Free Press.

—— (1991). "Comparative economic organizations: the analysis of discrete structural alternatives," *Administrative Science Quarterly*, 36/June: 269–96.

—— (2000). "The new institutional economics: taking stock, looking ahead," *Journal of Economic Literature*, 38/3: 595–613.

—— (2002a). "The lens of contract: private ordering," *American Economic Review*, 92/May: 438–43.

—— (2002b). "The theory of the firm as governance structure: from choice to contract," *Journal of Economic Perspective*, 16/Summer: 171–95.

—— (2003). "Examining economic organization through the lens of contract," *Industrial and Corporate Change*, 12/4: 917–42.

Wittgenstein, L. (1953). *Philosophical Investigations*. Oxford: Blackwell.

Yanow, D. (2003). "Seeing organizational learning, a 'cultural' view," in D. Nicolini, S. Gherardi, and D. Yanow (eds.), *Knowing in Organizations: A Practice-Based Approach*. London: M. E. Sharpe.

第 18 章 关系型合同中的信任:组织的关键特征

Nuno Gil　Jeffrey Pinto　Hedley Smyth

18.1 引言

近年来,项目管理领域的研究非常关注关系型合同问题和信任问题。虽然这两个现象在本质上存在着明显和重要的差异,但它们的核心假定都强调对组织间关系(如合伙)的重新评价,而组织间关系在现代项目中是非常普遍的。合作的动因多种多样,超出了本章讨论的范围,然而,随着各种项目组织对关系型合同本质的持续探索,对于组织间合作动态及其自然引申出的信任问题的理解是非常重要的,尤其从项目治理机制和项目内部合作关系角度看待时更是如此。

将信任作为项目利益相关者管理和驱动项目成功的重要因素进行论述的文献不断增多(参见 Kadefors,2004)。在此,信任被定义为"在合同或社会责任的约束下,在可能的合作情境中,对于其他参与者行为的信赖倾向或意愿"(Edkins and Smyth,2006:84)。因此,这其中包含了一种确信,即其他人的行为也会达到一定的期望标准,由于期望标准是可反复查看的,因此脆弱性的可能性很小。这与 Rousseau et al. (1998:395)对信任的定义稍有差异,后者将信任定义为愿意保持脆弱的程度,也就是"由对脆弱性的接受程度而形成的一种心理状态,这是基于对他人意向和行为的积极假设形成的"(当实际行为无法达到期望的范围时,就会产生不信任)。

以下观念是对信任开展研究和理论讨论的基础:项目中企业间的关系管理能够从关系建立中获得价值,而不是像在传统合同关系中,力图全面识别和确认合同要求的服务和义务,以在面对不信任时建立起安全网。这并不意味着合同在本质上是错的,但其建立和实施的过程过于严格,也会在项目过程中导致低效率。在项目合作中提倡信任和积极的关系的显著优势在于能够解决监管和控制中的交易成本问题,并使得工作关系更高效(见本书第17章,Clegg et al.)。

然而,这样的以信任为基础的观点面临着严峻挑战,它将历史的、西方的、组织间的商务关系从标准化的、义务关系的合同引向关系型合同,关系型合同所侧重的虽更为积极,却显得有些天真。大体上,其中的挑战是:如何更好地理解项目合作伙伴关系作为关系型合同和信任的一项功能的本质,以及在这一情况下,我们应该如何提升项目中的企业间关系?信任关系的建立能否为项目组织带来竞争优势或运营优势?在商务环境中,实践者密切关注项目的任何要求,并严格执行相关要求以作为建立信任的方法。但合同不应该妨碍合同双方建立互信。我们假定,各参与者都能够持续地了解其他人的与合同相关的行为。随着时间建立起来的可信赖性,为另一方行为的期望提供了基础,该行为可以以迭代的方式对抗展开的现实。当然,关键在于理解加强企业间关系所带来的好处,以及寻求一种允许这种关系增强的信任。

本章将从理论和实践的角度讨论以下问题。广义上的信任和关系型合同作为一种实践中的现象,是项目型组织中的关键概念。这在建筑工程行业尤为突出,其中广泛存在着多重的承包商、子承包商、客户和其他利益相关者之间的长期对抗性关系。因此,我们的目标是发展信任作为关键组织要素的角色,并探索信任的一种实践(关系型合同)如何在引导经常处于冲突状态的利益相关者关系中发挥重要作用。

首先,我们希望通过对最近的一个大型项目的研究更好地理解关系型合同,即伦敦希思罗机场第五航站楼(T5)设计和建设项目这一高度成功的项目。参与项目的所有顶级咨询公司和承包商都与私人开发商及项目客户,英国机场管理局(British Airports Authority,BAA)建立起了一种独特的合同关系。这个案例会说明:第一,订立真正的关系型合同(依据理论定义)并非一件轻松的工作;第二,关系型合同的执行中并非完全没有冲突发生,但各参与者相互适应和调整;第三,作为一种通用的商业战略,关系型合同对于大型工程项目中的简单交易而言可能是小题大做。忽视这些似乎对合同有效性的认知有决定性影响,反过来这将会阻碍关系型合同战略在项目中的持续性。

接下来,在这些调查的基础上,我们可以更详尽地回答针对项目组织间关系的研究所提出的关键问题。我们将讨论信任是否能够成为不同组织成员之间可证明的、重复的互动和行为的结果,而不仅仅是项目中恰好产生的结果,或是对合同关系的一种适应。信任的建立要求参与各方对信任有合理的定义和实际的理解(例如"我们信任你们能达成什么?如何表现我们对你们的信任?"),这对我们理解身边的现象非常关键。在强调组织间关系发展重要性的研究中,这些议题对构建一系列研究问题非常重要。为论证观点,我们在定义上对传统的自利型信任观点和社会导向型信任观点进行区分,作为一种外部视角,后者可以通过自我反省和关系评估来管理错位信任的风险。特别地,我们认为项目合作中的组织能够超越 Rousseau et al.(1998)提出的"计算型信任"(通过自身利益或经济激励来衡量),进而做出真正提升积极和持久关系的商业价值的行为。

18.2 关系型合同、企业间合作和互信

合同理论

合同理论的基本假设基于西方法律哲学对于合同的界定,后者认为合同是企业间关系的必要中介。合同关注合作的社会行为,即各方愿意并且能够与其他人共同工作(Macneil,1980)。这意味着需要在未来履行特定义务。相关行动涉及的风险越大,订立合同越有必要(Macneil,1987)。该理论同时承认,合同是由参与经济交换的各方以及社会和法律共同制定的。所有合同都包含关系因素,因为所有经济交易都发生在关系情境中(Macneil,2001),因此信任是公平交易的基础(Smyth, Gustafsson, and Ganskau,2010;Gustafsson et al.,2010)。

一个极端是分离的、完全古典的合同(Macneil,1987)。其中详细规定了工作角色和责任,明确绩效监管过程并对违抗进行惩罚,主要确认结果或产出的交付(Poppo and Zenger,2002)。交易成本理论认为,它们适用于人际互动较少的短期交易。从概念上来看,完整的合同要求最低限度或基本的信任,并带来高的信度,此处的信度是一种概率上的表达(Smyth,2008)。

另一个极端是关系型或联系紧密的合同,意味着个人关系和经济交易是密切相关的(Macneil,1987;参见 Eccles,1981)。关系型合同的概念化依赖于社会系统和规范,这些将会促进合作,例如雇佣关系或垂直整合企业中各子公司间的协议(Williamson,1985)。因此,关系型合同与国内市场类似(参见 Campbell,1995)。这假定参与者愿意为促进合作、建立长期关系和相互依赖而放弃对抗性的合同关系,并强调基于信任而非价格或权力的治理。如此一来,无论是通过合伙非正式地约定意向的形式,还是通过供应链联盟的书面形式,关系型合同都旨在建立信任。事实上,理论认为关系型合同适用于重复交易,并允许后期进行调整。从技术上说,关系型合同建立在以下认识之上:合同是一种促进产出的灵活框架,包括开放式的有时甚至模糊的条款,其中一些条款在实施中带有不确定性(Llewellyn,1931)。从概念上说,信任不仅是关系型合同治理的重要因素,也是解决不完整性问题的基础。

大型工程项目的情境非常适合研究关系型合同的实施和效果,以及其能够在何种

程度上促进企业间合作和信任。在这些项目中,由于项目要求带有不确定性和模糊性,很多客户和不同供应商之间的合同都是不完整的,长期的项目时间跨度加剧了这一问题。更进一步说,供应链的碎片化会使得信息沟通和决策制定出现问题,使得设计和建设者之间产生误解以及给计划和控制带来困难(Stinchombe and Heimer,1985)。

以下部分将讨论 T5 项目中对关系型合同采用的特定动机、T5 项目中对于这一概念的具体实施以及最后的执行结果。

T5 协议的案例:实现了一半的关系型合同?

T5 项目初期,希思罗机场投入 42 亿欧元(2005 年价格),尝试模仿日本式的大型工程项目关系,这可以追溯到具有国际影响力的报告 *Rethinking Construction*(1998),该研究由英国政府委托,由 John Egan 爵士、BAA 当时的 CEO 以及 Jaguar 的前任 CEO 协同进行,其中 Jaguar 是一家汽车制造企业。该报告倡导客户放弃短期的供应商竞标,而建立长期的合作关系,通过信任、绩效评估和持续提升的激励维持关系。这一建议建立在对 Toyota 和其供应商的合作关系的研究基础上。这些研究强调互信是反复的市场互动中所体现出的可靠性以及相互需要的共享知识所带来的结果(Womack, Jones, and Roos, 1990;Wheelwright and Clark,1992)。这一建议同样受到对西方企业(如 Chrysler)的研究影响,这些研究指出这些实践是可转移的,并不受文化限制(Liker et al.,1996)。

本章这一部分建立在 2004—2007 年的一项深入的田野调查基础上,调查由一个研究协会支持(详见 Gil,2009)。我们的分析关注于 T5 项目中重点检验的一个命题——T5 协议能够促进 BAA 与其一级供应商(建筑建设者、工程咨询人员、承包商和制造商)之间的合作。BAA 假定该合同为关系型合同,以下讨论中采纳这样的假定(Gil,2009)。

在 1993 年提交计划申请之后,BAA 在 2001 年获得批准。BAA 紧接着进行方案设计和施工(即细节设计、制造和建设),T5 在 2008 年 3 月投入使用。这是希思罗机场一个大型资本项目集的第一个里程碑,这一项目集还包括在 2012 年左右在 T5 完成第二个卫星厅的建设,并在 2015 年左右以新的航站楼替代第一航站楼和第二航站楼。

BAA 资本项目战略的核心是,提高供应商的效率并为客户创造价值。但因为最初概念设计中的某些假设在 2002 年进行方案设计时已不再适用,要完成 T5 项目的目标并不容易。BAA 同样清楚,航空和机场行业是不稳定的,随着项目开展,T5 的主要客户和使用者(如 British Airways、BAA retail、Home Office)会提出变更要求:

> 在 4—5 年的时间里建设价值 40 亿欧元的基础设施而不进行修改和调整是不可能的。因此,我们需要对变化进行管理以最小化变动。我们不可能一

次成功。变化是生活的一部分。(T5 项目律师)

BAA 相信唯有通过关系型合同才能获得客户-供应商的密切合作以及对变化做出反应的灵活性。标准合同开始鼓励客户采纳一种关系导向的方法。例如,首次出版于 1993 年的 The New Engineering and Construction(2005)介绍了"信任""一起工作"和"合作计划"等概念。在 1995 年,BP 凭借其关系型合同战略——Andrew 设施联盟项目中的"Alliancing"战略——获得了"产业创新奖"(Knott,1996)。但有关合同能否在大型工程项目中带来更好产出的综合研究仍然是匮乏的。

T5 协议中的合同术语和条款

BAA 认为,关系型合同战略是激励 T5 项目供应商实现"超额"绩效的基础。因此,T5 协议——BAA 所谓的"正确建立关系的绝对基础"——的目的是激励"防止错误从一开始就发生的、积极的问题解决行为"。它的理念是创造这样一个环境:"对风险敞口的担忧、对资本成本的不均衡关注、最低成本和阻碍变革的层层实践使人们的态度和角色发生了偏差,这是不可接受的"(T5 Handbook)。T5 项目的律师解释说:

> 我们不能让供应商负担全部风险,压低价格,并且抱怨成本超出预期。这在本质上是不诚实的,是盲目追求经济目的的。我们的方法是:可以通过减少内部浪费而间接降低价格,并使得供应商也能和我们一样获得合理回报。

T5 协议倡导整合的团队以关注原因而不是轻微的问题(BAA T5 情况说明书,引用于 Potts,2008);对于供应商,则提倡在保持适应性设计变动的灵活性前提下,降低生产成本。向供应商付酬的原则是可补偿的时间和原材料成本加上谈妥的利润部分。T5 项目的合同经理对其中的逻辑进行了解释:

> 支付时薪允许我们更灵活地使用资源并快速推进工作……针对未来可预见的任务,我们为供应商提供一定的利润回报,但他们不会承担任何低效率或超支所导致的风险。供应商可能不会从我们这里获得最高的回报,但他们不会有任何损失。

T5 项目的供应商需要向 BAA 证明成本是由合理原因导致的。BAA 保留审查和审计供应商的账目、员工和劳动力工资、采购总账系统、批量折扣、可追溯折扣、提前付款折扣和现金流量表的所有权利。T5 商业政策中包含着关于供应商利润构成的三项合同细节(Gil,2008):

- 限定利润。政策中说明,T5 供应商的利润是按议定的总价计算的,而非按商定工作范围内的资源预估计算。供应商能够通过降低成本来获得更高的边际利润。反之,如果实际工作所需的资源超出预估,边际利润下降。

- 激励计划。BAA 同意与供应商分享"超额绩效"所带来的收益。这些收益通过最低目标成本和实际工作成本的差额计算。目标成本的设定已经过参与 T5 项目设计和施工的供应商的一致同意。这些目标旨在反映不考虑折让和固有建设风险情境的基准、标准和规范。

- 变更补偿。BAA 主要设定了两类设计变更要求,其中一类会影响供应商的边际利润。从 T5 协议的角度看,BAA 称为"设计改进"的变更并不改变设计范围,因此 BAA 不据此修正限定利润,供应商要承担由此带来的工作和成本,导致利润下降。相反地,BAA 认定为"例外"的事项都超出了项目范围,在这样的情况下,BAA 将修正限定利润,而不影响供应商的目标:边际利润。在认定设计改进或项目范围变更之前,BAA 会和供应商进行商讨。

18.3 分析

BAA 管理者认为"市场上没有比 T5 协议更好的交易",但田野研究反复发现与该战略执行相关的冲突。研究发现,对这些紧张局势的偶然性的管理不足将妨碍供应商合作,这在本质上与合同的目的相违背。在 BAA 的回应中,倾向于将其中遇到的困难归因于文化问题,一位项目主管认为:"我们面临的最大挑战是教育供应商并与他们一起工作以帮助他们了解全局。"确实,关于整合买卖双方的系统和文化以促进合作和获得关系租金的研究强调,文化和组织的整体变化都需要很长的时间和很高的承诺投入(Dyer and Nobeoka,2000)。但是,田野研究也发现了有效执行 T5 协议所面临的两项重要挑战。

第一,一些 T5 协议中商业政策的术语和条款使得它倾向于古典合同而不是关系型合同。例如,限定利润机制和成本目标大体上重构了价格治理机制。这要求供应商信任自身的成本评估能力以及 BAA 对于现实目标表示同意的意愿。信心的产生依赖于基准、衡量标准、内容规范的准确度和公平性。变更补偿机制要求供应商相信 BAA 在界定设计改进和范围变更的谈判中会合理行动,并且市场力量也不会被用来实现不合理的结果。类似地,BAA 要求供应商在谈判中的行动具备合理性和现实性,而不是机会主义和对抗性的。因此,更适合将 T5 协议定位为与混合型的经济法律理论相关:在意图和目标上它绝对是关系导向的,但同时在商业政策的术语和条款中整合了(新)古典的合同特征。

第二,BAA 实施 T5 协议的实际方法既包括其关系特质也包括其商业政策,这影响了合同对企业间合作的激励作用,一位项目主管说:"写出概念、推销概念都简单,但要实际执行就很难。"深入的分析发现存在五个影响执行有效性的要素(Gil,2009)。

1. 供应商希望获得名誉回报

名誉是关系型合同的必要组成部分。名誉部分是由基于过往行为和绩效的信任所体现。有趣的是,研究发现,T5协议对合作的激励作用受制于供应商在何种程度上希望从项目参与中获得名誉回报。一部分T5供应商的战略是希望在全球的机场项目中建立品牌。对他们而言,好的名声是重要的。一部分供应商希望扩张国内业务。参与T5项目可以作为成功的跳板,好的名声也同样重要。但是对于其他企业来说,T5项目的工作只占年度营业额的一小部分,战略重要性很低。对它们而言,其名誉不依赖于T5项目的绩效,这意味着关系名誉的影响力弱,因此信任和信心对其他市场并不重要。

2. 供应商的生产过程具备灵活性

采用关系型合同的核心动因之一是鼓励项目供应商灵活响应客户驱动的设计或建设程序的变更要求。然而,研究发现T5协议的有效性受到供应商生产过程的灵活性的影响。工程设计和建设咨询本身具备适应变更的灵活性。当BAA提出要求时,也很少发生冲突(Gil,2009)。相反地,一些建筑零部件的制造商并不欢迎设计改进。现场的咨询团队相对于其总部办公室具有自治权,但现场的制造商团队需要和他们的工厂协调生产时间表。因为工厂同时为几个项目无差别地安排生产,现场团队的经理需要提前几个月订货,以最大化固定资产利用率。供应商认为不可能完全补偿因要求变更而打乱生产所带来的成本,因为难以将此与常规生产成本区分开来。

田野调查还指出,一部分供应商对变更的抵制部分源自BAA的限定利润策略。因此,临近末期的变动使得供应商获得预计边际利润的可能性下降,除非BAA调整总额最大值以补偿额外工作。但鉴于合同假设供应商具备适应设计改进的灵活性,除非认定这一变更改变了工作范围,否则BAA不会这么做。

随着时间的推移,BAA认识到T5协议并不自动减缓与供应商的商业冲突,对于T5协议能够在这方面达到预期的信心下降。一些对抗性的行为开始出现。BAA员工需要了解如何理解和管理新的问题,而供应商员工既需要适应关系准则,又需要为不利状况寻找和协商解决方法。虽然信任和信赖发挥重要作用,但价格也非常重要,并影响企业间关系。

3. 客户和供应商需要为工作安排合适的员工

研究发现,T5项目供应商所负担的有限财务风险并不足以满足部分供应商员工追求更高回报的意向。有证据表明,这样预期差异可能会带来两种反馈,并将妨碍合作。有时候,供应商管理者同意了T5的协议,但发现很难为这一项目安排最有能力的经理,因为他们并不为BAA提出的"可观利润"所动。相对而言,他们偏好那些通过竞标获得固定报酬的项目,这样他们可以通过利用自身技能提高工作效率,从而获得更多回报。或者,供应商可以为这个项目任命有能力的经理,但如果他们因为习惯于在对抗性的环境中工作,而无法把握 T5 协议的要求,就会失败。在这两种情况下,"投机取巧"行为都回到了以价格为基础的谈判,其结果是在有争议的问题和任务之外削弱了信任和信心。

这些发现说明,关系型合同并不自动带来信任,而需要参与的个体负起责任,但并非所有人都适应合作的环境。客户和供应商都需要确保员工适应和支持关系导向的文化。他们应该替换不能接受这样观念模式的人。同时,不能寄希望于入职时的关系型合同工作坊能够快速改变人们的行为,特别是当企业间信任并不是企业的核心竞争力时,我们之后会继续论证这一点。

4. 客户基于供应商反馈而订立合同

制订合同是逐步的、局部的过程,很少考虑特别长远的事情,通常需要持续很长时间(Mayer and Argyres,2004)。这要求组织整合来自不同群体的知识(以及由此所带来的不同种类的合同术语),以完成不同类型的合同条款。因此,项目客户难以一次性地完成所有业务细节。相反地,在项目过程中,事后的对合同进行理解和适应的能力是非常必要的。学习的价值是很明显的,例如 BAA 和供应商实施奖励供应商的超额绩效政策的过程,这允许供应商在实际成本低于目标成本时能够获得财务报酬。但这一政策对实际工作的激励作用依赖于其能否满足供应商的两个担忧:一方面,BAA 是否计划在供应商完成工作之后马上给予激励;另一方面,供应商是否认为成本目标契合实际。通过试错,BAA 和供应商一同修订激励框架,直到获得双方都满意的计划。这需要双方之间的信任和信赖,并且看起来非常有效。

5. 客户根据供应商的能力调整工作实践以控制和提升绩效

BAA 决定,T5 协议适用于所有规模的一级供应商,但在小型一级供应商的实施上遇到了一些挑战。对这些公司而言,项目参与无疑非常重要——"这些项目可不是每天都能碰上的!"一个主管说。然而,小型供应商通常不具备完善的组织结构和流程以完成绩效细节报告和成本数据报告的要求。在 T5,BAA 建设总监将"永远不能让供应商在可得到补偿的环境中感到完全的舒适"的行为定义为"警惕型信任"。他认为有必要认真审查供应商是如何计划工作、发生成本,以及持续地寻找达到目标和提升绩效的方法的。然而,小型企业通常无法达到 BAA 这方面的预期。BAA 还发现,在项目前期很难取得咨询师在信息提供方面的合作,因为后者比承包商更不适应绩效监管和持续改进的文化。合作的缺乏使得 BAA 感到沮丧,这使得其需要花费开支以雇佣新员工来对成本进行监控并保证资金获得最大价值的利用。小公司发现交易成本是个问题,而咨询师认为问责制度是对专业行为的挑战。

18.4 T5协议讨论：意图和实践

本研究主要得出三点见解。第一，研究结果认为，以雇佣合同为比较基准，该合同并非如BAA或其他评论者所说的那么关系型导向。信任和信心确实得到体现，但一些要素仍然是价格和权力导向的。不过，T5协议中的半关系型合同战略使得客户和供应商之间的合作成为可能。特别地，T5协议为BAA提供了在资源利用以适应项目变动方面的灵活性和透明度，反过来，这使很多以提高过程可靠性为目标的项目制生产实践得以实现（Gil, 2009），展现出合同和项目管理实践的共生关系。总的来说，当双方雇员适应于关系型环境并能够合理理解合同时，T5协议的执行是有效的。

第二，在企业间高度合作的情况下，BAA仍对供应商绩效进行监控，并将此称为"警惕型信任"。这种情况并不少见，这是因为当信任、名誉和连续性等社会保护为不确定性的管理提供帮助时，还是无法在可行方案、可变因素和因果关系都高度模糊的情况下有效防止机会主义行为（Daft and Lengel, 1986; Carson, Madhok, and Wu, 2006）。模糊性使得机会主义行为增加而被发现的可能性下降，尤其是在个体层面。然而，采用"警惕型信任"并非微不足道。在T5，由于无法针对小型供应商的能力和咨询师的专业行为模式调整"警惕型信任"，使得双方互信被损害。可以说，在这样的情况下，更高的信任级别能带来更多益处。然而，这可能超出T5协议这样的半关系型合同甚至关系型合同的范畴。

第三，研究结果表明，将T5协议的执行定位在适用于所有一级供应商这样一个极端情况，BAA破坏了这个半关系型合同在整个资本项目中的可持续性。得益于T5协议，如几年之前宣布的那样，T5在2008年3月27日按时投入使用，开支在预算之内。但一些最高层管理者并没有将设计和建设的成功归因于合同。很多人认为，排他性的协议无法向供应商施加压力，因此导致T5项目成本和项目管理的"松散"以及一些供应商的自满。我们推测，这是BAA在2008年1月的公告中提出将为后续项目进行竞标的原因。

当然，如果2008年不发生经济衰退，我们并不清楚BAA会否放弃关系型合同战略——衰退发生在BAA被以高杠杆收购后不久。因为供应商接到的订单突然少了，新的最高层管理团队发现通过竞标能获得更好的交易机会（更低的资本成本），也就是说，商业状况变成了买方市场。并且，BAA可能可以通过更早地确定项目设计而减少对供应商灵活性的要求。不过我们应该记着，机场项目需要适应不稳定和快速变化的航空行业，接近末期的变动无法避免。反过来，这意味着如果BAA坚持在不确定的情况下于资本项目中使用固定价格合同，将导致没有必要的冲突、合作缺乏以及企业间不信任增加等问题。

有趣的是,其他企业也做出了和BAA类似的决定。例如,BP同样在Andrew项目后放弃了类似的关系型合同战略,一部分原因在于后续项目(ETAP)中出现的问题,但主要原因是由BP刚刚收购的Amoco带来了缺少同情心的新文化。在两个案例中,董事会做出采用关系型合同的决策都引起了两种反应:一方认为这是完成大型工程项目的重要因素,另一方认为这样达成目标的方法成本太高。问题在于如何能够将固定价格和补偿合同有效整合到总体项目的合同战略中,以适应于交易本质、供应商能力、经济周期和组织环境,这显然具有深入研究的价值。

18.5 信任:一个关键属性

从信任的角度看,尽管T5协议在概念上鼓励供应商的信任行为,而BAA的初衷在于增加信度,尤其是针对以价格为基础的治理。这与对交易成本理论中"计算型信任"的批评是一致的(Williamson,1993;参照Luhmann,1988),其更接近于基于概率的信度而不是信任基础上的感知或信念(Edkins and Smyth,2006;Smyth,2008;Gustafsson et al.,2010)。这同样为在更大的范围内讨论信任作为组织的一个关键属性的作用打下基础。

T5项目中的实证结果体现了通过治理协议(一种推定的)关系型合同的执行来产生信任的优势和不足。它说明了发展以信任为基础的关系的复杂性和所面临的挑战,特别是即使做好"最佳规划",困难和组织阻碍仍将继续存在。同时,研究发现关系型合同所需的信任能够从组织信任中获得支持。这引出了一个有趣的研究问题:企业会在什么情况下通过什么方式选择将信任作为一个核心要素,而不选择传统的企业间的对抗关系?在接下来的部分,我们从未来研究问题的角度讨论这一问题,包括信任能否(甚至是否应该)作为一项竞争力工具。

为了更深入地发展信任,企业需要将其作为企业文化,并贯彻于组织系统和流程。通过持续承诺,信任最终成为根植于并遍布于企业的一项关键属性(Prahalad and Hamel,1990),并能在不同项目中调用以进行价值创造或价值共创(Prahalad and Ramaswamy,2004)。这看起来是客户和供应商强调对非对抗性关系的重视的一种合理逻辑。研究发现,特别是从供应商的角度看,以超过300个项目的财务状况为研究基础,信任导向的关系对组织的供应商的财务收益有正面影响,而且项目能够促进重复交易和利润提升(Gustafsson et al.,2010)。

18.6 信任的来源

在项目商务环境中,对信任的关注是双重的——个人和组织。人有信任的意向,并且组织长久以来都关注信任。个人的历史及其对过去事情的理解影响着他信任或防御他人的意愿。这主要是与心理相关的,并和我们的安全及身份认知密切相关。组织历史促进文化、系统和流程的形成,并通过两种路径带来依赖:将信任从组织内部调动并扩展到市场中的能力;个人和组织在市场中的可信赖程度的声誉,这部分反映出他们的过往对其他个体或组织有信号作用。

在检验T5案例中的信任关系及其对关系型合同的使用时,阐明这一概念的一种模型由Lewicki and Bunker(1996)提出,他们认为,信任是一系列的渐进步骤。依据他们的概念,信任经过一系列的步骤产生,并且纵向关系上的每一步都建立在不同的心智模式之上。因此,在初级信任中,Lewicki和Bunker认为企业之间建立的是"基于威慑的信任",这主要是认知性的,因此与可信任的证据密切相关,可以从由对对方的直觉或习惯性评估所产生的信任感中看出。以威慑为基础的信度可以指向可被信任的参与者,他们为了避免违规处罚而遵守承诺。这其中隐含的信任表明,组织建立和发展关系的初衷是避免或防止违背承诺所导致的惩罚。传统合同中的术语和条款,包括处罚规定,代表着一类企业希望避免的威慑,因此企业希望与其他参与者建立关系以保持类似的得到公认的条件。

正如我们所说,关系型合同希望超越负面行为强化的意识,并且转变为更合作的、相互依赖的状态。Lewicki和Bunker所界定的下一层级是"基于了解的信任",这同样主要是认知性的,基于行为证据,它使得参与者对关系有所把握,也就是对彼此的行为了解足够充分,因此行为在一定程度上是可预估的。事实上,关系型合同的观点暗示着在实践中通过类似于信赖的交易"信任"来进行治理的意愿,因此对于其他参与者的了解非常必要,而且这些参与者明确表达自身真正的关注和动因的意愿也很重要。

最后,最高级别的信任是"基于认同的信任",这大体上是直觉性的,因此是真正基于信任而非信心的。这表现为一方通过对其他参与者的观点表示理解而完全内化他人的偏好和行动。因为能够认识到信心和信任是自然发生的现象,并需要长时间的培养,这个模型非常有用。关系型合同是促进基于"计算型信任"或信心的关系发展的机制,它能够有效反映这一治理形式,但必须认识到,它只是一种铺垫的方法。由于二者之间存在明显的联系,潜在的信任能够促进信心的产生,但这里并没有必然的因果联系,信心也可以由其他因素产生,例如及时的信息。由信任及其他因素带来的信心反过来促进关系中信任的发展。随着各参与者逐渐适应对方并建立以认同为基础的信任,之后的行为和态度需要根据长期关系的要求进化。

信任是可以培养的(Baier,1994),由文化、系统和流程所支持的战略和战术可以被利用来创造信任。这显然不仅发生在组织之间(本章的重点),同样也发生在组织内的合作中。换句话说，信任作为一种属性，可以在组织之间作为组织内催人奋进的承诺的分支出现，用以改变组织文化、奖励制度和经营理念，进而促进这种信任和信心。当个人和组织抱有信任的意向时，各方就会回顾历史以为现状提供参考。追溯得越早，越倾向于在未来形成信任的意向。因此，信任倾向的来源是以过去的经验和组织能力为基础的，市场的其他参与者将其理解为声誉或商誉——企业或项目组织的社会资本的一部分（Gustafsson et al.，2010）。

这种信任的形成体现在图18.1的第一阶段，涵盖供应商视角下的个体、企业和项目的信任意向。客户依此对集体的可信程度做出高度直觉性的评估。对个人的直觉评价也将借鉴对组织项目记录和组织行为的企业声誉的认知。如果在关系生命周期早期就有可信程度的证据，那么认知和信心就会增强，信任就有可能发展到新的级别。

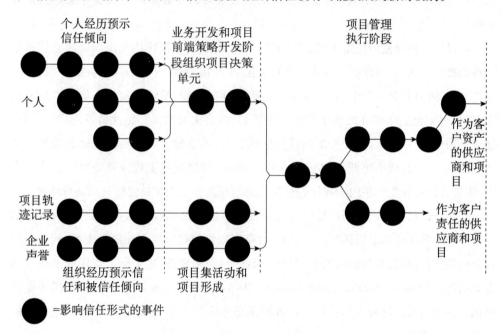

图18.1 项目业务中信任的形成
资料来源：根据 Smyth et al.（2010）和 Gustafsson et al.（2010）整理而得。

18.7 在项目管理中调动社会导向型信任

正如图18.1最后一列所展示的那样，项目早期阶段对于设定特定项目执行阶段的行为和关系场景非常重要。在服务具有连续性和一致性的前提下，企业在创造良好的信任条件方面的投资提供了在前端建立信任、并随后将其带到项目执行阶段的手段。人员的持续性很重要，可以通过重要客户管理和有效的团队工作交接实现（McDonald，

Millman, and Rogers, 1997; Kempeners and van der Hart, 1999)。尽管如此，以上内容回避了一个关键问题：信任既是一种组织的关键属性，又（多半）是一种竞争优势。也就是说，关系型合同和 T5 项目经验对利用组织信任有什么启示？在这基础上有什么重要问题需要回答？或者说，在支持一个关于信任发展的规范模型之前，对一些重要的但在一定程度上未得到回答的信任属性进行分析非常重要。

T5 项目中关系型合同所创造的情境为研究组织间信任的演进路径和稳定性提供了有趣的观点。正如我们所说，从 T5 历史中得出的共有主题之一是关系型合同并不必然导致互信。事实上，建立互信还需要根据合同中描述的原则强化并评估最重要参与者的行为和态度。因此，关于信任和关系型合同，部分重要问题如下。

1. 是否有证据显示信任建立对公司的项目管理运作和最终的收益底线具有积极影响？

可以从一种规范的视角认识信任的建立，也就是说，在组织内和组织间建立信任是一种积极的发展，将在组织内提升运营和文化/工作满意度，并在组织间促进积极交易。显然，这一观点是具有吸引力的，然而需要批判性的检验，尽管可以认为信任本身就是重要的，但如果它能够在市场中带来竞争优势，将会更有意义。也就是说，需要证明相比于采用侵略性的、限制性的、惩罚性合同的企业，着重建立以信任为基础的关系的企业更为成功、交易成本更低、"供应商-组织-客户"的供应链更稳定且更持续。简单来说，需要将信任作为一种组织属性的长期优势的规范性观点和描述性观点进行结合。

在初步的研究中已经开始建立起与信任投资的效能和收益相关的数据库，其中信任被视为一种重要的组织属性。事实上，对跨国项目的探索性实证研究表明，当社会导向的信任度提高时，项目价值增长，且供应商的利润率增高，这突出了信任对于项目制企业的价值（Smyth, Gustafsson, and Ganskau, 2010; Gustafsson et al., 2010）。但需要更严格的实证分析来向研究者和项目执行者提供更令人信服的证据，以证明以信任为基础的关系所带来的基本收益。

2. 基于项目的信任关系如何在实际中演进？

在什么样的情境下会产生信任？一旦引入企业间项目关系，信任的发展和演进是否有清晰区分的阶段？如 Rousseau et al. (1998) 及 Lewicki and Bunker(1996) 等人的早期理论认为，关系发展的基础是不同的动机（恐惧处罚、自身利益、对对方的了解等）。T5 项目等案例可以作为实证检验这些不同理论的工具。更进一步的问题是确定所维持信任和信心的程度，也就是在总体的和特定情境下的信任和信心程度如何，尤其是在面对可能的违规行为时。研究者认为信任和信心并不是单一的状态，而是多个不同度量的维度相互作用的综合结果，因此应进一步研究企业对信任和信心的正常状态（或陷入盲目信任和自信的状态)的影响,而非伙伴企业行为的影响。在 T5 案例中,当关系型合同的参与者违背它的准则时,是会受到强大的强化关系的压力还是仅仅恢复到标准的对抗性关系?

3. T5 的经验对于发展信任这一关键属性有哪些启示?

很明显,关系型合同创造了积极的氛围,促进了信心的产生并培养了部分信任。这引出了一个问题:关系型合同或其他形式的"基础性准备"对企业间信任的创造有多重要? 逻辑推导会认为,为了支持和鼓励信心和信任发展需要达到一定的条件,因此,需要弄清楚:(正式或非正式的)关系型合同是不是发展信任的必要但不充分的先决条件? 在 T5 项目中,似乎就是这样——这不是说信任总是依赖于关系型合同,或否认 T5 的成功。尽管如此,在企业间项目环境中,认清信任条件的性质是基础性的问题。T5 项目同样反映出信心的力量,其绝大部分源自关系中的信任,但因果关系还有待论证。

4. 企业内部的信任发展活动和企业间的信任发展活动之间有何关联?

在定义中,要将信任发展成为一项组织核心属性,就必须首先在组织内得到鼓励,这样我们才有理由相信员工会将此使用到跨企业情境中。创造信任的文化要求管理者和员工共同的高度投入,组织内的奖励机制、运营流程甚至结构要素都要做出相应的共同调整。更大的问题是企业如何通过平衡各文化要素(如保护为建立信任关系而承担责任的个人)和系统整合以提高服务(如企业项目界面)和流程(如行为规范)的一致性,从而发展以信任为基础的工作关系并使其为所在组织所使用、被市场所看重。

18.8　结论

本章认为,有效的利益相关者管理要求企业间项目开发情境对关系建立做出承诺。标准的强调合同管理的传统方法带了大量的交易成本问题,交易成本会严重阻碍项目绩效的实现以及组织关系的塑造,并且由于各参与者试图强化相对于其他人的权力,这将导致最重要的目标(即项目开发)无法实现。相反地,发展带来信任和信心的关系型合同哲学是一种很有吸引力的方法,但也存在不足。正如罗纳德·里根总统常在和苏维埃领导戈尔巴乔夫的交易中引用的那样,"信任,但要核实",这突出了联系,但也强调了信任和信心之间在概念上与实践上的冲突。

本章讨论了我们对 T5 中的半关系型合同的观察,很多方面表明这更能代表"信心创造"而不是"信任创造"。但观察的关键点在于信任,作为一种运营哲学,它极少从无到有地进入一个组织的标准化实践。无论其中的关注点是追求双赢局面的利己主义信任,还是更开放的社会导向型信任,都是这样的。相互信任通常沿各阶段逐步发展,随着组织对其合作伙伴的行为和动机产生信心,识别出其合资项目的积极成果并采取相应行动,相互信任的程度也逐渐提高。

本章针对关系型合同、信任和信心的研究为未来的探索提供了有益借鉴:

- 在项目中如何明确描述关系型合同?包括其建构、商务术语和条款的确切用词。客户和供应商应如何执行关系型合同,以使行为符合目标原则,并持续维护战略实施。
- 针对交易成本和信任、信心的发展及提升的直接关系的研究:交易成本经济学理论认为,经济利己主义在组织间关系中非常突出,然而,随着信任的提升,我们应能预期与合作伙伴关系的维护成本也会相应下降。未来研究可以评估交易成本经济学理论与信任和信心间的动态关系。
- 信任经常作为企业间关系发展性质的前因变量,然而,因为信任通常被视为一种心理状态,如果能够识别影响其发展的情境将会非常有趣:什么变量促进信任本身的产生?
- 信任和关系型合同的直接联系需要进一步的论证。关系型合同是否要求互信,如果是,相互关系是基于公正(杠杆)还是平等(公平)?
- 作为一种被纳入项目市场的具有成本效益和价值的资产,信任在何种程度上可以在企业中被建立和管理,并为参与各方带来回报?
- 我们假定发展企业间信任这一核心属性能够帮助项目制企业获得超额绩效。这一主张需要更严格的实证检验。

这些构想的相互关系是未来研究和理论构建的重要方向。关系型合同和信任是影响项目管理的重要因素。对它们的理解越深入,越能有效制定管理企业间关系的政策,越有机会为项目制企业创造双赢机会。

18.9 参考文献

BAA T5 fact sheet (1996). *The Key Stages of Terminal 5*, www.baa.com/t5. Accessed July 1996.

BAIDEN, B. K., PRICE, A. D. F., and DAINTY, A. R. J. (2006). "The extent of team integration within construction projects," *International Journal of Project Management*, 24: 13–23.

BAIER, A. C. (1994). *Moral Prejudices: Essays on Ethics*. Cambridge, MA: Harvard Business Press.

BECHKY, B. A. (2006). "Gaffers, gofers, and grips: role-based coordination in temporary organizations," *Organization Science*, 17/1: 3–21.

BENNETT, J., and JAYES, S. (1995). *Trusting the Team*. Reading: Reading Construction Forum, Centre for Strategic Studies in Construction, University of Reading.

CAMPBELL, N. (1995). *An Interaction Approach to Organisation Buying Behaviour: Relationship Marketing for Competitive Advantage*. Oxford: Butterworth-Heinemann.

CARSON, S. J., MADHOK, A., and WU, T. (2006). "Uncertainty, opportunism, and governance: the effects of volatility and ambiguity on formal and relational contracting," *Academy of Management Journal*, 49/5: 1058–77.

CLARK, M. S. (1978). "Reactions to a request for a benefit in communal and exchange relationships," *Dissertation Abstracts International*, 38/10-B: 5089–90.

DAFT, R. L., and LENGEL, R. H. (1986). "Information richness: a new approach to managerial behaviour and organization design," in B. M. Staw and L. L. Cummings (eds.), *Research in Organizational Behavior*. Greenwich, CT: JAI, 91–233.

DOUGLAS, M. (1999). "Four cultures: the evolution of parsimonious model," *GeoJournal*, 47: 411–15.

DYER, J. H., and NOBEOKA, K. (2000). "Creating and managing a high-performance knowledge-sharing network: the Toyota case," *Strategic Management Journal*, 21: 345–67.

ECCLES, R. G. (1981). "The quasifirm in the construction industry," *Journal of Economic Behavior & Organization*, 2: 335–57.

EDKINS, A. J., and SMYTH, H. J. (2006). "Contractual management in PPP projects: evaluation of legal versus relational contracting for service delivery," *ASCE Journal of Professional Issues in Engineering Education and Practice*, 132/1: 82–93.

GIL, N. (2008). "BAA: The T5 project agreement (A)," ECCH Ref. 308-308-1.

——(2009). "Developing project client–supplier cooperative relationships: how much to expect from relational contracts?," *California Management Review*, Winter: 144–69.

GUMMESSON, E. (2001). *Total Relationship Marketing*. Oxford: Butterworth-Heinemann.

GUSTAFSSON, M., SMYTH, H. J., GANSKAU, E., and ARHIPPAINEN, T. (2010). "Managing trust: bridging strategic and operational issues for project business," *International Journal of Managing Projects in Business* (forthcoming).

KADEFORS, A. (2004). "Trust in project relationships: inside the black box," *International Journal of Project Management*, 22: 175–82.

KEMPENERS, M., and VAN DER HART, H. W. (1999). "Designing account management organizations," *Journal of Business and Industrial Marketing*, 14/4: 310–27.

KNOTT, T. (1996). *No Business as Usual. An Extraordinary North Sea Result*. The British Petroleum Company, plc.

KURTZBERG, T., and MEDVEC, V. H. (1999). "Can we negotiate and still be friends?," *Negotiation Journal*, 15/4: 355–62.

LEWICKI, R. J., and BUNKER, B. B. (1996). "Developing and maintaining trust in work relationships," in R. M. Kramer and T. R. Tyler (eds.), *Trust in Organizations: Frontiers of Theory and Research*. London: Sage Publications, 114–39.

LIKER, J. K., KAMATH, R. R., WASTI, S. N., and NAGAMACHI, M. (1996). "Supplier involvement in automotive component design: are there really large US Japan differences?," *Research Policy*, 25: 59–89.

LLEWELLYN, K. N. (1931). "What price contract? An essay in perspective," *Yale Law Journal*, 40: 704–51.

LUHMANN, N. (1988). "Familiarity, confidence, trust: problems and alternatives," in D. Gambetta (ed.), *Trust: Making and Breaking Cooperative Relations*. Oxford: Basil Blackwell.

LYONS, B., and MEHTA, J. (1997). "Contracts, opportunism and trust: self-interest and social orientation," *Cambridge Journal of Economics*, 21: 239–57.

MCDONALD, M., MILLMAN, T., and ROGERS, B. (1997). "Key account management: theory, practice and challenges," *Journal of Marketing Management*, 13: 737–57.

MACNEIL, I. R. (1980). *The New Social Contract: An Inquiry into Modern Contractual Relations*. New Haven: Yale University Press.

——(1987). "Barriers to the idea of relational contracts," in F. Nicklish (ed.), *The Complex Long-Term Contract*. Heidelberg: C. F. Muller Juristischer Verlag, 31–44.

——(2001). *The Relational Theory of Contract: Selected Works of Ian Macneil*, ed. David Campbell. London: Sweet & Maxwell.

MAYER, K. J., and ARGYRES, N. S. (2004). "Learning to contract: evidence from the personal computer industry," *Organization Science*, 15/4: 394–410.

MEYERSON, D., WEICK, K. E., and KRAMER, R. M. (1996). "Swift trust and temporary groups," in R. M. Kramer and T. R. Tyler (eds.), *Trust in Organizations: Frontiers of Theory and Research*. Thousand Oaks, CA: Sage.

NEC3 (2005). *New Engineering and Construction Contract*. London: Thomas Telford Ltd.

POPPO, L., and ZENGER, T. (2002). "Do formal contracts and relational governance function as substitutes or complements?" *Strategic Management Journal*, 23: 707–25.

POTTS, K. (2008). "Change in the quantity surveying profession: Heathrow Terminal 5 case study," in H. J. Smyth and S. D. Pryke (eds.), *Collaborative Relationships in Construction: Developing Frameworks and Networks*. Oxford: Wiley-Blackwell, 42–58.

PRAHALAD, C. K., and HAMEL, G. (1990). "The core competence of the corporation," *Harvard Business Review*, May–June: 79–91.

—— and RAMASWAMY, V. (2004). "Co-creating experiences: the next practice in value creation," *Journal of Interactive Marketing*, 18/3: 5–14.

PRYKE, S. D., and SMYTH, H. J. (2006). "Scoping a relationship approach to the management of projects," in *Management of Complex Projects: A Relationship Approach*. Oxford: Blackwell, 21–46.

REICHHELD, F. F. (1996). *The Loyalty Effect*. Boston: Harvard Business School Press.

RETHINKING CONSTRUCTION (1998). *The Report of the Construction Task Force*. London: Department of Trade and Industry.

ROUSSEAU, D. M., SITKIN, B., BURT, R. S., and CAMERER, C. (1998). "Not so different after all: a cross-discipline view of trust," *Academy of Management Review*, 23: 393–404.

SAKO, M. (1992). *Prices, Quality and Trust: Inter-Firm Relations in Britain and Japan*. New York: Cambridge University Press.

SCHÖN, D. A. (1983). *The Reflective Practitioner: How Professionals Think in Action*, Basic Books.

SKITMORE, M., and SMYTH, H. J. (2007). "Pricing construction work: a marketing viewpoint," *Construction Management and Economics*, 25: 619–30.

SMYTH, H. J. (2008). "Developing trust," in H. J. Smyth and S. D. Pryke (eds.), *Collaborative Relationships in Construction: Developing Frameworks and Networks*. Oxford: Wiley-Blackwell, 129–60.

—— GUSTAFSSON, M., and GANSKAU, E. (2010). "The value of trust in project business," *International Journal of Project Management*, Special Edition for EURAM, 28: 117–29.

STINCHCOMBE, A. L., and HEIMER, C. A. (1985). *Organization Theory and Project Management*. Oslo: Norwegian University Press.

STORBACKA, K., STRANDVIK, T., and GRÖNROOS, C. (1994). "Managing customer relationships for profit: the dynamics of relationship quality," *International Journal of Service Industry Management*, 5/5: 21–38.

SWAN, W., WOOD, G., and MCDERMOTT, P. (2001). *Trust in Construction: Achieving Cultural Change*, http://www.scpm.salford.ac.uk/trust/publications.htm.

WHEELWRIGHT, S. C., and CLARK, K. (1992). "Creating project plans to focus product development," *Harvard Business Review*, 70/2: 70–82.

WILLIAMSON, O. E. (1985). *The Economic Institutions of Capitalism*. New York: Free Press.

—— (1993). "Calculativeness, trust, and economic organization," *Journal of Law and Economics*, 36/April: 453–86.

WOMACK, J. P., JONES, D. T., and ROOS, D. (1990). *The Machine that Changed the World*. New York: Harper Perennial.

第六部分

组织与学习

第 19 章 产品开发项目中的知识整合:一种权变框架

Lars Lindkvist

19.1 引言

项目通常要依赖于劳动力的分工,这些劳动力大部分具备特定领域的知识或长期的经验。一定程度上的知识整合是拥有专业化优势的前提,知识整合大体上是指为了完成一项任务或目标,合作性地利用个体或组织的知识库的过程。在这样的情境中,知识库的显著多样性可以为创造性和创新提供肥沃的土壤(Sydow, Lindkvist, and DeFillippi,2004;Scarbrough et al.,2004;DeFillippi, Arthur and Lindsay,2006)。而多样化的劣势在于可能增加整合过程中的困难。例如,Dougherty(1992)提出,属于不同知识领域的人实际上生活在不同的"思维世界",他们不仅了解不同的东西,也使用不同的方法理解事物。因此,正如 Von Meier(1999:101)所指出的,虽然来自不同"职业文化"的成员在实现高绩效表现方面有共同的利益,但他们可能"对不同的系统设计和承诺变更的标准有着不同的评价"。所以,虽然项目开发团队希望构建多样化的知识库,但这可能会增加整合的困难。

有两种处理这个问题的方法——一种侧重于提升"知识库的相似性",另一种侧重于提升"知识库的良好关联"。接下来,我将首先介绍这些方法,并论证第二种方法,也就是将项目理解为"知识集合"的想法(Lindkvist,2005),能够为理解项目情境中的知识整合提供一个很好的出发点。其次,我将介绍一种权变框架,以展示这种整体的方法如何涵盖了大量的知识整合方法和项目管理情境。再次,我将通过从文献中摘录的两个案例实证性地说明这个框架的部分内容,一个是手机项目,另一个是药品开发项目。之后,我将着重讨论项目管理的特征,并且说明对于项目目标、偏差等问题的传统理解应该与知识整合问题结合在一起。最后,我建议后续的研究工作应该致力于提高我们的能力,以使我们能够将一套一致的知识整合和项目管理特性与特定项目环境的需求相匹配。

19.2 了解知识整合

关注"知识库的相似性"

考虑到大量研究报告关注于当项目组成员属于不同职能部门或代表不同学科时常会导致误解和冲突这一问题,我们完全可以理解将"知识共享"或"知识转移"作为促进合作的诀窍的提议。例如,Carlile(2004)提出共有知识库的建立是人们能够共享、获取、整合他们在特定领域知识的前提,Bechky(2003)讨论了合作创造的共同基础如何能够缓解沟通僵局和减少误解,Huang and Newell(2003:167)提出知识整合是通过"建构、表达、再定义共享的信念"实现的。其他的一些作者也主张共同知识的重要性,不过主要关注项目团队如何能够实现隐性知识(tacit knowledge)的同质化。Nonaka、Toyama 和 Konno 提出,在一起工作是在跨职能项目团队中建立共性的基本方法:

> 隐性知识只能通过共享的经验获得,如在一起消磨时间或生活在相同的环境之中(2000:9)。

根据 Nonaka(1994:19)的观点,共享隐性知识的过程甚至可能是无声的:"需要注意的一点是,个体能够不通过语言而获取隐性知识。"这一观点与实践社区(communities-of-practice)的理念一致(Wenger,1998),该理念强调社会化对于引起项目成员中隐性知识的转移和共享知识库的建立的重要性。

> 这样带有某种特点的知识不仅通过行为实践反映出来,它也同样产生于行为实践中。也就是说,知识技能在很大程度上是经验的结果,是由意会洞察的经验带来的(Brown and Duguid,1998:95)。

所以,实践社区内的成员大体上倾向于了解相同的事情,经历相似的事件,并拥有共同的世界观等。通过共同实践,他们获得作为社区成员而行为的内在能力。如 Amin and Roberts(2008:359)所主张的那样,这样的实践在以制作/任务为基础的活动中进行"复制和维护现有知识"时非常适用。进一步而言,如果参与成员能够一起工作较长的一段时间,其间成员较少发生变动且相对而言并不孤立,那么这对于建立满足高社交和高认知要求的团队是有益的。文献中 CoPs 的实证案例给出了一些可能满足上述先决条件的情境,例如屠夫、接生员(Lave and Wenger,1991)、复印机修理工(Orr,1990)、长笛制造者(Cook and Yanow,1996)、技师(Barley,1996)和医疗索赔过程(Wenger,1998)。

因此,实践社区概念指的是"紧密联系的"(Brown and Duguid,1998)团队,他们共同工作的时间足够长,能够依赖于共同知识的扎实基础所带来的一体化力量。然而,虽然这在很多项目情境中很难实现,我们能够构想出在哪一种项目环境下,这样社区式的特征能够得以凸显。例如,基于一个新型汽车开发项目的案例,Bragd(2002:147)提出"项目团队显然是一个实践社区"。类似地,Bresnen et al.(2003:165)表示,在他们对于建筑行业的案例研究中,所观察到的以项目为基础的知识学习"凸显了采纳基于社区的方法的价值和重要性"。总而言之,当存在较多的共同知识、进而促使人们整合多样化的知识库时,建立这样高度社会化和认知化的、社区式的项目团队能够成为一种选择。

关注"知识库的良好关联"

知识共享通常能够促进知识整合过程。尽管人们对使个体的知识库变得相似的投入达成了一定共识(见 Grant,1996;Carlile,2004),但这可能导致高额的成本和时间消耗,甚至与跨职能安排的逻辑基础相冲突。Grant(1996)认为,有效的知识整合反而应该作为选择一种可以最小化个体之间知识转移的互动模式来处理——同时认识到普遍存在的权变的本质。因此,在相互依赖程度低、复杂度低而不确定性较高的情况下,使用规则、角色和惯例等成本较低的机制就已足够,而高度的"团队间依赖"(Van de Ven,Delbecq,and Hoenig,1976)则要求成本较高的、沟通密集的机制,如"团队问题解决和决策制定"(Grant,1996:114)。类似地,Kellogg,Orlikowski,and Yates(2006)提出,在不确定和快速变化的环境中,很难形成共同知识。在动态环境中建立"共同基础"(Bechky,2003)或"共同知识"(Carlile,2004)的努力可能收效甚微,这样的环境反而应该被理解为"贸易区"(Galison,1997),即共同的沟通和交换规则会比知识库内容对合作行动更有益。

此外,正如一个研发单元的案例研究中所展示的那样(Lindkvist,2004),项目倾向于在成员中提倡行动导向,要求对他人的行动和偶发事件立刻做出反应,在"此时此刻"解决问题。在解决问题的过程中,人们和其他人接触、探究想法、期望获得对自身优劣势的反馈,并通过这样的方式将彼此当作新知识共同演化的参加者。与此相关,Cross and Sproull(2004)指出在相对短期的项目中,问题解决导向于获得或创造"可指导行动的知识",也就是指向现有任务的即时过程的知识。因此人们倾向于向他人寻求帮助,以获得建议、猜想的新角度等,尤其当问题缺乏准确定义并且时间紧迫时。

因此,成员在"交互记忆"中了解了"谁知道什么"(Wegner,Erber,and Raymond,1991),并将彼此作为外部记忆,当项目中出现问题时,这可以帮助成员了解从何着手进行搜寻。在需要的时候,由项目成员或"外部"人员掌握的知识便可以被即时调用和交换。大量依赖于这样非正式"记忆网络"的企业因此倾向于让知识"留在本地",并鼓励员工学会如何搜寻他人或其他渠道所拥有的相关知识(Lindkvist,2008)。

总的来说,当成员必须或倾向于以分散知识和有限共同知识为基础进行合作时,项目团队就不会以实践社区的形式运作。与"社区"相关的亲密度、忍耐度、适应过程的理念含义在这样的项目环境中就不太适用。如 Sense(2003)总结的那样,与实践社区不同,项目通常时间有限,关注特定任务,依赖于在项目之外形成的身份,并且缺少共同的观点和实践。而正如 Lindkvist(2005)所主张的那样,它们可以被看作"知识集合"。在这样的项目团队观点下,知识整合被视为能够提供知识互补的作用,并以"良好关联的知识库"为指导原则(2005:1215)。接下来,我将展开阐述项目的知识整合方法,并确定四种不同的知识集合情境,其中两种会通过实证例子进行说明。

19.3 权变框架

虽然我们会将项目看作知识集合,但这并不意味着所有项目都是类似的。因此,为了表现这一概念中的多样化问题,我会使用一个由 Lindkvist、Söderlund, and Tell(1998)提出的权变模型。这个模型依赖于一个二维的推理。其中一个维度区分了开发过程的"系统的"(systemic)和"可拆分的"(analyzable)特征。系统的过程是指,由于高度的且不可预见的相互依赖性等,相关工作活动及其因果关系和顺序的优先级别难以区分。相对地,可拆分的过程意味着优先级别的建立是相对简单的。总的来说,这一维度反映出 Perrow(1970)对于可拆分技术和不可拆分技术的界定,以及 Simon(1973)对于可分解/不可分解的区分。

另一个维度建立在 March(1991)对开发/探索(exploitation/exploration)的区分之上,并与 Levintha and March(1993)所讨论的"误差检测"(error detection)和误差诊断(error diagnostics)紧密联系。大体上,我们认为误差检测是开发型项目中的一个问题,而误差诊断则是新机会探索型项目的特征(March,1991)。在误差检测的情况下,处理每个单独的问题仅要求有限的新知识创造。一个基本的问题反而在于实现全局的或全系统的误差搜寻。另一方面,探索和误差诊断意味着项目环境包含更多的基本问题需要解决。这就将创新要求较低的项目情境与要求深入或专门的知识创造的项目情境区分开来。

逐一考虑四个象限,当过程可分析且需求为误差检测时,我们使用"计划"的逻辑,这将使得项目状态最优化。在这样的可编程的情境中,项目活动可以被分组而形成完全的"工作分解结构",并具备完善的时间、成本、功能等标准,因此能够更容易地发现、解释和修正针对这些标准的误差或偏差,而不需要更多的互动和讨论。

如果子过程在一定程度上是可拆分的,可以选择"拆分"的逻辑。通过拆分或隔离各个单元,复杂程度降低,同时需要特定知识领域的深入渗透。切断或严格管理子单元之间的关联使得我们能够专注于解决某个困难但清晰界定的问题。更进一步,由于满足可拆分的条件,可以假定整合各特定工作小组的产出是简单或不困难的。这意味着虽然关键的知识分散在这样的模块化单元中,但整体知识整合是较为简单的。

在第三象限,由于系统的情境以及大量不可预见的误差,误差检测更为困难,需要"连接"的逻辑。项目不同子团队、成员之间的频繁互动和沟通会成为适当的知识整合的方法。使用 Orton and Weick(1990)的术语,连接表明了需要高度的响应性。因此这一逻辑适用于覆盖整个系统的误差检测,并包含一定程度上的新知识的产生。我会通过电信的案例来详细说明其如何运作。

第四个象限中的项目使用"半连接"的逻辑。在这里,由于存在大量复杂的相互依存关系(类似连接情景)以及包含高度专业化的知识库(类似拆分情景),知识整合过程存在困难。这要求同时进行连接和拆分,或者如 Orton and Weick(1990)所说,同时支持响应性和特殊性。这样的过程将产生多样性和创造性。然而,由于大多数的新想法都是不好的想法(Levinthal and March,1993),这些想法就会引发很多的风险和可能的误差,而且需要识别"战略性误差",这样的误差意味着整个项目正走向错误的方向或处理无法解决的问题。正如 Sitkin(1996)所讨论的,过快的行动/反馈/调整周期可能导致群体思维(Janis,1972)、承诺升级(Staw and Ross,1987)以及其他短视问题。因此,在这样的情况下,快速学习存在不足(March,1991),而相对较慢的学习过程会更好。制药案例可以佐证这一点。

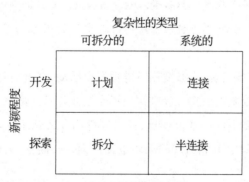

图 19.1　项目逻辑分类

资料来源:Lindkvist,Söderlund,and Tell(1998)。

19.4 电信案例

爱立信是全球最大的手机系统供应商之一。在20世纪80年代后期,它集中为欧洲开发基于数字标准的系统(GSM),同时还服务于美国市场。由于这些投资的资源需求,直到90年代后期,爱立信仍对日本市场保持低调。为了维护其在高科技产业中的优势地位,爱立信认识到了和日本新运营商建立合同关系的战略重要性。

1991年12月底,爱立信向Tokyo Digital Phone提交了意向书。在合同谈判中,日本方面的客户代表提出他们希望系统包括转换器和无线电基站、能够于1994年4月1日在东京完成安装并投入商业运营,否则就会考虑选择其他的供应商。这是一个非胜即负的合同,而该项目的成功预计能在未来带来大量商业交易。但这对爱立信来说是极具挑战性的任务,因为这意味着要在12个月内完成系统开发,相当于GSM系统开发时间的一半,事业部经理认为这看起来是"不可能完成的任务"。

由此,项目期限是不容改变且非常明确的,项目领导者也指明,严格遵守并集中关注这一截止期限和项目里程碑是必要的。

> 如果我们说在周五完成,我们就不接受任何的变化。如果做不到,我们就找出负责人,不管他现在在哪里。你必须让大家明白,下周就太晚了。仅仅努力是不够的,只有成功才算数——其他都不算。(项目领导者)

为了能够达到期限要求,利用在欧洲和美国市场的开发项目中获取的经验被认为是十分必要的。事业部经理同样强调,他希望团队能够从之前项目的错误中学习。所有这些带来了对组织内部和组织周围能力的全面评估,从而决定哪一个业务单元能够参与新系统的开发和生产。

> 我们并不受限于很多组织性的桎梏。相反地,我们说得很明确:让我们调用所有的资源,尽可能地走捷径,尽可能地重复利用人力资源。(市场营销总监)

此外,为了按时完成目标,有必要同时进行多项活动,这就对拥有不同知识库、属于不同职能单元的项目成员的频繁互动和沟通提出了高要求。虽然很多项目活动和产品零部件都被明确分配到不同的职能团队,但不同部门和团队之间的关系却无法提前确定。在开发和整合过程中可能出现的问题也无法预计。而且,失败看起来也是无法避免的常态。

> 认识到不可能一次成功是很重要的。需要做的就是鼓励失败,而且永不言弃。(项目领导者)

两位项目领导者需要处理的主要问题之一是进行功能和时间之间的权衡。使得无线电基站系统能够在规定时间开始运营非常重要,为了达到这一目标,必须考虑降低多个部分的功能性。因此经常发生关于什么是"足够好"的讨论。总的来说,对于项目期限和里程碑的重视带来了对最优的和必需的功能的重新评估。更进一步,需要通过各种测试和控制来标示已实现的全局性过程。其中一种方法被称为"流程演练",比如无线电基站"质量演示"的建立。

> 我们从仓库预订了一台无线电基站。每个人都认为它会被运来日本,但我们在斯德哥尔摩安排了一次质量演示,并邀请了高层管理者、质量经理、设计师等。当我们演示时,发现产品并不满足要求。其中出现了种种问题,包括机械问题、包装问题、缺少部件等,这引起了高度重视。我想这是设计师第一次看到完整的基站。(项目领导者)

所有这些都要求信息能在来自不同职能单元的项目组成员中充分流通,他们引入了各种形式的旨在解决问题的讨论会,在项目的特定阶段,这些会议甚至每天都会召开。

> 对于项目管理团队,通过对信息流进行组织以创造一个快速响应且灵活的项目组非常重要。例如,我们用到了视频和电话会议、项目简报以及通常是每天都会举行的简短会议。与此同时,系统"急诊室"则是一个解决所上报问题的讨论会。在该讨论会上,我们召集该领域最有能力的员工参加。我们因此能够快速响应和决策。(项目领导者)

评论: 参考权变模型,这一电信项目符合"系统复杂性"的特征,其中的整合是困难的,需要处理大量的不可预见的误差所构成的根本性挑战。在这个案例中,所涉及的活动和知识库的数量及其相互关系无疑是导致复杂性的基本原因之一。考虑其他的模型维度,该案例符合"开发"的特征。对能力的重复利用是突出的特征,只有解决偶尔出现的"接口"误差时才涉及不熟悉的知识领域。其中也不涉及任何需要通过知识共享或转移活动来加快工作进度的努力。因此,这样的项目可以作为跨职能知识整合的案例,主要突出响应性的特征。如 Levinthal and March(1993)所假设,当主要问题是覆盖整个系统的误差检测,而不是误差诊断时,紧密联系的模式更加有效。并且,在这样的情境中,"快速学习"和频繁的反馈环路是知识整合过程的特征。

19.5 制药案例

研发新药品是非常耗时的过程。开发时间通常长达十年,而且仅有少数项目能最终实际转化成在商业上切实可行的药品。药品开发项目通常被划分为几个阶段,其中的挑战各不相同,本章关注第一阶段,也就是所谓的临床前试验阶段。简单来说,临床前试验阶段的目标是,基于一个解决特定病症的可能途径的基本想法,实验室环境中制成的药物被证明有效,且副作用少,能够开始临床测试,也就是在人体上测试,以证明其药效。在通过对药效和副作用的所有测试后,该药品即成为这一临床前试验项目的最终结果,并被称为候选药物,这通常需要4—6年的时间。研究项目涉及多个领域的专家,如化学、药理学、生物化学和分子生物学等,在跨学科环境下进行。一般来说,项目领导者主管是由来自不同学科的4—7位小组领导所组成的项目管理团队。

这一领域工作的核心特征是高度的不确定性。推进过程中穿插着停滞或倒退。挫折经常发生。有时,随着工作的推进,团队能够预见或逐渐感觉到问题的发生,但有时候问题会突然出现。这是在尝试控制"自然",做一些其他人没有做过或没有成功的事。如果是在尝试做一件不可能的事,那么想要取得成功,仅仅获得资源、高水平的能力、良好的合作、有创造力的氛围以及独特的基础想法是不够的。很多人也指出了运气和科学直觉的重要性。你必须竭尽所能做好,敢于失败,为常常发生的挫折做好准备,而不要把它们当作自己的错。

> 你同样需要运气。事实上,你一点一点地对事物做出改进,因此它也一点一点地向好的方向发展,但之后你会碰壁。它就是出现了问题。于是你必须以某种方式一小步一小步地前进,如何能够做到这样则取决于你的直觉和运气。(团队领导者)

在很大程度上,这样的项目涉及基础研究并且成员来自科学核心领域,他们可以被视为"业界研究者"(Marcson,1960;Pelz and Andrews,1976)。在这样的情境中,无法过度依赖于对能力的重复利用,随着团队工作的开始,文献也很少能提供有用的东西。

很多研发工作是在高度专业化的子事业部及其实验室中开展的,如在药物部门和化学部门。考虑到他们各自工作所需的知识深度,对跨部门的知识共享和知识转移进行投资的成本无疑是让人望而却步的。这类项目的成功高度依赖于分配给各个专家部门的知识工作的完成质量。除了非正式讨论,在以学科为基础建立的团队间经常举行过程会议。在这些会议中,大家建立起对近期工作能够取得的成果的期望。基于这些期望,团队和个人将现有的成果与之进行对比,并总结出偏差。有时候,这些偏差是容易解释的,基本上符合之前的预感和想法,但有时候结论比较模糊,需要更深入和广泛的讨论。项目本身的动态变化以及预期之外的事件使得持续从产出结果中发现有价值的想法变得非常重要。如一位团队领导者所说,在部门内和部门间分享想法和"共同思考"的可能性是想象力和知识创造的主要刺激因素。

当你与他人分享想法时,该想法就可能获得评价,从而促进科学的分析和处理,而这是有促进作用的。项目团队进行的分析以及自己的想法被认为是有价值的和有影响力的感受对人有巨大的激励作用。这就是创造力和自尊产生的地方。

然而,了解项目是否在持续进步是困难的。候选药物作为项目的综合目标对此帮助也不大。有时候,可以设置期限并在到达该时点时进行评估,但更多的时候"项目正在往前推进的感觉"被看成是项目有所进展的迹象。如一位受访者所说,子目标的广泛使用提供了一种里程碑式的感觉,使人觉得"可以进行下一步了"以及正在(缓慢地)前进。然而,很难明确地将这些子目标和项目的最终目标联系起来。在此,项目领导者尽力从这些碎片化的目标结构中总结一个全面的"图景",这就是项目整体进程评估的背景。

评论:参考权变模型,考虑到开发工作中的高度不确定性,制药案例非常符合"系统复杂性"的定义。而且,它很明显地反映出"探索"的情境,这是基于工作中的大量创新而确定的,它们使得重复使用能力变得困难。很多工作由不同部门完成,这意味着强调特殊性很重要。但经常出现的不同常规会议和对于"共同思考"的积极态度,说明响应同样重要。因此,这个项目可以作为跨学科知识整合的案例,由半连接的逻辑所引导。其中子目标的建立和周期性的集体回顾总结是找到节奏的方法,并且能够帮助思考随着项目进行,不同的成果和想法如何能够相互整合。虽然经常需要反馈,但这总体上反映出"慢速学习"的智慧。

19.6 项目管理比较

如上所述,两个情境中知识整合的过程大有不同,大体上反映出连接逻辑和半连接逻辑的差异。这样的讨论虽然总体上介绍了知识整合的普遍问题,但仍需要与一些基本的项目管理问题相结合。因此,我将重点关注两种情境中的目标和偏差等经典项目管理问题。

电信案例中的目标和偏差

在电信案例中,针对交付时间、系统功能类别的项目目标是非常明确的,项目过程中发生的每一件事都必须符合这一目标体系。在某种程度上,这样的项目可以采用回溯的方法,即衡量已开始的工作对最终目标的贡献程度。从目标产出出发,找出达到目标的方法是技术开发情境中的一种典型特征(Nightingale,2004)。其中,明确的目标是激励的工具,也是评估项目整体进程的标准。人们通常并不担心面临巨大障碍的风险或突然发现沿着错误方向走得太快这样的问题。由于具备一定的精确度,因此可以评估所取得的成果、尚待解决的问题以及截止日期之前能完成多少工作。这些评估也将促进在技术完美和"足够好"质量之间的权衡取舍,如果需要,可以投入更多的资源来提高质量或加快进度。

为了满足期限要求,必须建立完善的系统性功能误差检测流程。误差或偏差常出现于功能连接处,并且团队会使用多种方法识别和解决这些问题,包括系统"急诊室"、日常站立会议等。同时,通过"基站演示"等原型测试,将实际产品作为某种边界对象(Carlile,2004)以识别哪些部分不能组合到一起,也是一种方法。在这些集体场合中,可以识别问题并确定谁将负责解决问题。在这个过程中,只有不多的专业知识被转换为共同知识。更确切地说,来自不同职能部门的成员共同投入集体性的误差或偏差分析中,并决定为了解决问题需要做哪些工作。

制药案例中的目标和偏差

在制药案例中,候选药物目标是非常遥远和不确定的,无法有效指导和调节项目进程。相反地,压力和结构化工作的方法需要从项目本身获得。这个项目在很大程度上是科学研究,按照 Nightingale(2004:1271)的描述,它通常从特定问题出发,"从已知的初始条件中探寻未知的结果"。在其中,试错实验被用来清除错误,但更重要的是可以用来收集新的想法(Dougherty,2007)。特别地,如果遇到严重的挫折并且不能确定下一步应该怎么做时,试错实验就是寻找线索的合适方法。这样的过程可能导致与预期的偏差,或导致完全无法想象的结果。然而,无论如何它们都能带来必要的思考"素材"。关注意料之外的结果强化了像"如果这个结果是意料之外的,那么就将挖掘其起因作为目标"的启发式想法(Dunbar,1997:478)。因此,偏差有时被认为是积极的,并且能够在项目成员讨论问题时促进积极寻找线索的研究过程。一位受访者提出,这样的"共同思考"是广受认同的提出意见并丰富想法的途径。

然而,正如我们所看到的,要按照一个完整的计划或时间表来整合不同部门的结果是不可能的。事实上,这是一个自然而然的过程,专业部门在"贸易区"持续进行研究结果的局部调整和整合(Galison,1997;Kellogg,Orlikowski,and Yates,2006),在"贸易区",大家必须基于有限的共享知识基础进行互动。当项目经理尽力构建和提供整体进程的图景时,这一过程无疑需要个人掌握广泛的知识基础,并拥有基于经验的良好直觉。由于困难随时发生,包括在进程末期,因此很难确定方向是否正确,或者还需要完成多少工作。而且,面对截止期限之前的时间限制,很少有空间进行最优的和"足够好"的质量之间的权衡取舍。为一种新的候选药物取得许可是要求很高的、追求完美的过程,其对副作用的容忍度极低。最后,通过增加筛查和其他实验室过程所需的资源,能够在一定程度上加快进度,但资源投资和完成时间之间的联系通常很弱,如果所期待的结果违背自然规律,其中的联系则为零。

19.7 总结性讨论

在知识集合中,知识整合的过程由"良好关联的知识库"原则指引。而且,按照权变模型,我们可以识别出这一概念中的变化。针对其中的部分变化,我们通过电信和制药两个案例展示连接是如何发生的。这些案例用以说明在两种不同的情境下,即工程或技术开发项目和基于科学的开发项目中,知识集合是如何在实践中运作的。接下来,我将考察案例情境并做出总结。

知识整合特征

这两个项目情境在某些方面是相似的。在两个案例中,知识整合过程根本上都依赖于共同利用不同的知识库,而不像"知识库的相似性"方法倡导的那样,投入特定的努力以通过知识共享和转移的主动行为来提高共同知识基础。同时,两个案例都具备"系统复杂性"特征,使得知识整合成为一个突现过程,由此所需的决策和选择过程不能依赖于特定计划,而必须根据项目的发展轨迹进行。然而,它们的不同之处在于权变模型的另一维度"新颖程度"。

总的来说,电信案例能够充分说明在开发型项目中如何管理知识整合过程。这样的项目可以在一个完善的技术基础上开展。然而,随着成员在产品开发项目中共同使用不同的知识库,很多不可预见和难以发现的接合点问题就会出现,因而要求富有创造性和快速的解决方案。其中频繁的纵向和横向沟通使得响应性成为知识整合的"连接"逻辑中的必备要素。在这样的不确定性低的环境中,过程进展能够得益于较短的反馈流程系统以及"快速学习"模式。

与此相反,制药案例代表的是探索型情境,只有很少的可供再次使用的能力资源,要求进行深度的误差诊断和新知识创造。在此,独特性和响应性都重要,这意味着子单元和项目组成员既需要在各自的专业领域内独立深入工作,又需要不时参加各种会议,以进行"共同思考",一起探讨想法。在这样的情境中,对于结果和偏差的理解都是模糊的,在一种半连接的逻辑下构成知识整合的输入,并以长链型的"慢速学习"模式运作。

项目管理特征

从"目标问题"开始,总体项目目标的指导力量可以非常不同。在电信案例中,目标能够在整个项目中施加巨大影响,包括需要做什么以及在截止期限之前还能做什么。在这个案例中,"总体进程评估"成为可能。经常进行不同的测试活动不仅能够反映出误差所在,而且能够很好地预示当前进度、需要什么折中解决办法等。类似地,由于这类项目的有限的不确定性,增加资源供给的决策将有助于运营和确保按时完成目标。

制药案例则代表与此相反的情境,其中的目标对于推进项目作用很小。其目标过于遥远和宽泛,人们知道大多数项目实际上无法找到有效的候选药物。因此,项目进程基于各子单元的成果,而且其整合显然是困难的。一直顺利进行的项目可能突然遇到严重挫折或停滞不前。因此,"总体进程评估"带有高度的不确定性。在这样的情境中,由于候选药物面临药品监管部门的严格检测,几乎不存在"足够好"的思考和折中办法。而且,使用更多的资源以提升知识创造过程的质量或加快达到目标的速度将成为结果高度不确定的方法和投资。

在"偏差"问题上,关注于探索的项目显然与开发型项目不同。在电信案例中,主要的问题是安排总体误差检测流程,其中的误差是容易理解和解决的。虽然有的误差有时能够促进新的工作方法的形成,但它们中的大多数是需要被"清除"的。在制药案例中,排除误差虽然重要,但也需要有意地研究偏差,以为研究和讨论提供原始素材,为解释令人费解的模糊性寻找新的线索、想法和解释。

在项目管理文献中,目标的作用、控制、偏差和进度问题是最常见和最被深入讨论的主题领域。其中的术语与本章关于知识整合的讨论中的术语非常不同。但我认为两种论述都是需要的,同时使用二者进行思考是有益的。基于以上直观的案例分析,表19.1 总结了项目管理的两个方面如何应用于开发型情境和探索型情境中。表 19.1 说明了基础知识整合和项目管理问题是一个问题的两个方面,是一致和相辅相成的。希望通过这一表格的总结,促进其在不同项目实践中的阐释和应用。

表 19.1 两种情境的一些重要差异

	开发型	探索型
知识整合特征		
知识整合方法	连接	半连接
知识库关系	响应性	响应性和独特性
学习周期	快速学习	慢速学习

(续表)

	开发型	探索型
项目管理特征		
目标指导力量	强	弱
总体进程评估	可能	困难
额外资源的有效性	正向	无明确关联
偏差的角色	定位误差	进一步思考

19.8 未来的研究在哪里?

近年来,知识整合问题越来越受到关注,大部分文献发表于近5—10年。在一定程度上,之前对知识管理问题的兴趣是先导因素,这一特定研究领域主要源于Grant(1996)开创性的研究。而至于Grant的研究,则主要基于Lawrence and Lorsch(1967)、Thompson(1967)、Perrow(1970)以及Simon(1973)对于活动整合的研究。它们中的大多数利用或修改同样的权变变量(不确定性、复杂性、新颖性和相互依赖性)来解释与高度专业化知识的整合、隐性知识等问题相关的错综复杂之处。在这一新兴的研究领域,仍然缺乏权威研究或公认的标准来定义和衡量权变变量和整合机制。而且,正如Carlile和Rebentisch提出的,目前所提出的框架偏向于解释相对简单的任务。

> 当我们认识到,当前的知识转移和整合框架并不同等适用于简单和复杂的知识整合任务时,知识整合的挑战难度就提高了(2003:1182)。

同时,虽然经常提及权变的观点,但知识整合的文献通常给人留下这些情境是类似的强烈印象。实际上,项目管理文献中很早就认识到类似的问题。如Shenhar(2001)在其著名的主张中提到,"一种方法不能适应于所有项目",但很多项目管理文献仍然表达出一种项目都是类似的并能用通用的方法进行处理的想法。正如在之后的全面回顾中所展示的那样(Sauser, Reilly, and Shenhar, 2009),虽然有一些可用的项目管理权变模型,但其中的大部分权变变量都依赖于与活动整合相关的变量。此外,这些研究者认为,当前的项目管理实践仍未形成一个清晰的、公认的识别项目特殊性并选择相应管理风格的方法。

以进一步"整合"知识整合和项目管理研究为目的,本章主要突出实例的说服力。通过两个非常不同的项目情境进行说明是一个好的选择。考虑到知识整合文献中所谓的"简化"问题,以及项目管理文献侧重"工程类"项目的问题,我的想法是通过引入"基于科学的"项目以体现多样性。最后,本章主张,知识整合和项目管理的联系建立将得益于权变模型。在我看来,这样的模型能够以较少的变量解释较多的问题,而不是相反的情形。成功建立简单的、有力的权变模型将不仅能够提升学术研究成果,而且能为实践分析提供有用的概念化工具。

19.9 注释

电信案例是 Lindkvist, Söderlund, and Tell (1998) 在爱立信进行的一个全面研究的摘要,建立在对事业部管理者、职能线经理、项目领导者和成员的 30 次访谈的基础上。制药案例中的典型项目特征来自针对四个临床前试验项目的研究,这些项目发生在两家大型跨国制药企业中,发表于 Vik and Lindkvist (2001),其基于对项目领导者、成员和研究总监的 47 次访谈。

19.10 参考文献

AMIN, A., and ROBERTS, J. (2008). "Knowing in action: beyond communities of practice," *Research Policy*, 37: 353–69.

BARLEY, S. (1996). "Technicians in the workplace: ethnographic evidence for bringing work into organizational studies," *Administrative Science Quarterly*, 41: 404–41.

BECHKY, B. (2003). "Sharing meaning across occupational communities: the transformation of understanding on the production floor," *Organization Science*, 14: 312–30.

BRAGD, A. (2002). "Knowing management: an ethnographic study of tinkering with a new car," Ph.D. thesis, School of Economics and Commercial Law at Gothenburg University, Gothenburg.

BRESNEN, M., EDELMAN, L., NEWELL, S., SCARBROUGH, H., and SWAN, J. (2003). "Social practices and the management of knowledge in project environments," *Journal of Project Management*, 21: 157–65.

BROWN, J. S., and DUGUID, P. (1998). "Organizing knowledge," *California Management Review*, 40: 90–111.

CARLILE, P. R. (2004). "Transferring, translating and transforming: an integrative framework for managing knowledge across boundaries," *Organization Science*, 15/5: 555–68.

—— and REBENTISCH, E. S. (2003). "Into the black box: the knowledge transformation cycle," *Management Science*, 49/9: 1180–95.

COOK, S. D., and YANOW, D. (1996). "Culture and organizational learning," in M. D. Cohen and L. S. Sproull (eds.), *Organisational Learning*. Thousand Oaks, CA: Sage.

CROSS, R., and SPROULL, L. (2004). "More than an answer: information relationships for actionable knowledge," *Organization Science*, 15/4: 446–62.

DEFILLIPPI, R. J., ARTHUR, M. B., and LINDSAY, V. J. (2006). *Knowledge at Work: Creating Collaboration in the Global Economy*. Oxford: Blackwell Press.

DOUGHERTY, D. (1992). "Interpretative barriers to successful product innovation in large firms," *Organization Science*, 3: 179–202.

—— (2007). "Trapped in the 20th century: why models of organizational learning, knowledge and capabilities do not fit bio-pharmaceuticals, and what to do about that," *Management Learning*, 38/3: 265–70.

Dunbar, K. (1997). "How scientists think: on-line creativity and conceptual change in science," in T. B. Ward, S. M. Smith, and J. Vaid (eds.), *Creative Thought: An Investigation of Conceptual Structures and Processes*. American Psychological Association.

Galison, P. (1997). *Image and Logic: A Material Culture of Microphysics*. Chicago: University of Chicago Press.

Grant, R. M. (1996). "Toward a knowledge-based theory of the firm," *Strategic Management Journal*, 17/Winter Special Issue: 109–22.

Huang, J., and Newell, S. (2003). "Knowledge integration processes and dynamics in the context of cross-functional projects," *International Journal of Project Management*, 21/3: 167–76.

Janis, I. L. (1972). *Victims of Groupthink: A Psychological Study of Foreign Policy Decisions and Fiascoes*. Boston: Houghton Mifflin.

Kellogg, K. C., Orlikowski, W. J., and Yates, J. (2006). "Life in the trading zone: structuring coordination across boundaries in postbureaucratic organizations," *Organization Science*, 17/1: 22–44.

Lave, J., and Wenger, E. (1991). *Situated Learning: Legitimate Peripheral Participation*. New York: Cambridge University Press.

Lawrence, P. R., and Lorsch, J. W. (1967). *Organization and Environment: Managing Differentiation and Integration*. Boston: Division of Research Graduate School of Business Administration Harvard University.

Levinthal, D. A., and March, J. G. (1993). "The myopia of learning," *Strategic Management Journal*, 14/Winter Special Issue: 95–112.

Lindkvist, L. (2004). "Governing project-based firms: promoting market-like processes within hierarchies," *Journal of Management and Governance*, 8: 3–25.

—— (2005). "Knowledge communities and knowledge collectivities: a typology of knowledge work in groups," *Journal of Management Studies*, 42/6: 1189–210.

—— (2008). "Project organization: exploring its adaptation properties," *International Journal of Project Management*, 13: 13–20.

—— Söderlund, J., and Tell, F. (1998). "Managing product development projects: on the significance of fountains and deadlines," *Organization Studies*, 19: 931–51.

March, J. G. (1991). "Exploration and exploitation in organizational learning," *Organization Science*, 2/1: 71–87.

Marcson, S. (1960). *The Scientist in American Industry: Some Organizational Determinants in Manpower Utilization*. Princeton: Princeton University Press.

Nightingale, P. (2004). "Technological capabilities, invisible infrastructure and the unsocial construction of predictability: the overlooked fixed costs of useful research," *Research Policy*, 33: 1259–84.

Nonaka, I. (1994). "A dynamic theory of organizational knowledge creation," *Organization Science*, 5/1: 14–37.

—— Toyama, R., and Konno, N. (2000). "SECI, *Ba* and leadership: a unified model of dynamic knowledge creation," *Long Range Planning*, 33: 5–34.

Orr, J. (1990). "Sharing knowledge, celebrating identity: war stories and community memory in a service community," in D. S. Middleton and D. Edwards (eds.), *Collective Remembering: Memory in Society*. Beverly Hills, CA: Sage.

Orton, D. J., and Weick, K. E. (1990). "Loosely coupled systems: a reconceptualization," *Academy of Management Review*, 15/2: 203–23.

Pelz, D. C., and Andrews, F. M. (1976). *Scientists in Organizations: Productive Climate for Research and Development*. Ann Arbor: University of Michigan Press.

PERROW, C. (1970). *Organizational Analysis: A Sociological Review*. Belmont, CA: Wadsworth.

SAUSER, B. J., REILLY, R. R., and SHENHAR, A. J. (2009). "Why projects fail? How contingency theory can provide new insights: a comparative analysis of NASA's Mars Climate Orbiter loss," *International Journal of Project Management* (article in press).

SCARBROUGH, H., SWAN, J., LAURENT, S., BRESNEN, M., EDELMAN, L. F., and NEWELL, S. (2004). "Project-based learning and the role of learning boundaries," *Organization Studies*, 25/9: 1579–600.

SENSE, A. J. (2003). "Learning generators: project teams re-conceptualized," *Project Management Journal*, September: 4–12.

SHENHAR, A. J. (2001). "One size does not fit all projects: exploring classical contingency domains," *Management Science*, 47/3: 394–414.

SIMON, H. A. (1973). "The organization of complex systems," in H. H. Pattee (ed.), *Hierarchy Theory: The Challenge of Complex Systems*. New York: George Braziller, 3–27.

SITKIN, S. B. (1996). "Learning through failure: the strategy of small losses," in M. D. Cohen and L. S. Sproull (eds.), *Organizational Learning*. Thousand Oaks, CA: Sage, 541–77.

STAW, B. M., and ROSS, J. (1987). "Behavior in escalation situations: antecedents, prototypes, and solutions," in B. M. Staw and L. L. Cummings (eds.), *Research in Organizational Behavior*. Greenwich: JAI Press, 9: 39–78.

SYDOW, J., LINDKVIST, L., and DEFILLIPPI, R. (2004). "Project-based organizations, embeddedness and repositories of knowledge: editorial," *Organization Studies*, 25: 1475–89.

THOMPSON, J. D. (1967). *Organizations in Action, Social Science Basis of Administrative Theory*. New York: McGraw-Hill.

VAN DE VEN, A. H., DELBECQ, A. L., and HOENIG, R. (1976). "Determinants of coordination modes within organizations," *American Sociological Review*, 41: 322–38.

VIK, M., and LINDKVIST, L. (2001). "Styrning av prekliniska utvecklingsprojekt," in C. Berggren and L. Lindkvist (eds.), *Projekt: Organisation för målorientering och lärande*. Lund: Studentlitteratur.

VON MEIER, A. (1999). "Occupational cultures as a challenge to technological innovation," *IEEE Transactions on Engineering Management*, 46/1: 101–14.

WEGNER, D. M., ERBER, R., and RAYMOND, P. (1991). "Transactive memory in close relationships," *Journal of Personality and Social Psychology*, 61: 923–9.

WENGER, E. (1998). *Communities of Practice*. Cambridge: Cambridge University Press.

第 20 章　分散项目中的领导力和团队合作

Martin Hoegl　Miriam Muethel　Hans Georg Gemuenden

20.1　引言

人们越来越多地使用地理分布上分散的或虚拟的项目团队来从不同的地点获取专业化知识。这在复杂的、动态变化的项目中尤其突出（Gibson and Gibbs，2006），例如产品开发（如新的软件解决方案）和流程开发（如新的制造或物流系统）。在这样的情境中，企业力图通过直接合作来利用分布在不同地方的知识（如技术知识、当地市场知识），并部分依赖于以电脑为中介的沟通。同样地，企业也开始将不同地点的员工组成项目团队，以取得最优的劳动力成本。

然而，现在的研究认为，要从这些潜在益处当中获利是非常困难的。例如，关键的团队流程，如团队合作质量（Hoegl and Gemuenden，2001），包括信息的公开分享、任务分配等，在团队的虚拟特性不断增强时变得越发困难（Hoegl and Proserpio，2004a）。而且，最近的研究表明，在虚拟项目中取得高质量的团队合作越来越困难的同时，团队合作问题在这样的情境中也越来越重要（Siebdrat，Hoegl，and Ernst，2009）。也就是说，一方面团队合作一再被确认为项目团队成功的关键要素（Hoegl and Gemuenden，2001；Hoegl，Weinkauf，and Gemuenden，2004），另一方面随着项目越来越依赖于虚拟结构，团队合作对绩效的影响也越来越大（Hoegl，Ernst，and Proserpio，2007）。同时，20世纪70年代至今的研究一致认为，即使是程度较低的地理分散（或虚拟性），例如分散在同一幢楼的两层，都会对项目的合作流程和绩效产生重要影响（Allen，1971；Siebdrat，Hoegl，and Ernst，2009）。就这点而言，大部分项目团队都经历着一定程度的虚拟性，在项目工作中同时利用以电脑为中介的沟通（如邮件）和面对面沟通。本章关注分散分布的团队，但我们同时也注意到,我们的讨论同样关系到短期或低程度分散的团队(通常被称为"同地协作项目团队")。通过类比,我们的讨论还可以应用于多团队项目(Hoegl, Weinkauf, and Gemuenden, 2004),其中的子团队可能大体上分布在同一地点,但整个项目是相当分散或虚拟化的。

反过来,虚拟化可以被看作一种多维度的结构。虚拟项目团队能够跨越多种边界,包括地理、时间和组织等,他们通过电信和信息技术来完成共同的任务。具体来说,他们的工作和任务情境包括四个关键特征:地理分布分散性、电子技术依赖性、国家多样性和任务不确定性。每一种特征都对分散团队的绩效提出了挑战。复杂且动态化的任务对确保高效和有效的任务流程提出了很高的要求(Uhl-Bien, Marion, and McKelvey, 2007)。同时,情境特征中的地理分布分散性、国家多样性和电子媒介沟通通常被视作团队绩效的阻碍因素(Gibson and Gibbs, 2006)。

领导力是项目绩效的关键驱动因素,尤其是在虚拟项目中(Carte, Chidambaram, and Becker, 2006; Martins, Gilson, and Maynard, 2004)。总的来说,团队中的领导力可以被定义为:为了达成目标,对个体的态度和行为、团队中和团队间的互动发挥影响力(Bass 1990)。然而,分散分布对传统的垂直领导力(来自正式的项目领导)提出了挑战,由于与团队成员很少有机会进行直接和即时的沟通,领导者对团队实施直接影响的可行性下降了(Avolio, Kahai, and Dodge, 2001)。就这一点而言,由于地理距离远、文化背景多样、任务不确定以及总体上依赖于电子沟通媒介,领导力行为如信息搜寻和架构、问题解决中的信息利用、信任建立以及指导和帮助行为都变得困难(Gibson and Gibbs, 2006)。因此,需要适应虚拟情境的特定领导行为。在本章以下部分,我们将分散项目和虚拟项目两个术语视为是可替换的。

对领导力文献的回顾至少提出了对分散项目的三项挑战。第一,以领导者为中心的领导方法,如 e-leadership(强调在虚拟项目中转变垂直领导角色,例如如何管理虚拟团队会议),关注于通过利用沟通技术来强化垂直领导(即正式项目领导)的潜在影响力的途径(Avolio, Kahai, and Dodge, 2001)。第二,自我领导方法强调从垂直领导向个人的领导力转移(self-leadership)(Manz, 1986),或向团队整体的领导力转移(team self-leadership)(Neck, Stewart, and Manz, 1996)。第三,由 Pearce and Conger(2003)提出的共享领导力(shared leadership)描述了在团队中同时发生的、相互影响的过程(Houghton, Neck, and Manz, 2003),其特征是"连续出现的"正式和非正式领导。

考虑到分散项目的特殊挑战(如上文强调的那样),我们将基于共享领导力方法,把团队成员作为分散团队中领导行为的新来源,同时认可由先进的沟通技术所带来的在远距离情境下提升领导力的机会(Avolio, Kahai, and Dodge, 2001)。近来的共享领导力研究已经在新创企业的顶层管理团队(Ensley, Hmieleski, and Pearce, 2006)、销售团队(Perry and Pearce, 1999)、医院急救室成员(Klein et al., 2006)和管理团队变更(Pearce and Sims, 2002)等情境中进行。在这个问题上,我们将讨论在分散项目团队中,考虑到其所面临的地理分布分散性、电子技术依赖性、国家多样性和任务不确定性的挑战,团队共享领导力如何成为特别有效的方法。同时,我们将通过明确垂直领导者对分散项目中团队共享领导力的有效性的贡献来拓展这一概念。

本章接下来将更详细地讨论分散项目团队工作和任务情境的四个特征,强调由此带来的领导力方面的挑战。我们随后会讨论分散的项目团队中共享领导力如何驱动其团队质量的问题。我们认为共享领导力有助于克服地理分布分散性、国家多样性、电子技术依赖和任务不确定性的挑战。

20.2 虚拟项目团队的领导力挑战

一般来讲,团队可以被定义为一个由一些成员组成的社会系统,它嵌入在组织(情境)中,成员以此理解其自身角色,并被其他人视作团队成员(身份),并且团队成员基于共同的任务进行协作(团队合作)(Hackman, 1987; Hoegl and Gemuenden, 2001)。项目团队是具有预先设定的生命期限的团队的子集,其存在时间由项目的起止时间决定。大部分对于分散团队的研究将地理分散性作为这一类团队的特征(Montoya-Weiss, Massey, and Song, 2001),也有研究将虚拟团队和同地协作团队进行对比,后者意味着全部团队成员都在一个地方工作(McDonough, Kahn, and Barczaka, 2001)。但更新的研究关注团队成员在地理上接近(或分散)的程度(Hoegl, Ernst, and Proserpio, 2007),并拓展对分散团队相关(持续的)特征的研究。如引言部分所提到,分散(或虚拟)团队的工作和任务情境可以通过四种特征进行总体描述(Gibson and Gibbs, 2006),包括地理分布分散性、电子技术依赖性、国家多样性和任务不确定性。每一项特征都对项目领导力提出挑战,接下来我们会讨论这一问题。然而,值得注意的是,研究发现,即使是非常低程度的分散(如分散在同一建筑或地点内),对团队和项目的成功都有显著影响。

地理分散性指的是团队成员之间的时空距离,范围从同一地点至全球分布。近期的研究区分了地理分布分散的几个维度,包括空间的(如英里数)、时间的(如时区)和结构的(如不同地点成员分布的不平衡)特征(O'Leary and Cummings, 2007)。如 O'Leary and Cummings(2007)所强调,这些维度被预设为分散团队绩效的阻碍因素,空间分散阻碍了自发的沟通,时间分散减少了实时的问题解决,结构分散减弱了对成员工作状态的了解,并且反而增加了不同地区的子团队之间的冲突。

虽然物理上的分散分布并不一定影响对沟通技术的使用（高度分散的团队同样能够出差，而同地协作的团队也大多使用邮件或电话沟通），但一般认为在地理上更为分散的团队的**电子技术依赖性**更高（Kirkman et al., 2004）。更多依赖于技术的分散团队在沟通上面临各种问题：无法沟通情境的信息、无法平等地交换信息、个体掌握的信息不同、获得信息的速度和机会不同、对意义的理解不同（Kankanhalli, Tan, and Kwok-Kee, 2006）。这些沟通问题将导致团队中的误解和任务冲突。而且，由于面对面沟通比电子化沟通更能体现社会影响，项目领导职能（如提供指导和反馈、培训团队成员、收集和传递信息等）在电子化沟通中的实施很难和同地协作情境中有同样的质量。即使能够充分发挥先进沟通技术的作用，有限的媒体丰富程度（Johnson and Lederer, 2005）和有限的社会临场感（Kock, 2004）仍会妨碍影响的实现。类似地，项目中增加的差旅活动虽然能够促进面对面互动，却也带来明显的成本增加和时间浪费。

另外一个和地理分布分散性同时发生的特征是**国家多样性**（Maznevski and Chudoba, 2000）。团队中的国家背景越多样，成员所面对的与国家和语言相关的困难就越多，在更宽泛的文化维度差异方面（如个体主义和自信）也一样。文化是一整套的价值观，是个体对周围环境理解的过滤器，指导着行为和社会互动。当团队成员的国家背景高度多样化时，他们会表现出对社会互动规范的不同偏好，这将给与任务整合相关的执行过程（如协调）带来困难。对项目领导力而言，成员间的文化距离（物理距离和其他距离）以及对有效领导力行为的不同期望，为其实施社会影响带来了巨大挑战。

独立于团队的地理分布分散程度，**任务不确定性**以及产品和流程开发的动态的、复杂的任务，对团队成员的直接协作提出了高要求（Baba et al., 2004）。例如，为全球物流网络开发复杂软件解决方案的任务不可能完全拆分为工作包以分配给独立的项目成员个体或子团队完成。相反，为了完成任务，至少需要几个团队成员合作完成。此外，任务的高复杂性还表现为内在相关或者相互矛盾的子任务、包含多种属性的不同方案、不确定的方案或产出、信息（过度）负载、变化的多样性和频率、信息的相互关联、需要满足的限制条件等。之前的研究表明，这样的任务特征使得团队成员需要紧密互动，进一步提高了对跨越地理和文化距离的领导力的要求，要求保证高度的信息交换和任务合作，并且主要利用是电子化沟通方法。

总的来说，任务不确定性对确保有效且高效的任务流程的项目领导力提出了很高的要求。同时，地理分布分散性和国家多样性的情境特征成为阻碍因素，使得跨越地理和文化距离来实施必要的社会影响变得困难（Derosa et al., 2004）。虽然利用最新的信息和沟通技术能在一定程度上缓解这样的影响，但结合相关研究，我们认为，地理分布分散性、电子技术依赖性、国家多样性和任务不确定性还是对领导力提出了不小的挑战。我们现在转向共享领导力概念,讨论其与分散项目团队特征相关的重要联系。

20.3 团队成员作为额外的领导力来源

在讨论中,我们将 Pearce and Conger(2003)提出的共享领导力作为分析起点。共享领导力被定义为"工作团队中成员之间的一种动态的、互动的影响过程,目的是相互引导以达成团队目标"(Pearce and Conger,2003:286)。如此,共享领导力勾画出一种集体的团队过程,在其中,个体团队成员分担传统领导的绩效行为和角色(Pearce and Conger,2003)。这导致了团队中同时的、持续的共享领导力行为,以实现团队整体潜力的最大化(Houghton,Neck,and Manz,2003)。

接下来,我们将详细讨论在分散项目团队中的团队共享领导力是如何支持团队合作质量框架中与绩效相关的团队流程的(Hoegl and Gemuenden,2001),并与其工作情境特征相结合。

团队共享领导力和团队合作质量

领导力被认为是团队流程的重要驱动因素(Burke et al.,2006)。因此,我们将说明在虚拟项目中,团队共享领导力与团队合作质量正相关(Hoegl and Gemuenden,2001)。我们也将描述垂直(即正式的或等级制的)项目领导者在促进团队领导力共享(即建立结构、监控项目流程、解决团队冲突和授权)方面的重要作用。

为了理解团队成员共同工作的复杂本质,Hoegl and Gemuenden(2001)提出了团队合作质量的概念,并在实证上说明其是包含六个方面的高阶概念,包括沟通、协同、均衡贡献、相互支持、努力和团结。之后,Easley,Devara,and Crantj(2003)以及 Hoegl,Weinkauf,and Gemuenden(2004)也对团队合作质量的概念和测量进行了实证研究。这一概念的潜在主张是,高度合作的团队的行为符合这六个方面的团队合作质量特征。在团队合作质量高的团队中,团队成员能够对相关信息进行公开沟通,协同开展活动,保证所有的成员都能充分贡献知识和发挥潜能,并且在团队讨论和个人任务工作中彼此相互支持,建立并维持高度投入的工作规则,以及培育高度的团结,使得成员对团队进行维护。以下关于团队共享领导力和分散项目团队的合作关系的讨论与团队合作质量及其六个方面相关。

沟通。团队共享领导力行为始于个体团队成员,目标不仅包括提高自身绩效,还包括提升团队总体绩效。当个体抱有这样的想法和其他成员接触时,由其自己决定是进行面对面的互动还是使用以电脑为中介的方式。研究表明,在决策流程级别和媒体丰富度之间存在着一种沟通媒介的匹配规则(Hertel,Geister,and Konradt,2005)。Maznevski and Chudoba(2000)发现,低丰富度的沟通技术(如邮件)更适用于收集信息,而中丰富度的技术更适用于解决问题,面对面联系则适用于收集想法和进行综合的决策。然而,团队中的沟通方式不仅是功能性的媒介匹配,更是一种基于媒介使用的规则、实践和社会条件(Desanctis and Monge,1999)。考虑到在分散项目团队(作为一种临时性组织)中,团队成员通常来自不同部门(组织内合作)甚至不同企业(组织间合作),因此他们倾向于展现出不同的沟通方式。但当进入和其他团队成员的共享领导力进程后,个体开始学习如何(如"通过哪种媒体沟通")和其他成员接触(Martins,Gilson,and Maynard,2004)。由于参与共享领导力的团队成员有动机识别行动需求并影响其他团队成员以获得项目绩效,他们将在认知上对可选的沟通模式进行评估,并以最大化互惠为标准选择(Rogers and Lea,2005)。也就是说,参与共享领导的团队成员有意地选择、实施和改进他们的沟通策略。团队共享领导力因此能够促进主动的地理距离管理(什么时候需要面对面会议)以及对于任务和沟通策略的持续反馈。在讨论方案的优劣势时,团队共享领导力也能够带来更高质量的信息交换,进而实现更好的知识整合(Okhuysen and Eisenhardt,2002)。

协同。团队共享领导力能够促进团队中的任务协同。由于可以减少之后的返工,针对任务战略和相互依赖性(例如,我的领域中的变动如何影响其他人?)的持续监控和分析能够提高效率。相互依赖性,也就是基于与他人工作相结合的产出,被认为是社会交换的特质之一(Cropanzano and Mitchell,2005)。最近的研究表明,在高速运作的、不确定的和快速变化的条件下,团队成员可以通过将工作可视化地向他人展示并同时观察其他人的工作进度,而获得高度的协同(Kellogg,Orlikowski,and Yates,2006)。在这样的任务情境中,而且团队成员的物理分布分散时,团队共享领导力中的团队任务反馈(West,1996)将有助于发现不同成员工作包之间的缺口或重叠之处,由此团队成员可以寻找和协商他们工作之间的技术连接(Hoegl,Weinkauf,and Gemuenden,2004)。监控和影响来自不同的(理想情况是全部的)团队成员,他们分布在不同的地方并且拥有不同的信息库。随着团队成员努力对整个项目以及成员个人工作进行追踪,他们能够快速响应任何变化。这对于复杂和动态化的任务以及分散分布的团队性质(如设置障碍以使每个成员都意识到当前进展)尤为重要。在这一方面,团队共享领导力提高了分散团队的灵活性和适应性。得益于团队共享领导力所带来的更及时和更全面的信息基础,虚拟团队能够更快速并更准确地做出工作战略(或必要的适应)决策。

均衡贡献。通过预估信息和行动需求并恰当地实施行动,团队成员能够充分利用自身的知识和技能(West,1996)。起源于共享领导力行为的持续互动能够促进共享规则和语言的形成,加快信息获取和交换知识的整合(Collins and Smith,2006)。更进一步,团队共享领导力能够加强团队成员之间的关系纽带,这与有用知识的转移正相关。

第 20 章 分散项目中的领导力和团队合作

这一关系纽带一方面包含团队中分享想法和反馈的意愿,另一方面,也为从其他成员处接受信息和认知进行了准备(Seers,1989),这些都以整体团队的绩效利益为出发点。考虑到虚拟团队的物理分布分散性和国家多样性,这样的团队成员之间的关系建立对于团队合作质量而言尤为重要。在这一点上,团队共享领导力能够促进每位成员完全投入并融合到项目中,Hoegl and Gemuenden(2001)将此称为团队成员的均衡贡献。

相互支持和努力。更进一步,团队共享领导力行为同时表现出对其他成员和整个项目的贡献的关注。在这个方面,团队共享领导力营造出关注他人以提高整个团队以及每个成员的绩效的氛围(Tjosvold,1995)。由于团队成员通常来自不同部门,他们经常还需要完成共同项目之外的任务。对项目团队中每个人贡献的关注能够帮助成员重新聚焦整体项目目标,并激励成员调动其所有的努力(Hackman,1987)。在这样的情况下,团队共享领导力有助于说明分散团队成员的参与程度和相互支持程度,因为他们对其他成员贡献的关注及随后的建议过程是团队共享领导力的核心要素。

团结。虚拟项目的团队成员面临着不同的行为期望,这对团队层级的团结带来了巨大挑战,尤其是在跨文化环境中(Siebdrat,Hoegl,and Ernst,2009)。在这样的背景下,共享的合作行为规范显得非常重要。GLOBE 研究项目表明,以下特质与有效领导者的关系已得到公认,例如可信赖、公正、诚实、有预见性和计划性、积极、充满活力、激励并鼓舞人心、建立信心、善于沟通、消息灵通、协调者以及团队整合者(Javidan et al.,2006)。共享领导力包括了相关行为。与其他成员或整个团队的积极接触表明了充满活力和激励性的行为。而且,对于团队绩效而不仅仅是个人绩效的关注有助于团结成员和协调行动。个人在确定了其他团队成员或分散的项目团队的行动需求时就采取行动,团队共享领导力表现出前瞻性和计划性。最后,共享领导力带来成员间的相互影响(Pearce and Conger,2003),由于无法强迫他人接受意见或同意要求,个体必须依赖于他们的说服能力。因此,在发挥社会影响时,团队成员不仅必须表现出自身的技术能力,而且要说明自己是可信赖的。总的来说,共享领导力行为与公认的领导力行为密切相关,因此有可能解决分散项目中所面临的团队团结方面的挑战。

灵活的垂直领导力

垂直领导(即正式的等级制的项目领导)在启动和支持团队共享领导力中发挥着重要作用。由于团队共享领导力基于参与式决策,团队成员需要垂直领导的决策权力分享(Houghton,Neck,and Manz,2003)。另一方面,当团队无法解决冲突或达成目标时,需要项目领导的权力来支持冲突解决并将注意力集中到取得项目产出。因此,团队领导者能够通过灵活调整领导力行为,在启动和支持团队共享领导力的社会交换中发挥重要作用(Klein et al.,2006)。

基于对虚拟团队有效领导力的实证研究(Kayworth and Leidner,2001),我们认为这样的灵活垂直领导力(由正式的项目负责人领导)能够通过以下方式支持团队共享领导力:①建立结构;②团队授权;③监控项目流程,并就项目完成情况提供反馈;以及④解决团队任务冲突。

项目负责人发起并支持诸如任务的参与性分配(Burke et al.,2006)、团队成员之间的技术相互依赖的筹划和沟通等活动。项目负责人在项目开始时发起的团队活动(理想情况下是在面对面的启动会议上)为团队提供共享信息和公开讨论目标、过程和程序的可能性。内容说明(阐明项目范围和要求、搜集支持性的背景信息、创建工作文档)和过程信息(拟定项目计划和相关时间表)使得团队能对信息、其他成员的行动需求(West,1996)有所预计,并加快社会交换过程。

由于团队共享领导力是"工作团队中成员之间的一种动态的、互动的影响过程,目的是相互引导以达成团队目标"(Pearce and Conger,2003:286),项目领导者需要对虚拟项目团队进行授权。授权包括辅导、监控和反馈行为(Hackman and Wageman,2005),也包括具有参与性、促进性和咨询性领导风格的行为(Burke et al.,2006)。

项目领导者的另一项职责是解决任务(内容和目标)、关系(人际关系)和程序(如何完成工作)之间的冲突(Jehn,1997)。如果存在团队冲突,项目领导作为协调者要促进相互合作的团队冲突的解决,也就是对过程进行指导,但允许当事人控制结果,帮助他们进行观点讨论,引导他们达成现实的解决方案,并帮助提升双方关系(Jameson,2001)。只有在无法达成团队决策共识或者该共识无法有效反映组织或项目目标时,项目领导才进行独裁的决策。

我们使用**灵活的**垂直领导力来指代项目领导者在总体上参与团队授权,但在认识到团队无法独立达到计划、预算或产品质量预期时(或当团队成员提出要求,暗示团队无法达到预期时),则承担积极的领导角色(Klein et al.,2006)。因此,对于项目领导行为的期望至少在一定程度上是矛盾的(Denison,Hooijberg,and Quinn,1995)。当参与性决策依赖于授权和权力委托时,结构建立和问题解决行为就可能包括独裁的领导行为。根据 Denison et al.(1995)的观点,有效的领导必须具备社会认知和行为的灵活性,"以对环境中的矛盾、冲突和复杂性做出响应"。

20.4 讨论

理论贡献

领导力是团队进程的关键驱动要素。最近发表在国际顶级期刊上的研究表明了科研领域对以下问题的兴趣：①具体情境中的团队领导力方法（Klein et al.，2006）；②领导力的替代（Howell et al.，1990）；③对于分析层次的更多关注（Hunt and Ropo,1995）；④行为的复杂性（Kayworth and Leidner,2001）。本章的讨论和这些方面相关。

具体情境中的团队领导力方法。首先,我们对具体情境中的领导力方法做出了贡献,由于我们对团队共享领导力的讨论与虚拟团队中的合作过程相关,并且强调了团队共享领导力如何影响绩效相关的团队合作过程要素（Hoegl，Weinkauf,and Gemuenden,2004）,这对于研究者（Uhl-Bien,Marion,and McKelvey,2007）而言是很重要的。

领导力的替代。与领导力替代方法一致（Howell et al.，1990）,我们关注团队成员作为额外领导力来源的整合问题。然而,我们不提倡取代垂直领导,而主张垂直领导对于团队合作过程是必要的。我们整合关于团队领导的研究,包括团队自我领导力（Neck,Stewart,and Manz,1996）、集体领导力（Hiller,Day,and Vance,2006）和共享领导力（Pearce and Conger,2003）,并指出项目成员实施领导力行为的可能。

分析层次。然而,和之前有关共享领导力的研究（Houghton,Neck,and Manz,2003;Pearceand and Conger,2003）不同,我们并没有将共享领导力视为集体性的团队过程。我们强调的是个体团队成员发挥团队共享领导力,从而影响了其他成员。团队共享领导力行为主要是由团队成员在达成团队层级的目标方面的利益驱动,这些目标即团队整体产出的质量、成本和时间符合预期。

行为的复杂性。Kayworth and Leidner（2001）的实证研究表明,高效的虚拟团队领导在进行团队授权的同时,在不专制或僵化的情况下,会维护自己的权力。我们指出了垂直领导力在分散团队中行为的复杂性。通过术语灵活垂直领导力,我们提出了相关的矛盾和悖论问题（Denison,Hooijberg,and Quinn,1995）。同时,在确定垂直领导者在什么时候需要进行主动的领导角色行为和在什么时候支持团队解决方案方面,我们结合了Klein et al.（2006）提出的动态委托的理论概念（即主动领导角色的转换）。

社会交换理论。我们与 Seers 及其同事（Seers,Keller,and Wilkerson,2003）一样,主张同伴间的社会交换对团队绩效产生积极影响。然而,他们关注团队合作相关的社会交换,如在团队任务中的个人工作协调,而我们强调共享领导力所带来的主动影响的交换的重要性。我们还说明了情境同样影响交换规则的运用。

项目管理。最近对项目管理的研究指出情感的（Geoghegan and Dulewicz,2008）、真诚的（Toor and Ofori,2008）和道德的行为与成功的项目领导者相关（Lee,2009）。通过对基于项目成员之间积极关系的共享领导力概念进行介绍,本章内容对"作为硬事实的软事实"这一研究趋势也有所贡献。

项目管理的目的通常在于分割任务并根据不同项目成员的专长进行责任分配。除了这样自上而下的任务结构方法,成功的分散项目同样依赖于自下而上的整合机制,这一机制能够使得独立的子任务保持一致。共享领导力机制能够实现这样的功能。

20.5 未来的研究

本章介绍的分散项目团队中的团队共享领导力概念为其未来的概念化和实证研究提供了基础。显然,未来针对分散项目中的领导力和团队合作的研究将与共享领导力的发展直接相关。基于之前对项目团队领导力问题的追踪研究(Hoegl and Weinkauf,2005),似乎可以认为,与项目后期相比,集中的共享领导力在项目初期(感知到的不确定性和复杂性更高)更为重要。这样的追踪分析将引发对共享领导力和团队合作质量是如何随着时间发展和互动的问题的研究。

除了呼吁对领导力和团队合作过程的分析应更具动态性,我们认为分散团队中共享领导力的前因和情境条件是未来对现有研究的重要拓展。此外,未来对于项目管理这一组织惯例和共享领导力这一灵活协调机制的结合的研究,将会为高度结构化的项目如何在复杂和动态的环境中保持灵活性提供更多洞察。这些想法将在下文中简要介绍,首先是各分析层次的情境和前因条件。

共享领导力的组织层级的前因变量可能包括组织文化。例如,由 Hurley and Hult(1998)概念化的组织文化包括创新性(如寻找新的想法)、参与式决策(如基于公开讨论的决策)、权力分享(如合作氛围)以及其他要素。这些组织因素可能正向影响共享领导力的可能性。

共享领导力的项目层级或团队层级的前因变量可能包括共享心智模式(Carson,Tesluk, and Marrone,2007)和团队对共同目标的承诺。共享心智模式组成了由成员共享的对于团队相关环境中关键要素的知识或信念的组织化认知或心理表征。对于共同目标的团队承诺指的是团队对共同目标的信念及为团队任务投入努力的意愿。这些要素将反过来促进分散团队中的共享领导力。而且,团队从事的项目类型很可能左右共享领导力对团队合作质量的影响。例如,高度不稳定的和不可预见的任务(如开发一种全新的产品),将会对团队成员在分散分布的情境中有效且高效地实现共享领导力提出严峻挑战。相反,更可预见的项目任务,如对已有IT系统的特定修改,可能使得团队更适应于分散分布情境,共享领导力在其中也能带来很大益处。此外,项目团队成员的流动性(或灵活性)(从成员稳定到快速变化)也会对共享领导力和团队合作质量产生影响。为了更好地理解分散项目团队中成功的共享领导力的边界,对于这些或其他可能的权变因素的研究很重要。

在个体层面,共享领导力的前因变量最可能包括自我领导力(Bligh, Pearce, and Kohles,2006)和社会技能(Cox, Pearce, and Perry,2003)。自我领导力包括行为和认知策略,个人通过这些战略来影响自身以达到自我指导和自我激励的目的,如自我约束、自我控制和自我管理(Houghton,Neck,and Manz,2003)。社会技能使得团队成员的冲突解决(如识别冲突的种类和来源,采用互动双赢的谈判策略)、协同解决问题(如识别在哪些情境中参与是合适的,并调动适当程度的参与)和有效沟通(如理解沟通网络、公开且互相给予支持的沟通、使用积极的倾听)成为可能。同时,需要认识到,为了促进共享领导力,所有团队成员而不只是团队领导需要在这些关键方面拥有足够的技能。反过来,这意味着组织不仅需要为特定领导团队的领导力和社会技能开发进行投资,还需要使分散项目中的每个人都有所参与。

考虑到项目管理和共享领导力的结合,我们建议未来研究探讨标准化的机制(即项目管理工具的常规使用)以及将共享领导力作为一种灵活的适应过程。在一定程度上,高度的结构化可能负向影响项目团队灵活适应复杂和动态环境的能力。共享领导力,也就是所有团队成员积极参与并为任务成果承担责任,可能成为一种防止高度标准化团队的不适应性问题的有价值的机制。

然而,对团队共享领导力未来研究的最有说服力的需求来自分散项目的实践问题。企业越来越多地使用分散团队(McDonough,Kahn,and Barczaka,2001;Vaccaro,Veloso,and Brusoni,2009),但很多人都发现难以充分发挥其潜能。本章的讨论主要关注分散项目团队,强调其中特定的领导力挑战,很明显,这样的挑战在更广泛的情境和行业中都很常见。因此,我们希望这一关于共享领导力和团队合作质量的想法能够为包含成员变化和不同分散程度的大型建筑项目、成员背景多样的国际组织变革项目提供参考。

20.6 参考文献

ALLEN, T. J. (1971). "Communication networks in RandD laboratories," *R&D Management*, 1: 14–21.

AVOLIO, B. J., KAHAI, S. S., and DODGE, G. E. (2001). "E-leadership: implications for theory, research, and practice," *Leadership Quarterly*, 11/4: 615–68.

BABA, M. L., GLUESING, J., RATNER, H., and WAGNER, K. H. (2004). "The contexts of knowing: natural history of a globally distributed team," *Journal of Organizational Behavior*, 25/5: 547.

BASS, B. (1990). *Bass and Stogdill's Handbook of Leadership*. New York: Free Press.

BLIGH, M. C., PEARCE, C. L., and KOHLES, J. C. (2006). "The importance of self- and shared leadership in team based knowledge work," *Journal of Managerial Psychology*, 21/4: 296.

BURKE, C. S., STAGL, K. C., KLEIN, C., GOODWIN, G. F., SALAS, E., and HALPIN, S. M. (2006). "What type of leadership behaviors are functional in teams? A meta-analysis," *Leadership Quarterly*, 17: 288–307.

CARSON, J. B., TESLUK, P. E., and MARRONE, J. A. (2007). "Shared leadership in teams: an investigation of antecedent conditions and performance," *Academy of Management Journal*, 50/5: 1217–34.

Carte, T., Chidambaram, L., and Becker, A. (2006). "Emergent leadership in self-managed virtual teams," *Group Decision and Negotiation*, 15/4: 323.

Collins, C. J., and Smith, K. G. (2006). "Knowledge exchange and combination: the role of human resource practices in the performance of high-technology firms," *Academy of Management Journal*, 49/3: 544.

Cox, J. F., Pearce, C. L., and Perry, M. L. (2003). "Toward a model of shared leadership and distributed influence in the innovation process: how shared leadership can enhance new product development team dynamics and effectiveness," in C. L. Pearce and J. A. Conger (eds.), *Shared Leadership: Reframing the Hows and Whys of Leadership*. Thousand Oaks, CA: Sage Publications, 48–76.

Cropanzano, R., and Mitchell, M. S. (2005). "Social exchange theory: an interdisciplinary review," *Journal of Management*, 31/6: 874–900.

Denison, D. R., Hooijberg, R., and Quinn, R. E. (1995). "Paradox and performance: toward a theory of behavioral complexity in managerial leadership," *Organization Science*, 6/5: 524.

DeRosa, D. M., Hantula, D. A., Kock, N., and D'Arcy, J. (2004). "Trust and leadership in virtual teamwork: a media naturalness perspective," *Human Resource Management*, 43/2–3: 219.

DeSanctis, G., and Monge, P. (1999). "Introduction to the special issue: communication processes for virtual organizations," *Organization Science*, 10/6: 693.

Easley, R. F., Devaraj, S., and Crant, M. (2003). "Relating collaborative technology use to teamwork quality and performance: an empirical analysis," *Journal of Management Information Systems*, 19/4: 247–68.

Ensley, M. D., Hmieleski, K. M., and Pearce, C. L. (2006). "The importance of vertical and shared leadership within new venture top management teams: implications for the performance of startups," *Leadership Quarterly*, 17: 217–31.

——Pearson, A., and Pearce, C. L. (2003). "Top management team process, shared leadership, and new venture performance: a theoretical model and research agenda," *Human Resource Management Review*, 13/2: 329.

Geoghegan, L., and Dulewicz, V. (2008). "Do project managers' leadership competencies contribute to project success?," *Project Management Journal*, 39/4: 58–67.

Gibson, C. B., and Gibbs, J. L. (2006). "Unpacking the concept of virtuality: the effects of geographic dispersion, electronic dependence, dynamic structure, and national diversity on team innovation," *Administrative Science Quarterly*, 51/3: 451.

Hackman, J. R. (1987). "The design of work teams," in J. W. Lorsch (ed.), *Handbook of Organizational Behavior*. Englewood Cliffs, NJ: Prentice-Hall, 315–42.

——and Wageman, R. (2005). "A theory of team coaching," *Academy of Management Review*, 30/2: 269–87.

Hertel, G., Geister, S., and Konradt, U. (2005). "Managing virtual teams: a review of current empirical research," *Human Resource Management Review*, 15/1: 69.

Hiller, N. J., Day, D. V., and Vance, R. J. (2006). "Collective enactment of leadership roles and team effectiveness: a field study," *Leadership Quarterly*, 17/4: 387.

Hoegl, M., and Gemuenden, H. G. (2001). "Teamwork quality and the success of innovative projects: a theoretical concept and empirical evidence," *Organization Science*, 12/4: 435–49.

——and Proserpio, L. (2004a). "Team member proximity and teamwork in innovative projects," *Research Policy*, 33/8: 1153–65.

——— (2004b). "Team member proximity and teamwork in innovative projects," *Research Policy*, 33: 1153–65.

——— and WEINKAUF, K. (2005). "Managing task interdependencies in multi-team projects: a longitudinal study," *Journal of Management Studies*, 42/6: 1287–308.

——— ——— and GEMUENDEN, H. G. (2004). "Interteam coordination, project commitment, and teamwork in multiteam RandD projects: a longitudinal study," *Organization Science*, 15/1: 38–55.

——— ERNST, H., and PROSERPIO, L. (2007). "How teamwork matters more as team member dispersion increases," *Journal of Product Innovation Management*, 24/1: 156–65.

HOUGHTON, J. D., NECK, C. P., and MANZ, C. C. (2003). "Self-leadership and superleadership," in C. L. Pearce and J. A. Conger (eds.), *Shared Leadership: Reframing the Hows and Whys of Leadership*. Thousand Oaks, CA: Sage Publication, 123–40.

HOWELL, J. P., BOWEN, D. E., DORFMAN, P. W., KERR, S., and PODSAKOFF, P. M. (1990). "Substitutes for leadership: effective alternatives to ineffective leadership," *Organizational Dynamics*.

HUNT, J. G., and ROPO, A. (1995). "Multi-level leadership: grounded theory and mainstream theory applied to the case of general motors," *Leadership Quarterly*, 6/3: 379–412.

HURLEY, R. F., and HULT, G. T. M. (1998). "Innovation, market orientation, and organizational learning: an integration and empirical examination," *Journal of Marketing*, 62/3: 42–54.

JAMESON, J. K. (2001). "Employee perceptions of the availability and use of interest-based, right-based, and power-based conflict management strategies," *Conflict Resolution Quarterly*, 19/2: 163–96.

JAVIDAN, M., DORFMAN, P. W., DE LUQUE, M. S., and HOUSE, R. J. (2006). "In the eye of the beholder: cross cultural lessons in leadership from project GLOBE," *Academy of Management Perspectives*, 20/1: 67–90.

JEHN, K. A. (1997). "A qualitative analysis of conflict types and dimensions in organizational groups," *Administrative Science Quarterly*, 42/3: 530–57.

JOHNSON, A. M., and LEDERER, A. L. (2005). "The effect of communication frequency and channel richness on the convergence between chief executive and chief information officers," *Journal of Management Information Systems*, 22/2: 227.

KANKANHALLI, A., TAN, B. C. Y., and KWOK-KEE, W. E. I. (2006). "Conflict and performance in global virtual teams," *Journal of Management Information Systems*, 23/3: 237.

KAYWORTH, T. R., and LEIDNER, D. E. (2001). "Leadership effectiveness in global virtual teams," *Journal of Management Information Systems*, 18/3: 7.

KELLOGG, K. C., ORLIKOWSKI, W. J., and YATES, J. (2006). "Life in the trading zone: structuring coordination across boundaries in postbureaucratic organizations," *Organization Science*, 17/1: 22–44.

KIRKMAN, B. L., ROSEN, B., TESLUK, P. E., and GIBSON, C. B. (2004). "The impact of team empowerment on virtual team performance: the moderating role of face-to-face interaction," *Academy of Management Journal*, 47/2: 175.

KLEIN, K. J., ZIEGERT, J. C., KNIGHT, A. P., and YAN, X. (2006). "Dynamic delegation: shared, hierarchical, and deindividualized leadership in extreme action teams," *Administrative Science Quarterly*, 51/4: 590.

KOCK, N. (2004). "The psychobiological model: towards a new theory of computer-mediated communication based on Darwinian evolution," *Organization Science*, 15/3: 327.

LEE, M. R. (2009). "E-ethical leadership for virtual project teams," *International Journal of Project Management*, 27/5: 456–63.

McDonough, E. F., Kahn, K. B., and Barczaka, G. (2001). "An investigation of the use of global, virtual, and colocated new product development teams," *Journal of Product Innovation Management*, 18: 110–20.

Manz, C. C. (1986). "Self-leadership: toward an expanded theory of self-influence processes in organizations," *Academy of Management Review*, 11/3: 585–600.

Martins, L. L., Gilson, L. L., and Maynard, M. T. (2004). "Virtual teams: what do we know and where do we go from here?," *Journal of Management*, 30/6: 805.

Maznevski, M. L., and Chudoba, K. M. (2000). "Bridging space over time: global virtual team dynamics and effectiveness," *Organization Science*, 11/5: 473.

Montoya-Weiss, M. M., Massey, A. P., and Song, M. (2001). "Getting it together: temporal coordination and conflict management in global virtual teams," *Academy of Management Journal*, 44/6: 1251–62.

Neck, C. P., Stewart, G. L., and Manz, C. C. (1996). "Self-leaders within self-leading teams: toward an optimal equilibrium," *Advances in Interdisciplinary Studies of Work Teams*, 3: 43–65.

Okhuysen, G. A., and Eisenhardt, K. M. (2002). "Integrating knowledge in groups: how formal interventions enable flexibility," *Organization Science*, 13/4: 370–86.

O'Leary, M. B., and Cummings, J. N. (2007). "The spatial, temporal, and configurational characteristics of geographic dispersion in teams," *MIS Quarterly*, 31/3: 433–52.

Pearce, C. L., and Conger, J. A. (2003). *Shared Leadership: Reframing the Hows and Whys of Leadership*. Thousand Oaks, CA: Sage Publications.

——and Sims, H. P. (2002). "Vertical versus shared leadership as predictors of the effectiveness of change management teams: an examination of aversive, directive, transactional, transformational, and empowering leader behaviors," *Group Dynamics*, 6/2: 172.

Perry, M. L., and Pearce, C. L. (1999). "Who's leading the selling teams? Vertical versus shared leadership in team selling," *AMA Winter Educators Conference Proceedings*, 10: 169.

Rogers, P., and Lea, M. (2005). "Social presence in distributed group environments: the role of social identity," *Behaviour and Information Technology*, 24/2: 151–8.

Seers, A. (1989). "Team-member exchange quality: a new construct for role-making research," *Organizational Behavior and Human Decision Process*, 43: 118–35.

——Keller, T., and Wilkerson, J. M. (2003). "Can team members share leadership? Foundations in research and theory," in C. L. Pearce and J. A. Conger (eds.), *Shared Leadership: Reframing the Hows and Whys of Leadership*. Thousand Oaks, CA: Sage Publications, 77–101.

Siebdrat, F., Hoegl, M., and Ernst, H. (2009). "How to manage virtual teams," *MIT Sloan Management Review*, 50/4: 63–8.

Tjosvold, D. (1995). "Cooperation theory, constructive controversy, and effectiveness: learning from crisis," in R. A. Guzzo and E. A. A. Salas (eds.), *Team Effectiveness and Decision Making in Organizations*. San Francisco: Jossey-Bass, 79–112.

Toor, S.-u.-R., and Ofori, G. (2008). "Leadership for future construction industry: agenda for authentic leadership," *International Journal of Project Management*, 26/6: 620–30.

Uhl-Bien, M., Marion, R., and McKelvey, B. (2007). "Complexity leadership theory: shifting leadership from the industrial age to the knowledge era," *Leadership Quarterly*, 18/4: 298–318.

Vaccaro, A., Veloso, F., and Brusoni, S. (2009). "The impact of virtual technologies on knowledge-based processes: an empirical study," *Research Policy*, 38/8: 1278–87.

West, M. A. (1996). "Reflexity and work group effectiveness: a conceptual integration," in M. A. West (ed.), *Handbook of Work Group Psychology*. London: Wiley, 555–79.

第21章 项目实践:新方法,新见解

Markus Hällgren　Anders Söderholm

21.1 引言

项目的实现包含很多任务的完成,如保证足够的资金、准备计划、撰写报告以及与承包商和指导委员会开会。工作的高负荷会给参与者带来巨大的压力,这可能导致其精疲力竭、超时工作或引发家庭问题。项目成员,包括管理者、工程师、指导委员会成员、项目承包商和客户等的日常工作都值得密切关注,但目前仍缺乏对这个问题的足够研究。

项目研究能够大致分为两个流派:一个是传统的、结构化的,关注于最佳实践和工具、模型的开发;另一个是更偏向过程导向的、以实证为主的,关注于描述性内容。前者或者说传统的流派关注于方法、组织形态、惯例和领导力风格;而后者或者说过程的流派强调变化、社会过程、组织和业务的发展。由于它关注的是特定的系列事件为什么会发生,以及这些事件是如何以它们的方式演进的,所以使用过程研究方法能更好地理解人类行为。然而,两种方法都基于实践的假设,常常将实践视作理所当然,但这一假设的基础中缺少细节的描述。这使得项目中动态的成员角色和他们完成项目的行动无法被充分地展现和理解。

本章最重要的关注点是社会科学视角下的项目实践(projects-as-practices),本章认为社会现象中的情境化实践一面同样重要,是理解所发生情况的研究基础。尽管这一研究也是实证的,但其重点关注组织环境中的行动和成员,而不是仅仅关注于总的社会过程或结构。在这一方法中,项目被看作其参与成员的行动总和,强调成员如何参与项目活动,以及其工作日通常是如何组织的。这将为项目管理实践对于战略组织变革的重要性(Balogun,2007),或项目执行所必需的即兴创作能力(Lindahl,2003)等领域提供有益借鉴。利用社会科学中的术语"实践转向"(Schatzki,Knorr Cetina,and Von Savigny,2001),本章将讨论社会实践方法,并说明其对更深入地理解项目的帮助。

21.2 定位项目实践

与其他研究领域相比,包括产品开发(Orlikowsk,2002)、战略(Balogun,2007)及项目问题(如 Bechky,2006;Blomquist et al.,2010),最近的实践研究被认为是一种独特的研究(Schatzki,Knorr Cetina,and Von Savigny,2001;Reckwitz,2002)。项目实践方法的产生不是为了替代现有的项目研究,后者要么采纳传统的结构方法,要么采纳更加人类行为导向的过程方法。通过介绍这两种方法的一些特征,本章将区分过程研究方法和实践研究方法(对于它们与传统方法的不同,可参考 Cimil and Hodgson,2006)。

过程研究方法关注于人在时间中的活动。因此,它非常关注组织的复杂性(Cicmil and Hodgson,2006:10),并将项目看作一种持续的发展过程,强调过去、现在和未来的纵向顺序。一般认为过程研究方法起源于 20 世纪 90 年代中期的斯堪的纳维亚,项目管理的斯堪的纳维亚学派常等同于过程研究方法。其中的一项重要贡献来自 Kreiner(1995),他分析了环境如何随着时间推移而演变,并为项目创造新的情境,而项目过程可能难以适应新的环境。虽然主要通过项目内部的视角,Lundin and Söderholm(1995)也进行了类似的观察,讨论了不同项目阶段中的不同行动取向。而 Midler(1995)使用另一种过程研究方法,观察了一项特定的研发活动是如何进行流程变更的。一项更新的研究成果来自 Brady and Davies(2004),讨论了一个企业转向新市场/新技术时的学习阶段("项目先导"阶段、"项目到项目"阶段以及"项目到组织"阶段)。

过程研究方法的研究成果是依赖于情境的并且是社会敏感的。虽然传统方法和过程方法都对研究工具开发和社会问题的考量有所贡献,但都无法解释人类的情境化活动,这意味着过程方法与其最终结论中的行为含义并不相符。一些过程研究更为结构化,以自上而下的视角进行过程研究。其他一些过程研究则与实践方法更接近,倾向于理解情境化活动。关注特定情境的过程研究方法与项目实践方法关注相同的现象,但一点不同就导致了它们拥有不同的方向。其中一个例子是 Alsakini,Wikström,and Kiiras(2004)研究偏差是如何影响计划的。这一研究几乎没有提供情境化活动和实践的细节,因此无法帮助理解项目是如何组织起来的。

项目实践源自对之前研究的批评。之前的研究假定,无论在什么情况下,组织都标准化地执行项目活动,而不考虑其所在的社会环境,并没有将其作为一种在社会设定中完成的情境化活动。这并不是说之前的方法是错的,而只是本章所讲的项目实践方法与之不同。在详细分析实践方法之前,需要区分过程研究方法和实践研究方法的不同,以避免误解(见表21.1)。

表 21.1 比较:实践研究方法和过程研究方法

	实践研究方法	过程研究方法
活动的角色	特定社会情境中的活动及其意义,解释实践如何发生	活动及其发生过程,以及它们随着时间的发展,解释过程的作用
与实证情境的关系	被看作不断被重新议定的人们行为的总和	被看作符合特定模式的行为
兴趣点	强调项目的特定部分是如何通过微观实践实现的	强调事物如何在组织层级上发生变化
调查类型	传统上依赖于参与式观察	传统上依赖于访谈
研究视角	理解基于自下而上的组织视角	理解基于自上而下的纵向的组织视角
研究问题示例	项目执行如何在为建筑项目开发甘特图的实践中反映出来?	并行工程流程中的里程碑有哪些?
研究案例	Bechky(2006);Whittington et al.(2006);Hällgren and Wilson(2007)	Lundin and Söderholm(1995);Midler(1995);Brady and Davies(2004)

● 实践研究方法关注活动和实践本身及其在特定社会设定中的含义;而过程研究方法关注活动是如何随着时间进行和发展的(具体来说就是项目如何演进)。当活动作为分析的出发点时,这两种方法有一定的重叠之处。主要的差异在于研究的目的。在实践研究方法中,活动既是实践起源的一部分,也是实践结果的一部分。在实践研究方法中,对实践的理解是研究的最终产出,而活动是实践的一个必要部分。而在过程研究方法中,活动是理解过程的方法,在这样的情况下,对过程的理解是研究的最终产出。

● 实践研究方法将项目作为个体参与的、经常被重新商讨的活动的总和,而过程研究方法则将项目看作组织拥有的某种东西。将项目看作组织的包含特定内容(如工具、方法)的财产,要求假设人们会以特定的方式行为。过程研究方法可能存在的不足包括无法理解那些未遵循某一事先定义好的模型的过程。

● 实践研究方法注重实践如何发生,而过程研究方法对随时间发生的变化而不是发展更感兴趣。例如,从实践研究方法的角度看,项目经理如何在项目计划的甘特图中展示并行工程实践,比并行工程如何塑造项目过程更有趣。从实践角度看,在电脑屏幕前完成的这些活动,对理解随后的实践非常重要。这一方法的价值在于,对甘特图的开发的关注有助于解释随后的项目团队和活动的组织。从更宽泛的意义上说,过程无法解释人们做了什么,因此也无法解释形成过程基础的假设。

● 实践研究方法倾向于通过参与式观察研究进行更多个体间的、情境化的调查,而过程研究方法通常通过案例研究和访谈,从组织视角考量关键目标。因此,实践研究方法倾向于更近距离地研究现象,较少关注案例而更多关注活动,这也为过程概念提供了新的素材。

- 实践研究方法假设人们所做的事以及其中常规的、琐碎的细节会影响任务的完成。因此,实践研究方法"对参与者的工作追根溯源"(Whittington,1996:732)。过程研究方法由于缺少细节和对行为所发生的社会情境的关注,则不能提供这样深入的理解,因此,它是一种纵向的自上而下的时间研究方法。因为实践研究方法自下而上地研究所发生实践的细节,所以能够为理解过程、工具的使用以及结构的影响提供另一种理解。

- 因此,两种方法会提出不同的研究问题。一个实践研究方法的研究问题例子是"项目执行如何在为建筑项目开发甘特图的实践中反映出来?"一个过程研究方法的例子是"并行工程流程中的里程碑有哪些?"

从这些不同的理解出发,一些研究者关注于工作中的平凡细节(如Blackburn, 2002;Bragd,2002;Lindahl,2003;Engwall and Westling,2004;Sapsed and Salter,2004; Hellström and Wikström,2005;Karrbom-Gustafsson,2006;Bechky,2006;Simon,2006;Cicmil et al.,2006;Jarzabkowski and Fenton,2006;Whittington et al.,2006;Molloy and Whittington,2006;Balogun,2007;Hällgren,2009;Hällgren and Wilson,2007;Söderholm,2008; Berggren,Järkvik and Söderlund,2008;Jerbrant,2009)。以上研究所代表的这种关注,也被称为"项目实践",展现出一种对项目的工作机制的由衷兴趣。这包括关注"个人的情景化的规范性实践(微观)以及个体在这些规范性实践中所采用的不同的社会化定义的实践(宏观)(Jarzabkowski,Balogun,and Seidl,2007:7)。因此,重点在于微观(个体及其行动)和宏观(社会及其结构力量)之间不可分割的联系(Whittington,2006:614)。必须要认识到,这不是规范性实践或技术性实践(后文将详细讨论)的问题,而是同时包括两者的结合,强调特定实践发生的"场所"(site)。"场所"的概念不能和建筑工地现场等概念混淆。为了避免引发困惑,引用Schatzki(2003)所提出的"场所"概念如下,其认为这一术语不仅仅指一种物理地点:

> 场所本体论主张社会生活,即人的共处与其发生的情境类型存在内在关联。事件发生时的场所等情境是事件的有机整体部分。场所本体论认为,只有充分了解人们所处的情境才能分析社会现象。(Schatzki,2003:175-6)。

因此,实践研究方法强调实践是如何在场所中被定位和创造的。然而,一个场所不仅是物理性的、一些规范性实践发生的地方,也是一种行动或项目的社会化或制度化情境。情境本身就是情境化活动和社会实践持续互动的一部分,其重点不在于情况而在于规范性实践(情境化行为)、技术性实践(行为之上的规范、价值观、惯例和规则)以及行动的人,即实践者。这三个概念在实践中,如会议或项目中紧密联系在一起(Hendry and Seidl,2003)。为了解释实践,必须找到实践的组成部分以及这三个概念的结合点。

21.3 理解项目实践的核心概念

规范性实践

规范性实践(praxis)是个体的情境化行为。因此,它不是一种独立于情境的活动,而是与之相关的整体"场所"的一部分。因此,在一个产品开发项目中,规范性实践一般包括建立项目计划、向指导委员会汇报以及简单来说,为展示准备PPT等。规范性实践可以是正式或非正式的,或多或少地与项目这一研究对象相关(Whittington,2006:619)。从实践方法看,任何活动都值得关注,例如,发怒时发出的邮件可以改变项目事项的进程。如果一项情境化活动与对象相关,例如,一个受雇的咨询师打给他或她所参加项目的同事的电话,那么其中就可能包括值得研究的情境化行为。因此,规范性实践是为"完成工作"所做的投入,这意味着遵循计划或规则并不重要,重要的是利用工具和方法来完成任务。

若干研究描述了"工作是如何完成的",包括Nilsson(2008)研究了一位项目经理的工作(规范性实践)。他的研究表明了规范性实践是如何与技术性实践(主要关注PMBoK的知识领域)相联系的。类似的研究还有Hällgren and Wilson(2008)关于项目中的偏差管理的研究。这项对柴油发电厂的研究发现,当必须因某一偏差而达成妥协时,项目经理的典型做法是组建临时响应团队。这些研究的典型特征之一是关注工作的细节,而不假定工作应该如何完成。研究详细描述了工作完成的过程、响应团队是在什么情况下成立的,以及哪些实践导致了这样的情况。从中可以了解到,项目工作不只和工具有关,而且是对于活动的持续小调整,以使原本就不稳定的项目保持稳定。

技术性实践

技术性实践(practices)是项目执行中遵循的规范、价值观、规则和政策(Whittington,2006:620)。技术性实践是常规化的行为,其嵌入在人类存在的不同层次和完成工作所需的资源中。这包括如何使用Microsoft Project等工具、如何促使承包商投入额外努力等的知识。规范性实践由技术性实践指导,而技术性实践在规范性实践中产生。当一个人以特定的方式行事时,他的选择会基于对当前情况的先入之见。他将参考以前所获得的知识,以对当前情况进行意义建构,而从中获得的新经验也将影响未来的行为。

很多实践研究关注微观问题,但技术性实践并不局限于微观层面,它们也出现在中观或宏观层面(Whittington,2006:620)。然而,除了在理论上,各个层面并不一定能被分离,因为它们都紧密联系在一起并影响实践者的行为。微观层面的技术性实践包括对工作完成方法的描述,例如会议;中观层面的技术性实践包括对组织或子组织的描述,例如特定项目模型是如何使用的;宏观层面的技术性实践指的是指导企业总体行为的组织外实践,例如行业的热潮和趋势,或者是指定遗漏率或质量保证的法规管制。

不同层面的技术性实践都有很多例子。在微观层面,Söderholm(2008)说明了在四种不同情境下如何管理意料之外的事件。他发现,管理者要么采取创新行动,在其他项目活动中运用分离策略,制定更紧凑的会议时间表,要么对项目条件进行重新商议。在中观层面,Hellström and Wikström(2005)表明在分散化的能源行业中,竞争如何导致了并行的、模式化的项目组织和执行方式。在宏观层面,Sapsed and Salter(2004)说明了项目管理工具在拓宽分散化团队知识共享边界中发挥的作用。

实践者

实践者(practitioners)指的是理解或执行规范性实践或技术性实践的人。简单而言,"实践者是创建、塑造和执行项目的人"(Whittington,2006:619)。传统上,在管理或项目管理的实践者研究中,备受关注的是管理者的角色,但项目实践者也可以是创建、塑造和执行项目的任何人,包括咨询师、指导委员会成员、承包商、部门经理。然而,这些人的角色和实践很少得到研究和理解。

Gaddis(1959)认为项目经理的任务是成为"中间人",但未能详细描述其具体作用。Simon(2006)对电脑游戏开发项目经理进行了研究,发现他们的日常工作是相当碎片化的。Nilsson(2008)在对软件行业的研究中也发现,由于组织中不同层级、不同活动和不同问题的关系非常复杂,项目经理的日程是高度碎片化的。Nilsson将这一认识与正式项目管理工具和惯例的应用联系在一起,并探讨了这些正式实践是否与日常活动相关。Bragd(2002)的研究对理解项目经理的工作也具有重要意义,他从知识角度出发,研究了汽车的开发过程。Bragd密切追踪了一位项目经理参与的会议和日常活动,展示了汽车产品是如何产生和形成的。

实践者是确定规范性实践和技术性实践的唯一人选,这意味着实践者是实践研究视角中最重要的分析单位之一。仍需要对项目经理(Crawford et al.,2006)和其他项目实践者的活动进行大量研究。

21.4　认识实践:发电厂案例

实践是项目参与者言论和行为的结合点。规范性实践与指导活动的技术性实践不可分割,共同形成项目管理实践(参阅 Reckwitz,2002:249)。例如,一项实践可能包括绘制可接受的甘特图或与承包商进行讨论的相关知识。实践方法揭示了其他的项目管理研究方法没有涉及的问题,这是因为当人们将实践放在首位考虑时,会面临许多不同的问题。

项目实践方法注重分析人与可用工具之间的关联,以及不同实践者如何在不同情境下理解并采用工具,而不是评估、描述或开发项目中所使用的工具。最近的一项研究关注一个大型能源解决方案提供商的项目产出(Hällgren,2009),其中用以加快项目进程的实践是会议。会议不仅是项目管理工具组合中的重要部分,而且还是一种意义建构的活动,并且可以讨论并支持推进项目进程的不同方案。在很多案例中,当项目进程被项目活动中的偏差所干扰时,会议被认为是一种非常重要的解决方式。包括谈判和意义建构活动的会议有助于使项目回归正轨,并使得项目活动重组、在已有合同的基础上商定新的协议、就已发生的事件和需要做的事情达成统一意见等成为可能。会议之后通常紧接着紧凑的活动,这些活动与之前所设想和计划的有所不同,但仍与项目执行高度相关。这是纵向过程研究中很少得出的结论。

整合观察结果可以发现,项目管理团队的相当一部分活动集中在解决短期问题或在发生偏差的情况下保证项目仍按照原计划推进。在这一基础上,可以对项目面临的挑战产生出新的理解。这包括传统项目管理工具如何被用来在项目中提高相互理解、加速谈判进程并达成共识。

在更抽象的意义上,过去、现在和未来所面临的挑战能够在一个共享观点的会议中得到整合(参阅 Hendry and Seidl,2003)。这一实践是参与者共同创造和分享的,使得他们能够继续合作。考虑到参与者过去的知识和对未来的期望,行动的情境化便在会议中产生和构建。这就是实践在本质上是如何发生的。

会议活动本身是更大范围的事件和活动的一部分。例如,会议之前的事态发展可能使得项目经理越发担忧和生气。会议之前的情境化活动包括无数的邮件、威胁和其他谈话。分析会议之前的实践有助于获得对会议本身的不同理解,更重要的是,会议可被视作一个问题的高潮部分而不仅是问题本身。

在关注偏差以及其在项目中如何产生的基础上,通过将会议置于某种情境中进行考虑就可以将会议看作处理偏差的方法之一。其他方法包括向管理层报告、与承包商进行非正式会谈、参加项目汇报会议或者承认不足以表示诚意等。通常的理解是，这些技术性实践在偏差管理中相互联系。技术性实践通常不会被正式地描述，而是在互动中发展形成。实践的目的是通过将偏差情况与其他项目活动分离并分别处理，并且持续在计划中纳入与该偏差有关的活动，直到该偏差得到解决。为了进行分离，集体必须承认项目存在问题、面临一定的不确定性，因此保留了采用与原计划不同的方法的权利。这要求项目成员说服同伴某些事情必须完成。因此，通过主张项目的不确定性，项目团队得以将偏差分离出来。如果项目中的其他活动未受影响，项目就得以继续。

偏差的分离有赖于项目成员的实践。据此，项目实践可以理解为对某些自然发生的不确定性的管理。对不确定性的管理既是理解所发生事情的关键，也是维持项目正常进行的关键。实践者的行动可以被看作创造和塑造项目的"场所"中的一部分（Schatzki, 2003）。用分析的术语来说，规范性实践、技术性实践和实践者在研究中相结合，有助于概念之间关系的理解，并展示它们是如何影响项目管理的活动和进展的。这一理解与其他研究方法不同，它并不假定不确定性的本质是负面的，并且它也不是通过常规行动来进行管理的。相反，这一理解基于特定的情境化活动，而这些活动是受其所属的"场所"影响的。

以上示例展示了项目实践方法如何创造出一条新的项目研究路径，它提出了新的问题，并从不同但有用的角度对这些问题进行了分析。以下部分将讨论这一研究方法的一些贡献和面临的主要挑战。

21.5 项目实践方法的挑战和贡献

需要考虑的挑战主要有两个。第一，这里定义的项目实践方法想要基于对微观活动的研究来提出有价值的见解。这样的观察必须与更广范围内的个人、群体、组织甚至社会模式相联系，或嵌入其中。定义和分析实践的嵌入是一种"模式挑战"。第二，研究必须对研究者或实证案例的邻近领域之外的受众是重要的，这是"关联挑战"。

当然，这些挑战不仅存在于实践研究方法中，然而，克服这些挑战对于促进和提高项目实践方法在项目管理知识领域的有用性是非常重要的。

模式挑战

模式挑战是指如何从对特定问题的观察转向获得更具一般性的结论（Smyth and Morris, 2007）。显然，简单的观察无法完全解释管理项目需要什么。创造模式的方法之一是定义所观察的情况，并考虑在这一包括起点和终点的特定情况下需要处理的、更普遍的问题。这可以是项目实践的一个片段,在其中,规范性实践、技术性实践和实践者发生交汇(Hendry and Seidl,2003:180)。除非会议可以被证明是一般项目管理活动中的重要部分,否则对会议进行简要分析的实证案例(如上文所示)就会变得无趣。通过强调会议是在某种社会情境下进行的并且也是其组成部分,可以将这一实践提升到完成项目的更普遍的层次。同样,可以将特定阶段的活动和过往经验、未来预期联系起来,以确定一种更普遍的模式。为了理解项目中发生的事情,在活动的假设基础上,关注项目的本土规范性实践是很重要的。

建立模式的第二种方法是分析不同情况中的共同点,实践者通常通过这样做建立对事件的共同理解。在上文描述的会议之前,项目经理与企业层级的人员就如何解决问题进行了广泛的讨论。会议中,项目经理向物流代表展示了对问题的特定理解或定义(还有他们从邮件和电话中获取的信息)。随着会议的进行,参与者渐渐开始共享相似的、尽管不完全相同的对问题的了解,但是他们也能够进行讨论。这使得会议有助于在实践者中进行意义构建,也因此促进了共同的理解、预期和活动模式。

应对模式挑战的第三种方法是检验规范性实践、技术性实践和实践者之间的相互关联。规范性实践、技术性实践和实践者是同一"场所"的组成部分(Schatzki,2003),而场所由实践的片段构成(Hendry and Seidl,2003),这必然使得规范性实践、技术性实践和实践者相互成为彼此的组成部分。Jarzabkowski,Balogun,and Seidl(2007)提出,一项研究不一定要覆盖所有三个要素,但即使是受到较少关注的部分,仍无可避免地需要成为研究的一部分。例如,项目经理如何通过纳入若干成员、确保产品线管理方面的支持、事前与所有参与者包括供应商进行讨论,从而精心地进行会议准备。同时,他还对项目管理计划进行审查,并对整体项目在资金和时间方面的结果进行估算。其中的活动包括了实践者的投入、企业的规范性实践以及依赖于这一情境的技术性实践。这意味着会议是审查组织特定技术性实践和项目管理规范性实践的一种途径。

第四个需要考虑的问题是:规范性实践不是暂时的。行动受到机制的驱动,而机制是企业正式惯例和流程的一部分,也是总体知识的一部分(Whittington,2006),在这里项目管理也是一种机制。例如,Hodgson(2004)发现,项目高度依赖于传统的官僚主义原则,与去科层制、灵活性、自由等现代管理文献中对项目管理的描述相违背。项目管理工具如挣值、状态报告、关键路径方法、甘特图等为科层制提供了充分的可能。工具和技术影响了人们会做什么以及如何做。项目管理活动如会议等因此被当作分析的对象,以理解工具的使用方法、目的、频率和强度。其中的挑战在于要理解,表面看起来是随机的和特别的活动,实际上可能是根植于惯例和程序的,是对某些既定行为的改变或维持。这意味着引入咨询师可能带来项目执行过程和执行方法上的巨大变化。这可能是引入咨询师来加速项目变革的原因之一。

关联挑战

关联挑战关注研究对知识领域的作用或影响。Schatzki(2003)将"场所"作为一种社会现象进行讨论,而项目是其中的一部分。因此,"场所"超越了项目所在的物理空间。无论是采用传统方法还是采用过程导向方法,对"场所"的理解都是对研究者的核心挑战。其中的不同在于"场所"是被正式认定的、比物理情境更为宽泛的概念,而不只是使用工具(第一个案例)或过程发生(第二个案例)的地方。如上文所提及,"场所"是规范性实践、技术性实践和实践者相交汇的地方。实践研究因此包括对特定"场所"的研究和理解,在"场所"中发生了特定的实践。研究的一个重要组成部分是界定"场所"并识别其特征,以理解其对总体的贡献和受到总体的影响。

一个挑战是为实证观察界定"场所",如在项目组织中,会议等形式受到了关注。如上文所述,会议是工程文化、公司情境、客户关系的一部分。如果缺乏实证观察或实证案例与"场所"之间的联系,研究就会过于抽象或局限于观察。然而,仅仅建立这种联系是不够的,同时还需要调研和分析结果,以理解特定实践的发展。

要在如何定义"场所"这个问题上避免匆忙得出结论是很难的。这也是项目实践方法和其他更具有普遍性的研究方法可能发生冲突的阶段。例如,如果PMBoK或其他类似的项目管理任务和问题模型被用作研究问题的描述或清单,就可能出错。此外,用项目实践方法对PMBoK定义的问题逐一进行实证研究是困难的,尤其是考虑到实证问题和理论化定义难以准确对应。

从这个角度看,教科书版本的项目是"倡导的理论"(Argyris,1976),其作为模型其具有独特的价值,可以指导实践者做什么、如何做以及按什么顺序来做。但对于"场所"定义的研究来说,它并不是有效的出发点。这就是说,只要这些技术性实践(PMBoK等类似的)是被认可的,就能够作为重要的和有影响力的工具,为项目成功做出贡献。相反,如果沿用Argyris的概念,在将"场所"定义为"有用的理论"时就需要寻找关联性。实践研究方法不假定对常规(或知识体系)的遵循,而强调"场所"中所发生的事物,如电话、电子邮件、会议、讨论、社会关系和状态报告。

因此,"场所"能为研究提供情境。因为"场所"是有依赖性的,并为实证情境及其组织过程提供了一种理解,所以它必须从研究问题和理论的角度被定义和理解。随着研究的进行以及实践环境发生意料之外的变化,"场所"的定义也必须因此而发生演变。在理论术语中,"场所"的定义可以依赖于一个或一组核心概念,于是就可以关注实践者、行动中的规范性实践或所使用的技术性实践。尽管如此,与定义"场所"的策略无关,期望的结果是创造一个研究情境,从而使分析与理论开发和/或管理实践相关。

理解"场所"不是单一层次的概念很重要。规范性实践是可应用的,并且至少影响三个实证层次:微观(个体)、中观(团队、项目、企业)和宏观(社会)。它同样可以影响不同的分析层面,如历史的、社会的、文化的层面。再次回到之前的案例,我们可以从中获得微观层次(如个体的沉默)、中观层次(企业的会议传统)和宏观层次(如何保留承包商以取得便利和适应共同惯例)的理解。不同的理解都是可能的,它们对不同层次具备同等的解释力。大量的可行性分析和学术理想也强调明确"场所"和经典研究案例。在不知道数据由什么构成或属于什么的情况下,是不可能对数据进行理解的。

贡献

实践研究方法的贡献对于实践者是显而易见的,它包括了对日常活动和"事情在此是如何完成的"的明确关注,它告诉实践者,实践研究方法是"对真正发生的事情的描述"。实践研究方法关注于微观活动,通常是构成实践者日常工作的琐碎的、细节的任务。通过这样的方式,项目实践方法有助于理解容易被忽略和(或)被认为是不值得关注和解释的细节。例如,"事情是如何完成的"使得实践者了解哪些捷径是被允许的,而哪些是不被允许的。这使得项目实践方法可以揭示超越常识的问题和实践,并获得对项目工作的更直观的理解。因此,项目实践方法有助于互补和相互对立的分析,这一分析能够触发组织变化并促进实践者反思自身行为。虽然并不适用于所有情境,这些捷径天然是日常工作的微观活动的一部分。项目实践方法能够对模式形成的研究、对项目发展的细节解释研究做出重要贡献。可能的分析数量之大进一步强调需要明确"场所"和学术分析的贡献,并明确使用哪些实证案例进行研究。从电影推广到其他类型项目的难度不是很大,特别是考虑到在一般组织研究中也可以找到同样的现象。因此,Bechky 超越了特定情境,提出了对普遍的项目职能的理解。另一方面,Balogun(2007)发现,项目管理实践在本质上是企业战略再造的重要部分。她的结论是,再造引发的实践活动有助于意义建构的显著改变,以及人们对这些变化的感知。

当实践分析能够整合到对项目或项目的某些方面的综合理解时,就可以带来重要的贡献,例如,当对项目计划、项目会议或项目偏差的研究能够得出有关一般项目管理、一般项目组织或一般项目管理活动的结论时。因此,项目实践方法有助于获得对项目作为一种一般的管理和组织现象的全面理解。这样"多走一步"的学术研究的例子包括 Engwall and Westling's(2004)对产品开发项目的转折时点的研究。他们的分析对项目是如何被组织起来以找到解决方案并最终完成项目提供了洞察。

21.6 结语

项目实践方法与项目管理和项目组织研究中传统的自上而下的、处理过去—现在—未来的方法有所不同。项目实践方法关注项目是如何在社会和组织情境下,以及在规范性实践(情境化活动)、技术性实践(行动所参考的规范、价值观和惯例)和实践者(实施规范性实践的人)的影响下进行的,而不研究项目管理工具的效率或对最佳实践进行界定。项目实践方法尤其关注组成项目工作的活动,并且注重组织行为而非组织机构,注重变化过程而非客观存在,注重理论应用而非既定理论,注重社会和机制的嵌入而非工具或组织效率和有效性(参考 Blomquist et al.,2010)。本章认为,从项目实践方法角度看,实证数据不应基于已有的知识来进行分类和分析,而应该以建立相关项目管理研究的模式(即模型和理论)为目的来进行分析。

从理解"场所"的需求出发,适合于通过项目实践方法来研究的项目的研究问题、目的和方法论,往往会局限于"如何"类问题研究和更普遍的定性研究(尤其是参与式观察)。然而这样的假定是不正确的。实践研究方法确实要求对情境化活动具有一定的敏感性,但这可以通过多样化的数据收集技术获得,例如访谈、观察、田野日志或调查。一如既往地,研究方法取决于所提出的问题。

尽管本章所介绍和讨论的概念旨在指导对实证数据的理解,但它们也有助于设计实证研究。概念并不为项目管理提供直接的解释,除非和数据联系在一起,并被整合到与"场所"相关的实践模式的一般讨论中。因此,项目实践方法对项目管理的贡献在讨论模式和关联性问题时最有价值。

最后,列出一些研究选项是很有价值的,这有利于进一步发展实践研究方法,并在项目管理领域和实践方面获得更全面的理解。很多领域都有待进一步的研究,包括对不同情境的关注,既涵盖传统的如建筑、软件项目,也包括社区项目、科考项目或电影项目。其他研究领域包括对整个项目过程从头到尾的细节考虑,以及对其与其他研究方法差异的进一步描述。有三个特定的领域尤其可以从进一步研究中获益。

好或不好的实践。当与项目目标、利润率或人们的幸福感等领域联系在一起时,实践可以是好的也可以是不好的。实践和各种产出的关系目前还没有被研究。对于好或不好的实践的研究需要基于用以界定好或不好的变量。例如,可以选择利润率为评价标准,并基于利润率的历史记录在同一企业或行业情境中选取一系列案例进行分析。项目实践研究方法有助于理解项目实践的模式如何影响利润率高低。

增加最佳实践日程。需要记住的一个重要问题是,项目实践研究方法会局限于实践的某些特定方面,这在前文对模式的讨论中已有说明。例如,可以基于最佳实践的分析需求确定关注点。研究项目可以抽取特定类型的规范性实践或技术性实践,以确定不同"场所"之间的差异,例如不同规模的项目、不同类型的客户、不同的行业或企业。一个例子是可以关注于和偏差相关的实践(如前文所述),但有关计划、团队合作、风险评估或项目形成实践的问题也会非常有趣。接下来可以是利用所获得的知识来重新定义和提炼最佳实践。例如,Bechky(2006)讨论了角色是如何在电影场景中被创造出来的,以及项目实践方法在电影制作中起到的关键作用。

项目实践"场所"和片段。项目实践研究方法的核心概念已经在本章中有所讨论。该研究方法的某些部分有待进一步理论叙述,以使得方法更为统一。"场所"的概念由Schatzki(2003)提出,与其他研究相比,它更强调场所本体论的重要性。然而,界定"场所"同样是一个实证和研究设计的问题,因为这样的界定对可能和将会被收集的数据具有显著影响。由于决定了对数据的理解和分析如何被整合,"场所"对研究分析同样重要。如果项目实践研究方法能够对此进行进一步讨论和阐释,将会很有益处。在不同的"场所"定义下,对同一问题进行研究有助于更好地理解"场所"概念和场所本体论的影响。片段是另一个值得关注的重要问题。片段是通过某种方法紧密联系的一系列实践(Hendry and Seidl,2003)。然而,由于对片断的定义依赖于研究重点,因此如何对其进行定义仍是研究中的策略性问题。针对项目计划的研究和针对项目结果的研究对片段的定义是不同的。另一个需要确定的问题是,一个片段是否应该主要通过数据进行定义,也就是说,片段是否是一个实证研究问题,或者是否应该是一个数据选择和研究设计决策中的理论化概念。未来的研究可以继续探讨这些问题,以完善项目实践研究方法。

21.7 参考文献

ALSAKINI, W., WIKSTRÖM, K., and KIIRAS, J. (2004). "Proactive schedule management of industrial turnkey projects in developing countries," *International Journal of Project Management*, 22/1: 75–85.

ARGYRIS, C. (1976). "Single-loop and double-loop models in research on decision making," *Administrative Science Quarterly*, 21/3: 363–75.

BALOGUN, J. (2007). "The practice of organizational restructuring: from design to reality," *European Management Journal*, 25/2: 81–91.

BECHKY, B. A. (2006). "Gaffers, gofers, and grips: role-based coordination in temporary organizations," *Organization Science*, 17/1: 3–21.

BERGGREN, C., JÄRKVIK, J., and SÖDERLUND, J. (2008). "Lagomizing, organic integration, and systems emergency wards: innovative practices in managing complex systems development projects," *Project Management Journal*, 39/1: 111–22.

BLACKBURN, S. (2002). "The project manager and the project-network," *International Journal of Project Management*, 20/3: 199–204.

BLOMQUIST, T., HÄLLGREN, M., NILSSON, A., and SÖDERHOLM, A. (2010). "Project as practice: making project research matter," *Project Management Journal*, accepted for publication.

BRADY, T., and DAVIES, A. (2004). "Building project capabilities: from exploratory to exploitative learning," *Organization Studies*, 25/9, Special Issue on "Project-Based Organizations, Embeddedness and Repositories of Knowledge": 1601–22.

BRAGD, A. (2002). "Knowing management: an ethnographic study of tinkering with a new car," Ph.D. thesis, School of Economics and Commercial Law at Gothenburg University, Gothenburg.

BROWN, J. S., and DUGUID, P. (1991). "Organizational learning and communities-of-practice: toward a unified view of working, learning and innovation," *Organization Science*, 2/1: 40–57.

CICMIL, S., and HODGSON, D. (2006). "Making projects critical: an introduction," in S. Cicmil and D. Hodgson (eds.), *Making Projects Critical*. New York: Palgrave Macmillan.

—— WILLIAMS, T., THOMAS, J., and HODGSON, D. (2006). "Rethinking project management: researching the actuality of projects," *International Journal of Project Management*, 24/8: 675–86.

CRAWFORD, L., MORRIS, P., THOMAS, J., and WINTER, M. (2006). "Practitioner development: from trained technicians to reflective practitioners," *International Journal of Project Management*, 24/8: 722–33.

ENGWALL, M., and WESTLING, G. (2004). "Peripety in an R&D drama: capturing a turnaround in project dynamics," *Organization Studies*, 25/9: 1557–78.

GADDIS, P. O. (1959). "The project manager," *Harvard Business Review*, 27/3: 89–97.

HÄLLGREN, M. (2009). "Avvikelsens mekanismer: Observationer av projekt i praktiken" ["The mechanisms of deviations: observations of projects in practice"], Ph.D. thesis, Umeå University, Umeå.

—— and WILSON, T. (2007). "Mini muddling: learning from project plan deviations," *Journal of Workplace Learning*, 19/2: 92–107.

—— —— (2008). "The nature and management of crises in construction projects: projects-as-practice observations," *International Journal of Project Management*, 26/8: 830–8.

HELLSTRÖM, M., and WIKSTRÖM, K. (2005). "Project business concepts based on modularity-improved manoeuvrability through unstable structures," *International Journal of Project Management*, 23/5: 392–7.

HENDRY, J., and SEIDL, D. (2003). "The structure and significance of strategic episodes: social systems theory and the routine practices of strategic change," *Journal of Management Studies*, 40/1: 175–97.

HODGSON, D. E. (2004). "Project work: the legacy of bureaucratic control in the post-bureaucratic organization," *Organization*, 11/1: 81–100.

JARZABKOWSKI, P., BALOGUN, J., and SEIDL, D. (2007). "Strategizing: the challenges of a practice perspective," *Human Relations*, 60/1: 5–27.

—— and FENTON, E. (2006). "Strategizing and organizing in pluralistic contexts," *Long Range Planning*, 39/6: 631–48.

JERBRANT, A. (2009). "Organisering av projektbaserade företag: Ledning, styrning och genomförande av projektbaserad industriell verksamhet" ["Organizing of project based companies: management and execution of project based industrial activity"], Ph.D. thesis, Royal Institute of Technology, Stockholm.

Karrbom-Gustafsson, T. (2006). "Det tillfälliga praktik: om möten och småprat som organiserande mekanismer i anläggningsprojekt" ["The practice of the temporary: about meetings and small talk as organizing mechanisms in project-based industrial business"], Ph.D. thesis, Royal Institute of Technology, Stockholm.

Kreiner, K. (1995). "In search of relevance: project management in drifting environments," *Scandinavian Journal of Management*, 11/4: 335–46.

Lindahl, M. (2003). "Produktion till varje pris: om planering och improvisation i anläggningsprojekt" ["Production to any price: about planning and improvisation in construction projects"], Ph.D. thesis, The Department of Industrial Management, Royal Institute of Technology, Stockholm.

Lundin, R. A., and Söderholm, A. (1995). "A theory of the temporary organization," *Scandinavian Journal of Management*, 11/4: 437–55.

Midler, C. (1995). "'Projectification' of the firm: the Renault case," *Scandinavian Journal of Management*, 11/4: 363–75.

Molloy, E., and Whittington, R. (2006). "Reorganisation projects and five uncertainties," in S. Cicmil and D. Hodgson (eds.), *Making Projects Critical*. New York: Palgrave Macmillan.

Nilsson, A. (2008). "Projektledning i Praktiken: Observationer av projektledares arbete i korta project" ["Project management in practice: observations of the work of project managers in short-duration projects"], Ph.D. thesis, Umeå University, Umeå.

Orlikowski, W. J. (2002). "Knowing in practice: enacting a collective capability in distributive organizing," *Organization Science*, 13/3: 249–73.

Reckwitz, A. (2002). "Toward a theory of social practices: a development in culturalist theorizing," *European Journal of Social Theory*, 5/2: 243–63.

Sapsed, J., and Salter, A. (2004). "Postcards from the edge: local communities, global programs and boundary objects," *Organization Studies*, 25/9: 1515–34.

Schatzki, T. R. (2003). "A new societist social ontology," *Philosophy of the Social Sciences*, 33/2: 174–202.

—— Knorr Cetina, K., and Von Savigny, E. (2001). *The Practice Turn in Contemporary Theory*. New York: Routledge.

Simon, L. (2006). "Managing creative projects: an empirical synthesis of activities," *International Journal of Project Management*, 24/2: 116–26.

Smyth, H. J., and Morris, P. W. G. (2007). "An epistemological evaluation of research into projects and their management: methodological issues," *International Journal of Project Management*, 25/4: 423–36.

Söderholm, A. (2008). "Project management of unexpected events," *International Journal of Project Management*, 26/1: 80–6.

Whittington, R. (1996). "Strategy as practice," *Long Range Planning*, 29/5: 731–5.

—— (2006). "Completing the practice turn in strategy research," *Organization Studies*, 27/5: 613–34.

—— Molloy, E., Mayer, M., and Smith, A. (2006). "Practice of strategising/organising: broadening strategy work and skills," *Long Range Planning*, 39/6: 615–29.

人名索引

说明:索引中的页码为英文原书页码,见于正文边栏处。

A

Aaltonen, K. ,144

Abbott, A. D. ,110

Abel, R. L. ,110,112,125

Åberg, S. ,141

Abernathy, W. J. ,39,283

Ackoff, R. L. ,377

Ackroyd, S. ,109 - 12,121

Adamiecki, K. ,16

Adams, J. ,354

Adler, T. R. ,302

Affuah, A. ,278

Ahmed, P. K. ,264

Ahola, T. ,141

Akerlof, G. A. ,349

Alberts, D. S. ,380

Alford, R. R. ,157 - 9

Allen, T. J. ,48,211,277,484

Alsakini, W. ,502

Altshuler, A. ,321

Alvesson, M. ,380

Ambrosini, V. ,264

Amin, A. ,176 - 7,183,189,465

Anbari, F. N. ,59,104

Anbari, F. T. ,47,67,102,104 - 5

Ancona, D. ,264

Andersen, E. S. ,179,186,193

Anderson, A. B. ,43

Anderson, J. C. ,402

Anderson - Gough, F. ,108

Andrews, F. M. ,472

Anell, B. ,176

Anguera, R. ,321

Ansoff, H. I. ,430

Anvuur, A. M. ,168

Archibald, R. D. ,265

Argyres, N. S. ,381

Argyris, C. ,53,512

Aristotle, 33

Ariuta, B. ,180

Armbrüster, T. ,188

Aronowitz, S. ,112

Arrow, K. ,275

Arthur, M. B. ,463

Artto, K. ,xiii,29,133 − 53,225,237,277 − 8

Ascher, W. ,324

Asheim, B. ,175 − 6,193

Aubry, M. ,30,267

Avolio, B. J. ,484 − 5

Avots, I. ,40

Axelrod, R. ,47

B

Baba, M. L. ,487

Backhaus, K. ,393

Baier, A. C. ,452

Bailey, D. E. ,378

Bailey, K. ,43

Baker, B. N. ,19

Balogun, J. ,263,501,503,505,511,514

Banker, R. D. ,381

Barczaka, G. ,486,496

Barley, S. R. ,123,465

Barlow, J. ,162,164

Barnatt, C. ,177,186

Barney, J. B. ,263,299

Bartlett, C. ,202

Bartlett, D. ,328

Baskin, M. ,180,184

Bass, B. ,484

Bauer, R. A. ,277

Baum, W. C. ,21

Baumgartner, J. S. ,29

Baumler, C. ,421

Bazerman, M. ,354,357

Bechky, B. A. ,179,193,379 − 80,464,466,501,503 − 4,513 − 4

Becker, A. ,484

Beedle, M. ,374

Beer, M. ,262

Bengtson, A. ,141

Bennett, J. ,157,161,164,169

Bergen, M. ,300

Berggren, C. ,21,45,503

Berkhout, F. ,378

Berndt, B. ,349

Berndt, D. J. ,45,51

Berners-Lee, T. ,373

Bessant, J. ,275,278

Bettis, R. A. ,145

Bharadwaj, A. S. ,382

Bilton, C. ,180

Birkinshaw, J. 261,430

Bjørkeng, K. ,xiii,410 − 27

Bjorlingson, E. ,161

Blackburn, S. ,503

Blackler, F. ,115

Blichfeldt, B. S. ,z180

Bligh, M. C. ,495

Blindenbach-Driessen, F. ,44 − 5

Blomquist, T. ,113,123,175,189,267,309,314,501,514

Boisot, M. ,358

Bok, S. ,328

Boland, R. J. ,378

Bonaccorsi, A. ,138,147,284,393

Boone, M. ,357

Booth, S. ,267

Boreham, P. ,120

Borgatti, S. P. ,139

Bosworth, M. T. ,403

Boughton, P. ,394

Bourne, L. ,141

Bowen, H. K. ,277

Bower, D. ,180

Bowman, C. ,264

Boyatzis, R. E. ,266

Boyd, R. ,228,240

Brady, T. ,44-5,52,138,145-6,175-6,178, 181,189,273-94,394,404

Bragd, A. ,465,503,507

Breakwell, G. M. ,359

Bredillet, C. ,xiii,59,65-106

Bredin, K. ,254

Bresnen, M. ,xiii,6,47,154-74,465

Brint, S. G. ,109-10,121

Broadbent, J. ,115

Brown, F. D. ,231

Brown, J. S. ,182,465

Brown, S. L. ,205,213,217,254,262,309

Brusoni, S. ,130,140,181,208,496

Bruzelius, N. ,10,21,43,45,51,193,277,321, 323,326-8,336

Bryant, D. ,157

Buchanan, D. ,262

Buehler, R. ,325,326

Buhl, S. L. ,321,324,326,327-8,335-6

Bunker, B. B. ,451-2,455

Burgelman, R. A. ,230

Burke, Admiral Arleigh A. ,224

Burke, C. S. ,488,492

Burns, T. ,8,29,207,209,261,276

Burrage, M. ,110

Burris, B. ,112

C

Cacciatori, E. ,44-5,176,181,194,377

Callon, M. ,404

Campbell, N. ,441

Cares, R. ,301

Carlile, P. R. ,377,464,466,474,479

Carlsen, A. ,425,431-2

Carson, J. B. ,495

Carson, S. J. ,449

Carte, T. ,484

Casper, S. ,183

Ceci, F. ,147

Chachere, J. ,371,378

Chan, A. P. C. and D. W. M. ,160

Chandler, A. D. ,202-4,206,430

Chandler, M. K. ,19

Chanlat, J. F. ,109,112

Charue-Duboc, F. ,412

Chen, P. ,267

Cherns, A. ,157

Chesbrough, H. ,277

Chidambaram, L. ,484

China ,118

Chudoba, K. M. ,487,489

Cicero, J. P. ,40

Cicmil, S. ,2,58,120,123,155,254,501,与专业化,120,123

Clapham, S. E. ,324

Clark, K. B. ,23-4,29,44-5,211-2,255, 277,442

Clark, P. A. ,277

Clarke, J. ,112

Clarke, L. ,380 – 1

Clegg, S. ,xiv,298,311,314,360,410 – 37,439

Cleland, D. I. ,19,395

Cliffe, L. ,328

Coase, R. H. ,298,302

Cochrane, R. A. ,308

Cohendet, P. ,176 – 7,183

Cole, S. ,37

Collins, C. J. ,490

Collins, H. M. ,109

Collis, D. ,202

Colyvas, J. A. ,157 – 9

Conger, J. A. ,264,488,491 – 3

Cook, D. L. ,22

Cook, S. D. N. ,120,465

Cooper, D. F. ,39

Cooper, D. J. ,416

Cooper, R. G. ,22,137,374

Cotterman, H. ,24

Courtney, H. ,357

Cova, B. ,xiv,47,52,137,141,391 – 409

Covaleski, M. A. ,416

Cowan, R. ,183

Cox, A. ,139,162

Cox, J. F. ,485,495

Crant, M. ,489

Crawford, L. ,43 – 5,104,120,123,267,307,507

Creed, W. E. D. ,157,160,168

Criscuolo, P. ,208

Cropanzano, R. ,490

Crosby, P. B. ,25

Cross, R. ,466

Crozier, W. R. ,354

Cummings, J. N. ,486

Cusumano, M. A. ,277

Cyert, R. M. ,228

D

D'Adderio, L. ,383

Daems, H. ,203

Daft, R. L. ,144,383,449

Dandekker, C. ,416

Danson, J. ,256

David, P. A. ,183

Davies, A. ,xiv,10,44 – 5,52,133 – 53,175 – 7,
181,189,202,204,212,216,275,394,404,
502,504

Davis, A. M. ,19,24

Davis, P. R. ,140

Davis, S. M. ,19,276

Dawson, P. ,226

Day, D. V. ,493

De Meyer, A. ,44 – 5,48

De Waard, E. J. ,178,181

DeFillippi, R. J. ,58,139,145,155 – 6,171,176 –
7,179,188,201,204,211,463

Delbecq, A. L. ,48,379,466

DeMeyer, A. ,254,348,357

Deming, W. E. ,25

Denis, J. -L. ,265

Denison, D. R. ,492 – 3

Derber, C. ,112

Derosa, D. M. ,488

Desanctis, G. ,489

Devaraj, S. ,489

Di Fazio, W. ,112

Dietrich, M., 115
Dietrich, P. H., 225, 237
DiMaggio, P., 156, 158, 261
Dodge, G. E., 484-5
Dodgson, M., 278, 281, 369
Donaldson, L., 136, 301
Dooley, K., 44
Dossick, C. S., 380
Dougherty, D., 463, 475
Doz, Y. L., 140
Drucker, P. F., 273
Du Pont, 287, 326
Dubois, A., 139, 171
Duguid, P., 182, 465
Dulewicz, V., 494
Dunbar, K., 475
Dune, T., 326
Dunn, D. T., 393
Durkheim, D. É., 415
Dutta, S., 300
Dvir, D., 3, 29, 43-4, 48, 52, 273, 275-7
Dyer, J. H., 445

E

Easley, R. F., 489
Eccles, R. G., 141, 315, 441
Eden, C., 346
Edgett, S. J., 22, 137
Edkins, A. J., 439, 450
Eisenhardt, K. M., 177, 204, 213, 217, 254, 262-3, 309, 489
Ekstedt, E., 44-5, 107-29, 155-7, 170, 175, 189, 193
Ellis, R. C. T., 161

Eloranta, K., 138
Emery, F. E., 8, 136
England, D., 104
English, B., 313, 314
Engwall, L., 38, 51
Engwall, M., 112, 136, 155, 175-6, 189, 261, 265, 277, 503, 514
Ensley, M. D., 485
Eppinger, S. D., 138-40
Erber, R., 466
Ericsson, 469, 480
Ernst, H., 484, 491
Eskerod, P., 180
Esquenazi, A., 375
Evaristo, R., 256
Evetts, J., 109, 110, 118, 122, 125
Ewenstein, B., 378

F

Faems, D., 303
Fagerberg, J., 37, 275
Faulkner, R. R., 43
Feeny, D. F., 371
Fenton, E., 503, 505, 511
Fenton-O'Creevy, M., 354
Fenves, S. J., 373
Ferns, D. C., 254-5
Fichman, R. G., 182, 184
Fischer, M., 376
Fischoff, B., 353
Fleming, L., 229
Fletcher, J. K., 265
Floricel, S., 51, 144-5
Flyvbjerg, B., xiv, 3, 21, 43, 45, 51, 193, 275-7,

321 - 44
Fong, P. S. W. , 261
Foray, D. , 183
Ford, J. D. , 324
Forsberg, K. , 24
Foucault, M. , 305, 311
Fournier, V. , 108
Fox, C. R. , 358
Frambach, R. T. , 404
Frederiksen, L. , 178, 181, 189, 202, 287
Freeman, C. , 277 - 8
Freidson, E. , 109 - 10
Friedland, R. , 157 - 9
Friedman, L. , 394
Fujimoto, T. , 23, 211 - 2, 277, 288

G

Gadaken, D. O. C. , 266
Gadde, L. -E. , 139, 171
Gaddie, S. , 254
Gaddis, P. O. , 19, 138, 283, 507
Galan, J. I. , 202
Galbraith, J. R. , 19, 48, 276, 378 - 9
Galison, P. , 466, 475
Gann, D. M. , 137, 175, 180, 189, 203, 276, 278, 281, 369
Ganskau, E. , 441, 454
Garbuio, M. , 323 - 5, 328
Garett, M. , 337
Garfinklel, H. , 416
Garud, R. , 378
Gash, D. , 123
Geister, S. , 489
Gemmill, G. R. , 40

Gemuenden, H. G. , xiv, 483 - 99
Geoghegan, L. , 494
Geraldi, J. G. , xiv, 180, 252 - 72
Gersick, C. , 51, 216
Geuna, A. , 208
Ghauri, P. , 47, 51, 137, 141, 394, 397
Ghoshal, S. , 202
Gibbs, J. L. , 483 - 4, 486
Gibson, C. , 261, 483 - 4, 486
Gil, N. , xiv-xv, 47, 348, 438 - 60
Gillespie, J. J. , 186
Gilovich, T. , 333, 350, 352
Gilson, L. L. , 484, 489
Girard, M. , 183, 190
Giura, P. , 284
Glaser, B. G. , 178
Glasser, W. , 413
Glückler, J. , 188
Goldin, M. , 375
Goodman, L. P. , 40
Goodman, R. A. , 40
Goodpasture, J. C. , 360
Gorbachev, Mikhail Sergeyevich, 456
Gould, M. , 202
Grabher, G. , xv, 6, 33 - 5, 48, 140 - 1, 154 - 5, 175 - 98
Grandori, A. , 209, 212
Granovetter, M. , 144, 186, 414 - 5, 417
Grant, R. M. , 46, 210, 212, 466, 478 - 9
Gray, R. J. , 254, 259
Greece, 117, 339
Green, S. D. , 163 - 4, 169, 375
Greenwood, E. , 109
Greve, C. , 339

Grey, C. ,108

Griffin, D. ,325 − 6,333,350

Griffiths, A. ,378

Grönroos, C. ,396

Grün, O. ,139

Gulick, L. ,16

Günter, B. ,393

Gustafsson, M. 358,441,450 − 4

H

Habermas, J. ,424

Hackman, J. R. ,486,491 − 2

Hadjikhani, A. ,392,394 − 5

Haigh, N. ,378

Hakansson, H. ,393,395,402

Hällgren, M. ,500 − 18

Halpern, J. Y. ,350

Hamel, G. ,140,204,209,263,450

Hanlon, G. ,111,121,124

Hannaford, W. ,393

Hansen, M. T. ,181

Hardy, C. ,158,160,416

Hargadon, A. ,229

Harrel, A. ,300

Harrison, P. D. ,300

Hartman, F. T. ,313

Hartman, T. ,376

Harty, C. ,378

Hatch, M. J. ,185

Hällgren, M. ,xv

Havila, V. ,48,141,396

Hayes, R. E. ,380

Head, G. L. ,357

Healey, M. P. ,346,354

Hedlund, G. ,204,206,209

Heide, J. ,141

Heimer, C. ,47,136,277,442

Helfat, C. E. ,263 − 4

Hellander, A. ,394 − 5

Hellgren, B. ,45,51,139,141,396,406

Hellström, M. ,503,507

Hendry, J. ,300,505,508,510 − 11,516

Hertel, G. ,489

Hertin, J. ,378

Hesterly, W. S. ,139,299

Hickey, A. M. ,24

Higgin, J. ,160

Hiller, N. J. ,493

Hillson, D. ,26,347 − 8,352,360

Hinings, C. R. ,157,158 − 9

Hirschman, A. O. ,21

Hitt, M. A. ,145

Hmieleski, K. M. ,485

Ho, K. S. K. ,160

Hobbes, Thomas ,413

Hobbs, B. ,30,43 − 5,267,312,314

Hobday, M. ,xv,3,43 − 5,137 − 8,154,175 − 8, 189,202 − 3,206,212 − 3,273 − 94,394,404

Hodge, G. A. ,339

Hodgkinson, G. P. ,346,354

Hodgson, D. , xv, 2, 58, 107 − 30, 155, 254, 379,501

Hoegl, M. ,xv,483 − 99

Hoenig, R. ,466

Hofstede, G. ,266

Holloway, C. A. ,39

Holm, M. S. ,321,324,326 − 8,335,336

Holmstrom, B. ,300

Holstius, K. ,394,395

Hong Kong airport,339

Hooijberg, R. ,492,493

Horton, S. ,266

Horwitch, M. ,20

Hoskins, S. ,137,392,395

Hough, G. H. ,2,16,20 − 1,30,43,45,139,277, 313,322,324,369

Houghton, J. D. ,485,488,491,493,495

Howell, J. P. ,493

Huang, J. ,464

Huber, O. ,350

Huchzermeier, A. ,226

Huczynski, A. ,262

Huemer, L. ,395

Hughes, T. P. ,2,17,113,283

Hulett, David T. ,360

Hult, G. T. M. ,495

Hume, David,349

Hunt, J. G. ,493

Hunt, R. G. ,265

Hurley, R. F. ,495

L

Iansiti, M. ,277,286 − 7

Ibert, O. ,xv-xvi,6,175 − 98

Ilvarasan, P. V. ,179

Irani, Z. ,261

Ireland, P. ,139

Ishikawa, K. ,25

J

Jaakko, Kujala, xvi

Jameson, J. K. ,492

Jamieson, A. ,136,261

Jamieson, H. A. J. ,22,120,277

Jamous, H. ,120

Janis, I. L. ,469

Jansson, H. ,398

Järkvik, J. ,503

Jarvenpaa, S. L. ,44

Jarzabkowski, P. ,503,505,511

Javidan, M. ,491

Jayes, S. ,157,161,164,169

Jehn, K. A. ,492

Jensen, M. C. ,298 − 9,330

Jerbrant, A. ,503

Jessop, B. ,112

Jessop, N. ,160

Jicks, T. D. ,262

Jin, Y. ,378

Johanson, J. ,394,402

Johnson, A. M. ,487

Johnson, R. A. ,19

Johnson, S. B. ,16 − 8

Johnson, T. J. ,109

Jones, C. , 43, 45, 139, 154 − 5, 157, 176, 178,193

Jones, D. T. ,23,442

Josserand, E. ,419

Jugdev, K. ,2,59

Juran, J. M. ,25

Jurison, J. ,183

K

Kadefors, A. ,161,439

Kahai, S. S. ,484 − 5

Kahn, K. B. ,486,496

Kahn, R. L. ,136

Kahneman, D. ,275, 315, 326, 330 – 1, 334, 350, 352, 354

Kallenberg, R. ,404

Kalvenes, J. ,381

Kang, L. S. ,374

Kankanhalli, A. ,487

Kanter, R. M. ,262

Kaplan, R. S. ,232

Karrbom-Gustafsson, T. ,503

Kärreman, D. ,380

Karsson, A. ,161

Kast, F. E. ,19

Katz, D. ,136, 277

Kaufer, K. ,265

Kavadias, S. ,xvi, 224 – 51

Kayworth, T. R. ,492 – 3

Keegan, A. ,137, 138, 202, 309

Keeney, R. L. ,352

Keller, T. ,494

Kellogg, K. C. ,466, 475

Kemerer, C. F. ,182, 184

Kempeners, M. ,453

Kennedy, John F. ,18

Kerzner, H. ,225

Keynes, John Maynard, 355 – 9

Kidder, T. ,277

Kiiras, J. ,502

King, W. R. ,19

Kirkland, J. ,357

Kirkman, B. L. ,486

Kirkpatrick, I. ,112, 121

Klakegg, O. J. ,312, 314

Klein, Burton H. ,275, 282

Klein, C. ,485, 491 – 3, 494

Kleinschmidt, E. J. ,22, 137

Knight, Frank H. ,355 – 7, 359

Knights, D. ,416

Knorr-Cetina, K. ,177, 182, 501

Knott, T. ,443

Knudsen, K. ,42

Kock, N. ,487

Koenig, R. ,Jr. ,379

Kogut, B. ,209

Kohles, J. C. ,495

Konno, N. ,465

Konradt, U. ,489

Koo, B. ,376

Kornberger, M. ,418, 419, 428, 430

Kramer, E. -H. ,178, 181

Kramer, R. M. ,47, 176

Krause, E. A. ,110

Kreiner, K. ,51, 277, 501

Kritzer, H. M. ,108

Kujala, J. ,133 – 53, 278

Kumaraswamy, A. ,378

Kumuraswamy, M. M. ,168

Kunz, J. C. ,371, 378

Kusonoki, S. ,286

Kwak, Y. H. ,47, 67, 102, 105

Kwok-Kee, W. E. I. ,487

L

Lamothe, L. ,265

Lampel, J. ,52, 193, 194

Langer, E. J. ,354

Langley, A. ,265

Large, J. P. ,21

Larson, M. S. , 109, 113

Latham, Sir M. , 161 - 2

Lave, J. , 120, 465

Lawrence, P. R. , 19, 136, 176, 479

Lawrence, T. B. , 158, 160

Lea, M. , 498

Leach, L. P. , 28

另见知识

Leary, R. , 180

Lechler, T. , 275

Lederer, A. L. , 487

Lee, M. R. , 494

Leffingwell, D. , 28

Lehrer, M. , 183

Lehtonen, P. , 258, 261

Leidner, D. E. , 44, 492 - 3

Lemke, T. , 298

Lenfle, S. , 288

Lengel, R. H. , 144, 449

Leonardi, P. M. , 378

LeRoy, S. F. , 356

Lessard, D. R. , 3, 21, 30, 45, 47, 136, 139, 277, 323, 347, 396

Levina, N. , 377

Levinthal, D. , 203, 208, 210 - 15, 217, 469, 471

Levitt, Raymond, xvi, 47, 139, 365 - 87

Lewicki, R. J. , 451 - 2, 455

Lewin, Kurt, 262

Lewis, M. , 301

Li, H. , 169

Lichtenstein, B. , 43, 45, 154 - 5, 157

Lichtenstein, S. , 353

Liker, J. K. , 442

Lilliesköld, J. , 181, 377

Lindahl, M. , 501, 503

Lindblom, J. , 394

Lindkvist, L. , xvi, 48, 51, 58, 137, 145, 147, 155 - 6, 171, 201, 204, 211, 277, 463 - 82

Lindsay, V. J. , 463

Llewellyn, K. N. , 441

Loch, C. H. , xvi, 44 - 5, 48, 224 - 51, 254, 348, 357

Loenig, R. , 48

Logcher, R. D. , 373

Loosemore, M. , 403

Lorsch, J. W. , 19, 136, 203, 209, 276, 479

Lounsbury, M. , 157, 158 - 9, 168, 170

Lovallo, D. , 51, 276, 323 - 5, 328, 334

Love, P. , 261, 382

Luberoff, D. , 321

Lucio, M. M. , 112

Lundin, R. A. , 3, 44 - 5, 51, 136, 175, 277, 412, 501, 504

Lupson, J. , 266 - 7

Lupton, D. , 359

Lusch, R. F. , 396

Lycett, M. , 256

Lyneis, J. M. , 348

Lyytinen, K. , 378

M

MacDonald, H. , 326

MacDonald, K. M. , 108 - 10

MacMillan, A. , 421

MacMillan, I. , 146

Macneil, I. R. , 141, 413, 441

Madhok, A. , 449

Magrass, Y. R. , 112, 121

Maguire, M. A. ,304,309

Maguire, S. ,158,160

Mahoney, J. T. ,138

Maintz, J. ,188

Malmendier, U. ,326

Malone, T. W. ,381

Mandjak, T. ,394

Mantel, S. J. ,225,235

Manz, C. C. ,485,488,491,493,495

March, J. G. ,46,57,139,203,211-4,216,228, 346-7,354,356,381,467,469,471

Marcson, S. ,472

Marion, R. ,484,493

Markides, C. C. ,231,233-4

Marks, J. ,416

Marquis, D. G. ,278-9

Marrewijk, A. van,193

Marrone, J. A. ,495

Marsh, D. ,267

Marsh, E. R. ,16

Marshall, A. W. ,21

Marshall, N. ,xiii,xvi-xvii,47,154-74

Martin, J. M. ,263

Martins, L. L. ,484,489

Martinsuo, M. ,258,261,309

Marton, F. ,267

Massey, A. P. ,486

Mattsson, L. G. ,393,395,402

May, S. C. ,375

Mayer, H. -N. ,190

Maylor, H. ,254,256

Maynard, M. T. ,484,489

Maytorena, E. ,xviii,345-64

Mazet, F. ,395-6

Maznevski, M. L. ,487,489

McBride, T. ,379

McCord, K. ,140

McDonald, M. ,453

McDonough, E. F. ,486,496

McGrath, R. G. ,146

McGregor, I. ,326

McKelvey, B. ,484,493

Meckling, W. H. ,21,277,282,298-300

Meier, S. R. ,21,24,255

Meredith, J. R. ,225,235

Merrow, E. M. ,326

Merton, R. K. ,43

Meyer, G. ,123

Meyers, C. W. ,326

Meyerson, D. ,47,176

Middleton, C. J. ,19,138,283

Midler, C. ,177,253,288,412,501-2,504

Mihm, J. ,226,228,245-6

Miles, R. ,144

Milgrom, P. ,300

Miller, R. ,3,21,30,45,47,51-2,136,139,144- 5,277,284,286,323,347,396

Millman, T. ,453

Miner, A. S. ,141

项目生态,176-8,189,193

Mingo, S. ,229

Mintzberg, H. ,202,206,226,230,261-2,276, 380,430

Mitchell, M. S. ,490

Moder, J. J. ,135

Moe, T. M. ,299-300

Mol, M. ,430

Möller, K. ,394,395

Molloy, E. ,380,503

Monge, P. ,489

Montoya-Weiss, M. M. ,486

Mooz, H. ,24

Morgan, M. G. ,358

Morgenstern, O. ,349

Morris, P. W. G. , xiv,15 – 36,61,103 – 5,112, 119 – 221,123,126n,135 – 6,139,154 – 5, 225,253,257,261,275,277,283,322 – 4,369, 377,392,397,510

Morrison, E. J. ,18

Morrison, J. ,377

Mouzas, S. ,401

Mowery, D. ,279 – 80

Mueller, R. ,267

Muethel, M. , xvii,483 – 99

Mullaly, M. ,44 – 5,113,121

Müller, R. , xviii,2,47,59,175,297 – 320

Murphy, D. C. ,33

Murphy, R. ,109

Murray-Webster, R. ,255,348

Muzio, D. , xviii,107 – 30

Myers, S. ,279

N

Naudé, P. ,401

Neale, M. A. ,346

Neck, C. P. ,485,488,491,493,495

Neff, G. ,380

Negro, G. ,185

Nelson, Richard,39,227,229,263,275

Newby-Clark, I. R. ,326

Newell, S. ,155 – 6,378,464

Newland, K. ,26

Newman, J. ,112

Ng, T. ,161,163,169

Nicholson, N. ,354

Nickerson, J. ,208,212

Nightingale, P. ,204,206,474,475

Nilsson, A. ,506 – 7

Nobeoka, K. ,277,445

Nogataz, A. ,286

Nohria, N. ,181,262

Nonaka, I. ,120,215,286,465

Nooteboom, B. ,179

Norton, D. P. ,232

Nystrom, J. ,163,168 – 9

O

Oakes, L. S. ,416

Oijala, T. ,144

Okhuysen, G. A. ,378,489

O'Leary, M. B. ,486

Oliva, R. ,404

Olleros, X. ,52

Olsen, J. P. ,216

O'Reilly, C. A. , III276,303

Orlikowski, W. J. ,378,466,475,501

Orr, R. J. ,144,156

Orton, D. J. ,467 – 8

Ouchi, W. G. ,299,303 – 4,308 – 9

Owens, S. ,335

Owen-Smith, J. ,186

P

Packendorff, J. ,2,3,38,55,175,189,261

Page, A. ,393

Page, K. L. ,414

Pammoli, F. , 138, 147, 393

Pannenbacker, K. , 22

Parkin, F. , 109, 120

Parr, T. , 254

Parsons, T. , 2, 109

Partington, D. , xvii-xviii, 252 − 72

Patel, M. B. , 120

Patterson, R. A. , 381

Paulson, B. C. , 374

Pavitt, K. , 140, 275

Pearce, C. L. , 264, 485, 488, 493, 495

Pearson, S. , 312, 314

Peck, M. J. , 21

Pellegrinelli, S. , xviii, 252 − 72

Pelloile, B. , 121

Pelz, D. C. , 472

Penrose, E. T. , 285, 302

Perlow, L. , 378

Perminova, O. , 358

Perretti, F. , 185

Perrow, C. , 207, 467, 479

Perry, M. L. , 485, 495

Perry, R. L. , 21

Petter, S. , 183

Pettigrew, A. M. , 430

Pfeffer, J. , 262

Philips, J. , 18, 19

Phillips, C. R. , 135

Phillips, L. D. , 353

Phillips, P. E. , 326

Phua, F. T. T. , 161

Pich, M. T. , 44 − 5, 48, 243, 254, 348, 357

Pinto, xviii, 11, 16, 40, 49, 65 − 106, 225, 237, 275, 323, 406, 438 − 60

Pisano, G. , 159, 263

Pitsis, T. S. , xviii, 193, 335, 410 − 37

Pollack, J. , 104

Pollock, N. , 383

Popper, K. R. , 57, 330

Poppo, L. , 141, 441

Porter, M. E. , 140, 263, 430

Potts, K. , 444

Powell, W. W. , 139, 156, 158, 186, 261, 414

Power, M. , 166

Prahalad, C. K. , 204, 209, 263, 450

Prasad, A. , 377

Pratt, A. C. , 179, 186, 188

Premus, R. , 382

Prencipe, A. , xviii, 44 − 5, 133 − 53, 176, 181, 194, 277

Prescott, J. E. , 40, 49

Price, R. L. , 304, 308

Priemus, H. , 322

Priestley, M. , 16

Proserpio, L. , 483 − 4, 486

Pryke, S. D. , 311 − 12, 314

P_2Mguide, 255

Puranam, P. , 303

Q

Quinn, R. E. , 492 − 3

R

Rada, J. , 147

Ramaswamy, V. , 450

Ramsey, M. , 328

RAND Corporation, 39, 275, 326

Ranyard, R. , 354

Rassau, A. ,256

Rawls, J. ,424

Raymond, P. ,466

Raz, T. ,347

Reay, T. ,157-9

Rebentisch, E. S. ,479

Reckwitz, A. ,501,508

Redmond, K. C. ,365,370

Reed, M. I. ,110-2,115-6,124

Reilly, R. R. ,59,479

Repenning, N. P. ,378

Reve, T. ,47

Richerson, P. J. ,228,240

Riessman, C. K. ,421

Rivkin, J. W. ,226,228

Roberts, J. ,46,115,465

Roberts, M. J. ,326

Rogers, B. ,453

Rogers, P. ,498

Romanelli, E. ,262

Roos, D. ,23,373,442

Ropo, A. ,493

Rosenbloom, R. ,39

Rosenzweig, J. E. ,19

Ross, J. ,51,323,469

Ross, M. ,325,354

Rothengatter, W. ,10,21,43,45,51,193,277, 312,323,326-8,336

Rothkopf, H. ,394

Rothwell, R. ,279-81

Rouhiainen, P. K. ,406

Rousseau, D. M. ,439,440,455

Rowles, C. M. ,138-40

Rowlinson, S. ,138,141

Rubin, I. S. ,265

Rush, H. ,282

Ruuska, I. ,146

Ryu, S. ,141

S

Sacks, R. ,375

Sahlin-Andersson, K. ,277,403

Salle, R. ,xviii,17,47,51,141,391-409

Salmi, A. ,48,396

Salminen, R. T. ,395

Salter, A. ,137,171,175-6,180,189,203,276, 278,281,369,503,507

Samuelson, L. ,326

Sanchez, R. ,138

Sanchez-Bueno, M. J. ,202

Sandberg, J. ,266

Sanders, N. R. ,382

Sapolsky, H. ,18,29,255

Sapsed, J. ,171,176,383,503,507

Sauser, A. J. ,479

Sauser, B. J. ,59

Savage, L. J. ,257-8,349,351-2,355-6

Sayles, L. R. ,19

Scarbrough, H. ,176,189,378,463

Schatzki, T. R. ,501,505,509,511,516

Scherer, F. M. ,21

Schoemaker, J. ,349-50

Schön, D. A. ,120

Schoorman, F. D. ,301

Schumpeter, J. ,275,278

Schutz, A. ,311

Schwab, A. ,176-8,189,193

Schwaber, K. ,366,374

Schwartz, W. A., 112

Schwenk, C. R., 324

Sciulli, D., 109

Scott, W. R., 144, 156, 159, 261

Seely Brown, J., 120

Seers, A., 490, 494

Seidl, D., 505, 508, 510-11, 516

Sense, A., 467

Seo, M. G., 157, 160, 168

Sewell, G., 416

Shamsie, J., 193-4

Shapira, Z., 2, 45, 51, 347, 349, 354

Sharma, A. K., 179

Shelbourne, J., 180, 184

Shenhar, A., 3, 29, 136, 479

  治理, 312, 314

  创新, 273, 275-7

  项目管理的理论基础, 43-4, 48, 52, 55, 59

Shepherd, M. M., 22, 120

Shiller, R. J., 349

Shuen, S., 263

Siebdrat, F., 484, 491

Siemplenski, M., 393

Siggelkow, N., 226, 228

Siggelkow, S., 203, 208, 210, 212, 215, 217

Simister, S. J., 139

Simon, H., 46, 208, 210, 212, 227, 346-7, 356, 381, 467, 479

Simon, L., 503, 507

Simon, P., 26

Sims, H. P., 485

Singell, L. D., 356

Sinha, K. K., 380

Sitkin, S. B., 469

Skaates, M. A., 137, 394

Skidelsky, R., 349

Skilton, P., 44

Slater, S. P., 398

Slevin, D. P., 313-4

Slovic, P., 350, 352, 358

Smit, T., 360

Smith, A., 303

Smith, K. G., 490

Smith, N., 180

Smith, T. M., 365, 370, 380

Smith-Doerr, L., 158-9, 170

Smyth, H. J., xviii, 275, 510, 438-60

Snehota, I., 395

Snow, C., 144

Snowden, D. J., 357

Soane, E., 354

Sober, E., 228, 230

Söderholm, A., 107-29, 136, 175, 277, 412, 500-18

Söderlund, J., xix, 11, 38, 44-5, 48, 51, 59, 103, 106, 134, 254, 175, 179, 186, 189, 201-23, 277, 287, 397, 406, 467-8, 480

Sommer, S., 227, 243, 244

Song, M., 486

Sosa, M. E., 138-40

Spencer, H., 415

Spender, J. C., 346

Spetzler, C. S., 352-3

Spinardi, G., 224-5

Sproull, L., 466

Staber, U., 141, 156, 175, 189, 192

Stael Von Holstein, C. -A., 352-3

Stalker, G. M., 8, 29, 207, 209, 261, 276

Standing, C. ,382

Star, S. L. ,377

Stark, D. ,183,190

Stark, R. M. ,394

Starkey, K. ,177,186,188

Staw, B. M. ,51,323,469

Stein, B. A. ,262

Stephens, P. ,357

Stinchcombe, A. L. ,47,136,277,311,379,442

Stjernberg, T. ,45,51,139,141,396,406

Stockdale, R. ,382

Stoker, G. ,298,305 − 6

Strauss, A. L. ,178

Stremersch, S. ,404

Sturman, G. M. ,373

Styhre, A. ,377

Suchman, L. ,46,412,415 − 17

Summers, R. ,21

Sundaramurthy, C. ,301

Sutton, R. I. ,229

Svenson, O. ,354

Swan, J. A. ,378

Sweden,277

Sydow, J. ,58,141,145,155 − 6,171,175 − 6, 189,192,201,204,211,463

Szczepanek, T. ,261

T

Takeuchi, H. ,120,215

Taleb, N. N. ,324,327,349,350,357

Tan, B. C. Y. ,487

Tani, S. ,138,147,393

Tapscott, D. ,315

Tate, G. A. ,326

Tavares, L. V. ,59

Tavistock Institute,160

Taxén, L. ,181,377

Taylor, J. E. ,380 − 1

Teece, D. J. ,206,263

Tell, F. , xix, 48, 137, 176, 201 − 23, 277, 287,467 − 8,480

Teller, E. ,17

Tempest, S. ,177,186,188

Terwiesch, C. K. ,226 − 7,235

Tesluk, P. E. ,495

Thamhain, H. J. ,19,40

Themistocleous, G. ,104,193

Thilenius, P. ,395

Thiry, M. ,255,256

Thomas, C. A. ,393

Thomas, J. ,44,45,113,121

Thomke, S. H. ,229

Thompson, J. D. ,48,207,379,479

Thompson, S. C. ,354

Thuillier, D. ,267

Tidd, J. ,275,278,282

Tierney, T. ,181

Tikkanen, H. ,137,394,398

Tjosvold, D. ,491

Toffler, A. ,276

Tolbert, S. M. ,21

Tommelein, I. D. ,375

Toor, S. -u. -R. ,494

Torstendahl, R. ,110

Townley, B. ,164,416

Townsend, M. ,162

Toyama, R. ,465

Trevino, L. K. ,383

Trist, E. L. ,8 ,136

Turner, J. R. ,xix ,43 – 5 ,47 ,59 ,65 – 106 ,137 – 8 ,202 ,205 ,208 – 9 ,300 ,313 – 4

Tushman, M. L. ,262 ,276 ,303

Tversky, A. ,315 ,325 – 6 ,331 ,350 ,352 ,358

U

Uhl-Bien, M. ,484 ,493

Uzzi, B. ,139 ,186 – 7 ,417

Utterback, J. M. ,283

V

Vaagaasar, A. L. ,179 ,186 ,193

Vaast, E. ,377

Vaccaro, A. ,496

van de Ven, A. ,48 – 9 ,379 – 80 ,466

van der Hart, H. W. ,454

van Donka, D. P. ,380

van Fenema, P. C. ,256

van Marrewijk, A. ,419

van Wee, B. ,322

Vance, R. J. ,493

Vandermerwe, S. ,147

Vanneste, B. S. ,303

Vargo, S. L. ,395

Veloso, F. ,496

Vereecke, A. ,256

Veres, Z. ,394

Verspagen, B. ,37 ,275

Vick, S. G. ,352

Viguerie, P. ,357

Vik, M. ,480

Vincent, R. ,401

Von Bertalanffy, L. ,136

Von Meier, A. ,464

von Neumann, J. ,349

Von Savigny, E. ,501

Vredenburg, H. ,419

Vurdubakis, T. ,416

W

Wachs, M. ,328 – 9 ,336 – 7

Wageman, R. ,492

Walker, A. H. ,203 ,209

Walker, D. H. T. ,138 ,140 – 1

Walker, O. C. ,300

Wang, C. L. ,264

Warglien, M. ,211 – 3

Waters, J. A. ,262

Watkins, M. D. ,357

Wearne, S. H. ,104 ,120 ,193

Webb, J. E. ,19

Weglarz, J. ,39

Wegner, D. M. ,466

Weiber, R. ,393

Weick, K. E. ,42 ,47 ,176 ,258 ,262 ,421 ,467 – 8

Weick, K. L. ,347

Weinkauf, K. ,484 ,489 – 90 ,493 – 4

Weinstein, N. D. ,354

Weiser, M. ,377

Welch, C. ,395

Wenger, E. ,120 ,465

West, M. A. ,490 ,492

Westeley, F. ,261 ,419

Westling, G. ,51 ,503 ,514

Wheelwright, S. C. ,44 – 5 ,255 ,277 ,282 ,442

Whipp, R. ,277 ,430

Whitaker, A. ,115

Whitley, R. ,37,137,154,156 – 7,170,179, 183,193,202 – 3,213,219

Whittington, R. ,113,503 – 7,511

Whyte, J. ,xix,365 – 87

Wikström, K. ,133,147,277,358,502 – 3,507

Wilemon, D. L. ,19,40

Wilkerson, J. M. ,494

Wilkinson, B. ,416

Willcocks, L. P. ,371

Williams, R. ,383

Williams, T. M. ,254,261,348,357

Williamson, O. E. ,298,299 – 303,306,311,413 – 4,441,450

Willman, P. ,277

Wilson, D. S. ,228,230

Wilson, T. ,503 – 4,506,508

Winch, G. M. ,xix,139,156,277,311,314, 345 – 64

Winter, M. ,3,32,278

Winter, S. G. ,207,214,227,229,261,263,275

Winterfeldt, D. ,352

Wirdenius, H. ,44,45

Wittel, A. ,177,187,192

Womack, J. P. ,23,442

Womack, J. R. ,23

Wood, G. D. ,161

Woodward, J. ,207

Wren, D. A. ,16

Wu, T. ,449

Wuyts, S. ,404

Y

Yakob, R. ,208

Yanow, D. ,465

Yates, J. ,378,466,475

Yoo, Y. ,378

Young, D. ,202

Young, M. ,258,261,266,267

Z

Zammuto, R. F. ,369

Zander, U. ,210

Zanna, M. P. ,326

Zenger, T. ,208,212,441

Zhou, K. ,141

Zollo, M. ,207,214

Zuboff, S. ,370

Zweig, A. S. ,24

Zwerman, B. L. ,113,116,120

主题索引

说明:索引中的页码为英文原书页码,见于正文边栏处。

A

absorptive capability,吸收能力,264
academia,学术界,122-3,253-4
Academy of Management Journal,《美国管理学会学报》,40
accountability,问责制
   in forecasting,预测中的问责制,337
   formalization of,问责制规范化,347
   improved strategic,改进的战略问责,335-8
accounting/accountancy,会计/会计学,89,155
accreditation in project management,项目管理认证,118-19
actant concept,行为主体概念,405
action,行动
   -based entrepreneurialism,基于行动的创业精神,51
   feedback/adjustment cycles,行动/反馈/调整周期,469
   orientations,行动方向,591-2
   research,行动研究,350

'actionable knowledge',可指导行动的知识,466
ACTIVE,162
activities,活动
   'configuration',活动配置,210
   information management,信息管理活动,367-8
   integration,活动整合,479
   in process and practice,过程和实践中的活动,502
Actor Network Theory/actors,行动者网络理论/行动者,378-9,405
adaptation,适应性,213,415
   adaptability of organizations,组织适应性,303
   adaptive capability,适应能力,264
'adhocracy',灵活组织,20,202,276
adjustments,调整,326
   feedback/action cycles,行动/反馈/调整周期,469
   mutual,相互,48,380
adversarialism,对抗,157
adverse selection problem,逆向选择问题,300

aerospace industry/defense,航空工业/国防,113,253,255,276,379
agency theory,代理理论,47,328
　　corporate governance,企业治理,299,303
　　project governance,项目治理,299－301,312－13,314－15
'aggregate project plan',总体项目计划,256
'Agile' approach/techniques,敏捷方法/技术,28,366,374
　　agile pragmatist/governance paradigm,敏捷的实用主义者/治理范式,310
agreements,协议,见 contracts
Air Force,US,美国空军,224－5
air transport,航空运输,283
　　air traffic control (ATC),空中交通管制,245－7
　　airfield,飞机场,163
　　　　design,设计,373
　　European (SESAR),单体欧洲航空高级研究,246－7
　　Joint Undertaking,联合实施,247
alliances,联盟,47,445
Alliance Leadership Team/Program (ALT,Australia),联盟领导团队/项目(ALT,澳大利亚),410,411,419－33
　　as approach to contract,作为一种合同方法,418－19,422
　　另见 mega-projects; partnerships
'alliancing',联盟,445
ALT,见 Alliance Leadership under alliances
ambidexterity,need for,需要两面性,261,276
ambiguity,模糊性,214,449
AN/FSQ-7 computer,AN/FSQ-7 计算机,370
analytical framework,see project business,分析框架,见项目业务

analyzability,可分析性,207,467
　　complexity,复杂性,468
anchoring,锚定,325－6,353
Andrew facilities alliance project,Andrew 设施联盟项目,441
ANOVA,方差分析,97－8,102
APM (Association for Project Management),英国项目管理协会,29,31,118,135,266,312
　　and academia,与学术界,122
　　APM BOK,英国项目管理协会知识体系,120
　　membership (1972－2009),会员,114,117
　　PRAM Guide,项目风险分析与管理指南,26
　　and program management,与项目集管理,255
　　qualifications framework,资格框架,119
Apollo space mission,阿波罗太空计划,18,113
Aristotle,亚里士多德,33
arm's-length control,保持一定距离的控制,165
Asea Brown Boveri (ABB),ABB 公司,20,218
asset,资产
　　life cycle of,资产生命周期,374
　　specificity and TCE,资产特异性和交易成本经济学,311
Association for Project Management, see APM,英国项目管理协会,见 APM
asymmetry,非对称,144
ATC (air traffic control),空中交通管制,245－7
Atlas weapons system,Atlas 武器系统,281
auctions,reverse,逆向拍卖,381
auditing,审计,166
Australia,澳大利亚,31
　　Alliance Leadership Team (ALT) and Program,联盟领导团队和项目集,410－11,419－33
　　Sydney Olympics,悉尼奥运会,311,335

441

water contamination,水污染,426-8
Austria,奥地利,331
authority,权力,47
automation,自动化,367,370-1
automotive industry,汽车产业,277,280,370
autonomy,自治,166
　'autonomous team',自治团队,216
　individual,自治个体,415
autopoietic 'ideal we',自我再生的理想集体,422-6
availability bias in heuristics,启发式方法中的可获得性偏差,353
avionics systems,航空电子系统,283

B

BAA(British Airport Authority),英国机场管理局,见 trust in relational contracting
balanced scorecard strategy-cascading tools,平衡计分卡战略级联工具,232-3
banks,银行,339
baseline planning,基线规划,371-3
base-moving projects,移动基础项目,274,287-8
batch production,批量生产,205
behavior,行为
　Behavioral Decision Theory,行为决策理论,354
　change,行为变革,164
　complexity,行为复杂性,493-4
　control,行为控制,303-4
　opportunistic,机会主义行为,47,139
　　-oriented organizations,机会主义行为导向组织,310
　另见 organizations
benchmarking,标杆管理,337

benefits,收益
　-cost ratio,收益-费用比例,337
　overestimated,高估收益,328
　shortfalls,收益不足,338
　underestimated,低估收益,329
benevolence,仁慈,422,426-30
bias,偏见
　in decision-making,决策偏见,331
　in heuristics,启发式偏见,353
　reduction,降低偏见,353
　另见 optimism bias
Bilbao Guggenheim Museum,毕尔巴鄂古根海姆博物馆,322
biomedical projects,生物医学项目,155
biosciences,生物科学,159
biotechnology,生物技术,156,366
'black swans'(extreme events),黑天鹅(极端事件),324,357
blame game,推卸责任,422
'block grants',一揽子拨款,337
blogs,博客,369
Board of Directors,董事会,306-7
Bodies of Knowledge,知识体系,22
B2 'Stealth bomber',B2"隐形轰炸机",381
Boston Consulting Group(BCG),波士顿咨询集团,237
Boston(USA),波士顿(美国),340
BOT,建造-经营-移交,26,83
bottom-up approaches,自下而上的方法,226-30,287,312
bounded rationality,有限理性,346,413
BP(British Petroleum),英国石油公司,443
　Risk Management Guidelines,风险管理指南,348-9

breakthrough projects,突破型项目,45

British American School,英美学派,351

broad-scale integration,大规模整合,212

Broker and Steward model,经纪人和管家模型,309

Bruntland Commission,布伦特兰委员会,25

budget,inadequate,预算,不足,322

building industry,建筑业,见 construction industry

bureaucracy,官僚主义,379,511

Burke, Admiral Arleigh A,海军上将 Admiral Burke,224

business,商务
 -centric view,商务中心观,145
 Change Managers（BCM）,商业变革经理,266-7
 logic in project-based organizations,项目型组织中的商务逻辑,146-7
 network, management of,商务网络,商务网络管理,134-5,140-2,148
 projects,商业项目,44
 strategy,商业战略,见 business strategy studies,89,100
 -to-business marketing,企业对企业营销,393-4
 business strategy and project execution（top-down cascading tools）,商业战略和项目执行（自上而下的级联工具）,230-40
 negotiation and stakeholders,协商与利益相关者,238-40
 portfolio diagrams/views,项目组合图/组合性观点,230,234-7
 strategy-cascading,战略级联,230-4

C

CAD（Computer Aided Design）,计算机辅助设计,28,367,372

'calculative trust',计算型信任,450,452

'calibration',校准,353-4

Canada,加拿大,118

Candidate Drug（CD）,候选药物,472

capability,能力
 -building,能力建设,52,146,287
 absorptive, adaptive and innovative,吸收能力、适应能力和创新能力,264
 'combinative',组合能力,209-10
 and complex product systems,能力和复杂产品系统,285-7
 dynamic,动态能力,263-4
 key role in complex product systems,复杂产品系统的核心角色能力,285-7
 maturity model, see CMM,能力成熟度模型见 CMM
 in project-based organizations,项目型组织的能力,145-6

capital goods systems,资本产品系统,282

capital risk,资本风险,338

career development,职业发展,31

Carnegie School,卡内基学院,349,354,358

case studies,案例研究,97

CATC（Collaborative air traffic control）,协作化空中交通管制,246-7

categorical grants,专项补助,337

causal ambiguity,因果模糊性,214

CCF（Construction Clients' Forum）,建筑业客户论坛,163

Center for Integrated Facility Engineering,集成设备工程中心,371

centralization,集权化,210-11

CERN,欧洲核子研究中心,373

Certified Associate in Project Management (CAPM),项目管理助理认证,119

Certified Project Manager,认证项目经理,118-19,135,373

Certified Projects Director,认证项目主管,119

Certified Senior Project Manager,认证高级项目经理,119

chain,链

 critical,关键链,28

 supply,供应链,23,89,99,264

challenges for P-form corporation,项目型组织合作的挑战,214-18

 decomposition into projects,项目分解,214-15

 reintegration,重组,216-18

 temporary decentralization of decision rights,决策权的临时非集权化,203,210,214-6

 time orientation,时间导向,206-7,216

challenges of projects-as-practice approach,项目实践方法的挑战,510-14

 pattern challenge,模式挑战,510-11

change,变革

 Change Managers, Business (BCM),业务变革经理,266-7

 compensation for,补偿,444-5

 deliberate,深思熟虑,262

 as developing process,作为发展过程,159-60

 emergent,紧急的,262

 management teams,管理团队,485

 projects,项目,44-5

 resistance to,抵制,440

Channel Tunnel,英吉利海峡隧道,27

 benefits overestimated,高估收益,325

 faulty estimates for,错误估计,330

 lasting cost of,持续成本,321

CHAOS reports,CHAOS 报告,21

Chartered Institute of Building,英国皇家建造协会,162

chemical industry,化学工业,326,365-6,379

China,中国,118

Chrysler,442

CIB (Construction Industry Board),建筑业委员会,161

civil engineering,土木工程,162-3

clan concept,家族概念,304

clients,客户

 -centred affiliation, product versus,以客户为中心的联盟,对比以产品为中心的联盟,185-6

 technical vs. personal lock-in,技术锁定,对比个人锁定,183-4

 value and corporate membership,价值和企业会员,121-2

closure, occupational,终止职业,109

CMM (capability maturity model),能力成熟度模型,30,372-3

coalition-building,联盟建立,311-12

cognition/cognitive approach,认知/认知方法,346-7

 to risk and uncertainty,风险与不确定性,354-9

 knowledge,知识,377

 managerial and organizational,管理与组织问题,见 MOC 'problem',42

cohesion in teams,团队凝聚力,491

cold war,冷战,275

collaboration/collaborative,协作/协作的

 air traffic control,协作化空中交通管制,246-7

 and competitive relationships, dynamic,协作与竞争关系,动态的,142,144

importance of,协作重要性,163

inter-organizational,组织内协作,419

interaction and strategies,互动与战略,156,164-5

and knowledge,协作与知识,464

long-term,长期协作,141

projects and partnerships,协作项目与伙伴关系,157,164-6

structures,协作结构,301

teams,团队协作,489

trust in relational contracting,关系型合同中的信任,441

另见 cooperation；partnerships

collective competence,集体能力,146

collective knowledge,集体性知识,464

collective performance,集体绩效,146

collective relief and enacting benevolence,集体救济和施行仁慈,422,426-30

collegiate professions,大学生职业,110-11,116

co-located projects and teams,同地协作的项目和团队,44,256,486

'combinative capabilities',组合能力,209-10

commitment,承诺,51,323

communality,集体性,187,465

communication,沟通

 in dispersed projects,离散项目的沟通,489-90

 effective,有效沟通,495

 -intensive mechanisms,沟通密集型机制,466

 lack of,缺乏沟通,146

 technologies,沟通技术,368

communities-of-practice,实践社区,465

compensation for change,变革补偿,444-5

competence/competencies,竞争力

 collective,集体竞争力,146

 'entrepreneurial',企业竞争力,52

 and professionalism,竞争力与职业化,109

 program management,项目集管理竞争力,266-7

 research agenda,研究议程,266-7

competition/competitive and accountability,竞争和问责,337

 advantage,竞争优势,52,263

 bidding, beyond,超越竞争性招标,393-5

 and collaborative relationships,竞争与协作关系,142,144

 and projects and partnerships,竞争与项目及伙伴关系,158

 sustainable,可持续竞争,141-2

competitive, advantage,竞争优势,52,263

complementarities,互补性,44-9,53

另见 cooperation；coordination

complex product systems (CoPS),复杂产品系统,44-5,274

 capability, key role of,能力的核心角色,285-7

 and high-technology,高科技,287,289-90

 and innovation,创新,278-85

 life cycle,生命周期,284

complexity,复杂性,4,214,276

 behaviour,行为复杂性,493-4

 as 'contingency factor',权变因素,48,479

 high project,高复杂性的项目,323-4

 knowledge,知识复杂性,212

 of networks,网络复杂性,144

 project,项目复杂性,47,51,483

 systemic,系统复杂性,468,473,476

 task,任务复杂性,45

compliance,承诺,309

computers, 计算机, 277, 370, 378
　Computer Aided Design, 计算机辅助设计, 367, 372
　and information management, 与信息管理, 371-3
　-mediated communication, 以计算机为媒介的通信, 484
　simulations, 计算机模拟, 97
　software development, 计算机软件开发, 366
'conceptual toolbox', 概念工具箱, 42
concurrent engineering, 并行工程, 23-4
concurrent knowledge, 并行知识, 261
concurrent (portfolio) programs, 并行项目集, 256
conference papers, 会议文献, 90, 101
confidence, 信心, 358, 452
Configuration Management, 配置管理, 18
conflict, 冲突
　harnessed creatively, 创造性地治理冲突, 167
　relational, 关系冲突, 492
　task, 任务冲突, 492
conformist/governance paradigm, 墨守成规者/治理范式, 310
connectivity (upgrading know-how), 连通性（升级为专门技术）, 187-9
consensus, high level of, 高水平的共识, 167
'consequentiality, logic of', 结果性逻辑, 216
constrained resources, 限制性资源, 39
Construction Clients' Forum, 建筑业客户论坛, 163
construction industry, 建筑业, 141, 380
　Board (CIB), 建筑业委员会, 161
　Building Research Establishment and Chartered Institute of, 建筑研究院和特许研究所, 162

costs underestimated, 低估成本, 332
indexical, 索引式的, 417-18
management, 管理, 89-90, 99
projects and partnerships, 项目与伙伴关系, 155-8, 160-2, 164, 417
　and coalition-building, 联盟建立, 311-12
　sites as organizations, 组织位置, 416
Construction Productivity Network, 建筑施工网络, 162
constructivism, 建构主义, 359
consumer product, 消费品, 379
content, 内容
　hypothesis, 假设, 259
　problem-solving, 问题解决, 229
context, 环境
　and process, 与过程, 51
　-specific team leadership, 特定环境的团队领导力, 495
contingency, 权变
　'factors' (complexity, pace and uncertainty), 因素（复杂性、速度和不确定性）, 48, 479
　framework and knowledge integration, 权变框架与知识整合, 467-9, 473, 479
　of P-form and M-form corporations, 项目型和事业部型企业的权变, 205-8
　School of Project Management research, 项目管理研究学派, 40-43, 52
　theory, 权变理论, 136, 147
continuous developments, 持续发展, 301
continuous relationships, 持续关系, 141
contracts/agreements, 合同/协议, 30, 297-8, 300, 303
　alliancing as approach to, 结盟作为一种合同方法, 418-19, 422

analysis of,合同分析,417

as artifacts,合同作为人为活动的产物,416-7

between free agents,自由代理人之间的合同,413

definition of,合同定义,415-16

as doctrine,合同教条,417

hard money,硬通货合同,417

incomplete,不完整合同,300

information management,信息管理合同,381-2

institution of,合同制度,411

interaction,互动合同,156

law of,合同法,414

management,合同管理,83

meaning and institution of,契约含义和合同制度,411-18

and relationships,合同和关系,389-460

sociology of,社会合同,415

另见 normative control; relational contracting; shaping projects

contrasting project ecologies,项目生态对比,178-9, 191

control,380,控制

arm's-length,保持一定距离的控制,165

behaviour,行为控制,303-4

and corporate governance,控制与公司治理,303-5

illusion of,控制错觉,354

mechanism,控制机制,299,301

modes renegotiated,重新谈判的控制模式,379

and trust,控制与信任,313

另见 normative control; surveillance

cooperation/cooperative,合作/合作的

lack of,缺乏合作,164

problems and theoretical foundations of Project Management,项目管理的合作问题和理论基础,46-9,53,58

projects as,项目合作,50

relationships,合作关系,441

temporary,临时合作,47

within organizations,组织内合作,381

另见 collaboration; partnerships

coordination,协调

dispersed projects,离散项目协调,490

effective, design parameters for,有效设计协调参数,52

information management,信息管理协调,380

modes renegotiated,重新谈判的协调模式,379

problems,协调问题,46,48-9,58

projects as,项目协调,50

task,协调任务,490

team,协调团队,48

core concepts for understanding projects-as-practice,理解项目实践的核心概念,505-7

practices,技术性实践,506-7

practitioners,实践者,507

praxis,规范性实践,505-6

core team (reducing v. preserving cognitive distance),核心团队(降低 v. 保持认知距离),179-80, 191

corporate governance,公司治理,298-305

agency theory,代理理论,299,303

trust and control, organizational,组织信任与控制,303-5

corporate groups and product versus client-centred affiliation,公司集团和以产品 vs 客户为中心的关系,185-6

corporate membership and client value,企业成员和顾客价值,121-2

corporate venturing, internal,内部企业风险投资,287

costs,成本
  -benefit ratio,费用-收益比率,337
  of Channel Tunnel,英吉利海峡隧道的成本,321
  engineering,工程成本,89,99
  incentive, target,激励成本,目标,167
  overrun see major projects, management of partnering,超支,见重大项目,伙伴关系管理,169
  target,目标成本,167,445
  tracking,追踪成本,253
  underestimated/overruns,低估/超支,325-6,328-9
  另见 transaction

coupling,耦合
  innovation models,创新模式,280-1
  project logics,项目逻辑,468-9

'creative' ideas,创造性想法,229

crime,犯罪,337

CRINE (Cost Reduction Initiative for the New Era),162

critical chain,关键链,28

Critical Path Method,关键路径法,18-9,253,373,511

critical perspectives,批判观点,59

critical planning/success,关键规划/成功,39-40,44,52

cross-functional projects,跨职能项目,45,211,212

cross-national projects,跨国家项目,156

(Centre for Strategic Studies in Construction, CSSC),建筑业战略研究中心,161

culture,文化,239-40
  occupational,职业文化,463
  organizational,组织文化,495

cumulative learning,累积性学习,178-9,191

'customer entry' impact,客户进入影响,141

customization,定制化,205

D

deadline,截止日期,216,219

death and afterlife of projects,项目的结束和来世,52

decentralization,去中心化
  of decisions,决策去中心化,203,210,214-6
  and P-form corporation,210-12,216,去中心化和项目型企业
  另见 temporary decentralization

deception,欺骗,337

decision-making/decision,决策,381
  bottom-up,自上而下决策,325
  fast,快速决策,378
  gains and losses,决策得失,315
  group,团体决策,466
  problems,决策问题,212
  rights, decentralization of,权利,决策去中心化,203,210,214-6
  risk and uncertainty management,风险与不确定性管理,346-7,350
  strategic,战略决策,另见 strategy
  subjective probabilities,主观概率,351-2
  timing,计时,259
  另见 Behavioral Decision; probability and decision-making; risk and uncertainty management

decomposition,分解
    decomposable/non-decomposable dichotomy,可分解/不可分解一分为二,467
    heuristic,启发式分解,39
    of problems,问题分解,208,210-11
defense,国防
    aerospace industry,国防航空工业,113,253,255,276,379
    Department of (USA),美国国防部,265
deliberate change,刻意变革,262
demand uncertainty,需求不确定性,323
democratic governance, spread of,民主治理,传播,339-40
Denmark,丹麦,331,340
dependence and interdependence,依赖与互赖,47,490
    mutual,共同的,441
    network programs,网络项目集,256
    'pooled',合并的,207
    resource,资源,415
    -solving,解决,212
    task,任务,304
    team,团队,466
deregulation,解除规定,112,115
derivative projects,衍生项目,45
'deterrence-based trust',基于威慑的信任,451
development mind,发展思想,217
    process, change as,过程,变革发展,159-60
    projects,项目发展,44-5
deviations and management of,发展偏离与管理,474-5,477,502,506,509,515
diesel power plants study,柴油发电厂研究,506
differentiated knowledge,差异化知识,212
differentiated work,差异化工作,379

digital technologies,数字技术,281,286-7
    and information management,数字技术和信息管理,368-370,375-8
    and knowledge integration in product development,产品开发中的数字技术和知识整合,469-71
disciplinary practices,规则实践,416
discovery-driven planning,发现驱动的规划,243
discovery-oriented programme management,发现驱动的项目集管理,146
dispersed projects, leadership and teamwork in,离散项目,领导力和团队工作,7,483-99
    flexible vertical leadership,灵活的垂直领导力,491-2
    leadership challenges,领导力挑战,486-8
    team-shared leadership and teamwork quality,共享的团队领导力和团队工作质量,483,486,488-91
    theoretical implications,理论启发,493-4
    further research,进一步研究,494-6
dispersion/dispersal,分散/传播,43
    geographical,地理传播,484,486
    physical,物理传播,486
disruptive learning,破坏性学习,178-9,191
distance, cognitive,认知距离,178-9,191
distinctiveness logic,独特逻辑,469
distributed projects,分布式项目,256
distrust,不信任,439
'double closure',双闭合,110
dynamic capabilities,动态能力,263-4
dynamic environments,动态环境,380
dynamic networks and relationships,动态网络和关系,139,142,144
dynamic projects,动态项目,483

dynamic systems,动态系统,348

E

ecologies,生态,175-6,189
  project,项目,见 project ecologies
economics,经济学,89,412
  economist/governance paradigm,经济学家/治理模范式,310
  economies,经济
    'of throughput',生产量经济,204
    of recombination (modules and products),复合经济(模块与产品),181-2
    of repetition,重复经济,180-1
Eden Project,Eden 项目,360
Egan,Sir John: Report (1998),伊根·约翰爵士:报告(1998),161,442
Edinburgh Tram Line,爱丁堡有轨电车,332-4
email,电子邮件,369,484,489
'embedded' projects,嵌入式项目,44-5,155,510-11
emergent change,突发变革,262
emergent practices,突发实践,见 project and partnership
emergent strategy,应急策略,230,245
emotions,情感,239-40
empowerment of teams,团队授权,492
enacting benevolence and collective relief,施行仁慈和集体救济,422,426-30
end dates,结束日期,486
engineering and industry,工程和产业,202,275
  civil,市民工程,163
  cost,成本,89,99
  management,管理,90,99,368
  Procurement and Construction,see EPC and

project management,采购和施工,见设计采购施工和项目管理,368
projects and partnerships,项目和伙伴关系,45,155,156,442
Enron and scandal,安然丑闻,30,337,339
Enterprise Resource Planning,企业资源规划,28
Enterprise-Wide Project Management,企业层面项目管理,28-9
entrepreneurialism/entrepreneurship,企业家/企业家精神,115
  action-based,基于行动的企业家,51
  'competencies',企业家竞争力,52
  professional,专业企业家,109-11
environment,环境,25
  articles on,有关环境的文章,89, 100
  change,环境变化,213
  and ontological divergence,环境和本体论分歧,25
EPC (Engineering, Procurement and Construction) industries,设计采购施工产业,202
epistemic community and project ecologies,知识社群和项目生态,182-6
  clients (technical vs. personal lock-in),客户(技术和个人锁定),183-4
  corporate groups (product versus client-centred affiliation),公司集团(以产品 vs 顾客为中心的关系),185-6
  suppliers (orchestration versus improvisation),供应商(乐曲编制 vs 即兴创作),184-5
epistemic risk,认知风险,352
epistemology,认识论,253-4
e-procurement,电子采购,376-7,381-2
equilibrium,punctuated,平衡,间断,51,262
ERP (Enterprise Resource Planning),企业资源

规划, 28

errors, 误差, 323-4

    detection, 误差检测, 467, 474-5

    estimation of, 误差估计, 324, 328

'escalation of commitment', 承诺升级, 51

'espoused theories', 信奉的理论, 512

estimation, 估计, 324, 328, 356

ethics, articles on, 道德准则, 有关道德准则的文章, 100

EU, 欧盟, 见 European Union, 32

EURAM, 欧洲管理科学院, 32

    conference papers, 会议文章, 90

Eurocontrol (air traffic), 欧洲航管组织（空中交通）, 245-6

European Union (EU) and Europe, 欧盟和欧洲, 113, 246

    European Commission, 欧洲委员会, 245-6

    Project Management in, 项目管理, 117

evolutionary cycles, hierarchically nested, 进化周期, 层次嵌套, 228

evolutionary model of problem-solving, 解决问题的进化模式, 51

evolutionary view of projects, 项目的进化观点, 229

exception-handling, 异常处理, 378

exchange relationships, 交换关系, 41

exchange theory, social, 社会交换理论, 494

exogenous factors and variables, 外生因素和变量, 136

expected utility (EU) paradigm, 期望效用范式, 346, 349-51, 360

expert groups, power strategies of, 专家组, 权力策略, 111

expert occupations, 专家职业, 115-16

exploitation, 开发, 288, 467

    dilemma, 开发困境, 217

    logic, 开发逻辑, 468

    projects, 项目开发, 44-5, 478

exploration, 探索, 473

extreme events, 极端事件, 324, 357

F

face-to-face communication, 面对面沟通, 484, 489

facility managers, 设施经理, 368

failure and risks, 失败与风险, 7, 276, 325

    另见 knowledge integration in product development projects; major projects, management of; projects and innovation; risk and uncertainty management

feedback/action/adjustment cycles, 行动/反馈/调整周期, 469

field studies, 田野调查, 97, 98

fifth-generation systems integration, 第五代系统整合, 280, 281

film industry, 电影业, 380

finance, 金融

    articles on, 有关金融的文章, 89

    ratio tree, generic, （财务）比例树, 一般的, 231

Finniston, Sir Monty, 蒙蒂·菲尼斯顿爵士, 本书贡献者, xvii

firm and project ecologies, 公司和项目生态, 180-2

    economies of recombination, 复合经济, 181-2

    economies of repetition, 重复经济, 180-1

first mover advantage, 先发优势, 315

Fiscal Responsibility Summit (US, 2009), 财政

责任峰会(美国,2009),338-9
Fleet Ballistic Missile (USA),舰载弹道导弹(美国),224
flexibility/flexible,灵活性/灵活的
 economist/governance paradigm,灵活的经济学家/治理范式,310
 governability,灵活的治理,145
 increasing,增加的灵活性,419
 team membership,灵活的团队成员,495
 vertical leadership,灵活的垂直领导力,491-2
fluid phase in product innovation,产品创新的流动阶段,283-4
fluidity of team membership,团队成员流动性,495
'forbearance contract law',自制合同法,414
forecasting,预测
 accountability in,预测中的问责制,337
 need for better,需要更好的预测,330
 reference class,参考类预测,330-2,334-5
 as rent-seeking behaviour,寻租行为,336
formal tools,正式工具,230
formalization of lateral relationships,横向关系形式化,379
four-dimensional grid,四维网格,312
fourth-generation systems integration,第四代系统整合,281
fragmentation,碎片化,37-9
 for commitment-building,用于承诺建设的碎片化,51
 with progress,进步中的碎片化,57
framing bias in heuristics,启发式方法中的框架效应偏差,353
France,法国,117
Free Libre Open Source Software,免费开源软件,315
freeze/re-balance/un-freeze,冻住/再平衡/解冻,262
frequency,频率
 concept of,频率概念,137
 and TCE,频率与交易成本经济学,311
front-end loading,前端装载,347
functional project structures,职能型项目结构,282
functionality and time trade-off,功能和时间平衡,470
funding,targeted,资助,目标,113
'future perfect thinking',未来完美思考,335
future projects and research,未来项目与研究,141,193-4
 P-form corporation,项目型企业,203,219-20
 project governance,项目治理,315-16
 shaping projects and building networks,项目塑造和网络建立,404-5
future,unknowable,未来,不可知,360

G

Gantt,Henry,亨利·甘特,16
 charts,甘特图,39,373,511
gender,性别,59
General Accounting Office (US),美国审计总署,21
General Electric,通用电气,287
general management,一般管理,77,87,89,100,102
General Motors,通用汽车,373
Geographic Information Systems,地理信息系统,367
geographical dispersion,地理分散,484,486

Germany,德国,117
Global Accreditation Center,全球认证中心,122
global projects and managers,全球项目和经理,43,44,204
goal,目标,148
   -oriented projects and progress,目标导向的项目和进步,256,259
   shared,team commitment to,拥有共同目标的团队承诺,495
sub-goal,子目标,473
good practice,良好的实践,515
Gorbachev,Mikhail Sergeyevich,米哈伊尔·谢尔盖耶维奇·戈尔巴乔夫,456
governance,治理,144
   and control,治理与控制,295-388
   and flexibility,治理和灵活性,145
   four different types,治理的四种不同类型,308-11
   governability defined,治理的定义,145
   organizational performance and,组织绩效和治理,309-10
   paradigms,治理范式,310
   price,价格治理,445
   steering,引导和治理,297,307
   theory,治理理论,309
   idiosyncrasies listed,列举的治理特质,305-6
   in project networks,项目网络中的治理,139
   three forms of(market,hierarchy and hybrid),治理的三种形式,(市场,层级和混合),414
   and trust,治理与信任,303
   另见corporate governance；institutions for project governance；project governance
government,政府,140
   and mega-projects,政府与大型项目,312

Office of Government Computing,UK,政府计算机办公室,英国,277
   and professionalism in Project Management,政府与项目管理的职业化,122-3
   grand-scale projects,大规模项目,45
Greece,希腊,117,339
'groupthink',群体思维,469
guarantee,sovereign,保证,主权,338
Guaranteed Maximum Price,保证最高价格,312
guiding principles of project management,项目管理的指导原则,4-5

H

Harvard,哈佛,23
health,健康,100,102
   and safety,与安全,25
heartbeat,心跳,256
Heathrow Airport,希思罗机场,440,443
   Terminal 5,5号航站楼,见T5 agreement；trust in relational contracting
heavyweight project structures,重量级项目结构,282
heterogeneity,异质性,214
heuristics,启发式,39,350,353-5
hierarchically nested evolutionary cycles,层次嵌套进化周期,228
hierarchy governance,分层治理,414
high value goods,高价值产品,见complex product systems
high-technology,高科技,283,287,289-90
historical linkages and project management research,历史联系和项目管理研究,274-8
history of project management,brief,简短的项目管理历史,15-35

holistic view of projects,项目的整体观,51

HRM(human resource management),人力资源管理,89-90,100,102-3

hybrids,混合,309,414

I

IBM,国际商业机器公司,287,370,373

ICB(IPMA Competence Baseline),IPBA,能力基准,120

ICE(Integrated Concurrent Engineering),集成并行工程,26,371

ICES(Integrated Civil Engineering System),综合土木工程系统,372-3

    evolution of project management research,项目管理研究的演变,83,89,99

    projects and innovation,项目与创新,281,289

ICV(internal corporate venturing),企业内部创业,287

idea generation,概念产生,229

'ideal we',autopoietic,自我再生的理想集体,422-6

identity/identification,身份,170,424-5,452

ideology norms,意识形态规范,380

IEEE-TEM(Transactions on Engineering Management),《美国电气和电子工程师协会工程管理学刊》,89,91-102

    citations,《工程管理学刊》的引用,98-103

    methodologies used,《工程管理学刊》运用的研究方法,97-8

    topics covered,《工程管理学刊》覆盖的话题,91-6

IJPM(International Journal of Project Management),《国际项目管理杂志》,80-1,83,91,98,102

    citations by other papers,《国际项目管理杂志》被其他论文引用,82-3

    content,内容,见 topics covered by IJPM

    methodologies used,《国际项目管理杂志》运用的方法,88

    number and sources of papers cited,《国际项目管理杂志》引文的数量和来源,83,88-90,99

    research methods,《国际项目管理杂志》运用的研究方法,79-82

illusion of control,控制错觉,354

implementing strategy through projects,通过项目实施战略,224-51

    search theory, top-down and bottom-up contribution of,搜寻理论,自上而下和自上而下的贡献,226-30

    另见 business strategy; search theory; strategy creation tools

improvement,提高

    major project management,提高重大项目管理,228-40,338-40

    strategic incentives,提升战略激励,335-8

improvisation versus orchestration,即兴创作对比乐曲编制,184-5

incentives,激励

    and BAA,与英国机场管理局,444

    improved strategic,改进的战略激励,335-8

    need for better,需要更好的激励,330

    systems,激励系统,47,139

incomplete contracts,不完全契约,300

incremental innovation,渐进式创新,278,286

independent professions,独立的职业,110-11,116

'indexicality' of contracts,合同的索引,416-7

India,印度,118
indifference principle,无差别原则,356
individual practice approach,个人实践方法,503
induced strategy,诱导策略,230
industry,行业,77-8,87,131-98
 另见 construction industry; project business; project ecologies; projects and partnerships
informal leaders,非正式领导者,485
informal processes,非正式过程,275-6
information,信息
 and communications technology,信息与通信技术,见 ICT
 defined,明确的信息,377
 imbalance,信息不对称,300
 management 信息管理,7,30,365-87
 changing practices,信息管理变化的实践,369-70
 definitions and approaches,信息管理的定义和方法,367-70
 issues and research directions,信息管理的议题和研究方向,382-3
 project stakeholders,信息管理的项目利益相关者,368-9
 另见 practices of information management
 non-existent,不存在的信息,144
 perspective of governance,治理的信息视角,299-301,303
 processing,信息处理,371,378
 systems,organizations as,组织信息系统,346-7
 search,信息搜寻,484
 space,信息空间,358-9
 technologies,信息技术,281,380,382
 processing,信息处理,381
 rise of,信息的出现,27-8

weight,权重,358
 see also knowledge; learning,另见知识;学习
infrastructure,基础设施,366
 large-scale,大型基础设施,326
 networking 'memory',网络化记忆基础设施,466
 transport,运输基础设施,329
infrequency,罕见性,214
innovation,open source,创新,开源,422,430-2
innovation and projects,创新与项目,273-94
 capability,innovative,创新能力,264
 in complex product systems,复杂产品系统的创新,282-5
 complex product systems,复杂产品系统,278-85
 defined,定义创新,278-9
 historical linkages and project management research,历史联系与项目管理研究,274-8
 incremental,渐进式创新,278,286
 links with project management,项目管理与创新的联系,274,281-2
 market pull,市场拉动创新,280
 models,模式创新
  coupling,耦合创新,280
  evolving,创新演变,279
  integrated,集成创新,280
  market pull,市场拉动创新,280
 phases of,创新阶段,283-4
 user involvement in,创新的用户参与,205
 另见 base-moving projects; complex product systems
inside and outside views,contrast between,内部和外部观点,对比,333-5
inside-project learning,项目内学习,145-6

institutions/institutional, 制度, 159-61
  agencies, 代理制度, 140
  analysis, 分析制度, 59
  challenging, 具有挑战性的制度, 142-4
  constraints lacking, 缺乏制度限制, 156
  environments, 环境制度, 155
  logic, emergence of new, 逻辑, 新制度逻辑的出现, 161-2
  and management challenges, 制度与管理挑战, 142-4
  practices, 制度实践, 380-1
  pressures, 制度压力, 261
  processes, 制度过程, 381
  and emergent practices, 紧急制度实践, 见 projects and partnerships
  for project governance, 项目治理制度, 306-8
  Board of Directors, 董事会制度, 306-7
  program and portfolio management, 项目集和项目组合管理制度, 308
  steering groups and sponsors, 指导小组和发起人制度, 307
  risk, 制度风险, 144
  termination, institutionalized, 制度终止, 制度化的, 51
  theory and projects and partnerships, 制度理论和项目与伙伴关系, 156, 158-60, 170
insurance, 保险, 89, 100
Integrated Concurrent Engineering, 集成并行工程, 371
Integrated Logistics Support, 综合物流保障, 18
integration, 集成
  activity, 一体化活动, 479
  broad-scale, 大规模集成, 212
  high level of, 高水平集成, 167

innovation models, 集成创新模型, 280
networking model, 集成与网络化模式, 280-1
systems, 集成系统, 139-40, 212
vertical, 垂直集成, 379
work, 集成工作, 379
integrity and professionalism, 诚信与职业精神, 109
intellectual property, managing, 知识产权管理, 374
intelligent buildings, 智能建筑, 283
interactions, social, 社会互动, 379
interactive 'games', 互动式游戏, 47
interactive learning, 互动式学习, 141
interconnectedness of praxis, practices and practitioners, 规范性实践、技术性实践与实践者的联系, 511
interdependence, 互赖, 见 dependence and interdependence
interest, 利益
  asymmetry, 利益不对称, 144
  matrices, 利益矩阵, 238-9
inter-firm relationships, 公司内部关系, 439
internal corporate venturing, 公司内部创业, 287
International Journal of Project Management, 《国际项目管理杂志》, 见 IJPM
International Management Systems Association, (IMSA), 国际管理系统协会, 20
International Motor Vehicle Program, 国际汽车计划, 23
International Project Management Association, 国际项目管理协会, 见 IPMA
International Research Network on Organizing by Projects (IRNOP), 国际项目组织研究网, 32, 90, 277

International Standardization Organization,国际标准化组织,135,150
internet,网络,369,373-5,381
inter-organizational projects,组织内项目,43,45
intuition,直觉,472
investments,future returns on,投资的未来收益,359-60
invisible hand concept,看不见的手的概念,303
IPMA (International Project Management Association),国际项目管理协会,20,31,117-8,135
   Competence Baseline (ICB),能力基准,120
   expert seminars,专家研讨会,101
   practitioner conferences,从业者会议,90,101-2
   protected IP,爱保护的知识产权,422
   qualifications framework,资格框架,119
Iraq,伊拉克,337
isolation,planned,隔离,计划,51
isomorphic pressures,同构压力,261
iteration and parallel trials in emerging uncertain projects,新兴不确定项目的迭代和平行试验,242-4

J

Jaguar,美洲虎,442
Japan,日本,243,255
   automobile companies,日本汽车公司,280
   mobile phones,日本移动电话,469
   professionalism,日本职业化,113,118
joint-shaping of projects,项目联合塑造,399-401,406

K

Kariba dam,卡里巴坝,357

Key Performance Indicators,关键绩效指标,309,420-1,423
Key Responsibility Areas (KRAs),主要职责领域,420
key success factor,关键成功因素,484
know-how,upgrading (connectivity),专门技能,升级(连通性),187-9
knowledge,知识,266,380
   'actionable',行动知识,466
   based,基于知识的
     diversity,多样性知识,463
     expert groups,专家组知识,111
     occupations,职业,见 professions
     'similarity',知识相似性,464-5
     trust,知识信任,452
     'well-connectedness',连通性好的知识,464,466-7
   cognitive,认知知识,377
   -collectivities,集体知识,464
   communal,共同知识,465
   complexity,知识复杂度,212
   concurrent,并行知识,261
   defined,知识的定义,377
   differentiated,差异化知识,212
   homogeneity,tacit,隐性知识的同质性,465
   integrated,集成知识,见 knowledge integration
   known-unknowns,已知的未知知识,357
   perceptual,感性知识,377
   practices literature,文献中的知识实践,376
   -sharing,知识分享,145,464
   tacit,隐性知识,261,465
   transfer,知识转移,218,464
   work,知识工作,115,377-8

另见 information; learning; skills

knowledge integration in product development projects,产品开发项目中的知识整合,7,210,463－82,489

 comparisons,比较,474－9

 contingency framework,权变框架,467－9,473,479

 'well-connectedness of knowledge bases',连通性良好的知识库,464,466－7

 future,未来,478－9

know-whom,acquiring,知道谁,取得,187－8

KRAs（Key Responsibility Areas）,主要职责领域,420

L

labor,division of,劳动分工,463

language,forms of,语言的形式,416

large corporations, see P-form,大型企业,见项目型企业

large projects/programs,大型项目/项目集,43,144,412

 grand-scale,大规模项目,45

 and information management,大型项目和信息管理,373－6,380

 infrastructure,大型基础设施项目,326

 mega-projects,大型项目,45,312,374

 risks and rewards,风险与回报,47

 另见 major projects; programs and program management

'last-planner' techniques,"末位计划者"技术,375

lateral links,横向联系,209

lateral relationships,formalization of,横向关系,形式化,379

Latham,Sir Michael: Report（1994）,迈克尔·莱瑟姆爵士:报告,161－2

law,法律

 articles on,法律方面的文章,89

 legal contracts,合法合同,412

 Legal Services Act（UK）,法律服务法案（英国）,112

 profession,法律职业,110,112,116

leadership,领导力,264－6

 challenges and dispersed projects,领导力挑战与离散项目,486－8

 leader-centred,以领导为中心,485

 projects and innovation,领导力项目与创新,282

 research agenda,领导力研究议程,264－6

 shared,共享领导力,见 shared leadership substitution,493

 team-shared,quality and,共享团队,质量和领导力,483,486,488－92

 and teamwork,领导力与团队工作,见 dispersed projects

lean production,精益生产,374

learning,学习,31,89,275

 and capabilities in project-based organizations,项目型组织的学习与能力,145－6

 contrasting,对比,178－9

 higher,更高的学习能力,110,122－3

 inside-project,项目内学习,145－6

 interactive,互动学习,141

 and organizing,学习与组织,461－518

  另见 dispersed projects; knowledge integration; projects-as-practice,

 phases of,学习阶段,502

 punishment restricting,处罚限制学习,412－13

strategic,战略学习,147

trial-and-error,试错学习,243-4

universities and higher education,大学和高等教育学习,110,122-3

另见 knowledge

liberal professions,自由职业,110-1,116

life cycle,生命周期

of asset,资产的生命周期,374

complex product systems,复杂产品系统生命周期,284

Life-Cycle Costing,生命周期成本核算,18

lightweight project structures,轻量级项目结构,282

local business environments,当地商业环境,142

Lockheed Georgia,洛克希德-格鲁吉亚,373

'lock-in',/'capture',锁定/获取,183-4,322-3

logics,逻辑

institutional,emergence of new,新制度逻辑的出现,161-2

project,项目逻辑,468-9

long-term relationships,长期关系,141,439

loosely coupled organizations,松散耦合组织,304

luck,运气,472

bad,运气不佳,323-4

'ludic' fallacy,戏局谬误,350

另见 probability

lying,说谎,328

M

McNamara, Robert,罗伯特·麦克纳马拉,18,26

macro and micro inseparable,宏观微观不可分,505

macro-level practices,宏观水平实践,506-7

macro-shaping of projects,项目的宏观塑造,399-400,406

major projects, management of,重大项目管理,7,321-44

characteristics,重大项目的特征,321-3

improvement, signs of,改善的迹象,338-40

incentives and accountability, improved,改善的激励机制和问责制,335-8

optimism bias,乐观主义偏见,325-7

outside view,外部观点,330-5

research implications,研究启发,340-1

strategic misrepresentation,战略虚假陈述,328-9

versus optimism bias,对比乐观主义偏见,329-30

underperformance, root causes of,表现不佳的根本原因,323-5,另见 large projects

major systems programs, development of,重大系统项目集的发展,17-19

Malaysia,马来西亚,118

management,管理

challenges and research themes,管理挑战和研究主题,142-7

cost,成本,93

managerial and organizational cognition,管理与组织认知,346,354-5

managerialism,管理主义,109,115

manufacturing, advanced,先进制造,36

marginal shaping of projects,项目的细节塑造,399,401,406

market,市场

base of firm,企业的市场基础,285-6

control and accountability,市场控制和问责

制,337
dynamics and differentiation,市场动态和差异化,206
governance,市场治理,414
-led innovation,市场驱动创新,279
as network,市场网络,393,395-6
pull and innovation models,市场拉动和创新模式,280
marketing,市场营销,89
mass production,批量生产,207,283-5
matrix,矩阵,379
　　management,矩阵管理,282
　　organizations,矩阵组织,276
　　structure,矩阵结构,379
　　studies,矩阵研究,379
maturity phase in product innovation,产品创新中的成熟阶段,284
means-end analysis,手段-目的分析,216
measurable uncertainty,可测量的不确定性,356
'mechanistic' systems or contexts,"机械式"系统或环境,261
medicine,医药,110,116,155,366
meetings,会议,424-5,508
mega-projects,大型工程,47,418-19,422
　　另见 alliancing; large projects/ programs
mental models,shared,共享心智模式,495
meso-level practices,中观层面实践,506-7
M-form (multi-divisional) corporations,事业部型企业,202-11,218
micro and macro inseparable,微观和宏观不可分,505
micro-level practices,微观层面实践,506-7
micro-shaping of projects,项目的微观塑造,399,401,406

Microsoft,微软,27,243,373
'middle range theories',中间范围理论,43
misinformation,误报,322
misrepresentation,虚假陈述,见 strategic misrepresentation
missiles,导弹,224-5
MIT,麻省理工学院,23
　　'Project Whirlwind',旋风项目,370
Mitre Corporation,迈特公司,371
modeling,建模,97,98
modular structure,模块结构,140
modules and products,模块与产品,181-2
monitoring technologies,监测技术,368
moral hazard problem,道德风险问题,300
Motorola,摩托罗拉,366
multi-divisional corporations,多事业部型企业,见 M-form
multi-firm network,多企业网络,143
multinationals,多国,122
multi-organization enterprise,多组织企业,139,155
multiple firms and projects,多企业和项目,134
multiple perspectives,多种观点,57
multi-project structures,多项目结构,308-9
multi-tasking,多任务,300
　　另见 project
multi-team projects,多团队项目,484
'mutant organization',突变型组织,213
mutual adjustments,相互调整,48,380
mutual dependence,相互依赖,441
mutual support and effort,相互支持和努力,490-1

N

NASA,美国国家航空航天局,18-19,113,312,371

National Audit Office (UK),国家审计局(英国),23,277

national diversity,国家多样性,484,486-7

NATO,北大西洋公约组织,18

Navy, US,美国海军,225

need pull innovation,需求拉动式创新,279

negative plurality,消极的多数人,323

negative relationship,消极关系,313

negotiation and stakeholders,协商与利益相关者,238-40

neoclassical contract law,新古典合同法,414

neo-liberalism,新自由主义,305

Netherlands,荷兰,331,340

networks/networking,网络/网络化,253
　　building,网络建构,401-4
　　complex,复杂网络,144
　　design,网络设计,51
　　firms,公司网络,140-1
　　forms of organization,组织网络形式,156,159,170,415
　　interdependent programs,相互依赖的项目集网络,256
　　market,市场网络,393,395-6
　　'memory' infrastructure,网络化记忆基础设施,466
　　model and integration,网络模型和整合,280-1
　　project management,项目管理网络,47,103,134-5,138-43,146,148
　　social,社会网络,144
　　stakeholder,利益相关者网络,144
　　structures,网络结构,139
　　另见 business network and under shaping projects

new developments,新发展,见 innovation

New Engineering and Construction contract,新工程与施工合同,443

new market base,新市场基础,286

New Media,新媒体,113

new product development,新产品开发,22-3,277

New public management,新公共管理,112-3

new technology,新技术,286

new-to-the-world product,全新的产品,495

NGOs and professionalism in Project Management,非政府组织与项目管理的职业化,122-3

Nokia Siemens Networking,诺西网络,134

non-decomposable problems,非可分解问题,208

non-existent asymmetry,不存在的不对称性,144

non-government organizations,非政府组织,见 NGOs

normative control in contractual relations in Australia,澳大利亚契约关系中的规范控制,7,410-37,439
　　Australian Alliance Program,澳大利亚联盟计划,411,419-32
　　autopoietic 'ideal we',自我再生的理想集体,422-6
　　close-out,停止,432-3
　　collective relief and enacting benevolence,集体救济和施行仁慈,422,426-30
　　contract, alliancing as approach to,结盟作为一种合同方法,418-19,422
　　contract, meaning and institution of,合同的制度和方法,411-18
　　open source innovation,开源式创新,422,430-2

norms,规范,164,379,506
　　另见 practices

North Sea oil,北海石油,277

Norway:public projects,挪威:公共项目,312

'not-so-temporary' organizations,"不那么临时"的组织,261

novelty,新奇事物

 as 'contingency factor',权变因素,479

 high degree of,高度的新颖性,473

 logic,逻辑新颖性,468

 另见 innovation,169

O

O Theory,O 理论,262

OB,组织行为,见 behaviour under organizations

Obama,President Barack,巴拉克·奥巴马总统,338-9

objective probability and decision-making,客观概率与决策,352-3

objectives,目标,313

objectivism,客观主义,351

observation,participatory,参与式观察,419

occupational closure,职业封闭,109

'occupational cultures',职业文化,463

'occupational project',professionalism as,职业项目,职业化,108-12

occupational types of expert groups,专家组的职业类型,111

OECD(Organization for Economic Cooperation and Development),经济合作与发展组织,298

Office of Government Computing,英国政府计算办公室,277

OGC(Office of Government Commerce),政府商务办公室,26,29-31,258,266

oil and gas industry,石油和天然气产业,277,283,347,370,380

Olympics,financial effect of hosting,奥林匹克运动会,举办的财务效应,339

ontology,本体论,253

 divergence,see late twentieth century,分歧,见二十世纪后期

open source innovation,开源式创新,422,430-2

open systems view,开放系统观点,136

'open-book' relationships,开卷的关系,166

'operating adhocracy',灵活运营组织,202

opportunism,机会主义,47,139,166

 individual,个体机会主义,300

 minimizing possibility of,最小化机会主义的概率,413

opportunities and ontological divergence,机会主义与本体论的分歧,25-6

optimism bias,乐观偏见,51,276

 HM Treasury's use of,英国财政部对乐观主义偏见的引用,354

 and major projects,乐观偏见与重大项目,323,325-7,330,337,340

 strategic misrepresentation versus,战略性虚假陈述对比,329-30

orchestration versus improvisation,乐曲编制对比即兴创作,184-5

'organic' contexts,有机环境,261

organizational,architecture,组织架构,135

organizational,design,组织设计,139

organizations/organizational

 architecture,组织架构,135

 behavior,组织行为,102-3

 change,组织变革,261-3

 'condition',组织条件,43

 culture,组织文化,495

 design,组织设计,139

and information,组织与信息,376-81
of expert groups,专家组组织,111
factors,组织因素,261
as information processing systems,组织作为信息处理系统,246-7
organic forms,组织的有机形式,207
performance and governance,组织的绩效与治理,309-10
practices,组织实践,377-82
projects as,项目组织,2-3
theory and research,组织理论与研究,260-1,309
transformation,组织转换,255

outcome-oriented organizations,以产出为导向的组织,310

outputs,产出,380
control,控制,303-4

outside view of major projects,重大项目的外部观点,330-5

outsourcing, limits to,外包的限制,381

overestimated benefits,高估的收益,328
另见 optimism

P

pace,速度,44,48

pain/gain-share contracts,付出/收益共享合同,312

Pakistan, Project Management in,巴基斯坦项目管理,118

panoptical control,极权控制,421-22

parallel strategies,平行战略,39

parallel trials in uncertain projects,不确定项目中的平行试错,242-4

participatory observation,参与式观察,419

partnerships/partnering,伙伴关系,44,140-1
costs of,伙伴关系的成本,169
public-private,公私伙伴,47,113,419-20
tensions in logic of,伙伴关系的逻辑压力,163-5
and trust,伙伴关系与信任,439,442,452
usefulness of,伙伴关系的有用性,156-7,167-9
另见 alliances; cooperation; project and partnership

pattern challenge of projects-as-practice approach,项目实践方法的模式挑战,510-11

peer reviews,同行审查,337

people management and organization,人员管理与组织,19,76-7,86

perceptual knowledge,感性知识,377

performance
collective,集体绩效,146
expectations lowered,更低的预期绩效,327-8
key indicators,关键绩效指标,见 KPIs
organizational, governance and,治理和组织绩效,309-10
and trust,绩效与信任,303
另见 underperformance

permanent (long-term) business network,永久(长期)商业网络,141

personal attributes,个人属性,266

personal computers, first,首台个人电脑,372

personal networks and project ecologies,个人网络和项目生态,186-9
communality (exchanging experience),集体性(交换经验),187
connectivity (upgrading know-how),连通性(升级专门技术),187-9

sociality（acquiring know-whom），社会性（知道谁），187-8

personal probability and decision-making，个人概率和决策制定，351-2

perspectives and theoretical foundations of project management，项目管理的视角和理论基础，38，53-5，57，59

 pluralism，多元主义，39-43

PERT（Program Evaluation and Review Technique），规划和评审技术，18-19，27-8，39，135，225，372-3

Peru, project management in，秘鲁的项目管理，118

petrochemicals industry，石油化工行业，365-6，379

P-form corporation，项目型企业，7，201-23

 characteristics of，项目型企业的特征，203，208-14

 contingencies of，项目型企业的权变，203，205-8

 future research，项目型企业的未来研究，203，219-20

 and M-form corporation，项目型企业和事业部型企业，203-5，207，209，210

 另见 challenges for P-form corporation

PgMP（Program Management Professional），项目集管理专业人士认证，119

pharmaceuticals，医药品，366，380

 Pharma case，制药公司的案例，471-8，480

phenomenography，现象图析学，261-2

physical dispersion，物理分散，486

physical product，物理产品，138

pilot studies，初步研究，97

planning/planned，规划，48

 critical，重要规划，39-40，44，52

 deviations，偏离规划，502

 disasters，规划灾难，321，328

 fallacy，规划谬误，325-6，337

 isolation，规划隔离，51

 另见 major projects

platform projects，平台项目，45

pluralism/plurality，多元主义/多元化，39-43，57，323

PMA（Project Management Architect），项目管理架构师，119-20

'PMBoK'（Project Management Body of Knowledge），项目管理知识体系，25-6，114，120，225，512

PMI，美国项目管理协会，见 Project Management Institute

PMJ（Project Management Journal），《项目管理杂志》，91，98-9，103

 citations in, number and sources of，引用数量和来源，89-90

 research methodologies，研究方法，79-88

 topics covered and range of，涉及的话题和范围，84-7

PMN（Project Management Network），项目管理网络，103

PMOs（Project Management Offices），项目管理办公室，30，307-8

PMP（Project Management Professional），项目管理专业人士资格认证，31

PMR（Project Management Registered），项目管理注册，119

PMS（Project Management Specialist），项目管理专家，119

Polaris weapons system，北极星武器系统，18，

224-5,282

policies,见 practices

politics,政治,89,100,111-12,328

'pooled interdependence',联营式依赖关系,207

portfolio,组合

  -driven organization,组合驱动型组织,309

  diagrams/views,组合图/观点,29,256

  business strategy and,业务战略和组合,230,234-7

  project,项目组合,230,235-7

  management and project governance,组合管理和项目治理,308

  programs(concurrent),(并行)项目集/组合,256

positioning projects-as-practice,定位项目实践,501-5

power,权力/电力

  diesel,study of,柴油机发电厂研究,506

  and interest matrix,权力和利益矩阵,238-9

  plant,发电厂,见 project-as-practice

  Power-to-the-Edge,接近权力中心,380

  relations and contracts,权力关系与契约,416

  strategies of expert groups,专家组的权力策略,111

  teams empowered,授权团队权力,492

PPBS(Program Planning and Budgeting System),方案规划和预算制度,18

PQ(Practitioner Qualification),从业者认证,119

practices/practice approach/policies,实践方法/政策,503-7,504,511,513-15

  changing,变化的实践,370-6

  of information management,信息管理实践,369-70

  'turn',实践转向,501

  understanding,理解实践,376-82

  另见 praxis;projects-as-practice

practitioners,实践者,505,507,511

  Practitioner Qualification(PQ),从业者认证,119

pragmatist/governance paradigm,实用主义者/治理范式,310

praxis,规范性实践,505-6,508,511,513

'predictable surprises',可预见的意外,357

presentation,meaning of,展示的意义,414

price governance,价格治理,445

PRINCE2 project management methodology,受控环境下的项目管理方法论,312

principal and agent relationship,委托和代理关系,299,301,322

Private Finance Initiative/Public-Private Partnerships,私人融资计划/政府与社会资本合作(或公私合作模式),27,83,405

private sector,私有部门

  accountability,私有部门问责制,336

  finance,私有部门金融,339

private-public partnerships,政府与社会资本合作,47,113

probability,概率

  analysis,概率分析,356

  and decision-making,概率和决策,350-2,355-6

  objective,客观概率,352-3

  personal,个人概率,351-2

  statistical,统计概率,356

  wheels,概率轮,353

  另见 subjective probabilities

problems,问题
　　decomposable,可分解问题,208,210-1
　　resolution,问题解决,378
　　-solving,问题解决,466,484,489,495
　　　complex,复杂问题,212
　　　content,问题内容,229
　　evolutionary model of,问题的演变模式,51
　　firms,企业问题,见 P-form
　　group,问题组,466
　　practical,实践问题,164
procedures,问题程序,374
process,流程
　　approach,过程方法,501-5
　　development,流程开发,483
　　dynamics and phases,流程动态和阶段,38-9,49-54,56-7
　　innovation as,流程创新,278
　　work,工作流程,379
procurement,采购,30,83,253
　　and supply chain,采购和供应链,89,99
product,产品
　　development,产品开发,255-6,501
　　and modules,产品与模块,181-2
　　structure,产品结构,138
　　versus client-centred affiliation,以产品/客户为中心的关系,185-6
　　另见 complex product systems
production function,生产职能,302
professionalism in Project Management,项目管理职业化
　　prospects for,前景,7,19-20,107-30,119
　　accreditation,diversified and stratified,多元化和分级认证,118-19
　　analysis of,分析,115-17

centrality of bodies of knowledge,知识体系的中心地位,119-21
corporate membership and client value,企业成员和客户价值,121-2
international scope,国际范围,117-18
'occupational project',职业项目,108-12
professionalization 'from within'/'from above',内部职业化/外部职业化,122
rise of,出现,112-15
另见 tactics of Project Management
professions and professionalism,专业和专业主义,31
　　associations,协会,109
　　definitions of,定义,109,110,112
　　identity,身份,170
　　norms,规范,379
　　organizational,组织的,110-11,116
　　project defined,项目定义,109
　　另见 professionalism
programs and program management,项目集和项目集管理,7,29,252-72
　　competence,竞争力,266-7
　　conceptualizations of,概念化,254-6
　　definition,定义,259
　　governance,治理,308
　　leadership,领导力,264-6
　　Offices,办公室,267
　　program-driven organization,项目集驱动组织,309
　　public sector,公共部门,258
　　rationale,基本原理,256
　　scholarship,学术,253-4
　　synthesis of,合成,256-60
　　另见 research agenda

project business（analytical framework and research opportunities），项目商务（分析框架和研究机会），7，133-53，277-8，289
 learning and capabilities in project-based organizations，项目型组织的学习和能力，52，145-6
 logic in project-based organizations，项目型组织的逻辑 146-7
 networks，网络，47，103，134-5，138-42，143，146，148
 project-based firm，项目型企业，134-5，137-9，143-7
 trust formation chart，信任形成图，453
 另见 business network；management challenges；Project Management
project ecologies，项目生态，180-2，193-4
project governance，项目治理，7，297-320
 defined，项目治理的定义，298
 frameworks，项目治理框架，308-13
 general project，一般项目的项目治理，308-11
 -specific governance，特定项目的项目治理，311-13
 limitations of，项目治理的局限，305-6
 research on，项目治理的研究，313-4
 future，项目治理的未来，315-16
 另见 corporate governance；institutions for project governance；TCE
project governance frameworks，项目治理框架，308-11
Project Management，项目管理，102，212，267，494
 Architect（PMA），项目管理架构师，119-20
 Body of Knowledge，项目管理知识体系，见 "PMBoK"

 challenges and research themes，项目管理的挑战和研究主题，142-7
 enterprise-wide，企业级项目管理，28-9
 implementing strategy through projects，通过项目/项目管理实施战略，225，229
 innovation and projects，links with，创新与项目，与项目管理的联系，274，281-2
 networks，项目管理网络，47，103，134，135，138-40，143，148
 Offices，项目管理办公室，30，307-8
 program management，项目与项目集管理，253，267
 project business，项目商务，135-7
 research，项目管理研究，92
 另见 research，evolution of
 schools of，学派，39-43，51-2，54
 third wave，项目管理的第三次浪潮，5-8
 另见 professionalism in Project Management
Project Management Institute（PMI），美国项目管理协会，20，22，29-30，32，113-115，117-19，123，135，225，266
 and academia，与学术界，122
 Body of Knowledge，知识体系，255
 Code of Ethics and Professional Conduct，道德规范和职业操守，335-6
 Practitioner Conferences，从业者会议，90，101-2
 and professionalism in project management，prospects for，项目管理的职业化前景，107-29
 and program management，与项目集管理，255
 qualifications framework，资格框架，119
 RMP（Risk Management Professional），项目风险管理专业人士，119
 Scheduling Professional（PMI-SP），项目进度

管理专业人士,118-9
另见"PMBoK"
Project Management Journal,《项目管理杂志》,见PMJ
project network,项目网络,见shaping projects
project organization,项目组织,另见program management; project governance; projects and innovation
project and partnership,项目与伙伴关系,154-74,256-7,259
 contrasting,对比,178-9,191
 core teams:reducing versus preserving cognitive distance,核心团队:缩短/保持认知距离,179-80,191
 ecologies,项目生态,140,155-6,175-98
 firm,项目型公司,见firm
 as foremost process,最重要的过程,58
 future directions,项目未来方向,193-4
 growth,项目成长,254
 leadership,项目领导力,253
 -led organizations,项目驱动型组织,202
 memory,项目记忆,377
 office,项目办公室,92
 fragmented fields and divergent interests,分散领域和不同利益,162-3
 institutional logics,制度逻辑
  co-existing and co-mingling,共存与融合,165-6
  emergence of new,新项目的出现,161-2
  institutional theory perspective,制度理论视角,158-60
  institutionalization in UK,英国的制度化,160-1
  internal tensions in logic of partnering,伙伴关系逻辑的内在压力,163-5

  taken-for-grantedness,想当然,166-7
 'plan,aggregate',项目总体规划,256
portfolio diagrams,项目组合图,230,235,236-7
-as-practice,项目实践,59,500-18
program management,项目集管理,256-7,259
public,公共项目,43,45
project and partnership,项目与伙伴关系
simplicity,简单化,211
-specific governance frameworks,特定项目的治理框架,311-13
stakeholders,项目利益相关者,368-9,439
strategy,项目战略,92,136,234
structures,项目结构,282
success,项目成功,92,313
summary and discussion,项目总结与讨论,189-90
project shaping,项目塑造,见shaping projects
'Project Whirlwind'(MIT),旋风项目,370
project-as-practice,项目实践
 -based organizations and management of,项目型组织和管理,2-3,134-5,137-8,146-7,148,170,276,282
 characteristics,项目特征,397-9
 co-creation,共同创造,393,396-7
 competitive bidding,beyond,超越竞争性竞标,393-5
 -in-context,环境中的项目,308
 and innovation,项目与创新,7
 logics,项目逻辑,468-9
 -marketing,business-to-business,企业对企业(B2B)的营销,393-4
 markets as networks,网络营销,393,395-6
 organization,项目组织,7

and partnerships,项目与伙伴关系,7
power plant example,发电厂例子,7,500-18
 challenges and contributions of approach,项目实践方法的挑战和贡献,510-14
 contributions of approach,方法的贡献,513-14
 positioning,定位,501-5
 relevance challenge,关联挑战,511-13
 concluding remarks,结束语,514-16
risk management,风险管理,144-5,345,347-9
teams,项目团队,486
theories,项目理论,391-7
另见 core concepts for understanding
project-form,项目型,见 P-form
projectification,项目化,253
prospect theory,前景理论,315
protected international practitioner,受保护的国际实践者,422
protectionism and contracts,保护主义与合同,430
protocols,协议,374
prototyping,原型,474
pseudo-objectivism,伪客观主义,358
P2M (Japanese) body of knowledge, P2M(日本)项目管理知识体系,255
public/public sector,公共部门
 accountability,公共部门问责制,336
 funding,公共资金,337
 interest and professionalism,公共利益与职业化,109
 programs,公共项目集,258
 projects,公共项目,245,312
public-private partnerships,公私合作伙伴关系,47,113,419
Public Private Partnership/Private Finance Initiative,公私合作伙伴关/私有融资计划,27,83,405
pull-down scheduling,下拉式日程,375
punctuated equilibrium,间断平衡,51,262
punishment restricting learning,处罚限制学习,412-3

Q

Quality Function Deployment (QFM),质量功能部署,25
quality and quality management,质量和质量管理,30
 and ontological divergence,质量和本体论的分歧,25
 and professionalism,质量和职业化,109
 and program management,质量管理和项目集管理,259
 Quality Assurance,质量保证,18
 and research, evolution of,质量管理的研究与演变,89, 99,104
 teamwork and team-shared leadership,团队合作和团队共享领导力,483,486,488-92
quasi-relational contract and T5 agreement,准关系契约和T5协议,442-3,456
quasifirms,准企业,141

R

R&D,研发,见 research and development
Raborn, Admiral,雷伯恩上将,18-20
radical innovation,激进式创新,278
railways,铁路,283
 construction,建设,332-4
RAND Corporation,兰德公司,39,275,326
rationalism/rationality,理性主义/理性,40,164,

275-6
 bounded,有限理性,346,413
RBV(resource-base view),资源基础观,263
RDC(research and development and system simulation)in air traffic control,空中交通管制系统的研发与系统模拟,245-7
Reagan,Ronald,罗纳德·里根,456
re-balancing,重新平衡,262
reciprocity,相互作用,414
recombination economies,(modules and products),重组经济(模块与产品),181-2
reference class forecasting,参考类预测,330-2,334-5
regulators,监管者,368
reintegration challenges for P-form corporation,项目型企业的重组挑战,216-18
relational conflicts,关系冲突,492
relational contracting,关系型合同,7,443,451-6
 contract theory,合同理论,441-2,447-8
 mutual trust,互相信任,441-5
 and terminal at Heathrow,希思罗机场航站楼,441-5
 另见 normative control in contractual relations; projects and partnerships; shaping projects and building networks; trust in relational contracting
relational and structural dimensions, interaction between,关系及结构维度,及之间的相互作用,303
relationships,关系,139
 continuity/discontinuity of projects,项目中关系的连续性/不连续性,44,141
 long-term,长期关系,141,439

relevance challenge of projects-as-practice approach,项目实践方法的关联挑战,511-13
renewal of projects,项目更新,44,45
rent-seeking behavior,forecasting as,寻租行为,预测,336
repetition,重复,44-45,180-1
representation technologies,表现技术,378
representativeness bias in heuristics,启发式的代表性偏见,353
research,研究,89,102
 academic,学术,32
 另见 project management research and development(R&D),245-6,275,277,286,466
 evolution of,研究的演变,65-106
 methodologies,研究方法,79-88
 另见 JPM; journals; tactics of Project Management; themes in journals
 management,管理,90
 methodologies and,Project Management Journal,研究方法与《项目管理期刊》,79-88
 opportunities,研究机会,见 project business
research agenda,研究议题,260-7
 competence,研究能力,266-7
 leadership,领导力研究,264-6
 organization theory and,组织理论与研究,260-1
 organizational change,组织变革研究,261-3
 strategic management,战略管理研究,263-4
resource,资源
 -base view,资源基础观,263
 dependency,资源依赖,415
 pooling,共有资源,419
 另见 human resources
responsibility,责任,266,419

fiscal,财政责任,338-9
responsiveness logic,反应逻辑,469
retention in evolutionary cycles,进化周期中的保留过程,229
reverse auctions,逆向拍卖,381
rights,decentralization of,权力,去中心化,203,210,214-6
ring-fenced profit,限定利润,444
risk,风险,47,52,322
 articles on,有关风险的文章,89
 capital,资本风险,338
 defined,风险的定义,357
 institutional,制度风险,144
 and insurance,风险与保险,100
 management,风险管理,93,119,144-5,354
 guidelines,BP,BP 指南,348-9
 and ontological divergence,风险与本体论分歧,25-6
 register,风险登记册,347-8
 /reward formula,风险奖励规则,166
 social,社会风险,144
 spreading,风险传播,419
risk and uncertainty management,风险与不确定性管理,7,345-64
 cognitive approach,认知方法,354,356-9
 concepts revisited（1920s）,重新审视概念（20世纪20年代）,355-6
 expected utility（EU）paradigm,期望效用范式,346,349-51,360
 heuristics and biases tradition,research in,启发式与偏见传统的研究,353-5
 project risk management,state of art in,项目风险管理的研究现状,347-9
 subjective probabilities and their elicitation,主观概率及其启发,351-3,356,358

robustness,稳健性,145
role games,角色游戏,97
routinized behaviour,常规行为,506
rules,规则,506
 另见 practices

S

SADT（Structured Analysis and Design Technique）/IDEFO（ICOM Definitions）,结构化分析与设计技术/集成计算机辅助制造定义方法,373
SAGE(Semi-Automated Ground Environment,US),美国半自动化地面环境,365,370
sales teams,销售团队,485
scanning technologies,扫描技术,368
schedule tracking,计划追踪,253
scheduling,project,项目进度安排,39
 logics,逻辑,468
scope changes,范围变化,323,324
search facilities,automated,自动搜索设备,367
search theory,top-down and bottom-up,搜寻理论,自上而下和自下而上,226-30
security,data,数据安全,374
selection,evolutionary,进化选择,229
selectionism,选择学说,243-4,348
self-contained tasks,独立任务,379
self-control,自我控制,495
self-governance/autonomy,自治,166
self-interested actors,自利的参与者,413,422
self-leadership,自我领导力,485,495
self-management,自我管理,495
self-regulation,自动规制,495
self-serving nature,服务于自我的本性,300

'semi-structures',半结构,213

semiconductor industry,半导体产业,379

senior responsible owner(SRO),高层负责人,266

separating logic,分离逻辑,468

sequencing concepts listed,列举的顺序概念,51

sequential projects,顺序项目,256

'serial emergence' of leaders,领导连续出现,485

service-providing firms,提供服务的公司,137

servitization,服务化,145,147

SESAR(Single European Sky Advanced Research),单体欧洲航空高级研究,246-7

shaping projects and building networks,塑造项目与建构网络,7,391-409

 approaches, setting up,建立方法,404

 future research issues,未来研究主题,404-5

 identification of actors,参与者的识别,402-3

 joint-shaping,联合塑造,399-1,406

 macro-shaping,宏观塑造,399-400,399,406

 marginal shaping,细节塑造,399,401,406

 micro-shaping,微观塑造,399,401,406

 network-building,网络建构,401-4

 practices and phases,实践和阶段,399-401,405

 targeting in client network,客户网络中的目标,403

 另见 project-shaping;project-marketing

shared experience,共享经验,465

shared leadership,共享领导力,264-6,483,485,488-91,495-6

shareholder orientation,利益相关者导向,309

short-term projects/short-termism,短期项目/短期效益主义,141,164,466

simplicity,简单化,211,479

simulation programmes,模拟程序,367-8

SimVision,379

Singapore,新加坡,368

single firms and projects,单一公司和项目,134,202

single project structures,单一项目结构,308-9

'sites',"场所",511-13,516

skills,技能,266,380

 scarcity of,技能稀缺性,109

small batch production,小批量生产,207

small projects, managing change through,通过小型项目管理变革,241-2

social exchange theory,社会交换理论,494

social interactions,社会互动,379

social networking,社会网络,369

 Social Network Analysis,社会网络分析,311-12

social relations,社会关系,415

social risks,社会风险,144

Social Sciences Citation Index,社会科学索引目录,91

social skills,社会技巧,495

'social trusteeship' concept,社会托管的概念,121

sociality,社会性,187-8

socialization, importance of,社会化的重要性,465

socially oriented trust,社会导向的信任,453-6

sociology,社会学

 of contract,社会契约,415

 of technology,社会技术,378

software and globalization of,软件和全球化,30,374-5,383

South Africa,南非,331

sovereign guarantee,主权担保,338

specialization as trap,专业化陷阱,57

sponsors,发起人,267,307

SRO(senior responsible owner),高层负责人,266

stakeholders,利益相关者,135-6,144

    information management,信息管理和利益相关者,368-9

    management,利益相关者管理,253

    maps,利益相关者图,238,239

    negotiation and,协商与利益相关者,238-40

    orientation,利益相关者导向,309

    power and interest matrix,权力和利益矩阵,238-9

    project,项目利益相关者,368-9

    business,业务利益相关者,135,136,144

    shifts,利益相关者变化,245

stand-alone projects,独立项目,257

standardization,标准化,48

standards,标准,374

Standish Group,斯坦迪集团,21

start dates,开始日期,486

start-up ventures,初创企业,326

    failure rate,失败率,323-4

state and professionalization,状态和专业化,110

statistical,probability,统计概率,356

steering,引导,297,307

    另见 governance

stewardship theory,管家理论,300-1

storage and retrieval systems,存储和检索系统,367

strategy/strategic,战略/战略性的,501

    alignment,战略联盟,104

    articles on,有关战略的文章,89

    -cascading tools,战略级联工具,230-4

    balanced scorecard,战略平衡计分卡,232-3

    contracts and e-procurement literature,合同与电子采购文献,376-7

    creation tools,projects as,项目作为战略实现工具,240-8

    iteration and parallel trials in emerging uncertain projects,新兴不确定项目的迭代和平行试验,242-4

    small projects,managing change through,通过小型项目管理变革,241-2

    strategic mission,shaping and evolving,塑造和发展项目的战略任务,244-8

    and decision-making,战略和决策

    另见 implementing strategy through projects; innovation and projects; P-form corporation; program management

    emergent,新兴战略,230,245

    incentives and accountability,improved,改善的激励和问责制,335-8

    information management,战略信息管理,381-2

    learning,战略学习,147

    management,research agenda,战略管理,研究议程,263-4

    misrepresentation and major projects management of,重大项目管理的战略性虚假陈述,323-4,328-9,337

    versus optimism bias,对比乐观偏见,329-30

    mission,shaping and evolving,244-8

    projects,塑造和发展项目的战略任务,92,136,286

Studies in Construction Centre,建筑中心的项目研究,161

另见 implementing strategy through projects
Structural Design Language（STRUDL）,结构化设计语言,372-3
structures/structuration,结构/结构化,138-40,160,303,484
subcontractors,转包商,137-8
subjective probabilities and their elicitation,主观概率及其启发,351-3,356,358
sub-project teams,子项目团队,484
substitution,leadership,代替,领导力,493
success,成功,278
 critical planning,成功关键规划,39-40,44,52
 factor,key,关键成功因素,484
 and failure studies,成功和失败研究,20-2
 importance of,成功的重要性,470
 project,成功项目,92,313,另见 critical planning/success
supervision,监管,380
suppliers,供应商,184-5,368,446-8
supply chain,供应链,23,164
 and procurement,供应链与采购,89,99
support,mutual,支持,共同,490-1
'surprises,predictable',可预见的意外,357
surveillance of work,工作监督,412,416
'survival of unfittest',"不适者生存",329
sustainable competition,可持续竞争,141-2
Sweden,瑞典,277
'swift trust',快速信任,47
Switzerland,瑞士,33,340
Sydney Olympics,悉尼奥运会,311
synoptical control,天气控制,422
system,系统
 complexity,系统复杂性,468,473,476
 dynamics,系统动态,348
 information management,系统信息管理,367-8
 integration,系统整合,139-40,212,280-1
 -relevant problem character,系统相关问题特征,208
 view,系统观点,164
system development,系统开发,17-20,467
 major systems programs,重大系统项目集,17-19
 people management and organization,人员管理和组织,19
 professional association,专业协会,19-20

T

T5 agreement（Terminal 5 at Heathrow）,T5协议（希思罗机场5号航站楼）
 contractual terms and conditions,合同术语和条件,443-5
 intent and practice,意图与实践,446,448-50
 mutual trust,相互信任,441-5
 as quasi-relational contract,准关系合同,442-3,456
 另见 trust in relational contracting
tacit knowledge,隐性知识,261,465
tactics of project management,项目管理策略,117-23
 academia,government and NGOs,shifting relations with,学术界、政府和非政府组织,改变关系,122-3
 accreditation,diversified and stratified,多元化和分级认证,118-19
 centrality of bodies of knowledge,以知识体系为中心,119-21
 corporate membership and client value,企业成

员与顾客价值, 121-2

　　international scope, 国际范畴, 117-18

targeting, 定位

　　in client network, 客户网络中的定位, 403

　　costs, 定位成本, 167, 445

　　funding, 基金定位, 113

task, 任务

　　analyzability, 任务可分析性, 207

　　conflicts, 任务冲突, 492

　　coordination, 任务协商, 490

　　-optimization, 任务优化, 375

　　uncertainty, 任务不确定性, 45, 486-7

　　variability, 任务变化, 207

Tavistock Institute, 塔维斯托克研究所, 160

TCE（transaction cost economics）, 交易成本经济学, 47, 141

　　and normative control, 与规范控制, 413-15

　　and project governance, 与项目治理, 298-9, 301-3, 306-7, 310-11, 313-15

teams/teamwork, 团队/团队合作, 211

　　-based knowledge, 基于团队的知识, 212

　　coordination, 团队协商, 48

　　defined, 团队的定义, 486

　　development, 团队开发, 253

　　empowerment, 团队授权, 492

　　interdependencies, 团队依赖性, 466

　　leadership, 团队领导力

　　　context-specific, 特定环境团队, 495

　　　and quality, 团队和质量, 483, 486, 488-92

　　　另见 dispersed projects and team-shared below

　　members, contributions of, 团队成员, 贡献, 490

　　self-leadership, 自我领导力团队, 485

technology/technical, 技术/技术的

　　-based firms, 技术型企业, 137, 285

　　information, 信息技术, 27-8

　　management and ontological divergence, 技术管理和本体论分歧, 24-5

　　managers and project management, 技术经理和项目管理, 368

　　push models of innovation, 技术推动创新模型, 279

　　representation, 技术展示, 378

　　sociology of, 技术社会学, 378

　　technicians, 技术人员, 163-4

　　transfer, 转移技术, 159

　　transformational, 转换技术, 378

　　uncertainty, 技术不确定性, 44, 323

　　vs. personal lock-in, 技术锁定对比个人锁定, 183-4

　　and work methods, 技术和工作方法, 7

　　另见 dispersed projects, leadership and teamwork in; information management

　　另见 innovation

Telecom case, 电信案例

　　product development projects, 产品开发项目, 469-71, 477

　　project management, 项目管理, 474-6, 480

telephones/telecommunication, 电话/电信, 134, 366

　　mobiles, 手机, 369, 469-71

　　projects and innovation, 项目和创新, 283-4

　　另见 Telecom

temporality, 临时性, 见 time

temporary business network, 临时业务网络, 141

temporary cooperation, 临时合作, 47

temporary decentralization, 临时去中心化, 217

-8

 of decision rights,决策权,203,210,214-6

temporary enterprises and projects,临时企业和项目,48,51,289

'temporary organizing',临时组织,219

tensions in logic of partnering,伙伴关系逻辑中的压力,163-5

termination,institutionalized,终止,制度化,51

Texaco,德士古,326

text messaging,短信,369

themes in journals,杂志主题,102-4

 diversity of literature,increased,日益增加的文献多样性,103

 growing research and literature base,增加的研究和文献库,102

 research methods,evolution of,研究方法的演变,103-4

theoretical foundations of project management:problems,项目管理的理论基础:问题,2-64

 birth of,诞生,51

 'capabilities',能力,52

 classification,分类,39-43

 context of,环境,51

 Enterprise-Wide Project Management,企业范围项目管理,28-9

 fragmentation,碎片化,37-9,57

 networks:cooperation and coordination,网络:合作与协商,46-9,58

 process (dynamics and phases),流程(动态和阶段),38-9,49-56

 reflective research,反思式研究,7

 research,研究,40

 role of theory,角色理论,3-4

 scheduling,进度安排,39

 'shaping',"塑造",52

 theoretical implications of dispersed projects,离散项目的理论启示,493-4

 types and typologies,类型和类型学,43-5

 另见 perspectives; professionalism in project management; projects-as-practice

theory,理论

 Actor Network,行动者网络理论,378-9,405

 Behavioural Decision,行为决策理论,354

 contingency,权变理论,136,147

 contract,合同理论,441-2,447-8

 E,E 理论,262

 exchange,交换理论,494

 institutional,制度理论,156,158-60,170

 O,O 理论,262

 organizational,组织理论,260-1,309

 project,项目理论,360

 prospect,前景理论,315

 search,搜寻理论,226-30

 social exchange,社会交换理论,494

 stewardship,管家理论,300-1

 另见 agency theory and under governance

third wave of project management,项目管理的第三次浪潮,1-11

 early history of,早期历史,1-2

 guiding principles,指导原则,4-5

 organization,projects as,项目组织,2-3

 positive signs,积极迹象,8-9

 researching,研究,5-8

theory,role of,角色理论,3-4

'thought worlds' concept,"思想世界"概念,463

3M (firm),3M(公司),326

'throughput,economies of ',生产量经济,204

'tiger team',老虎团队,211
time/temporality,时间/临时性
 change over,随时间改变,503
 and functionality trade-off,时间和功能平衡,470
 global,全球时间,216
 inadequate,时间不充足,322
 orientation,时间导向,217-8
 challenges for P-form corporation,项目型企业的时间挑战,206-7,216
 pacing,时间节奏,213
 of project work,项目工作的时间,378
 underestimated,低估时间,325,329
Tinker Bell theory of projects,Tinker Bell项目理论,360
Tokyo Digital Phones,东京数码手机,469
top-down,自上而下
 approach to Norwegian public projects,挪威公共项目的自上而下方法,312
 cascading tools,自上而下级联工具,见business strategy
 contribution of search theory,搜寻理论的贡献,226-30
 initiatives,自上而下主动,287
 perspective,自上而下观点,503
topics covered by IJPM,IJPM覆盖的话题,72-9
 contracts,合同,75-6
 finance,金融,75
 functions,功能,74-5
 general,一般,73-4
 general management,一般管理,77
 geography,地理,77
 industry,行业,77-8

people,人员,76-7
Toyota,丰田,23,243,442
'trading zones',贸易区,466
traditional projects,传统项目,256
training, see learning,训练,见学习
trains,火车,见railways
transaction,交易
 cost,交易成本,47,141,381,441
 economics,见TCE
 three main types of,交易的三种主要类型,414
 as unit of analysis,交易作为分析单元,413
transformational technologies,转换技术,378
transitional phase in product innovation,产品创新的过渡阶段,284
transparency and accountability,透明度和问责制,336
transport,运输,329
 另见air
Treasury (UK),财政部(英国),329
trial-and-error,试错,475
 learning,学习,243-4
trust,信任,47
 -building,建立信任,484
 and confidence,信任与信心,452
 and control,信任与控制,313,414-15
 and corporate governance,信任和公司治理,303-5
 development of,信任的发展,415
 mutual,相互信任,165-6
 and performance,信任与绩效,303
 'vigilant',"警惕型信任",449
trust in relational contracting,关系型合同中的信任,7,438-60

analysis,信任分析,445-8
  building and evolution of,信任的建立和演变,454-6
  as critical attribute,信任作为关键属性,450-1
  and partnering,信任与伙伴关系,439,442,452
  socially oriented, mobilizing,社会导向的信任,移动,453-6
  sources of,信任的来源,451-3
  suppliers and clients,供应商与客户,446-8
  另见 relational contracting; T5 agreement
tunnels,隧道,335
  另见 Channel Tunnel
turboprop engine industry,涡轮螺旋桨发动机行业,284
Turkey,土耳其,26
turn-around process in complex projects,复杂项目的周转过程,51
two-way interaction between corporate enterprises and projects,企业和项目之间的双向互动,7
  另见 P-form corporation; project business; shaping projects
'Type 1 firms',类型1企业,202
types and typologies of project management,项目管理的类型和类型学,43-5

U

U-form (unitary form),单一形式,203
unanimity, emphasis on,一致性的强调,424
'unawareness',不知觉,242-3
uncertainty,不确定性
  as 'contingency factor',作为权变因素的不确定性,48,479
  in decision-making,决策中的不确定性,331,355-6
  demand,需求不确定,323
  and drug development,不确定性与药物开发,472-3
  information management,信息管理,378-81
  and innovation,与创新,275-6
  iteration and parallel trials in projects,项目的迭代和平行试验,242-4
  management,不确定性管理,509
  measurable,可测量的不确定性,356
  task,不确定任务,45,486-7
  and TCE,与交易成本经济学,311
  technological,技术不确定,44,323
  unmeasurable,不可测量的不确定性,256
  另见 risk and uncertainty
underestimation of problems,问题的低估,324,327
underperformance of major projects and root causes of,重大项目的绩效不佳和根本原因,323-5,327-8
understanding, see cognition,理解,见认知
'unforeseen contingencies',未预测的权变,242-3
unique projects,罕见项目,44,45
unit production,单位生产,205-7
unitary form (U-form),单一形式,203
United Kingdom,英国
  Department for Transport,英国运输部,332
  financial problems,英国财务问题,339-40
  major projects,英国重大项目,331
  Office of Government Commerce,英国政府商务办公室,261
  project management,英国项目管理,117
  projects and partnerships,英国项目与伙伴关

系,161
United States,美国
  aerospace industry and space programs,美国航空工业和太空项目集,113,276
  American Planning Association,美国规划协会,331
  armed forces,美国空军,224-5,381
  Defense,Department of,美国国防部,265
  Fiscal Responsibility Summit(2009),美国财政责任峰会(2009),338-9
  information management,美国信息管理,375
  missiles,导弹,224-5
  multinationals,跨国公司,122
  partnerships,伙伴关系,161
  P-form corporation,项目型企业,203
  Project Management,项目管理,113,118,255
  projects and innovation,项目与创新,275
  SAGE(Semi-Automated Ground Environment),半自动地面环境,365,370
  transit planning,交通规划,329
unity/unification,need for,对团结/统一的需求,57
universities and higher education,大学和高等教育,110,122-3
'unknown unknowns'('unk-unks'),未知的未知,242-3,357
unmeasurable uncertainty,不可测量的不确定性,256
utilitarianism,功利主义,415

V

value,价值
  Analysis(VA),价值分析,26
  client,corporate membership and,企业会员和顾客价值,121-2
  creation,价值创造,264
  Engineering(VE),价值工程,18,26
  management(VM),价值管理,26
  networks,价值网络,140
  stream,价值流,147
  values,价值,506
  另见 practices
vanguard projects,先锋项目,44-5,286-8
variation,变化
  in evolutionary cycles,进化周期中的变化,229
  and normative control,变化和规范控制,422
  task variability,任务变异,207
VDT('Virtual Design Team'),虚拟设计团队,379
VE(value engineering),价值工程,26
Vee,24
versatile artist/governance paradigm,全能型的艺术家/治理范式,310
vertical integration,垂直整合,379
vertical leadership,flexible,灵活的垂直领导力,491-2
vertical links,垂直联系,209
'vigilant trust',"警惕型信任",449
virtual projects,虚拟项目,43-4,484
virtual teams,虚拟团队,486,490,492
  'Virtual Design Team',虚拟设计团队,379
visualization,虚拟化,382
VM(value management),价值管理,26
vulnerability and trust,脆弱性与信任,439

W

water contamination in Australia,澳大利亚水污染,426-8

Waterfall, 24

'We, ideal' (autopoietic 'ideal we'), 自我再生的理想集体, 422-6

weapons systems/military industry, 武器系统/军事工业, 275, 366

 development, 开发, 281-2

 Polaris missile, 北极星导弹, 224-5, 282

Webb, J. E. , J. E. 韦布, 19

'well-connectedness of knowledge bases', 知识库的良好连通性, 464, 466-7

'wicked problems', "邪恶的问题", 242

Wikis, 维基, 368

Windows, Windows 操作系统, 373

work, 工作

 breakdown, 工作分解, 253

 -flows, 工作流, 374

 knowledge, 工作知识, 377-8

 mundane details of, see projects-as-practice, 工作的平凡细节, 见项目实践

 -oriented studies of competence, 竞争力的工作导向研究, 266

 process, 工作流程, 280, 379

Work Breakdown Structure, 工作分解结构, 18

World Bank, 世界银行, 39

Worldcom, 世界通信有限公司, 30

 organizational, architecture, 组织架构, 135